KB246107

프리미어 프로 CS4

이정휘 · 이민욱 지음

YoungJin.com Y.
영진닷컴

생각보다 쉽네요! 프리미어 프로 CS4

Premiere Pro CS4

ISBN 978-89-314-4059-1

독자님의 의견을 받습니다

이 책을 구입한 독자님은 영진닷컴의 가장 중요한 비평가이자 조언가입니다. 저희 책의 장점과 문제점이 무엇인지, 어떤 책이 출판되기를 바라는지, 책을 더욱 알차게 꾸밀 수 있는 아이디어가 있으면 팩스나 이메일, 또는 우편으로 연락주시기 바랍니다. 의견을 주실 때에는 책 제목 및 독자님의 성함과 연락처(전화번호나 이메일)를 꼭 남겨 주시기 바랍니다. 독자님의 의견에 대해 바로 답변을 드리고, 또 독자님의 의견을 다음 책에 충분히 반영하도록 늘 노력하겠습니다.

집필 이정휘, 이민욱 | **기획** 기획1팀 | **총괄** 김태경 | **진행** 서정임, 김미정

편집 디자인 앤미디어 | **표지 디자인** 김희정

이메일 : support@youngjin.com

주　소 : (우)153-803 서울특별시 금천구 가산동 664번지 대륭테크노타운13차 10층 (주)영진닷컴 기획1팀

팩　스 : 02-2105-2207

프리미어, 어려운게 아니었네요?

촬영 장비의 대중화로 핸드폰으로 동영상 찍는 일이 보편화되고, 돌잔치나 웨딩 동영상을 직접 찍기도 합니다. 이렇게 촬영된 동영상들을 그대로만 가지고 있어도 좋지만 좀 더 나은 편집을 할 수 있다면 훨씬 멋진 영상이 되겠죠?

프리미어 프로 CS4는 대표적인 영상 편집 프로그램으로 꾸준히 발전해 오고 있으며, 가장 대중적인 영상 편집 프로그램으로 자리 매김하고 있습니다. 프리미어는 영상 편집을 처음 접하는 사람이나 전문적인 편집을 원하는 사람 모두가 만족할 수 있는 영상 편집 프로그램입니다.

새롭게 선보인 프리미어 프로 CS4/CS5는 이전보다 더욱 유연해지고, Adobe 프로그램간의 공유 작업이 더 편리해졌으며, 손쉬운 편집과 변환 작업이 가능해졌습니다.

이 책을 통해서 프리미어에서 어렵게만 느껴졌던 촬영 및 편집 기법을 좀 더 쉽게 배울 수 있기를 바랍니다.

❶ Section 프리미어 프로의 기능 살펴
보기와 예제 따라하기를
Section으로 배워봅니다.

❷ 따라하기 누구나 쉽게 따라할 수 있도록 자세한
설명으로 예제를 진행합니다.

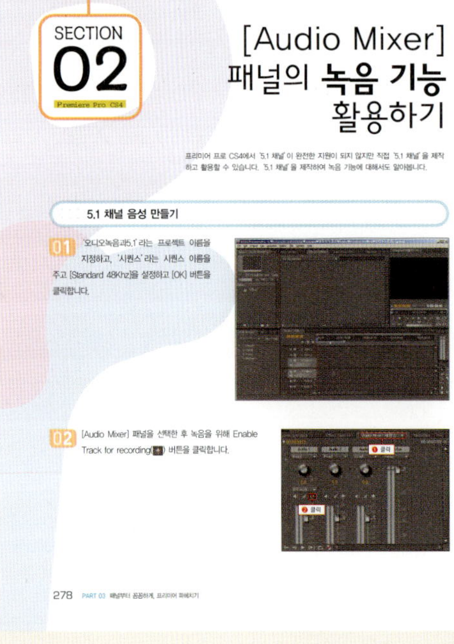

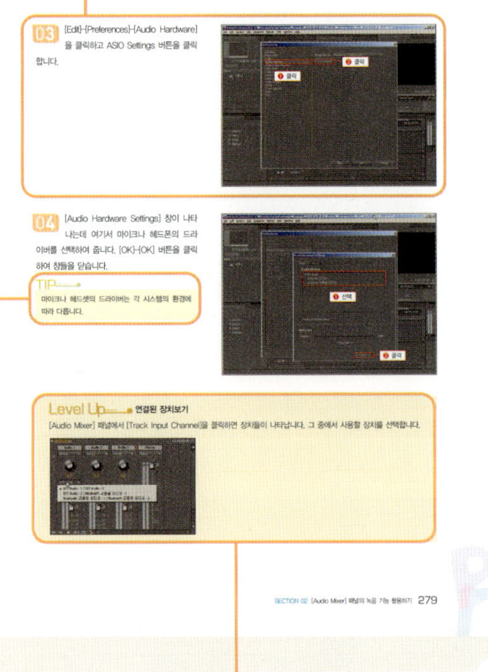

❸ Tip 예제 따라하기 과정에서 알아 두어야 할 사항
들을 간단히 알려주어 학습자의 이해를 돕습
니다.

❹ Level up 프리미어 프로의 스킬 능력을
올려주는 활용법입니다.

4

❺ **Actions** 따라하기 과정에서 반복되는 작업들을 정리하여 보여줍니다.

❻ **이것만은 알아두세요** 예제에서 사용했던 프리미어 프로의 기능들을 자세히 설명해 각 기능들의 역할을 확실히 이해하도록 합니다.

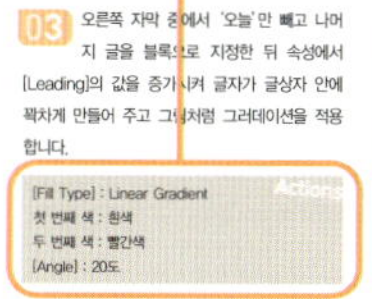
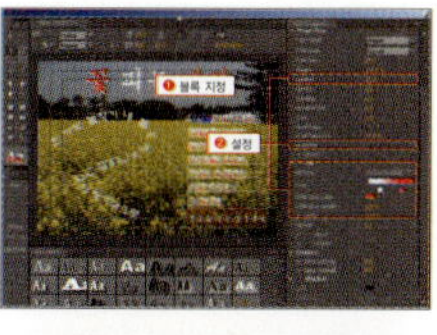
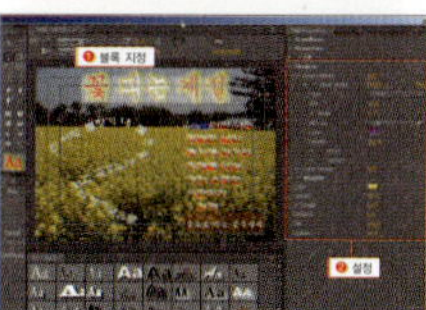
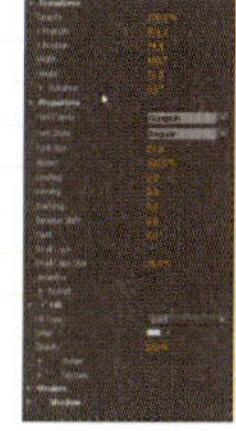

부록 DVD 소개

부록 DVD를 넣으면 '예제파일' 폴더가 있습니다. 본문의 따라하기 부분에서 불러올 예제 파일들이 Part별, Chapter별 구분되어 있어 학습 자료들을 쉽게 찾아볼 수 있습니다.

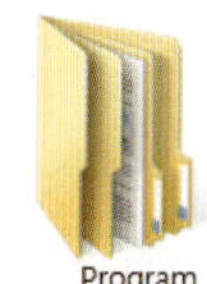

Contents

PART 01
프리미어 프로 CS4&CS5와 나의 첫 만남!

12 Chapter 01 프리미어 프로 CS4&CS5 만나기

14 Section 01 프리미어 프로의 기본이해

17 Section 02 프리미어 프로 CS4 설치하기

20 Section 03 프리미어 프로 CS5 설치하기

26 Section 04 코덱 살펴보기

30 Section 05 프리미어 프로 CS4의 새로운 기능들

35 Section 06 프리미어 프로 CS5의 새로운 기능들

38 Chapter 02 영상 작업을 위한 준비 운동하기

40 Section 01 영상 작업에 필요한 하드웨어 구성 살펴보기

43 Section 02 촬영 기법 알아두기

PART 02
프리미어 프로 CS4 기초부터 탄탄하게!

48 Chapter 01 프리미어 프로 CS4! 구석 구석 살펴보기

50 Section 01 영상 편집, 처음부터 끝까지

56 Section 02 작업 효율을 높여 주는 프로젝트 살펴보기

62 Section 03 프로젝트의 새로운 기능 살펴보기

73 Section 04 시퀀스의 새로운 기능 살펴보기

80 Section 05 시퀀스 옵션 이용하여 영상 편집하기

88 Section 06 비디오 트랙과 오디오 트랙 이용하기

94 Section 07 입출력에 관한 창 살펴보기

100 Chapter 02 영상 편집의 기본, 패널 살펴보기([Tool] 패널)

102 Section 01 패널 메뉴를 이용해 편집하기

110 Section 02 패널을 이동해서 내가 원하는 작업 화면으로 구성하기

114 Section 03 5가지 공간 모드로 작업 공간 최적화하기

122 Section 04 [Tool] 패널로 시작하는 영상 편집

PART 03
꼼꼼하게, 프리미어 파헤치기

134 Chapter 01 [Project] 패널 기능 익히고 활용하기

136 Section 01 [Project] 패널 살펴보기

145 Section 02 Bin 활용하기

150 Section 03 [Project] 패널의 버튼 이용하여 영상 제작하기

159 Section 04 자동 기능(Automate To Sequence) 활용하기

165 Section 05 [Project] 패널에서 클립 크기 조절하고 클립 검색하기

168 Chapter 02 [Source] 모니터 패널의 기능 익히고 활용하기

170 Section 01 [Source] 모니터 패널로 클립 조절하기

177 Section 02 조절기 기능과 Output 기능 활용하기

188 Section 03 [Source] 모니터 패널의 옵션 기능 사용하기

195 Section 04 멀티 카메라로 영상 편집하기

Contents

200 Chapter 03 [Timeline] 패널의 기능 익히고 활용하기

202 Section 01 [Timeline] 패널의 옵션 사용하기

215 Section 02 [Timeline] 패널의 스냅 기능 사용하기

221 Section 03 마커를 이용하여 영상 불러오기

227 Section 04 편집한 여러 시퀀스를 하나의 시퀀스로 만들기

235 Section 05 영상의 속도를 내 마음대로 조절하기

242 Chapter 04 [Effect Controls] 패널과 각종 패널을 익히고 활용하기

244 Section 01 이펙트 적용하고 삭제하기

279 Section 02 [Motion] 기능으로 역동적인 영상 만들기

253 Section 03 [Opacity]를 이용해 영상의 불투명도 설정하기

257 Section 04 키프레임 설정과 보간법 설정하기

264 Section 05 영상 정보와 히스토리를 이용해 편집하기

272 Chapter 05 [Audio Mixer] 패널와 [Program] 모니터 패널 익히고 활용하기

274 Section 01 [Audio Mixer] 패널의 기본 기능 활용하기

278 Section 02 [Audio Mixer] 패널의 녹음 기능 활용하기

286 Section 03 [Program] 모니터 패널의 옵션 기능 활용하기

PART 04
이펙트를 이용하여 영상 전문가로 거듭나기

292 **Chapter 01** 이펙트 제대로 배워 멋지게 응용하자.

294 Section 01 [Effects] 패널의 기능 살펴보기

297 Section 02 [Presets] 기능으로 영상 제작하기

336 Section 03 [Audio Effect] 기능으로 오디오에 효과주기

343 Section 04 [Video Transitions] 기능으로 영상 편집하기

366 **Chapter 02** 영상 자막의 제작과 활용법 익히기

368 Section 01 기본 자막 만들기

373 Section 02 타이틀 창의 툴을 이용하여 영상 자막 만들기

378 Section 03 액션 툴을 이용해 자막 꾸미기

381 Section 04 자막 활용하기

384 Section 05 템플릿으로 손쉽게 자막 편집하기

388 Section 06 움직이는 자막 만들기

PART 05
실무가 편해지는 영상 편집 노하우

396 **Chapter 01** 프리미어 프로 100% 활용하기

398 Section 01 나만의 뮤직 비디오 만들기

405 Section 02 노래방 자막 만들기

415 Section 03 광고 만들기

CHAPTER 01 프리미어 프로 CS4&CS5 만나기 | CHAPTER 02 영상 작업을 위한 준비 운동하기

프리미어 프로 CS4 & CS5와 나의 첫 만남!

프리미어의 발전 과정과 CS4와 CS5의 특징을 알아보고 설치해봅니다. 프로그램을 설치하고 영상 촬영 기법과 장비들, 프로그램을 원활히 작동하기 위한 코덱에 대해서도 알아봅니다.

PART 01

프리미어 프로
CS4&CS5 만나기

프리미어 프로 CS4는 대표적인 영상 편집 프로그램으로 꾸준히 발전해 오고 있으며, 가장 대중적인 영상 편집 프로그램으로 자리 매김하고 있습니다. 프리미어는 영상 편집을 처음 접하는 사람이나 전문적인 편집을 원하는 사람 모두가 만족할 수 있는 영상 편집 프로그램입니다.

CHAPTER 01

SECTION 01 프리미어 프로의 기본이해 | SECTION 02 프리미어 프로 CS4 설치하기 | SECTION 03 프리미어 프로 CS5 설치하기 | SECTION 04 코덱 살펴보기
SECTION 05 프리미어 프로 CS4의 새로운 기능들
SECTION 06 프리미어 프로 CS5의 새로운 기능들

프리미어 프로의 기본이해

영상 편집의 가장 대표적인 프리미어 프로의 역사와 CS4/CS5의 전반적인 특징을 살펴보도록 하겠습니다. 프리미어 프로를 처음 접한 독자분이라면 가볍게 이해하고 넘어가시길 바랍니다.

01 :: 프리미어의 역사

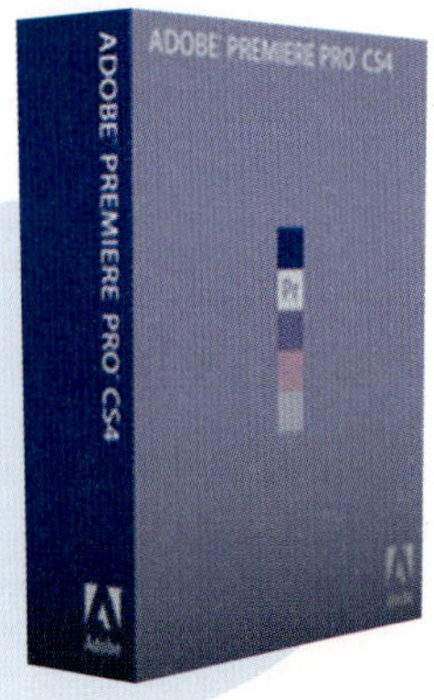

영상 편집 프로그램 중 가장 많이 사용되는 프로그램은 프리미어 프로입니다. 처음에는 매킨토시용으로 출시되었고 1993년에 PC용 1.0버전이 출시됩니다. 1994년 4.2버전까지 꾸준히 발표하면서 CD-ROM Movie Maker 플러그인와 사운드 매니저 3.1를 제공함으로써 편리성을 향상시켰습니다. 6.0에서는 웹용 동영상을 제작할 수 있도록 하였고, 2002년 6.5를 출시하면서 보다 강력한 프리뷰와 인코더, 타이틀이 내장되어 작업의 효율성을 높여 주었습니다.

2003년에는 기능을 향상시켜서 7.0버전이 아닌 프리미어 프로 1.0으로 개명하고 발표하게 됩니다. 2006년에는 멀티카메라, 클립보드 등 여러 지원이 가능한 프로 2.0을 발표하고, 2007년 플래시로 유명한 매크로미디어사를 인수하여 통합하고 통일된 명칭을 가진 프리미어 프로 CS3를 발표하게 됩니다. 2008년 12월 초에 Encore와 OnLocation을 포함시키는 CS4를 발표했습니다.

2년만인 2010년 5월 발표된 CS5는 작업시간을 훨씬 단축시켜 주며 렌더링 가속화(Mercury Playback Engine)를 장착하여 유동적이며 뛰어난 실시간 편집을 가능하게 해줍니다.

CS4는 보다 뛰어난 기능의 추가보다는 좀 더 편리하고 빠른 처리 능력에 중심을 두었습니다. 단, 이전 버전보다 시스템의 성능을 많이 요구하고 있습니다. 메모리가 2G이하면 설치가 되지 않고, 듀얼코어 이상의 CPU와 OpenGL 2.0호환이 가능한 그래픽카드 이상의 장치면 효율적으로 사용할 수 있습니다.

그전에는 7개 정도의 언어만 지원했는데 CS4에서는 30여개 언어를 확장시켜 한글판 사용이 가능합니다. 특히, 초보자들은 한글판이 사용하기 쉽지만, 이전 사용자들은 영문판이 눈에 익어 영문판으로 선택하여 설치하실 수 있습니다.

그에 반해 CS5는 64bit 운영체제의 속도와 GPU 가속 기능인 렌더링 가속화(Adobe Mercury Playback Engine), 스크립트를 이용하여 다른 프로그램을 사용할 수 있는 워크플로우, CS5의 응용 소프트웨어를 이용하여 제작과정에 보다 매끄럽고 향상된 기능을 제공합니다.

❶ 아비드 장비

이전의 영상은 VTR 등의 장비를 사용하여 TAPE 기반의 작업을 하였는데 이것을 리니어 편집이라 부르며 사용했습니다. 리니어 편집은 VTR 2대 이상을 두고 한쪽에서는 원본 영상에 자막기, 효과기, 장면전환기 등의 장비를 거쳐 녹화기에 담는 작업을 하였습니다. 물론, 지금에 비하면 많이 느립니다. 이후 컴퓨터의 보급과 개발로 컴퓨터상에서 작업을 처리하기 시작했는데 이것을 넌리니어 편집이라 부르며 사용하게 됩니다. 또한 넌리니어 장비인 AVID도 리니어 방식의 용어와 인터페이스가 비슷하여 엔지니어분들은 AVID를 선호하고 많이 사용합니다. 방송국에서 근무하시는 예전 엔지니어분들은 당연히 AVID 장비에 익숙합니다. 단, 그만큼 장비는 고가입니다.

이후, Adobe에서는 프리미어를 출시하여 다양한 코덱과 출력 포맷을 사용할 수 있게 하였고, 인터넷의 발전으로 인터넷 환경에서도 적용할 수 있는 편집 장비로 발전하게 되며 개인 편집 장비로 많이 사용하게 됩니다. 프리미어는 같은 회사의 애프터 이펙트(전문 이펙트 효과 편집 프로그램)와 결합하여 보다 나은 영상을 만들어 갑니다.

❷ 베가스 프로

베가스 프로 8 : 사운드포지(오디오 편집 프로그램)로 유명한 Sony에서 베가스를 출시된 프로그램으로 원래 오디오 편집기로 개발되었으나 2.0부터 영상과 소리를 위한 비선형 편집 시스템으로 개발되었습니다. 실시간 다중 트랙 영상 및 소리 편집을 제한 없는 트랙에서 편집할 수 있도록 하였으며 폭넓은 포맷 지원과 뛰어난 효과 처리, 고성능 오디오 편집 기능 등 사용자가 보다 쉽고 효율적으로 작업할 수 있는 프로그램입니다.

베가스 프로 9: 프로젝트 네스팅, 키보드 명령어 시퀀스 생성 및 저장, 반복적인 작업을 자동으로 수행할 수 있는 애플리케이션 스크립트 기능 등의 특징을 가지고 네트워크 렌더링 기능을 사용하며 복잡한 프로젝트 렌더링 시 여러 대의 컴퓨터와 네트워크화된 드라이브를 사용하여 작업 시간을 단축할 수 있는 기능을 추가합니다.

프리미어 프로 CS4 설치하기

www.adobe.co.kr 사이트에서는 출시된 최신 버전의 시험버전이 등록되어 있습니다.
부록 CD안에 있는 프리미어 프로 CS4 시험버전으로 설치하기 바랍니다.
자신의 컴퓨터의 사양을 잘 확인하고 권장사항을 확인한 후 설치 과정대로 설치합니다.

01 프리미어 프로 CS4 설치 권장 사양

우선 자신의 컴퓨터의 사양을 확인합니다.

	WINDOWS 설치 사양	Mac OS 사양
CPU	Intel Pentium 4 이상	멀티코더 Intel 프로세서
메모리	2G 이상	2G 이상
HDD	10G 이상	10G 이상
그래픽카드	OPenGL 2.0 호환 가능	OPenGL 2.0 호환 가능
운영체제	XP 서비스팩2(단독 설치 시), 서비스팩3(패키지 설치 시)	Mac OS v10.4.11~10.5.4

02 프리미어 프로 CS4 설치하기

프리미어 프로 CS4는 단독 또는 여러 개의 통합 솔루션으로 구성된 제품의 일부분으로 들어
있으며, 기본적으로 고가의 장비 프로그램입니다. (시험버전은 30일 사용할 수 있습니다.)

01 부록 DVD의 Program\Premiere Pro
CS4_32bit 안의 ADOBEPPROCS4_
LS7.exe 파일을 더블클릭합니다. 바탕화면에 압축
이 풀리면 Adobe CS4 안의 setup.exe 파일을
더블클릭하여 설치를 시작합니다.

(설치파일 : 바탕화면의 Adobe CS4\Premiere
Pro\Adobe CS4 폴더)

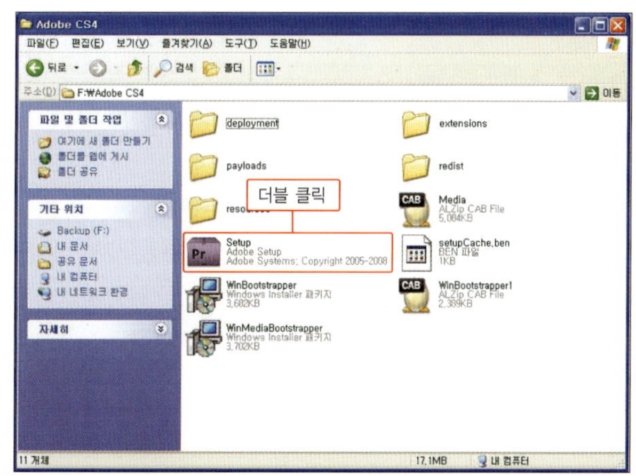

02 설치를 시작하면 설치 관리자창이 나타나면서 시스템 프로파일 검사를 진행합니다.

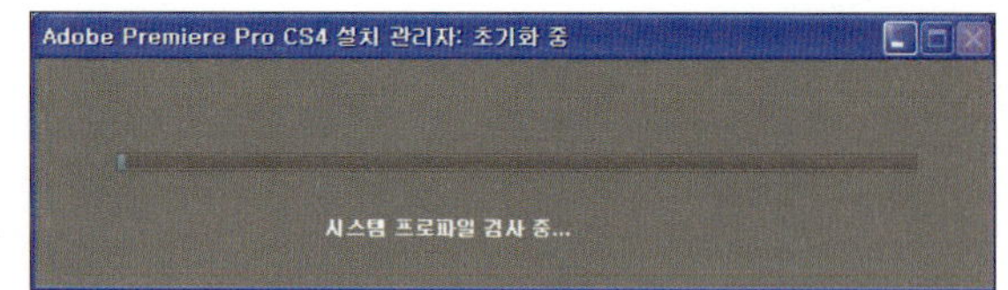

03 일련번호창이 나타나면 '시험버전'을 선택하고 [다음]을 클릭합니다.

TIP

시험버전의 사용기간은 30일 입니다. 그 기간 안에 충분히 경험해 보시고, 정식버전을 신청하시면 일련번호를 알려주므로 구매 후 계속 사용할 수 있습니다.

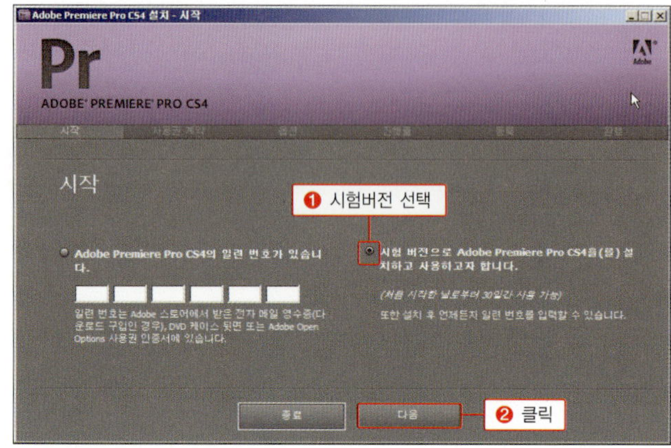

04 사용권 계약에 대한 내용이 나타나면 [동의]를 클릭합니다.

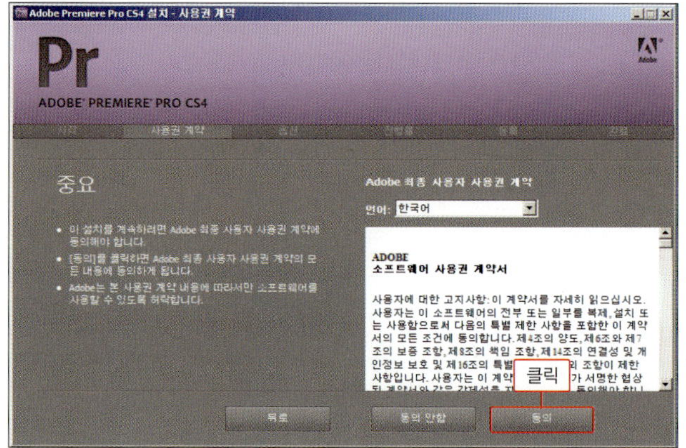

05 설치 옵션창에서 '간단한 설치(권장)' 선택, 설치 언어는 'English(US)'로 변경하고 [설치]를 클릭합니다.

TIP

이 단계에서 한국어 버전 또는 영문 버전을 설정할 수 있습니다. 저자는 지금까지 한국어 버전이 나오지 않는 관계로 영문 버전 사용이 익숙하여 영문 버전으로 설치합니다.

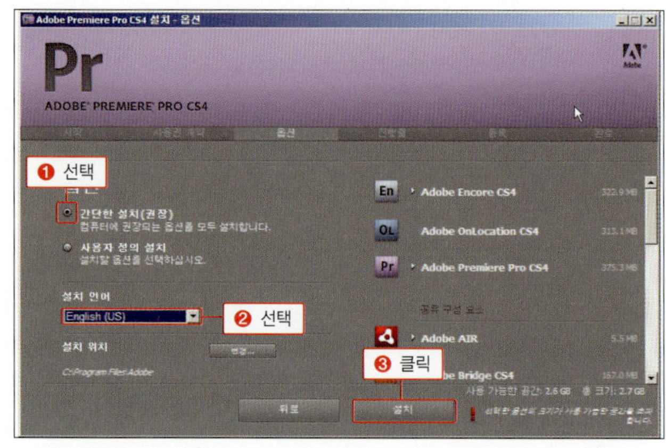

 설치가 진행됩니다.

TIP

프리미어를 설치하는 중에는 다른 응용 프로그램을
사용하지 않도록 합니다. 중간에 프로그램 설치가 중
단되거나, 설치 오류가 나올 수 있습니다.

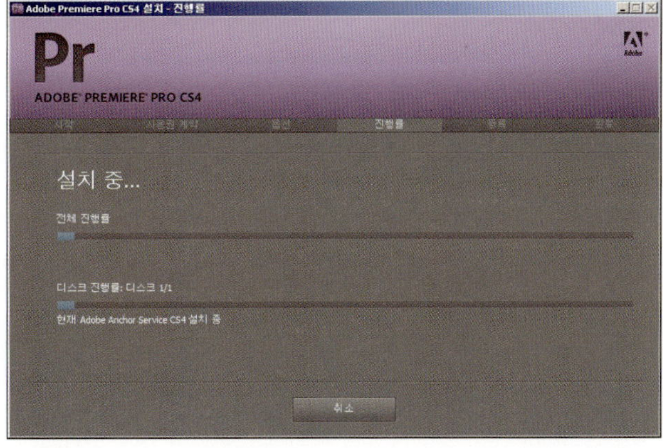

07 [종료] 버튼을 클릭하여 설치를 완료합
니다.

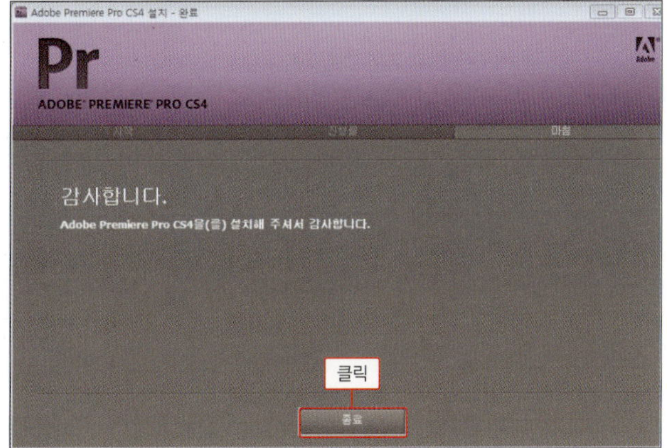

프리미어 프로 CS5 설치하기

CS5는 최신 버전으로 www.adobe.co.kr 사이트에서 다운받아 설치하거나 부록 DVD의 파일을 설치합니다. CS5는 CS4보다 좀 더 고사양의 컴퓨터를 요구하므로 권장 사양을 확인하고 설치하시길 바랍니다.

01 프리미어 프로 CS5 설치 권장 사양

	WINDOWS 설치 사양	Mac OS 사양
CPU	Intel® Core™ 2 Duo 또는 AMD Phenom® II 프로세서(64bit 지원 필요)	멀티코어 Intel 프리세서(64bit 지원)
메모리	2GB RAM(4GB이상 권장)	2GB RAM(4GB이상 권장)
HDD	10GB의 설치여유공간	10GB의 설치여유공간
그래픽카드	OpenGL 2.0 호환 그래픽카드가 장착된 1280×900 디스플레이	OpenGL 2.0 호환 그래픽카드가 장착된 1280×900 디스플레이
운영체제	Vista, Windows 7 버전의 64bit 운영체제 필요	Mac OS X v10.5.7 또는 v10.6.3, GPU 가속 성능을 사용하려면 Mac OS X v10.6.3 필요

Level Up — 프리미어 프로 CS5를 제대로 사용하기 위한 최적 사양

CPU : Quad core with Hyper-Threading

RAM : 8~16 GB

GPU(그래픽카드) : GPU 가속을 위한 그래픽 카드들도 Mercury Playback Engine(렌더링 가속화)을 사용하기 위한 필수 조건이 됩니다. 일반적으로 매우 고가입니다.

- Quadro CX(Windows)
- Quadro FX 3800(Windows)
- Quadro FX 4800(Windows 및 Mac OS)
- Quadro FX 5800(Windows)
- GeForce GTX 285(Windows 및 Mac OS)

OS : Windows 7 버전(64bit)

HDD : 압축된 비디오 포맷을 편집하는 경우 7200 RPM 하드 드라이브(압축되지 않은 경우 RAID 0)

프리미어 프로CS5의 경우 64bit 운영체제에서만 설치할 수 있습니다. CS5는 CS4와 달리 어도비사 홈페이지에서 다운로드 받아 설치해 보겠습니다. 부록 DVD에 수록된 파일로 설치할 경우 CS4와 유사하며 10번 과정부터 참고합니다.

01 먼저, 어도비사 사이트 'http://www.adobe.com/kr'로 이동합니다.

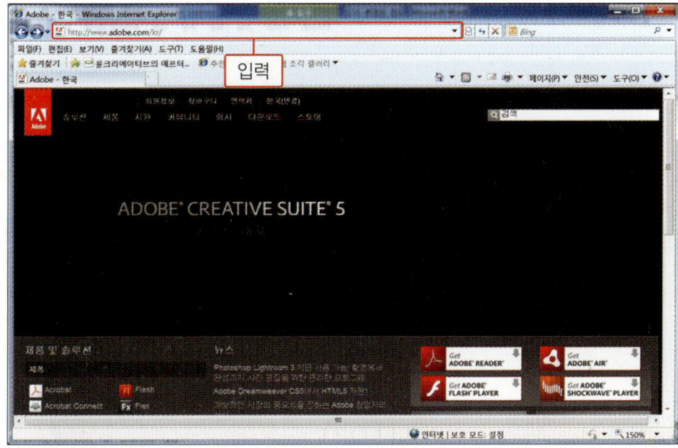

02 상단의 메뉴 중 다운로드를 선택하면 하단 바에 나타나는 '시험버전 다운로드'를 클릭합니다.

03 여러 제품군 중에서 Premiere에서 '시험버전'을 클릭합니다.

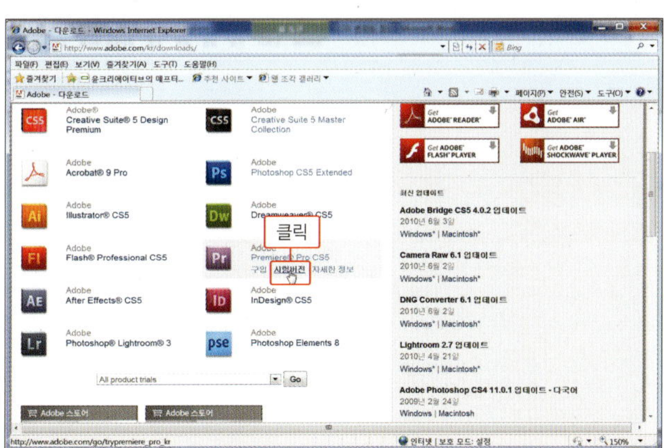

04 프리미어 무료 시험버전 다운로드 사이트창이 나타나는데 '한국어|Windows 64-bit|1.41 GB'을 선택하고 아래의 [지금 다운로드]를 클릭합니다

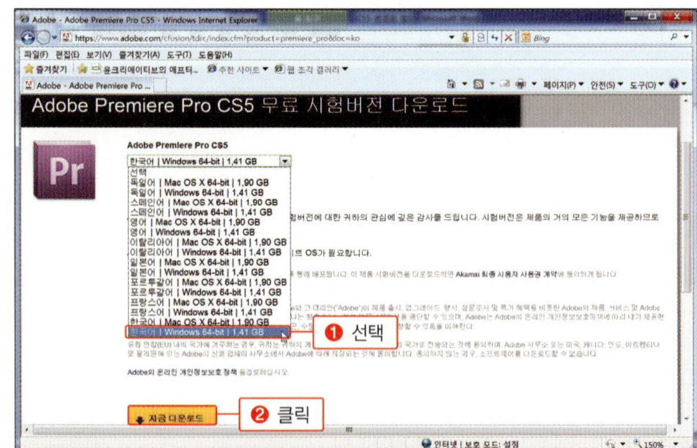

05 Adobe사의 계정이 있으면 로그인을 하고, 계정이 없다면 왼쪽의 [Adobe 계정 만들기]를 클릭합니다.

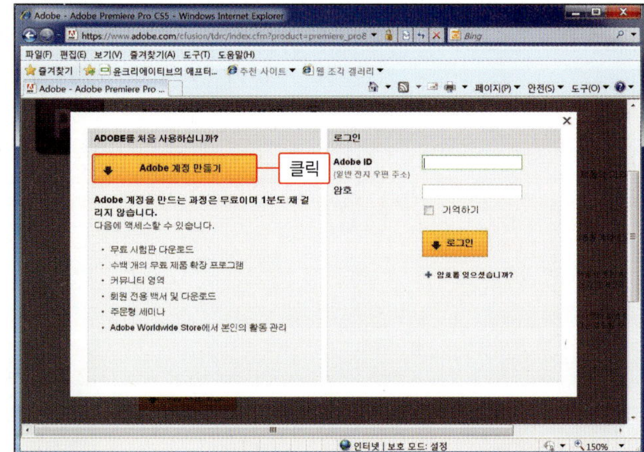

06 계정을 새로 생성하는 경우, 가입 내용을 입력하고 [계속]을 클릭합니다.

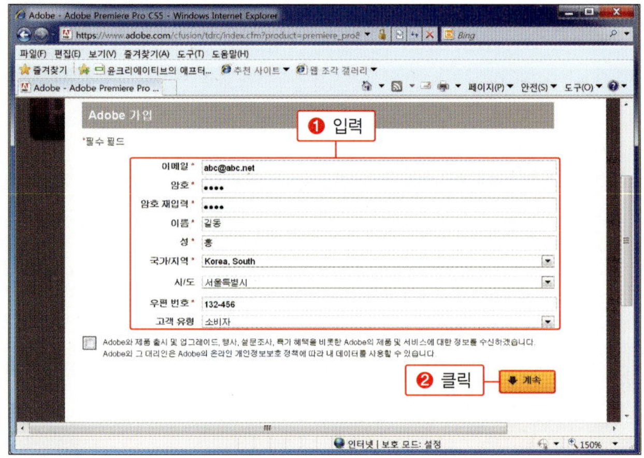

07 가입이 완료되었으면 가입한 이메일과 암호를 넣고 [로그인]을 클릭합니다.

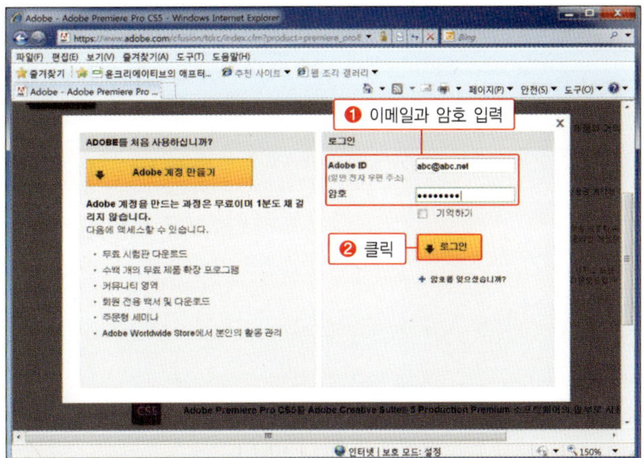

08 작은 팝업창이 나타나면 설치 프로그램을 사용하지 않을 경우 '파일 1/2'와 '파일 2/2'을 클릭합니다.

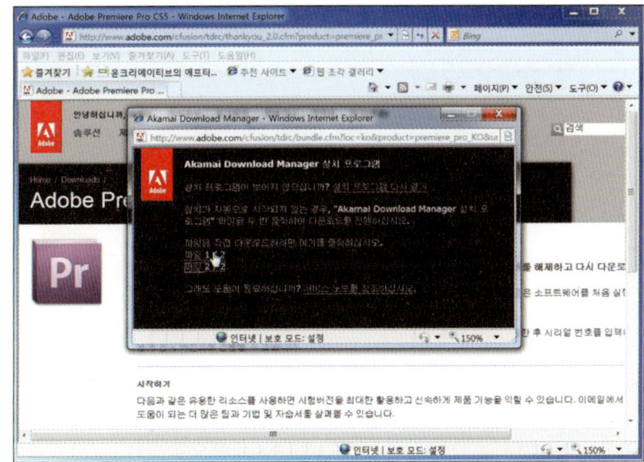

09 [파일 다운로드] 창이 뜨면 [저장]을 클릭하여 원하는 곳에 저장합니다.

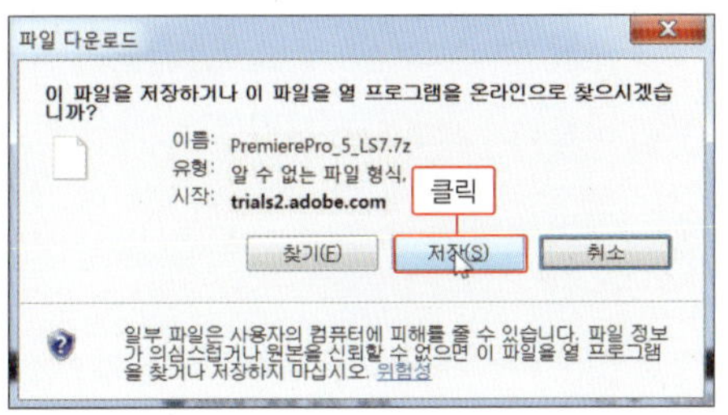

10 저장한 2개의 파일 중 실행 파일(PremierePro_5_LS7.exe)을 더블클릭하고 파일 열기창이 나타나면 [실행]을 클릭합니다.

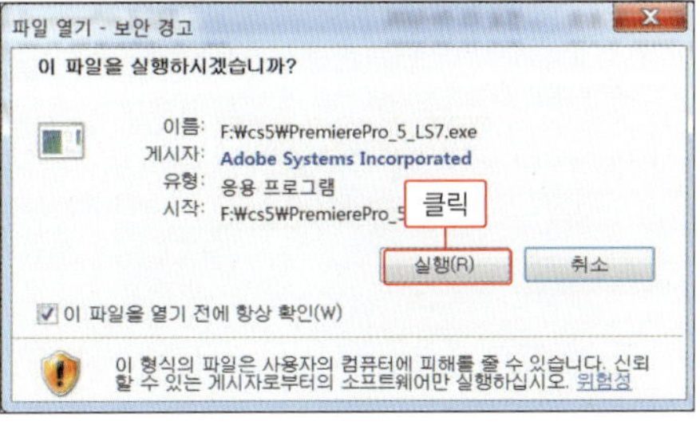

11 보통 바탕화면에 'Adobe Premiere Pro CS5' 폴더가 생성되는데 폴더 안의 'Adobe CS5' 폴더 안의 'Set-up'을 더블클릭합니다.

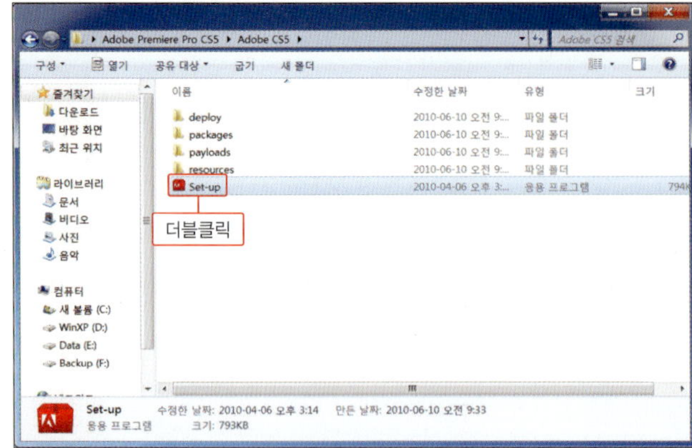

12 프리미어 프로 설치 프로그램이 시작되면서 사용권 계약 화면이 나타나는데 [동의함]을 클릭합니다.

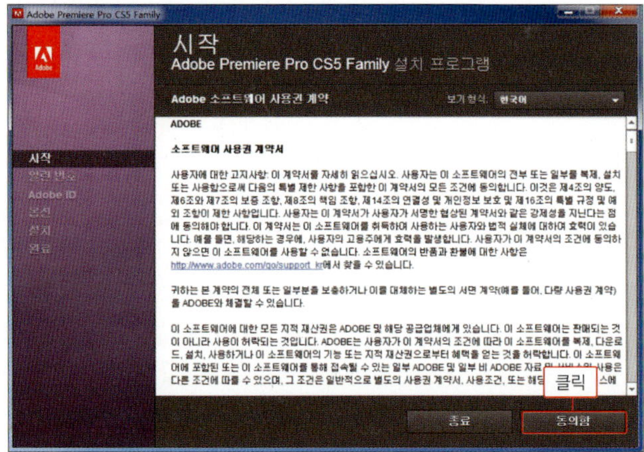

13 일련 번호 입력창이 나타나면 '이 제품을 시험판 버전으로 설치합니다.'를 선택하고 오른쪽의 언어 선택창에서 'English (International)'을 선택하고 [다음]을 클릭합니다.

TIP

영문판을 사용하기 위해서는 'English (International)'을 선택하고 한글판을 사용하기 위해서는 '한국어'를 선택하여 설치하면 됩니다.

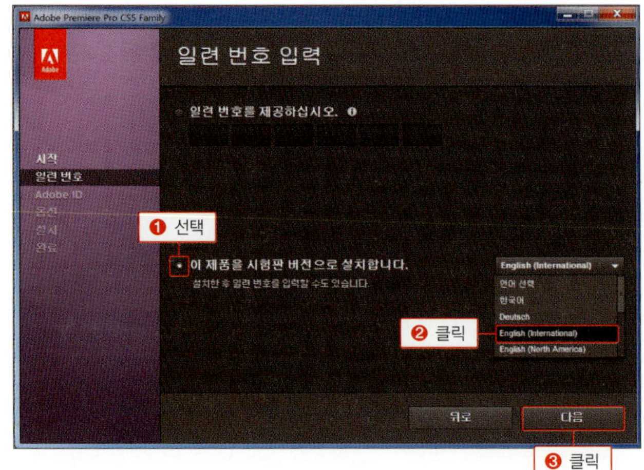

14 설치 옵션창이 나타나면 아래의 위치에
프리미어가 저장될 경로를 확인한 다음
[설치]를 클릭합니다.

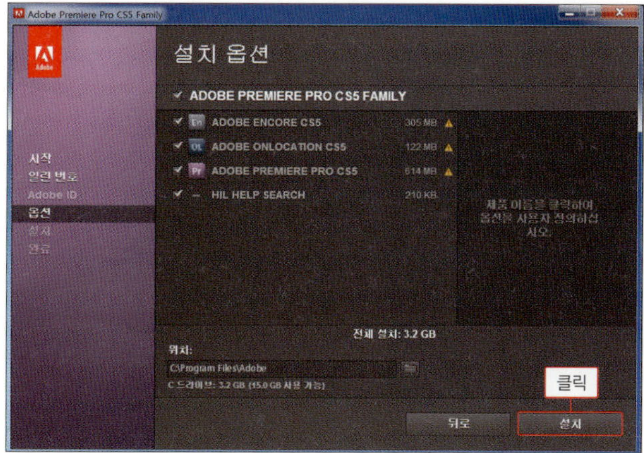

15 설치가 완료되면 [완료]를 클릭합니다.

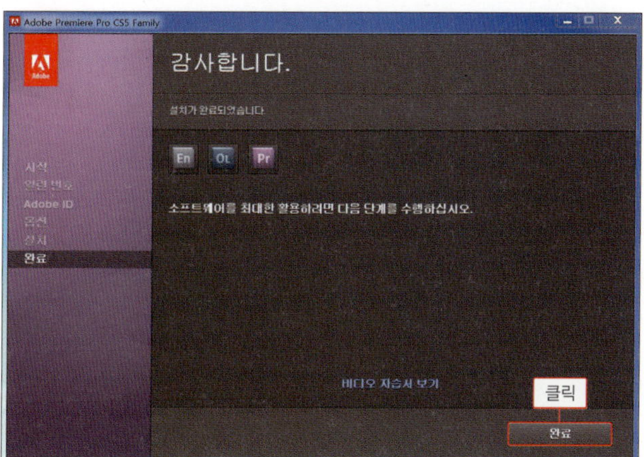

코덱 살펴보기

코덱이란 코더와 디코더의 합성어로, 음성이나 비디오 데이터를 컴퓨터가 처리할 수 있도록
디지털 데이터로 변환해 주는 프로그램입니다. 영상의 정보는 많은 정보를 가지고
있어서 클 수 밖에 없는데 이것을 압축하여 변환합니다.
동영상이 나오지 않거나 음성만 나오지 않는다면
코덱이 변환될 영상 데이터를 디지털 데이터로 변환시켜 주지 못했다고 보면 됩니다.

01   내 컴퓨터에 설치된 코덱을 제어판에서 살펴보기

01 [제어판] – [시스템]을 더블클릭하여 시스
템 등록정보가 나오게 합니다.

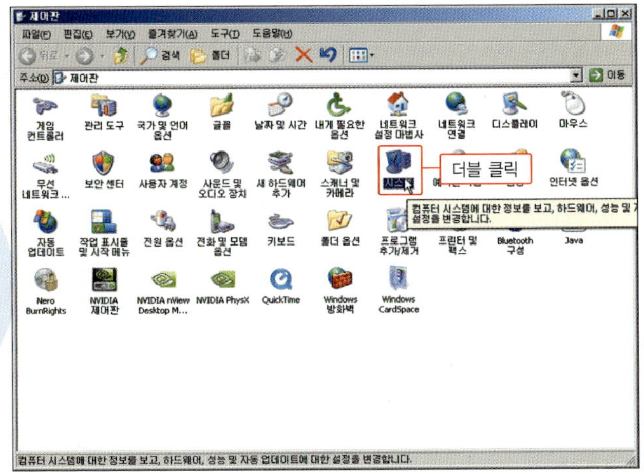

02 시스템 등록정보에서 [하드웨어]–[장치관리자]를 클릭합
니다.

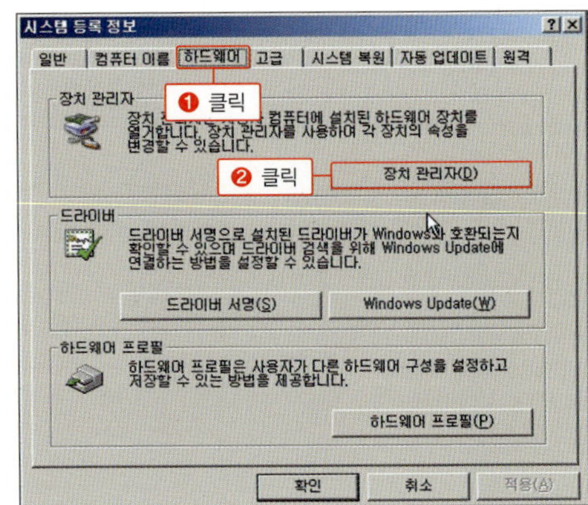

03 장치 관리자에서 [사운드, 비디오 및 게임 컨트롤러]–[비디오 코덱]을 더블클릭합니다.

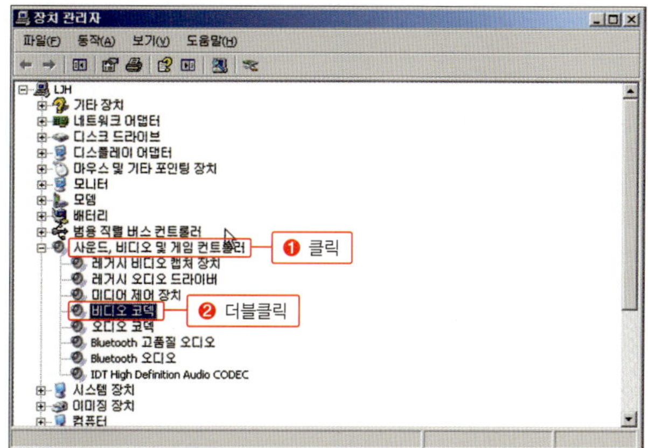

04 [비디오 코덱 등록 정보] 창에서 [속성] 탭을 클릭하면 컴퓨터에 저장된 코덱을 볼 수 있습니다.

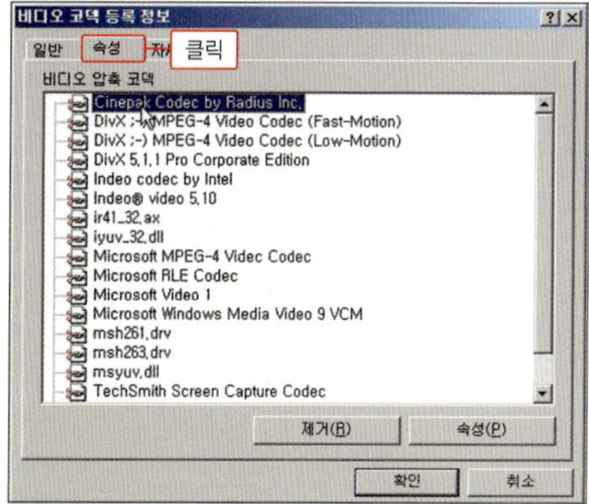

02 CodecInstaller를 이용해서 설치된 코덱 살펴보기(xp, vista, windows 7)

01 부록 DVD안의 [유틸리티] 폴더 안에 'setup_ codecInstaller _full.exe'를 더블클릭합니다.

02 설치창이 나타나면 [Next]를 클릭하여 설치를 진행하여
완료합니다.

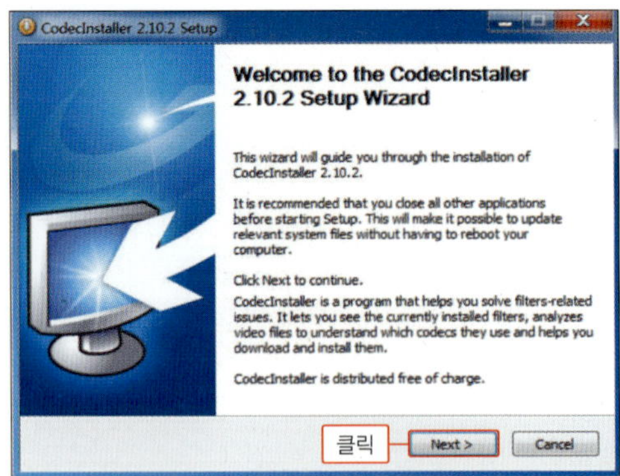

03 바탕화면의 CodeInstaller 아이콘을 실행한 후, [Installed Codecs]을 클릭합
니다.

04 자신의 컴퓨터에 깔려 있는 비디오 코덱과
오디오 코덱을 확인할 수 있습니다.

TIP

무조건 코덱이 많다고 좋은 것은 아닙니다. 코덱 간의
충돌이 일어나 영상이 제대로 재생되지 않을 수도 있
습니다.

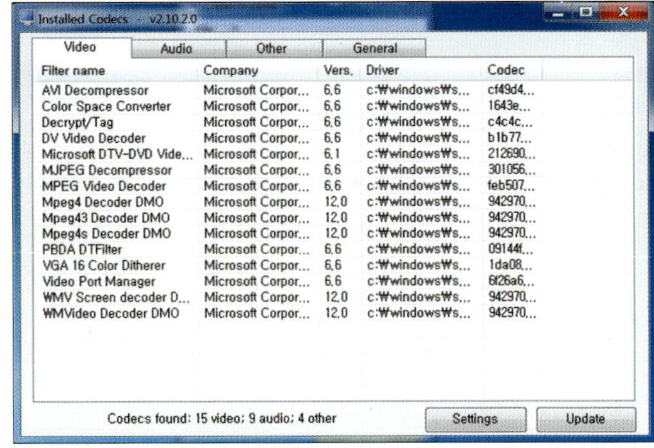

Level Up — 코덱 이모저모

Q. 어떤 코덱을 깔아야 하나요?

우선 대답해 드릴 수 있는 것은 '곰플레이어'를 설치하시길 바랍니다. 곰플레이어를 설치하면 일반적인 영상은 재생이 가능하고, 설치 시 코덱이 설치됩니다. 다른 종합 코덱을 설치하면 코덱 간의 충돌로 인하여 동영상이 나오지 않는 경우도 생깁니다. 가급적 종합 코덱은 피하는 것이 좋습니다.

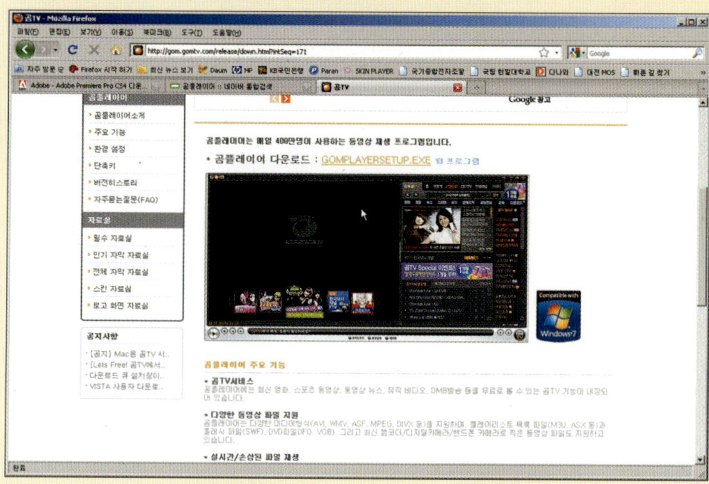

Q. 동영상이 열리지 않는데 필요한 코덱이 무엇인지 모르겠어요

필요한 코덱을 확인하는 프로그램은 많습니다. 그 중에 많이 사용되는 프로그램이 '무비리더'입니다. 인터넷에서 '무비리더'를 검색한 후, 다운로드 받아 설치합니다.

프로그램 실행 후, [찾기] 버튼을 클릭해 영상을 선택하면 필요 코덱들이 표시됩니다. 영상 정보와 소리 정보에 따라서 알맞은 코덱을 설치합니다.

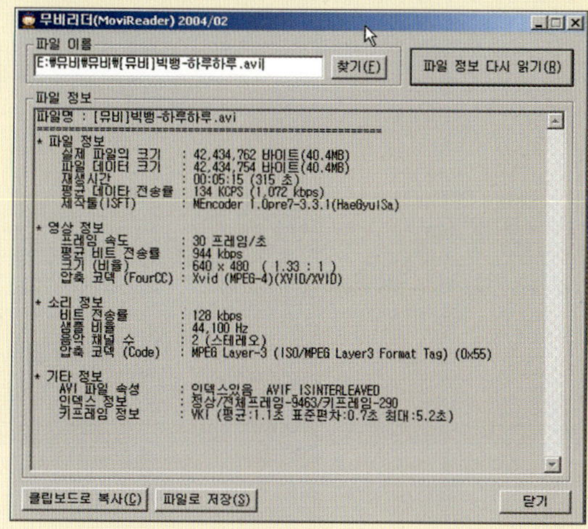

프리미어 프로 CS4의 새로운 기능들

CS4에서 추가된 패널의 기능과 새로워진 출력 기능, 달라진 버튼 등 이전 버전보다
편리해지고 빨라진 기능을 알아봅니다.

01 새롭게 추가된 패널들

❶ [Media Browser] 패널 : Windows 탐색기처럼 하드디스크 장치를 직접 검색하여 필요
한 데이터를 가져올 수 있습니다.

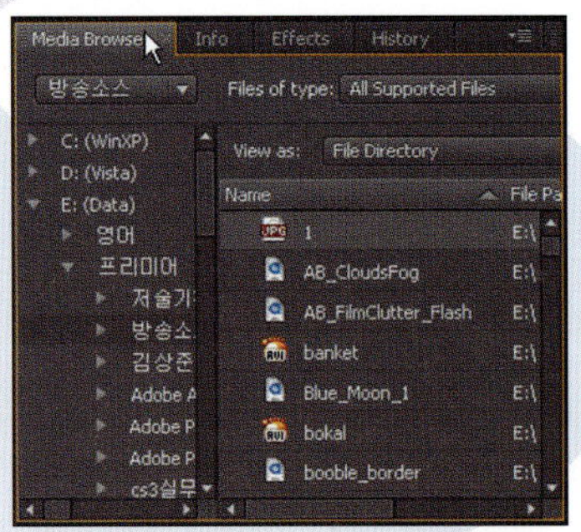

❷ [Resource Central] 패널 : 어도비사의 Resource Central 서버에 연결되어 뉴스와 자
료를 가져올 수 있습니다.

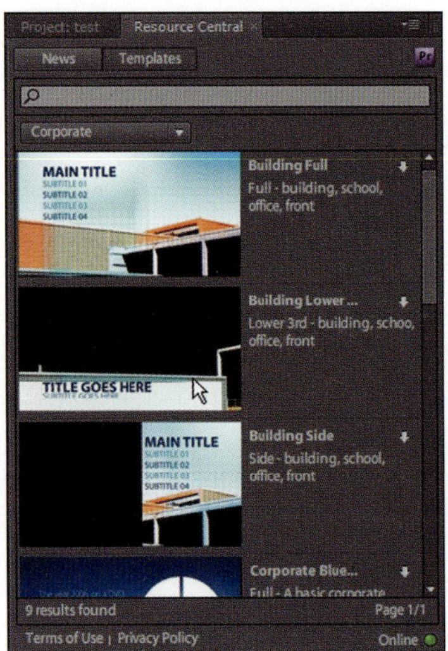

❸ [Metadate] 패널 : 클립들의 고유 데이터인 메타데이터를 표시해 줍니다.

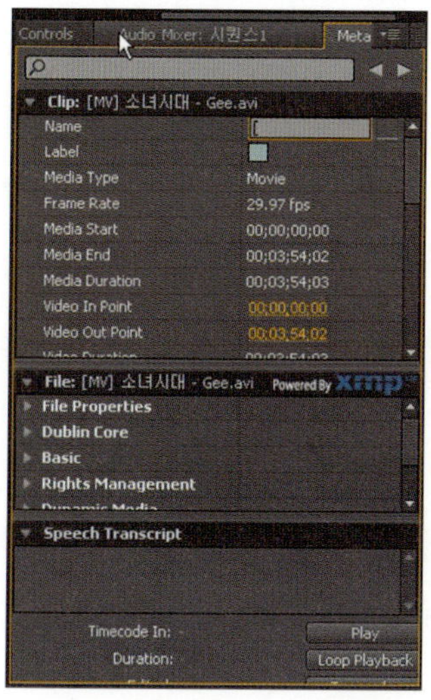

02 일괄적인 출력이 가능

Adobe Media Encoder가 독립적으로 사용되어 여러 파일을 일괄적으로 인코딩할 수 있습니
다. 또한, 인코딩하는 시간에 다른 편집 작업도 가능합니다.

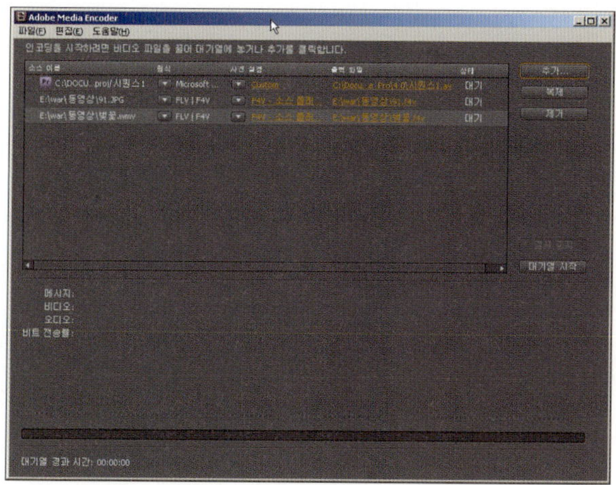

가능해진 트랜지션의 복사와 붙여넣기

이전에 불가능했던 트랜지션의 복사와 붙여넣기가 가능하게 되어 편집의 편리성을 높여줍니다.

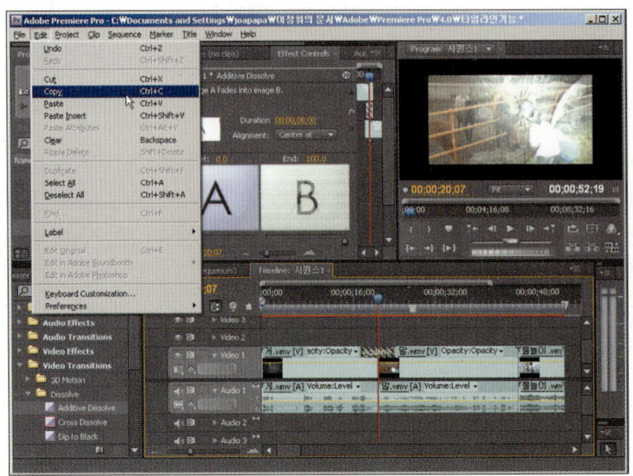

편리해진 패널의 이동 버튼과 옵션 버튼

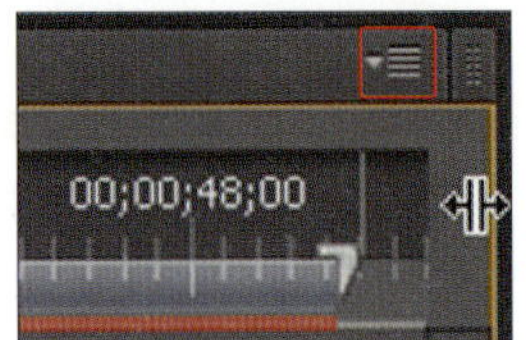

이동 버튼(■)과 옵션 버튼(■)이 생겨 패널의 옵션 설정과 패널의 이동이 편리해졌습니다.

[Export Settings] 창의 일원화

[Export Settings] 창에서 비디오와 오디오의 형식 설정과 출력 화면의 크기를 미리보면서 설정할 수 있습니다.

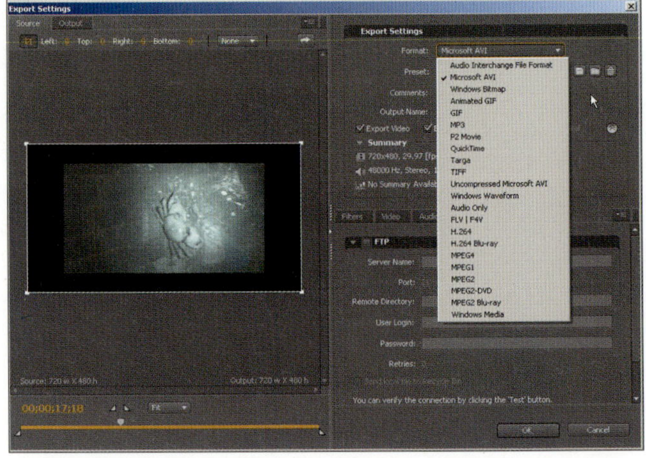

06 다양한 프리셋의 지원

CS4는 기존의 캠코더의 영상과 DV, HDV, 휴대기기 등의 영상도 지원하며 업데이트를 통해서 보다 많은 프리셋의 지원을 도와주고 있습니다.

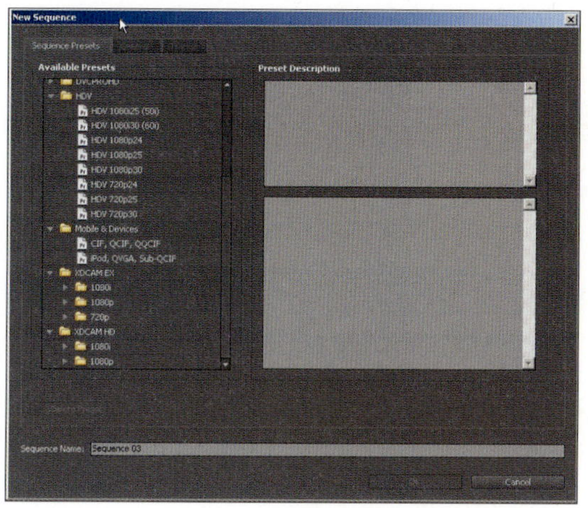

07 빠른 이펙트의 적용

이전 버전에서는 이펙트 적용 시 하나의 클립에 하나씩 적용하였지만, CS4는 여러 클립을 선택하여 한번에 적용하여 보다 빠른 편집이 가능합니다.

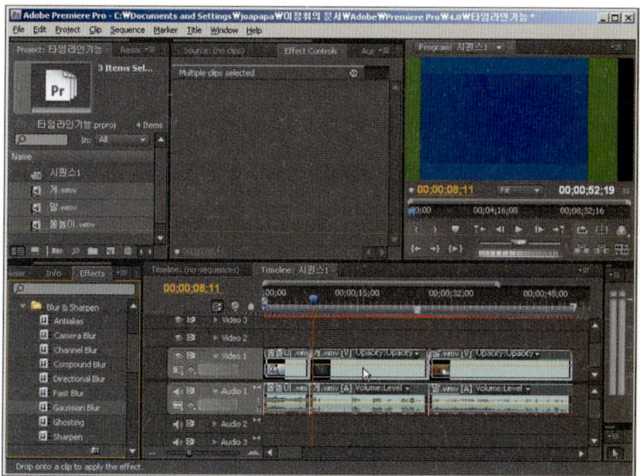

이전 버전에서는 적용된 이펙트를 [Effect Controls]에서 지웠지만, CS4는 마우스 오른쪽 버튼을 클릭해 바로가기 메뉴에서 손쉽게 제거할 수 있습니다.

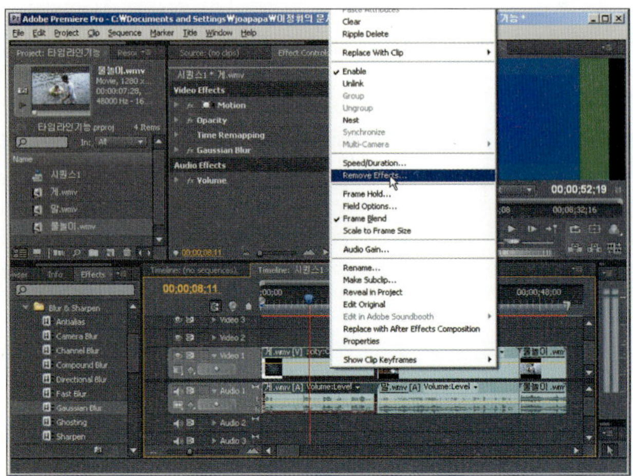

09 빠른 검색 및 변환

클립의 음성을 텍스트 기반의 메타데이터로 변환하고, 메타데이터의 특정 단어를 체크하면 해당 위치로 신속히 이동시켜 줍니다.

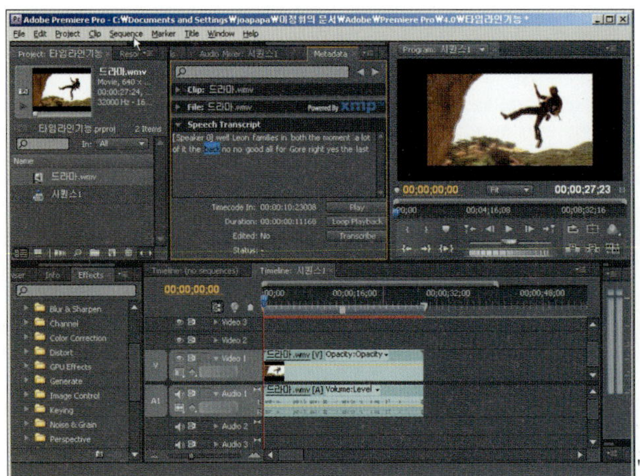

프리미어 프로 CS5의 새로운 기능들

프리미어 프로 CS5의 변화는 CS4에 많은 기능들의 추가와 사용자로 하여금
보다 효율적이고 더 많은 독립성을 보장하고 있습니다.

01 Mercury Playback Engine

Nvidia(대표적인 그래픽카드 회사)의 병렬 처리 아키텍처를 사용하는 GPU는 실시간 미리보기, 네이티브, 고해상도 영상 편집, 빨간색 4K 비디오의 다중 레이어 등을 포함하여 제공합니다.

HD급 이상의 영상을 보다 빠르게 실행하고 복잡하고 긴 포맷의 효과가 많이 포함된 프로젝트를 보다 안정적으로 재생할 수 있도록 합니다.

TIP

주로 사용되는 그래픽 카드
GeForce GTX 285(Windows 및 Mac OS)
Quadro FX 3800(Windows)
Quadro FX 4800(Windows 및 Mac OS)
Quadro FX 5800(Windows)
Quadro CX

02 워크플로우 확대

기본 지원인 XDCAM HD 50, AVCCAM, DPX, AVC-Intra, Canon 및 Nikon DSLR 카메라 등과 향상된 지원인 RED R3D가 지원됨에 따라 P2, XDCAM EX 및 HD, AVCHD에 대한 기존 지원을 활용하여 작업을 수행할 수 있습니다.

03 테이프리스 카메라 지원

테이프리스 카메라로 작업할 때 CS5의 강력한 로깅 옵션을 사용하는데 어떤 장면을 촬영 중인지 알린 다음 노트, 주석 및 추가 메타데이터를 입력하는 기능을 가지고 있습니다. 촬영한 클립을 복사할 때 이러한 정보는 Adobe OnLocation에서 자동 취합됩니다.

04 DSLR 카메라 기본 지원

사용이 손쉽고 포괄적인 툴셋을 사용하여 DSLR 카메라에서 촬영한 비디오를 쉽게 가져와 편집할 수 있습니다. 트랜스 코딩 및 리래핑을 제거하므로 원본 파일의 본래 품질을 유지할 수 있습니다.

05 강력한 Adobe 메타데이터 워크플로우

음성 검색 기능과 [Matadate] 패널에서 음성 텍스트를 직접 편집할 수 있고 템플릿을 사용하여 미디어 에셋에 대한 필수적인 세부 정보가 일괄적으로 포함되고 최종 출력 시 배포에 필요한 메타데이터만 포함됩니다.

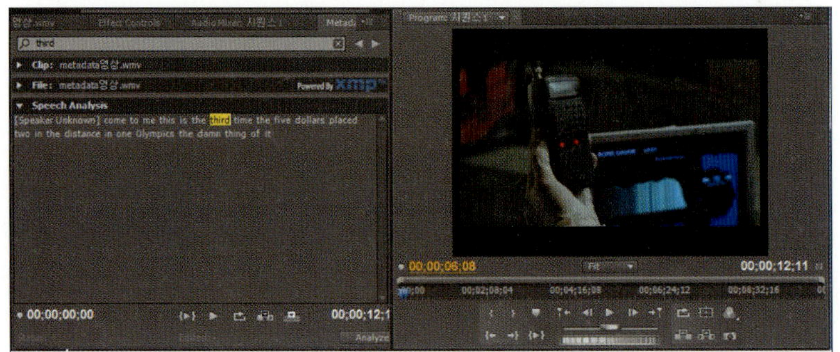

06 프레임 내보내기 버튼

Adobe Media Encoder를 통해 내보내기를 하지 않고도 [Export Frame] 버튼을 이용하여
정지영상(JPG)을 신속하게 내보낼 수 있습니다.

07 작업 시간을 단축시켜 주는 향상된 편집 기능

자동 장면 검색을 사용해 HDV 테이프에서 별도의 클립을 만들어 주고, 간격 찾기 기능을 이
용하여 간격을 쉽게 제거하여 시퀀스를 정리하며, Adobe OnLocation 촬영 목록에서
'Wanted' 태그가 달린 영상만 포함된 하위 프로젝트를 내보낼 수 있습니다.

영상 작업을 위한 준비 운동하기

영상 작업을 위한 준비물인 캠코더의 종류와 발전 과정, 연결 장치들을 알아보고, 촬영 시 사용되는 촬영 기법 등을 자세히 알아봅니다.

CHAPTER 02

SECTION 01 영상 작업에 필요한 하드웨어 구성 살펴보기
SECTION 02 촬영 기법 알아두기

영상 작업에 필요한 하드웨어 구성 살펴보기

훌륭한 영상을 만들어 내기 위해서는 촬영에 필요한 피사체, 배경들과 좋은 콘티 등이 필요합니다. 하지만 그것보다도 우선적인 것이 좋은 촬영 장비인데 좋은 장비는 좋은 영상을 만들 수 있습니다. 급속한 기술의 발달로 인해 좋은 장비들이 많이 나오고 있는데 그 장비들의 특성을 알아봅니다.

01 :: 캠코더의 종류

❶ 핸드폰

예전에는 촬영을 하기 위해서는 캠코더를 갖추고 있어야만 가능했는데, 요즘에서는 핸드폰에서 고해상도의 사진 촬영은 기본이고, 뛰어난 동영상 촬영도 가능합니다.

❷ 디지털 카메라

가격에 따라 많은 차이가 나지만, 요즘은 작고 강력한 카메라 장비들이 나오고 있습니다. 또한 동영상의 촬영과 저장이 가능해져 사진 촬영뿐만 아니라 영상을 촬영하고 데이터를 쉽게 이전할 수 있습니다.

❸ 핸디캠

보통 가정용 캠코더로, 크기가 작고 무게가 가볍습니다. 또한 저렴한 가격에 구매가 가능하며 쉽게 촬영할 수 있습니다. 단, 일반적인 캠코더보다 화질이 떨어집니다.

❹ 캠코더

방송용 카메라, 야외용 카메라(ENG 카메라) 등으로 고가이지만 뛰어난 영상을 만들어 줍니다. 개인용보다는 업무용이나 방송용으로 많이 사용됩니다.

❺ 아날로그 방식과 디지털 방식

아날로그는 보통 8mm계열과 VHS계열로 나누고 8mm는 일반 8mm와 Hi 8로 나누고, VHS계열은 일반 VHS, VHS-C, S-VHS 방식으로 구분됩니다.

디지털 방식은 6mm계열인데, 여기서 8mm이나 6mm는 캠코더에 들어가는 테이프의 크기를 의미합니다. 6mm인 디지털 방식은 테이프 자체는 작지만 밀도 자체가 높아 디지털의 신호를 변환없이 그대로 담아 두었다가 컴퓨터에 바로 연결하여 영상을 보여줍니다.

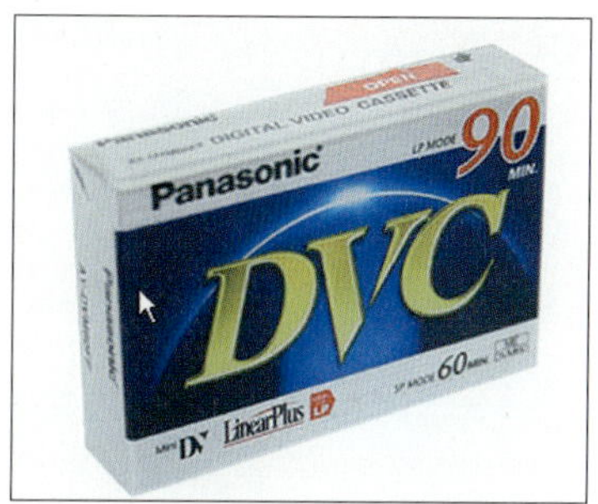

02 캠코더의 발전

보통 캠코더는 테이프에 영상을 기록하지만, 기술의 발전으로 저장장치가 하드디스크나 플래시 메모리로 변경되면서 점점 발전해가고 있습니다.

❶ DV 방식(Mini-DV방식)

디지털 정보를 압축하여 촬영하는 방식으로, 영상 정보에서 상세 정보는 그대로 두고 평범한 정보(즉, 주변의 셀 값이 연속적으로 같을 경우, 예를 들면 그냥 푸른 하늘)는 제거함으로써 최대 1/5까지 압축하여 정보를 얻어 옵니다.

❷ DVCAM 방식

Sony에서 특허를 내어 사용하는 방식으로, 일반 DV 방식과는 차이가 없지만 DVCAM은 더 많은 피치 트랙을 사용합니다. 촬영 시간이 DV 방식에 비해 짧으나 안전한 기록과 낮은 에러율이 좋습니다. 단, 다른 장비와의 호환성은 떨어집니다.

❸ HDV 방식

DV 방식과 비교하자면 DV는 720×480, HDV 720P는 1280×720, HDV 1080i는 1440×1080 크기를 가지고 있습니다. 720P는 프레임 수가 30, 60 프레임을, 1080i는 60, 50 프레임을 사용하고, DV 방식은 기본이 4:3의 크기라면, HDV 방식은 16:9가 기본 크기 방식입니다. 비디오의 압축 방식은 MPEG-2을 사용하고 음성은 MPEG-1 Audio Layer를 사용합니다.

03 :: IEEE1394 카드

편집 프로그램들의 보다 빠른 진행을 돕기 위해 사용되는 장비가 캡처보드인데 캠코더가 대부분인 디지털 방식으로 전환함으로써 캡처보드의 이용은 줄고, 대신 컴퓨터와 캠코더의 연결 통로인 IEEE1394를 이용하여 데이터를 전송하게 됩니다. IEEE1394는 USB에 비해 빠르고 안정적으로 데이터를 전송할 수 있으며 요즘은 메인보드에 IEEE1394가 기본 장착되기도 합니다.

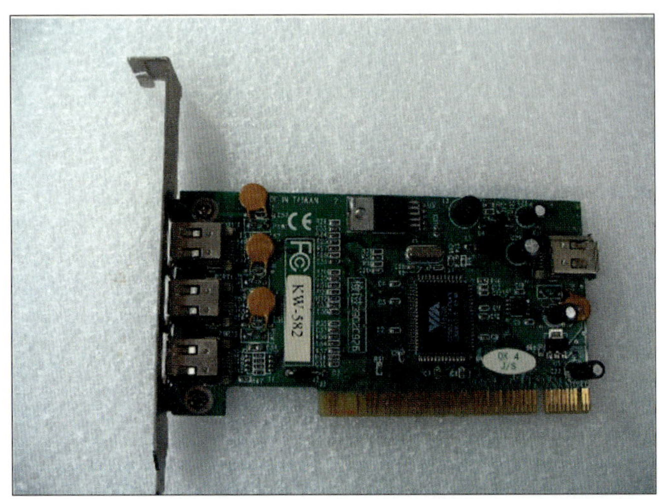

촬영 기법 알아두기

영상이나 이미지의 촬영은 단순한 촬영보다는 어떻게 촬영하는가의 촬영 기법, 카메라로 보는 앵글, 장면이 가지고 있는 샷, 빛을 조절하는 광원 등에 따라 다른 결과가 나올 수 있습니다. 좀 더 전문화된 촬영을 할 수 있도록 세부 사항들을 알아봅니다.

01 촬영 기법

❶ 3등분의 법칙

피사체를 안정감 있게 촬영하려면 화면 전체를 9등분(3×3)으로 나누어 왼쪽 중간 하단 부분에 두고 촬영하는 것이 기본 개념입니다.

❷ 인물의 정면

인물을 두고 증명사진처럼 화면에 가득차게 클로즈업 촬영할 경우는 머리 부분이 상단에서 약간 내려와 있어야 답답하지 않습니다.

❸ 진행 방향

피사체가 진행되는 방향을 알고 진행 방향과 피사체의 공간을 두어야 합니다.

❹ 픽스(FIX)

촬영 장비를 고정시켜 놓고 인물이나 피사체를 그대로 촬영하는 방법으로, 깨끗하고 흔들림 없는 영상을 얻을 수 있습니다.

❺ 패닝(PANNING)

카메라를 좌에서 우로, 우에서 좌로 움직여서 촬영하는 방법으로 피사체의 움직임을 따라가거나 피사체의 배경을 보여줄 때 많이 사용합니다.

❻ 틸팅(TILTING)

카메라를 위에서 아래로, 아래에서 위로 움직여서 촬영하는 방법으로 고층 건물이나 높은 산 등 피사체의 웅장함을 보여줄 때 사용됩니다.

❼ 줌 인/줌 아웃(ZOOM IN/ZOOM OUT)

피사체는 고정되어 있는 상태에서, 카메라의 기능을 가지고 피사체에 가까이 간다거나 멀리 떨어져 나가는 방법을 의미합니다. 배경에서 한 피사체를 강조할 때는 줌 인으로, 피사체의 배경을 보여주려면 줌 아웃을 사용합니다.

❽ 달리(DOLLY)

카메라 전체를 이동도구에 올려 놓고 피사체에 접근하거나 멀어지는 방법으로 촬영하여 피사체가 카메라에게 접근하거나 멀어진다는 느낌을 줄 수 있는 기법입니다.

❾ 트래킹(TRACKING)

움직이는 피사체를 따라서 옆에서 카메라로 촬영하는 방법으로, 피사체를 보다 역동적인 모습으로 보여줍니다.

❿ 붐(BOOM)

긴 막대기에 카메라를 꽂아 놓은 것과 같은 붐 장치를 통해서 촬영하는 방법으로, 피사체로부터 갑자기 이탈되거나 이탈된 화면에서 피사체로 집중하여 촬영하는 방법으로 피사체로부터 시각을 이탈시키거나 집중시킬 때 사용합니다.

02 앵글

앵글이란 피사체를 바라보는 카메라의 높이를 말합니다.

❶ 수평 앵글

카메라의 높이에 피사체를 두어 가장 편안함 느낌을 주어 가장 많이 사용합니다.

❷ 로우 앵글

피사체보다 카메라의 높이를 아래에 두어 피사체에 우월감을 부여합니다.

❸ 하이 앵글

피사체보다 카메라의 높이를 위에 두어 피사체에 왜소한 느낌을 부여합니다.

03 샷

샷이란 한 장면을 찍더라도 그 장면이 가지는 느낌을 가지고 촬영하는 방법을 의미합니다.

❶ 익스트림 클로즈 샷

피사체의 특징이나 신체 일부분만 촬영하는 것으로 특정 부분을 강조합니다.

❷ 클로즈 업 샷

피사체의 얼굴 표정을 명확히 드러나도록 찍어 피사체의 감정 상태를 화면에 표현해줍니다.

❸ 클로즈 샷

머리끝에서 목 밑 어깨선까지 촬영하는 방법으로 머리 끝부분은 잘려 나가지 않도록 하고 어깨는 살짝 걸리는 정도로 촬영하여 인물의 표정이나 분위기를 표현합니다.

❹ 바스트 샷

피사체의 상반신이 나오도록 촬영하는 방법으로 화면이 삼각형 구도로 나와 안정감을 주며 인물 이미지 표현에 많이 사용됩니다. 뉴스 촬영 시 많이 사용합니다.

❺ 웨이스트 샷

피사체의 허리 부분까지 나오도록 촬영하는 방법으로 안정된 샷으로 인터뷰와 같은 촬영에 많이 사용됩니다.

❻ 니 샷

피사체의 무릎까지 나오도록 촬영하는 방법으로, 피사체의 상반신의 움직임을 보여줄 수 있습니다.

❼ 풀 샷

피사체나 배경의 전체를 보여주는 방법으로, 피사체뿐만 아니라 전체적인 현장의 분위기를 담아올 때 사용됩니다.

❽ 롱 샷

멀리 있는 풍경이나 피사체를 잡아서 촬영하는 방법으로, 카메라에 광각렌즈를 이용하여 피사체와 멀리 떨어져서 촬영합니다.

❾ 익스트림 샷

아주 멀리서 넓은 지역을 촬영하는 방법으로, 광활한 풍경을 담거나 대규모의 군사신을 찍을 때 많이 사용됩니다.

❿ 오버 솔더 샷

피사체들 간에 마주 보면서 대화하는 장면을 촬영하는 기법으로, 가까운 피사체의 어깨 너머로 다른 피사체를 촬영합니다.

04 광원

영상 촬영 시 중요한 것이 조명입니다. 빛의 조작에 따라 캠코더만으로도 훌륭한 영상이 나올 수 있습니다.

❶ 주광

피사체의 강조 부분에 조명을 두는데 보통 정면 45도의 사각에서 비추어 줍니다. 피사체의 형태나 모양, 질감을 결정할 수 있습니다.

❷ 보조광

그림자를 만들지 않는 부드러운 조명으로 그림자가 만들어지는 그늘의 세부 내역을 보여주기 위해 사용됩니다.

❸ 역광

피사체의 뒤쪽에서 비추어 주는 방법으로 화면의 깊이감을 주어 3차원적인 영상을 만들어 냅니다.

CHAPTER 01 프리미어 프로 CS4! 구석 구석 살펴보기 | CHAPTER 02 영상 편집의
기본, 패널 살펴보기(툴 패널)

프리미어 프로 CS4
기초부터 탄탄하게!

프리미어 프로 CS4의 기초부터 알아봅니다. 프로미어를 시작하고 결과물이 추출될 때까지의 과정을
살펴보면서 전반적인 작업 과정과 가장 기본이 되는 툴 패널에 대해 알아봅니다.
보다 상세히 설명하였습니다. 처음에 보게 되는 프로젝트와 시퀀스, 기본 화면의 프로젝트 패널, 모
니터 패널, 타임라인 패널, 툴 패널과 각종 패널의 기본 사용법을 익혀나갑니다.

PART 02

프리미어 프로 CS4!
구석 구석 살펴보기

프리미어의 기초적인 부분을 알아보는 부분으로 대략적인 전체과정을 배우며 처음이 되는 프로젝트,
시퀀스가 무엇인지를 확인하고 자료가 들어오는 과정을 알아보며 출력되는 과정까지 공부해 봅니다.

CHAPTER 01

SECTION 01 영상 편집, 처음부터 끝까지 | SECTION 02 작업 효율을 높여 주는 프로젝트 살펴보기 | SECTION 03 프로젝트의 새로운 기능 살펴보기
ECTION 04 시퀀스의 새로운 기능 살펴보기 | SECTION 05 시퀀스 옵션 이용하여 영상 편집하기 SECTION 06 비디오 트랙과 오디오 트랙 이용하기
SECTION 07 입출력에 관한 창 살펴보기

영상 편집, 처음부터 끝까지

전체적인 프리미어 프로 CS4의 과정을 알아보는 것으로 하나의 영상을 불러와 추출하는 과정을 순서대로 표현하였습니다. 예제를 통해서 전체 과정을 순서대로 살펴봅니다.

프리미어 시작하기

01 Premiere Pro CS4를 실행합니다. [Welcome to Adobe Premiere Pro] 창이 열리면 [New Project]를 클릭합니다.

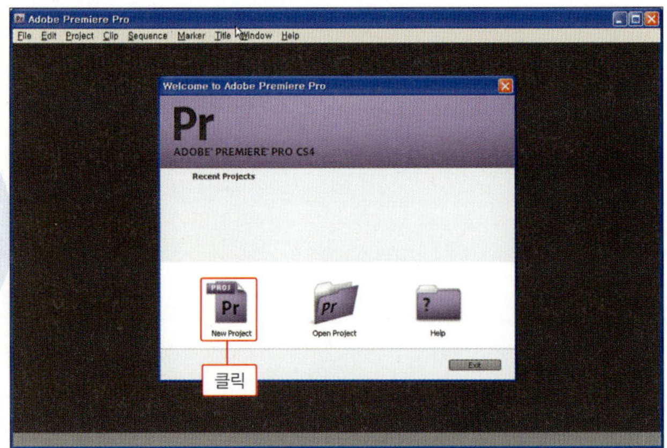

02 [New Project] 창이 열립니다. [Name]에 '시작'이라 입력한 후 [OK] 버튼을 클릭합니다.

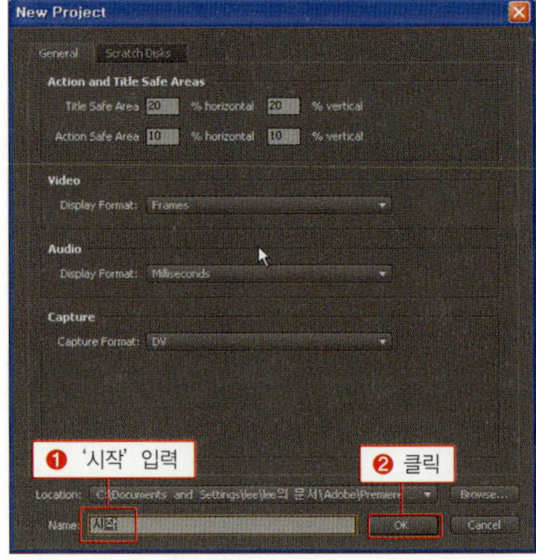

03 [New Sequence] 창이 열리고 [Sequence Name]란에 '시퀀스1'이라고 이름을 입력하고 [OK] 버튼을 클릭합니다.

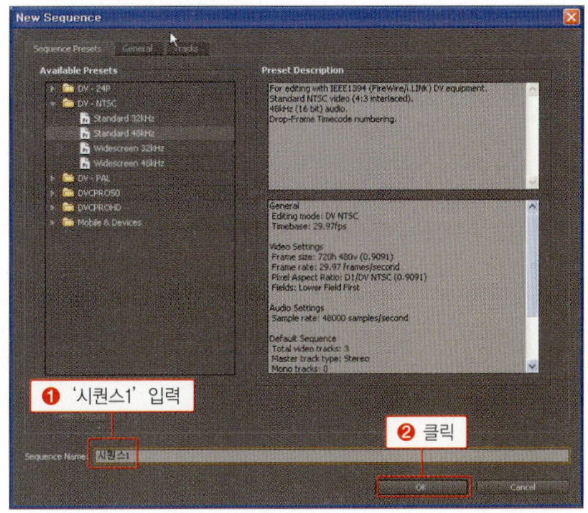

04 프리미어 프로 작업창이 열리면서 새로운 프로젝트를 할 준비가 되었습니다.

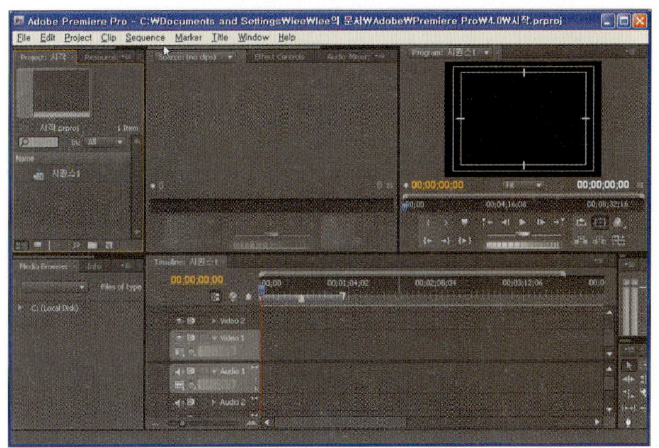

05 [Project] 패널의 빈 공간에 마우스 오른쪽 버튼을 클릭합니다. 바로 가기 메뉴가 나타나면 [Import]를 선택하여 프로젝트 파일을 불러옵니다. 부록 DVD에서 '게.wmv' 파일을 선택 후 [열기] 버튼을 클릭합니다. ◉ 경로 : 예제파일\Part 2\Ch1\게.wmv

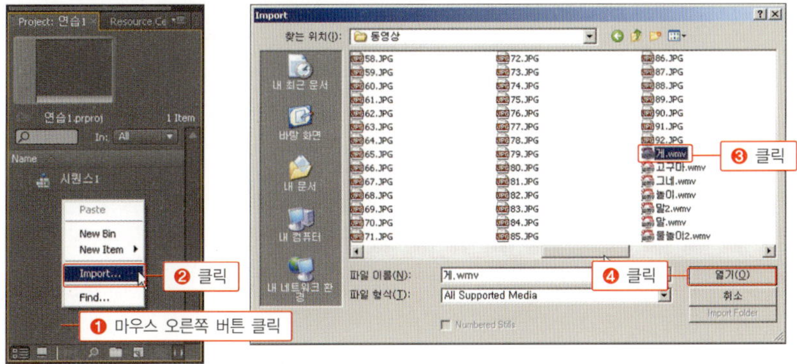

06 [Project] 패널에 '게' 클립이 생긴 것을 확인할 수 있습니다. '게' 클립을 [Source Monitor]로 드래그합니다.

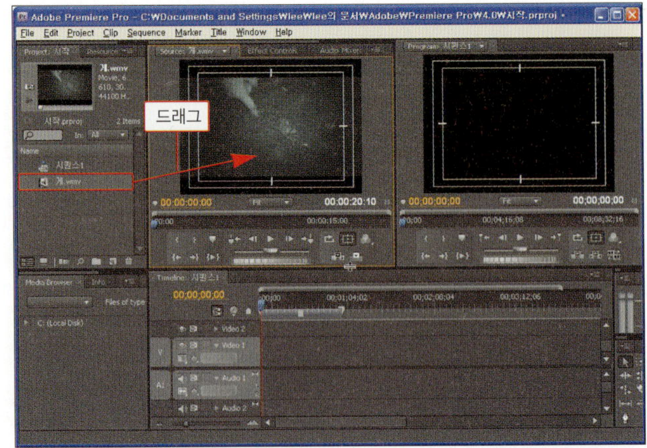

07 [Source] 모니터 패널의 화면을 클릭한 채 [Timeline] 패널로 드래그해 이동합니다.

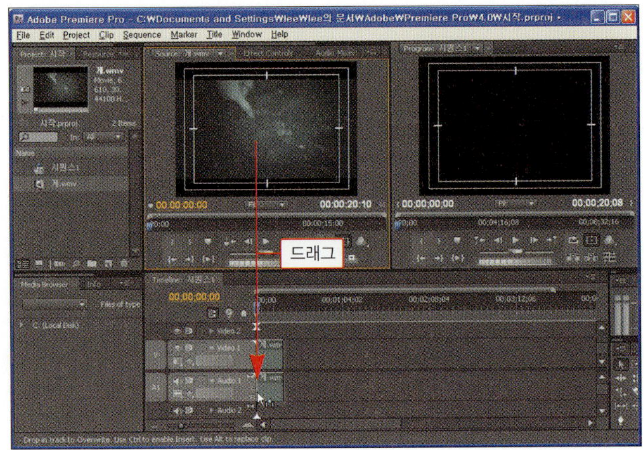

08 Enter 키를 눌러 렌더링을 실행합니다.

TIP

렌더링은 실제 동영상을 추출하기 전에 각 프레임을 미리 보고 임시적인 영상을 만들어냅니다. 각 시스템의 성능 차이에 따라 이펙트(효과)를 많이 주는 편집은 끊기는 현상이 나타날 수 있으므로 먼저 렌더링을 해보는 것이 좋습니다.

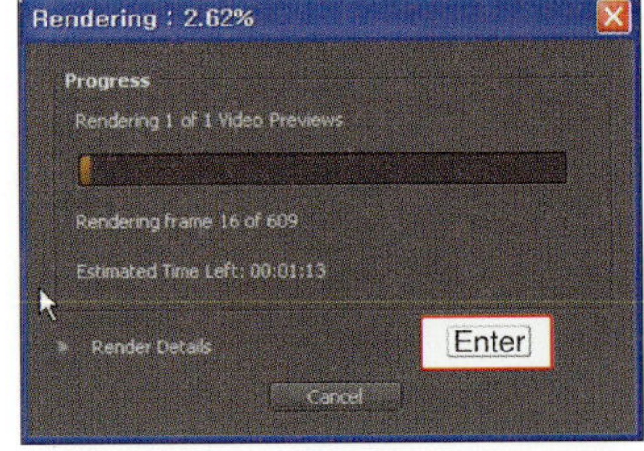

09 렌더링이 끝나면 바로 [Program]모니터 패널에 자동으로 실행됩니다. Play-Stop Toggle(▶) 버튼을 클릭하여 중지하면 [Timeline] 패널의 클립의 빨간색이 녹색으로 변경됩니다.

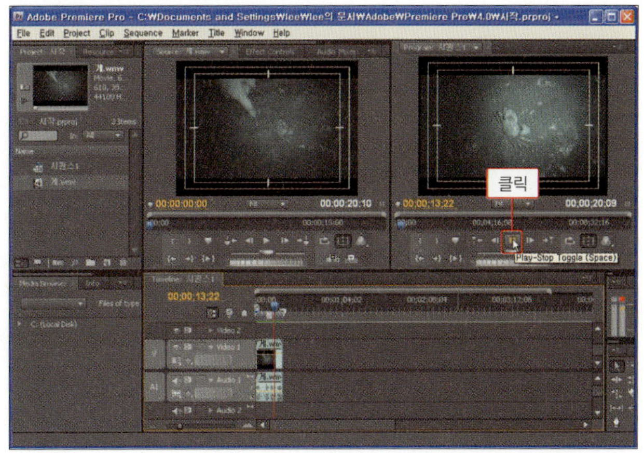

10 이제 파일을 추출해보겠습니다. [File]-[Export]-[Media] 메뉴를 선택합니다.

TIP

[File] 메뉴에서 [Export] 메뉴가 활성화되어 있지 않다면 [Project] 패널에서 '시퀀스1'이 선택되어 있지 않기 때문입니다. 렌더링이 끝나고 추출을 할 때는 마지막으로 작업한 시퀀스를 선택하고 [Export]를 실행하세요.

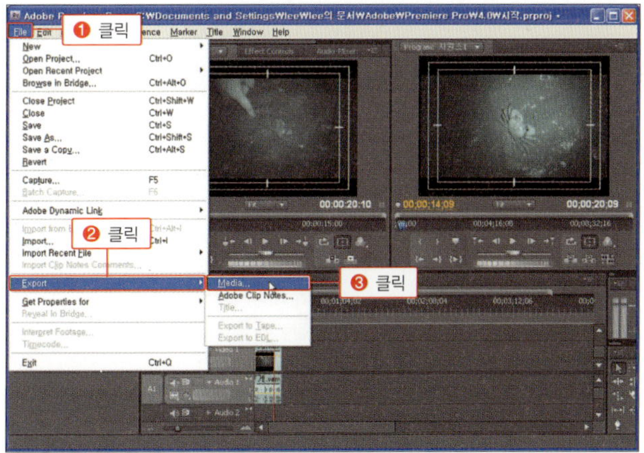

11 [Export Settings] 창이 나타납니다. [Output] 탭을 클릭하고 [Export Settings] 옵션의 [Format]을 'Windows Media'로 변경하고 [OK] 버튼을 클릭합니다.

TIP

'Windows Media'로 설정하면 'wmv' 파일로 저장됩니다.

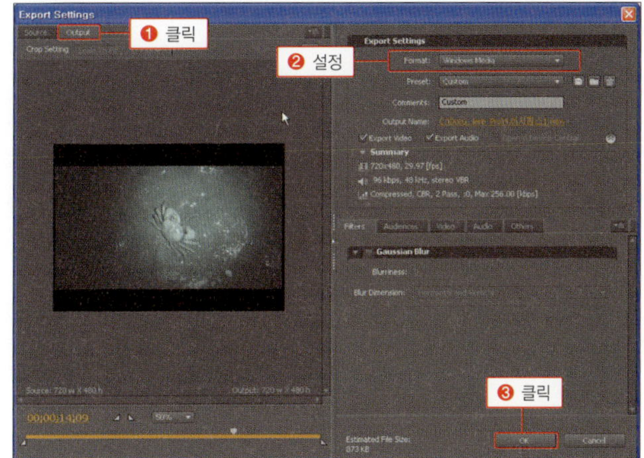

12 [Adobe Media Encoder] 창이 나타납니다. [Output File]의 아래 경로를 더블클릭합니다.

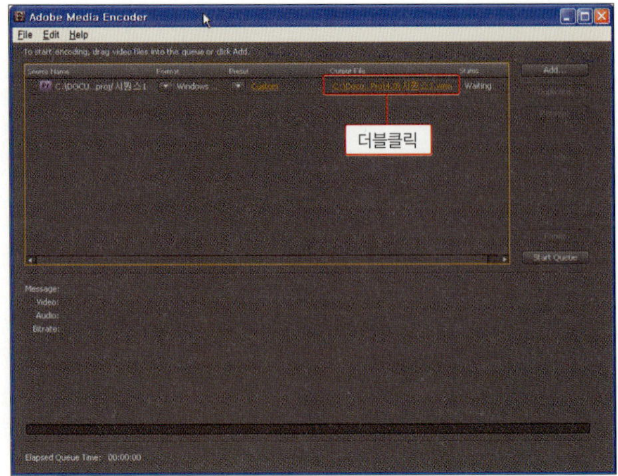

13 [Save As] 창이 나타나면 [파일 이름]에 '시작'이라 입력한 후 [저장] 버튼을 클릭합니다.

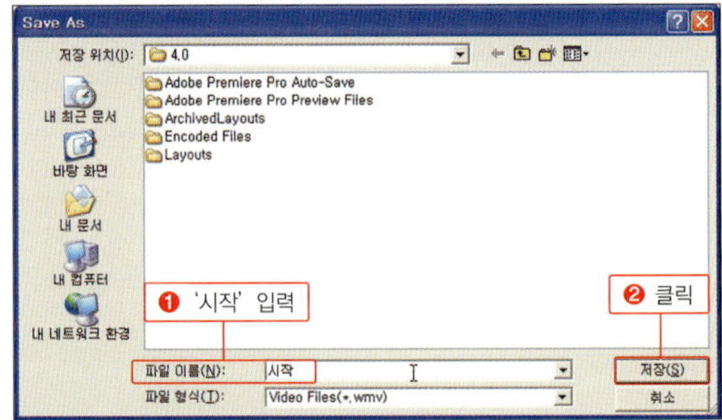

14 [Adobe Media Encoder] 창의 [Start Queue] 버튼을 클릭합니다. 추출 과정이 진행되면 [Start Queue]는 [Stop Queue]로 변경됩니다.

TIP

CS3에서는 [Export Movie Settings]를 통해 렌더링으로 결과물을 추출해냈지만, CS4에서는 [Encoder]와 바로 연결하여 추출 작업을 볼 수 있기 때문에 잘못된 추출 작업이 진행되는 경우 중지할 수 있습니다.

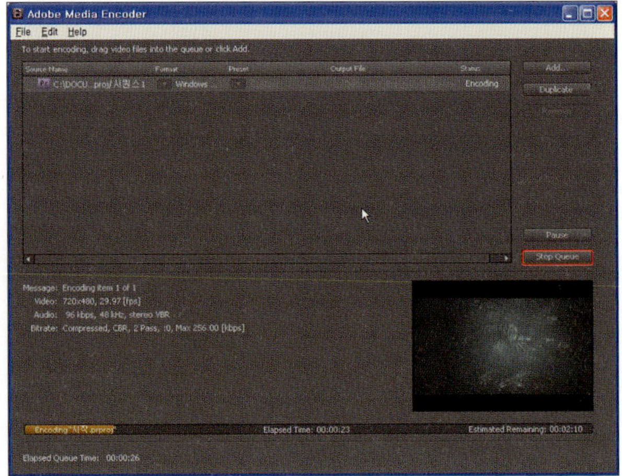

15 결과물이 잘 추출되었으면 [Adobe Media Encoder]의 [Status] 부분이 'Encording' 에서 녹색 체크 표시로 변경됩니다.

TIP

프리미어 프로 CS4를 사용하시다 보면 업데이트하라는 메시지가 나타나는데 CS4를 업데이트 하게 되면 [Adobe Media Encoder]가 한글판으로 변경될 것입니다. 변경된 Encoder도 사용법은 같으니 그대로 사용해도 됩니다.

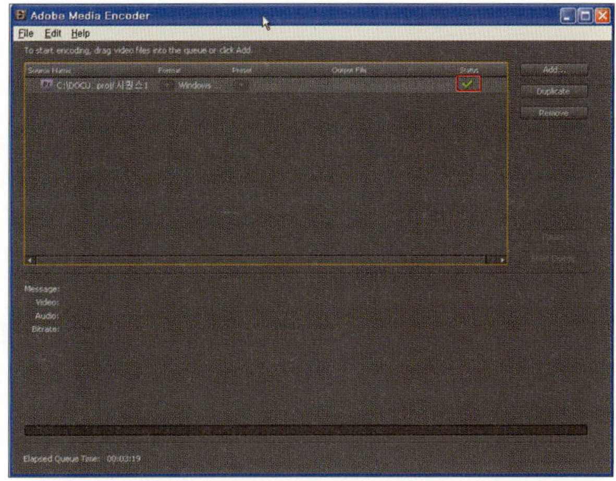

16 '시작.wmv'의 결과물을 확인합니다.

◉ 경로 : 예제파일\Part2\Ch1\시작.wmv

TIP

Encoder에서 추출되는 경로에 따라 달라지겠지만, 기본적으로 추출되는 결과물은 '(사용자이름)\내문서\Adobe\Premiere Pro\4.0'의 폴더에 저장됩니다.

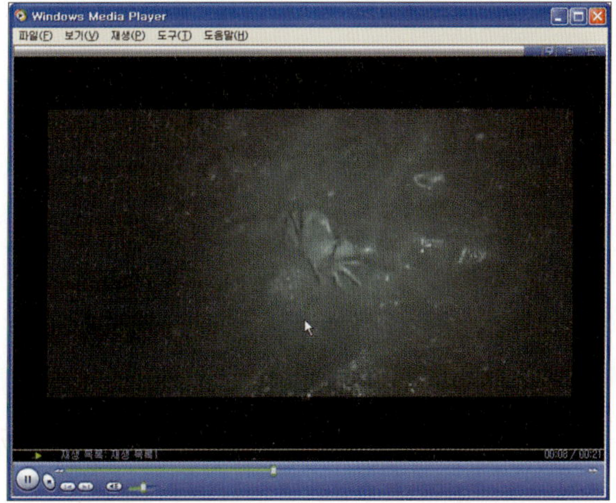

작업 효율을 높여 주는 프로젝트 살펴보기

프리미어 프로는 추출될 결과물의 영상뿐만 아니라 작업과정인 프로젝트를 만들고
저장하여 언제든지 불러와 중단했던 작업도 다시 실행할 수 있습니다.

01 새로운 프로젝트 만들어 저장하기

01 Premiere Pro CS4를 실행하고 [New Project]를 클릭하여 실행합니다. [New Project] 창
이 나타나면 [Name]에 'Project' 라 입력한 후 [OK] 버튼을 클릭합니다.

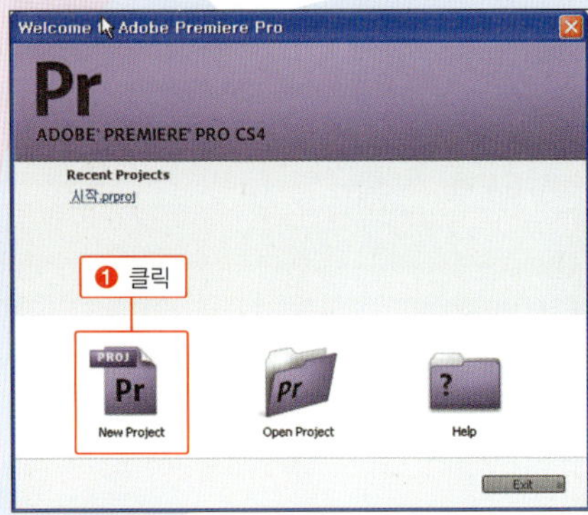

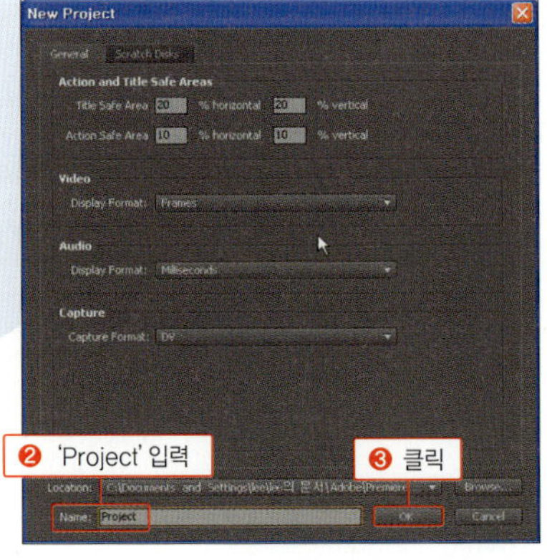

02 [New Sequence] 창이 나타나면 [Sequence
Name]에 '시퀀스1'을 입력한 후 [OK] 버튼을 클
릭합니다.

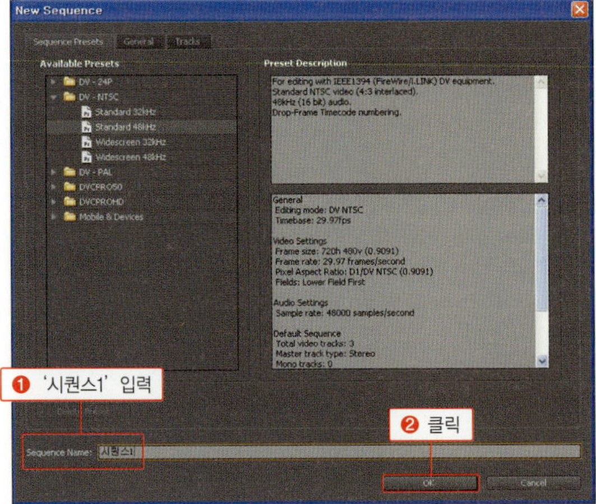

03 새로운 프로젝트가 생성되면 [Project] 패널의 빈 공간에 마우스 오른쪽 버튼을 클릭하고
바로 가기 메뉴에서 [Import]를 클릭합니다. [Import] 대화상자에서 '03, 04, 05, 06, 07,
08.jpg'을 한번에 선택하여 불러옵니다. ◉ 경로 : 예제파일\Part2\Ch1\S02 폴더

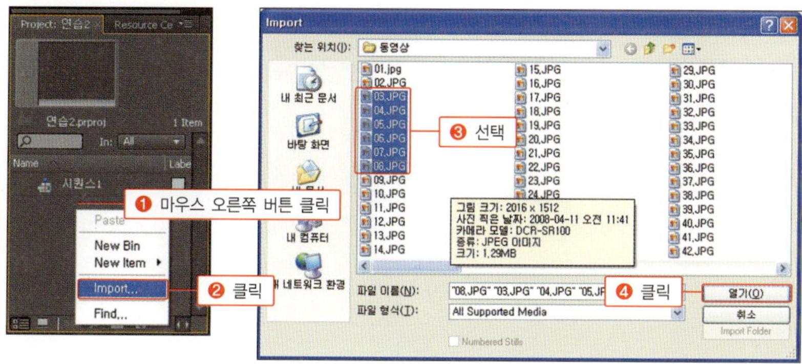

04 [Project] 패널에서 '03~08' 클립을 선
택하고 [Timeline] 패널로 한꺼번에 드래
그합니다.

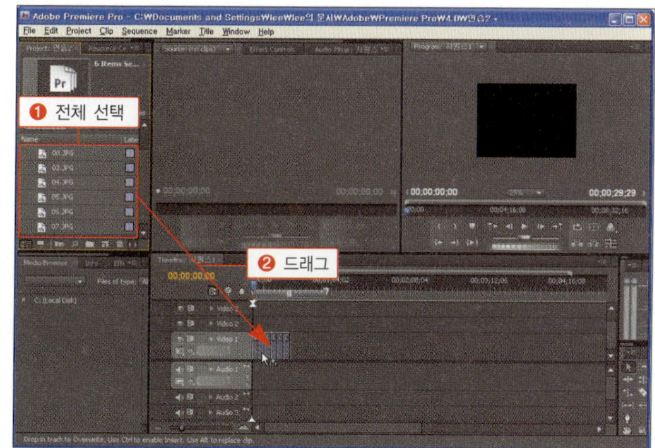

05 [File]-[Save] 메뉴를 클릭하면 작업했던
프로젝트가 저장됩니다.

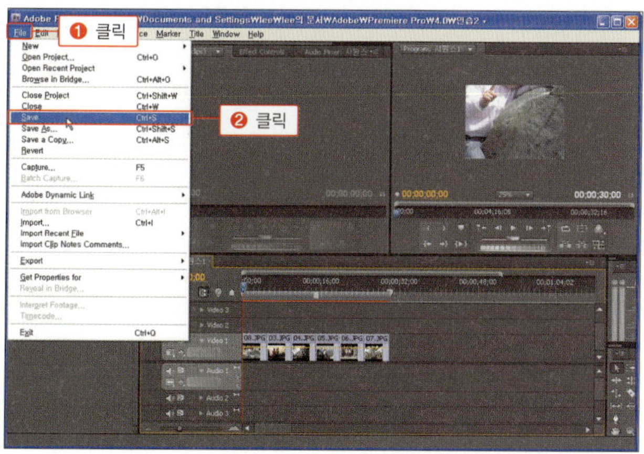

01 Premiere pro CS4를 닫고 다시 새로 Premiere pro CS4를 실행합니다. 이번에는 [Open Project]를 클릭합니다.

TIP

[Recent Projects]는 최근에 사용한 프로젝트의 이름을 5개까지 보여줍니다. 이 중에 원하는 프로젝트가 있다면 바로 클릭하여 프로젝트를 실행합니다.

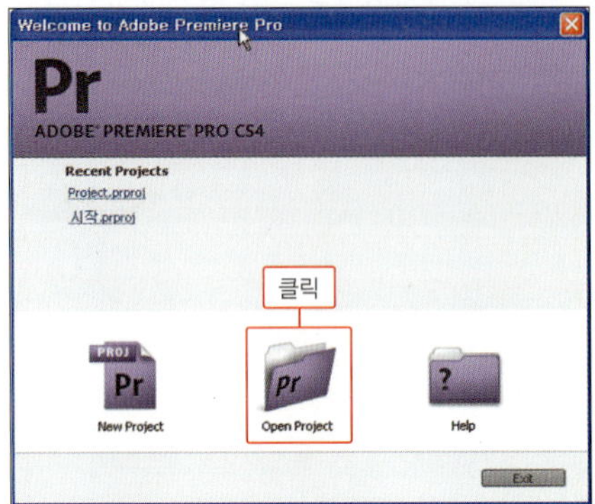

02 [Open Project] 창이 나타나면 'Project.prproj'을 선택하고 [열기] 버튼을 클릭합니다.

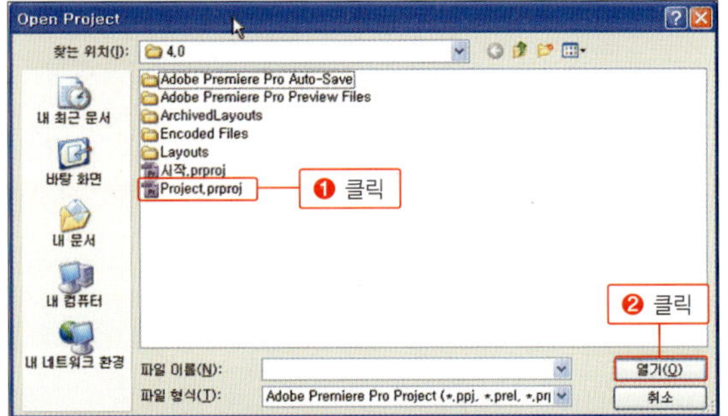

03 'Project' 프로젝트를 그대로 불러왔습니다. 바로 Enter 키를 눌러 렌더링합니다.

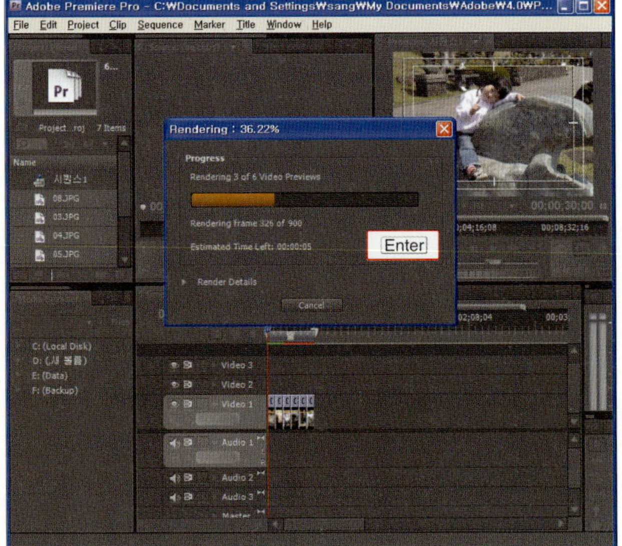

04 렌더링이 끝나면 [Timeline] 패널의 녹색
선을 확인하고 [Program] 모니터 패널의
Play-Stop Toggle(▶)을 클릭해 중지합니다.

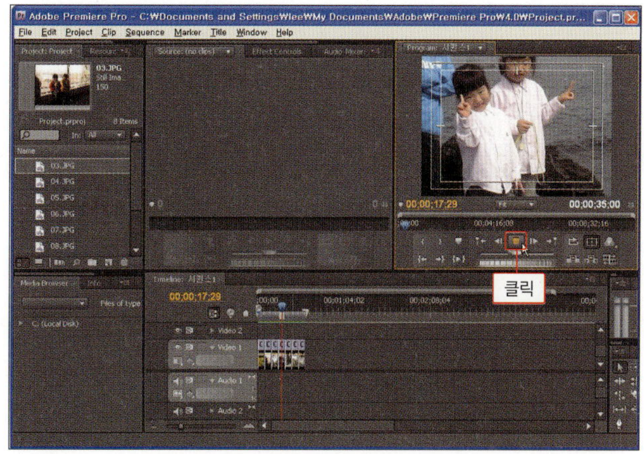

05 [File]-[Encoder]-[Media]를 클릭해 영
상을 추출합니다.

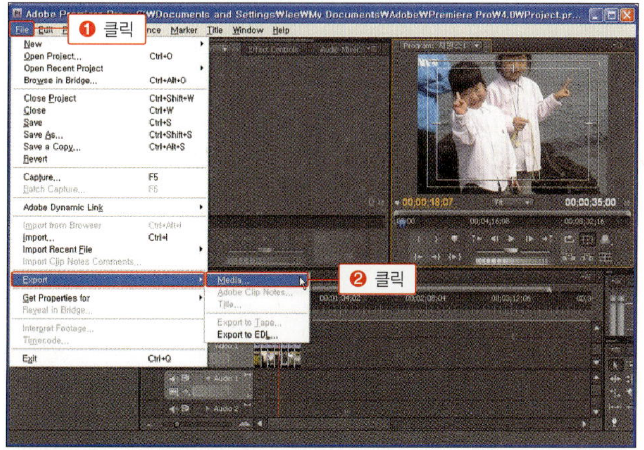

06 [Export Settings] 창이 나타나면
[Output] 탭을 클릭하고 [Format]을
'Windows Media'로 변경한 후 [OK] 버튼을 클
릭합니다.

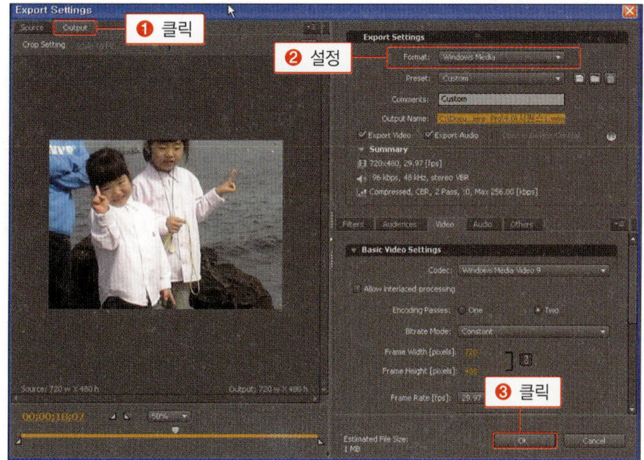

07 [Adobe Media Encoder] 창이 나타나면 [Output File]의 아래 경로를 더블클릭하여 [Save As] 창을 열고 [파일 이름]을 '프로젝트'라 입력하고 [저장] 버튼을 클릭해 저장합니다.

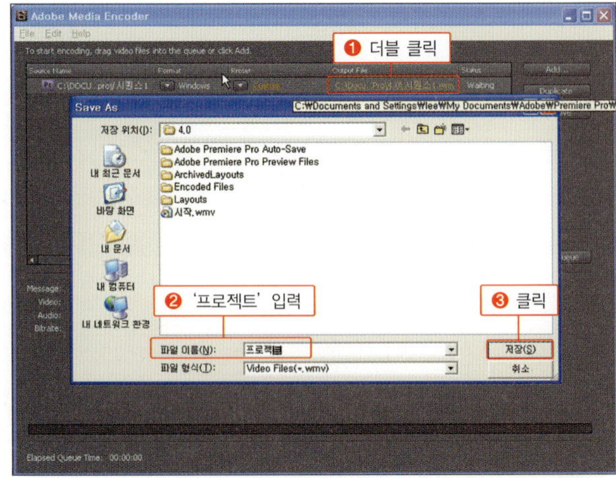

08 버튼이 [Stop Queue]로 바뀝니다.

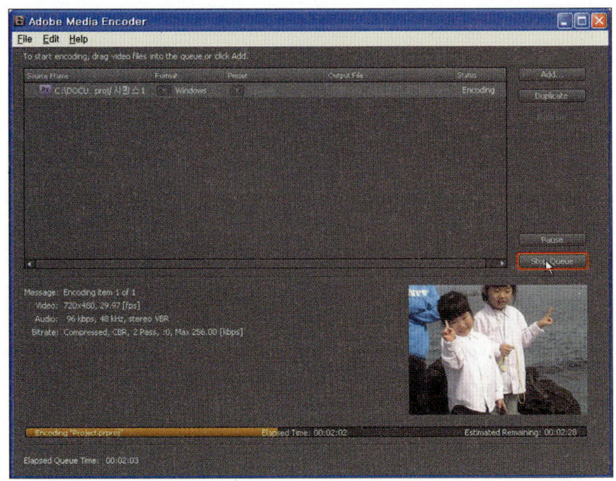

09 영상을 확인합니다.

ⓞ 예제파일\Part2\Ch1\프로젝트.wmv

프리미어 프로 첫 창의 4가지 기능

프리미어 프로 CS4를 처음 시작하면 나타나는 [Welcome to Adobe Premiere Pro] 창입니다.
여기서 프리미어 프로가 시작되며 4가지 방법으로 시작할 수 있습니다.

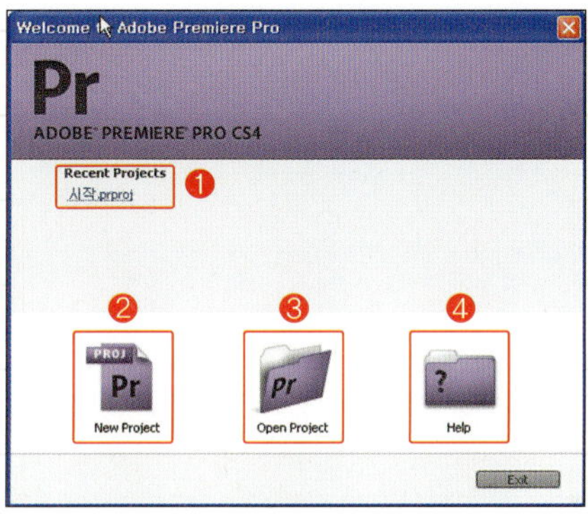

❶ Recent Projects : 가장 최근에 사용한 프로젝트들을 보여줍니다. 기본적으로 5개가 나타
나는데, 클릭하면 이전에 사용한 프로젝트를 불러옵니다.

❷ New Project : [New Project] 창이 나타나면서 새로운 프로젝트를 만들고 프로젝트 이름
과 실행하기 위한 옵션을 설정할 수 있습니다.

❸ Open Project : 이전에 사용했던 프로젝트를 불러와 실행시키기 위해 사용됩니다.

❹ Help : 프리미어 프로 CS4의 기능 설명과 도움말을 볼 수 있습니다. 아래의 그림은 영문판
이라 영문 도움말이지만, Adobe 홈페이지에 가면 한국어 도움말을 볼 수 있습니다.

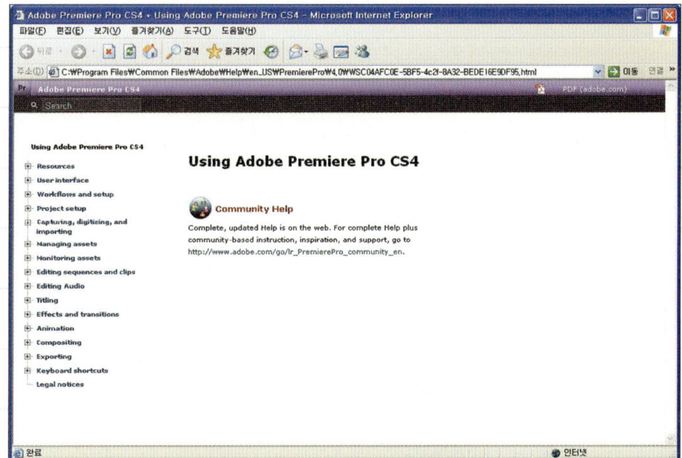

프로젝트의 새로운 기능 살펴보기

프로젝트 작업 시 안전 영역에 대한 개념과 비디오와 오디오의
타임코드 형식을 변경하고 활용함으로써 효율성을 높일 수 있습니다.

01 　 Action Safe Area의 변경과 Video, Audio 타임코드 형식 변경하기

01 Premiere Pro CS4를 실행하고 [New Project]를 클릭하여
실행합니다. [New Project] 창이 나타나면 [Name]에
'General'을 입력한 후 [OK] 버튼을 클릭합니다.

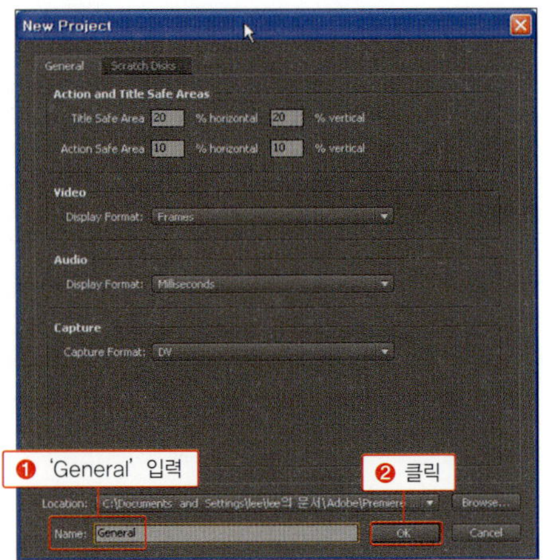

02 [New Sequence] 창에서 [Sequence Name]에
'시퀀스1'이라 입력한 후 [OK] 버튼을 클릭합니다.

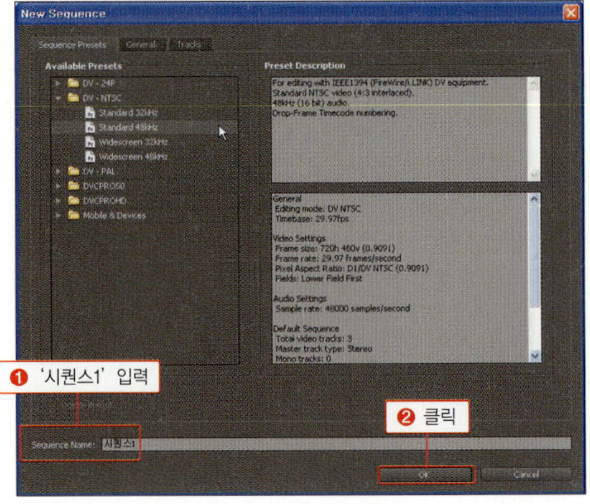

03 새로운 프로젝트가 생성되면 [Project] 패널에서 마우스 오른쪽 버튼을 클릭하여 바로가기 메뉴의 [Import]를 클릭해 '놀이.wmv'를 불러옵니다. ◉ 경로 : 예제파일\Part2\Ch1\놀이.wmv

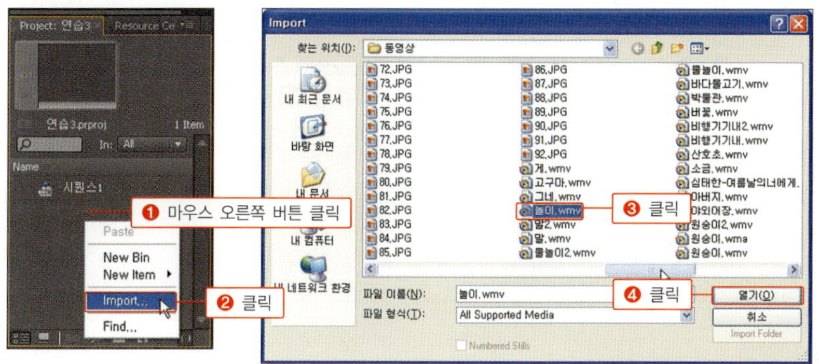

04 [Project] 패널에서 '놀이' 클립을 [Timeline] 패널로 드래그합니다.

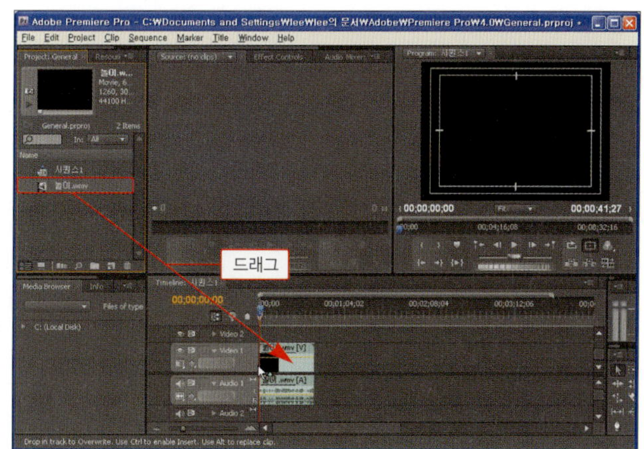

05 [Timeline] 패널의 타임코드를 클릭하여 '1.00'을 입력한 후 Enter 키를 누르면 타임코드가 '00;00;01;00'으로 변경되고 편집 기준선이 1초 정도 이동됩니다.

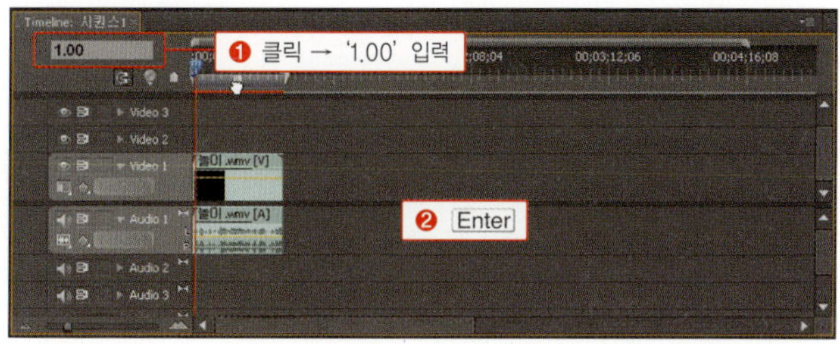

TIP

타임코드에 시간을 입력할 때 '00;00;00;00'은 '시; 분;초; 프레임'을 의미합니다. 일반적으로 '1;00'하면 1초를 의미하며 '1.00'을 주어도 '1;00'로 변경되며 1초로 사용할 수 있습니다. 단, '1'만 입력하면 '00;00;00;01'이 되므로 1프레임이 됩니다.

06 먼저 [Program] 모니터 패널에서 Safe Margins(⊞) 버튼을 클릭해 안전 영역을 확인하고 [Project]-[Project Settings]-[Ganeral]메뉴를 클릭합니다.

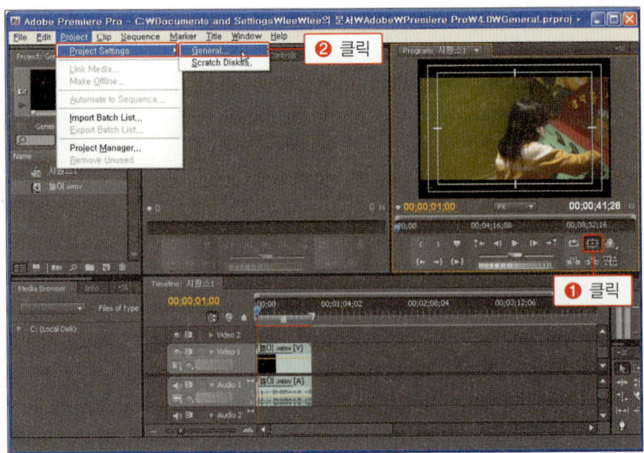

07 [Project Settings] 창이 나타나면 [Action Safe Area]의 크기를 둘 다 '15'로 변경하고 [OK] 버튼을 클릭합니다.

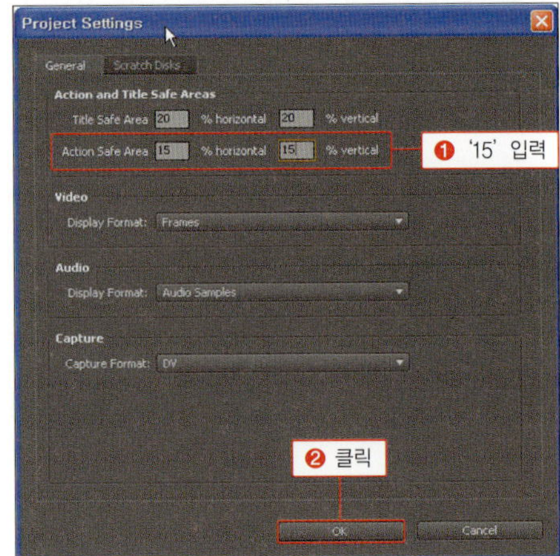

08 안전 영역이 좀 더 안쪽으로 들어가 있는 것을 확인할 수 있습니다.

▲ 설정 전

▲ 설정 후

09 [Timeline] 패널의 타임코드에서 ⌈Ctrl⌉키를 누른 채 타임라인을 3번 클릭하면 Feet+ Frames 16mm, Feet+Frames 32mm, Frames 순으로 변경됩니다.

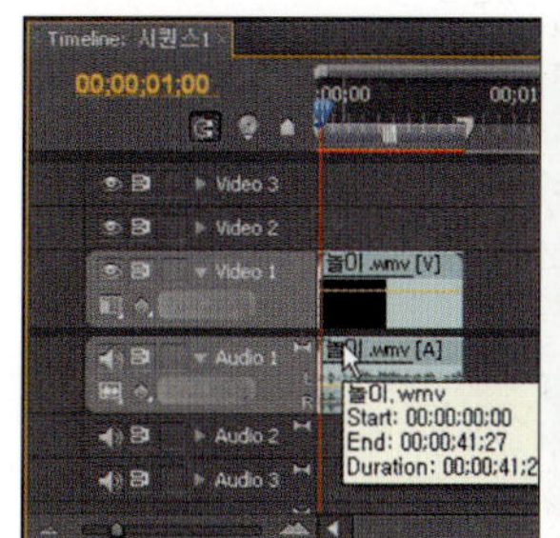 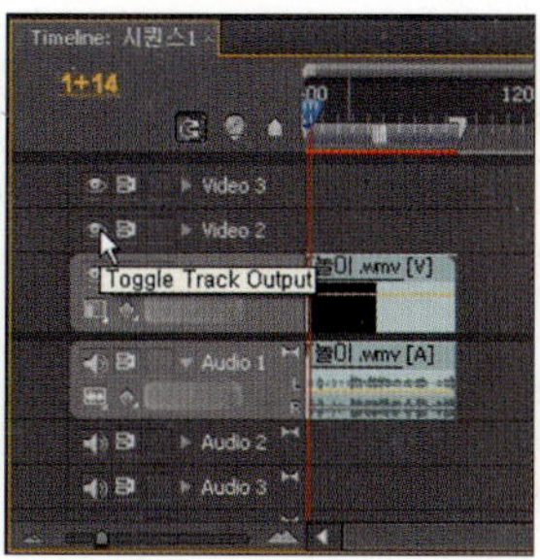 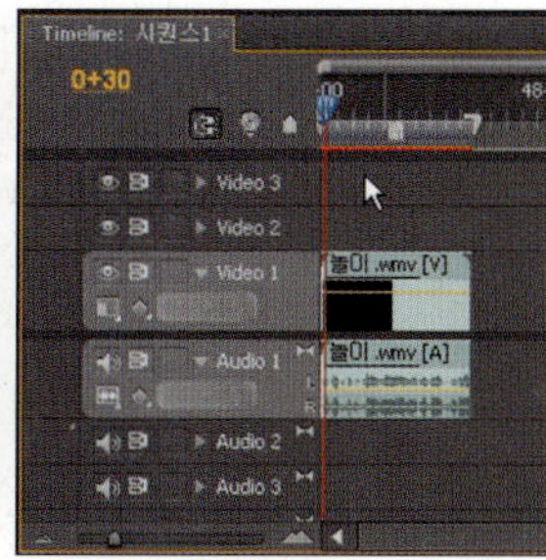 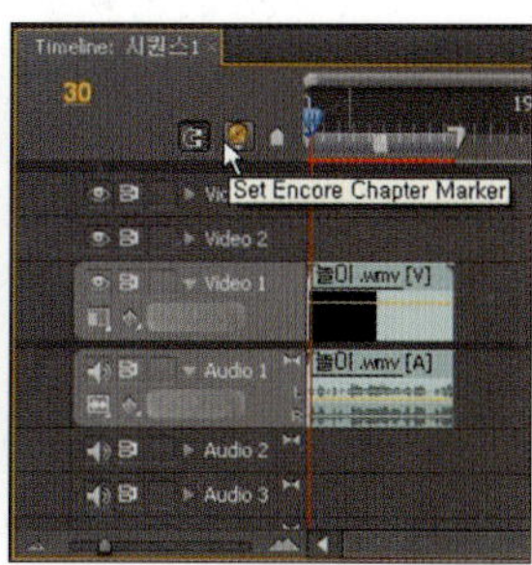

▲ Feet+Frames 16mm　　　▲ Feet+Frames 32mm　　　▲ Frames

TIP

타임코드 형식은 영상 시간을 기준으로 작업하지만, 프레임 단위 형식으로 변경하면 한 장면(프레임)을 기준으로 보면서 작업할 수 있습니다. NTSC 방식은 1초에 30프레임을 기준으로 합니다.

10 Frames로 변경된 [Timeline] 패널의 타임코드(30)를 클릭하고 '60'을 입력한 후 ⌈Enter⌉키를 누릅니다. 60 프레임을 가지고 있지만 시간으로는 2초와 같습니다.

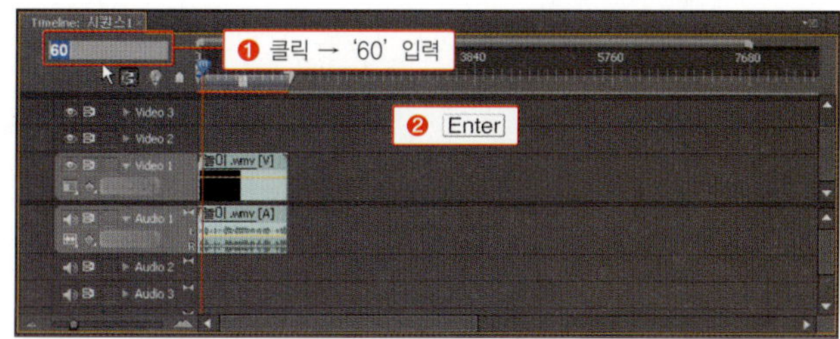

11 ⌈Ctrl⌉키를 누른 채 [Timeline] 패널의 타임코드(60)을 클릭하여 시간을 '00;00;02;00'로 변경합니다. [Timeline] 패널의 팝업 메뉴 버튼을 클릭하여 [Show Audio Time Units]를 선택합니다.

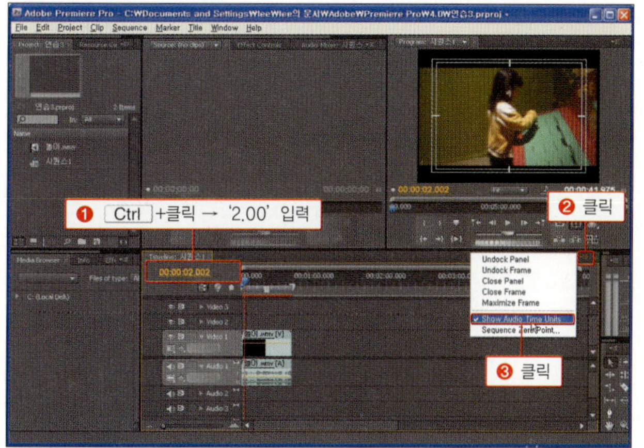

TIP

• **Show Audio Time Units**
타임코드(00;00;00;00)가 비디오 중심이 아니라 오디오 중심으로 변경되고 오디오 방식에 따라 Millisecond, Audio Samples로 표현됩니다.

• **Millisecond**
1/1000초 단위로 나타납니다(오디오를 기준으로 0.000 ~ 0.999까지 있으며 다음은 1초가 됩니다).

12 [Timeline] 패널의 타임코드에 Ctrl 키를 누른 채 클릭하면 'Millisecond'에서 'Audio Samples'로 변경됩니다.

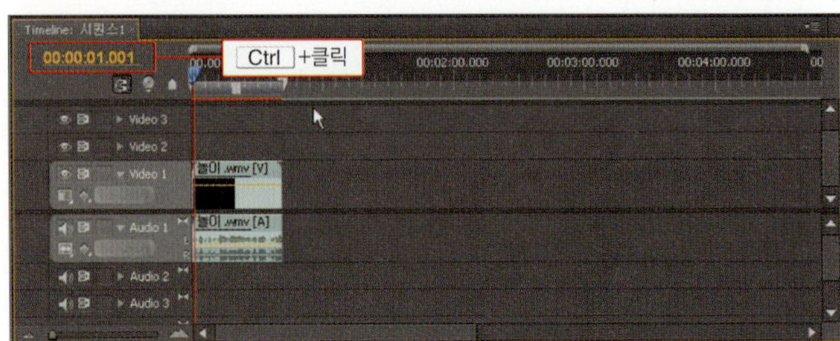

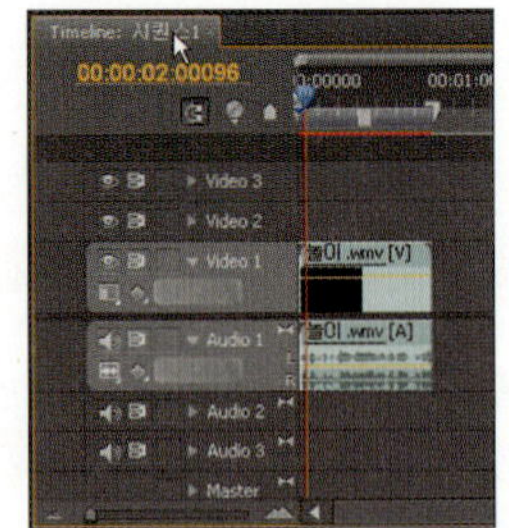

▲ Audio Samples로 변경된 화면

TIP

Audio Samples는 오디오의 샘플링 비율대로 타임코드가 나타납니다. 오디오 포맷을 48kHz로 선택하면 0~47,999까지 있으며 48,000이 되면 1초가 올라갑니다.

13 [Timeline] 패널에서 마우스 오른쪽 버튼을 클릭해 패널 메뉴가 나타나면 [Show Audio Time Units]을 클릭해 선택을 해제합니다. 그러면, 다시 비디오 타임코드(00;00;00;00)로 변경됩니다.

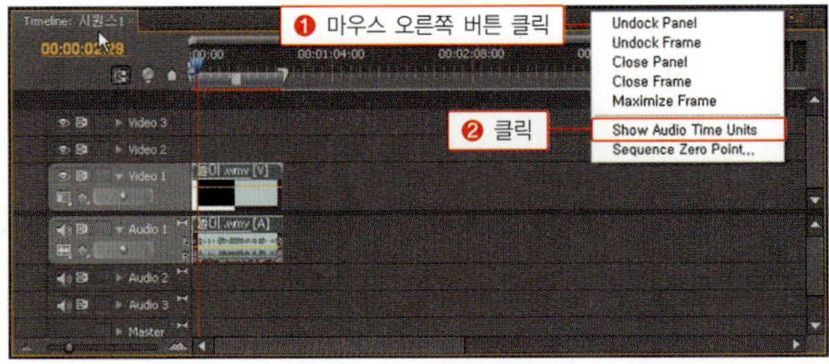

[New Project] 창의 [General] 탭 살펴보기

프리미어 프로에서 프로젝트를 만들기 전에 기본 옵션을 설정할 수 있는데 모니터의 안전 영역이나 시퀀스의 타임 영역에 비디오나 오디오에 보여주는 형식을 미리 지정할 수 있습니다.

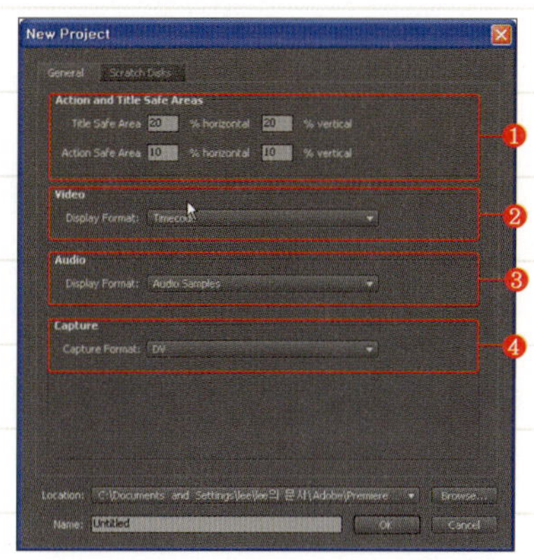

❶ Action and Title Safe Areas

  ⓐ Title Safe Area(자막 안전 영역, 안쪽 사각형 영역) : 자막이 잘려 나가지 않도록 설정해 놓은 구역으로, 수평 20%, 수직 20%로 설정해 놓은 구역입니다.

  ⓑ Action Safe Area(액션 안전 영역, 바깥쪽 사각형 영역) : 영상의 가장자리가 잘려 나가는 것을 방지하기 만들어 놓은 구역으로, 액션 안전 영역에서 작업하는 것이 가장 좋습니다.

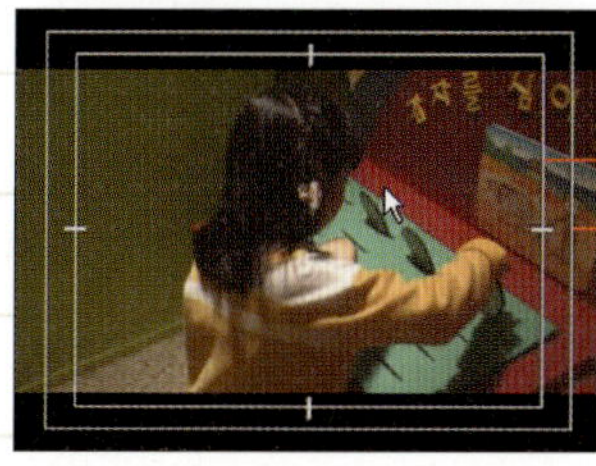

◀ Action Safe Area

❷ Video : 비디오의 시간 단위인 타임코드의 표시 형식을 설정합니다.

```
✓ Timecode
  Feet + Frames 16mm
  Feet + Frames 35mm
  Frames
```

  ⓐ Timecode : 기본적이며, 모두 '시간;분;초;프레임' 단위로 표시됩니다.

  ⓑ Feet+Frames 16mm : 16mm 필름에 사용되며, 40fpf(필름 1 feet당 프레임 수)로 표시됩니다.

  ⓒ Feet+Frames 35mm : 35mm 필름에 사용되며 16fpf로 표시됩니다.

  ⓓ Frames : 프레임의 개수만으로 환산하여 표시합니다.

❸ Audio

```
✓ Audio Samples
  Milliseconds
```

  ⓐ Audio Samples : 오디오의 샘플링 비율대로 타임코드가 나타납니다.

  ⓑ Millisecond : 1/1000초 단위로 나타납니다.

❹ Capture

```
✓ DV
  HDV
```

  ⓐ DV : 영상을 캡처하는 방식으로 일반적으로 가장 많이 사용합니다 (720×480).

  ⓑ HDV : HD급 영상인 1280×720 이상인 영상을 캡처할 때 사용합니다.

영상은 비디오와 오디오가 같이 저장됩니다. 이 중에 영상의 오디오 부분만 따로 저장해 저장할 수 있습니다. 이 기능을 익히고 여러분이 가지고 있는 뮤직비디오에서 오디오만 저장해보세요.

01 Premiere Pro CS4를 실행하고 [New Project]를 클릭하여 실행합니다. [New Project] 창이 나타나면 [Name]에 '오디오'라고 입력한 후 [Scratch Disks] 탭을 클릭하여 이동합니다.

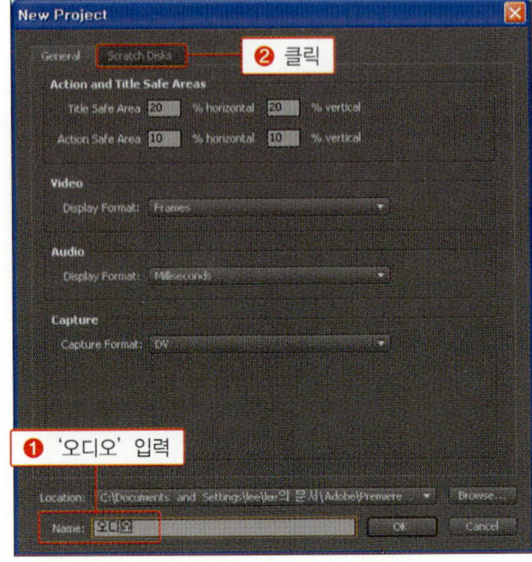

02 [Scratch Disks] 탭에서 [Location]의 [Browse] 버튼을 클릭하면 [폴더 찾아보기] 창이 열리는데 'C 드라이브'를 선택합니다. [Captured Audio]와 [Captured Video]가 'Same a Project'로 설정되어 있으므로 저장 장소도 같이 변경됩니다.

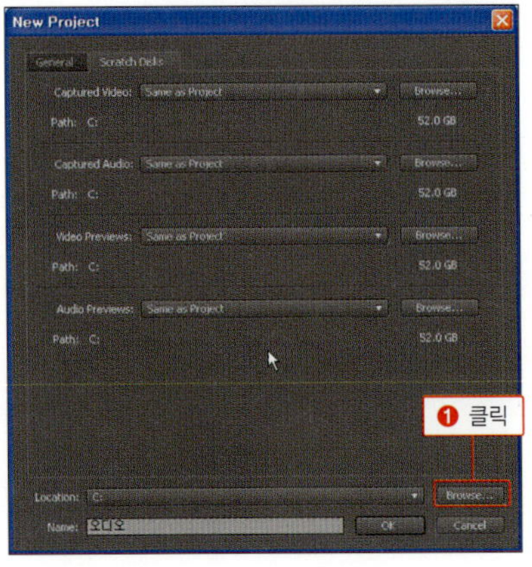

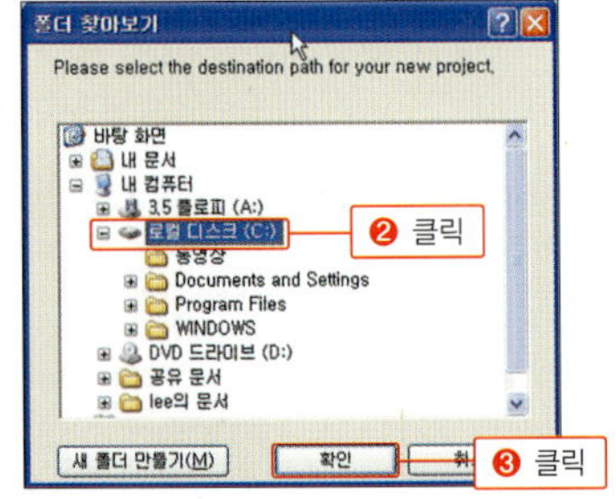

03 오디오만 다른 곳에 저장해봅니다. [Captured Audio]를 'Custom'으로 변경하고 다시 [Browse] 버튼을 클릭해 [폴더 찾아보기] 창에서 '내문서\내음악' 폴더를 선택합니다. [Video Previews]는 '내문서' 위치로 변경하고 [OK] 버튼을 클릭합니다.

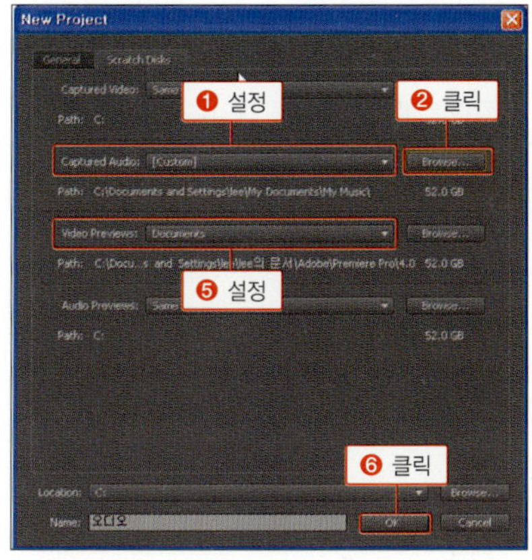
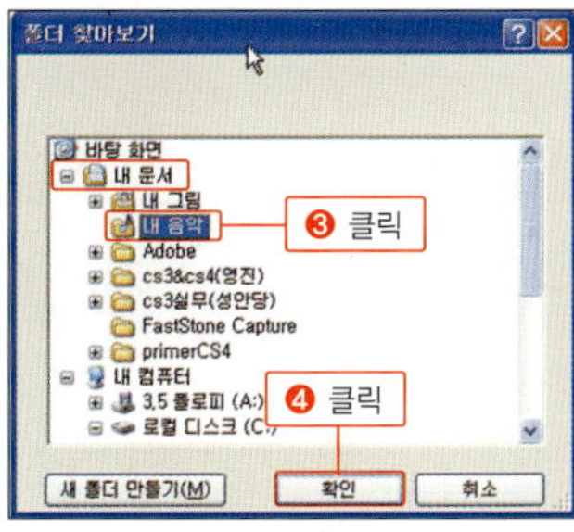

TIP

[Video Previews]를 설정하면 '내 문서'의 프리미어 프로 기본 저장 폴더에 렌더링한 임시파일이 저장됩니다.

04 [New Sequence] 창이 나타나면 [Sequence Name]에 '시퀀스1'이라 입력한 후 [OK] 버튼을 클릭합니다.

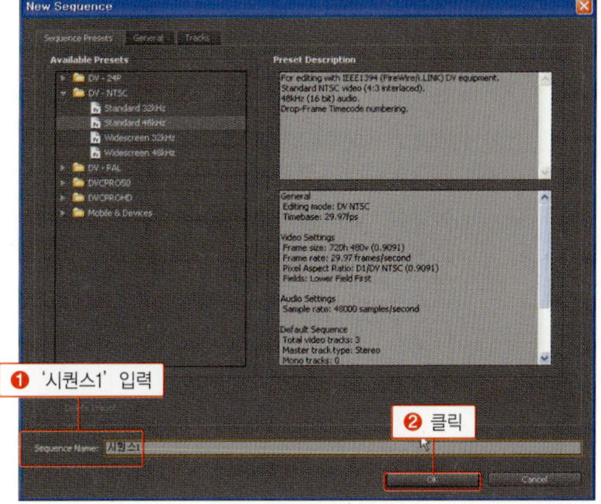

05 새로운 프로젝트가 생성되면 [Project] 패널의 바로 가기 메뉴에서 [Import]를 클릭해 '벚꽃.wmv'을 불러옵니다. ⊙ 경로 : 예제파일\Part2\Ch1\벚꽃.wmv

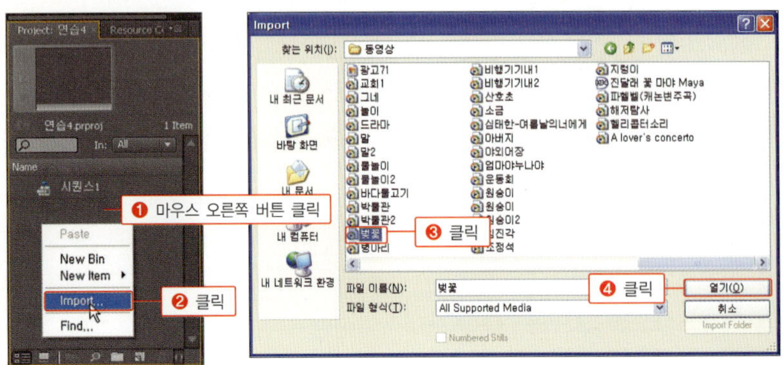

06 [Project] 패널의 '벚꽃' 클립을 [Timeline] 패널로 드래그하여 이동합니다.

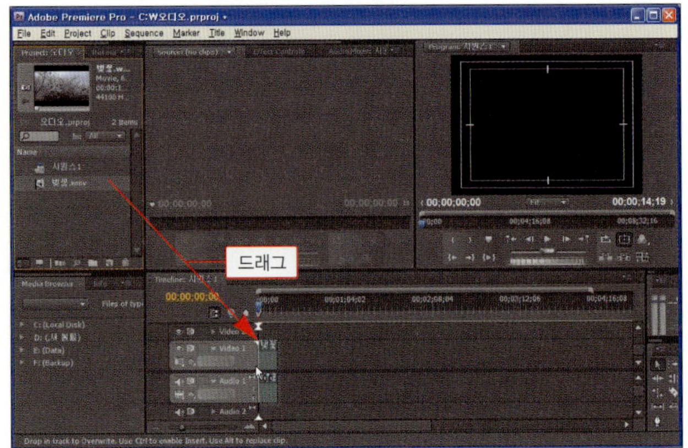

07 Enter 키를 눌러서 렌더링하면 '내 문서\Adobe\Premiere Pro\4.0\Adobe Premiere Pro Preview Files\오디오.PRV' 폴더 안에 임시 저장된 동영상 파일을 볼 수 있습니다.

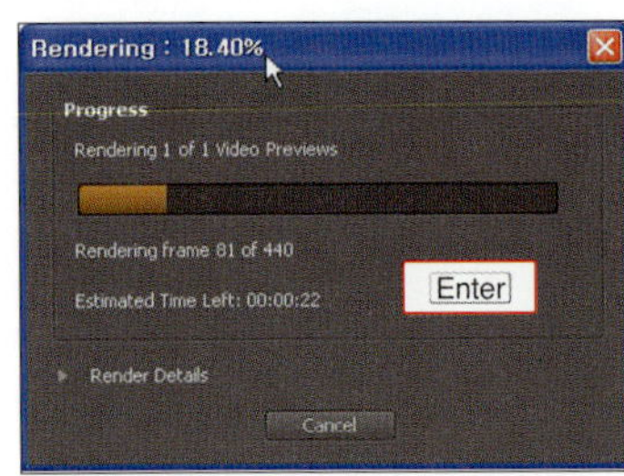

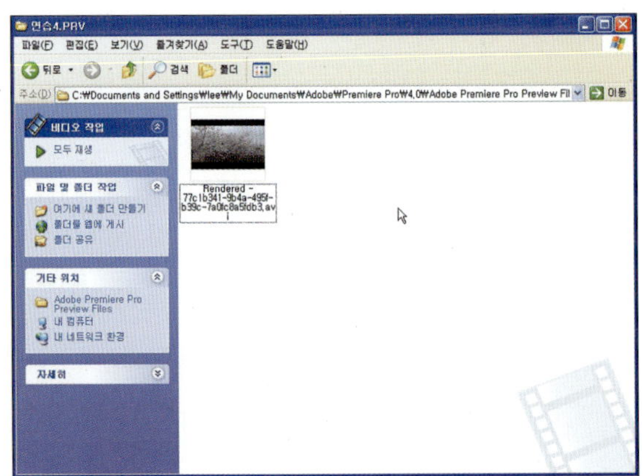

08 동영상에서 오디오만 따로 빼봅니다. 메뉴에서 [Clip]-[Audio Options]-[Extract Audio]를 클릭합니다.

TIP

오디오만 추출 시 [Timeline] 패널의 클립을 선택하지 말고 [Project] 패널의 '벚꽃' 클립을 선택한 후 작업을 해야 [Extract Audio]가 활성화됩니다.

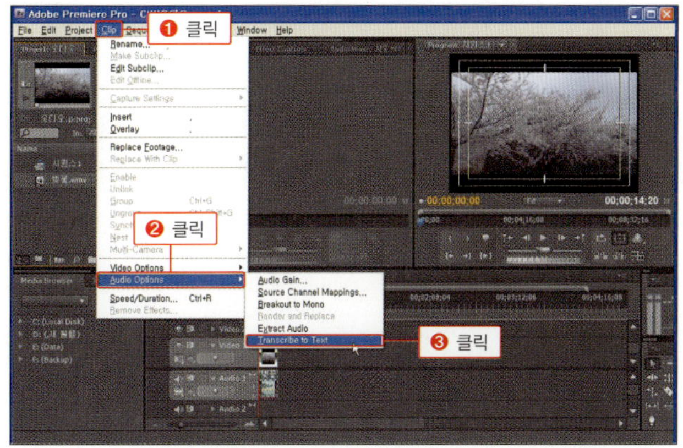

09 [Project] 패널에는 '벚꽃 Audio Extracted.wav'의 오디오 파일이 생기고 '내 문서\내 음악' 폴더에는 오디오 파일이 생성되었습니다.

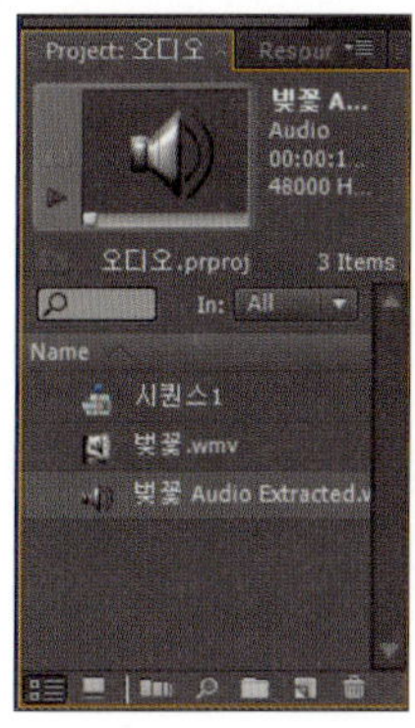

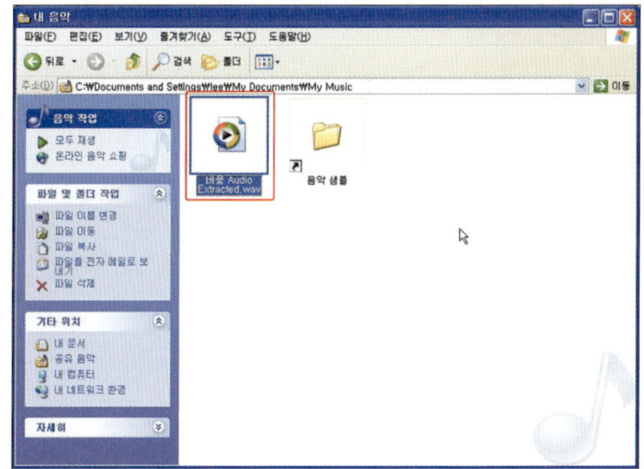

10 [File]-[Save]를 클릭해 지금까지 작업했던 프로젝트를 저장합니다. 프로젝트는 2번 과정에서 설정했던 대로 'C 드라이브'에 저장됩니다.

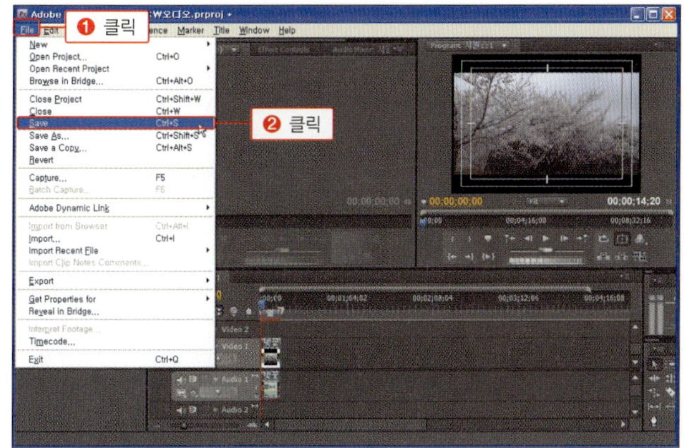

[New Project] 창의 [Scratch Disk] 탭 살펴보기

프리미어 프로에서 프로젝트를 만들기 전에 프로젝트가 저장될 폴더를 설정합니다. 기본적으로 '내 문서' 폴더 안에 저장됩니다.

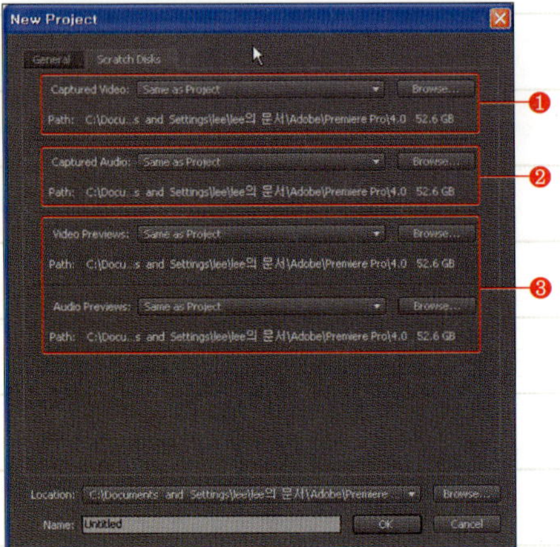

❶ Captured Video : 캠코더로 가져오는 영상들이 저장되는 경로를 설정할 수 있습니다.

ⓐ Documents : [Loaction] 경로와 상관없이 '내 문서' 폴더 안의 기본 저장 폴더에 저장됩니다.

ⓑ Same as Project : [Location]의 경로와 같이 프로젝트와 동일 폴더에 저장됩니다.

ⓒ [Custom] : [Browse]을 클릭해 사용자가 원하는 저장 폴더를 설정할 수 있습니다.

❷ Captured Audio : 캠코더로 가져오는 영상에서 오디오들만 따로 저장되는 경로를 설정할 수 있습니다. [Audio Options]-[Extract Audio] 메뉴에서 오디오 파일만 따로 저장할 수 있습니다.

❸ Video Previews, Audio Previews : 영상을 렌더링했을 때 미리보기 기능을 지원하는 폴더 (Adobe Premiere Pro PreVreview Files)를 생성하며 렌더링한 임시파일이 저장됩니다.

시퀀스의 새로운 기능 살펴보기

촬영 장비에 따라 영상이 일반 방식(Standard)이나 와이드 방식(Widescreen)으로
촬영됩니다. 와이드 방식의 영상을 일반 방식에서 편집할 경우의 문제점을 알아보고
와이드 방식으로의 변경 방법을 익혀둡니다.

Standard 방식과 Widescreen 방식 알아보기

01 Premiere Pro CS4를 실행하고 [New Project]를 클릭하여
실행합니다. [New Project] 창이 나타나면 [Name]에 '와이
드'라 입력한 후 [OK] 버튼을 클릭합니다.

[General] 탭에서 Video는 'Timecode', Audio는 'Audio Samples'로,
[Scratch Disks] 탭에서 [Location]을 '내문서\Adobe\Premiere Pro\4.0'로, 나
머지는 'Same as Project'로 변경합니다.

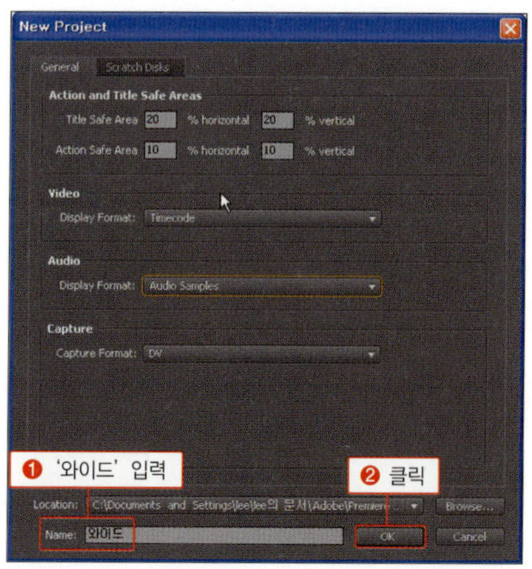

02 시퀀스에 [DV-NTSC]-[Standard 48kHz]을 선택
하고 '시퀀스1'을 생성합니다.

TIP

[DV-NTSC] 방식은 우리나라에서 일반적으로 가장 많이 사용
하는 방식으로 'Standard 48kHz'는 화면 비율을 4:3 방식을
설정하고 초당 48000hz을 설정하여 고음질을 설정할 수 있습
니다. 일반 방송용 음질은 32000hz이므로 방송용보다 고음질
입니다.

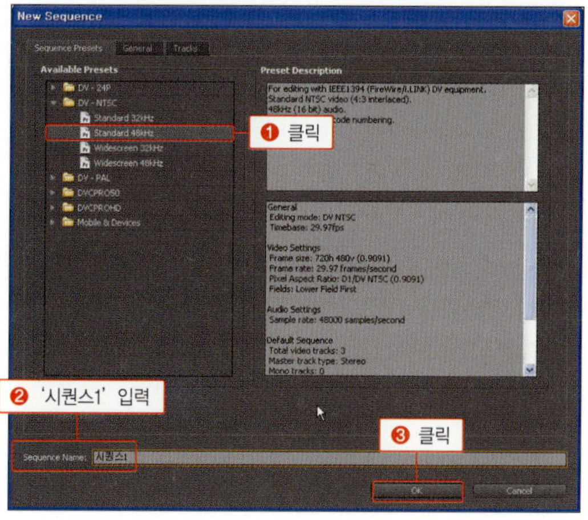

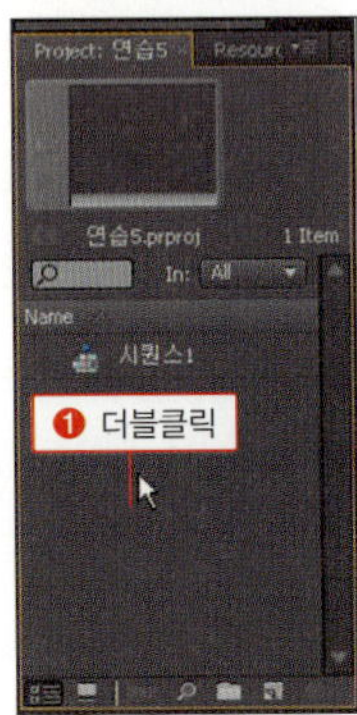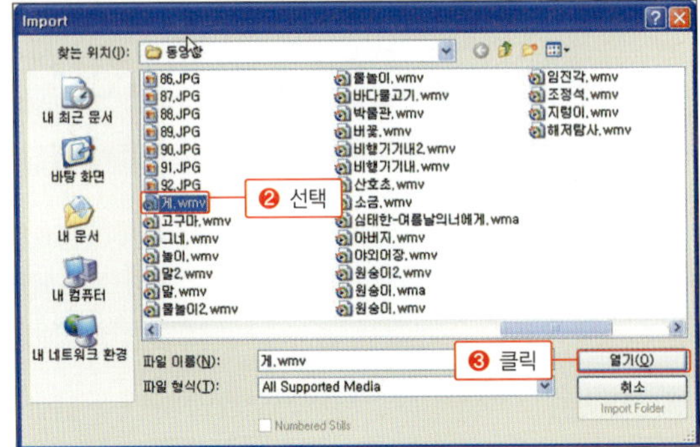

03 새로운 프로젝트가 생성되면 [Project] 패널의 빈 공간을 더블클릭하여 [Import] 창이 나타나면 '게.wmv'을 불러옵니다. ⊙ 경로 : 예제파일\Part2\Ch1\게.wmv

04 [Project] 패널의 '게' 클립을 [Timeline] 패널로 이동합니다. [Program] 모니터 패널의 크기가 Standard(4:3) 방식으로 설정되어 있어 Widescreen(16:9) 방식으로 촬영한 영상은 Safe Area(안전 영역)을 벗어난 것을 볼 수 있습니다.

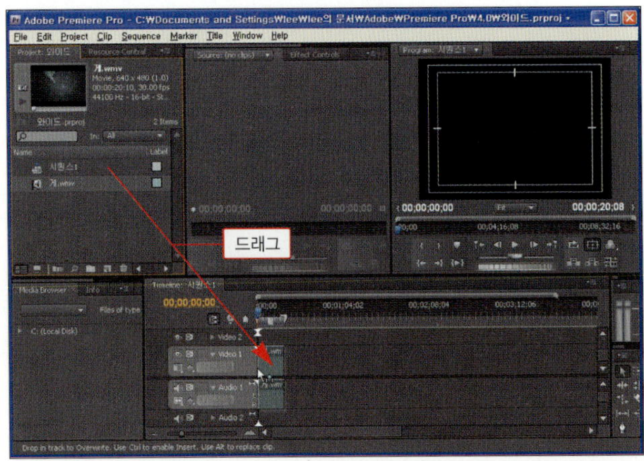

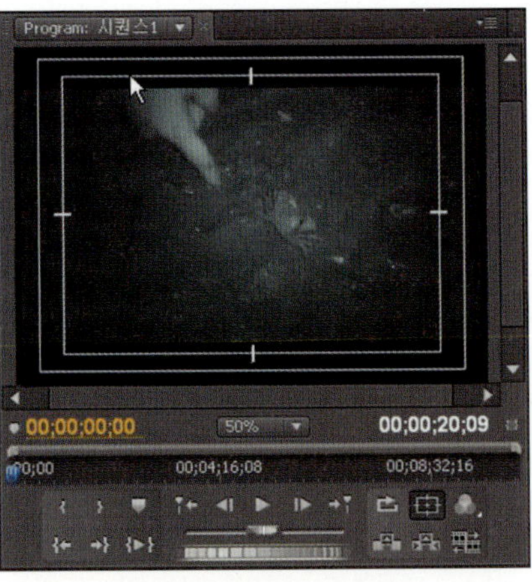

05 [File]-[New]-[Sequence]를 클릭하여 새로운 시퀀스를 만들어 줍니다.

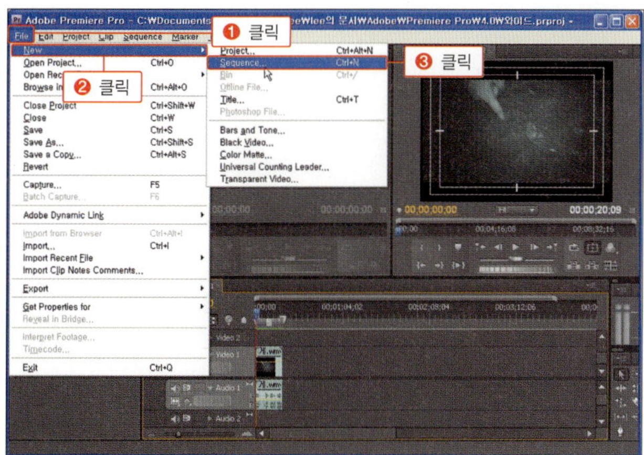

06 [New Sequence] 창이 나타나면 [DV-NTSC]-[Widescreen 48kHz]을 선택하고 '시퀀스2' 이름의 시퀀스를 생성합니다.

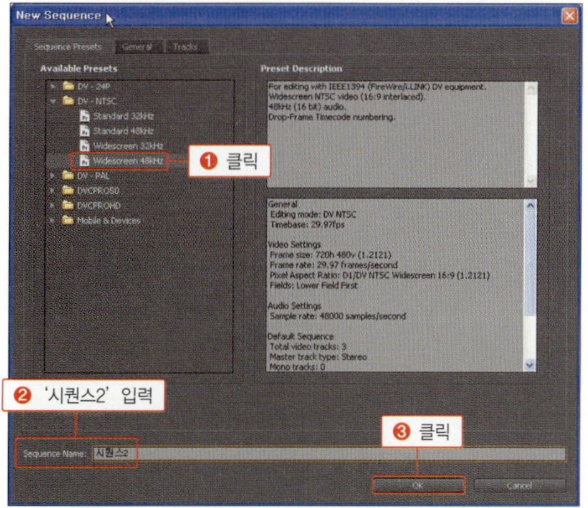

07 [Timeline] 패널에서 '시퀀스2'를 선택, [Project] 패널의 '시퀀스1'을 클릭하여 이동하고, Enter 키를 눌러 렌더링합니다.

TIP

여러 개의 시퀀스를 운영하면 시퀀스별로 다른 이펙트를 주기 쉽고 시퀀스가 하나의 클립처럼 사용할 수 있으므로 편집 과정을 보다 효율적으로 적용하기도 좋습니다. 이런 다중 시퀀스를 네스팅 기능이라 부릅니다. 시퀀스는 여러 개의 시퀀스를 계속적으로 만들고, 다른 시퀀스에 하나의 클립처럼 사용할 수 도 있습니다.

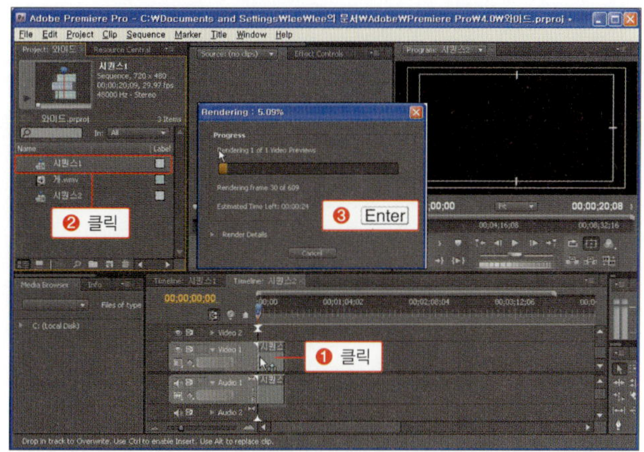

08 [Program] 모니터 패널을 보면 Widescreen(16:9) 방식으로 변경된 것을 확인합니다. 다시 [Project] 패널에서 '시퀀스 2'를 선택한 후 메뉴에서 [File]–[Export]–[Media]를 클릭합니다.

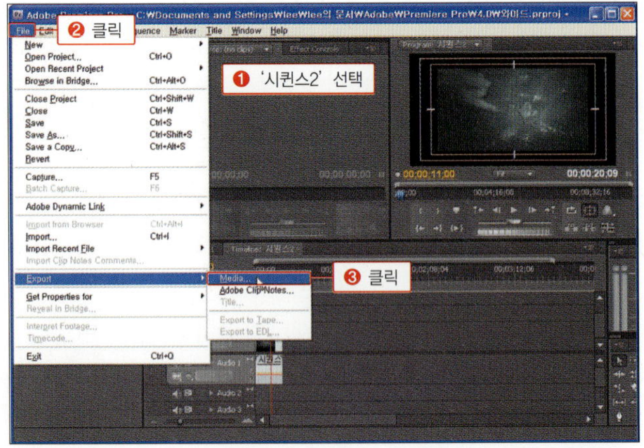

09 와이드 영상에 맞는 출력 형식을 설정합니다. [Export Settings] 창이 나타나면 [Output] 탭을 선택하고 옵션에서 [Format]을 'Windows Media'로 변경합니다.

TIP

기본값인 'Microsoft AVI'는 확장자가 'avi'로 저장되지만 'Windows Media'로 설정하고 저장하면 'wmv'로 저장되어 영상의 크기도 작아지고 호환성도 좋아집니다.

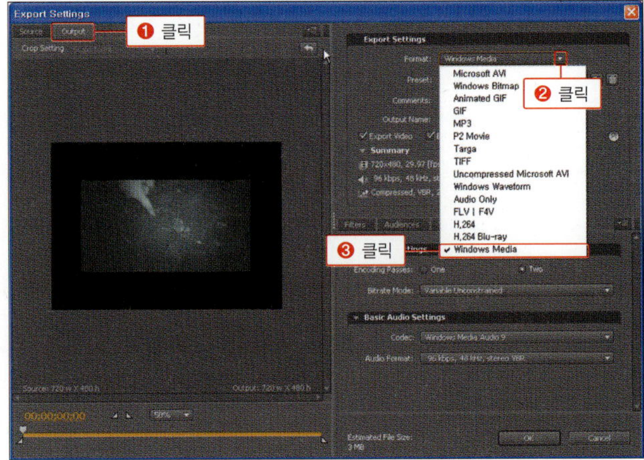

10 [Preset]을 'NTSC Widescreen Source to Download 1024kbps'로 변경하여 좀 더 와이드하고 고화질의 영상이 추출되도록 합니다.

TIP

와이드 방식으로 변경했으면 추출 시에도 와이드 방식에 맞게 추출해야 영상이 크고 고화질의 영상을 얻을 수 있습니다.

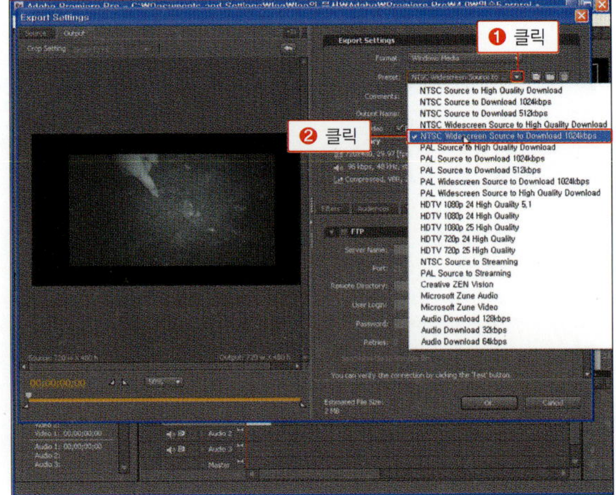

11 [Output Name] 경로를 더블클릭합니다. [Save As] 창이 나타나면 '와이드'라 입력한 후 [저장] 버튼을 클릭하여 저장합니다.

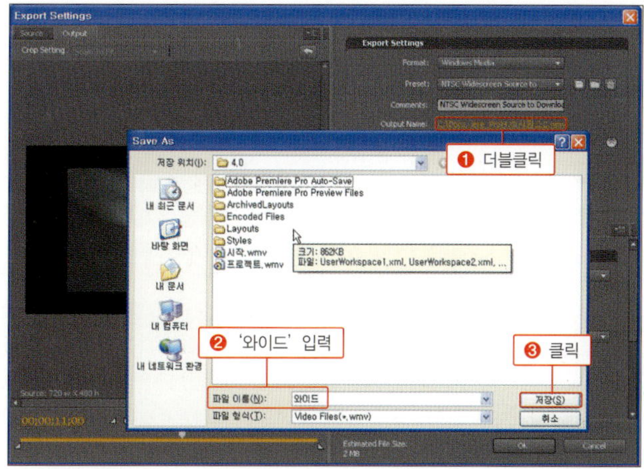

12 [Adobe Media Encoder] 창이 나타나면 [Start Queue] 버튼을 클릭해 동영상을 추출합니다.

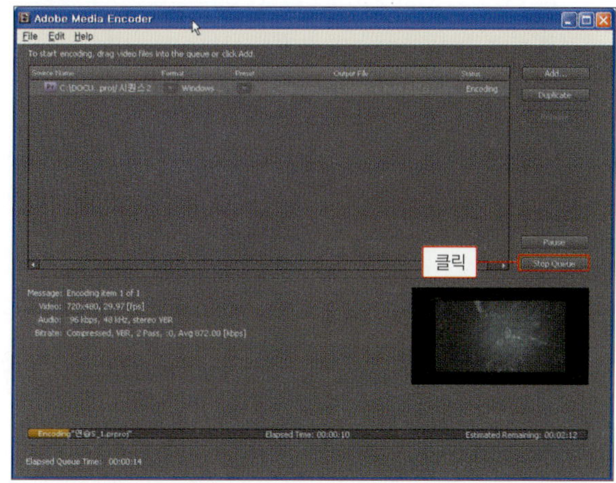

13 추출된 영상을 재생하면 와이드 형식으로 변경되어 있는 것을 확인할 수 있습니다.

⊙ 경로 : 예제파일\Part 2\Ch1\와이드.wmv

[New Sequence] 창의
[Sequence Presets] 탭 살펴보기

[Sequence Presets]에서는 프로젝트를 완성하고 시퀀스를 접하는 부분으로 화면의 크기나 화질, 음질을 미리 설정할 수 있습니다.

DV는 디지털 캠코더의 비디오와 오디오를 8bit 양자화하고 5:1 압축까지 하여 기록하는 방식을 기본적으로 가장 많이 사용됩니다.

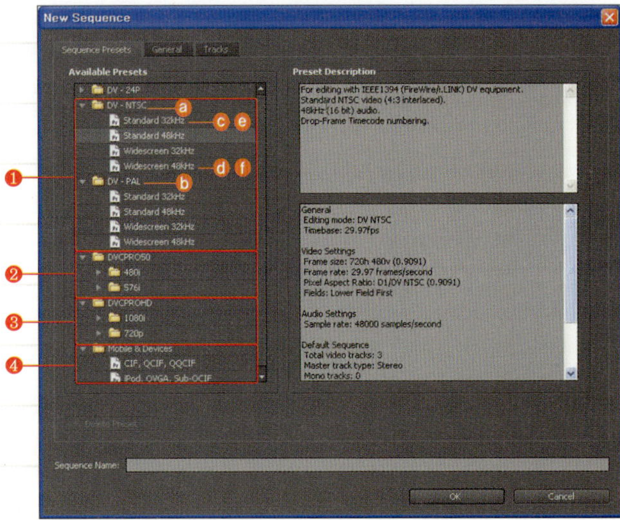

❶ DV-NTSC/PAL

ⓐ NTSC : 북미식 방송으로 1초에 30프레임을 주고, 가로줄을 1초에 최대 525회까지 색을 주사하는 방식입니다.

ⓑ PAL : 유럽식 방송으로 1초에 25프레임을 주고, 가로줄을 1초에 최대 625회까지 색을 주사하는 방식입니다. NTSC의 장점은 빨라서 움직임을 편히 볼 수 있지만 PAL 방식은 선명도가 뛰어나는 대신 움직임을 감지하여 번뜩거림이 생겨 보는데 불편합니다.

ⓒ Standard : 화면의 기본 크기로 4:3(가로:세로)으로 나타냅니다.

ⓓ Widescreen : 화면의 크기를 16:9(가로:세로)로 나타냅니다. 촬영 영상에 따라 다르겠지만, Widescreen 방식의 영상을 Standard 방식의 영상으로도 변경이 가능합니다.

ⓔ 32kHz : Audio의 크기를 32,000 samples/초로 지정합니다(방송용 음성).

ⓕ 48kHz : Audio의 크기를 48,000 samples/초로 지정합니다(고음질 음성). Audio의 크기가 클수록 음량의 품질은 높으나 전체의 크기가 커집니다.

❷ DVCPRO50 : 파나소닉이 만든 DVCPRO 계열로 코딩하는 영상 비트율(화질의 수준)을 초당 25메가비트에서 50메가비트로 만들어 주며 크로마 샘플링을 사용합니다. 크로마 샘플링은 눈으로 구별할 수 없는 부분을 압축하여 용량을 줄이지만 차이를 느끼지는 못합니다. 크로마 샘플링은 ENG 시스템과의 호환을 위해 만들어졌습니다.

❸ DVCPROHD : 4개의 병렬 코덱을 사용하여 초당 100메가비트의 영상 비트율을 만들고 크로마 샘플링을 사용합니다. 720P, 1080i로 녹화 크기가 지정되어 있습니다.

DVCPRO 방식은 전문가들의 촬영 장비에 많이 사용됩니다. 전문 촬영 장비로 촬영한 영상이라면 DVCPRO 방식으로 고화질, 고음질의 편집을 이용하는 것이 좋습니다.

❹ Mobile & Devices : 휴대폰 등의 이동장치들에 찍힌 이미지나 영상들을 가져와 편집할 수 있도록 설정합니다.

시퀀스 옵션 이용하여 영상 편집하기

시퀀스의 여러 옵션을 설정하고 설정한 옵션 방식을 저장하며, 편집 시 비디오와 오디오 방식만
따로 설정하여 편집하는 방법을 배워 봅니다.

시퀀스의 환경 옵션 저장하고 영상 캡처하기

01 Premiere Pro CS4를 실행하고 [New Project]를 클릭하여
실행합니다. [New Project] 창이 나타나면 [Name]에 '시퀀스
옵션저장' 이라 입력한 후 [OK] 버튼을 클릭합니다.

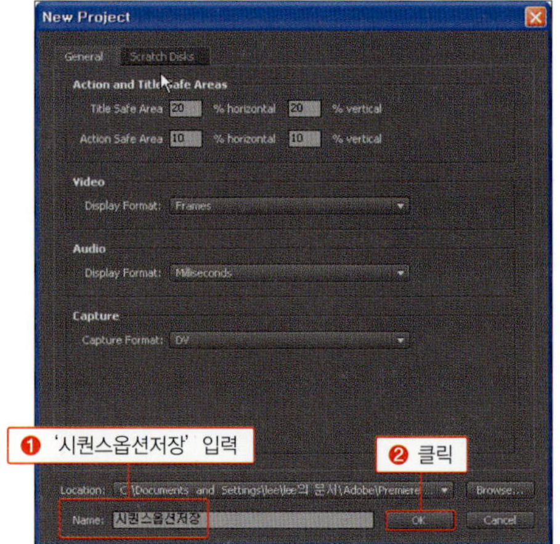

02 [New Sequence] 창이 나타나면 [Name]에 '시퀀
스1'라 입력한 후 [OK] 버튼을 클릭합니다.

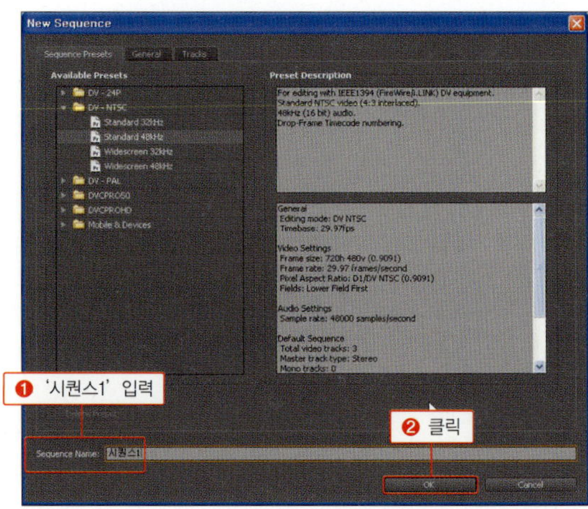

03 새로운 프로젝트가 생성되면 [Project] 패널의 빈 공간을 더블클릭하여 [Import] 창이 나타
나면 '물놀이2.wmv'를 불러옵니다. ⊙ 경로 : 예제파일\Part2\Ch1\물놀이2.wmv

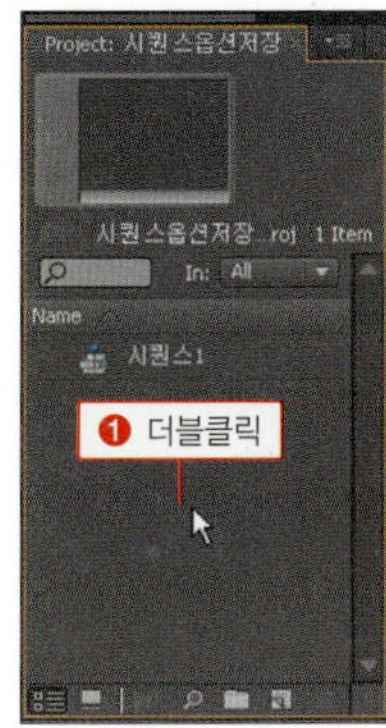
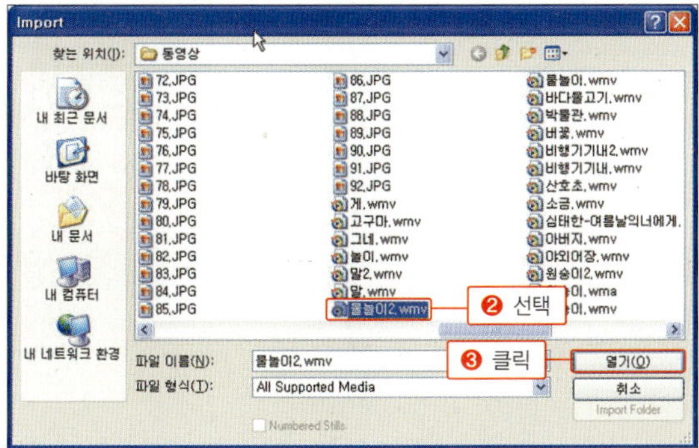

04 [Project] 패널의 '물놀이' 클립을 드래그
하여 [Timeline] 패널로 이동합니다.

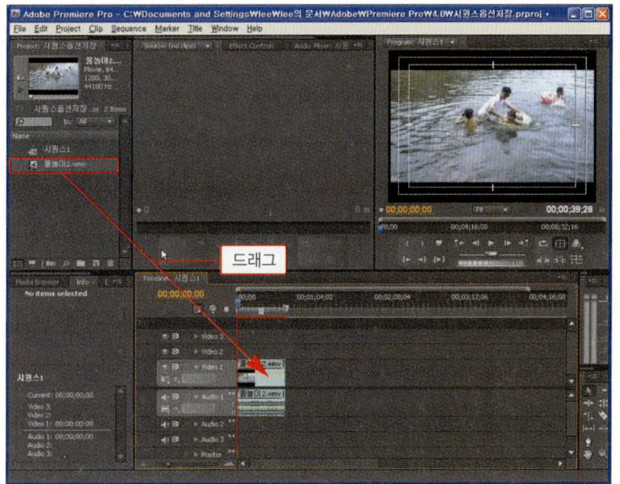

05 [Program] 모니터 패널을 보면 영상이
와이드 방식으로 촬영되어 있기 때문에
와이드 방식의 시퀀스를 생성합니다. 다시 [File]-
[New]-[Sequence]를 클릭합니다.

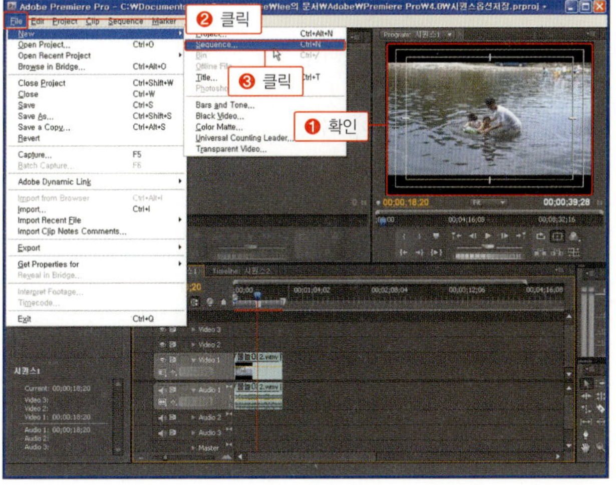

06 [New Sequence] 창이 나타나면 [DV-NTSC]의 [Widescreen 48kHz]을 선택하고 시퀀스의 이름을 '시퀀스2'로 입력합니다.

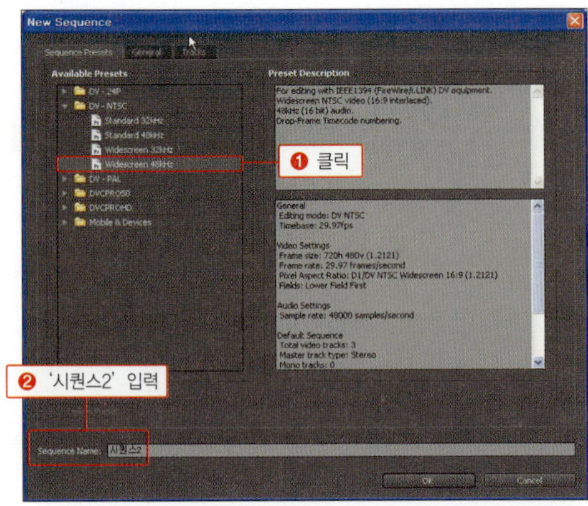

07 이번엔 [General] 탭을 클릭하고 시퀀스의 옵션을 변경합니다. [Video]-[Display Format]은 'Frames'으로, [Audio]-[Sample Rate]은 '32000 Hz'로, [Display Format]은 'Milliseconds'로 변경하고 [Save Preset]을 클릭합니다.

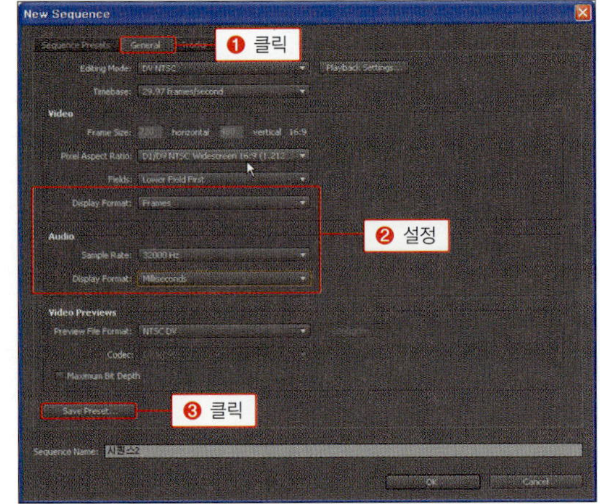

08 [Save Settings] 창이 나타나면 [Name]에 '와이드-32KHZ'라 입력한 후 [OK] 버튼을 클릭합니다.

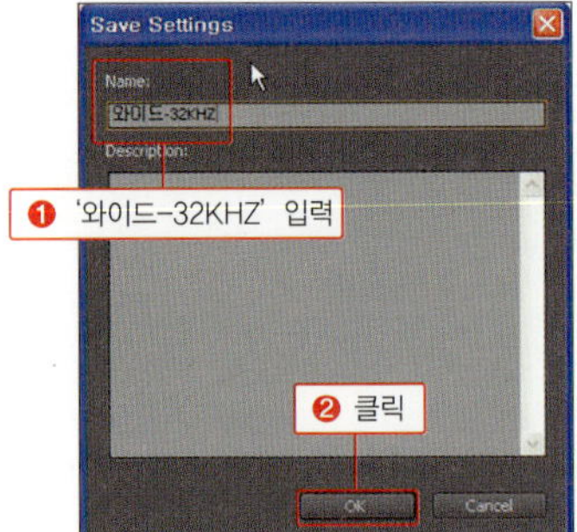

09 다시 [Sequence Presets] 탭으로 돌아옵니다. 목록에 'Custom' 폴더가 생성되고 아래에 '와이드-32KHZ'라는 시퀀스 옵션이 저장됩니다. [와이드-32KHZ]를 선택하고 [OK] 버튼을 클릭하여 시퀀스를 생성합니다.

TIP

시퀀스의 옵션을 지우고자 할 경우 [Delete Preset]을 하면 지워집니다.

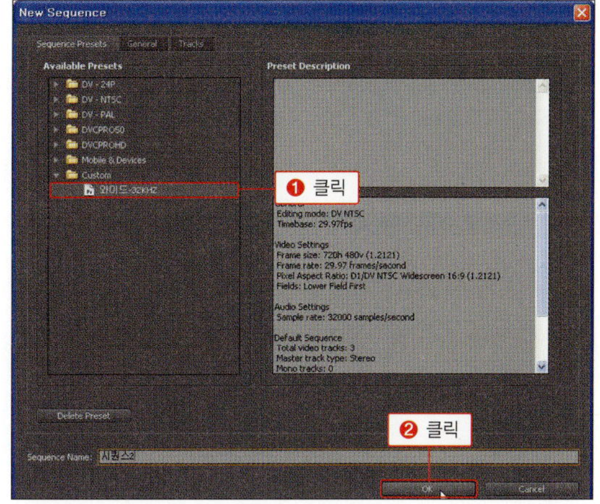

10 [Timeline] 패널의 '시퀀스2'에 '시퀀스1' 클립을 드래그하여 넣습니다. [Timeline]의 시간 옵션이 [Frames] 방식으로 변경되어 있는 것을 알 수 있습니다.

TIP

앞서 시퀀스 옵션에서 [Display Format]을 'Frames'로 변경했기 때문에 타임코드(00;00;00;00)가 '0'으로 변경되었습니다.

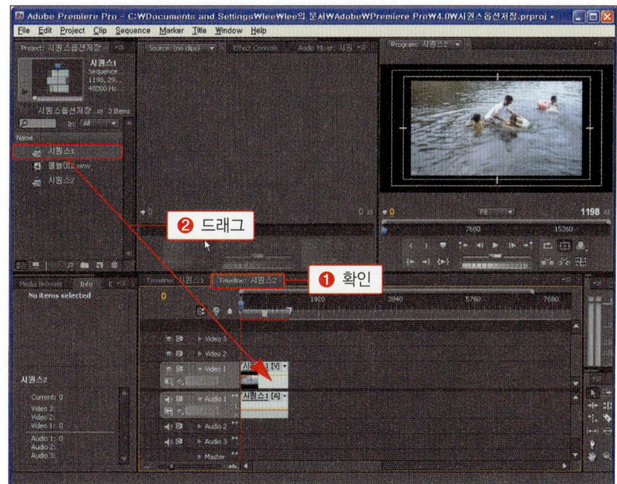

11 [Timeline] 패널에서 타임코드(0)를 클릭한 후 '200'을 입력하고 Enter 키를 누릅니다.

TIP

타임코드(00;00;00;00)에서는 30프레임 이상이 되면 (1;00)이 되어 처음부터 프레임의 개수를 확인하기가 어렵습니다. 처음부터 한 프레임(한 장면)씩 보면서 프레임 단위로 설정하여 보는 것이 좋습니다.

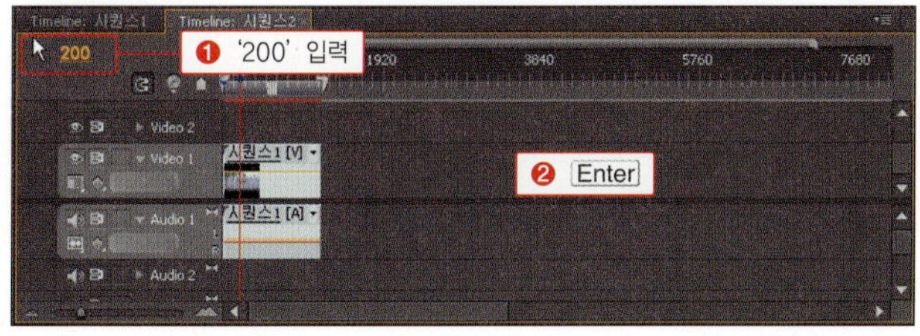

12 이미지를 추출하기 위해 [File]–[Export]–
[Media] 메뉴를 클릭합니다.

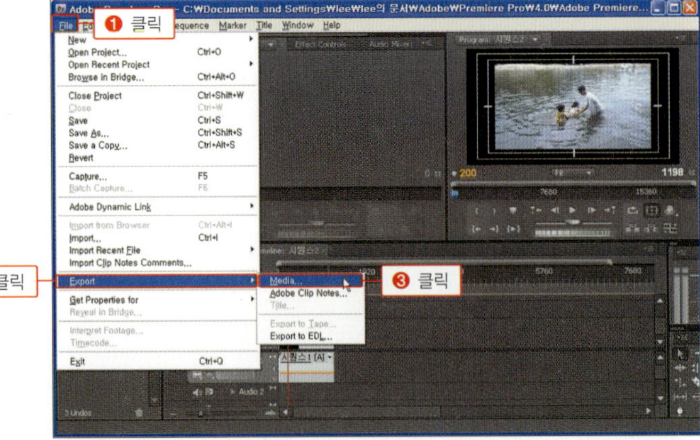

13 [Export Settings] 창에서 [Output] 탭을
클릭하고 [Format]을 'Windows Bitmap',
[Preset]을 'HD 1.5 Bitmap'으로 변경하고 [OK]
버튼을 클릭합니다.

TIP

영상과 이미지는 추출 방식이 같습니다. 단지
[Format]으로 영상 출력이나 이미지로의 출력을 조
절합니다.

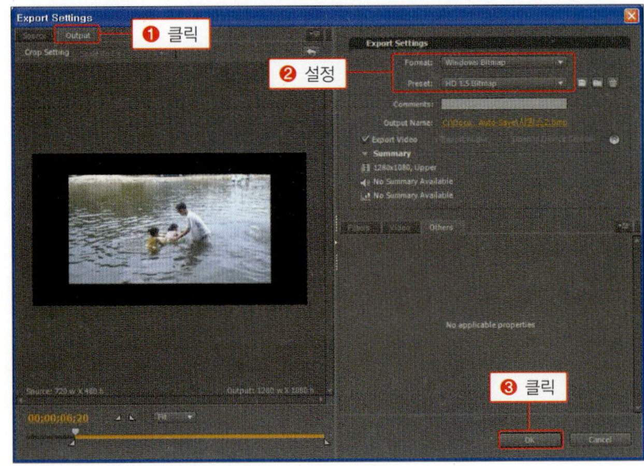

14 [Adobe Media Encoder]에서 [Start Queue]를 버튼을 클릭하여 이미지를 생성한 후, 영
상을 확인합니다. ⊙ 경로 : 예제파일\Part2\Ch1\캡처.bmp

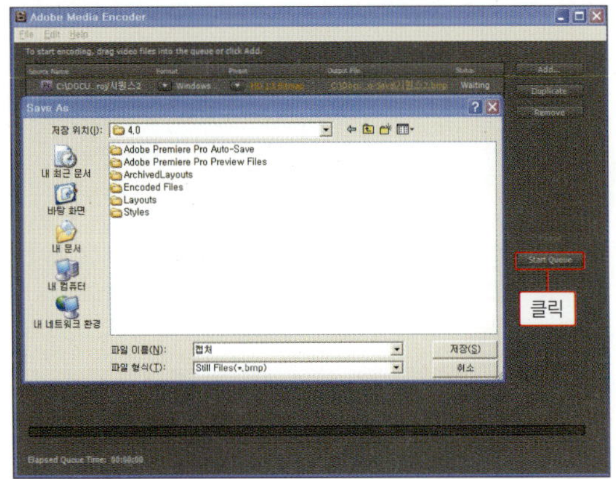

[New Sequence] 창의 [General] 탭 살펴보기

[General] 탭 환경 옵션

시퀀스의 [General] 탭은 [Presets]의 기본 설정을 좀 더 상세하게 설정하는 부분으로 대부분 [Presets]에서 설정하면 그대로 자동설정되며, 필요에 따라 부분적으로 변경할 수 있습니다. 또 한, [Playback Settings]은 외부 조건에 따라 듀얼 모니터로 활용할 수도 있습니다.

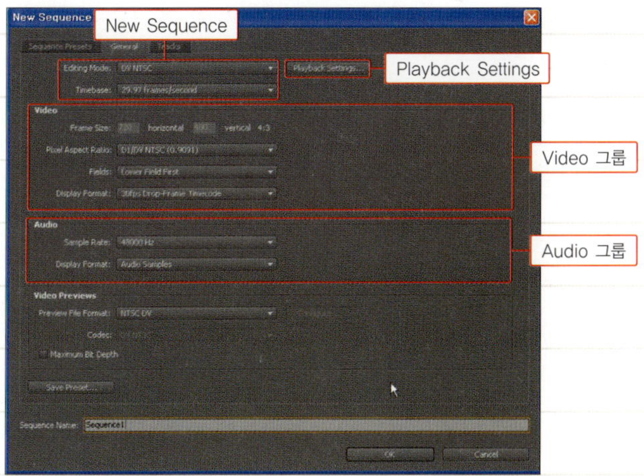

New Sequence

❶ Editing Mode : 편집 모드로 시퀀스의 [Sequence Preset]에서 선택되면 자동으로 설정됩 니다.

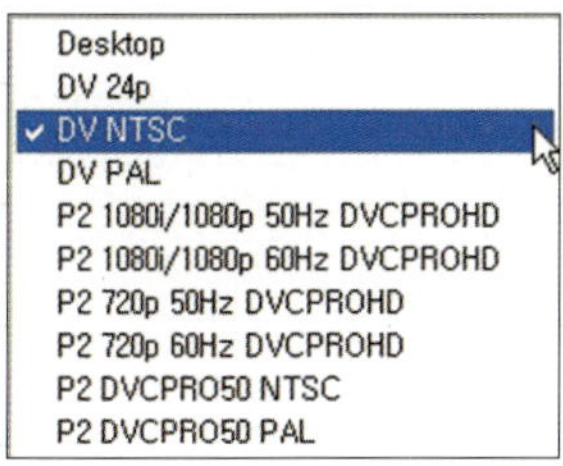

❷ Timebase : 시퀀스의 시간 기준을 결정하는 옵션으로, [Sequence Preset]에서 선택되면 자동으로 설정됩니다. 단, [Sequence Preset]의 DV 방식은 한 번 설정되면 변경할 수 없으 나 DVCPPO 방식은 변경할 수 있습니다.

Video 그룹

❶ Pixel Aspect Ratio : 가로 대 세로의 비율을 설정하는 옵션입니다. [Sequence Preset]에
서 선택에 의해 자동 설정됩니다.

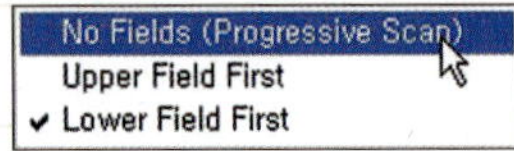

❷ Fields : 비월주사방식(영상을 화면에 홀수와 짝수 가로줄로 나누어진 것을 번갈아 가면서
표시하는 방식)으로, 'No Fields'는 필드 순서를 구분하지 않고 'Upper Field'는 위에서
아래로, 'Lower Field'는 아래에서 위로 뿌려주는 방식으로 DV-NTSC, PAL는 [Lower
Field]가 우선 부여합니다.

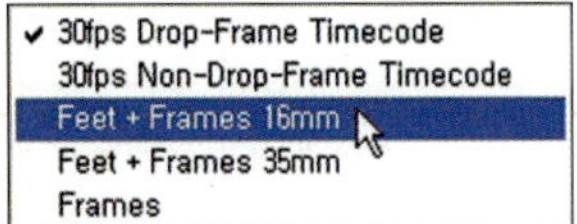

❸ Display Format : 비디오의 타임코드 방식을 설정하며 기본적으로 '시간;분;초;프레임' 단
위로 나타냅니다. 'Feet+Frames 16mm', 'Feet+Frames 35mm', 'Frames' 방식은 다
른 방식으로 나타납니다.

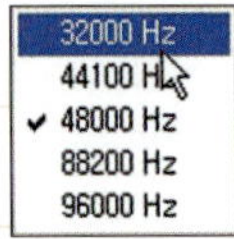

Audio 그룹

❶ Sample Rate : 오디오의 비율 형식을 설정하며, 48000hz 이상은 고음질로 지정하며,
32000hz는 방송음질 수준으로 지정할 수 있습니다.

❷ Display Format : 시퀀스의 오디오를 나타내는 방식을 설정합니다.

Video Previews

영상의 미리보기에서 파일 형식을 지정하고, 코덱을 설정할 수 있습니다.

Save Preset

지금까지 설정해 놓은 시퀀스 옵션을 저장할 수 있습니다.

[Playback Settings] 옵션

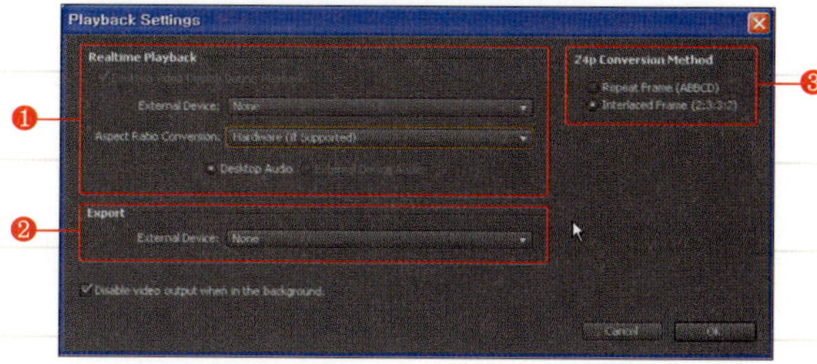

❶ Realtime Playback

ⓐ External Device : 외부 모니터링 여건에 맞게 상황을 변경하고 듀얼 모니터를 설정할 수도 있습니다.

ⓑ Aspect Ratio Conversion : 전체 모니터링을 위한 종횡비 옵션을 그래픽에 따라 설정합니다.

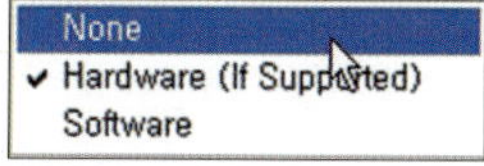

ⓒ Desktop Audio : 컴퓨터에서 오디오를 재생합니다.

ⓓ External Device Audio : 외부 장치와 연결하여 오디오를 재생할 수 있습니다.

❷ Export

ⓐ External Device : 영상 추출 시 외부 장치 목록을 표시해줍니다.

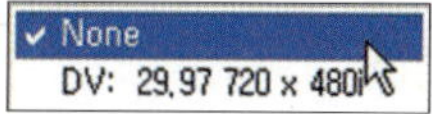

❸ 24p Conversion Method

ⓐ Repeat Frame(ABBCD) : 24p의 프레임을 30p방식으로 변환 시 특정 프레임을 복제합니다.

ⓑ Interlaced Frame(2:3:3:2) : 30p의 인터레이스 방식으로 재생합니다.

비디오 트랙과 오디오 트랙 이용하기

비디오 트랙의 추가 방법과 오디오 트랙의 3가지 방식을 알아보고 여러 개의 이미지로 하나의 동영상을 만드는 기능을 익혀 봅니다. 사진을 가지고 스토리가 있는 하나의 뮤직비디오를 만들어 보세요.

비디오 트랙과 오디오 트랙

01 Premiere Pro CS4를 실행하고 [New Project]를 클릭하여 실행합니다. [New Project] 창이 나타나면 [Name]에 '트랙의 추가' 라 입력한 후 [OK] 버튼을 클릭합니다.

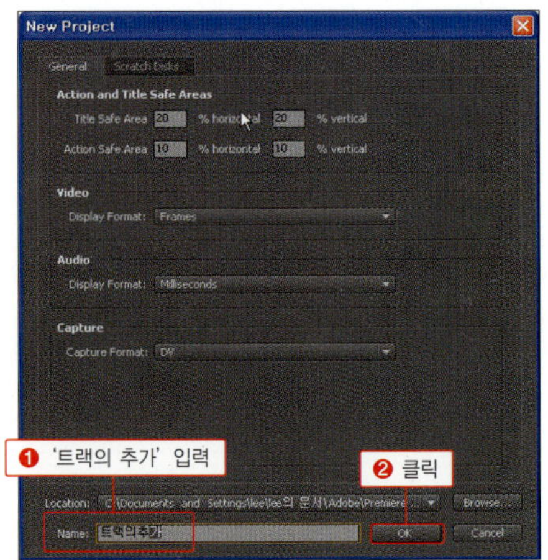

02 시퀀스의 이름을 '시퀀스1' 이라 입력한 후 [Tracks] 탭으로 이동하여 비디오 트랙을 클릭해 '3개' 를 '5 개' 로 늘리고 [OK] 버튼을 클릭합니다.

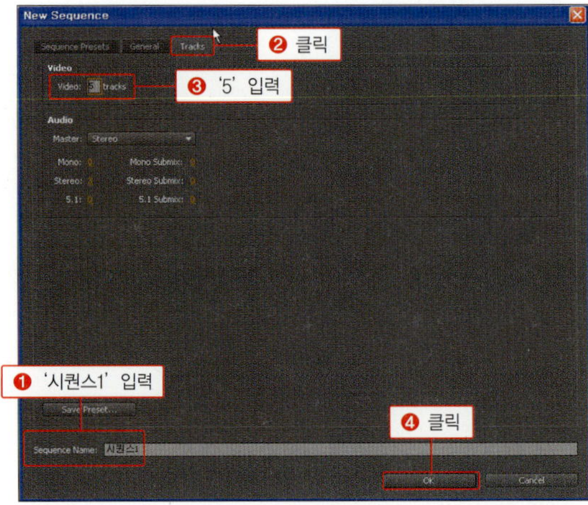

03 새로운 프로젝트가 생성되면 [Project] 패널의 빈 공간을 더블클릭하여 [Import] 창이 나타
나면 '26~30.jpg'를 불러옵니다. ◉ 경로 : 예제파일\Part2\Ch1\S06 폴더

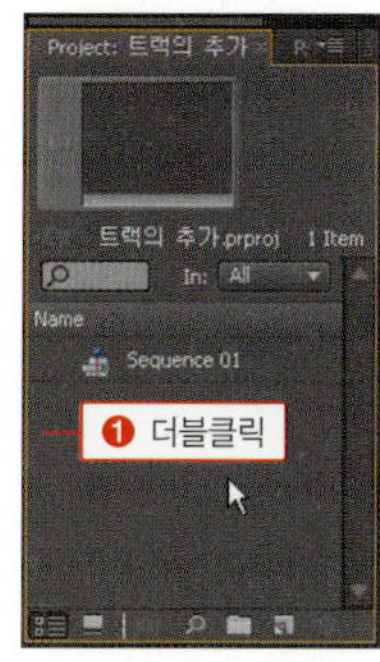

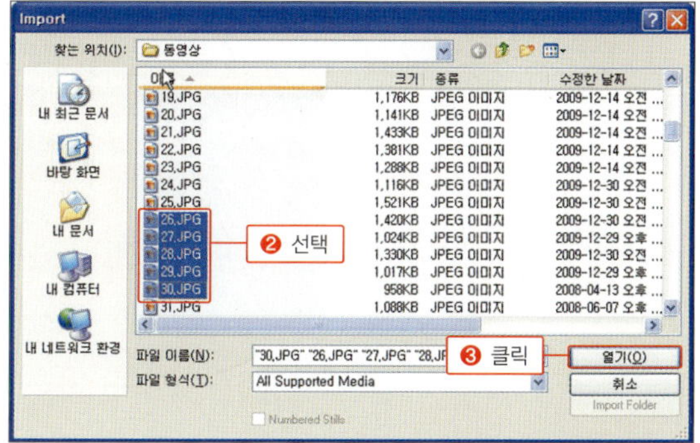

04 [Timeline] 패널의 Video1 트랙에 '26.jpg',
Video2 트랙에 '27.jpg', Video3 트랙에
'28.jpg', Video4 트랙에 '29.jpg', Video5 트랙
에 '30.jpg'을 차례대로 드래그합니다.

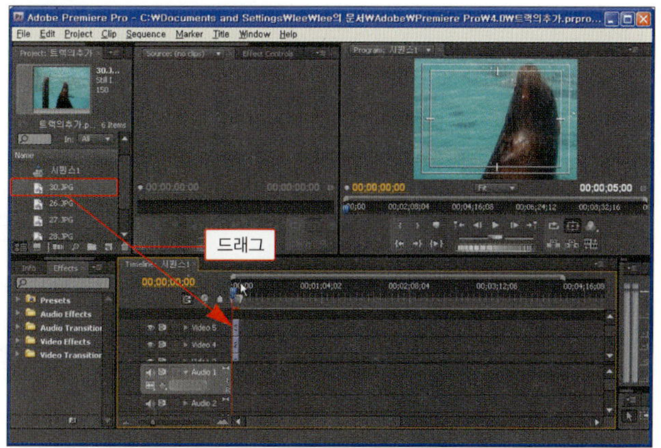

05 Zoom in(🔺)을 3번 클릭해서 트랙의
크기를 확대시켜 줍니다.

TIP

또는 키보드의 =을 누르면 트랙이 확대되고 −을
누르면 트랙이 축소됩니다.

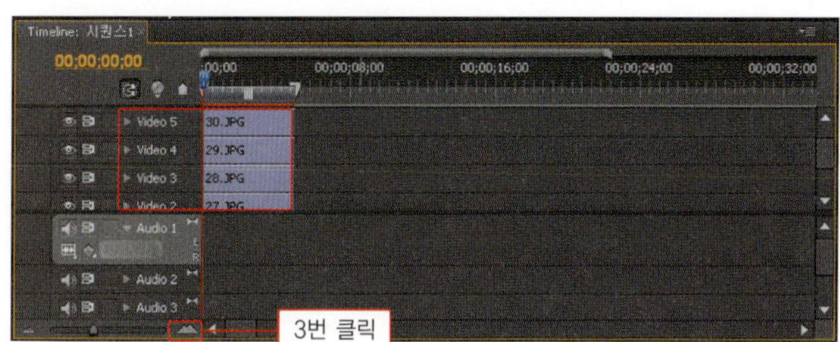

06 타임라인을 1초로 변경한 후 Video2 트
랙의 클립을 편집 기준선에 맞게 이동합
니다.

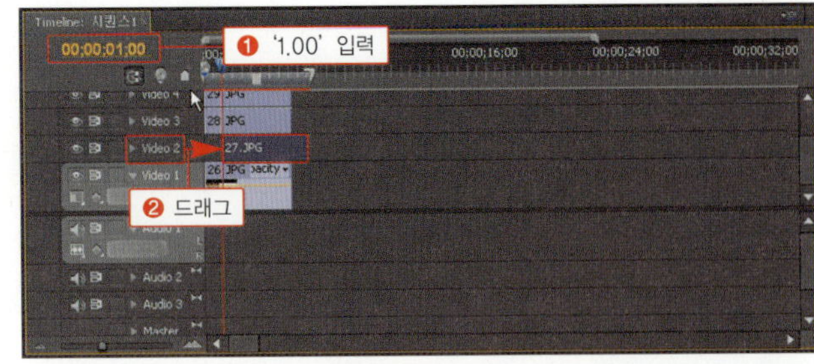

07 타임라인을 2초로 변경한 후 '28'을 편집
기준선에 맞게 드래그하고, 3초로 변경한
후 '29'를, 4초로 변경한 후 '30'를 편집 기준선에
맞게 드래그해 이동시켜 줍니다.

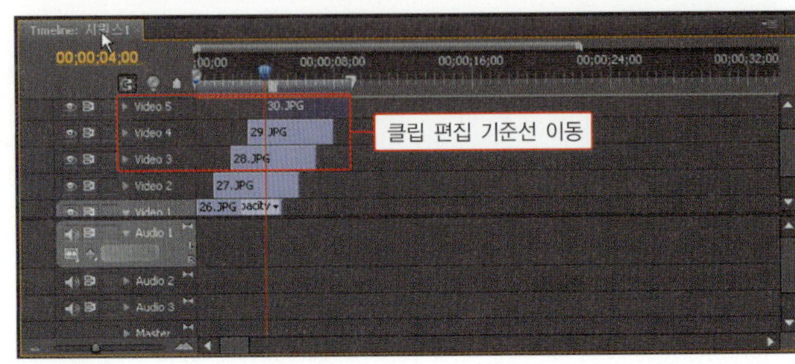

08 편집 기준선을 '26'의 마지막 구간에 이
동하여 맞혀 놓고 전체 트랙 'Video1~
Video5'을 선택합니다.

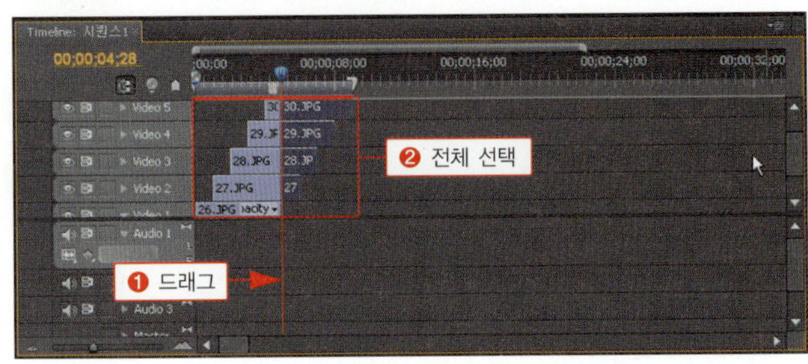

09 키보드에서 Ctrl + K 를 눌러 편집 기
준선을 기준으로 잘라줍니다. 편집 기준
선 오른쪽에 있는 나머지를 드래그하여 선택하고
Delete 키를 눌러 지웁니다.

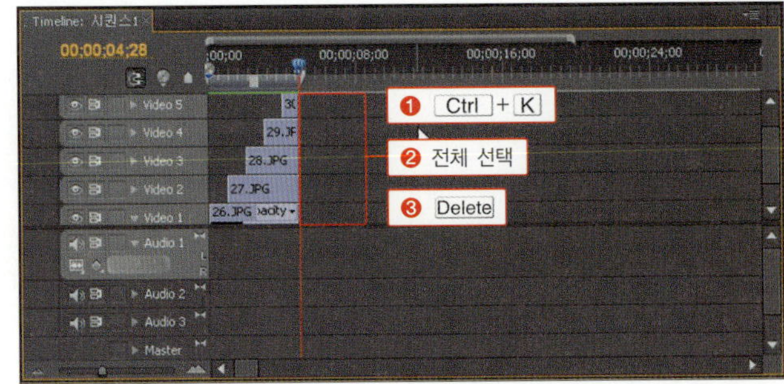

TIP

편집 기준선을 기준으로 잘라 내는 것은 [Tool] 패
널의 Razor(🔪)로 잘라도 되지만 단축키 Ctrl
+ K 를 사용하면 더 빠르게 작업할 수 있습니다.

10 [Project] 패널의 빈 공간을 더블클릭하여 [Import] 창이 나타나면 '엄마야 누나야'를 선택하여 가져와 [Timeline] 패널로 이동합니다. ⊙ 경로 : 예제파일\Part2\Ch1\엄마야누나야.wma

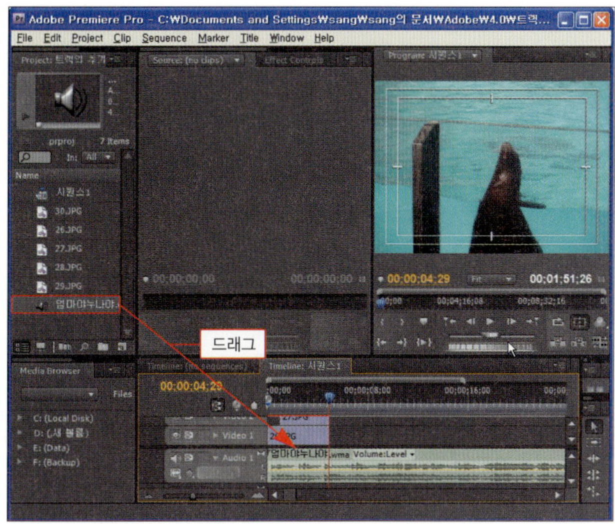

11 Audio1 트랙을 선택하고 편집 기준선에 맞게 Ctrl + K 를 눌러 자릅니다. 그리고 나머지 부분을 선택한 후 Delete 키를 눌러 삭제합니다.

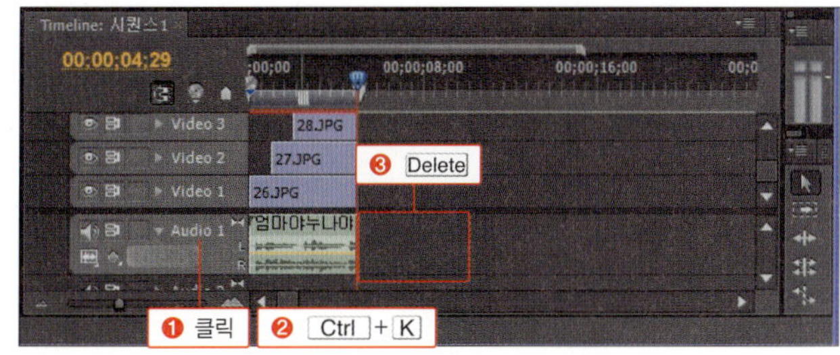

TIP

Audio 트랙 안에 'L', 'R' 표시는 시퀀스 옵션 설정 시 Audio를 'Stereo'로 설정하였기 때문에 나오는 것입니다. L, R의 음성 부분이 따로 나오는 것을 알 수 있습니다.

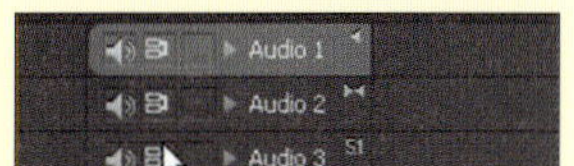

12 Enter 키를 눌러 렌더링합니다.

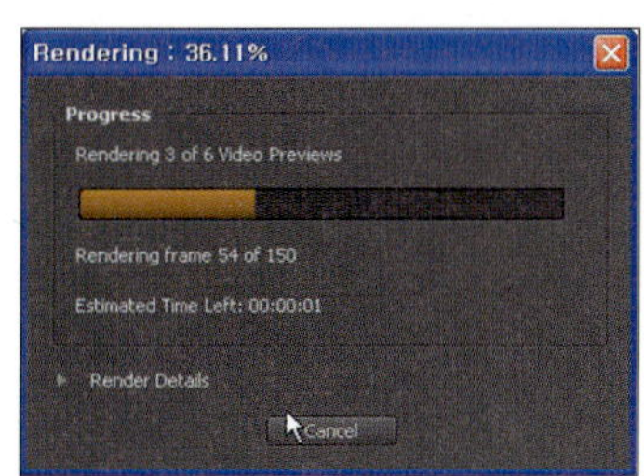

13 다시 [File]–[Export]–[Media] 메뉴를 선
택합니다. [Export Settings] 창에서
[Output] 탭의 [Format]을 'Windows Media'로
설정하고 [OK] 버튼을 클릭합니다.

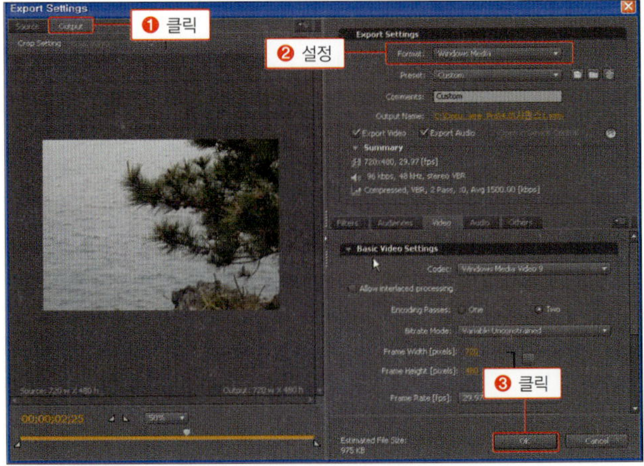

14 [Adobe Media Encoder]가 나타나면 [Output
File]의 경로를 더블클릭하여 [파일 이름]을
'제주도'로 입력하고 [저장] 버튼을 클릭합니다.

TIP

저장될 결과물(영상, 이미지)의 파일명은 [Export Settings]
이나 [Encoder]에서도 변경할 수 있습니다.

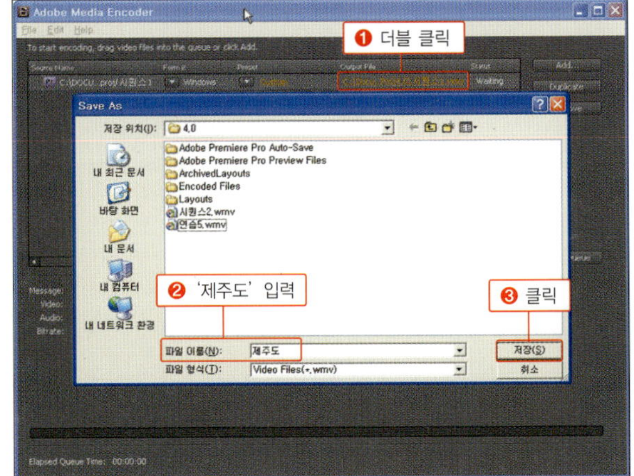

15 [Start Queue] 버튼을 클릭하여 결과물의 동
영상을 추출합니다.

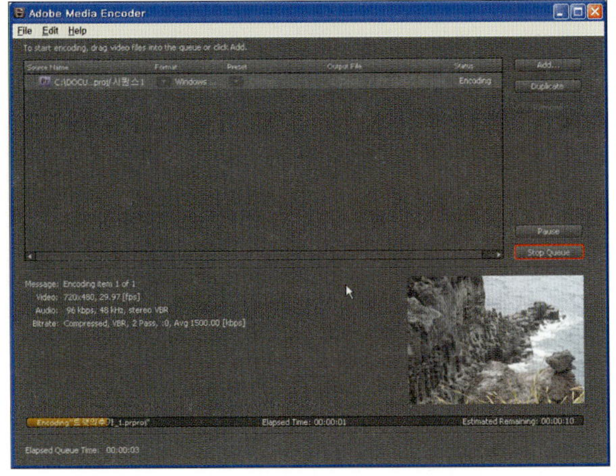

16 5장의 이미지로 만든 뮤직비디오가 완성되었습니다.

⊙ 예제파일\Part2\Ch1\제주도.wmv

[New Seqence] 창의 [Tracks] 탭 살펴보기

일반적으로 시퀀스에 주는 비디오와 오디오의 트랙의 수를 지정하는 것으로 시퀀스를 생성할 때 비디오와 오디오의 [Timeline] 트랙의 수를 만들어 줍니다. 기본적으로는 3개씩 만들지만 필요에 따라 더 많은 트랙을 추가하여 만들 수 있습니다. 또한, 오디오 트랙은 음질 방식인 Mono, Stereo, 5.1 채널 방식에 따라 다르게 설정할 수 있습니다.

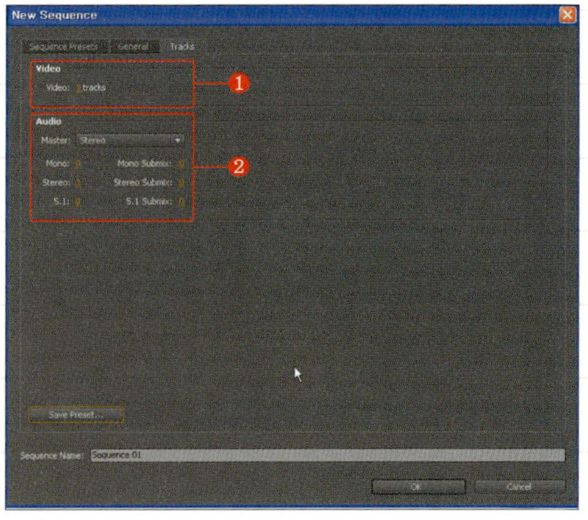

❶ Video : 비디오 트랙의 수로 기본적으로 3개가 생성됩니다.

❷ Audio : 오디오 트랙의 수로 기본적으로 3개가 생성됩니다. 그러나 사운드 방식에 따라 얼마든지 오디오 트랙을 추가할 수 있습니다.

ⓐ Mono : 음질이 단순한 선율로 흐르는 방식입니다.

ⓑ Stereo : 보거나 듣거나 했을 경우 제각기 다른 소리가 나오게 하여 입체감을 주는 음질입니다.

ⓒ 5.1 : 사운드의 정보를 6개의 채널로 분리하여 훨씬 현장감이 있는 사운드와 또렷한 대사 전달이 가능한 방식입니다.

입출력에 관한 창 살펴보기

편집을 마치고 렌더링을 한 후 결과물만을 출력하려 하는데 영상의 크기나 길이가 맞지 않을 경우 [Export Settings]에서 조절하는 방법과 출력 옵션을 연습해봅니다.

Export Settings의 조절과 출력 옵션

01 'Export' 이름으로 프로젝트를 만들고, [Standard 48kHz]의 '시퀀스1' 이름의 시퀀스를 생성합니다.

TIP

이 섹션부터는 프로젝트와 시퀀스의 기본 설정 방법을 설명하지 않습니다.

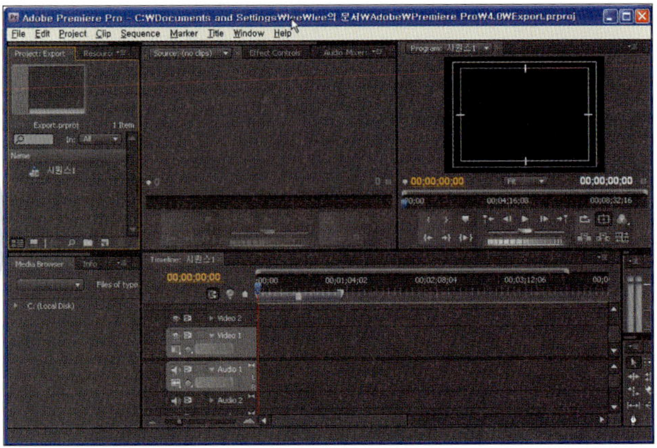

02 [Project] 패널의 빈 곳을 더블클릭하여 [Import] 창을 열어서 '원숭이2.wmv'를 선택해 불러옵니다. ◉ 경로 : 예제파일\Part2\Ch1\원숭이2.wmv

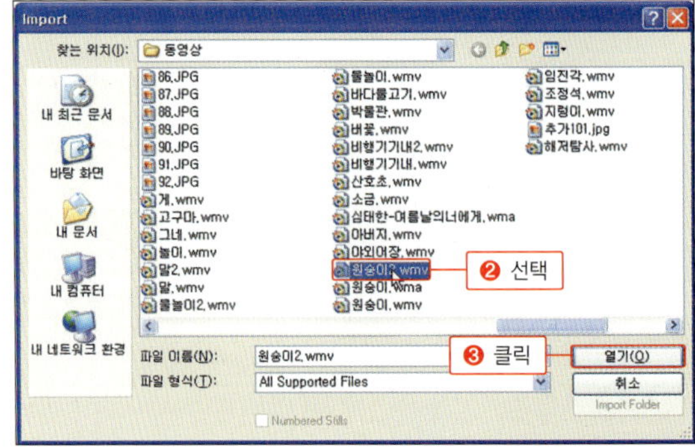

03 [Project] 패널에서 '원숭이2' 클립을 [Timeline] 패널에 드래그하여 놓고 Enter 키를 눌러 렌더링을 시작합니다.

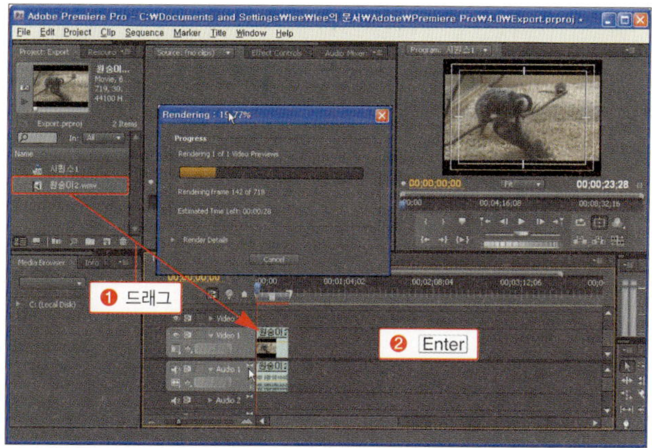

04 렌더링이 완료되면 메뉴에서 [File]-[Export]-[Media]를 선택합니다. [Export Settings] 창이 나타나면 Crop Tool(🔲)을 클릭해 일정한 크기(Left : 98, Top : 60, Right : 212, Bottom : 64)로 영역을 지정합니다. 타임라인을 '00;00;06;28'로 변경한 후 다른 곳을 클릭한 후 그 부분까지 아이콘을 드래그합니다.

TIP

[Export Settings] 창에서 타임코드에 숫자를 줄 때 Enter 키를 누르면 [Adobe Media Encoder]로 바로 넘어갑니다. 따라서 숫자를 변경하고 다른 곳에 클릭하세요.

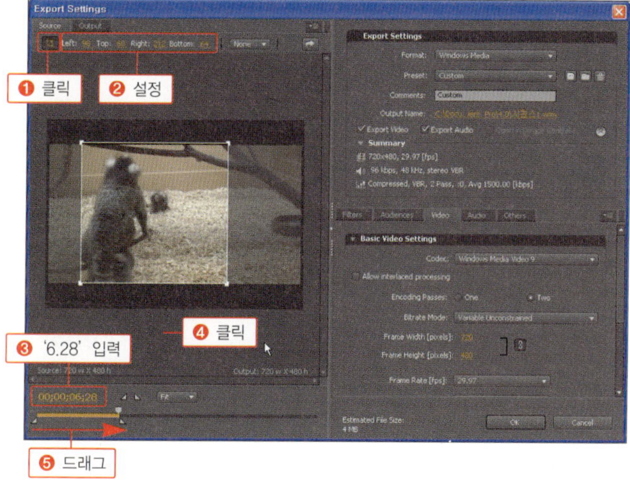

05 [Source] 탭에서 Switch to Output(➡)을 클릭해 [Output] 탭으로 이동합니다. [Crop Settings]을 'Scale to Fit'로 설정하면 꽉 찬 화면을 보여 줍니다.

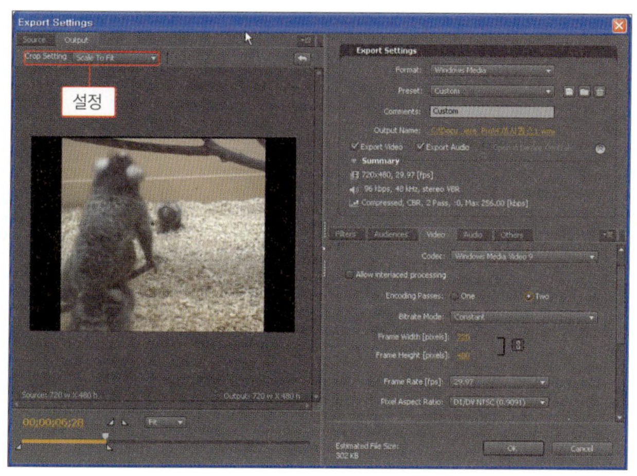

06 [Format]은 'Windows Media'으로, [Video]의 [Encoding Passes]는 'Two'를 선택하고 [OK] 버튼을 클릭합니다.

TIP

[Encoding Passes]는 사용자의 컴퓨터가 듀얼 코어일 경우 시스템에 맞춰 인코딩 처리 속도를 높여줍니다.

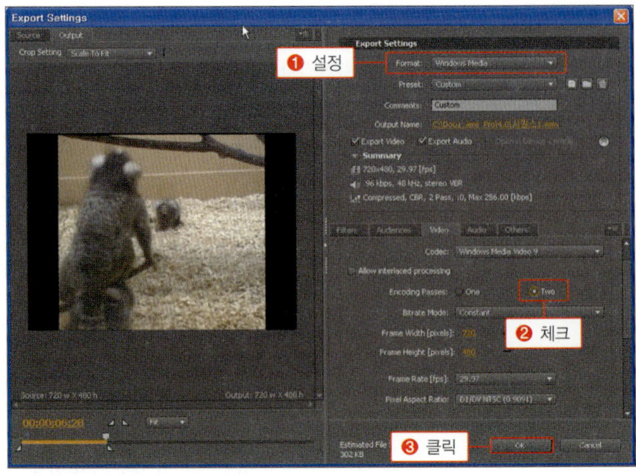

07 [Adobe Media Encoder] 창이 나타나면 [Output File]의 경로를 더블클릭하여 '원숭이두마리'로 파일명을 입력한 후 [저장] 버튼을 클릭합니다.

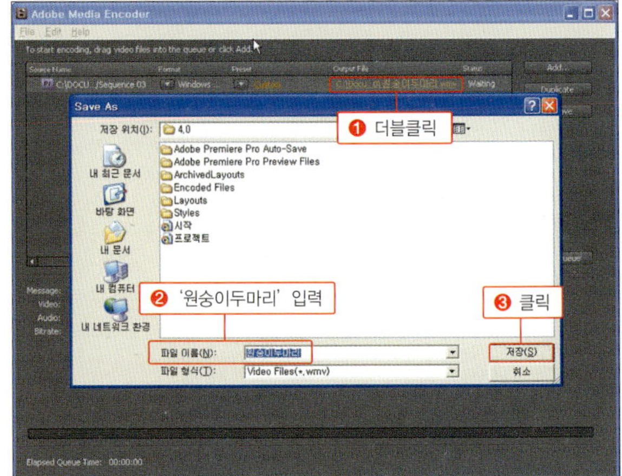

08 [Start Queue] 버튼을 클릭하여 동영상을 추출합니다.

TIP

시스템의 성능에 따라 적용된 크기가 미리보기 화면에 나타나지 않을 수도 있습니다.

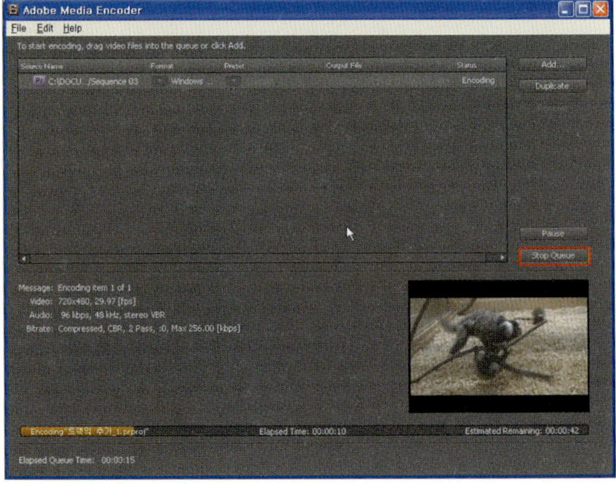

 출력 결과를 확인합니다.

◉ 경로 : 예제파일\Part2\Ch1\원숭이두마리.wmv

이것만은 알아두세요! [Export Settings] 창 살펴보기

[Export Settings]은 편집된 결과물을 추출할 때 사용되는 옵션창입니다.

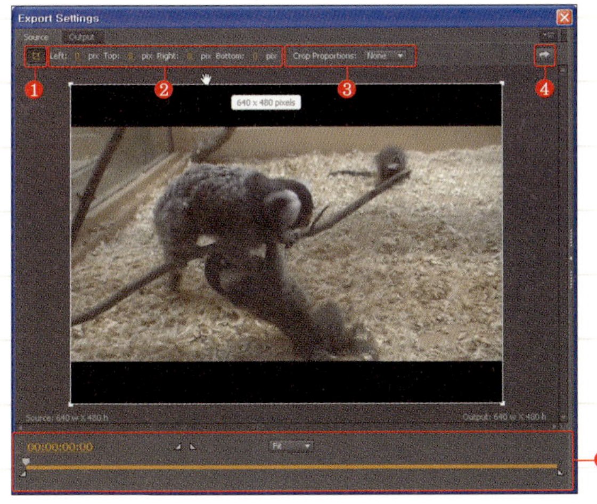

1. [Source] 탭

Source는 결과물로 추출되는 영상의 원본을 말하며 [Source] 탭에서는 편집된 전체 결과물의 출력 크기를 다시 조절하거나 원하는 부분만을 따로 추출할 수 있습니다.

❶ 잘라내기(　) : 추출되는 영상의 크기에서 원하는 부분만 잘라서 보여줍니다. 상하좌우(Left , Top, Right, Bottom)의 값을 설정해서 잘라낼 수 있습니다.

❷ Left, Top Right, Bottom : 잘라내기 위치값을 보여줍니다.

❸ Crop Propertions : 가로 대 세로의 비율을 설정하여 잘라낼 수 있습니다.

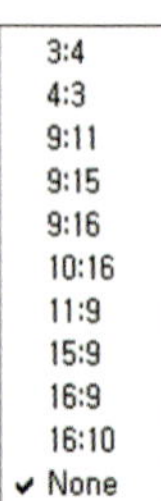

❹ Switch(,) : [Output] 탭과 [Source] 탭으로 이동시켜 줍니다.

❺ 부분 추출 : 직삼각형을 이동시켜 영상의 일정 부분만 추출할 수 있습니다.

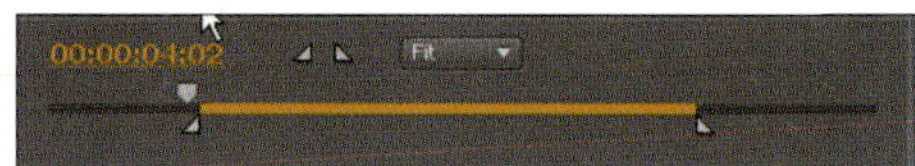

2. [Output] 탭

[Output] 탭에서는 출력에 관한 옵션을 설정합니다. 출력 형태, 출력되는 파일명, 비디오나 오디오를 단독으로 출력할지 등의 상세 기능을 설정할 수 있습니다.

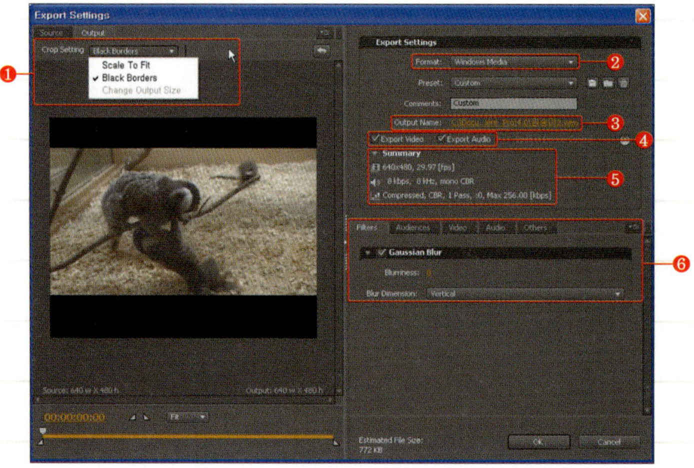

❶ Crop Setting : [Source] 탭에서 잘라내기가 설정되어 있는 경우에만 나타납니다.

    ⓐ Scale To Fit : 잘라내기 부분을 확대하여 크기에 맞게 추출합니다.

    ⓑ Black Borders : 잘라내기 부분을 제외한 부분은 검은색으로 처리하여 추출합니다.

❷ Format : 비디오와 오디오의 각종 포맷 형식을 설정할 수 있습니다.

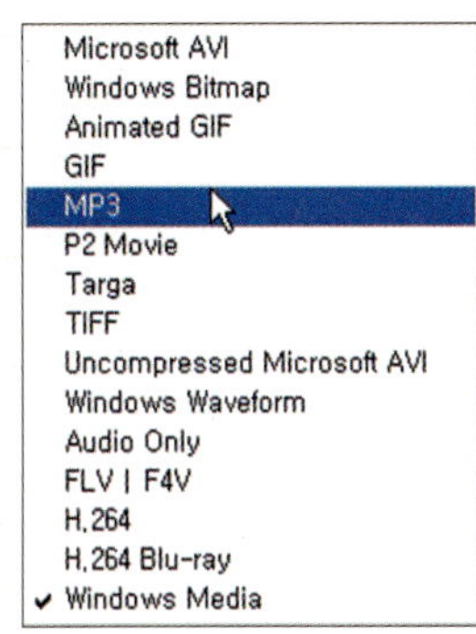

❸ Output Name : 추출될 영상이나 오디오가 저장되는 폴더의 경로를 보여줍니다. 경로를 더블클릭하면 추출되는 결과물의 파일 이름을 변경할 수 있습니다.

❹ Export Video, Export Audio : 둘 중에 하나만 체크를 해제할 수 있는데 체크가 해제되어 있는 부분은 나오지 않습니다.

❺ Summary : 추출되는 비디오나 오디오의 품질과 음질의 정보를 미리 보여주고 있습니다.

❻ Export Settings 설정 옵션 : [Format]에 따라 변경됩니다.

　ⓐ Filters : 영상에 Gaussian Blur를 적용합니다.

　ⓑ Audiences : 음질의 압축, 비압축을 설정합니다.

　ⓒ Video : 코덱, CPU의 처리 방식, 화면의 크기를 설정합니다.

　ⓓ Audio : 코덱, 오디오 포맷 등을 설정합니다.

　ⓔ Others : FTP를 이용하여 미디어 서버에 추출된 영상을 바로 보낼 수 있습니다.

영상 편집의 기본, 패널 살펴보기([Tool] 패널)

프리미어의 기본 화면의 대부분이 패널로 구성되어 있습니다. 패널이란 무엇이며 패널의 기본 기능과 패널의 이동, 크기 조절 등을 알아보며 화면을 구성했을 경우의 작업공간 활용 방법을 알아봅니다.

CHAPTER 02

SECTION 01 패널 메뉴를 이용해 편집하기 | SECTION 02 패널을 이동해서 내가 원하는 작업 화면으로 구성하기 | SECTION 03 5가지 공간 모드로 작업 공간 최적화하기 | SECTION 04 [Tool] 패널로 시작하는 영상 편집

패널 메뉴를 이용해 편집하기

기본적인 패널(프레임)의 독립 창, 닫기, 최대화 기능을 익히고, 최대화의 기능을 이용하여
클립이 많이 있을 경우 효과적으로 편집하는 과정을 익혀 봅니다.

패널 메뉴를 이용한 9가지 이미지

01 '패널메뉴' 이름으로 프로젝트를 만들고, [Standard 48kHz]의 '시퀀스1'의 시퀀스를 생성합니다.

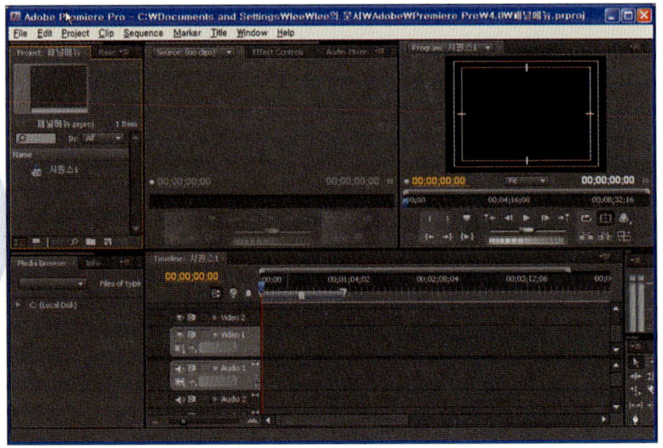

02 [Project] 패널의 빈 곳을 더블클릭하여 [Import] 창을 열어서 '01~09.jpg' 선택하고 [열기] 버튼을 클릭합니다. ⊙ 경로 : 예제파일\Part2\Ch2\S01 폴더

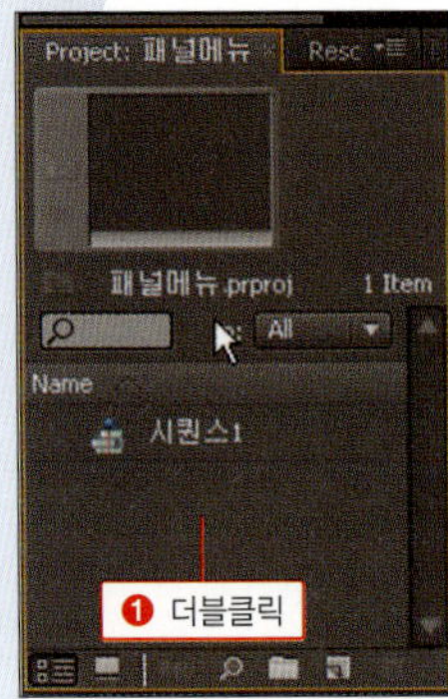

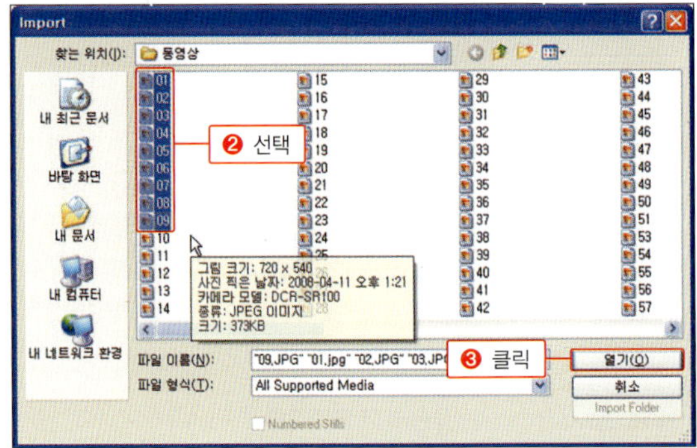

03 [Project] 패널의 오른쪽 상단의 패널 메뉴 아이콘(￭)을 클릭합니다. 패널 메뉴가 나오면 [Undock Panel]을 클릭합니다.

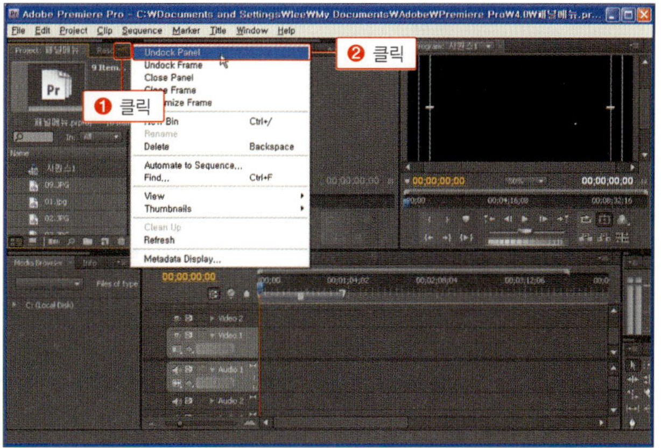

04 [Project] 패널이 독립적인 창으로 변경됩니다. 이번엔 [Timeline] 패널에서 다시 펼침 메뉴 아이콘(￭)을 클릭하고, 나타나는 메뉴에서 [Maximize Frame]을 클릭합니다.

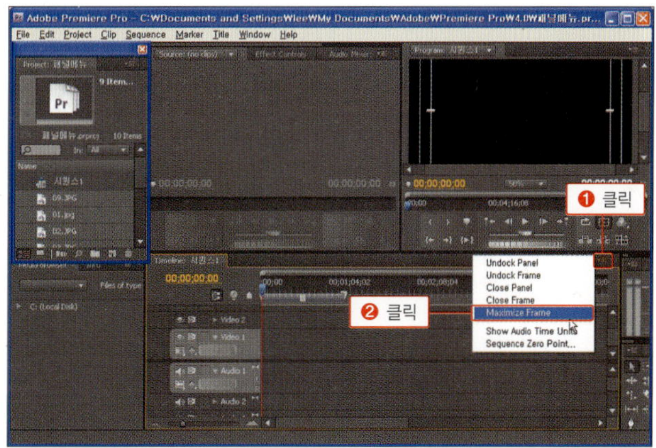

05 [Timeline] 패널이 최대화되었습니다. Video1 트랙에서 마우스 오른쪽 버튼을 클릭합니다. 펼침 메뉴에서 [Add Tracks]를 클릭합니다.

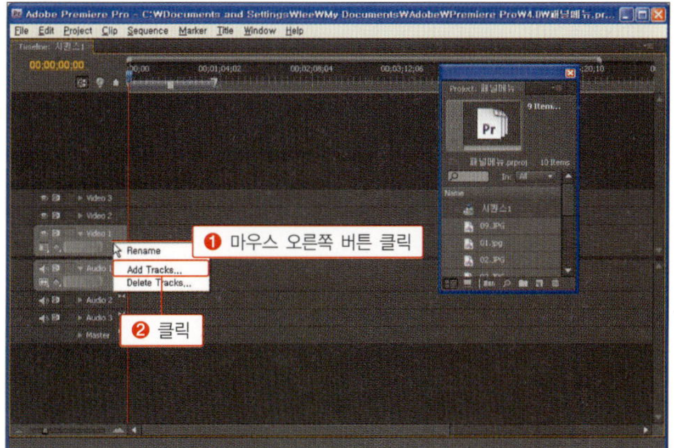

TIP

시퀀스 작업 처음부터 트랙을 미리 지정하고 사용해도 되지만, 작업 중에 트랙이 더 필요할 경우 트랙 메뉴를 이용하여 추가할 수 있습니다.

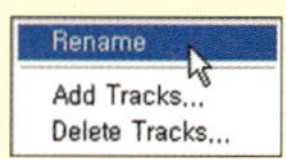

❶ Rename : 트랙의 이름을 변경합니다.
❷ Add Tracks : 트랙을 추가합니다.
❸ Delete Tracks : 트랙을 삭제합니다.

06 [Add Tracks] 창이 나타나면 [Video Tracks]의 [Add]에 '6'을 입력한 후 [OK] 버튼을 클릭합니다.

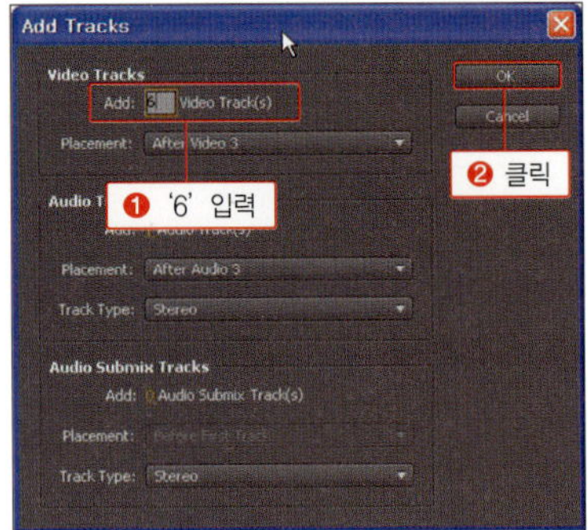

❶ 마지막 트랙(Video3)에 새로운 트랙을 추가할 때

❷ 마지막 트랙이 아닌 1번과 2번 트랙 사이에 트랙을 추가할 때 [Placement]를 'After Video 1'로 변경

❸ 선택한 트랙(Video1)의 이전 트랙을 추가할 때 [Placement]를 'Before First Track'으로 변경

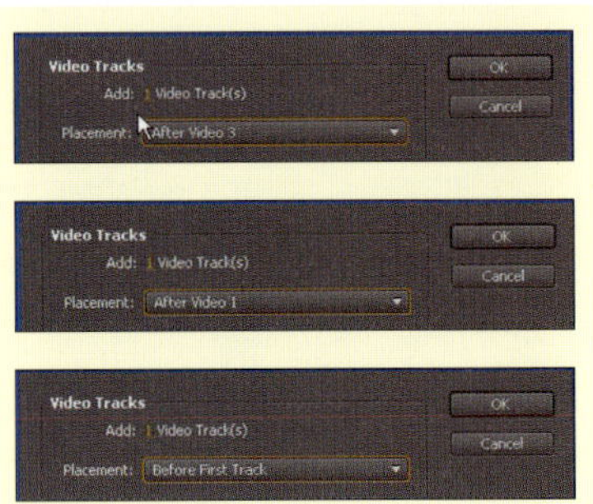

07 [Project] 패널에서 '01' 클립을 선택하고 [Timeline] 패널의 Video1 트랙으로 드래그합니다. 나머지 클립들도 비디오 트랙으로 이동시켜줍니다.

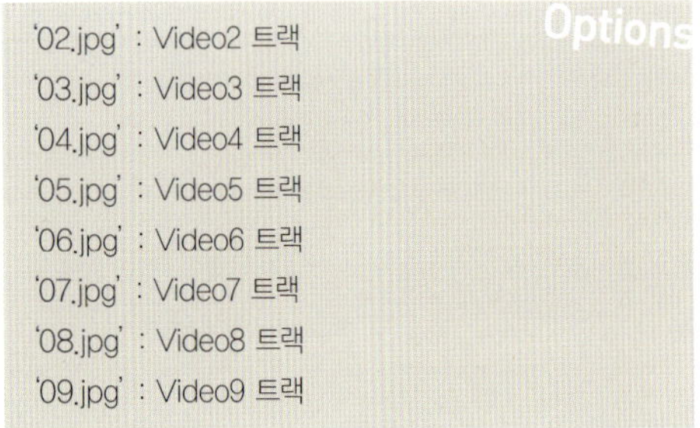

'02.jpg' : Video2 트랙
'03.jpg' : Video3 트랙
'04.jpg' : Video4 트랙
'05.jpg' : Video5 트랙
'06.jpg' : Video6 트랙
'07.jpg' : Video7 트랙
'08.jpg' : Video8 트랙
'09.jpg' : Video9 트랙

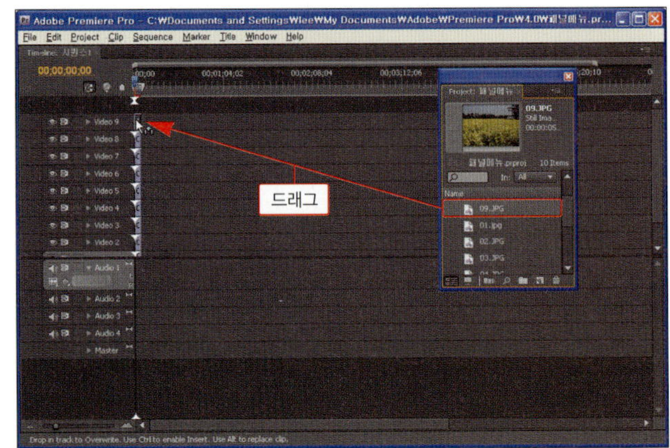

[Project] 패널을 분리시키지 않고 작업해도 상관없지만, 클립이 많은 경우에 [Project] 패널을 분리하면 다른 패널들이 최대화되어도 상관없이 계속적으로 작업이 가능합니다.

08 키보드에서 [~]키를 누르면 작업화면이 원래대로 돌아갑니다. 또는 메뉴에서 [Windows]–[WorkSpace]–[Reset Current Workspace]를 클릭해도 됩니다.

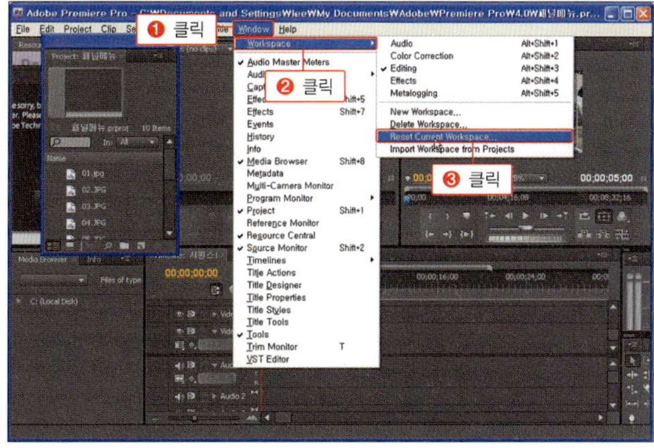

TIP

패널 크기를 이전 크기로 되돌리는 방법
❶ 패널 메뉴에서 [Restore Frame Size]를 클릭합니다.
❷ 키보드의 [~]키를 누릅니다.

09 [Reset Workspace] 메시지 창이 나타납니다. [Yes] 버튼을 클릭하면 기본 작업 환경으로 되돌아갑니다.

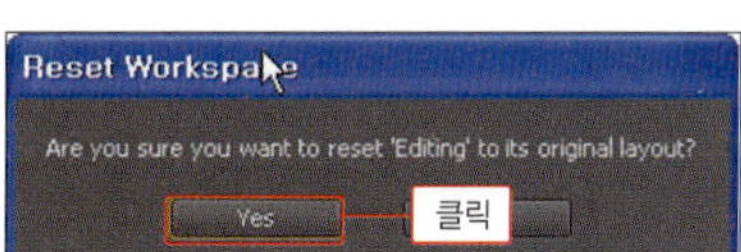

TIP

메뉴에서 [Window]–[WorkSpace]–[Reset Current Workspace]를 선택하면 패널을 분리하거나 이동해서 작업 환경이 복잡해졌을 경우에도 가장 기본 작업 환경으로 돌아갈 수 있습니다.

10 9개의 이미지를 한 장의 화면에 나오게 하기 위해 [Timeline] 패널의 '09' 클립을 클릭해 선택합니다. [Effect Controls] 패널에서 [Motion] 목록에서 [Scale Width]의 'Uniform Scale'의 체크를 해제하고 [Scale Height]을 '30', [Scale Width]를 '30'으로 변경합니다.

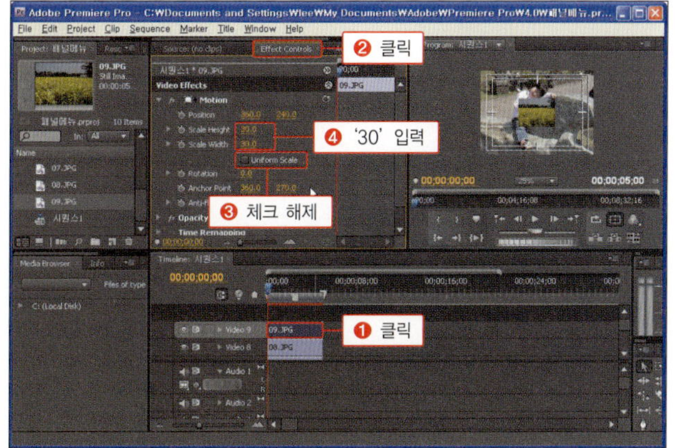

TIP

이미지의 크기를 9등분하기 위해 가로 30%, 세로 30%로 변경합니다. 또한 여러 트랙이 겹쳐 있을 경우 가장 위에 있는 트랙의 이미지가 먼저 보이므로 편집은 가장 마지막 트랙부터 작업합니다.

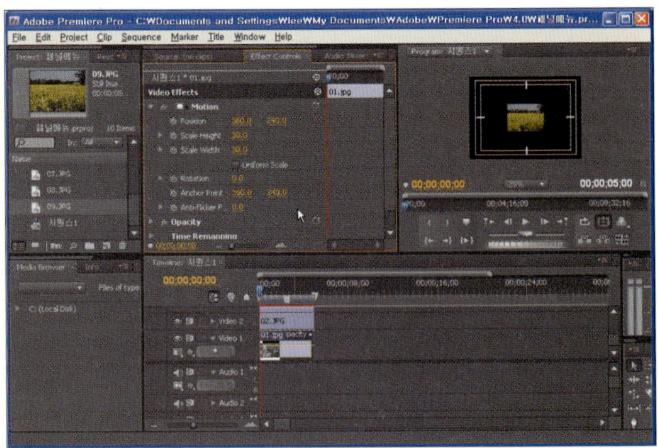

11 위와 같은 방식으로 '01~08'의 크기도 가로 '30', 세로 '30'으로 설정해 줍니다.

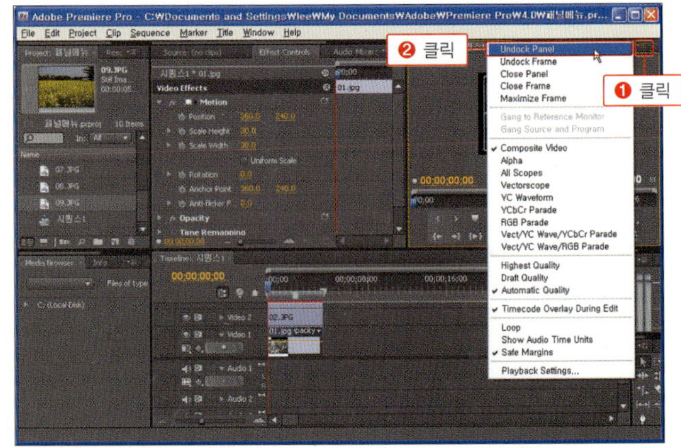

12 [Program] 모니터 패널에서 패널 메뉴 아이콘을 클릭하고 [Undock Panel]을 클릭합니다.

13 [Program] 모니터 패널이 분리되면 화면 아래에서 화면 크기를 '75%'로 변경하고, 화면 중간의 이미지를 클릭한 채 상단 왼쪽 모서리 로 딱 맞게 이동합니다.

14 2번째 이미지도 클릭한 채 상단 오른쪽으로 이동합니다. 나머지 이미지들도 그림처럼 이동합니다.

15 다시 [Windows]-[Workspace]-[Reset Current Workspace] 메뉴를 선택하여 기본 작업 화면으로 변경한 뒤 Enter 키를 눌러 렌더링합니다.

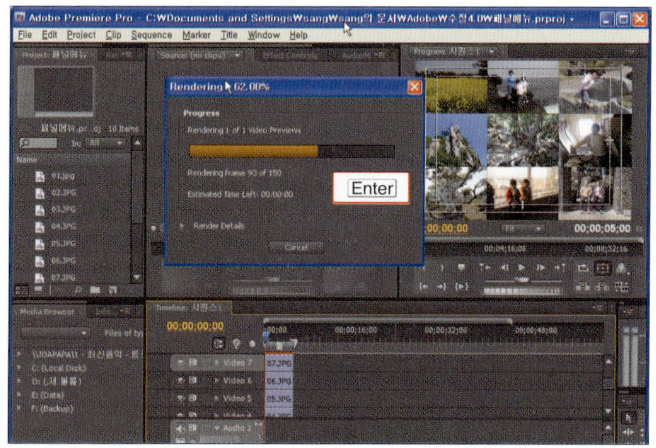

16 렌더링이 완료되면 메뉴에서 [File]-[Export]-[Media]을 클릭합니다. [Export Settings] 창이 열리면 [Output] 탭을 클릭하고 [Format]을 'Windows Bitmap', [Preset]을 'NTSC Bitmap'으로 변경하고 [OK] 버튼을 클릭합니다.

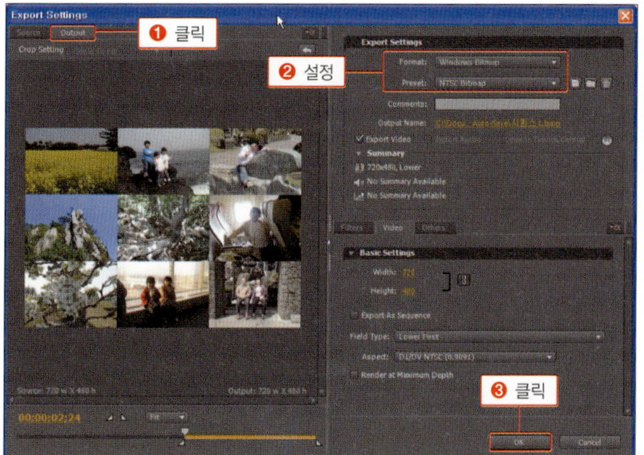

17 [Adobe Media Encoder] 창이 나타나면 [Output File] 아래의 경로를 더블클릭하여 [Save As] 창이 나타나면 [파일 이름]을 '9개이미지'라 입력한 후 [저장] 버튼을 클릭합니다.

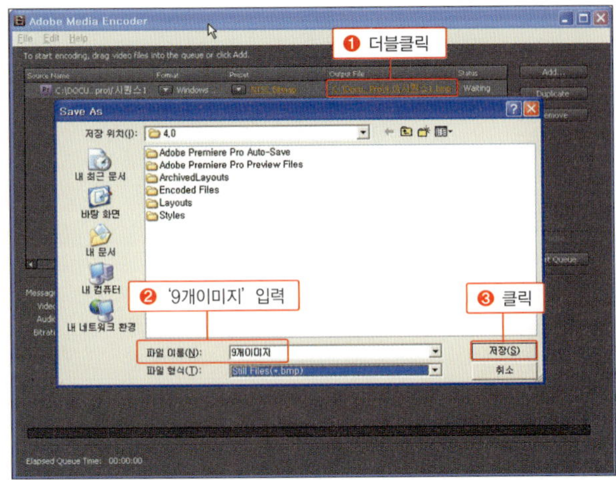

18 [Start Queue] 버튼을 클릭하여 이미지를 추출합니다.

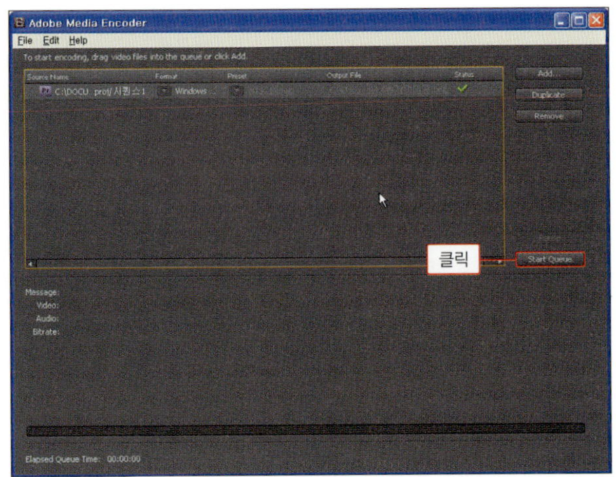

19 결과를 확인합니다.
⊙ 경로 : 예제파일\Part2\Ch2\9개이미지.bmp

패널의 [Undock]과 [Close], [Maximize Frame] 메뉴 살펴보기

각 패널마다 상단 모서리에 공통적으로 가지고 있는 기본 옵션인 [Undock], [Close], [Maximize]를 알면 프리미어 프로의 전체 인터페이스를 자유롭게 변경할 수 있습니다.

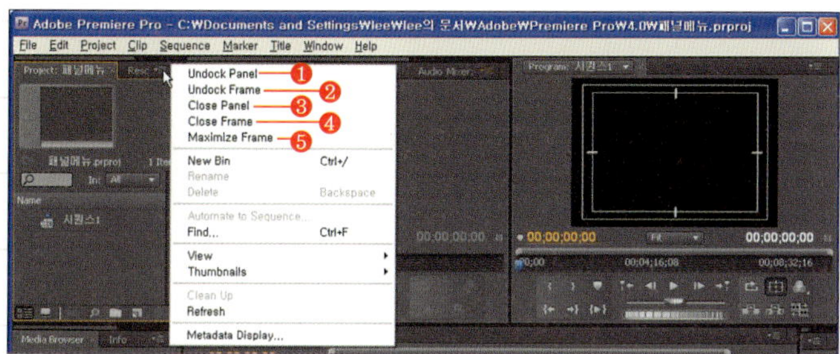

❶ [Undock Panel] : 패널을 독립적인 창으로 분리합니다. 선택한 패널만 하나의 창으로 분리됩니다.

❷ [Undock Frame] : 프레임(패널의 묶음)을 독립적인 창으로 분리시켜 줍니다. 패널이 속한 전체 프레임이 하나의 창으로 분리됩니다.

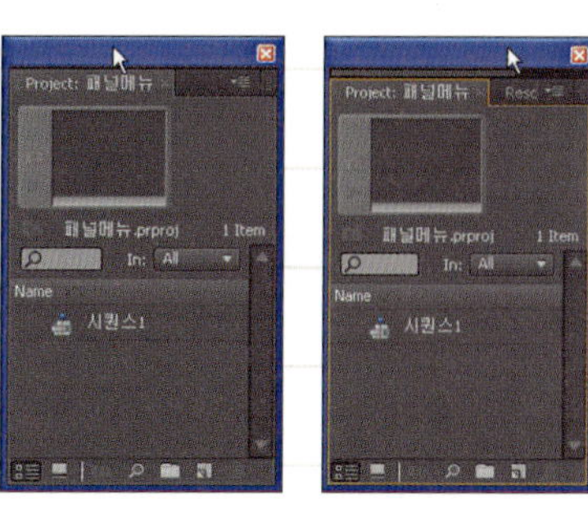

▲ Undock Panel　　▲ Undock Frame

❸ [Close Panel] : 선택된 패널을 닫습니다.

❹ [Close Frame] : 현재 선택된 패널의 프레임을 닫습니다.

❺ [Maximize Frame] : 패널에 많은 클립이 있어 기존 크기의 화면에서 작업하기 힘들 경우, 패널을 전체 프레임 크기만큼 키워서 작업할 수 있습니다. 단축키 ~키를 이용하면 빠르게 전환할 수 있습니다.

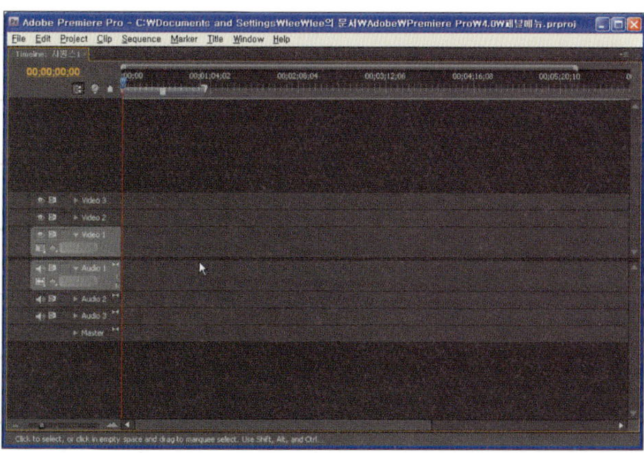

패널을 이동해서 내가 원하는 작업 화면으로 구성하기

패널의 크기 조절과 이동을 익히고, 작업하기 좋은 환경을 만든 후 저장해보는 과정을 진행합니다. 크기 조절과 이동은 가장 많이 사용하니 익혀 놓으시길 바랍니다.

패널을 이동하고 크기 조절하여 작업 영역 저장하기

01 '패널의이동' 이름으로 프로젝트를 만들고, [Standard 48kHz]의 '시퀀스1' 시퀀스를 생성합니다.

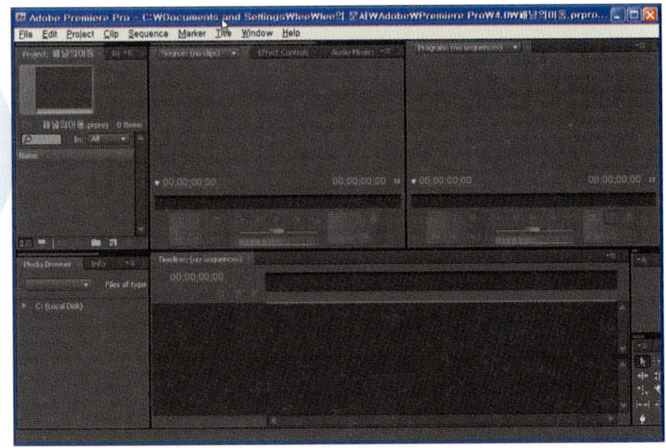

02 [Timeline] 패널의 오른쪽에 있는 [Tool] 패널의 패널 이동 아이콘(■)을 클릭한 채, [Timeline] 패널의 왼쪽의 반투명 영역으로 드래그합니다.

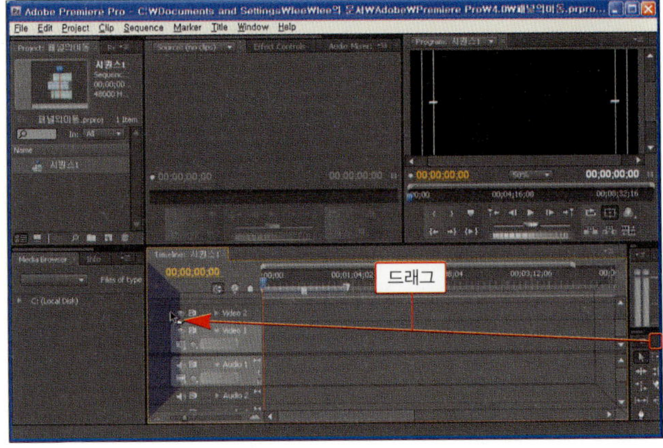

03 [Tool] 패널이 [Timeline] 패널의 왼쪽으로 이동되었습니다.

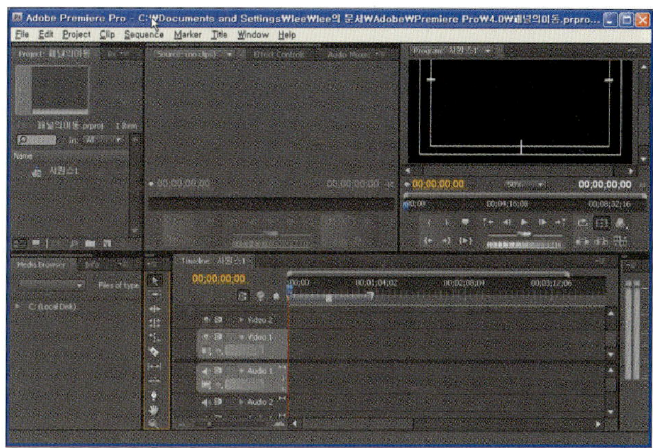

04 [Media Browser] 패널의 패널 이동 아이콘(■)을 클릭한 채, [Project] 패널의 가운데 반투명 영역으로 드래그합니다.

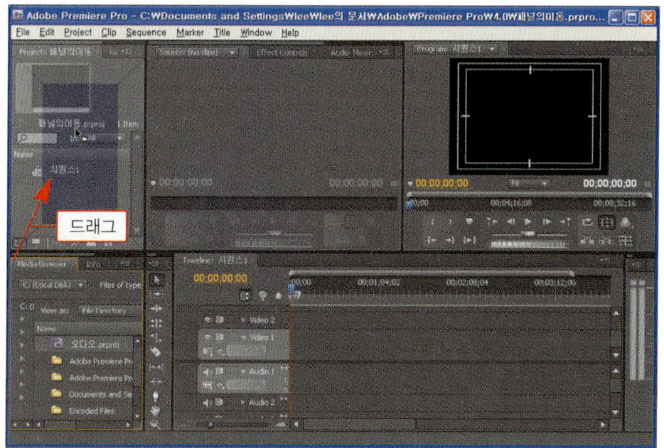

05 가운데 반투명 영역에 위치하면 그 곳에 위치하는 패널과 같은 그룹(Frame)으로 묶이게 됩니다. [Media Browser] 패널 안에 예제가 설치된 폴더를 직접 찾아 들어갑니다. '01.jpg'를 더블클릭하면 [Source] 모니터 패널에 이미지가 들어갑니다. ⊙ 경로 : 예제파일\Part2\Ch2\01.jpg

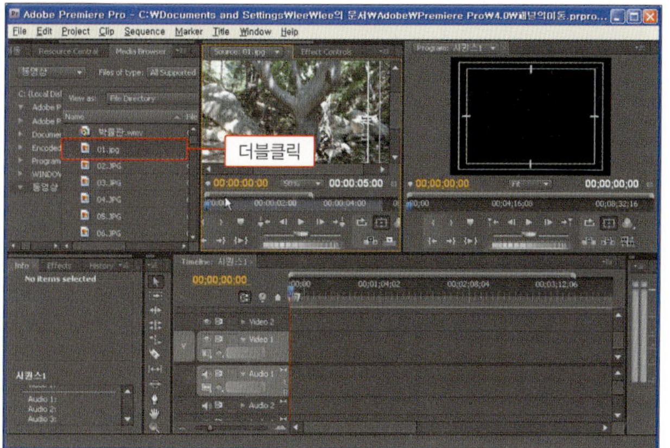

TIP

[Project] 패널에서 [Import] 창을 열지 않더라도 [Media Browser] 패널에서 직접 찾아 [Project] 패널과 [Source] 모니터 패널로 바로 보낼 수 있습니다.

06 [Project] 패널을 클릭하면 '01.jpg'가 불러와 진 것을 볼 수 있습니다. 메뉴에서 [Windows]-[Workspace]-[New Workspace]를 클릭합니다.

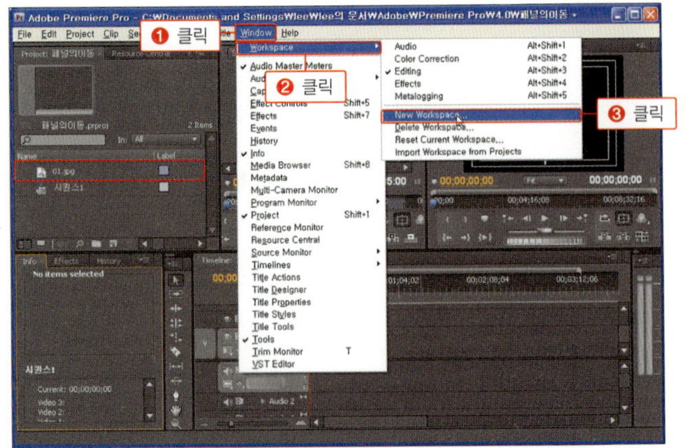

07 [New Workspace] 창이 나타나면 [Name]에 '나만의 작업환경'이라고 입력한 후 [OK] 버튼을 클릭합니다.

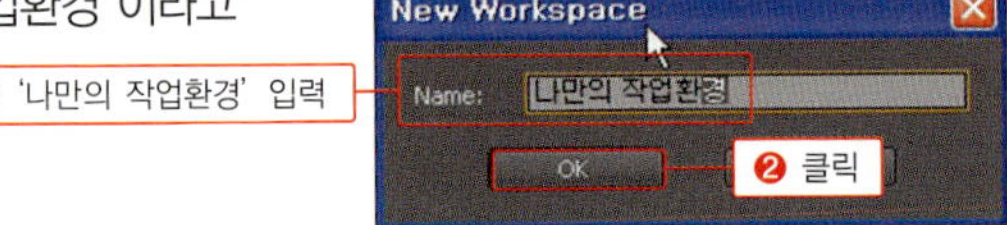

08 다시 [Windows]-[Workspace]를 선택합니다. 앞에서 저장한 '나만의 작업환경'이라는 작업 환경 메뉴가 생긴 것을 볼 수 있습니다.

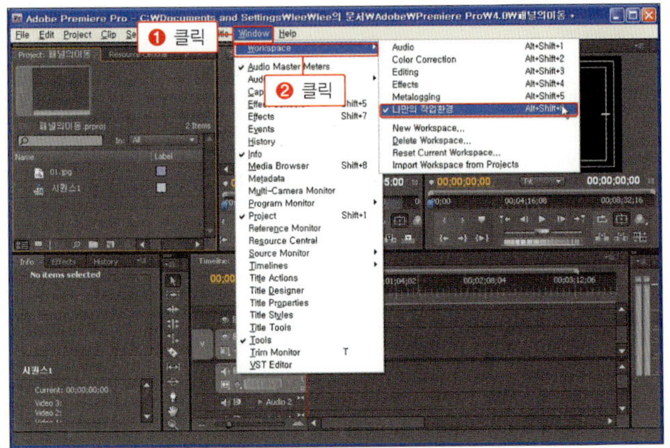

패널의 이동과 크기 조절하기

패널은 자유롭게 이동하며 다른 프레임에 이동하여 그룹화하기도 하고, 분리하기도 하면서 자유롭게 꾸며 낼 수가 있습니다. 패널의 위치에 따라 크기 변경도 가능합니다.

1. 패널 이동하기

패널을 클릭한 채 드래그하면 반투명 영역이 생기는데 화면 5개 영역 중 한 곳으로 이동하면 위치에 따라 패널이 이동됩니다. 이때 패널을 왼쪽(❷), 오른쪽(❹), 위쪽(❸), 아래쪽(❺)으로 접하면 기존 패널과 분리되면서 위치에 맞게 패널이 이동되며, 가운데 영역(❶)으로 접하면 그 패널이 속한 프레임에 속합니다.

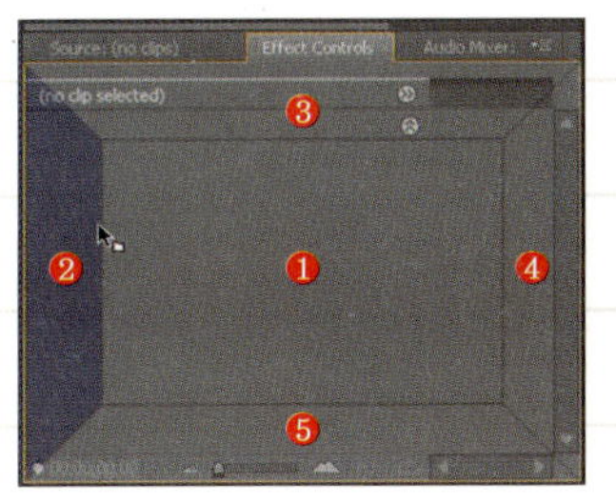

▲ 패널 분리

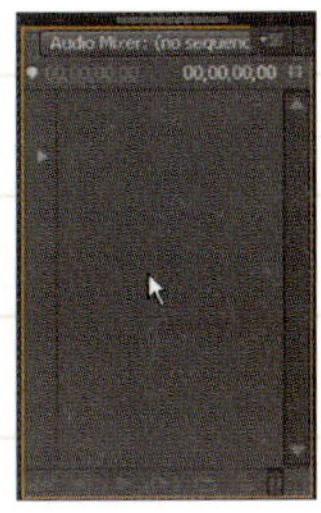

▲ 프레임 통합

2. 패널 크기 조절하기

패널에 노란색이 생기면 그 패널이 선택되었다는 것을 의미합니다. 패널과 패널 사이에 마우스 포인터(🔀)를 위치시켜 좌우로 조절하면 패널의 크기를 조절할 수 있습니다.

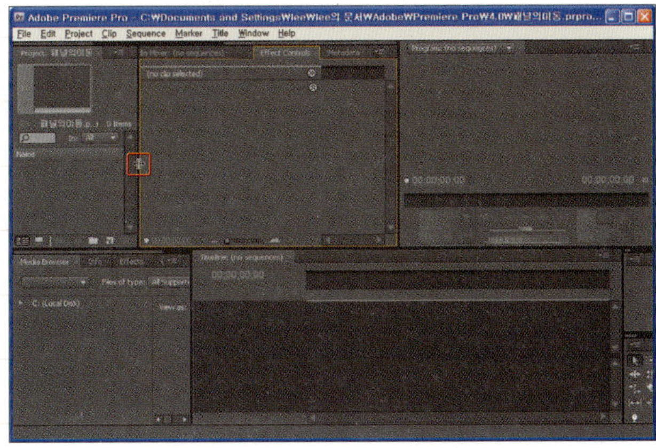

5가지 공간 모드로
작업 공간 최적화하기

5가지 공간 모드를 이용하여 나만의 최적화된 작업공간을 만들어 봅니다.
작업하기 알맞은 공간 모드를 기억한 뒤 활용해 보세요.

나만의 작업 공간 만들기

01 '작업공간' 이름으로 프로젝트를 만들고, [Widescreen 48kHz]의 '시퀀스1'의 시퀀스를 생성합니다.

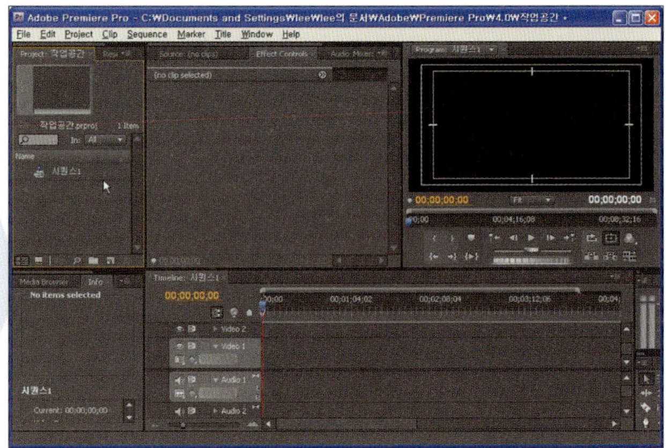

02 [Project] 패널의 빈 곳을 더블클릭하여 [Import] 창을 열어 '임진각.wmv'을 불러옵니다. [Project] 패널에서 '임진각' 클립을 [Timeline] 패널로 드래그합니다.

◉ 경로 : 예제파일\Part2\Ch2\임진각.wmv

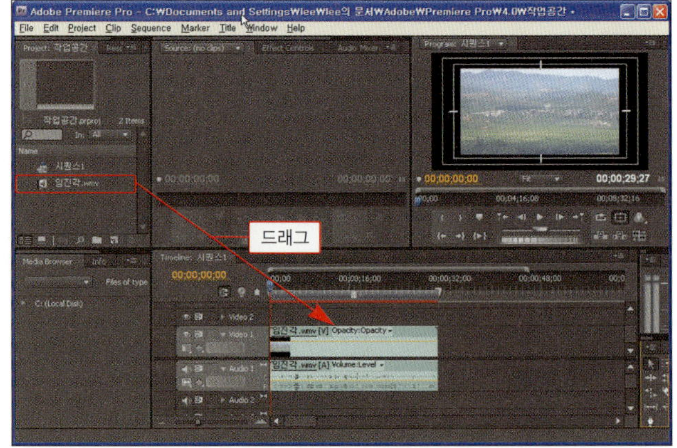

03 [Timeline] 패널의 오른쪽에 있는 [Tool] 패널의 패널 이동 아이콘(■)을 클릭한 채, [Timeline] 패널의 왼쪽 반투명 영역으로 드래그합니다. [Tool] 패널이 [Timeline] 패널 왼쪽으로 이동합니다.

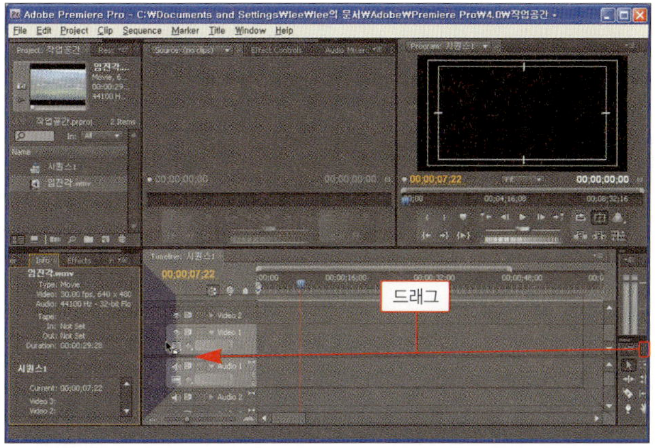

04 [Timeline] 패널의 타임코드를 클릭한 후 '9.00'을 넣어 타임코드를 '00;00;09;00'으로 변경합니다.

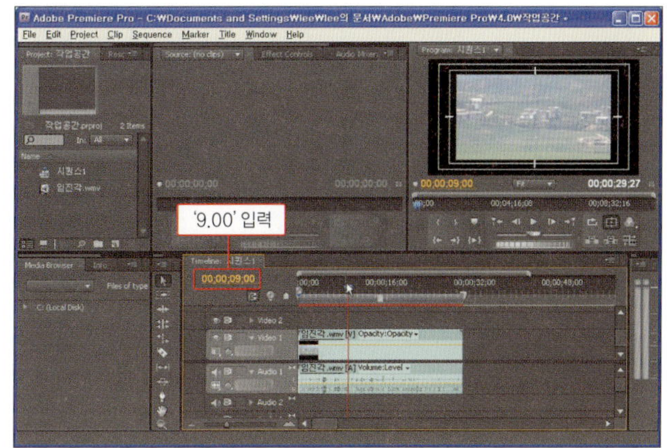

05 [Tool] 패널에서 Razor Tool(◢)을 클릭하고 편집 기준선 위에서 클릭하여 잘라냅니다.

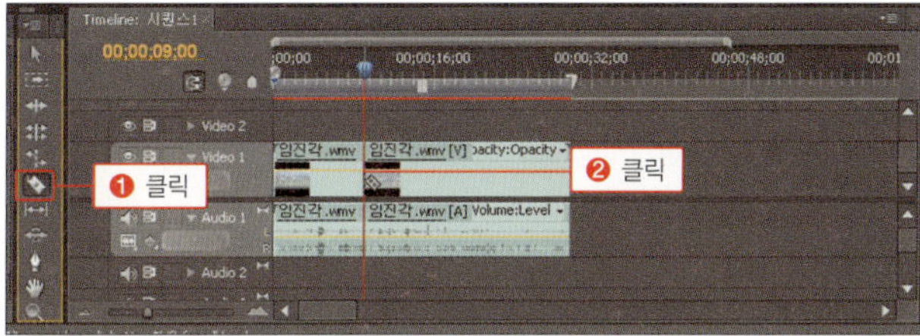

TIP

Razor 툴을 이용하여 Video와 Audio를 한번에 잘라내야 합니다. 여러 번 클릭하여 잘라내면 다른 곳이 잘릴 수도 있으니 주의하세요.

06 [Timeline] 패널의 타임코드를 클릭 후 '19.00'을 넣어 '00;00;19;00'로 변경하고 다시 [Tool] 패널의 Razor Tool(◢)로 편집 기준선 위를 클릭하여 잘라냅니다.

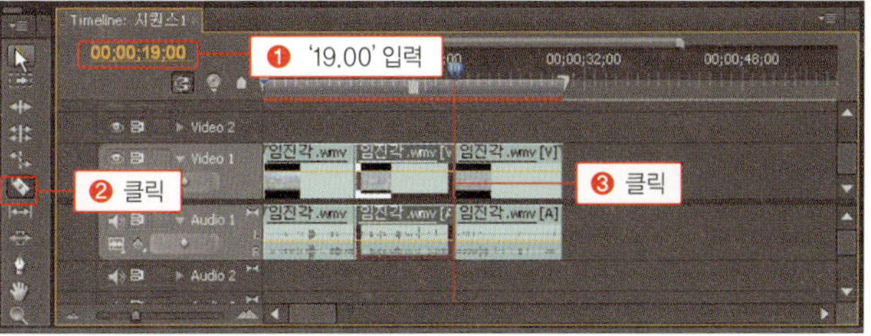

07 [Tool] 패널의 Selection Tool( )을 먼저 클릭하고 잘려진 가운데 클립을 선택한 후 Delete 키를 눌러 삭제합니다.

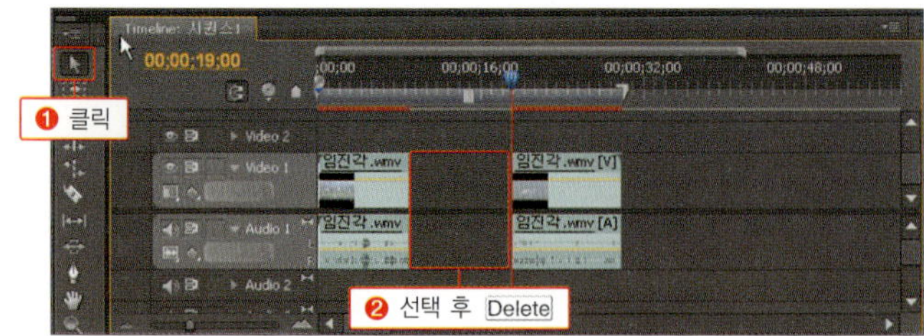

08 [Windows]-[Workspace]-[Effects]를 클릭합니다.

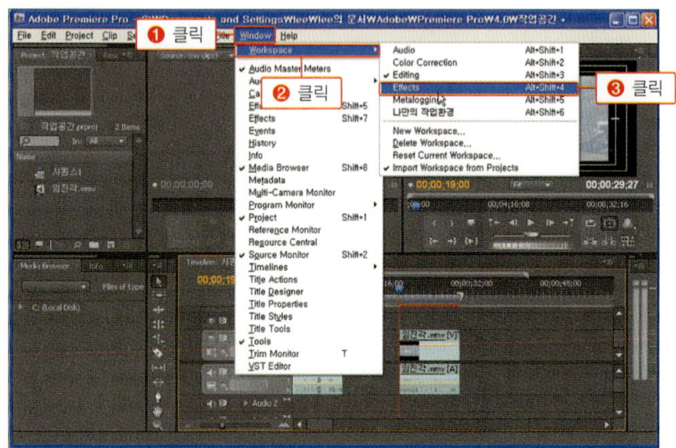

09 [Timeline] 패널에서 떨어져 있는 2개의 클립을 서로 붙여준 뒤 [Effects] 패널에서 [Video Transitions]-[Dissolve]-[Cross Dissolve]을 선택해 분리되어 있는 클립 사이에 드래그합니다.

TIP

[Transition]은 화면 전환 효과로 [Cross Dissolve]은 화면과 화면을 자연스럽게 연결해 줍니다.

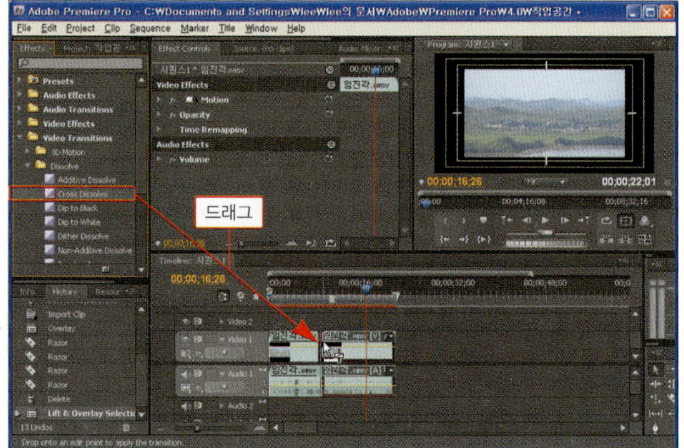

10 [Timeline] 패널 안의 [Cross Dissolve]를 더블클릭하면 [Effect Controls] 패널이 [Cross Dissolve]의 편집 패널로 변경됩니다. [Duration]을 '2.00'을 주어 화면 전환 효과 시간을 늘려줍니다.

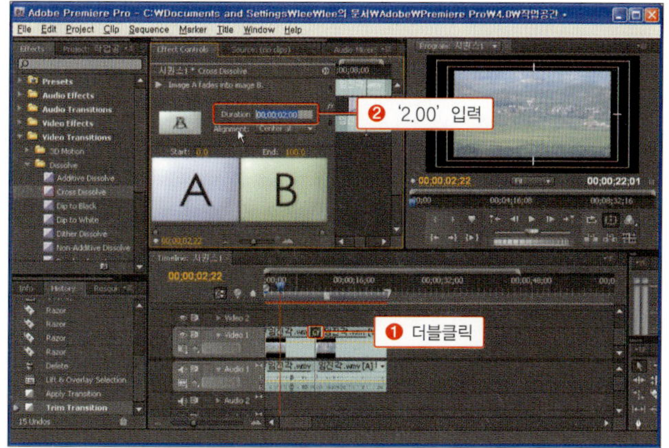

11 [Windows]-[Workspace]-[Delete Workspace]를 클릭합니다.

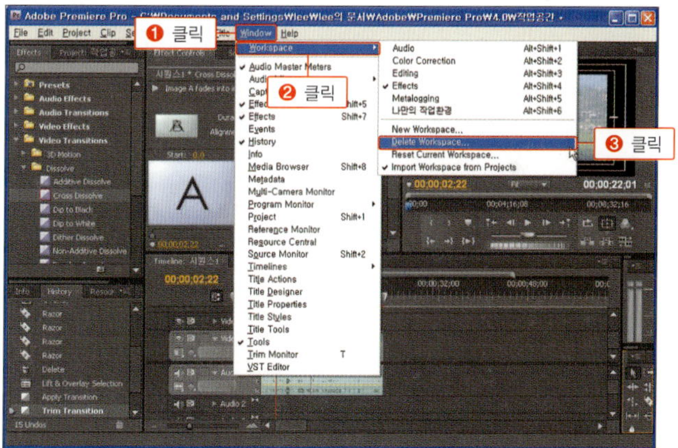

12 작업 모드를 삭제하는 [Delete Workspace] 창이 나타납니다. 이전 섹션에서 저장했던 '나만의 작업환경'을 선택하고 [OK] 버튼을 클릭합니다.

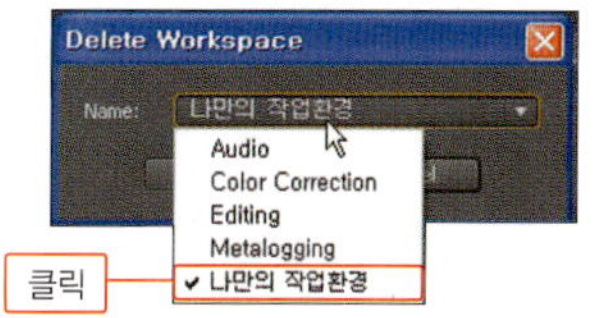

13 [Enter] 키를 눌러 렌더링합니다.

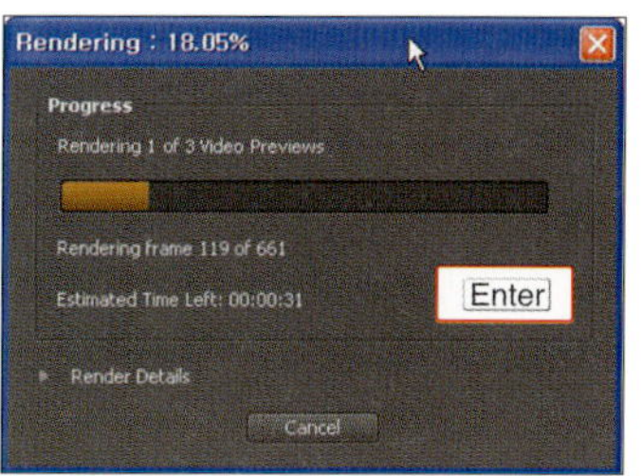

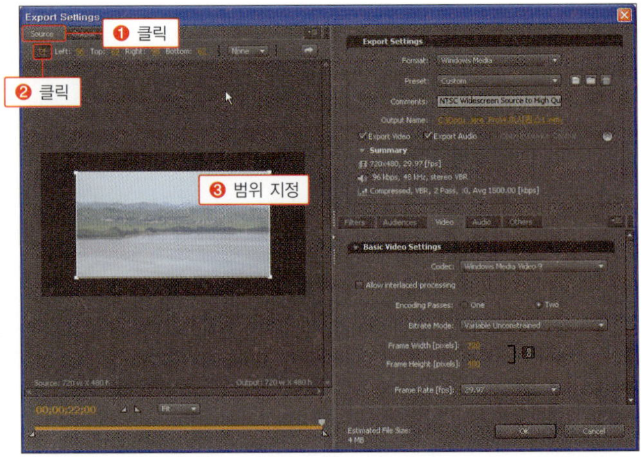

14 [File]-[Export]-[Media] 메뉴를 클릭합니다. [Export Settings] 창이 나타나면 [Source] 탭에서 Corp Tool(□)을 클릭해 화면의 검은색이 보이지 않도록 안쪽으로 범위를 지정합니다.

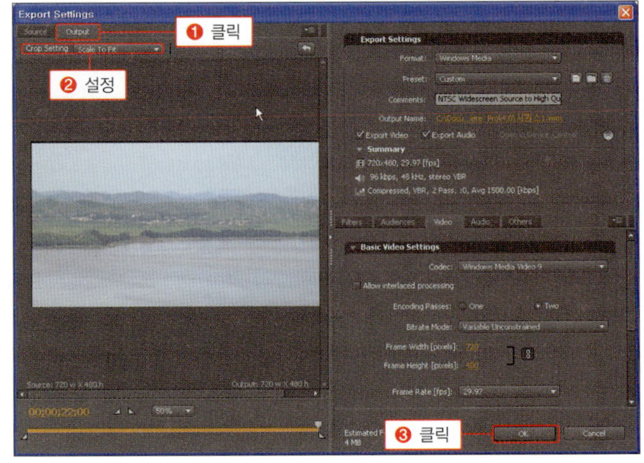

15 다시 [Output] 탭을 클릭합니다. [Crop Setting]을 'Scale To Fit'를 선택하고 [OK] 버튼을 클릭합니다.

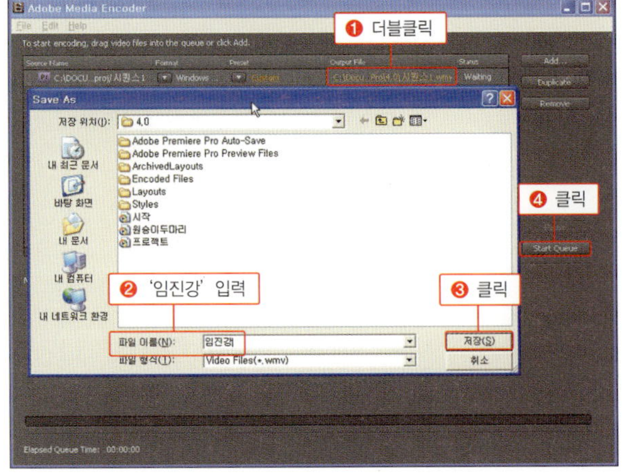

16 [Adobe Media Encoder]가 나타나면 [Output File] 메뉴 아래 경로를 더블클릭하여 [Save As] 창을 열고 '임진강'으로 저장한 뒤, [Start Queue] 버튼을 클릭합니다.

17 결과를 확인합니다.

⊙ 경로 : 예제파일\Part2\Ch2\임진강.wmv

이것만은 알아두세요!

5가지의 작업 공간으로 맞춤 작업 환경 만들기

5가지 기본적인 작업 공간의 기능을 알아두고, 편집 작업 시 최적의 작업 공간을 구축하여 작업하면 작업 능률을 올릴 수 있습니다.

기본 작업 공간

❶ Audio : 오디오의 편집 작업을 원활히 하기 위해 [Audio Mixer] 패널을 전면에 배치합니다.

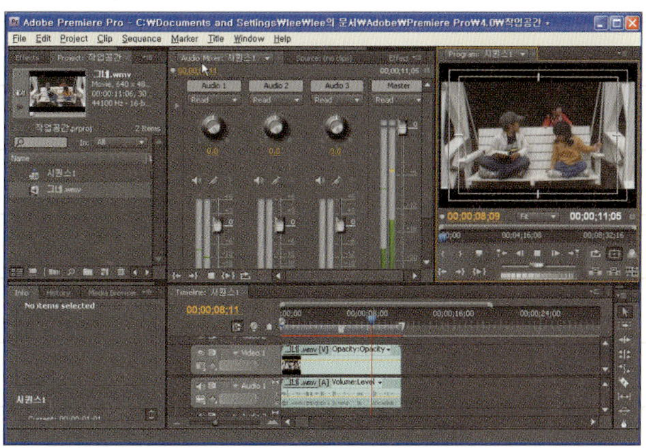

❷ Color Correction : 영상에 대한 색상 보정을 최적화하기 위한 설정 모드입니다. [Program] 모니터 패널과 [Reference] 패널을 상하로 배치하여 [Effect Controls] 패널의 기능에 따라 바로 확인할 수 있는 최적의 작업 모드입니다.

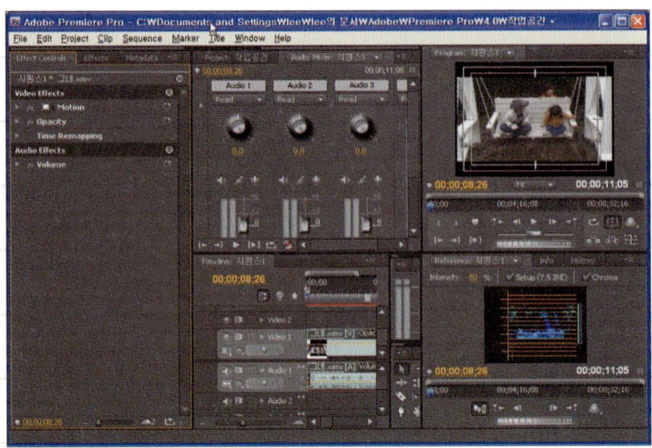

❸ Editing : 가장 많이 사용되는 기본 작업 공간입니다.

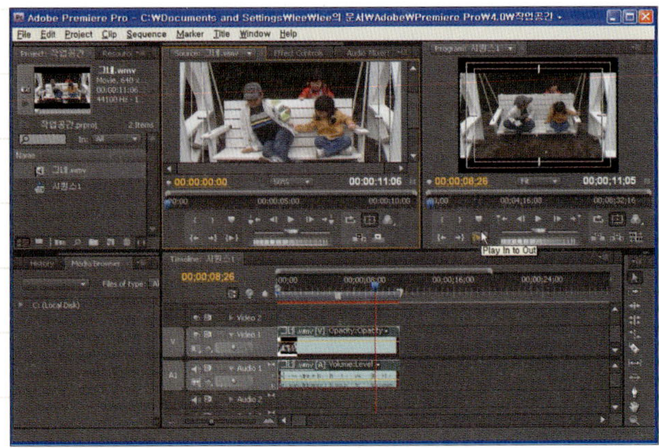

❹ Effects : 이펙트 효과를 설정하고 편집을 원활히 하기 위한 설정으로 [Effects] 패널과 [Effect Controls] 패널을 전면에 배치하여 효과적인 이펙트 편집을 유도합니다.

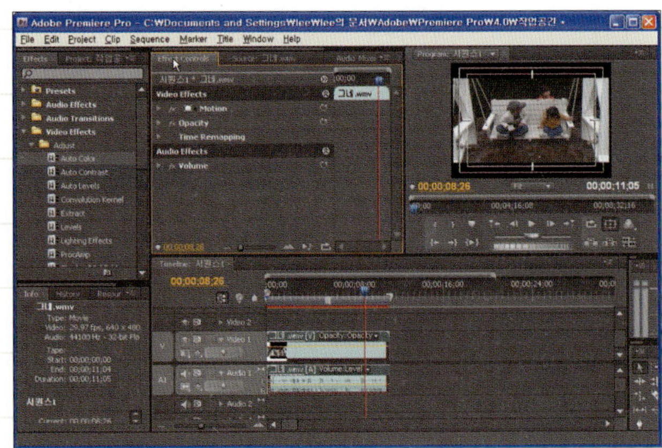

❺ Metalogging : 클립에 관한 메타데이터(속성 정보)를 효과적으로 보여주기 위한 설정 모드입니다.

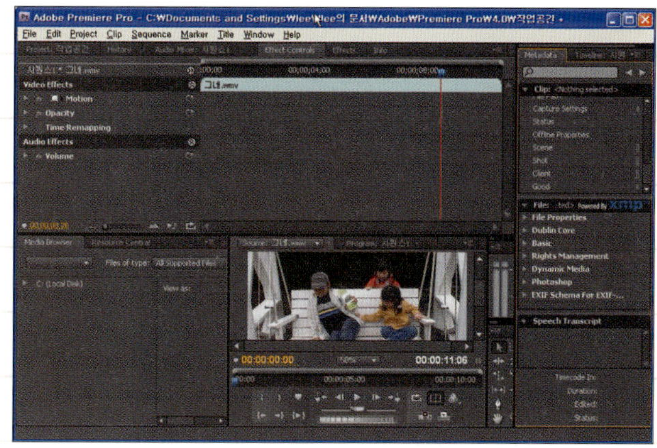

작업 공간 생성 및 삭제하기

ⓐ New Workspace : 새로운 작업 공간을 만듭니다.

ⓑ Delete Workspace : 작업 공간을 삭제합니다. 기본 작업 공간도 삭제되므로 삭제 시 주의합니다.

ⓒ Reset Current Workspace : 현재 작업 공간이 변경되었을 때, 이전 상태로 되돌아갑니다.

ⓓ Import Workspace from Projects : 기존 프로젝트를 작업했을 때 사용한 작업 공간을 그대로 불러옵니다. 이렇게 사용하고 싶을 때는 이 메뉴를 체크해 놓고 프로젝트를 생성합니다.

[Tool] 패널로 시작하는 영상 편집

[Tool] 패널에 대해 자세히 알아봅니다.

01 [Tool] 패널을 이용해 영상 편집하기

01 '도구1' 이름으로 프로젝트를 만들고, [Widescreen 48kHz]의 '시퀀스1'의 시퀀스를 생성합니다.

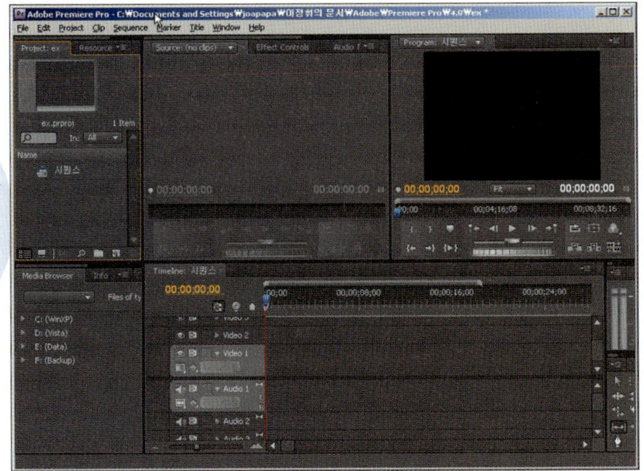

02 [Project] 패널의 빈 곳을 더블클릭하여 [Import] 창을 열어서 '가위바위보, 대나무, 소풍.wma' 파일을 불러옵니다.

◉ 경로 : 예제파일\Part2\Ch2\S04(1) 폴더

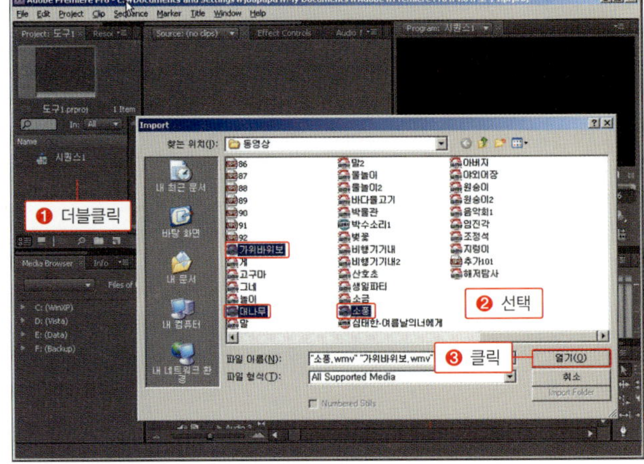

03 [Tool] 패널의 패널 이동 아이콘(■)을 클릭한 채로 드래그해 [Timeline] 패널의 왼쪽으로 옮겨주고 패널 크기를 적당히 조절합니다.

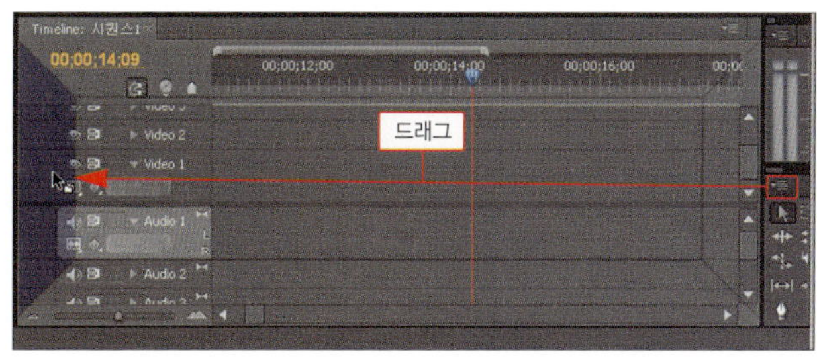

TIP

[Tool] 패널은 타임라인의 왼쪽에 두고 사용하는 것이 편리합니다.

04 [Project] 패널의 모든 클립을 선택하고, [Timeline] 패널로 한꺼번에 드래그합니다.

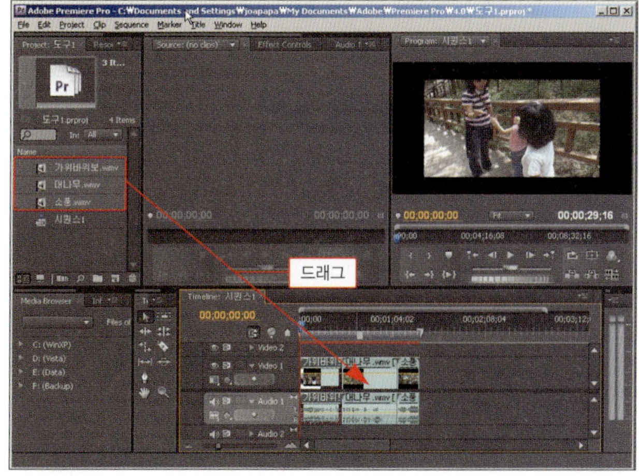

05 [Timeline] 패널에서 마지막에 있는 클립(소풍.wmv)을 선택하고 오른쪽으로 풍선 도움말을 보면서 '06.00' 정도 이동합니다.

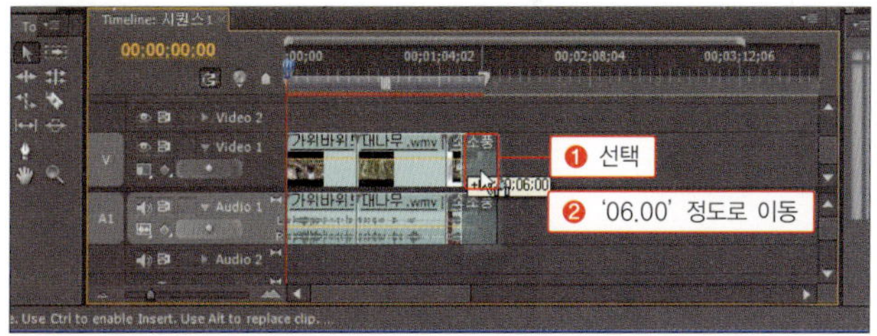

06 [Timeline] 패널에서 키보드의 三키를 한 번 누르고, 클립과 클립 사이의 공간에서 마우스 오른쪽 버튼을 클릭하여 [Ripple Delete]를 클릭해 공간을 없애 줍니다.

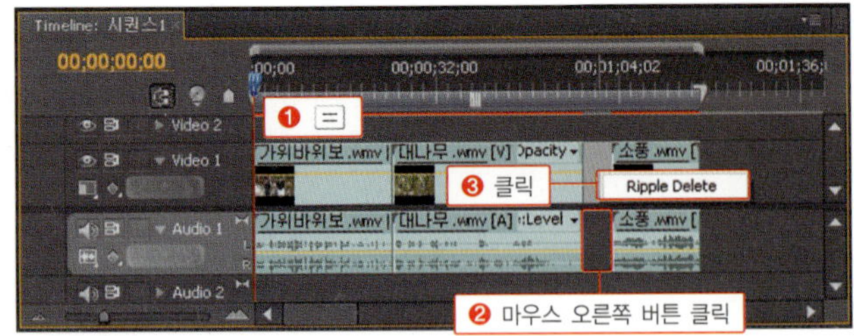

07 [Tool] 패널의 Ripple Edit Tool(⬌)을 클릭하고 첫 번째 클립 위를 클릭한 채로 왼쪽으로 '03.00' 정도 이동합니다.

TIP

Ripple Edit Tool(⬌)은 [Program] 패널의 내용을 보면서 고정된 인 점(아웃 점)을 보면서 이전 클립의 장면과 다음 클립의 장면의 알맞은 프레임을 보면서 조절할 수 있습니다.

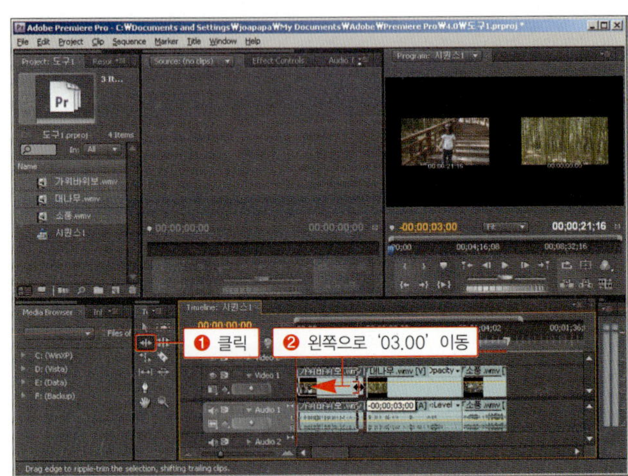

08 [Timeline] 패널의 타임코드를 클릭해 '47.00'으로 변경한 다음 [Tool] 패널의 RaZor Tool(◆)을 이용하여 편집 기준선에 맞게 클릭하여 잘라줍니다.

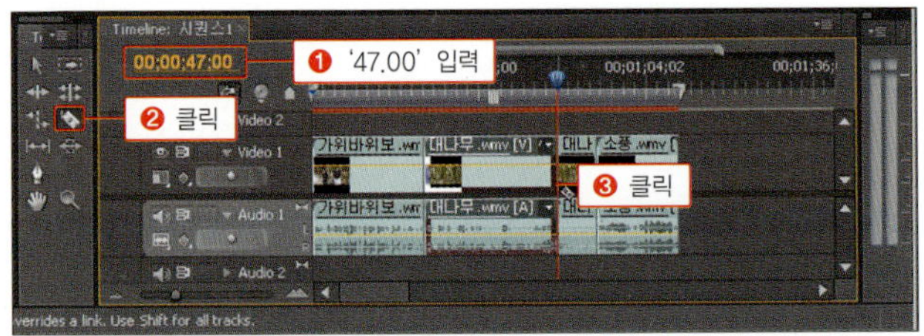

09 [Tool] 패널의 Rate Stretch Tool(▥)을 선택한 뒤, 잘려진 세 번째 클립의 마지막 프레임에서 오른쪽으로 '03.00' 정도 이동합니다.

TIP

Rate Stretch Tool(▥)은 속도의 증가와 감소를 해 주는데 왼쪽으로 이동하면 속도가 빨라지고, 오른쪽으로 이동하면 속도가 느려집니다.

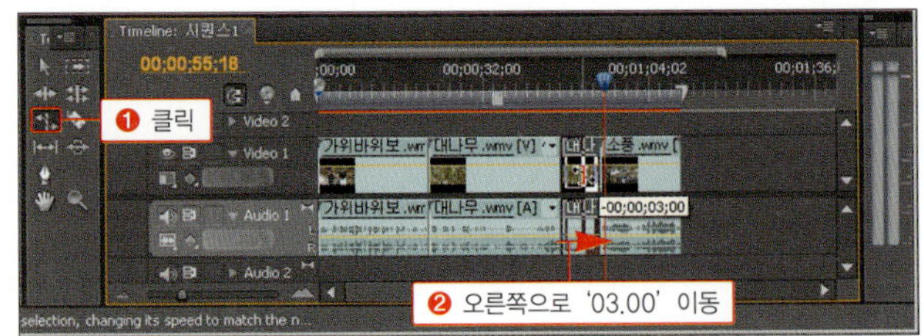

10 [Tool] 패널의 Selection Tool(￼)로 네 번째 클립을 선택하고 왼쪽으로 이동하여 세 번째와 네 번째를 붙여줍니다.

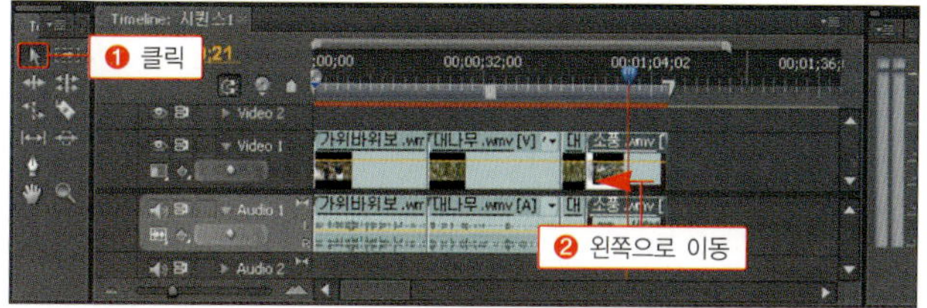

11 다시 Slip Tool(￼)로 두 번째 클립을 클릭하고 왼쪽과 오른쪽으로 드래그합니다. [Program] 모니터 패널을 보면서 첫 번째 클립과 세 번째 클립 사이에서 두 번째 클립의 내용이 가장 알맞은 인 점/아웃 점을 찾아 이동합니다.

TIP

Slip Tool(￼)은 원본 동영상의 재생시간보다 짧은 시간에 맞추어 놓고, 전체의 프레임을 맞추어진 시간 안에서 앞 프레임과 뒷프레임을 동시에 보면서 변경할 수 있습니다.

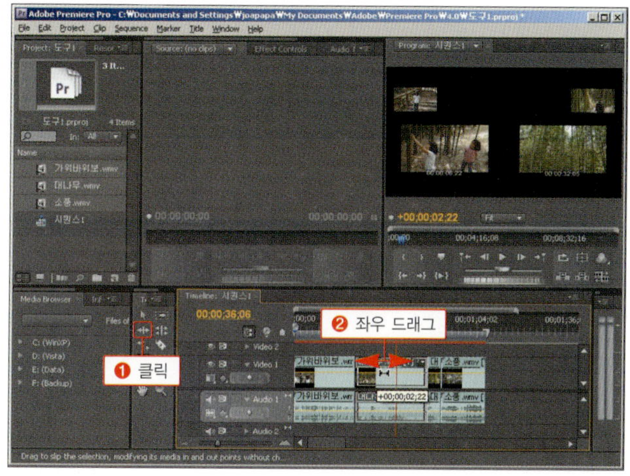

12 먼저 ＝ 키를 눌러서 화면을 확대하고 [Tool] 패널에서 Pen Tool(￼)을 클릭합니다. 세 번째 클립의 중간과 마지막 프레임에 Ctrl 키를 누른 채 클릭하여 키프레임을 만들어줍니다. 네 번째 클립의 처음 프레임과 중간 프레임에도 같은 방법으로 키프레임을 생성합니다.

TIP

Pen Tool(￼)은 투명도선과 키프레임을 조절하는데 Ctrl 키를 누르고 투명도선을 클릭하면 키프레임이 생성됩니다. 지울 때는 키프레임 위에서 마우스 오른쪽 버튼을 클릭하고 [Delete]를 클릭하면 삭제됩니다.

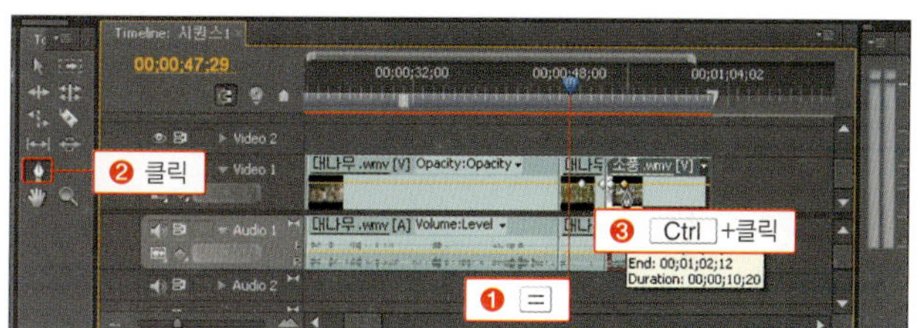

13 [Tool] 패널에서 Pen Tool()을 클릭하고 [Timeline] 패널의 만들어진 4개의 키프레임 중에서 2번째, 3번째 키프레임을 아래로 내리고, 3번째 클립의 오디오를 내립니다.

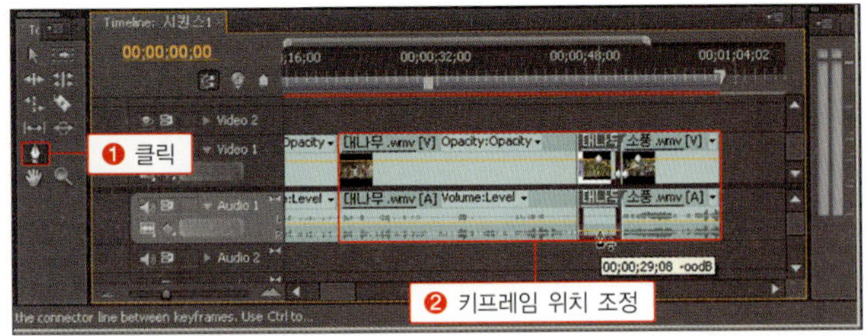

14 [Tool] 패널에서 Hand Tool()을 클릭하고 2번째 클립의 중간 부분을 오른쪽으로 드래그하여 첫 번째의 클립이 보이게 합니다.

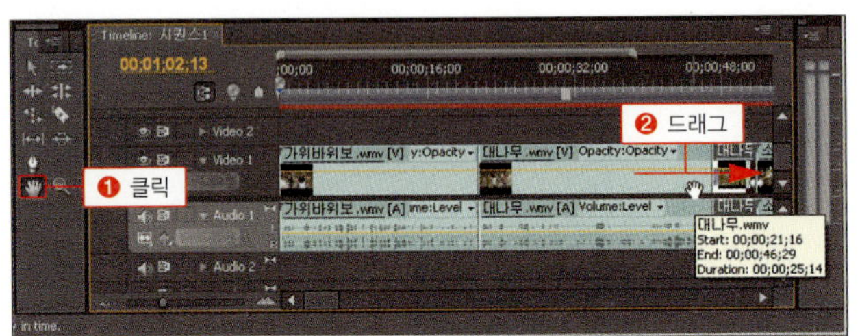

TIP

Hand Tool()은 많은 클립들이 [Timeline] 패널에 나열되어 있을 경우 편집이 필요한 클립으로 이동할 수 있는 도구입니다.

이것만은 알아두세요! [Tool] 패널 살펴보기

[Timeline] 패널의 오른쪽에 위치하며 타임라인에 사용되는 보조적인 툴로 11개의 툴로 구성되어 있습니다.

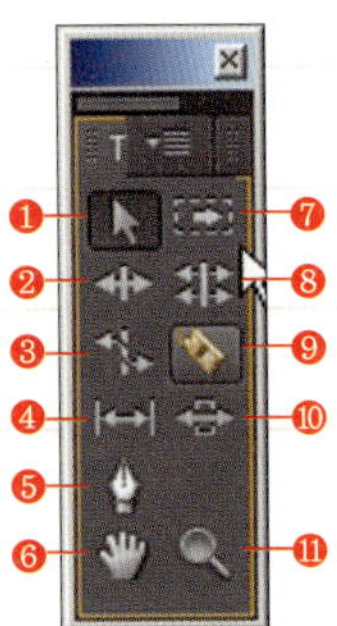

❶ Selection Tool() : 타임라인에서 클립의 이동, 클립 메뉴 편집, 클립 삭제 등 가장 많이 사용되는 기본 툴입니다.

❷ Ripple Edit Tool() : 경계선에 있는 클립 사이에 [Program] 모니터 패널을 보면서 클립들의 인 점(In Point : 가장 앞에 있는 프레임)과 아웃 점(Out Point : 가장 마지막에 있는 프레임) 프레임을 맞추는 툴입니다.

❸ Rate Stretch Tool() : 속도 조절 툴로, Clip Speed/Duration와 같은 기능을 하는데 클립을 늘리거나 줄여서 속도를 감소시키고 증가시킵니다. 기본 재생 시간에 풍선 도움말의 증가 시간이나 감소 시간을 보면서 속도의 완급을 조절합니다.

❹ Slip Tool(　) : 특정 클립의 일정한 크기를 정해 놓고 클립의 인 점과 아웃 점을 동시에 보면서 조절합니다.

❺ Pen Tool(　) : 클립 안의 영상의 투명도나 음성의 볼륨값을 자유롭게 조절하며, 키프레임을 만들고 자유롭게 조절하는 툴입니다.

❻ Hand Tool(　) : [Timeline] 패널에서 클립의 내용을 드래그하여 원하는 위치에 가져다 놓을 수 있습니다.

❼ Track Select Tool(　) : 이 툴로 특정 트랙의 클립을 선택하면 클립을 기준으로 오른쪽에 있는 모든 클립들이 선택되어 이동, 편집, 삭제 등을 할 수 있습니다. 또한, Shift 키를 누른 상태에서는 선택한 클립을 기준으로 모든 트랙의 클립들이 선택됩니다.

❽ Rolling Edit Tool(　) : 이 툴은 Ripple Edit Tool과 비슷한 툴로, Ripple Edit Tool은 한 쪽 클립의 영상은 정지 상태에서 다른 쪽 클립의 영상을 조절하여 맞추어 나가지만, 이 툴은 양쪽 영상의 인 점과 아웃 점을 변경하면서 이 클립이 이어질 수 있는 좋은 프레임을 찾습니다.

❾ RaZor Tool(　) : Select Tool와 함께 가장 많이 사용하는 툴로, 영상이나 이미지를 자를때 많이 사용되는데, 단축키(Ctrl + K)는 편집 기준선이 그 위치에 있어야만 잘리지만 Razor Tool은 편집 기준선과 상관없이 어느 부분이든지 잘라낼 수 있습니다.

❿ Slide Tool(　) : Slip Tool과 비슷한 툴로, Slip Tool은 정해진 재생 시간 동안 선택된 클립의 인 점과 아웃 점을 고정된 이웃에 있는 다른 클립들과 비교하면서 찾지만, 이 클립은 인 점과 아웃 점을 이웃에 있는 다른 클립들의 인 점과 아웃 점을 변경하면서 찾아 줍니다.

⓫ Zoom Tool(　) : 클ㄴ립의 화면을 확대하는 툴입니다. Alt 키를 누른 채 클릭하면 화면이 축소됩니다.

01 '도구2'라는 이름으로 프로젝트를 만들고, [Widescreen 48khz]의 '시퀀스1'의 시퀀스를 생성합니다.

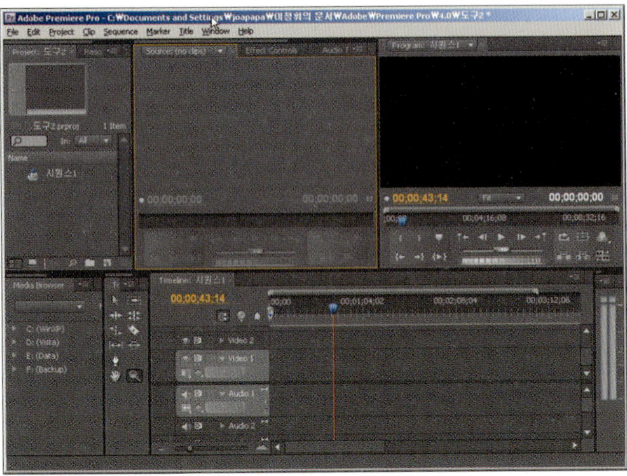

02 [Project] 패널의 빈 곳을 더블클릭하여 [Import] 창을 열어서 '가위바위보, 대나무, 야외어장.wma' 파일을 선택하여 불러옵니다.

◉ 경로 : 예제파일\Part2\Ch2\S04(2) 폴더

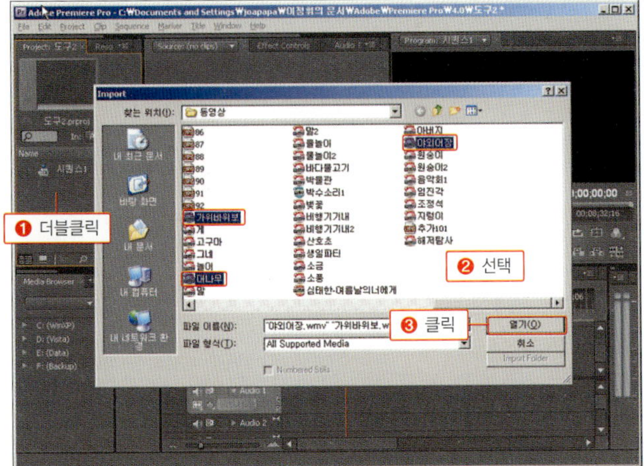

03 [Timeline] 패널에 '가위바위보', '대나무', '야외어장' 순으로 배치합니다.
[Tool] 패널의 Track Selection Tool(⬚)을 클릭한 후 2번째 클립(대나무)을 선택합니다.

TIP

전체 트랙이 선택되는 것이 아니라 2번째 클립부터 나머지가 전체가 선택됩니다.

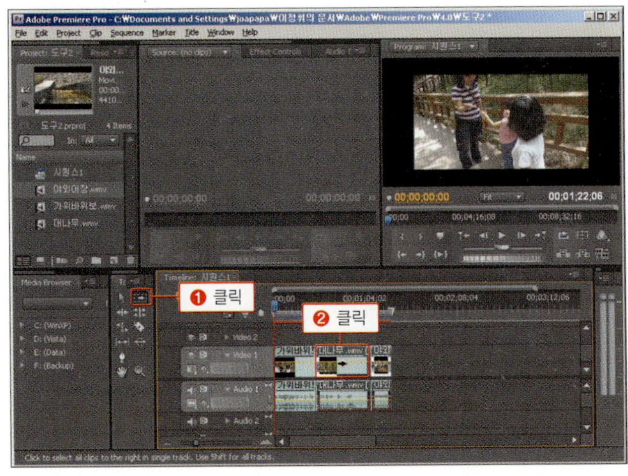

04 [Project] 패널의 빈 공간을 더블클릭하여 [Import] 창을 열고 '86.jpg, 87.jpg, 88.jpg'를 선택하고 [열기] 버튼을 클릭합니다.

⊙ 예제파일\Part2\Ch2\S04(2) 폴더

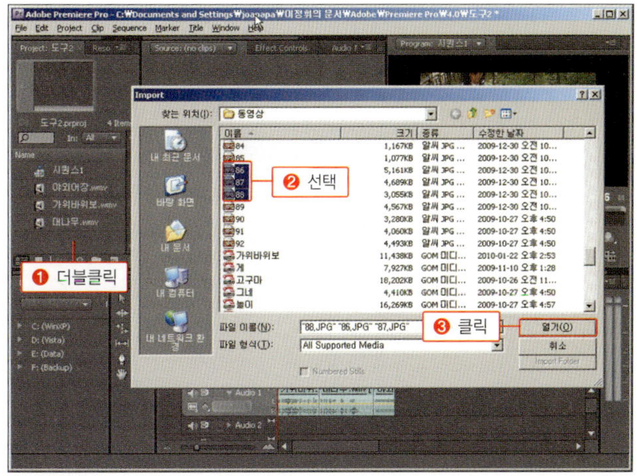

05 [Proejct] 패널의 '86, 87, 88' 이미지 클립을 [Timeline] 패널의 Video2 트랙으로 이동하고, [Tool] 패널의 Zoom Tool(🔍)을 클릭해 [Timeline] 패널을 확대합니다.

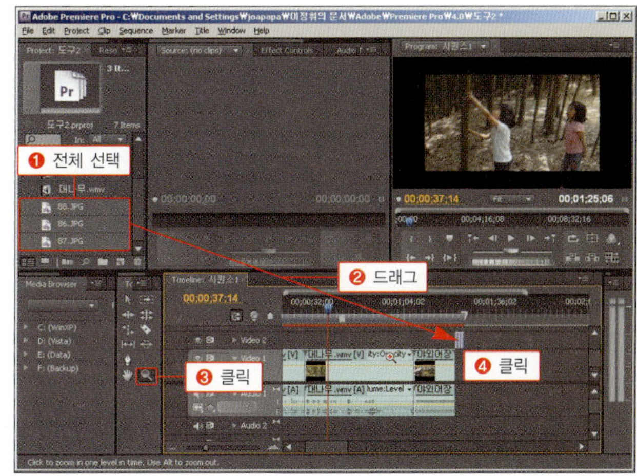

06 [Tool] 패널의 Track Selection Tool (▮▮▮)을 선택하고 Shift 키를 누르고 2번째 클립(대나무)을 클릭합니다. '대나무' 클립 다음의 모든 트랙의 클립이 선택됩니다.

TIP

Track Selection Tool의 일반적 선택은 한 트랙의 나머지를 선택하지만, Shift 키를 사용한 선택은 다른 트랙의 나머지도 같이 선택됩니다.

07 타임라인에 '20.00'을 주어 편집 기준선을 이동하고 [Tool] 패널에서 Selection Tool(￼)을 선택하고, Track Selection Tool (￼)로 선택된 '대나무' 클립을 편집 기준선에 맞추어 이동합니다.

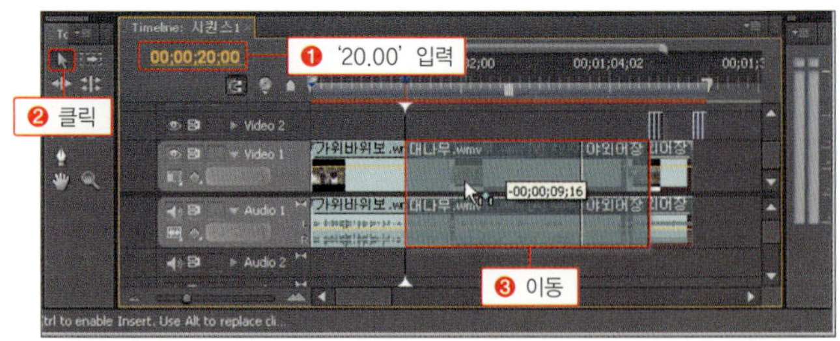

08 타임라인에 '1.00.00'을 주어 편집 기준선을 이동하여 Razor Tool(￼)로 잘라 줍니다. 반복 작업을 해줍니다.

다시 '1.05.00'을 주어 편집 기준선을 이동시킨 후 Razor Tool로 잘라줍니다.

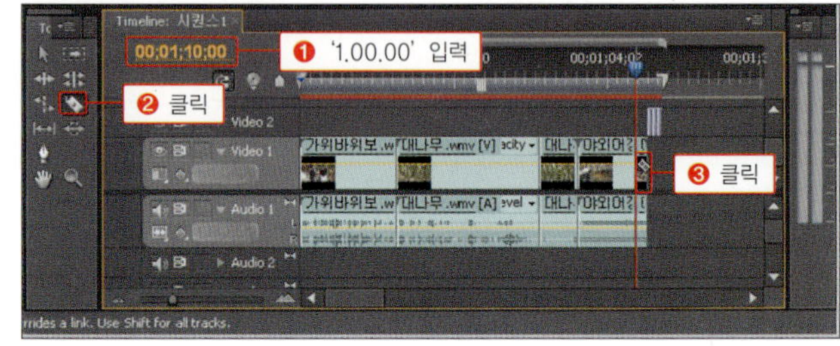

09 [Tool] 패널의 Selection Tool(￼)을 클릭하여 잘려진 두 번째 클립과 세 번째 클립을 삭제합니다. 두 번째와 세 번째의 클립의 빈 공간에서 마우스 오른쪽 버튼을 클릭해 [Ripple Delete]를 클릭하여 클립 사이를 붙여줍니다.

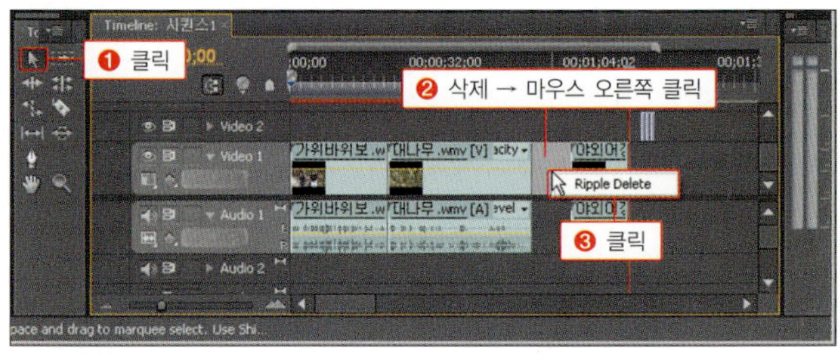

10 [Tool] 패널에서 Rolling Edit Tool(￼)을 클릭하여 첫 번째 클립과 두 번째 클립의 경계선에 놓고 [Program Monitor] 양쪽 프레임(인 점/아웃 점)을 보면서 오른쪽으로 '3.00' 정도 이동합니다.

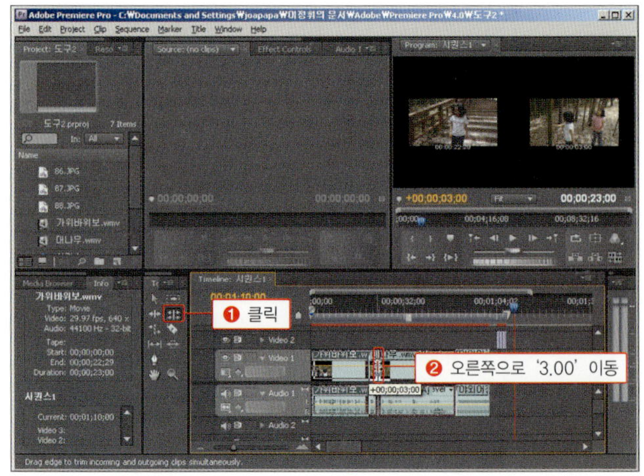

11 다시 Slide Tool(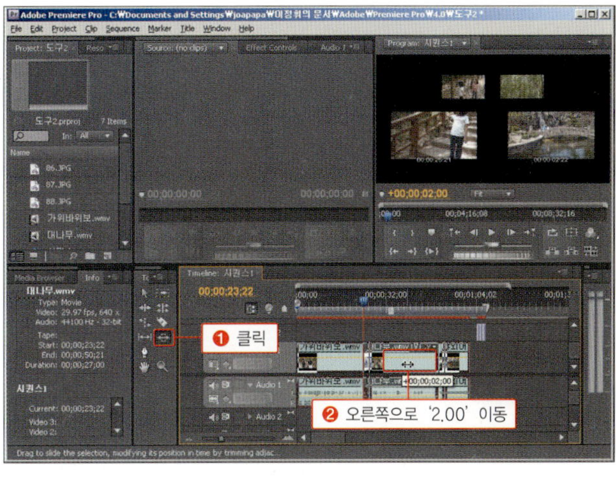)을 선택하고 두 번째 클립을 클릭한 다음 [Program] 모니터 패널을 보면서 오른쪽으로 약 '2.00' 정도 이동합니다.

TIP

[Program] 모니터 패널의 모니터에서 상단의 프레임은 선택한 클립의 인 점/아웃 점이고, 하단의 프레임은 첫 번째 클립의 아웃 점과 세 번째 클립의 인 점입니다. 선택한 클립의 영상은 그대로 두고, 양쪽 클립의 내용을 선택한 클립과 맞추어 나가며 변경합니다.

12 Video2 트랙의 '86, 87, 88' 클립을 한 번에 선택하여 '야외어장' 클립의 마지막 프레임으로 이동합니다.

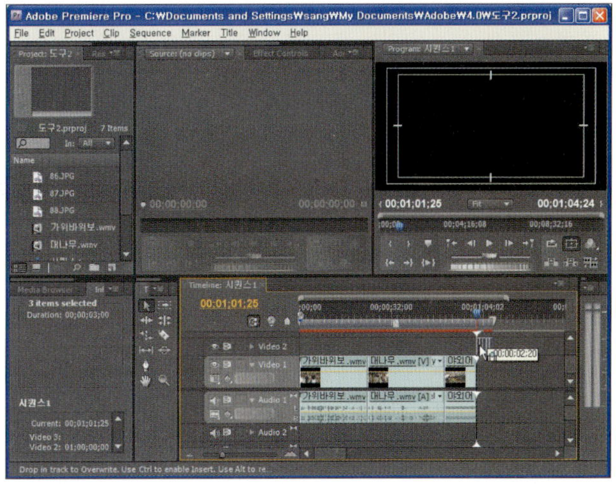

13 Enter 키를 눌러 작업한 영상의 결과를 확인합니다.

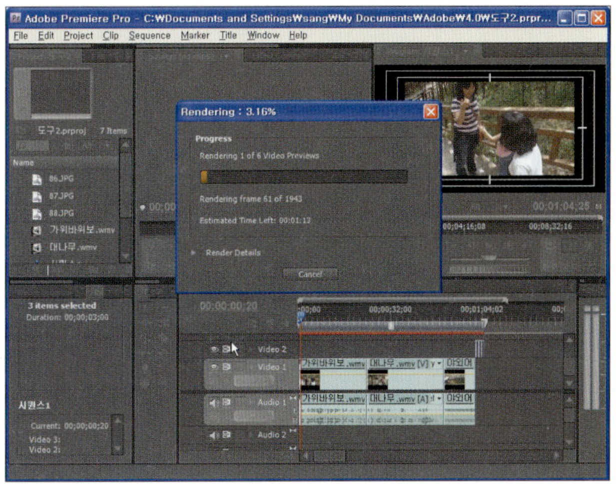

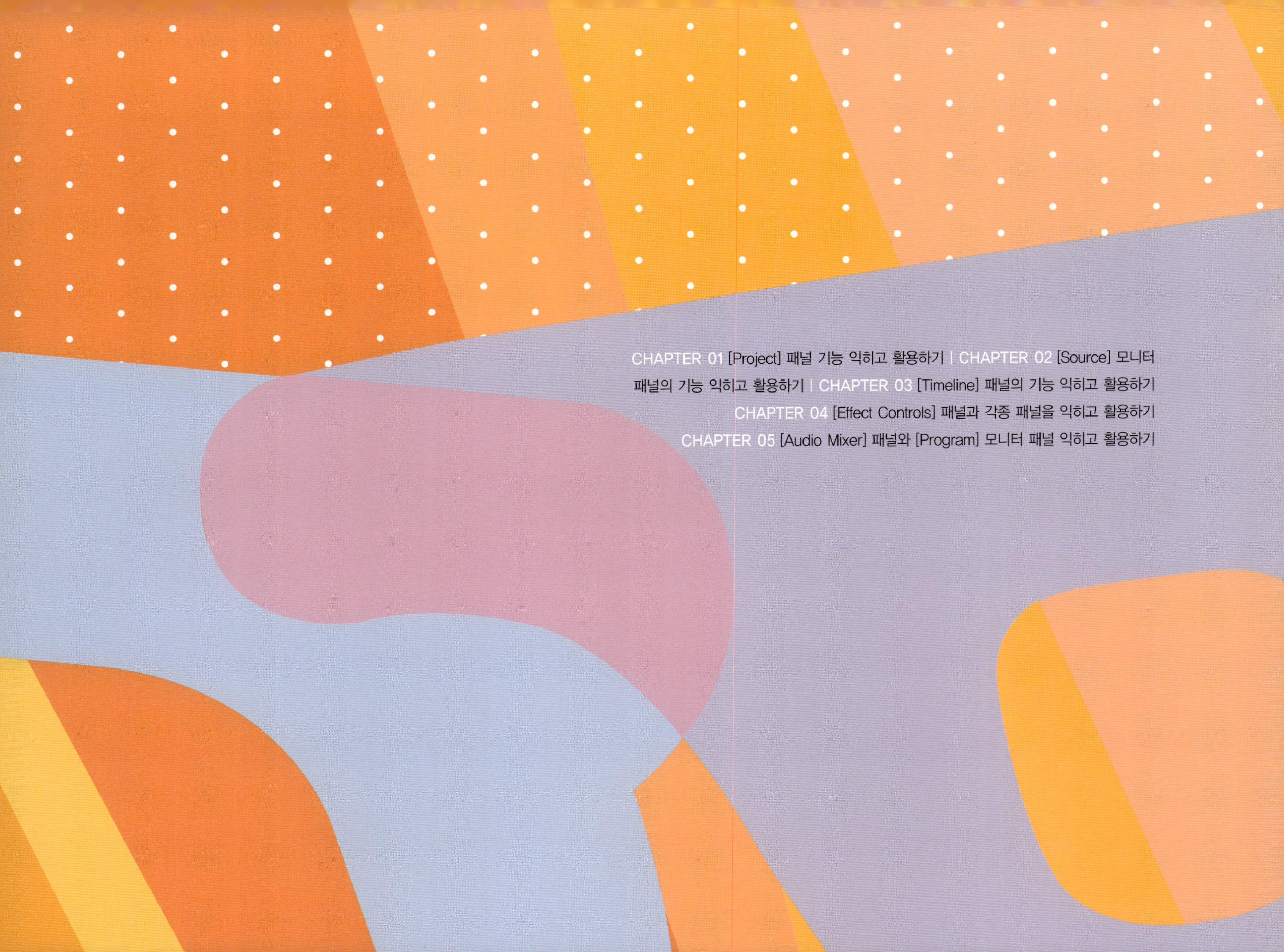

CHAPTER 01 [Project] 패널 기능 익히고 활용하기 | CHAPTER 02 [Source] 모니터 패널의 기능 익히고 활용하기 | CHAPTER 03 [Timeline] 패널의 기능 익히고 활용하기

CHAPTER 04 [Effect Controls] 패널과 각종 패널을 익히고 활용하기

CHAPTER 05 [Audio Mixer] 패널와 [Program] 모니터 패널 익히고 활용하기

패널부터 꼼꼼하게, 프리미어 파헤치기

[Project] 패널, [Source] 모니터 패널, [Timeline] 패널, [Effect Controls] 패널, [Audio Mixer] 패널, [Program] 모니터 패널을 꼼꼼히 익혀봅니다.

PART 03

[Project] 패널 기능 익히고 활용하기

[Project] 패널은 프리미어 프로를 처음 시작하여 기본 작업을 소스 파일들을 불러와서 클립들로 만들어 효율적인 배치와 관리를 하는 패널입니다. 기본 패널인 [Project] 패널의 기능을 익히고 활용하는 방법을 알아봅니다.

CHAPTER 01

SECTION 01 [Project] 패널 살펴보기 | SECTION 02 Bin 활용하기

SECTION 03 [Project] 패널의 버튼 이용하여 영상 제작하기

SECTION 04 자동 기능(Automate To Sequence) 활용하기

SECTION 05 [Project] 패널에서 클립 크기 조절하고 클립 검색하기

[Project] 패널 살펴보기

여러 개의 동영상에 각각의 포스터 프레임을 찍고, 스토리를 연결할 수 있는 영상을
찾아 두 개를 연결하여 하나의 영상으로 만들어 봅니다.

포스터 프레임를 이용한 영상 작업하기

01 '포스터프레임' 이름으로 프로젝트를 만
들고, [Widescreen 48kHz]의 '시퀀스1'
의 시퀀스를 생성합니다.

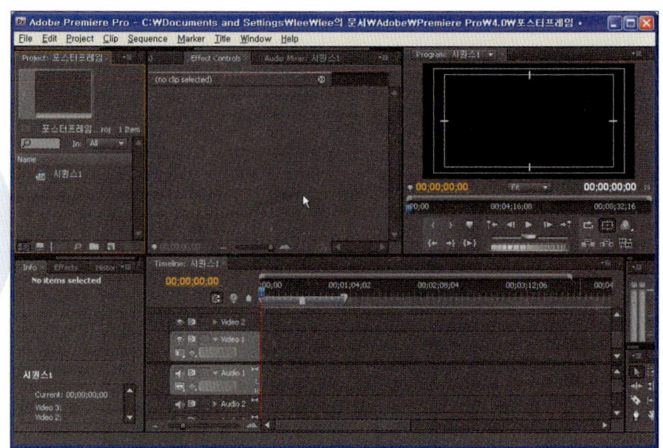

02 [Project] 패널의 빈 곳을 더블클릭하여 [Import] 창
이 나타나면 '게, 고구마, 그네, 놀이, 말.wmv'을 선
택하고 [열기] 버튼을 클릭합니다.

◉ 경로 : 예제파일\Part3\Ch1\S01 폴더

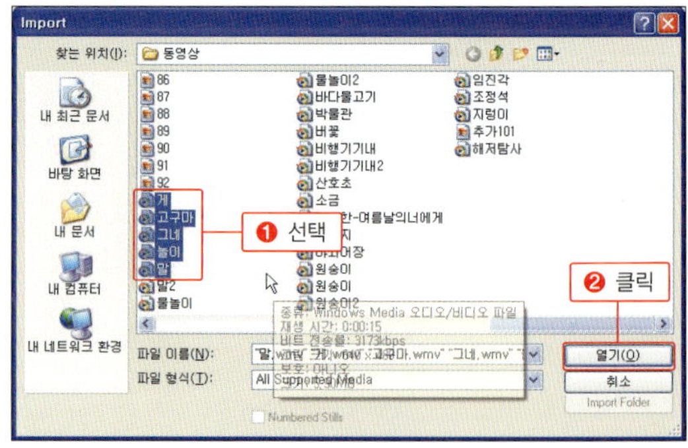

03 [Project] 패널에서 '말.wmv'을 선택하고 Play-Stop Toggle(▶) 버튼을 클릭하여 시작합니다.

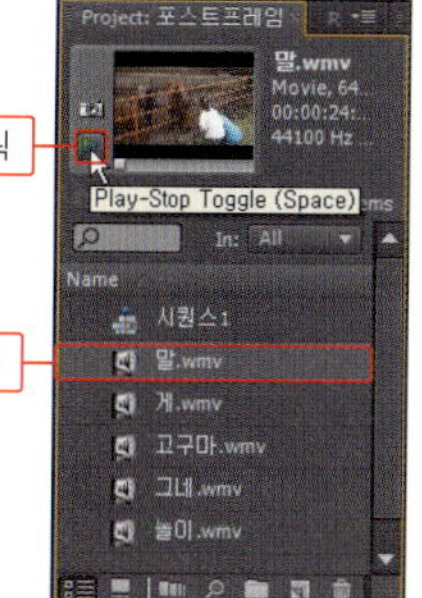

04 썸네일 뷰어에 영상이 보여지는데 영상의 중간쯤에서 Play-Stop Toggle(■) 버튼을 클릭하여 중지시킵니다.

05 [Project] 패널에서 마우스로 '시퀀스1'을 클릭합니다. '말.wmv' 썸네일 뷰어 안의 중간에 있던 위치 정보는 사라지고 가장 처음 프레임을 보여 줍니다.

TIP

썸네일 뷰어는 영상에 포스터 프레임을 찍어 넣어 주지 않으면 영상의 가장 처음 프레임을 보여 줍니다.

06 [Project] 패널 안에 '말' 클립이 선택된 상태에서 Play-Stop Toggle(▶) 버튼을 클릭하여 재생합니다.

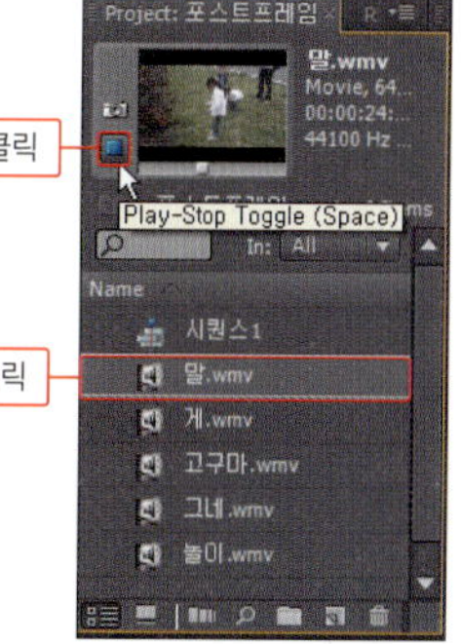

07 영상 중 말이 나오는 부분에서 Play-Stop Toggle(■) 버튼을 클릭하여 중지시키고 [Poster Frame] 버튼을 클릭합니다.

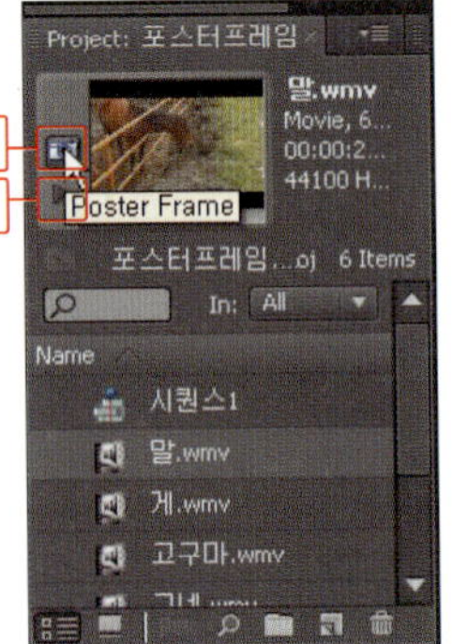

08 위와 같은 방식으로 '게, 고구마, 그네, 놀이'에도 포스터 프레임을 클릭하여 만들어줍니다. [Project] 패널 안의 파일을 순서대로 한 번씩 클릭하여 포스터 프레임이 지정되어 있는지 확인합니다.

09 [Project] 패널에서 '말'과 '그네' 클립을 [Timeline] 패널로 순서대로 드래그합니다.

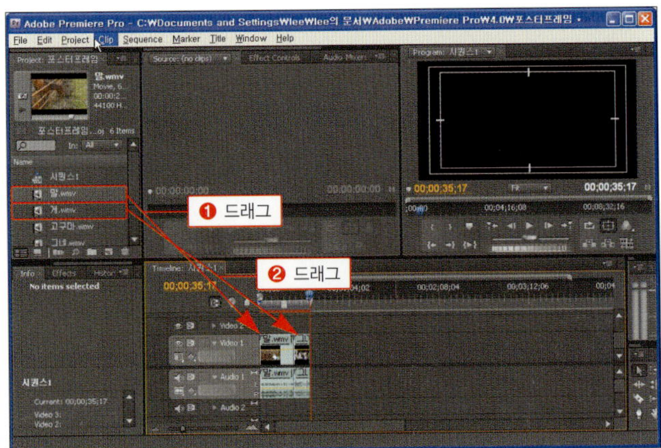

10 [Effects] 패널을 선택하고 [Video Transitions]-[3D Motion]-[Flip Over] 을 선택하여 2개의 클립 사이에 드래그하여 넣어 줍니다.

TIP

[Flip Over] 화면 전환은 수평으로 회전하면서 화면 이 변경됩니다.

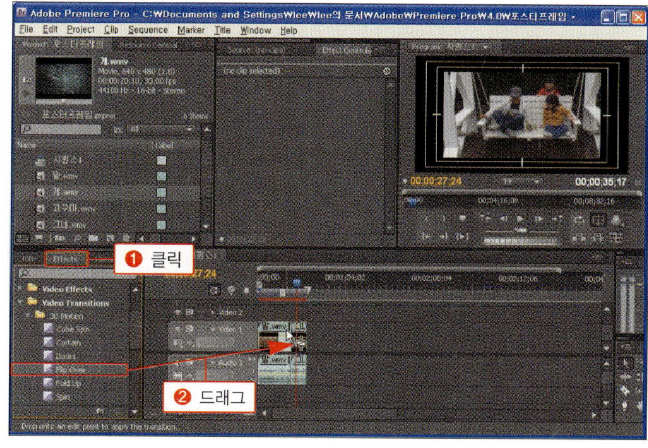

11 [Project] 패널에서 New Item(▣) 버튼 을 클릭하면 아이템 메뉴가 나오는데 [Title]을 클릭합니다.

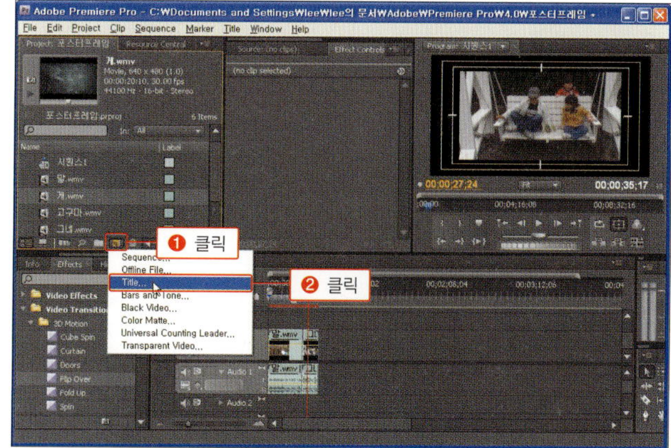

12 [New Title] 창이 나타나면 [Name]에 '자막' 이라 입력 후 [OK] 버튼을 클릭합니다.

TIP

영상에 글자를 입혀서 합치기 위해서는 자막을 넣어야 하는데 자막을 넣는 방법은 크게 2가지입니다.
❶ [Project] 패널에서 [New Item]-[Title]을 선택합니다.
❷ 메뉴에서 [Title]-[New Title]-[Default Still]를 선택합니다.

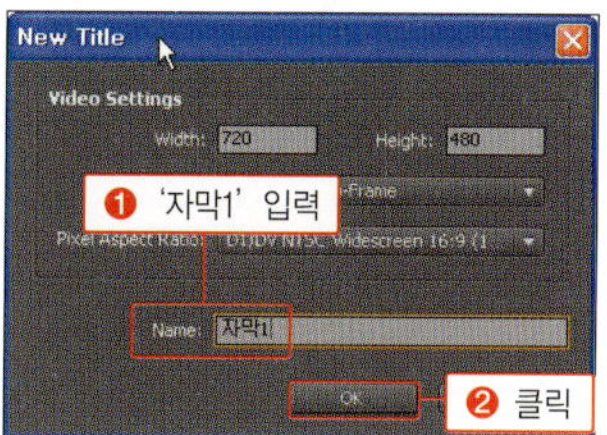

13 타이틀 창이 나타나면 [Title Tool] 패널에서 Type Tool(T)을 선택하고 화면 중간을 클릭합니다. 커서가 나타나면 '말타고 싶은데...'를 입력하고 [Font Size]을 '50'으로 변경합니다.

14 입력한 텍스트가 깨져 보입니다. '말타고 싶은데...' 텍스트를 블록으로 설정합니다. [Title] 패널의 [글꼴]에서 'HYGothic-Extra'를 클릭합니다.

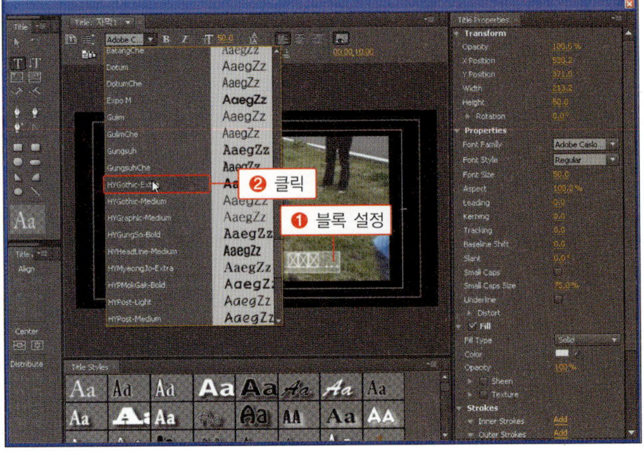

TIP

프리미어 프로는 자막에 바로 한글 코드를 넣을 수 없습니다. 먼저 글자를 넣고 한글 글꼴로 변경해야 합니다. 또한 글자의 기본 크기는 '100'이므로 화면에 맞게 조절해야 합니다.
글꼴체의 'HY' 계열은 거의 한글 글꼴이므로 알아두세요.

15 화면 안의 글자가 한글 글꼴로 변경되면 [Title Tool] 패널의 Selection Tool(▶)을 클릭하고 텍스트를 자막 안전 영역이 벗어나지 않는 하단 오른쪽에 배치 후 타이틀 창을 닫습니다.

16 [Project] 패널에 '자막1'이라는 클립을 확인하고, [Timeline] 패널 타임코드에 '17.00'을 넣어 '00;00;17;00'으로 변경시키고 '자막1' 클립을 편집 기준선에 맞게 드래그합니다.

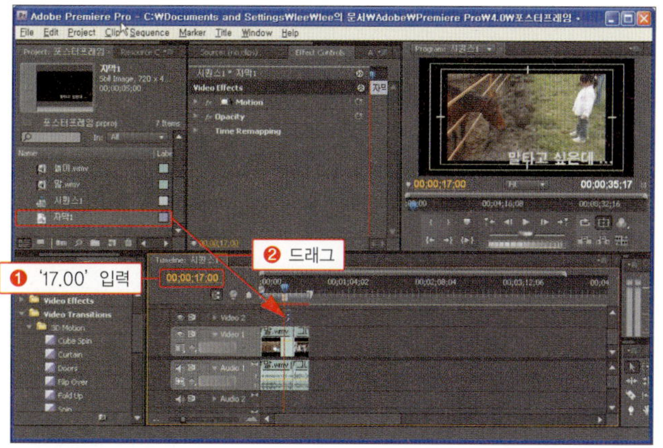

17 [Timeline] 패널의 타임코드에 '26.00'을 넣어 (00;00;26;00)으로 변경하고 다시 메뉴에서 [Title]-[New Title]-[Default Still]를 클릭합니다.

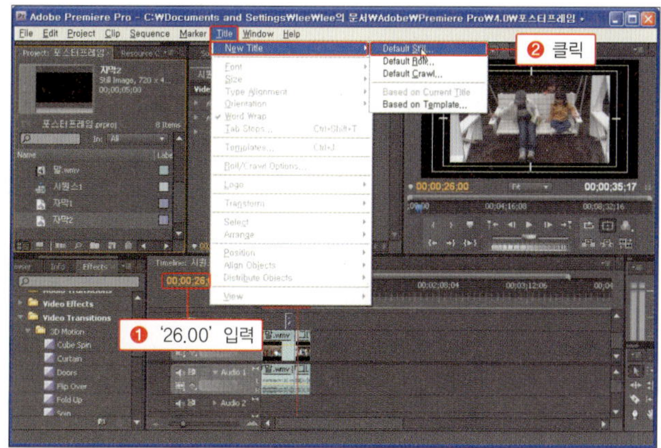

18 [New Title] 창이 나타나면 [Name]에 '자막2'라 입력한 후 [OK] 버튼을 클릭합니다.

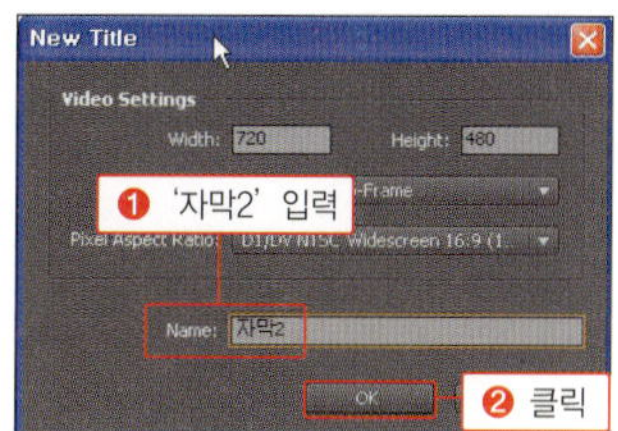

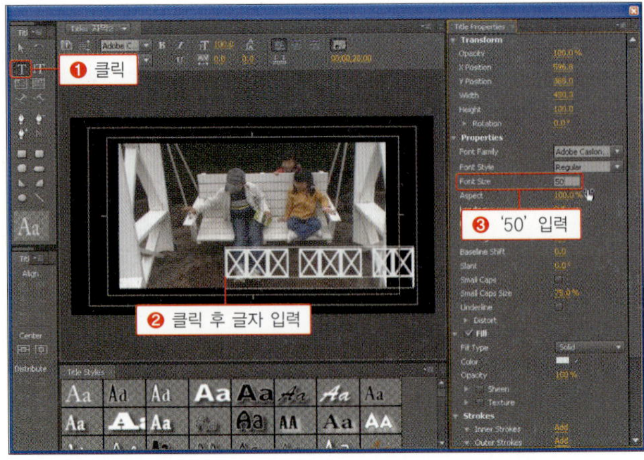

19 타이틀 창이 나타나면 [Title Tool] 패널의 Type Tool(T)을 클릭하고 화면 중간을 클릭합니다. 커서가 나타나면 '우리는 그네나 타자'라고 쓰고 오른쪽 [Title Properties] 패널의 [Font Size]를 '50'으로 변경합니다.

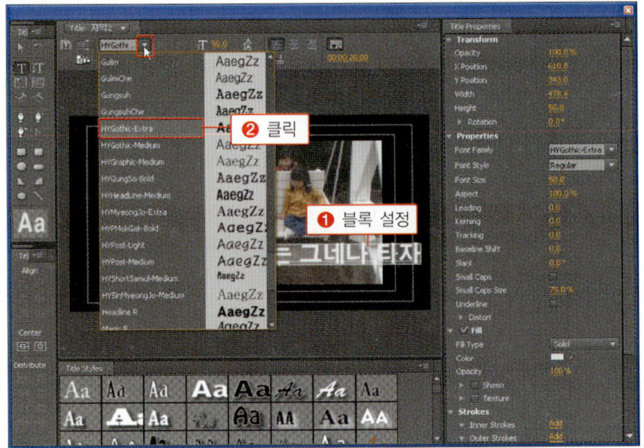

20 깨진 '우리는 그네나 타자'를 블록으로 설정한 뒤 상단의 [Title] 패널에서 [글꼴]을 'HYGothic-Extra'로 선택합니다.

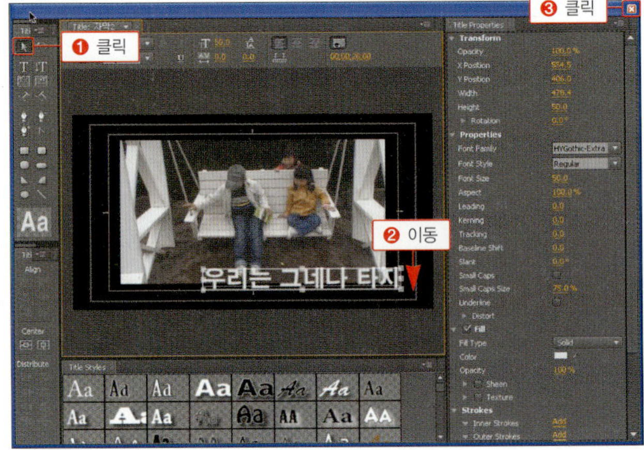

21 자막 글꼴이 변경되면 [Title Tool] 패널의 Selection Tool(화살표)을 클릭해 텍스트가 자막 안전 영역이 벗어나지 않는 하단 오른쪽에 배치하고 타이틀 창을 닫습니다.

22 '자막2' 클립을 타임코드가 (00;00;26;00)
으로 되어 있는 편집 기준선으로 드래그
합니다. Enter 키를 눌러 렌더링합니다.

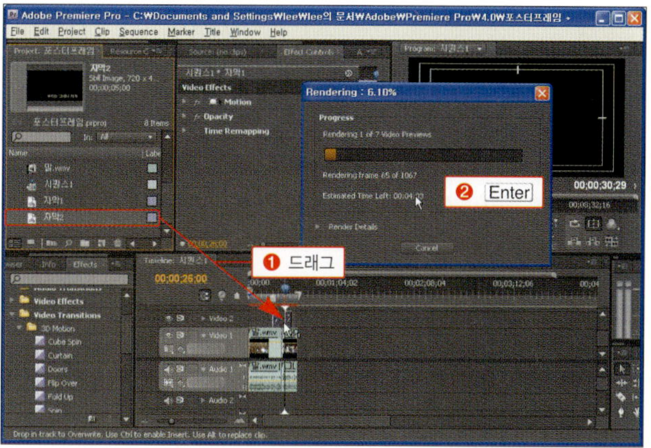

23 [File]-[Export]-[Media] 메뉴를 클릭하면
[Export Settings] 창이 나타나는데
[Output] 탭을 클릭하고 [Format]은 'Windows
Media'로 변경 후 [OK] 버튼을 클릭합니다.

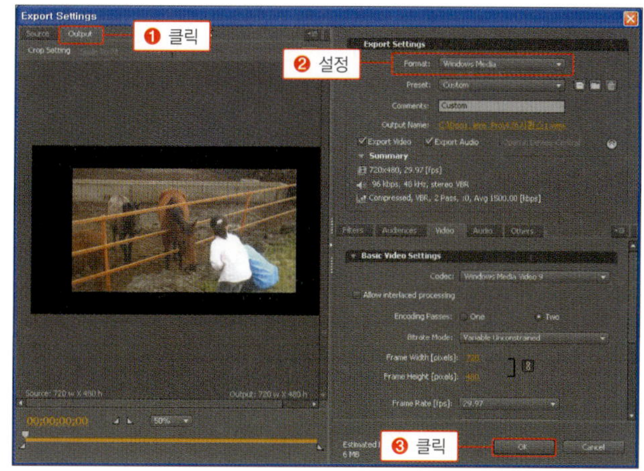

24 [Adobe Media Encoder]가 나타나면
[Output File] 메뉴 아래 경로를 더블클릭하
고 [Save As] 창이 열리면 '포스트프레임'이라 입력
한 후 [저장] 버튼을 클릭합니다. [Start Queue] 버튼
을 클릭해 영상을 추출합니다.

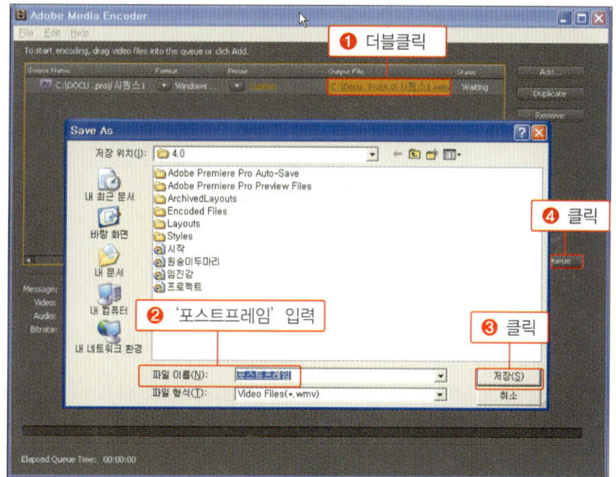

25 결과물을 확인합니다.

⊙ 경로 : 예제파일\Part3\Ch1\포스트프레임.wmv

이것만은 알아두세인! [Project] 패널의 4가지 기능 살펴보기

[Project] 패널의 포스터 프레임, 썸네일 뷰어, 클립의 정보 등을 알고 활용하는 방법을 알아봅니다.

❶ **포스터 프레임** : 클립(영상)의 대표 프레임(한 장면)을 설정하는 것으로 클립을 클릭하였을 때 대표 프레임이 보여 클립에 대한 전체 프레임을 이해할 수 있게 합니다.

❷ **Play/Stop Toggle(▶, ■)** : Play 버튼으로 클립의 내용을 미리 보여주고, 클립의 작업 선택에 도움을 줍니다.

❸ **썸네일 뷰어** : 클립을 클릭하였을 때 작은 화면에 영상이나 이미지의 정보를 보여주는 미리보기 기능을 합니다.

❹ **클립 정보** : 썸네일 뷰어의 오른쪽에 클립에 대한 정보가 나옵니다. 클립의 이름, 크기(종횡비), 초당 프레임 수, 프레임 비율 등을 보여줍니다.

Bin 활용하기

Bin은 폴더와 같은 개념으로 클립을 보다 정확히 정리하여 활용할 수 있습니다.
여기서는 Bin을 만들어 보고 그 활용법을 알아봅니다.

Bin을 이용한 주제별 분리하기

01 'bin' 이름으로 프로젝트를 만들고, [Widescreen 48kHz]의 '시퀀스1'라 입력한 후 [OK] 버튼을 클릭합니다.

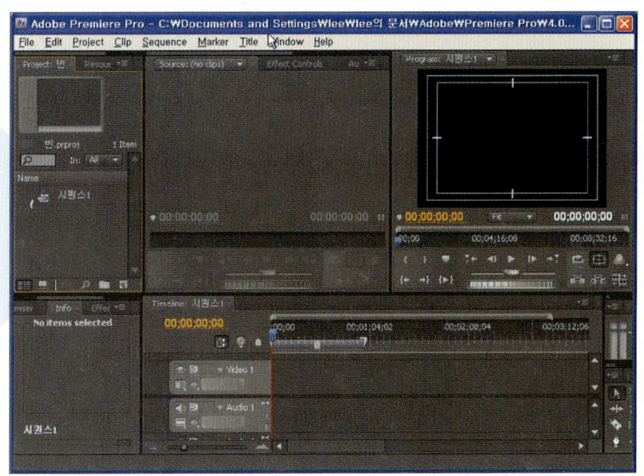

02 [Project] 패널을 빈 곳을 더블클릭하여 [Import] 창이 열리면 '말, 바다물고기, 비행기기내.wmv' 파일들과 '49~51, 53~60.jpg'를 선택하고 [열기] 버튼을 클릭합니다.

◉ 경로 : 예제파일\Part3\Ch1\S02 폴더

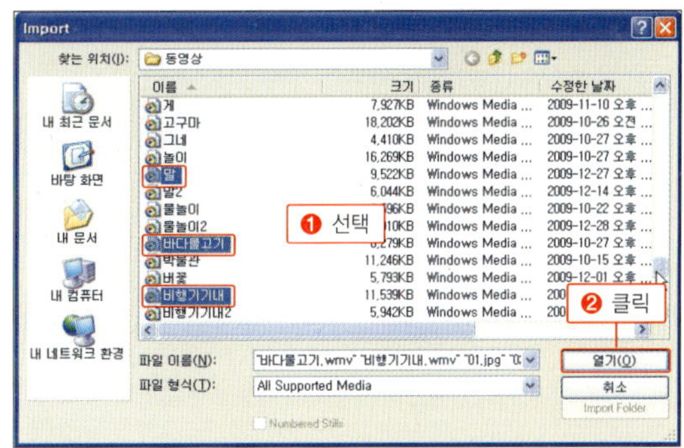

03 [Project] 패널의 기능 버튼 중 New Bin(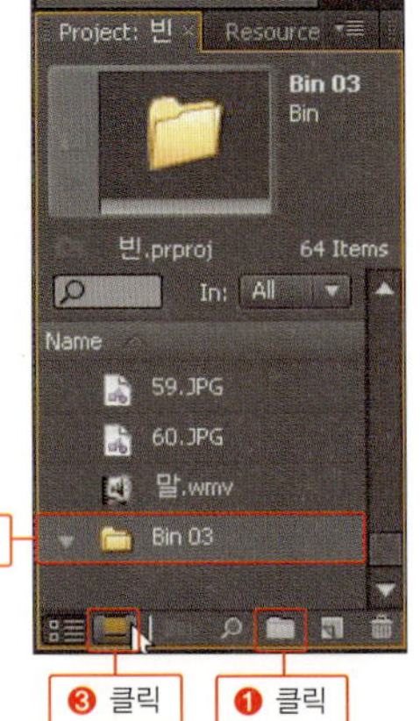) 버튼을 클릭하여 새로운 Bin을 만들고 다시 Icon View () 버튼을 클릭합니다.

04 [Project] 패널이 이전보다 큰 미리보기 형태의 아이콘들로 변경됩니다. 그리고 'bin' 의 이름 부분을 클릭하여 폴더 이름을 '사진'으로 변경한 다음 다시 List View() 버튼을 클릭합니다.

TIP

처음 Bin 폴더를 만들고 List View 상태에서는 바로 이름 변경을 할 수 없습니다. Icon View 상태에 서 이름을 변경합니다. 물론, 이후부터는 어떤 상태던지 이름 변경이 가능합니다.

05 List View(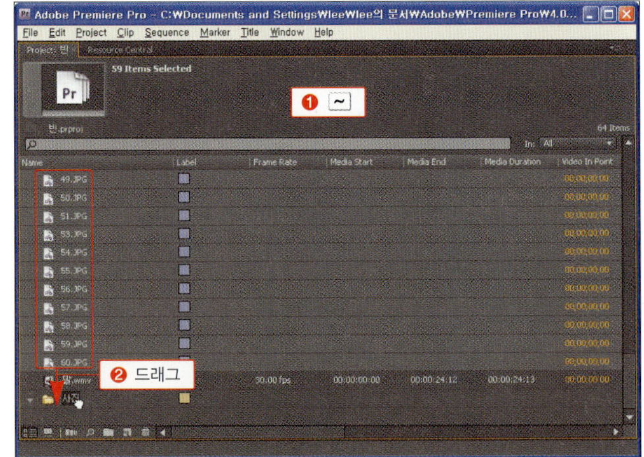) 상태에서 키보드의 ~ 키를 눌러 [Project] 패널을 전체로 확장 시키고 '49~51, 53~60' 클립들을 드래그하여 선택하고 마우스로 '사진' Bin으로 이동시켜 줍 니다.

06 [Project] 패널에서 New Bin(▣) 버튼을 클릭하여 새로운 Bin을 만들고 Bin의 이름을 클릭하여 '동영상'으로 변경합니다. '비행기기내', '말', '바다물고기' 클립들을 선택하여 '동영상' Bin으로 드래그합니다.

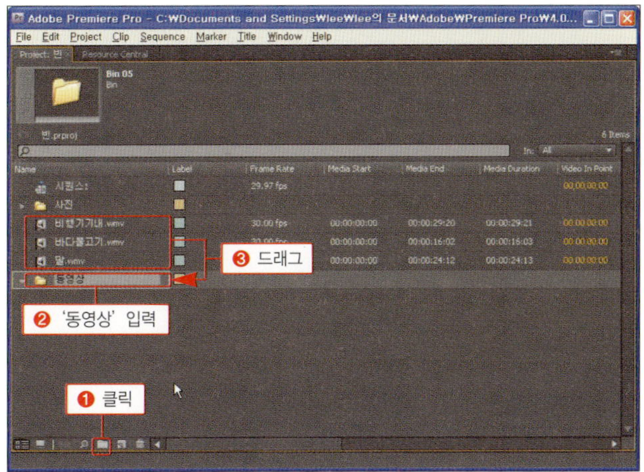

07 '사진' Bin에는 사진 클립들이, '동영상' Bin에는 동영상 클립들로 분류됩니다.

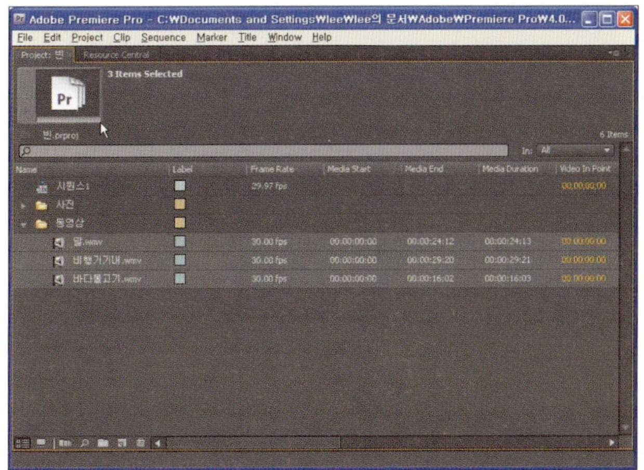

08 키보드의 ~키를 눌러 다시 원래 화면으로 변경한 다음 '사진' Bin을 더블클릭하면 새로운 '사진' Bin 폴더 창이 나타납니다.

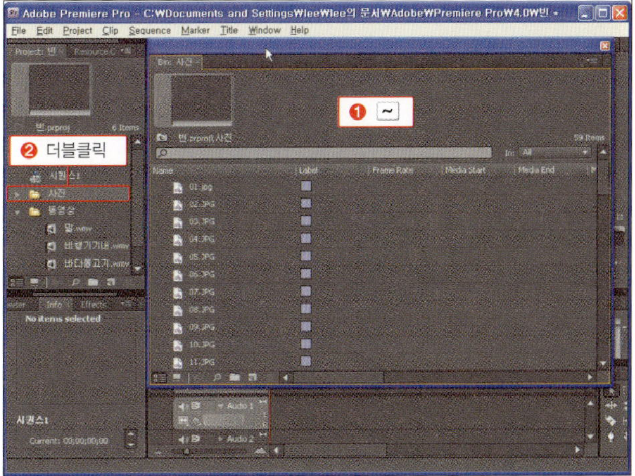

09 새로 열린 '사진' Bin 창을 닫고 앞과 같은 과정으로 '사진' Bin 안에 '박람회', '산', '제주도' Bin을 만들고 사진 클립들을 옮겨 줍니다. Ctrl 키를 누른 상태에서 '사진' Bin을 더블클릭합니다.

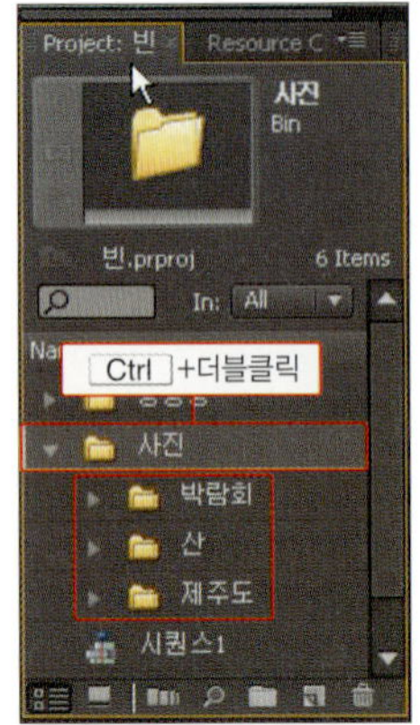

10 다시 상단의 상위 폴더 이동( ) 버튼을 클릭하여 다시 상위 Bin으로 이동합니다.

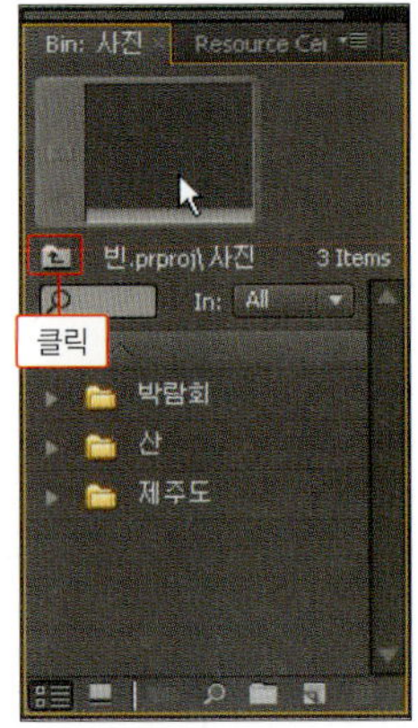

11 이번에는 Alt 키를 누른 상태에서 '사진' Bin을 더블클릭한 뒤 키보드의 ~ 키를 눌러 [Project] 패널을 확장시켜 주면 'Bin: 박람회'라는 새로운 탭이 생성됩니다.

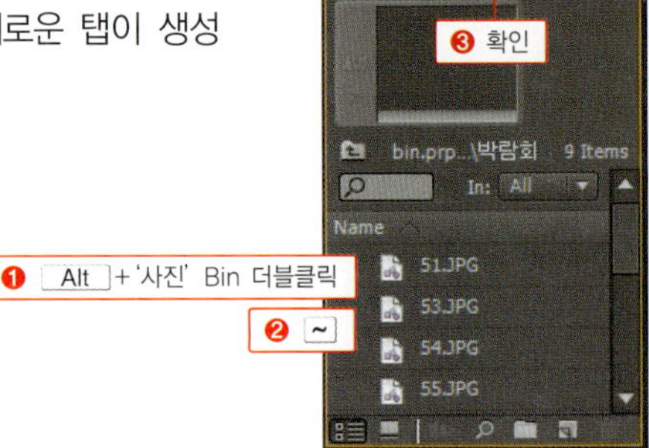

Bin의 자료 열기와 환경설정하기

Bin 폴더란 일반 폴더의 개념과 비슷한 계층적 구조이며 여러 클립들을 사용자의 의
도대로 모아서 관리하기 쉽게 해 놓은 것입니다.

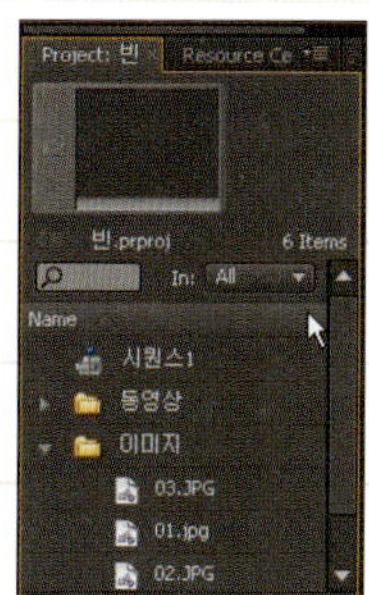

Bin 폴더를 열 때는

❶ 마우스를 더블클릭하거나,

❷ Ctrl +더블클릭,

❸ Alt +더블클릭해 열 수 있습니다.

Bin의 환경설정은

메뉴의 [Edit]-[Preferences]-[General]에서 설정할 수 있습니다.

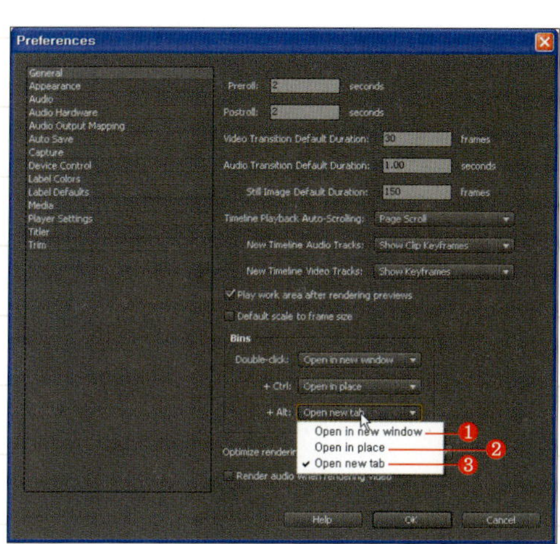

❶ Open in new window : 새로운 창이 열리면서 Bin 안의 클립들을 보여줍니다.

❷ Open in place : 기존 [Project] 패널 안에 하위 폴더처럼 들어가서 Bin 안의 클립들을 보
여줍니다.

❸ Open new tab : 기존 [Project] 패널에 새로운 탭으로 창이 생기면서 Bin 안의 클립들을 보
여줍니다.

[Project] 패널의 버튼 이용하여 영상 제작하기

[Project] 패널의 하단에는 제작에 필요한 기능 버튼들이 모여 있는데 이 기능 버튼들을 알아보고, 기능 버튼 중 Item의 여러 기능을 통합하여 영상을 만들어 봅니다.

Item 버튼을 이용한 영상 제작하기

01 '기능버튼' 이름으로 프로젝트를 만들고, [Widescreen 48kHz]의 '시퀀스1'의 시퀀스를 생성합니다.

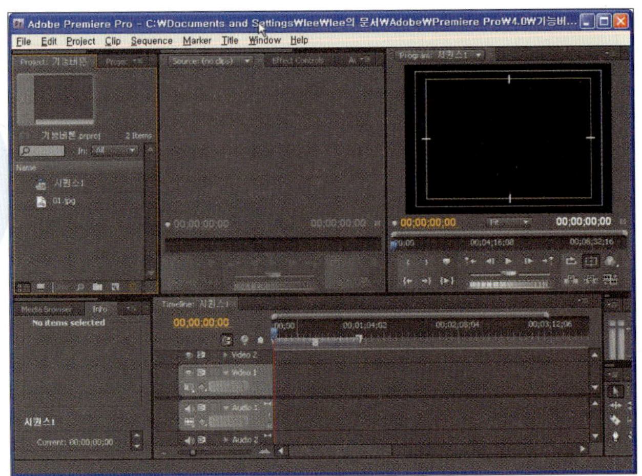

02 [Project] 패널의 [New Item] 버튼(■)을 클릭하여 나타나는 메뉴에서 [Bars and Tone]을 클릭합니다. [New Bars and Tone] 창이 나타나면 [OK] 버튼을 클릭합니다.

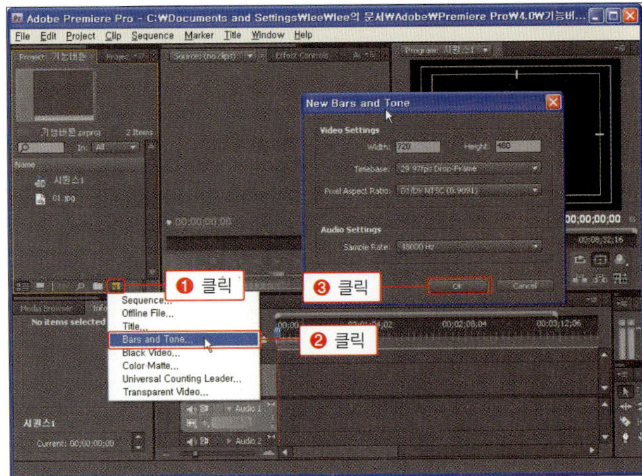

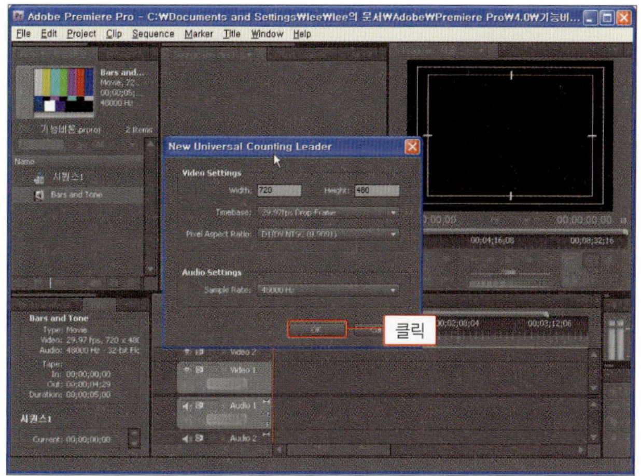

03 이번에는 [New Item]–[Universal Counting Leader]를 클릭하여 새로운 창이 나타나면 [OK] 버튼을 클릭합니다

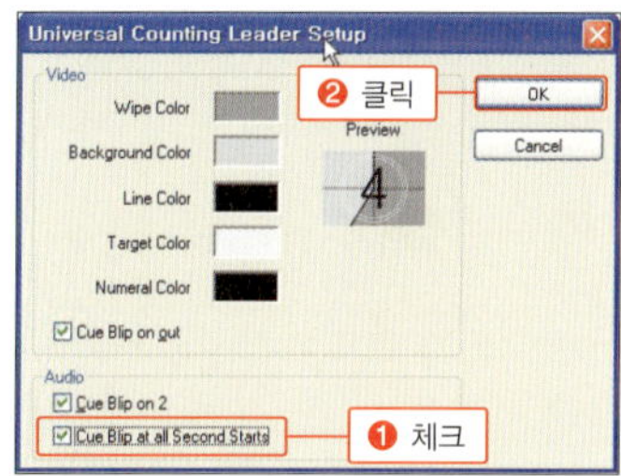

04 새로운 셋업 형식을 설정하는 창이 나타나면 [Cue Blip all Second Status]에 체크하여 숫자가 바뀔 때마다 비프음이 발생하게 합니다.

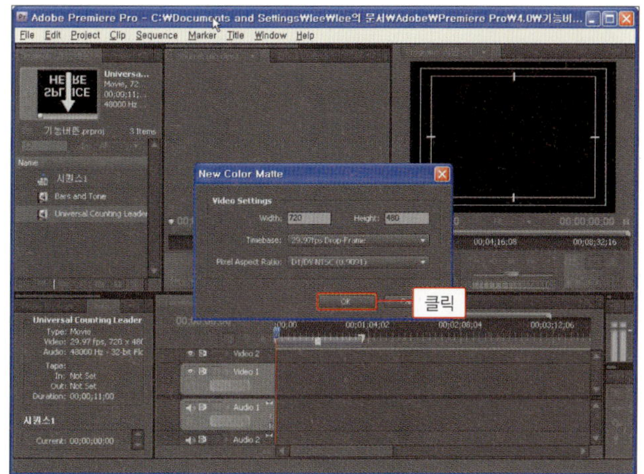

05 이번에는 [New Item]–[Color Matte]을 클릭하고 창이 나타나면 [OK] 버튼을 클릭합니다.

06 [Color Picker] 창이 나타나면 파란색(#2D04FB)을 선택하고 다시 [OK] 버튼을 클릭하면 [Choose Name] 창이 나타나는데 '색상'이라 입력한 후 [OK] 버튼을 클릭합니다.

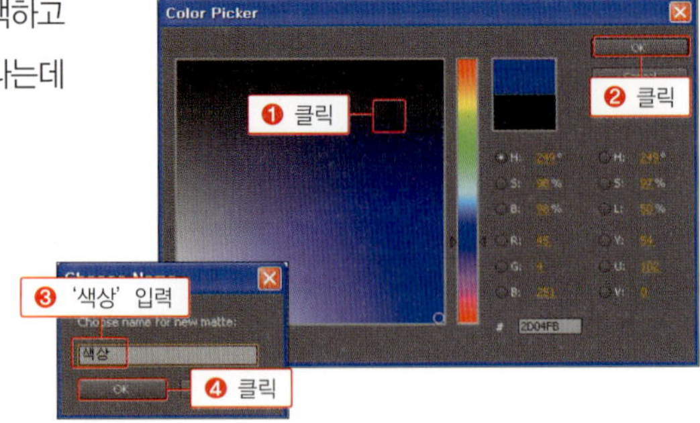

07 이번에는 [New Item]–[Title]을 클릭합니다. [New Title] 창이 나타나면 [Name]에 '프리미어'라 입력한 후 [OK] 버튼을 클릭합니다.

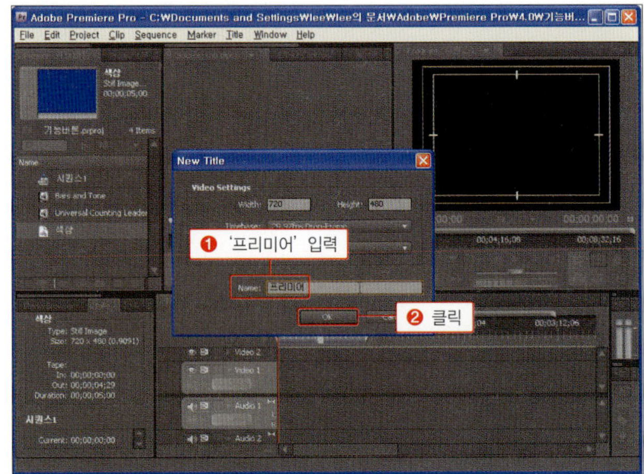

08 타이틀 창이 나타나면 오른쪽 [Title Tool] 패널에서 Type Tool 버튼을 클릭합니다. 편집 화면 안에 클릭 후 영문으로 'Premiere'를 입력한 후 타이틀 창을 닫아줍니다.

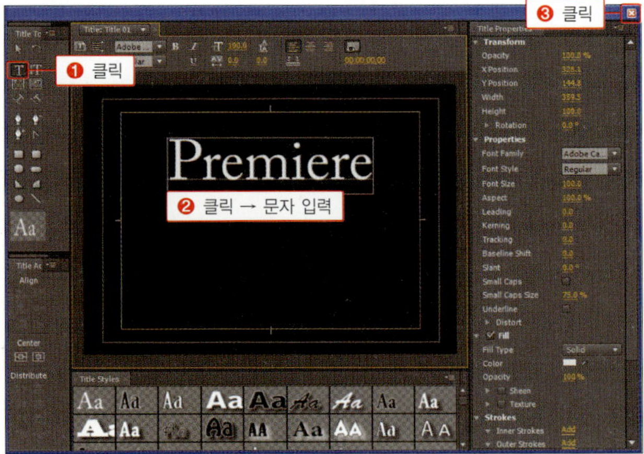

09 이번에는 [New Item]-[Offline File]을 클릭하고 창이 나타나면 [OK] 버튼을 클릭합니다.

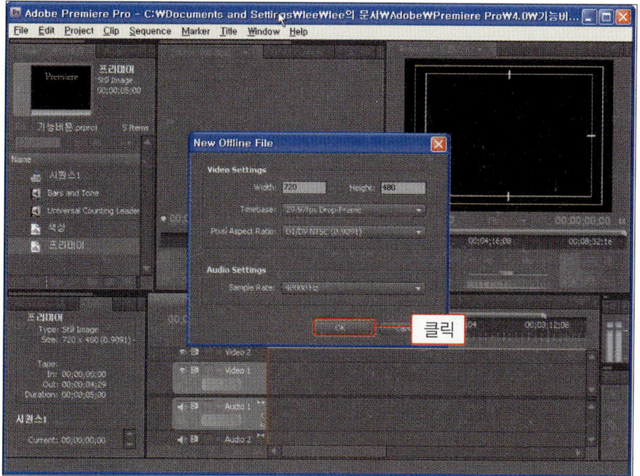

10 [Edit Offline File] 창이 나타나면 [File Name]에 '오프라인'을 입력하고 [OK] 버튼을 클릭합니다.

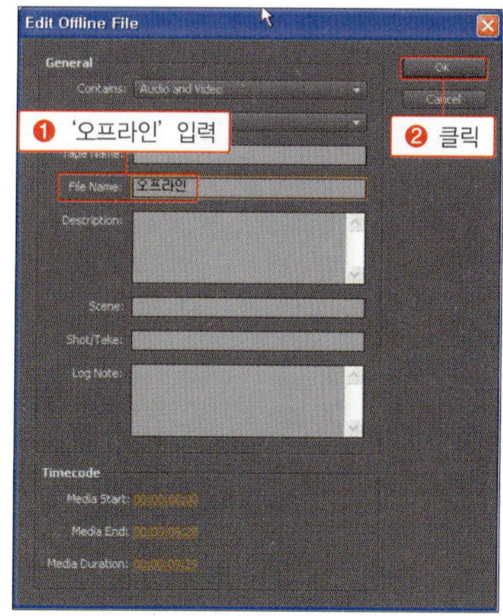

11 이번에는 [New Item]-[Transparent Video] 버튼을 클릭하여 창이 나타나면 [OK] 버튼을 클릭합니다.

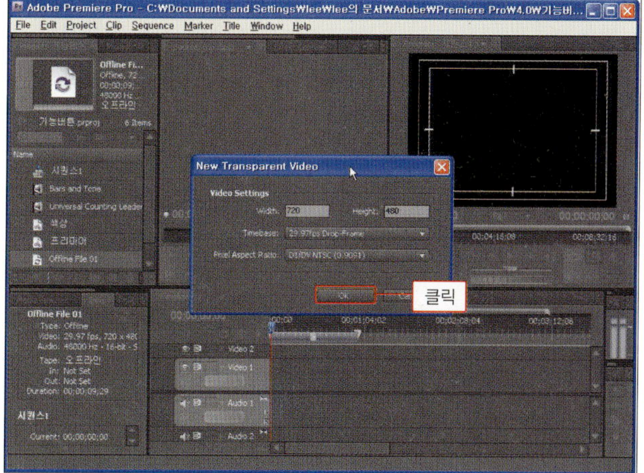

12 지금까지 만든 클립들을 [Timeline] 패널
의 Video1 채널에 'Bars and Tons',
'Universal Counting', '색상', '오프라인' 순서
대로 넣고, Video2 채널에 '색상' 클립 시작선에
맞게 '프리미어', 'Transparent Video'를 순서대
로 넣어 줍니다.

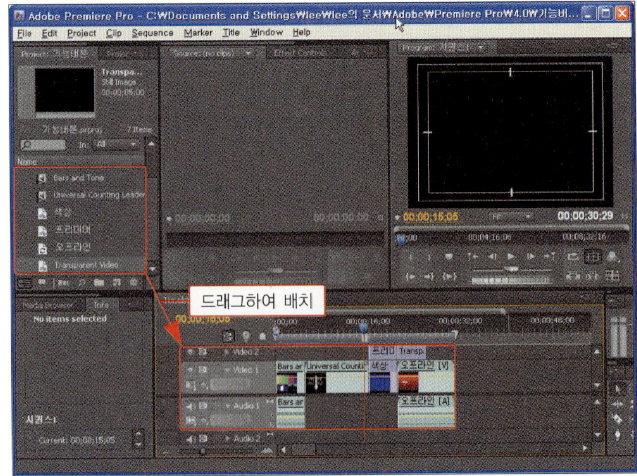

13 Video2 채널의 'Transparent Video'
클립을 Video1 채널의 끝부분까지 늘려
줍니다.

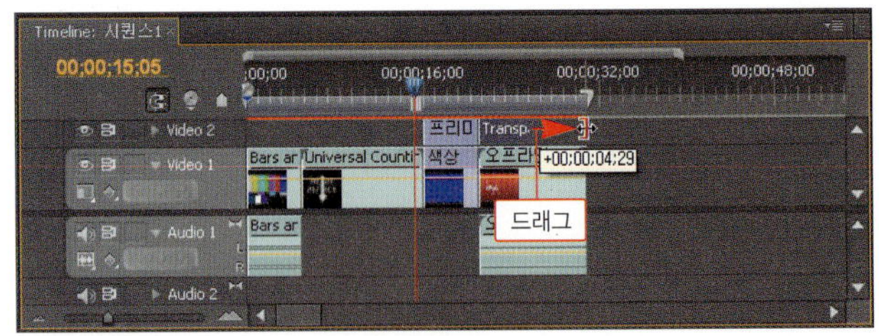

14 Video1 채널의 '오프라인' 클립을 선택
하고 마우스 오른쪽 버튼을 클릭한 후
[Link Media]를 클릭합니다.

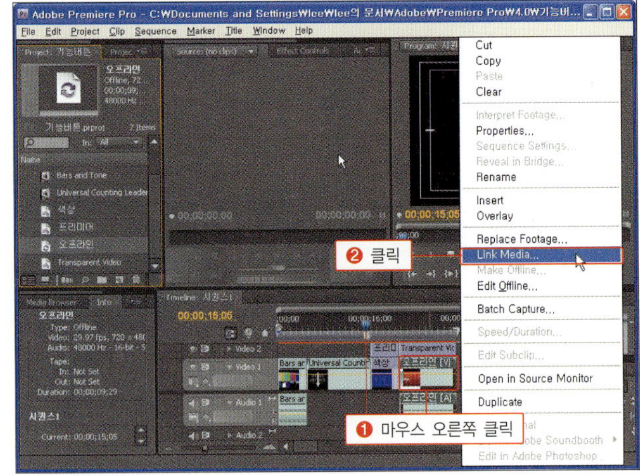

15 [Link Media] 창이 나타나면 '말.wmv'을 찾아 선
택하고 [OK] 버튼을 클릭합니다.

◉ 경로 : 예제파일\Part3\Ch1\말.wmv

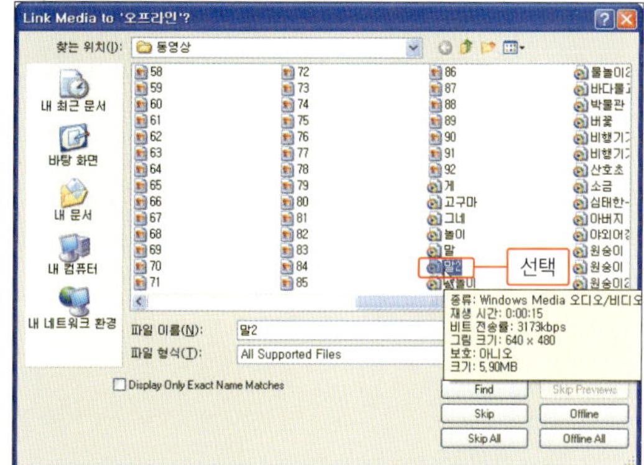

16 '오프라인' 클립이 다른 영상으로 전환되
는 것을 볼 수 있습니다.

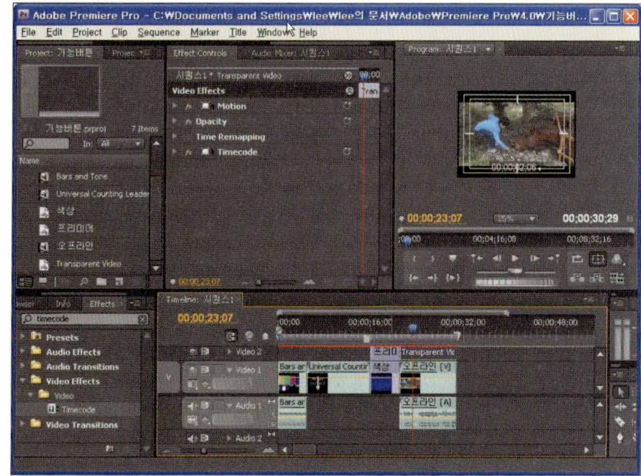

17 [New Item]-[Sequence]를 클릭하면 창이 나타나
는데 [Name]에 '시퀀스2'를 입력하고 [OK] 버튼
을 클릭합니다.

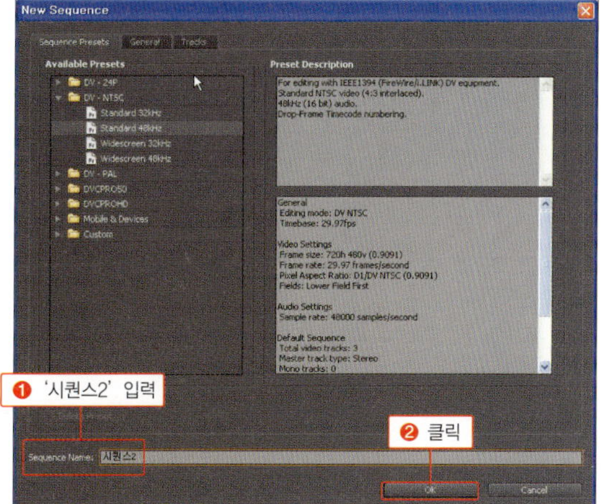

18 [Timeline] 패널에 [시퀀스2] 탭이 생기면 [Project] 패널의 '시퀀스1' 클립을 [Timeline]으로 드래그하고 Enter 키를 눌러 렌더링합니다.

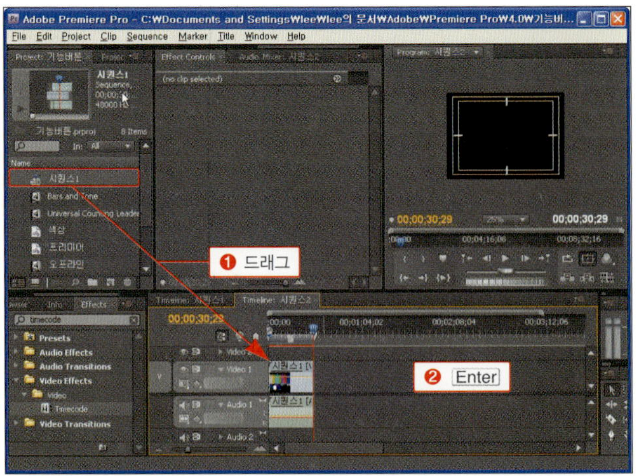

19 [File]–[Export]–[Media]를 클릭하면 [Export Settings] 창이 나타나는데 [Output] 탭으로 이동하여 [Format]은 'Windows Media'로 설정하고 [OK] 버튼을 클릭합니다.

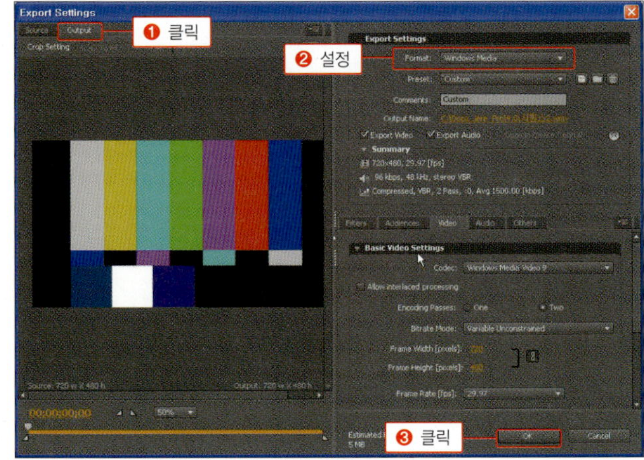

20 [Adobe Media Encoder]가 나타납니다. [Output File] 버튼을 아래의 경로를 더블클릭하여 저장될 영상의 이름을 '기능버튼'으로 입력 후 [저장] 버튼을 클릭, [Start Queue] 버튼을 클릭해 동영상을 추출합니다.

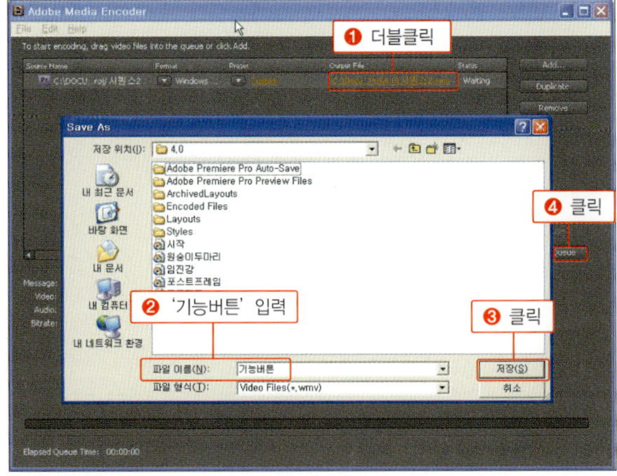

21 결과물을 확인합니다.

⊙ 경로 : 예제파일\Part3\Ch1\기능버튼.wmv

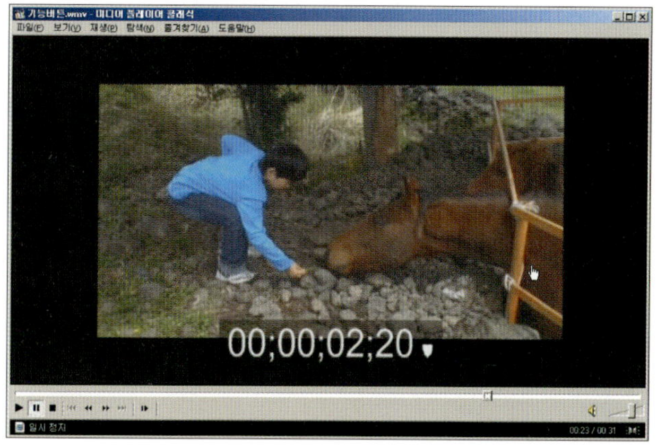

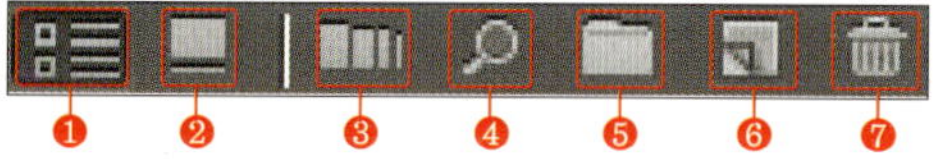

[Project] 패널의 기능 버튼과 New Item 버튼 살펴보기

기능 버튼

❶ **List View( )** : [Project] 패널의 클립들을 리스트 형식으로 표현하여 나타내며 각 클립들의 상세정보를 확인할 수 있습니다.

❷ **Icon View( )** : [Project] 패널의 클립들을 아이콘 형식으로 표현하며 클립의 이름, 시간, 포스터 프레임 형식으로 간단히 나타냅니다.

❸ **Automate To Sequence( )** : 여러 개의 클립들을 자동으로 편집하는 기능으로 초보자들이 빠르고 간단하게 만들 수 있습니다.

❹ **Find( )** : [Project] 패널에 많은 클립들의 검색에 세부적인 조건을 주어 원하는 클립을 쉽게 찾아줍니다.

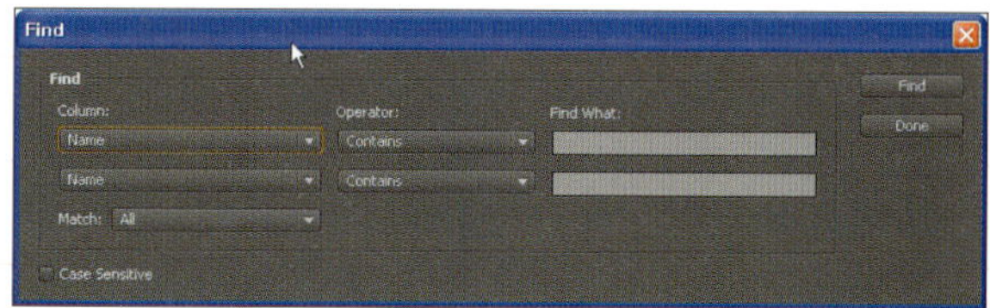

❺ New bin(▣) : 새로운 Bin을 생성합니다.

❻ New Item(▣) : 총 8개의 아이템이 들어 있는데, 아이템별로 각각의 특정 기능을 가지고 있습니다.

```
Sequence...
Offline File...
Title...
Bars and Tone...
Black Video...
Color Matte...
Universal Counting Leader...
Transparent Video...
```

ⓐ Sequence : 시퀀스를 새로 생성하여 작업자가 필요로 하는 환경의 시퀀스를 만들 수 있습니다.

ⓑ Offline File : 오프라인 파일을 미리 [Timeline] 패널에 위치시켜 놓고 원본 파일에 연결시킵니다.

ⓒ Tilte : 타이틀, 자막을 만듭니다.

ⓓ Bars and Tone : 방송을 시작하기 전에 나오는 컬러바 화면으로 화면 간의 색상을 확인합니다.

ⓔ Black Video : 트랙 상에 비어 있는 형태로 표현하는데 영역을 채워주는데 많이 사용합니다.

ⓕ Color Matte : 화면에 단순한 색상을 넣거나 선택한 부위에 색을 넣어줍니다.

ⓖ Universal Counting Leader : 화면이 시작하기 전에 카운터를 넣을 수 있는 영상을 만듭니다.

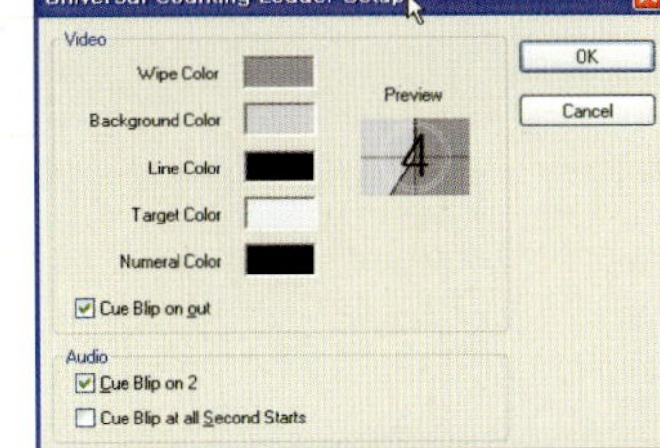

▲ Universal Counting Leader Setup

　• Wipe Color : 카운터되는 번호를 지우는 색상을 선택합니다.

　• Background Color : 배경 색상을 설정합니다.

　• Line Color : 4등분의 선의 색상을 선택합니다.

　• Target Color : 숫자 밖의 이중선의 색상을 선택합니다.

　• Numeral Color : 숫자의 색상을 선택합니다.

　• Cue Blip on out : 체크하면 화면 오른쪽 상단에 큐 표시가 보입니다.

　• Cue Blip on 2 : 거의 마지막 숫자 2가 나올 때 비프음이 발생합니다.

　• Cue Blip at all Second Starts : 모든 숫자에 비프음이 발생합니다.

ⓗ Transparent Video : 자체적인 이미지에 알파값의 효과를 적용시킵니다.

❼ Clear : 프로젝트 안의 필요 없는 클립들을 삭제합니다.

자동 기능(Automate To Sequence) 활용하기

오토 메이트 시퀀스는 초보자들이 이미지를 이용하여 보다 쉽게 영상을 쉽게 제작 할 경우
도와주는 기능입니다. 이 기능을 이용하여 영상을 제작해봅니다.

자동 기능을 이용한 뮤직비디오 만들기

01 '오토메이트시퀀스' 이름으로 프로젝트를
만들고, [Standard 48khz]의 '시퀀스1'
의 시퀀스를 생성합니다.

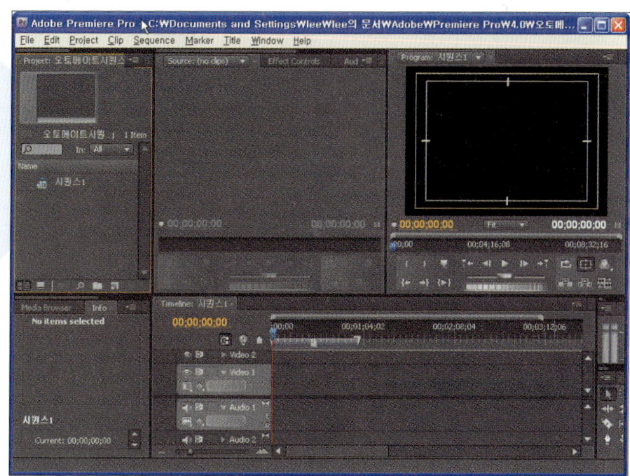

02 [Project] 패널의 빈 곳을 더블클릭하여 [Import] 창을 열어서 '1~60.jpg' 파일을 선택하고
[열기] 버튼을 클릭합니다. ◉ 경로 : 예제파일\Part3\Ch1\S04 폴더

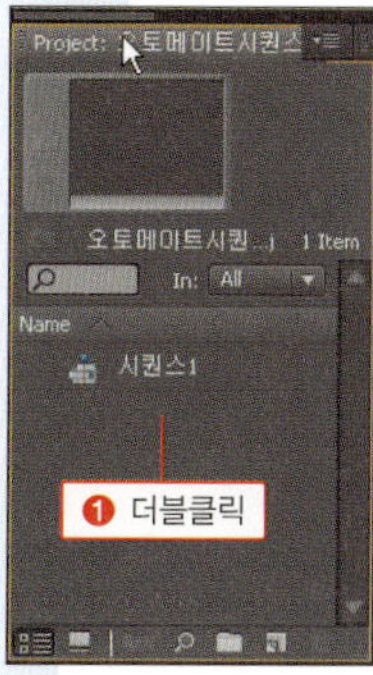

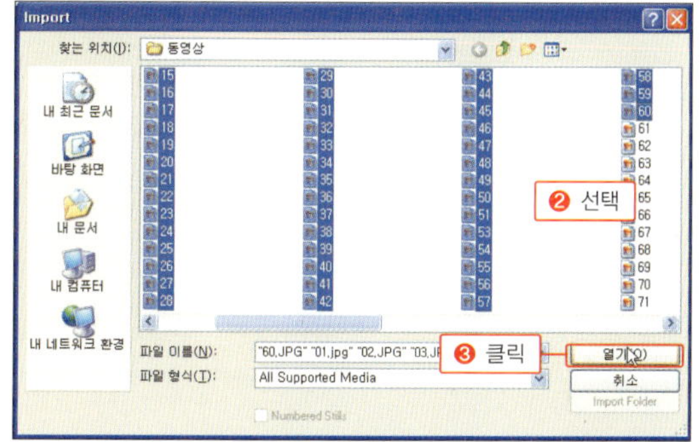

TIP
52.jpg는 없습니다.

03 [Project] 패널에서 '04, 09, 10, 15, 19, 25, 29' 클립만을 선택하고 [Automate To Sequence] 버튼을 클릭합니다.

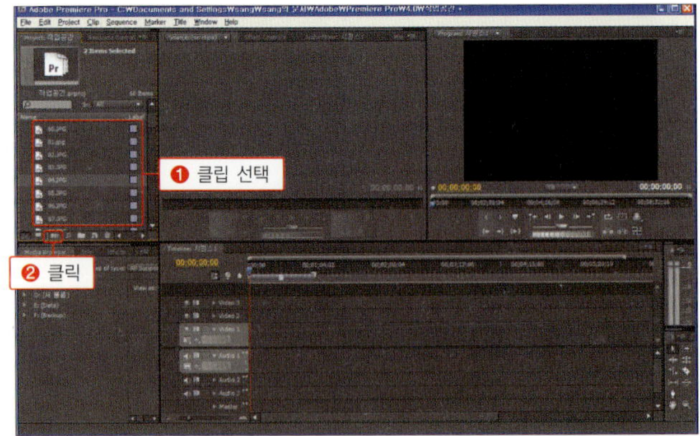

Level Up — 클립들을 아이콘 형식으로 크게 보기

[Project] 패널을 독립된 창으로 분리하고 [Icon View] 아이콘(▣)을 클릭하면 클립을 아이콘 형식으로 보고 뮤직비디오에 필요한 사진을 고를 수 있습니다.

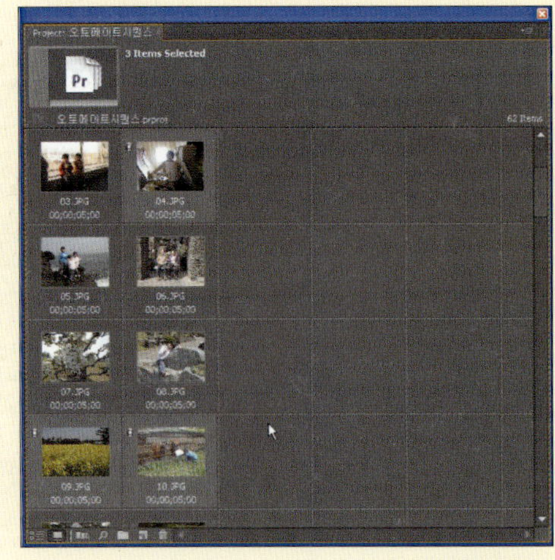

04 [Automate To Sequence] 창이 나타나면 [Ordering]은 'Selection Order', [Method]는 'Overlay Edit'로 변경하고 [OK] 버튼을 클릭합니다.

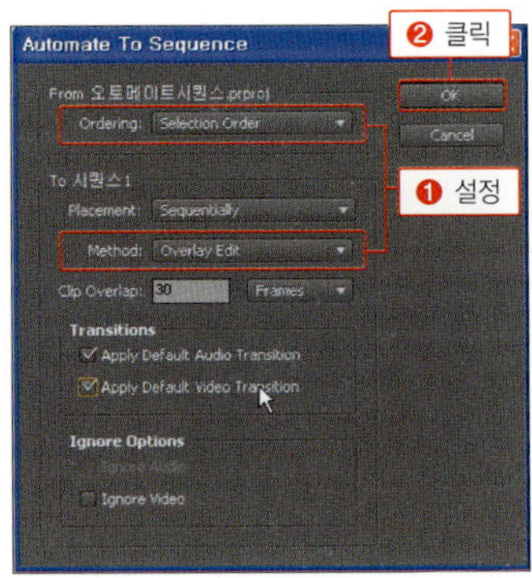

05 타임라인에 클립들이 배치되고 클립과 클립 사이에 트랜지션이 들어 있는 것을 볼 수 있습니다. '엄마야누나야.wav'를 불러와 [Timeline] 패널의 Audio1 트랙에 배치합니다.

◉ 경로 : 예제파일\Part 3\Ch1\엄마야누나야.wav

06 편집 기준선을 비디오 트랙의 마지막에 위치시켜 놓고 Ctrl + K 를 눌러 오디오 트랙의 큰 부분을 자르고 남은 부분을 선택하여 지워 줍니다.

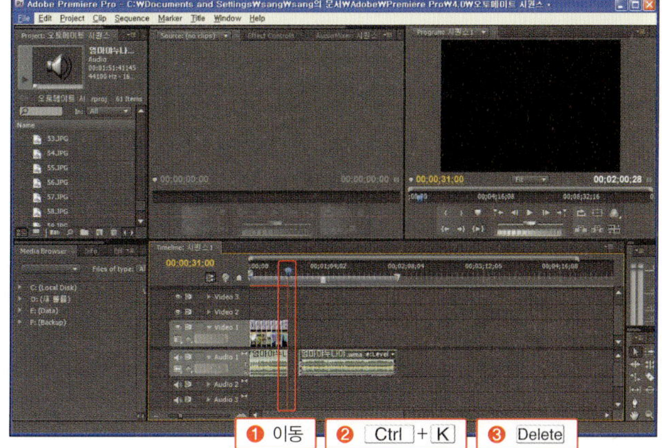

07 [Project] 패널에서 [New Item]–[Title]을 클릭하여 타이틀 창이 열리면 [Name]에 '자막'이라 입력 후 [OK] 버튼을 클릭합니다.

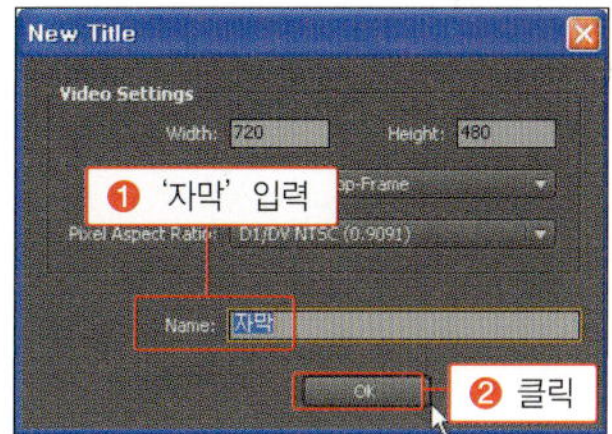

08 타이틀 창이 열리면 왼쪽의 Type Tool(T)을 선택해 화면의 오른쪽 상단에 클릭하고 '나의 제주도 여행기'라고 입력합니다. 자막 내용을 블록 지정하고 [글꼴]을 'Expo M'로 설정합니다.

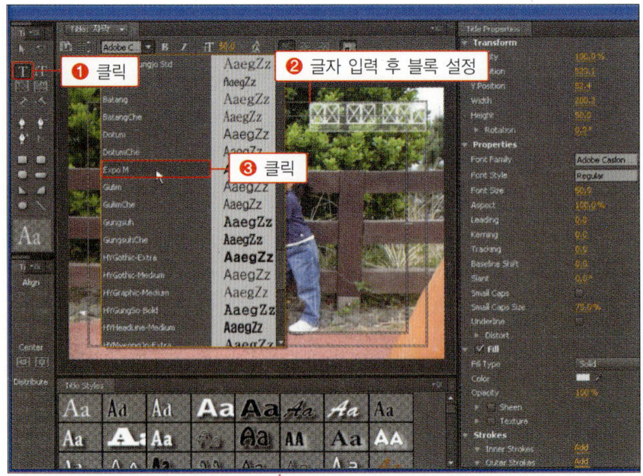

09 오른쪽의 속성 패널에서 [Font Size]는 '50', [Fill]-[Color]는 '흰색'으로 설정하여 글자 크기과 색상을 변경하고 타이틀 창을 닫습니다.

10 [Project] 패널에 '자막'이 클립으로 들어와 있는데 [Timeline] 패널의 Vedio2 트랙의 가장 앞에 배치시키고 자막의 크기를 가장 마지막 클립의 크기에 맞게 늘려줍니다.

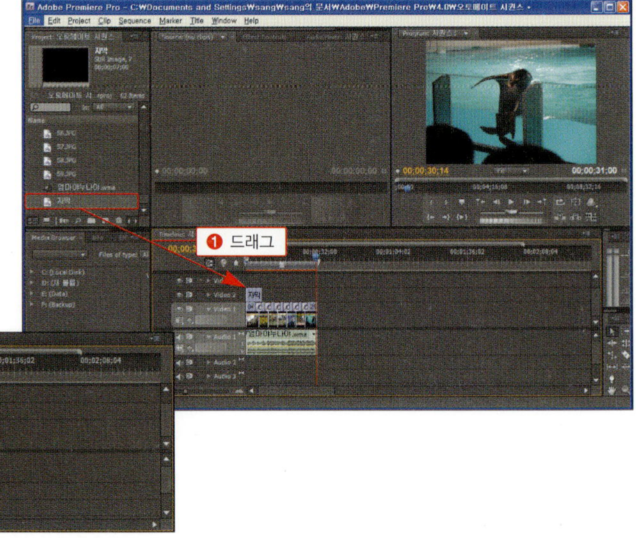

11 Enter 키를 눌러 렌더링합니다.

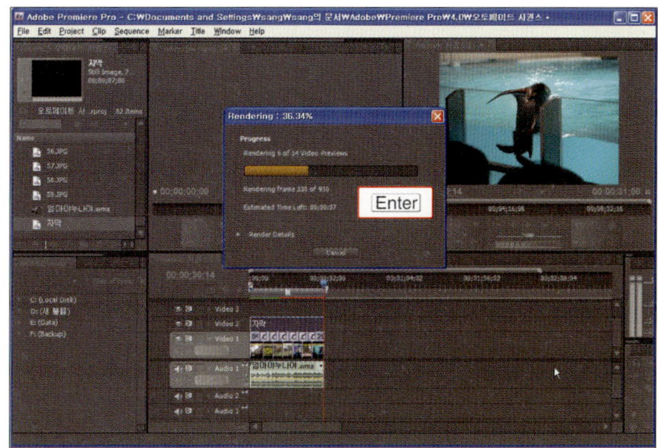

12 [File]-[Export]-[Media]를 클릭하면 [Export Settings] 창이 나타나는데 [Output] 탭으로 이동하고 [Format]은 'Windows Media'로 설정한 후 [OK] 버튼을 클릭합니다.

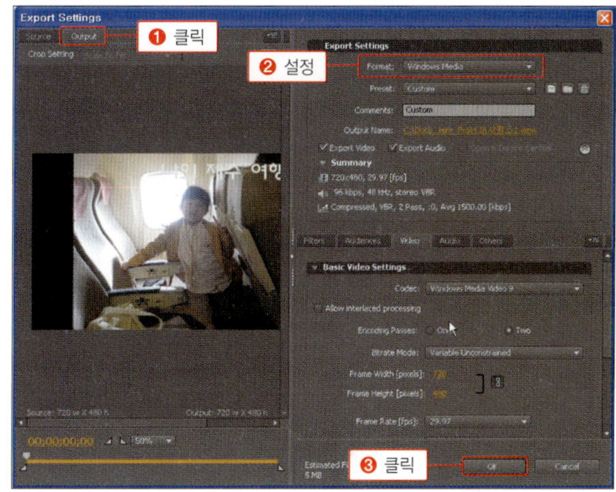

13 [Adobe Media Encoder]가 나타나면 [Output File]을 아래의 경로를 더블클릭하여 저장될 영상의 이름을 '오토메이트시퀀스'로 입력하고 [저장] 버튼을 클릭한 후, [Start Queue] 버튼을 클릭해 결과물의 동영상을 추출합니다.

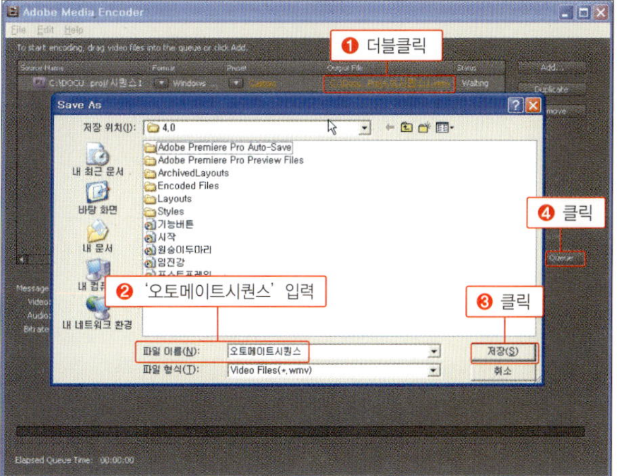

14 결과물을 확인합니다.

⊙ 경로 : 예제파일\Part3\Ch1\오토메이트시퀀스
.wmv

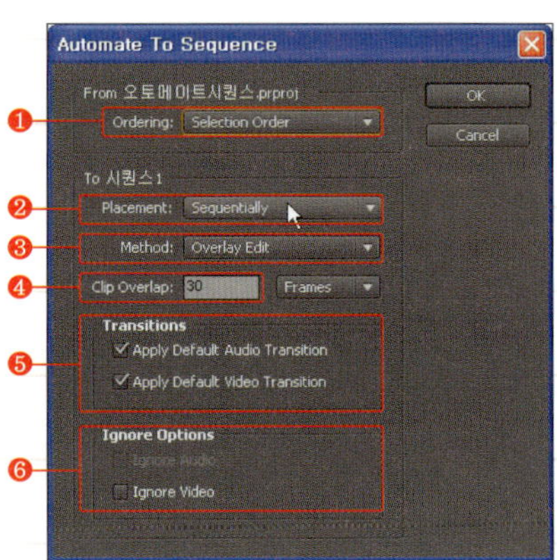

[Automate To Sequence] 기능 살펴보기

이것만은 알아두세인!

[Automate To Sequence] 창을 살펴봅니다.

❶ Ordering : 시퀀스에 배치되는 순서를 지정합니다.

　ⓐ Sort Order : [Project] 패널에 정렬된 순서대로 배치됩니다.

　ⓑ Selection Order : 사용자가 선택한 순서대로 배치됩니다.

❷ Placement : 시퀀스에 배치되는 방식을 지정합니다.

　ⓐ Sequentially : 기본적인 방식으로, 지정된 순서대로 배치됩니다.

　ⓑ At Unnumbered Markers : 타임라인에 배치된 마커들의 순서대로 배치됩니다.

❸ Method : 편집 기준신에서 클립들의 삽입 방식, 넓어쓰기 방식을 지정합니다.

　ⓐ Insert Edit : 편집 기준선을 중심으로 클립들이 삽입됩니다.

　ⓑ Overlay Edit : 편집 기준선을 중심으로 클립들이 덮어쓰기로 삽입됩니다.

❹ Clip Overlay : 오버랩이 되는 시간을 설정합니다.

❺ Transitions : 기본적으로 지정되어 있는 트랜지션 사용 여부를 선택합니다.

❻ Ignore Options : 체크된 트랙은 제외되고 배치됩니다.

[Project] 패널에서 클립 크기 조절하고 클립 검색하기

[Project] 패널의 [View]와 [Find] 기능을 알아봅니다. [View]를 이용한 클립들의 검색과
[Find]를 이용한 클립들의 검색방법을 이용해 봅니다.

View와 Find를 이용하여 검색하기

01 '클립형태' 이름으로 프로젝트를 만들고,
[Standard 48kHz]의 '시퀀스1' 의 시퀀
스를 생성합니다.

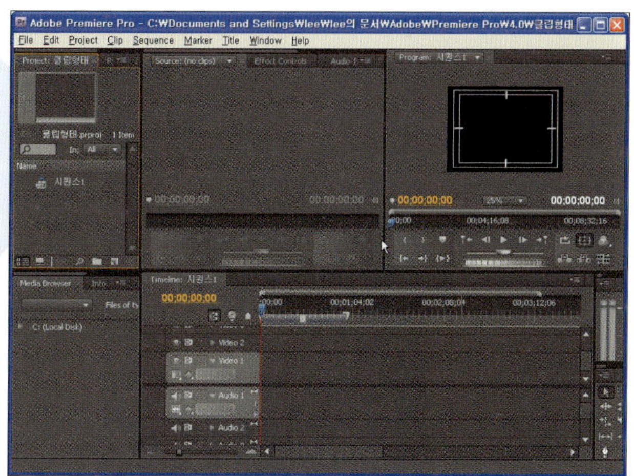

02 [Project] 패널의 빈 곳을 더블클릭하여 [Import] 창
을 열어서 '88~92.jpg', '게, 고구마, 그네, 놀이,
말, 말2, 물놀이.wmv' 파일을 선택하고 [열기] 버튼을 클릭합
니다.

◉ 경로 : 예제파일\Part3\Ch1\S05 폴더

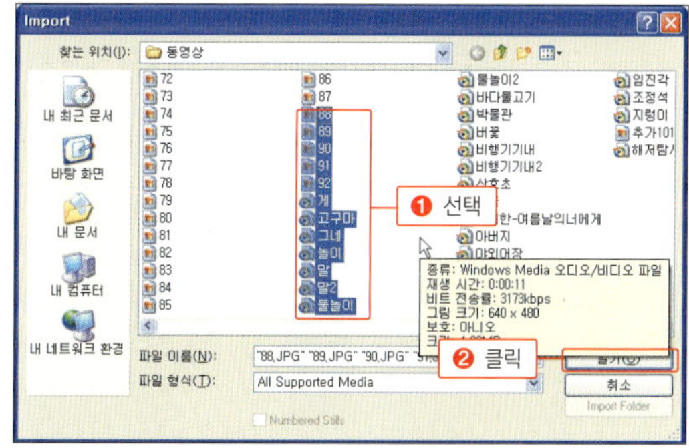

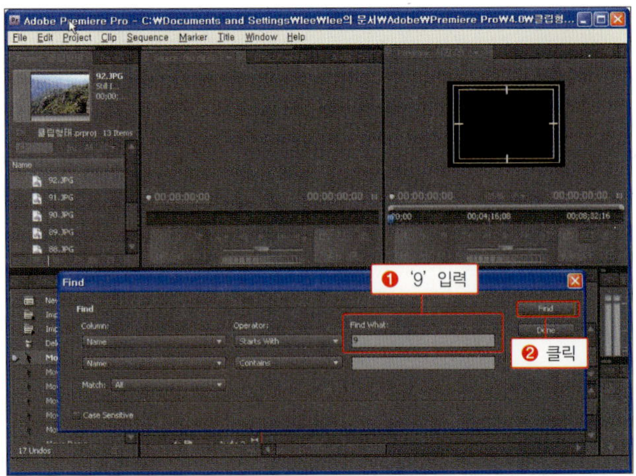

03 [Project] 패널에서 Find(🔍) 버튼을 클릭합니다. [Find What]에 '9'라 입력하고 [Find] 버튼을 클릭하면 [Project] 패널에서 '9'가 들어가는 클립들이 우선 순위로 보여집니다.

[Project] 패널의 View와 Find 기능 살펴보기

[Project] 패널의 패널 메뉴에서 View, Find 기능을 이용하여 클립을 빠르게 찾아 효율적으로 배치하여 작업할 수 있습니다.

① View 기능 : [Project] 패널의 클립들의 보기 상태를 여러 가지 방식으로 보여줍니다.

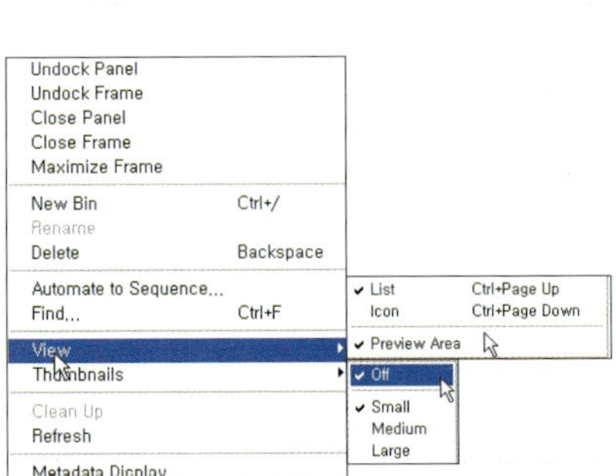

ⓐ View
- List : 클립들을 목록 형태로 보여줍니다.
- Icon : 클립들을 아이콘 형태로 보여줍니다.
- Preview Area : 체크되어 있으면 클립들의 미리보기 창이 나타납니다.

ⓑ Thumbnails
- Off : 클립의 썸네일을 표시하지 않습니다.
- Small, Medium, Large : 썸네일의 크기를 작게, 중간 크기, 크게 보여줍니다.

② Find : 많은 클립들을 알맞은 조건에 맞게 검색하여 활용할 수 있는 기능입니다.

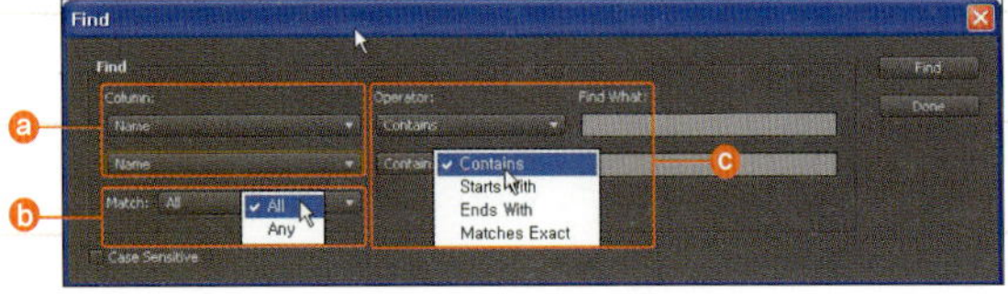

ⓐ Column : 클립을 검색 조건에 맞게 찾아 주어 보다 빠르게 검색할 수 있습니다.

- Name : 클립의 이름
- Label : 색상으로 클립 구별
- Media Type : 클립의 종류
- Frame Rate : 영상과 시퀀스의 프레임 비율
- Media Start : 시작 프레임
- Media End : 마지막 프레임
- Media Duration : 프레임간의 지속 시간
- Video In Point : 비디오의 인 점
- Video Out Point : 비디오의 아웃 점
- Video Duration : 비디오의 지속 시간
- Audio In Point : 오디오의 인 점
- Audio Out Point : 오디오의 아웃 점
- Audio Duration : 오디오의 지속 시간
- Video Info : 비디오의 정보(프레임 크기, 종횡비, 알파 정보)
- Audio Info : 오디오의 정보(레이트율, 비트값, 채널 정보)
- Video Usage : 비디오 사용 정보
- Audio Usage : 오디오 사용 정보
- Tape Name : 클립의 테이프 이름
- Description : 캡처 패널의 설명
- Comment : 주석
- Log Note : 캡처 시 주석필드 내용
- Media File path : 클립의 위치 정보
- Capture Settings : 캡처 세팅의 포함 여부를 표시
- Status : 클립의 온 · 오프 상태 표시
- Offline Properties : 오프라인 클립의 속성정보
- Scene : 캡처 패널의 장면 번호와 내용 등을 표시
- Clinet : 클라이언트의 정보 표시
- Good : 클립 상태을 체크 표시

ⓑ Match

- All : 모든 조건에 만족
- Any : 일부분의 조건에만 만족해도 가능

ⓒ Operator

- Contains : [Find What]의 검색어를 모두 검색합니다.
- Starts With : 첫 어절만 같아도 검색합니다.
- End With : 마지막 어절만 같아도 검색합니다.
- Matches Exact : 검색어와 일치하는 것만 검색합니다.

[Source] 모니터 패널의 기능 익히고 활용하기

[Source] 모니터 패널은 클립들이 편집되는 [Timeline] 패널에 가기 전 클립들을 [Source] 모니터 패널로 이동시켜 놓고 필요한 편집 작업을 하여 [Timeline] 패널에서 쉬운 편집이 가능하도록 하는 패널입니다. [Timeline] 패널로 이동하기 전에 [Source] 모니터 패널에서 확인하고 작업하는 습관을 기르세요.

CHAPTER 02

SECTION 01 [Source] 모니터 패널로 클립 조절하기 | SECTION 02 조절기 기능과 Output 기능 활용하기 | SECTION 03 [Source] 모니터 패널의 옵션 기능 사용하기 | SECTION 04 멀티 카메라로 영상 편집하기

[Source] 모니터 패널로 **클립 조절**하기

[Source] 모니터 패널을 이용하여 비디오의 필요한 영상 부분만을 골라
[Timeline] 패널로 이동하는 방법을 배워봅니다.

[Source] 모니터로 클립 조절하기

01 '소스모니터' 이름으로 프로젝트를 만들고, [Widescreen 48khz]의 '시퀀스1'의 시퀀스를 생성합니다.

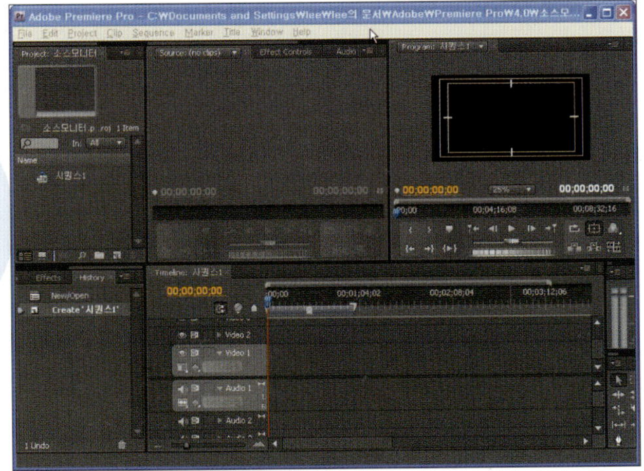

02 [Project] 패널의 빈 곳에 더블클릭하여 [Import] 창을 열어서 '17, 18, 19.jpg'와 '바다물고기, 산호초.wmv' 파일을 선택하고 [열기] 버튼을 클릭합니다.

◉ 경로 : 예제파일\Part3\Ch2\S01 폴더

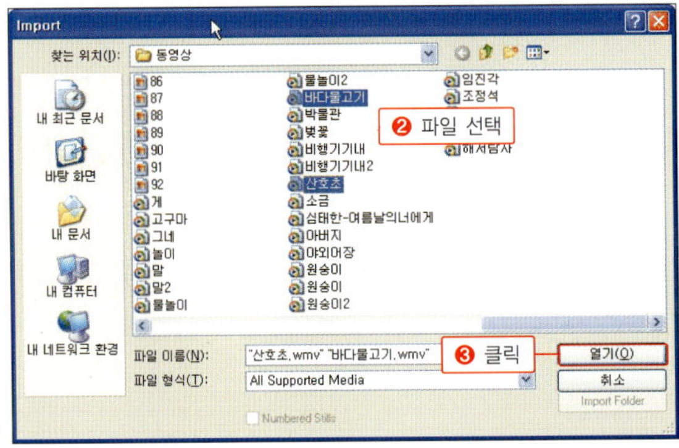

03 [Project] 패널에서 전체 클립을 선택한 다음 선택한 클립 위에서 마우스 오른쪽 버튼을 클릭하여 [Open in Source Monitor]를 클릭합니다.

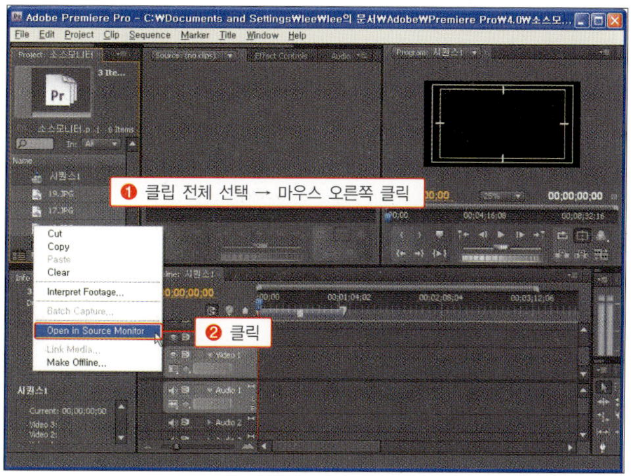

04 [Source] 모니터 패널의 선택 옵션 메뉴를 클릭하여 나타나는 메뉴 중에 'Source: 19.jpg'를 클릭하여 선택합니다.

TIP

선택 옵션 메뉴를 사용하면 [Source] 모니터 패널에서 클립의 위치를 빠르게 이동할 수 있습니다.

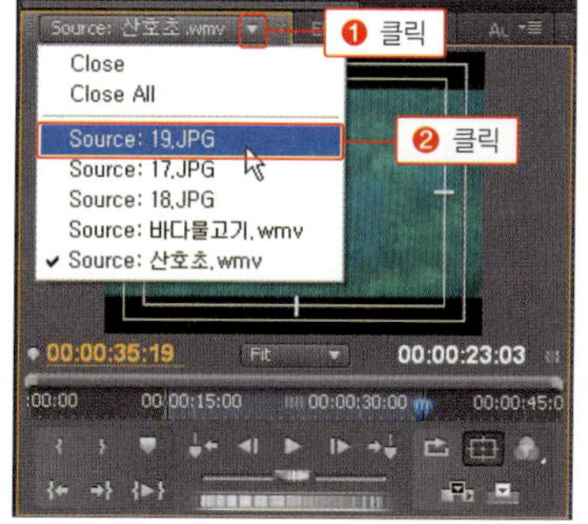

05 [Source] 모니터 패널의 모니터 안의 클립을 [Timeline] 패널로 드래그합니다.

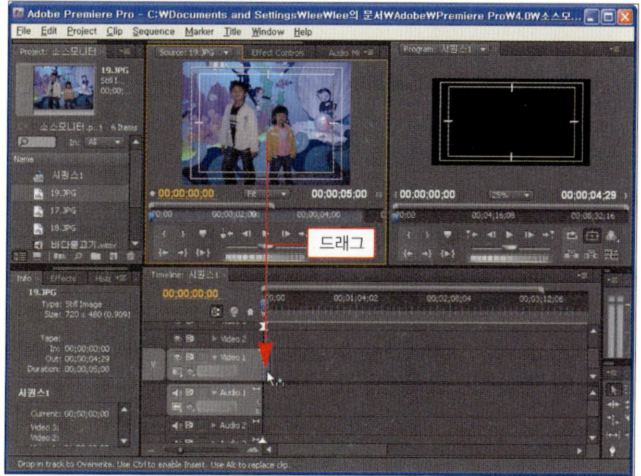

06 [Source] 모니터 패널의 선택 옵션 메뉴를 클릭하여 'Source: 17.jpg'를 선택하고 모니터 안의 클립을 [Timeline] 패널로 드래그합니다.

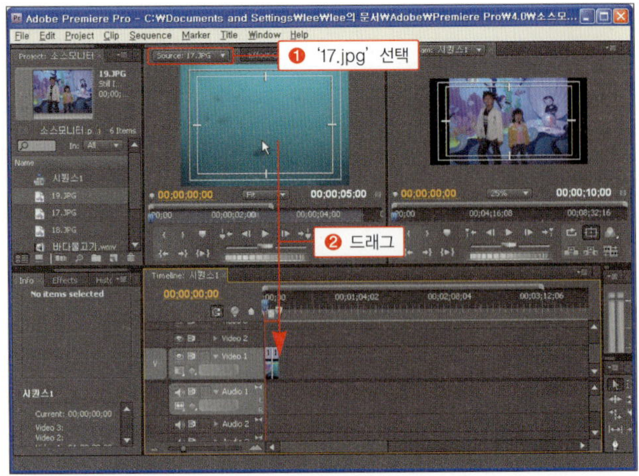

07 [Source] 모니터 패널의 선택 옵션 메뉴를 클릭하여 'Source: 산호초.wmv'를 선택하고 타임코드를 클릭한 후 '10.00'을 입력해 '00;00;10;00'으로 변경한 후 Set In Point( ) 버튼을 클릭합니다.

TIP

필요한 부분만을 찾기 위해서 Set In Point( )와 Set out Point( )를 사용합니다.

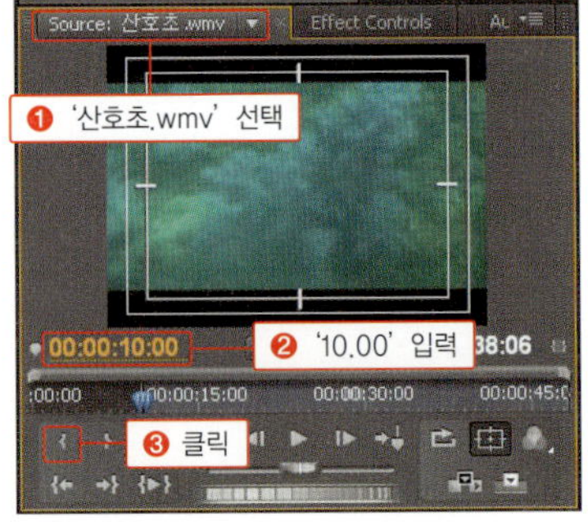

08 [Source] 모니터 패널의 타임코드에 '15.00'을 넣어 '00;00;15;00'으로 변경한 후 Set Out Point( ) 버튼을 클릭합니다.

09 [Timeline] 패널의 편집 기준선을 클립의
마지막에 맞추어 놓고 [Source] 모니터
패널의 Insert(버튼) 버튼을 클릭합니다.

TIP
소스 모니터의 클립을 그대로 드래그하면 전부 이동
하지만, Set point를 지정하고 Insert(버튼) 버튼을
이용하면 원하는 부분만을 가져올 수 있습니다.

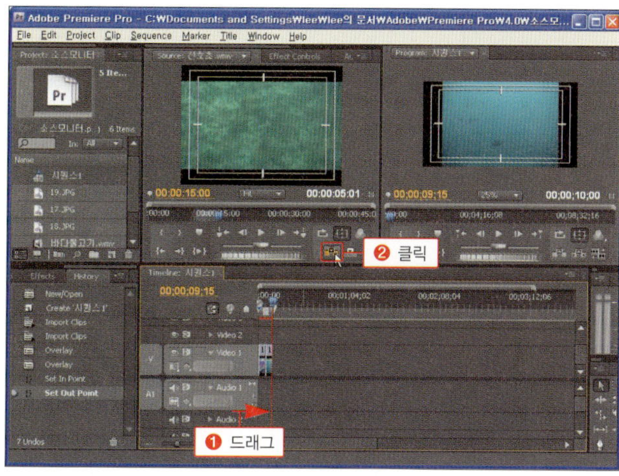

10 [Source] 모니터 패널의 선택 옵션 메뉴
를 클릭하여 'Source: 바다물고기.wmv'
를 선택하고 타임코드를 클릭한 후 '00;00;09;00'
로 변경하고 Set In Point(버튼)를 클릭합니다.

11 '00;00;10;15'으로 변경한 후 Set Out
Point(버튼) 버튼을 클릭하고 Insert(버튼)
버튼을 클릭합니다.

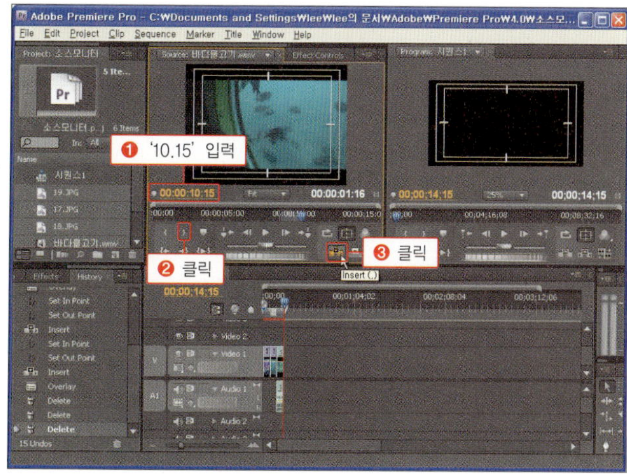

12 [Source] 모니터 패널의 선택 옵션 메뉴를 클릭하여 'Source: 18.jpg'를 선택하고 [Timeline] 패널로 클립을 드래그 한 후 ⌒키를 2번 누릅니다.

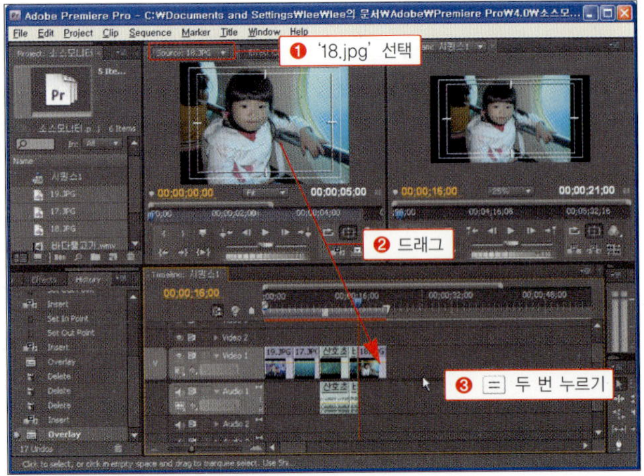

13 [Timeline] 패널의 '18' 클립을 선택하고 클립의 오른쪽에서 왼쪽으로 타임라인의 시간을 보면서 1초가 남을 때까지 드래그합니다.

TIP

동영상을 타임라인에 드래그하면 그 영상의 길이만큼 시간을 채우지만, 이미지는 타임라인에 드래그하면 기본설정 5초를 줍니다. 그래서, 이미지는 5초 동안 정지된 영상을 봅니다. 물론, 기본 설정 옵션에서 시간은 변경할 수 있습니다.

14 [Timeline] 패널에서 오디오만 지우기 위해 '산호초'와 '바다물고기'를 각각 선택한 후, 마우스 오른쪽 버튼을 클릭하여 메뉴에서 [Unlink]를 클릭합니다.

TIP

동영상은 영상과 음성의 결합입니다. 타임라인에서는 영상과 음성을 분리하기 위해 [Unlink]를 클릭하면 비디오와 오디오를 따로 선택할 수 있게 해줍니다.

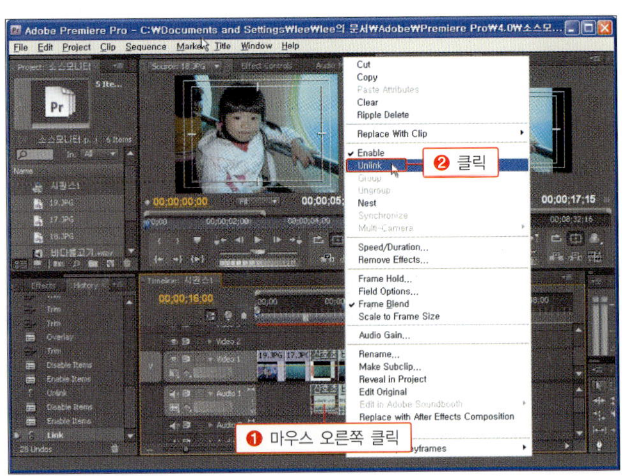

15 [Timeline] 패널의 Audio1 클립을 선택하고 Delete 키를 눌러 지워줍니다. [Effects] 패널로 이동하여 [Video Transitions]–[Dissolve]–[Cross Dissolve]를 선택하여 클립과 클립 사이 전체에 끼워 넣어 줍니다.

TIP

비디오 트랜지션(화면 전환) 기본은 [Cross Dissolve]입니다. 이 트랜지션은 앞 장면과 뒷 장면의 부드러운 전환에 가장 많이 사용됩니다.

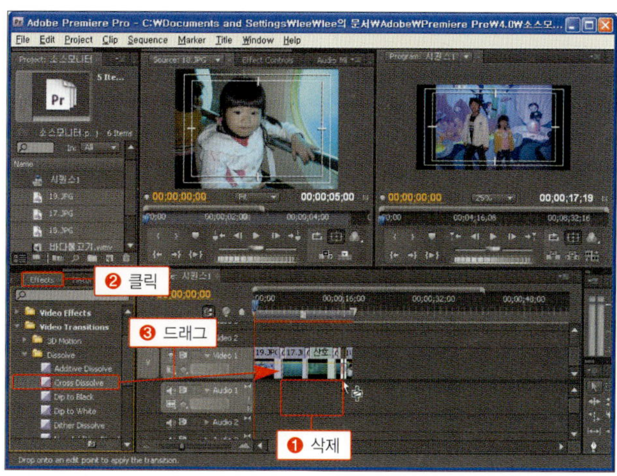

16 [Source] 모니터 패널의 선택 옵션 메뉴에서 'Close All'을 선택하면 [Source] 모니터 패널의 모든 클립이 닫힙니다.

TIP

'Close'를 선택하면 화면에 보이는 클립만 닫히지만, 'Close All'를 선택하면 클립 전부가 닫힙니다.

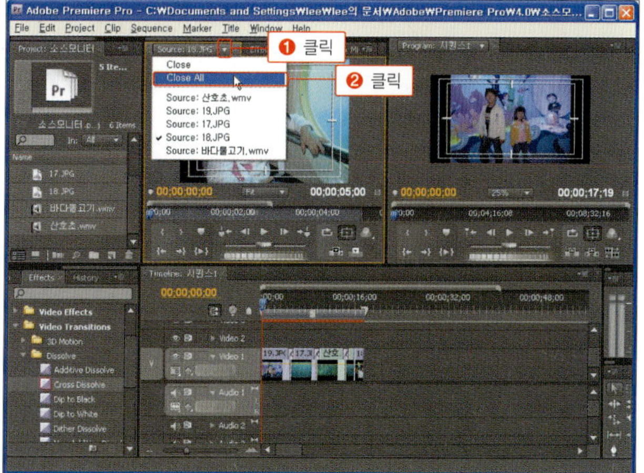

[Source] 모니터 패널로 클립 이동하고 닫기

[Source] 모니터 패널을 이용하여 클립을 미리 열어 보면서 필요한 부분을 찾거나 타임라인에 클립들이 들어 가기 전에 클립을 어떻게 배치할 것인지를 생각할 수 있게 해줍니다.

1. [Project] 패널에서 [Source] 모니터 패널로 클립 이동하기

❶ 더블클릭 : [Project] 패널 안의 클립을 더블클릭하면 [Source] 모니터 패널로 바로 이동합니다.

❷ Open in Source Monitor : [Project] 패널의 클립을 선택하고 마우스 오른쪽 버튼을 클릭해 [Open in Source Monitor]를 선택하면 [Source] 모니터 패널로 이동하게 됩니다. 여러 개를 한꺼번에 이동할 수 있습니다.

❸ 드래그 앤 드롭 : [Project] 패널의 클립을 선택하고 마우스로 [Source] 모니터 패널로 드래그하면 클립들이 이동합니다. 마찬가지로, 여러 개를 선택하고 드래그하면 한번에 이동할 수 있습니다.

2. [Source] 모니터 패널에서 다른 클립을 나타내기

클립 선택 메뉴에서 나열되어 있는 메뉴 중에 체크되어 있는 메뉴는 [Source] 모니터 패널에 보이는 클립이고, 체크되어 있지 않은 클립 중 원하는 클립을 선택하면 내용이 변경됩니다.

3. [Source] 모니터 패널에서 클립 내용 지우기

❶ Close : [Source] 모니터 패널에서 선택된 클립이 지워집니다.

❷ Close All : [Source] 모니터 패널에서 모든 클립들이 지워집니다.

조절기 기능과
Output 기능 활용하기

소스 모니터 조절기의 기능과 마커를 이용한 영상제작기법, Output 기능을 알아봅니다.

01   마커를 이용한 영상 편집하기

01 '소스 모니터2' 이름으로 프로젝트를 만들고, [Widescreen 48kHz]의 'Sequence 02'의 시퀀스를 생성합니다.

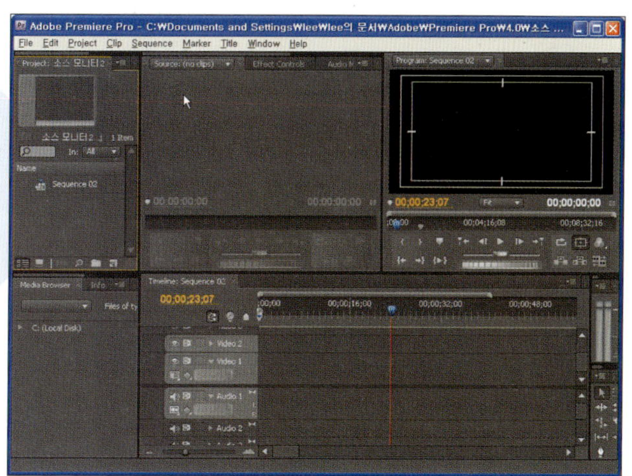

02 [Project] 패널의 빈 곳을 더블클릭하여 [Import] 창을 열어서 '벚꽃.wmv' 파일을 선택하고

[열기] 버튼을 클릭합니다. ◉ 경로 : 예제파일\Part3\Ch2\벚꽃.wmv

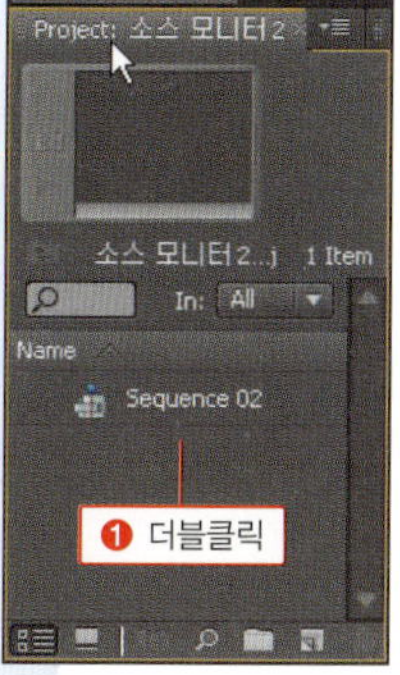

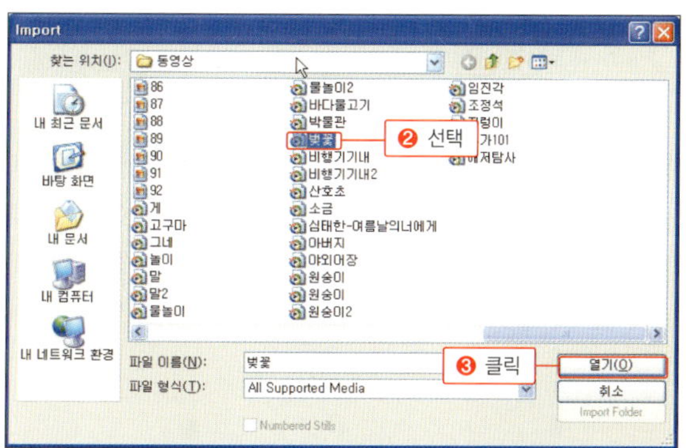

03 [Project] 패널 안의 '벚꽃.wmv' 클립을
더블클릭하여 [Source] 모니터 패널로
이동시켜 놓은 후 Space Bar 키를 눌러 전체 화면
의 내용을 살펴봅니다.

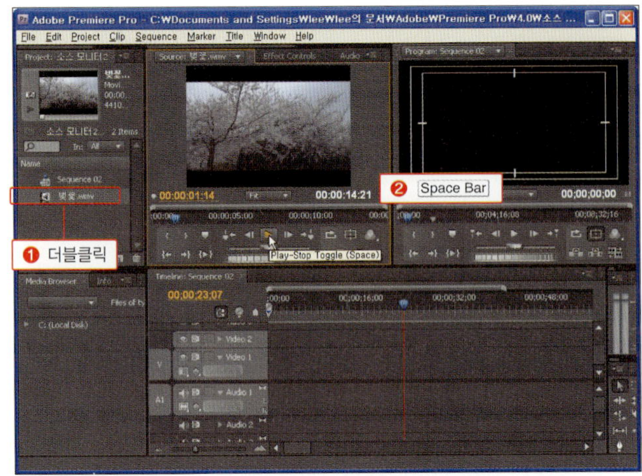

04 키보드에서 Space Bar 키를 눌러 영상을 진행킵니다. 진행 중 키보드
의 * 키를 진행 중인 화면에서 4번을 눌러주면 마커가 표시됩니다.

TIP

진행 중인 상태에서 특징적인 영상이 나오면 마커로 표시해 둡니다. 위의 마커 표시
는 시간에 상관없이 크게 4등분으로 구분하여 임의적으로 표시하세요.
혹, 마커를 잘못 표시하였을 경우 마커 위에 편집 기준선을 위치시킨 후 마우스 오
른쪽 버튼을 클릭합니다. 마커 메뉴가 나오면 [Clear Clip Marker]-[Current
Marker]를 클릭하면 마커가 지워집니다.

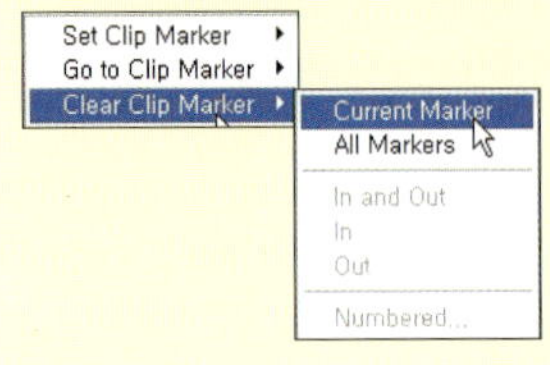

05 [Source] 모니터 패널의 Go to Previous Marker(⏮)를 4번 클릭
하여 맨 처음 마커가 표시된 프레임으로 이동합니다.

06 [Source] 모니터 패널의 Set In Point( ) 버튼을 클릭해 영역을 지정하고, Go to Next Marker( ) 버튼을 3번 클릭하여 마지막 마커로 이동합니다.

07 [Source] 모니터 패널의 Set Out Point( ) 버튼을 클릭해 바깥 영역을 지정하고, Play In to Out( ) 버튼을 클릭해 영역으로 지정된 부분만의 영상을 재생합니다.

08 마우스를 [Source] 모니터 패널의 영역 부분에 가져다 놓고, 마우스 오른쪽 버튼을 클릭하여 [Clear Clip Marker]-[All Markers]를 선택하여 전체 마커를 지웁니다.

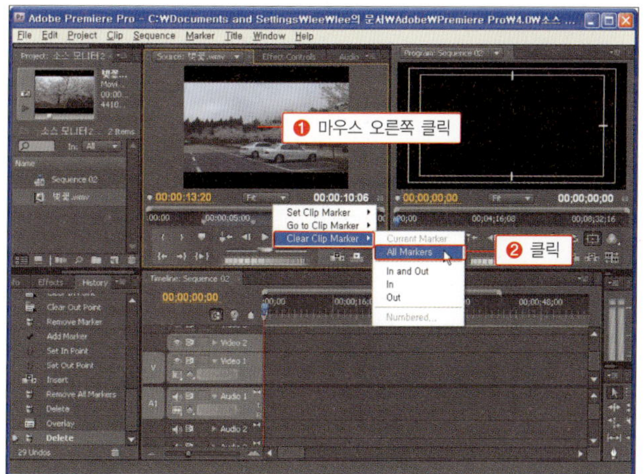

09 [Source] 모니터 패널의 Insert( ) 버튼을 클릭하여 [Timeline] 패널에 편집된 영상을 이동시켜 놓습니다.

TIP

마커가 표시된 영상을 그대로 가져오면 [Timeline] 패널에서 마커가 표시된 영상이 보입니다.

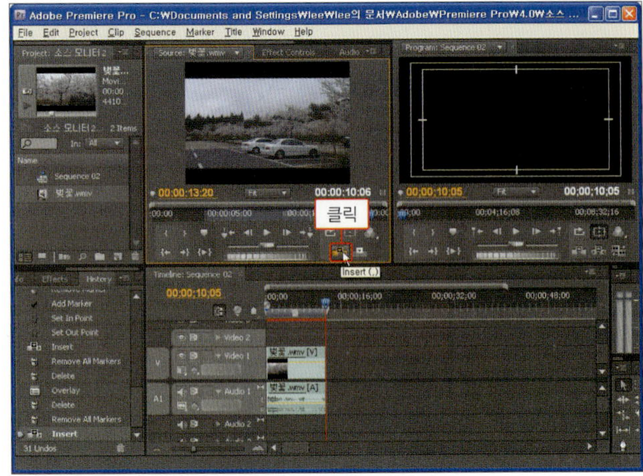

02 Output 기능과 화면 보정하기

어두워서 잘 보이지 않는 영상을 [Output] 기능을 이용하여 밝은 영상으로 변경시켜 줍니다.

01 [Project] 패널의 빈 곳을 더블클릭하여 [Import] 창을 열어서 '게.wmv' 파일을 선택하고 [열기] 버튼을 클릭합니다.

◉ 경로 : 예제파일\Part3\Ch2\게.wmv

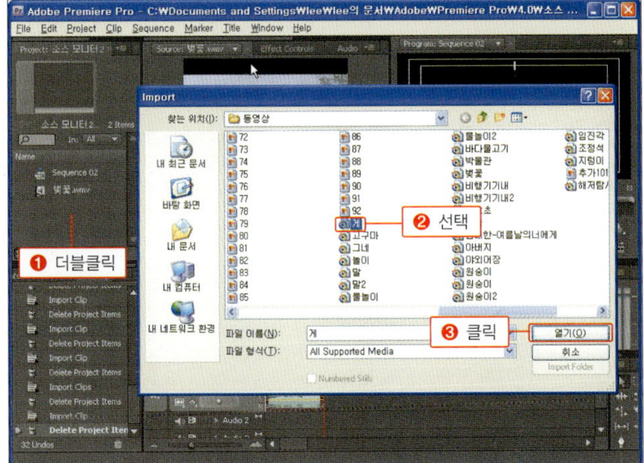

02 [Project] 패널의 '게' 클립을 더블클릭하여 [Source] 모니터 패널로 이동시켜 놓고, [Timeline] 패널의 클립을 선택하고 Delete 키를 눌러 지워줍니다.

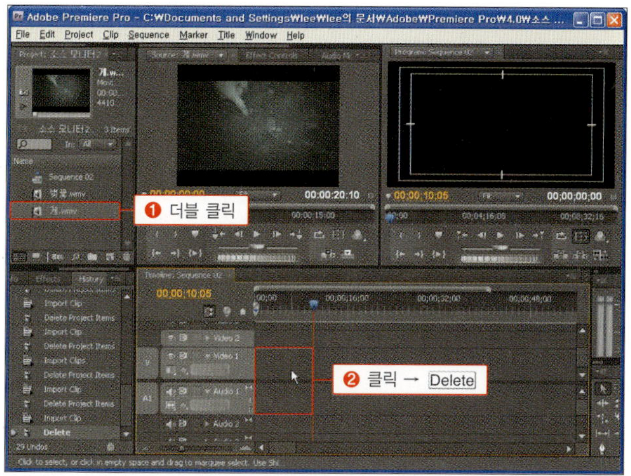

03 [Source] 모니터 패널의 클립을 드래그하여 [Timelilne] 패널로 이동시켜 놓고, 편집 기준선을 맨 처음(00;00;00;00)으로 이동합니다.

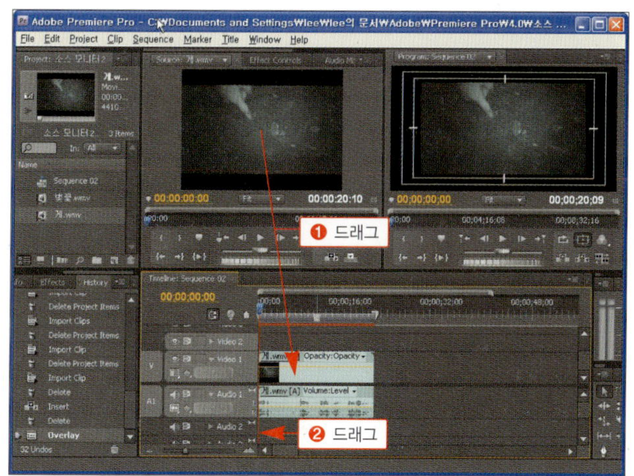

04 [Source] 모니터 패널의 패널 옵션을 클릭하여 [Gang Source and Program]을 클릭합니다.

TIP

[Source] 모니터 패널의 영상과 [Program]모니터 패널의 영상이 같아집니다. 즉, 어느 한쪽의 영상이 진행되더라도 2개의 패널은 같은 영상을 보여 주게 됩니다.

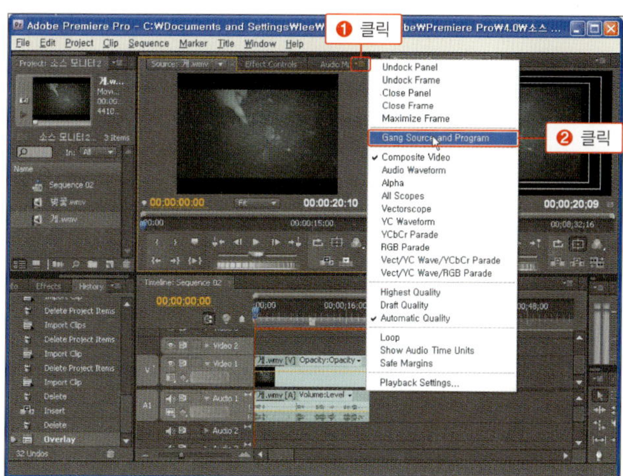

05 [Source] 모니터 패널에서 편집 기준선을 드래그하여 5초정도 이동합니다. [Program] 모니터 패널에서도 이동되는 것을 확인하고, [Source] 모니터 패널의 Output( ) 버튼을 클릭하여 [YC Waveform]을 클릭합니다.

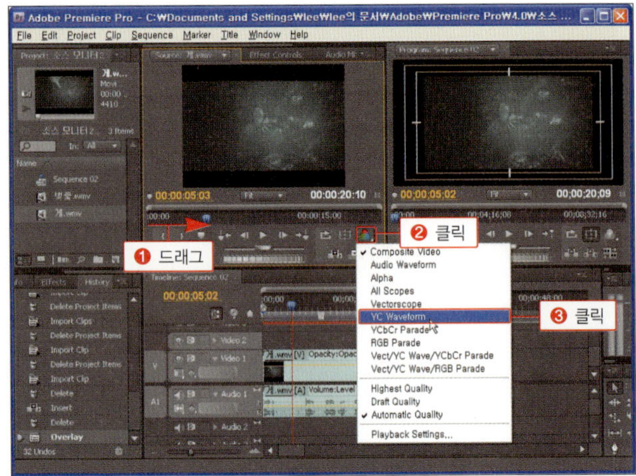

TIP

• Intensity : 50%는 안의 색감의 명암도로 기본 값이 50%이고, 높을수록 색감이 진해지게 됩니다.

• Setup(7.5 IRE) : 최저 밝기 값으로 7.5~100 IRE를 정하고, 체크 해제하면 0~100 IRE로 설정됩니다.

• Chroma : 명도(녹색)와 채도(청색) 정보가 표시됩니다. 체크를 해제하면 명도(녹색)만 표시됩니다.

06 [Source] 모니터 패널이 웨이브폼 모니터로 변경되는데, 옵션 중에 'Chroma'의 체크를 해제합니다.

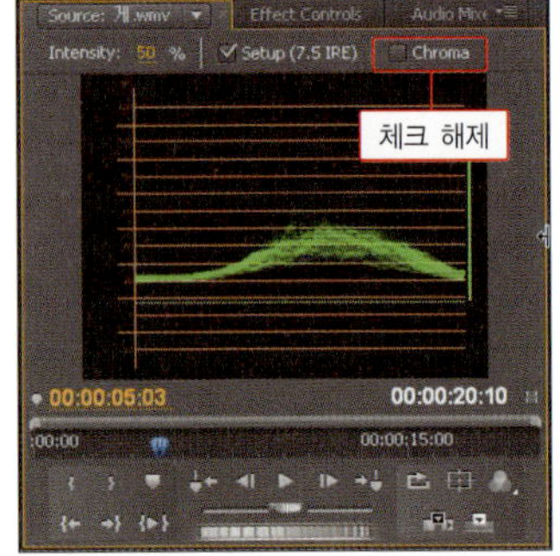

07 [Effects] 패널로 이동하여 [Video Effects]-[Adjust]-[Levels]를 클릭하여 [Timeline] 패널의 클립 안에 드래그하여 적용합니다.

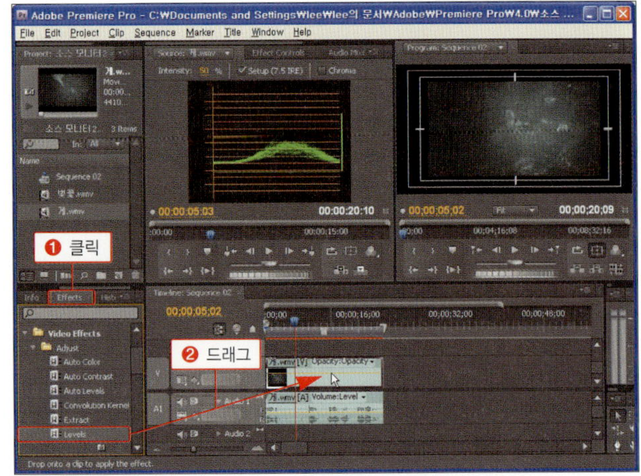

08 색깔의 보정 작업을 위해서는 [Edting] 작업공간보다는 [Color Correction] 작업공간이 효율적입니다. 메뉴에서 [Window]-[Workspace]-[Color Correction]를 클릭합니다.

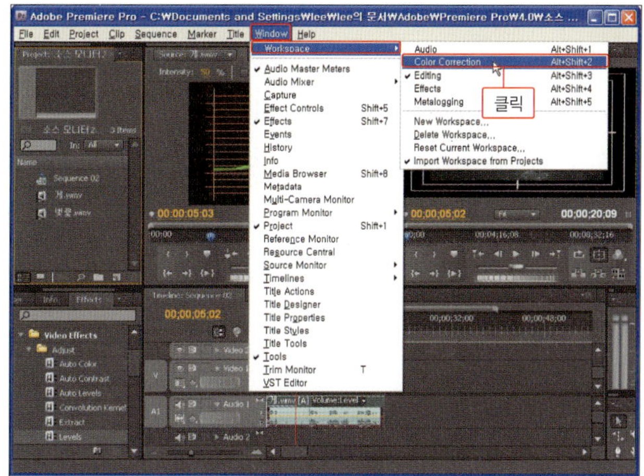

09 [Color Correction] 작업공간으로 변경되었으면 [Effect Controls] 패널에서 Levels(■) 버튼을 클릭하면 [Level Settings] 창이 나타납니다.

TIP

Level 이펙트는 포토샵에도 있는 기능으로, 명도(밝기) 조절에 많이 쓰이는 이펙트입니다.

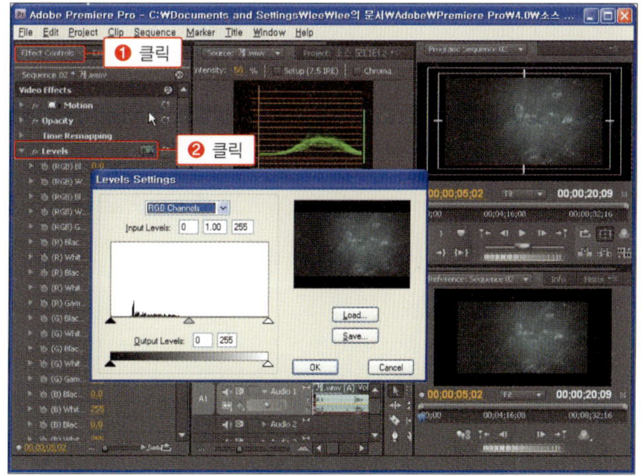

10 [Levels Settings] 창에서 Input Levels의 값을 (0, 1.10, 150)으로 주고 [OK] 버튼을 클릭합니다.

TIP

삼각형(▲)이 3개 있는데, 왼쪽 삼각형은 어두운 부분의 넓이를 지정하는 것으로 값이 클수록 어두운 부분이 커지고, 오른쪽 삼각형은 밝은 부분의 넓이를 지정하는 것으로 값이 작아질수록 밝은 부분이 커지게 됩니다.

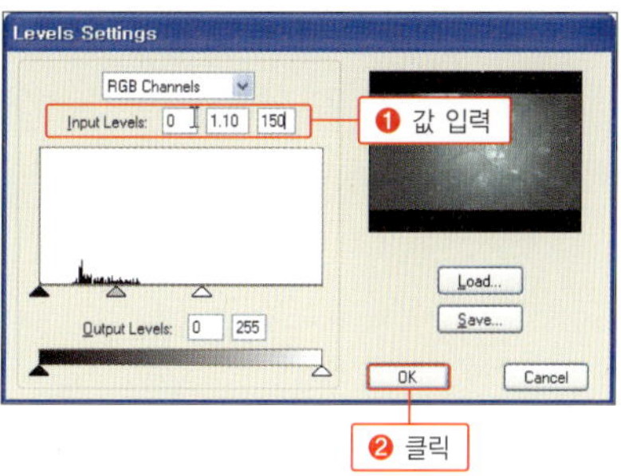

11 아래의 [Reference] 패널의 Output(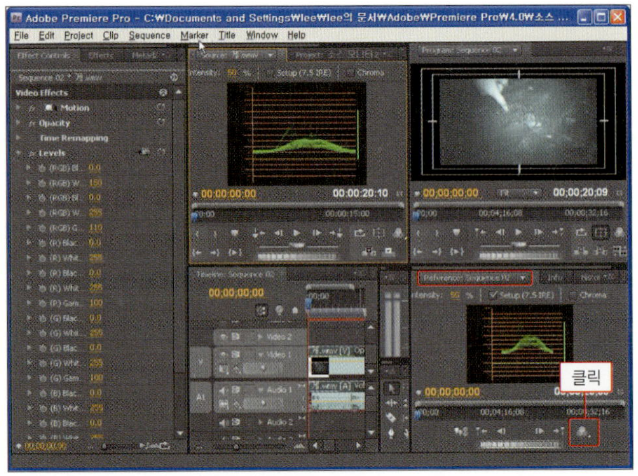) 버튼을 클릭합니다. [YC Waveform]을 클릭하면 [Source] 모니터 패널과 비교하면 Level이 적용된 부분에 명도(밝기)가 전체적으로 위로 상승했음을 알 수 있습니다.

12 [Source] 모니터 패널의 Output(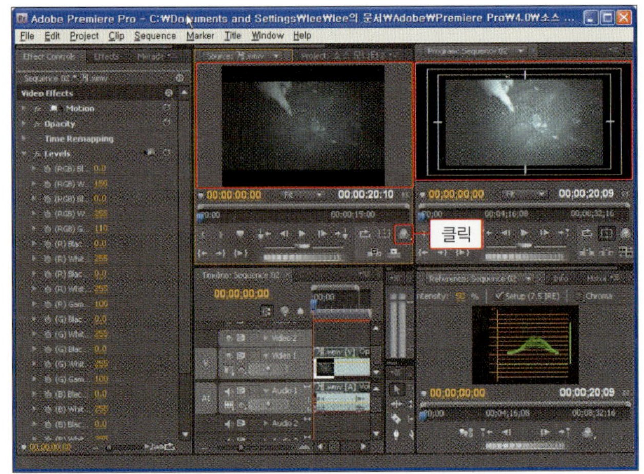) 버튼을 클릭하면 출력모드를 선택할 수 있는 메뉴가 나타납니다. 메뉴 중 [Composite Video]를 클릭하면 [Source] 모니터 패널과 [Program] 모니터 패널을 비교하면 출력될 화면이 더 밝아져 있음을 알 수 있습니다.

13 [Source] 모니터 패널의 편집 기준선을 오른쪽으로 천천히 이동시켜 봅니다. [Program] 모니터 패널에서도 이동되며 같은 영상을 보면서 밝기가 변경되어 있음을 확인합니다.

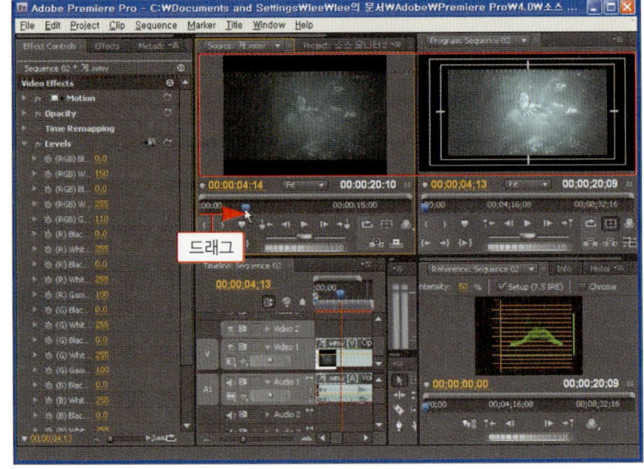

모니터 조절기의 기능 살펴보기

소스 모니터의 기능을 알아보고, 마커를 이용하여 In/Out 포인터 설정하기와 Output의 기본 기능을 알아보겠습니다.

1. [Source] 모니터

❶ 타임코드(00;00;00;00) : 편집 기준선의 위치를 표시합니다.

❷ 지속 시간(00;00;14;21) : 처음에는 영상의 전체 지속시간을 보여주고, Set In/Out의 영역이 설정되면 그 안의 지속 시간을 보여줍니다.

❸ Fit : 화면의 확대/축소를 설정하는데 25~400%까지 설정할 수 있습니다. [Source] 모니터 패널의 크기에 따라 변경됩니다.

❹ Set In Point( ) : 현재 편집 기준선의 위치에 In 포인터가 설정됩니다.

❺ Set Out Point( ) : 현재 편집 기준선의 위치에 Out 포인터가 설정됩니다.

❻ Set Unnumbered Marker( ) : 현재 편집 기준선에 마커를 설정합니다. 영상이 진행되는 상태에서 (숫자 키보드의 * 키)를 눌러 쉽게 마커를 설정할 수도 있습니다.

❼ Go to Previous Marker( ) : 키 마커가 설정되어 있을 경우 이전 마커로 이동합니다.

❽ Step Back( ) : 한 번 클릭할 때마다 이전 프레임으로 이동합니다.

❾ Play/Stop Toggle( ) : 영상을 재생시키고, 중지합니다.

❿ Step Forward( ) : 한 번 클릭할 때마다 다음 프레임으로 이동합니다.

⓫ Go to Next Marker( ) : 마커가 설정되어 있을 경우 다음 마커로 이동합니다.

⓬ Loop( ) : 클릭되어 있을 경우, 화면의 내용이 반복되어 계속 나오게 됩니다

⓭ Safe Margins( ) : 편집 시, 자막의 안전 영역을 화면상에 보여줍니다.

⓮ Output( ) : 색상의 보정이나 측정, 분석 등을 하기 위해 사용됩니다.

⓯ Go to In Point( ) : In 포인터가 설정되어 있는 부분으로 이동합니다.

⑯ Go to Out Point(⬛) : Out 포인터가 설정되어 있는 부분으로 이동합니다.

⑰ Play In to Out(⬛) : In 포인터와 Out 포인터가 설정해 놓은 구역만 재생합니다.

2. 출력 설정(Output) 옵션

화면상의 색상 보정과 측정을 분석하기 위해 사용됩니다. 전문 촬영기사나 영상 편집자들을 위한 용도로 많이 사용됩니다.

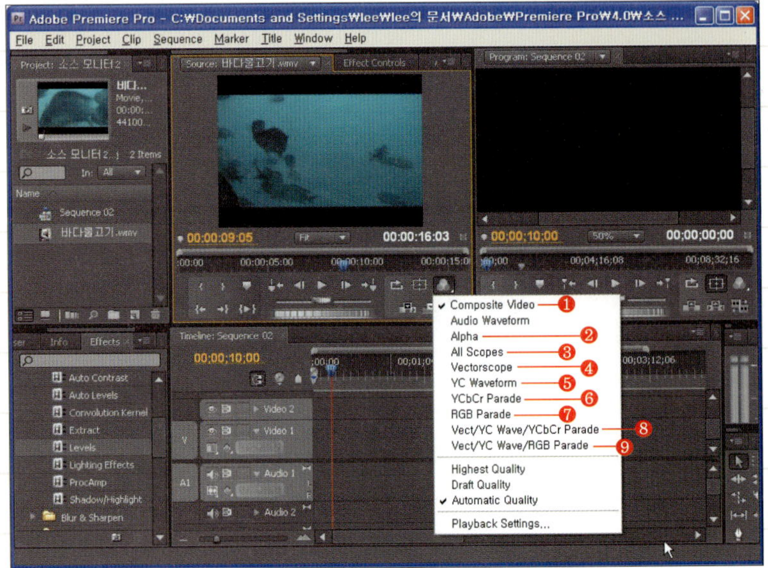

❶ Composite Video : 기본 영상을 출력합니다.

❷ Alpha : 알파 채널이 들어 있는 클립이 나타납니다. 이미지는 색상 정보를 가지는데, RGB 모드의 이미지는 빛의 삼원색 Red(빨강), Green(녹색), Blue(파랑)의 세 가지 색상을 바탕으로 모든 색싱이 만들어집니다. 이 3가지 색의 별도 영역의 징보를 가지고 사용하는 것이 알파채널입니다. 회색 화면이 보입니다.

❸ All Scopes : YC Waveform, Vectorscope, YCbCr Parade, RGB Parade의 4가지 측정 상태를 전부 보여 줍니다.

❹ Vectorscope : 이미지의 색상 정보를 원형 도표에 각도로 표시합니다. 시계 방향으로 자홍, 청색, 청록, 녹색, 노랑, 빨강 정보를 표시하며, 가운데 있으면 채도가 낮고, 바깥쪽으로 갈수록 채도가 높다는 것을 의미합니다.

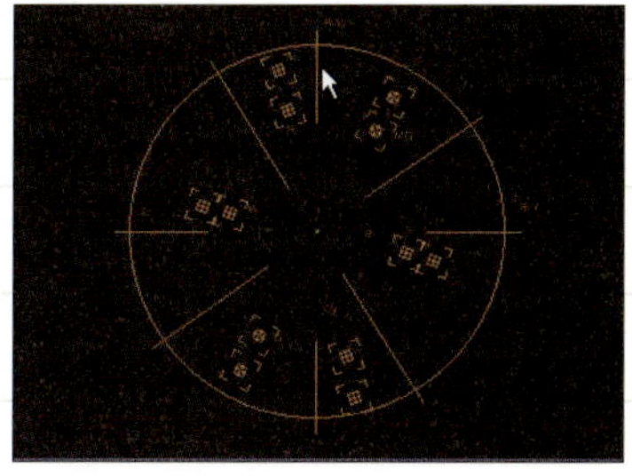

❺ YC Waveform : 이미지의 명도 정보를 영상신호의 진폭 형태로 표시합니다. 빛이 밝을수록 상단에 표시되고, 어두울수록 하단에 표시됩니다.

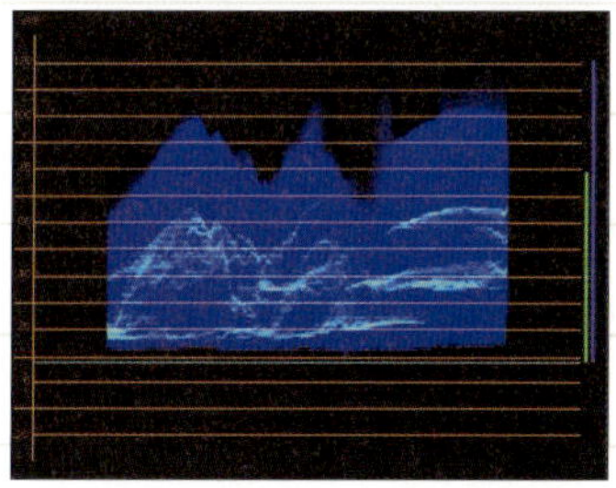

❻ YCbCr Parade : 명도와 색상의 파형을 나타내는 것으로, 3가지로 구분합니다.

- Y : 밝기
- Cb: 파란색에서 밝기를 제거한 순수한 파란색 값
- Cr : 빨간색에서 밝기를 제거한 순수한 빨간색 값

❼ RGB Parade : RGB의 색상별 파형을 출력하여 각 색상별 분포도를 분석합니다.

❽ Vect/Yc Wave/YCbCr Parade : YC Waveform, Vectorscope, YCbCr Parade를 동시에 표시합니다.

❾ Vect/YC Wave/RGB Parade : YC Waveform, Vectorscope, RGB Parade를 동시에 표시합니다.

[Source] 모니터 패널의 옵션 기능 사용하기

조그셔틀의 기능을 익히고 활용하고 필요한 영상을 찾아
Insert와 Overlay를 이용하여 영상을 편집합니다.

소스 모니터 옵션을 이용한 영상 제작하기

01 '소스모니터3' 이름으로 프로젝트를 만들고, [Widescreen 48kHz]의 '시퀀스1'의 시퀀스를 생성합니다.

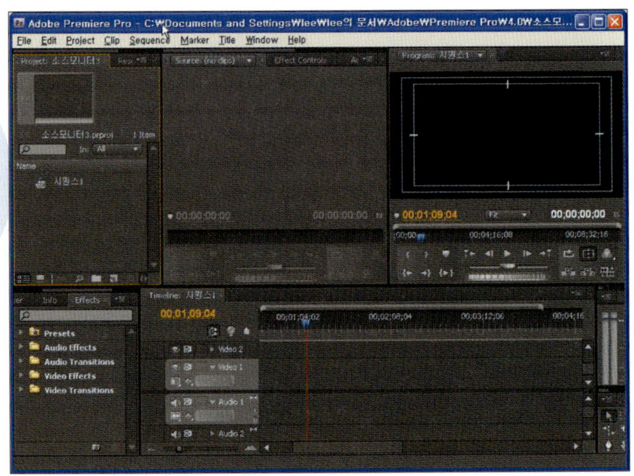

02 [Project] 패널의 빈 공간을 더블클릭하여 [Import] 창이 나타나며 '야외어장.wmv' 클립을 선택하고 [열기] 버튼을 클릭합니다. ⊙ 경로 : 예제파일\Part3\Ch2\야외어장.wmv

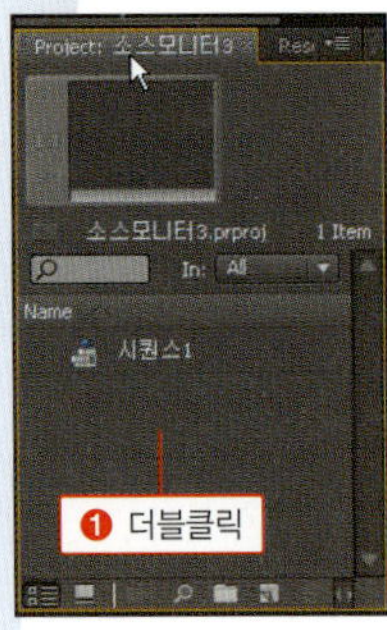

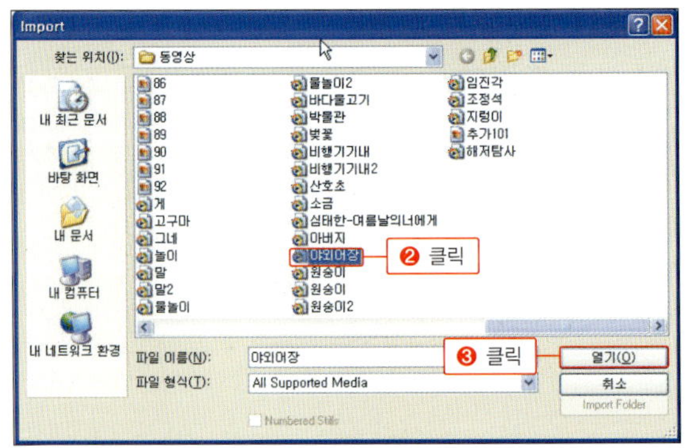

03 [Source] 모니터 패널의 Shuttle을 오른쪽으로 이동하면 영상이 진행됩니다. Shuttle을 좀 더 이동하여 영상의 '10초'까지 이동합니다.

TIP

[Shuttle:셔틀]을 이용하면 빨리 영상이 진행됩니다. 특히, 영상이 긴 클립들은 셔틀을 이용하여 고속의 검색이 가능합니다.

04 [Source] 모니터 패널의 Jog를 왼쪽으로 이동하면 역재생되는데 화면 상의 앞사람과 뒷사람이 겹치는 프레임을 천천히 찾아봅니다.

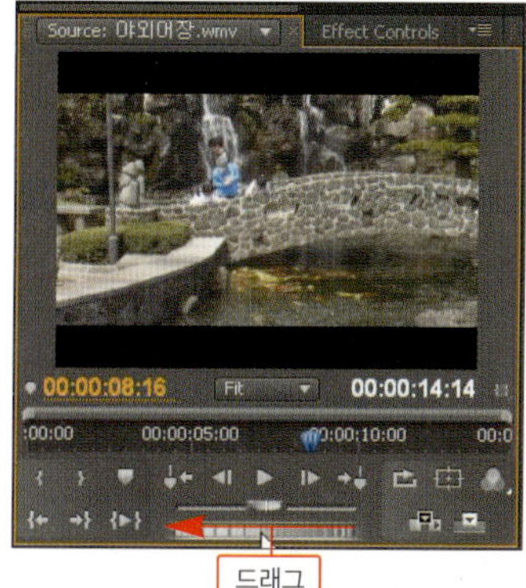

05 [Source] 모니터 패널의 편집 기준선 위에 Marker( ) 버튼을 사용하여 표시를 하고 Jog를 이용하여 뒷사람이 완전히 사라지는 프레임을 찾아서 마커를 표시합니다.

06 [Source] 모니터 패널 안의 Go to Previous Marker( ) 버튼을 클릭하여 이전 마커 지점으로 이동하고 Set In Point( ) 버튼을 클릭해 영역을 지정합니다.

07 [Source] 모니터 패널 안의 Go to Next Marker(📍) 버튼을 클릭하여
다음 마커 지점으로 이동하고 Set Out Point(📍) 버튼을 클릭해 영역을
지정합니다.

08 [Project] 패널의 빈 공간을 더블클릭하
여 [Import] 창을 열고 '박물관.wmv'
파일을 선택하고 [열기] 버튼을 클릭하여 가져옵
니다. ◉ 경로 : 예제파일\Part3\Ch2\박물관.wmv

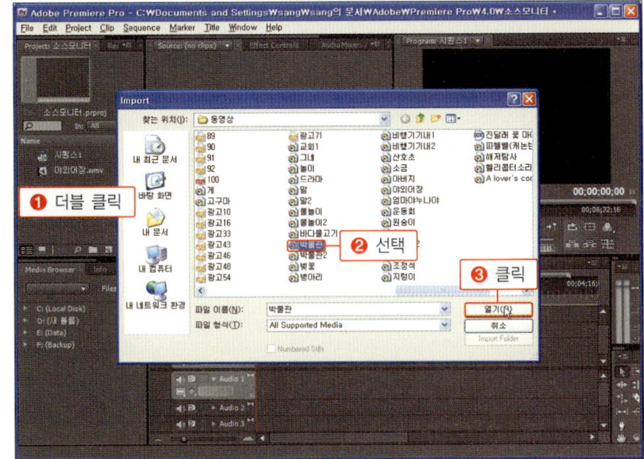

09 '박물관' 클립을 더블클릭하여 [Source]
모니터 패널로 이동시킵니다.

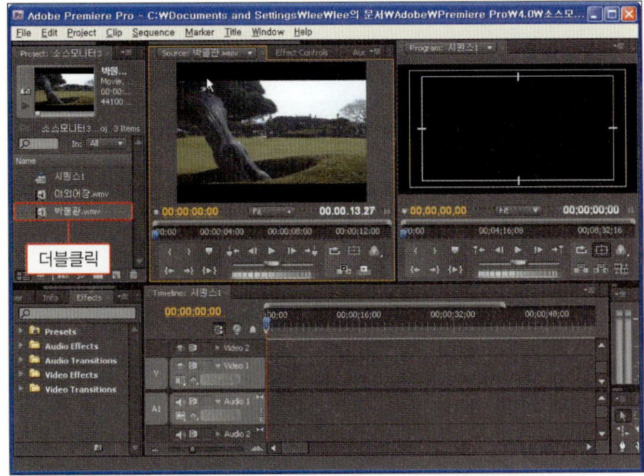

10 [Source] 모니터 패널의 Jog를 이용하여 (00;00;03;08)로 이동하고 Marker(▆) 버튼을 클릭하고, Insert(▆) 버튼을 클릭합니다.

TIP

[Source] 모니터 패널의 클립에 마커를 표시하면 [Timeline] 패널에서도 마커가 표시된 영상을 보여줍니다. 즉, 표시된 마커는 [Source] 모니터 패널과 [Timeline] 패널에서 활용됩니다.

11 [Timeline] 패널에서 마커가 표시된 영상 클립을 확인합니다. Video1 채널의 클립을 클릭하고 [Marker]-[Go to Clip Marker]-[Previous]를 클릭합니다.

TIP

[Timeline] 패널에서 메뉴를 이용하면 마커가 표시된 프레임으로 정확히 이동할 수 있습니다.

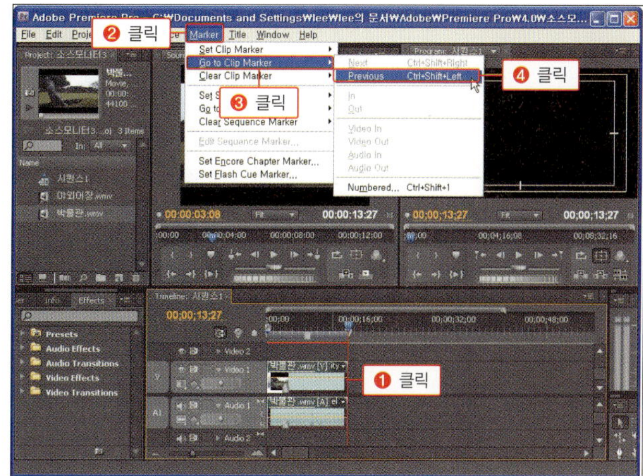

12 [Source] 모니터 패널의 옵션창에서 'Source: 야외어장.wmv'을 선택합니다.

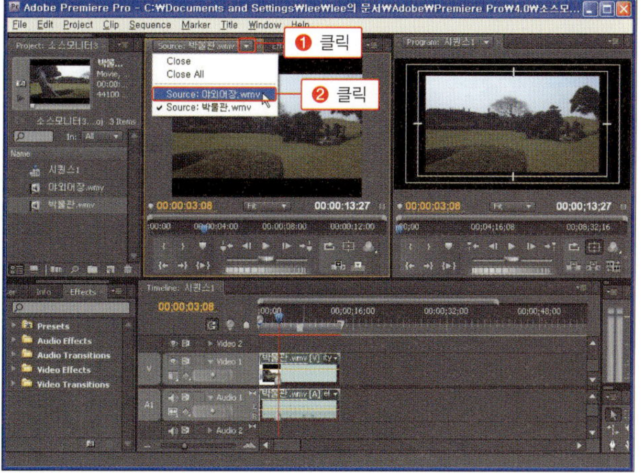

13 [Source] 모니터 패널의 Insert(🖳) 버튼을 클릭합니다. 그러면, [Timeline] 패널에 편집 기준선 왼쪽에 영상이 삽입되고 분리된 영상은 뒤로 밀려납니다.

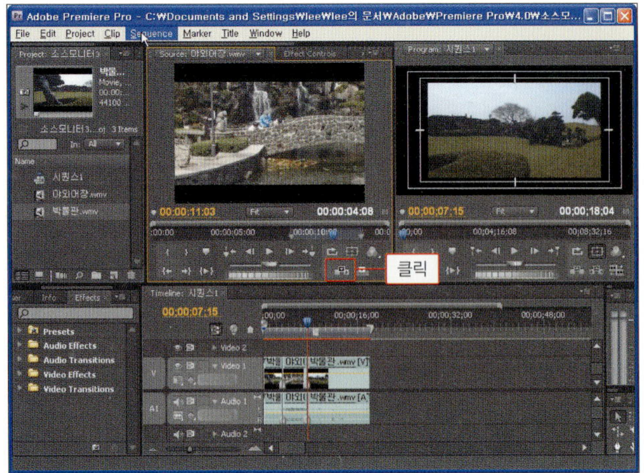

14 Ctrl+Z키를 눌러 되돌리기를 한 다음에 [Source] 모니터 패널의 Overlay(🖳) 버튼을 클릭합니다. Overlay(🖳) 버튼은 기존 영상 위에 덮어쓰기를 합니다. 기존의 영상 길이는 변경되지 않습니다.

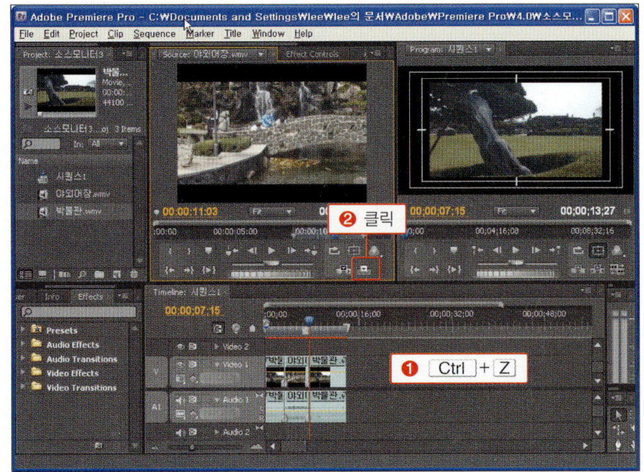

15 [Timeline] 패널에서 3번째로 분리된 클립 부분을 선택하고 Delete키를 눌러 삭제하고, [Effects] 패널의 [Video Transitions]-[3D Motion]-[Flip Over]를 선택하여 [Timeline] 패널의 잘려진 영상의 가운데로 드래그합니다.

TIP
Flip Over : A영상과 B영상이 3차원적으로 회전하면서 전환됩니다.

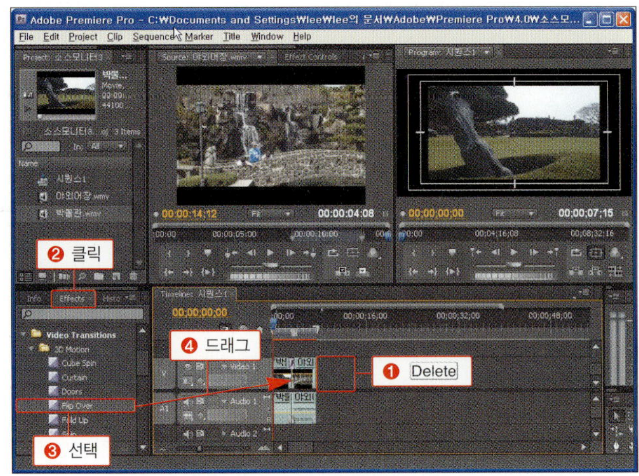

16 | Enter 키를 눌러 렌더링을 시작합니다.

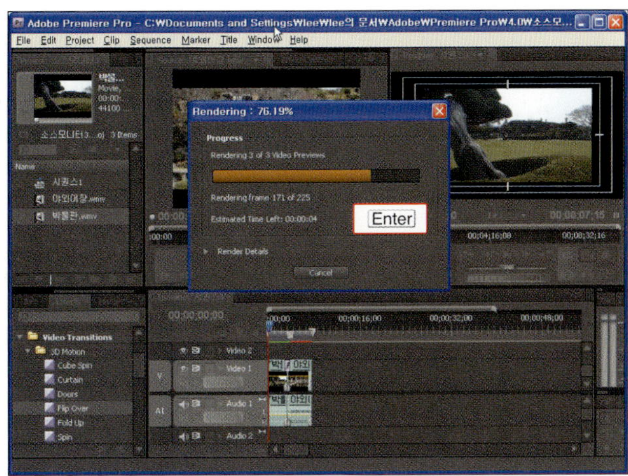

17 | [File]-[Export]-[Media] 메뉴를 클릭하면
[Export Settings] 창이 나타나는데 [Output]
탭으로 이동하고 [Format]은 'Windows Media'로
설정하고 [OK] 버튼을 클릭합니다.

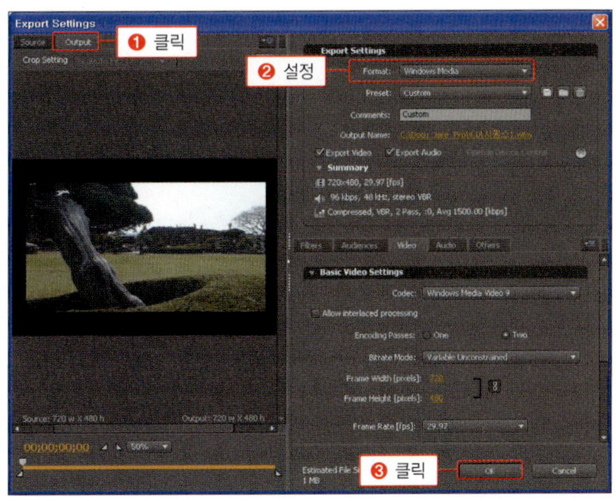

18 | [Adobe Media Encoder]가 나타나면
[Output File]의 아래 경로를 더블클릭하여
[파일 이름]을 '박물관을가다'로 변경하고 [저장] 버
튼을 클릭 후, [Start Queue] 버튼을 클릭해 결과물
의 동영상을 추출합니다.

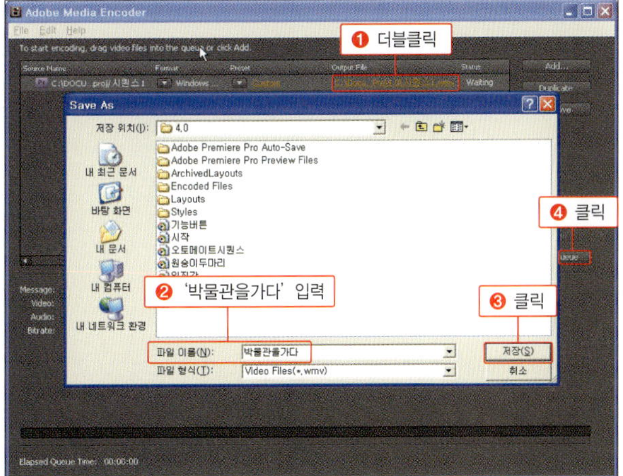

⊙ 예제파일\Part3\Ch2\박물관을가다.wmv

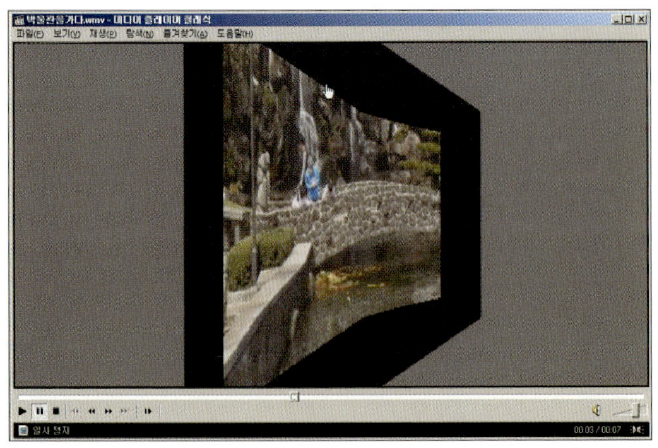

셔틀, 조그 기능과 Insert · Overlay 기능

[Source] 모니터 패널에는 영상 찾기 기능이 많은데 그 중에 조그, 셔틀 기능을 이용하여 필요한 부분을 찾아보고, Insert기능과 Overlay기능의 차이점을 알아봅니다.

❶ Shuttle : 기본 값은 중앙에 있고 오른쪽으로 이동하면 재생이 되며 오른쪽으로 더 깊게 이동하면 2배, 4배, 8배까지 빨리 진행됩니다. 마찬가지로 왼쪽으로 이동하면 역재생이 되며, 더 깊게 이동하면 더 빨리 역진행됩니다.

❷ Jog : 마우스로 클릭하고 오른쪽으로 드래그하면 재생, 왼쪽으로 드래그하면 역재생이 되는데 조그는 셔틀과는 다르게 프레임이 천천히 이동하면서 영상을 자세히 찾아 볼 수 있습니다.

❸ Insert : [Timeline] 패널에 편집 기준선을 중심으로 왼쪽에 영상이 들어가는데 편집 기준선에 영상이 있을 경우 영상을 자르고 클립을 넣은 다음, 잘려진 영상은 뒤로 보내 붙입니다.

❹ Overlay : [Timeline] 패널에 편집 기준선을 중심으로 왼쪽에 영상이 들어가는데 편집 기준선에 영상이 있을 경우 영상을 자르지 않고 편집 기준선 뒤에 붙입니다.

멀티 카메라로 영상 편집하기

3개의 영상이 자연스럽게 연결되도록 멀티 카메라로 영상을 편집합니다.

3개 영상을 멀티 카메라로 편집하기

01 '멀티 카메라' 이름으로 프로젝트를 만들고, [Widescreen 48kHz]의 '시퀀스1'의 시퀀스를 생성합니다.

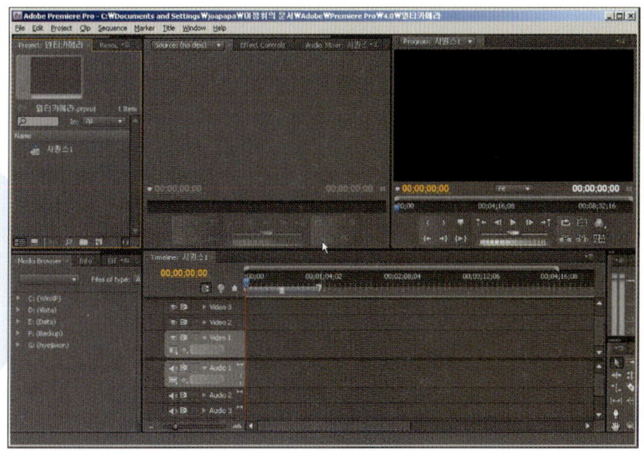

02 [Project] 패널의 빈 곳을 더블클릭하여 [Import] 창을 열어서 '바다물고기, 산호초, 해저탐사.wmv' 파일을 선택하고 [열기] 버튼을 클릭합니다.

◉ 경로 : 예제파일\Part3\Ch2\S04 폴더

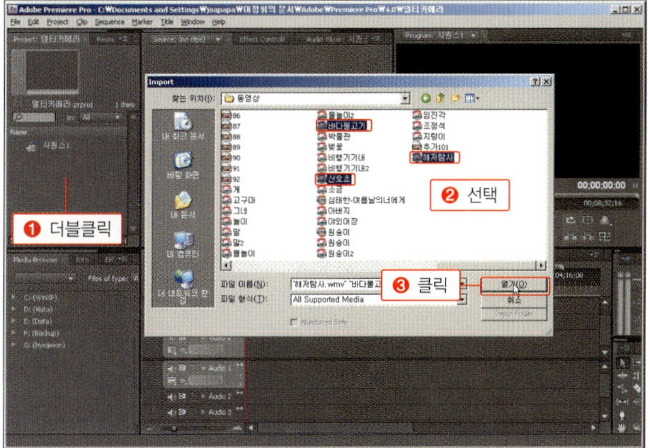

03 [Timeline] 패널의 Video1 트랙에 '산호초', Video2에 '바다물고기', Video3에 '해저탐사' 클립을 드래그하여 위치시킵니다.

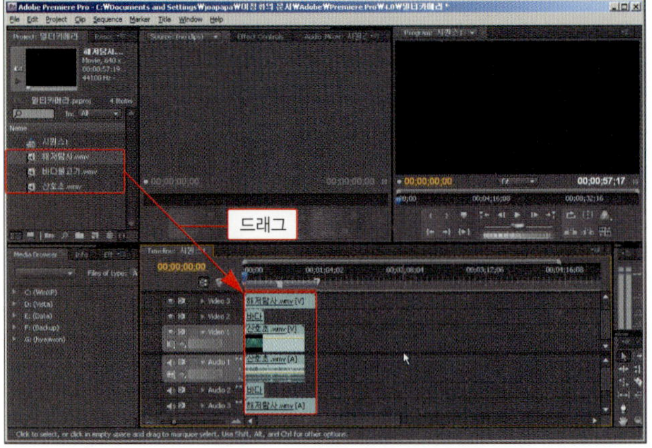

04 [Timeline] 패널의 모든 클립을 선택하고 [Clip]–[Synchronize]를 클릭합니다.

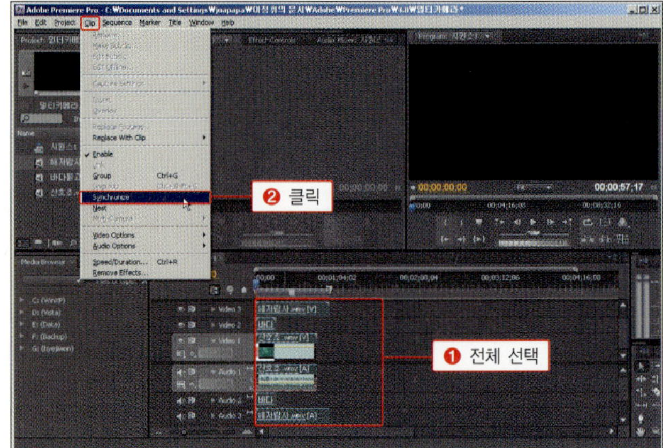

05 [Synchronize Clips] 창이 나타나면 'Clip Start'를 체크하고 [OK] 버튼을 클릭합니다.

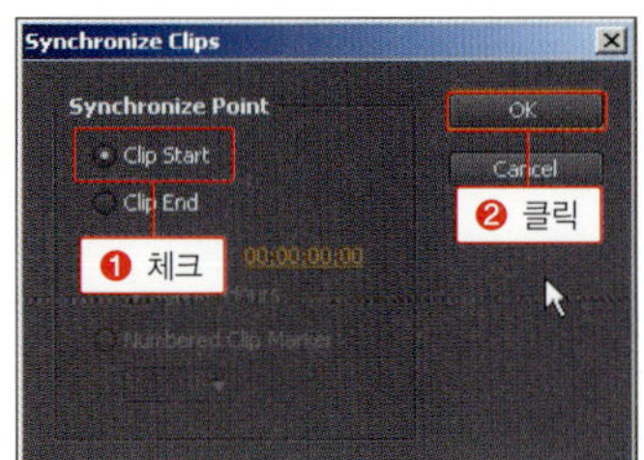

TIP

각 클립별로 동기를 맞추는 과정으로, [Clip Start]는 기본 값으로 클립의 시작섬을 기준하여 동기부여, [Clip End]는 클립의 끝점을 기준으로 동기부여, [Timecode]는 클립의 특정 시간에 동기부여, [Numbered Clip Marker]는 클립에 설정해 놓은 마커를 기준으로 동기부여합니다. 즉, 여러 개의 영상이 같이 진행되기 때문에 동기부여는 꼭 필요합니다.

06 [File]-[New]-[Sequence]를 클릭하면 [New Sequence] 창이 나타나는데 [Widescreen 48kHz]를 선택하고 [Name]에 '시퀀스2'를 넣고 [OK] 버튼을 클릭합니다.

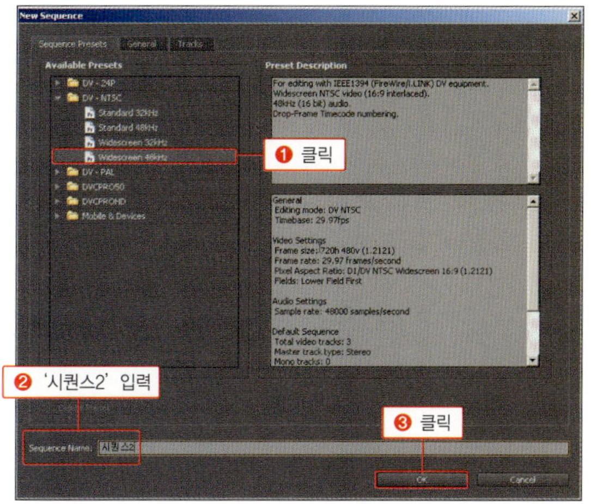

07 [Timeline] 패널에 [시퀀스2] 탭이 생성되면, [시퀀스2] 탭을 클릭하고 [Project] 패널의 '시퀀스1'를 선택하고 드래그하여 [Timeline] 패널에 가져옵니다.

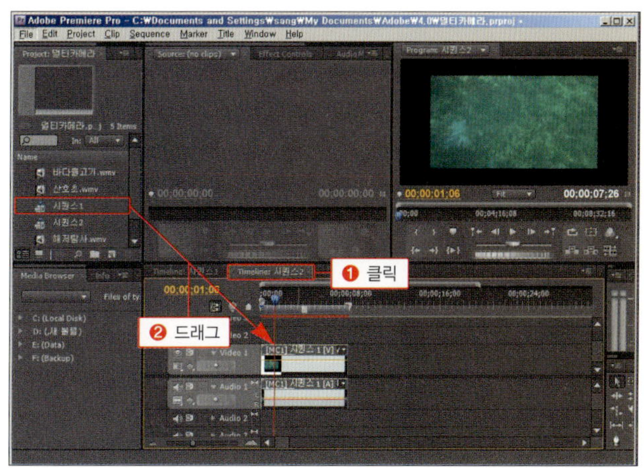

08 [Timeline] 패널의 '시퀀스1'을 선택하고 마우스 오른쪽 버튼을 클릭해서 [Multi-Camera]-[Enable]을 클릭합니다.

TIP

[Enable]은 멀티 카메라를 활성화하기 위해 사용됩니다. [Enable]하지 않으면 멀티 카메라를 사용할 수 없습니다.

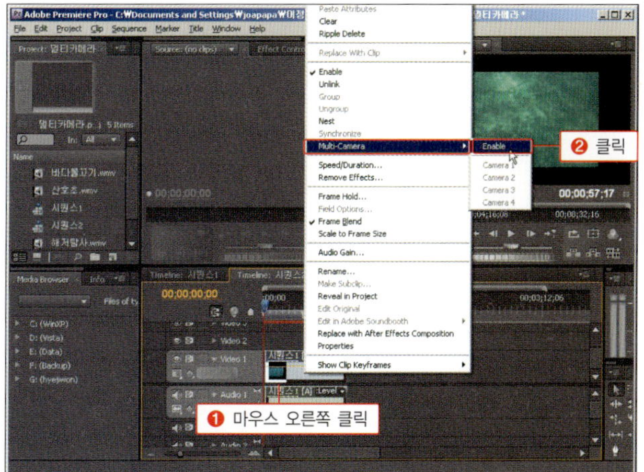

09 [Windows]–[Multi-Camera Monitor]를
클릭합니다.

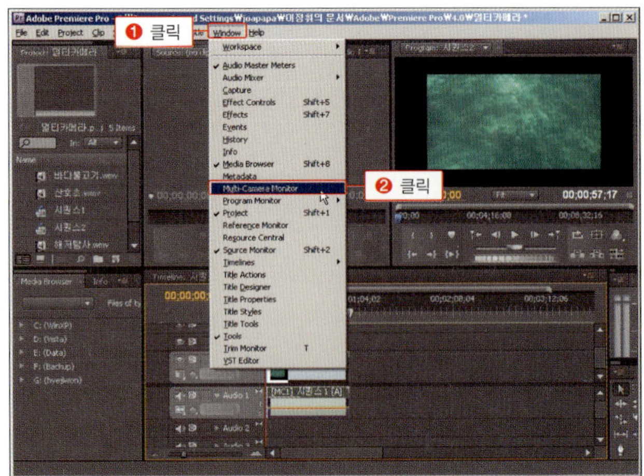

10 [Multi-Camera] 창이 나타나면 Play/
Stop Toggle(▶) 버튼을 클릭하여 3개
의 영상이 진행되는 것을 확인합니다. [Multi-
Camera] 창에 Record(●) 버튼을 클릭하여 눌
러 놓고, 1번 카메라를 선택하고 Play/Stop
Toggle(▶) 버튼을 클릭하면 녹화되면서 진행됩
니다.

> *Actions*
> '8' 초 후에 2번 카메라를 선택
> '16' 초 후에 3번 카메라를 선택
> '24' 초 후에 1번 카메라를 선택
> '32' 초 후에 3번 카메라를 선택하고 계속 둡니다.

11 [Multi-Camera] 창을 닫으면 [Timeline]
패널에 카메라별로 영상이 잘려 있는 것
이 보입니다. 전체 내용을 살펴본 후, 수정할 클립
부분이 있으면 선택한 후 마우스 오른쪽 버튼을
클릭해 [Multi-Camera]에서 다른 카메라를 선택
해 수정합니다.

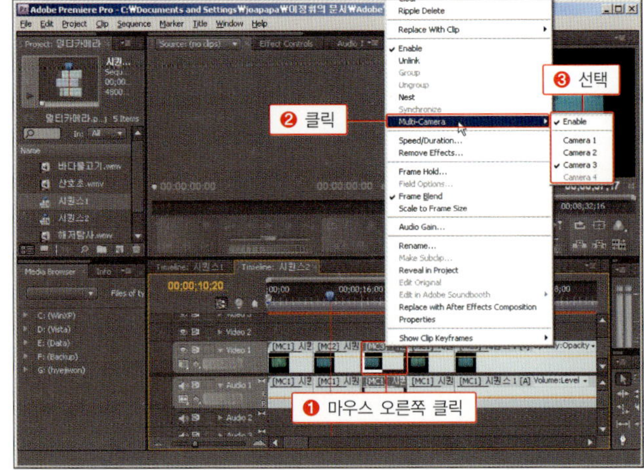

멀티 카메라 기능 살펴보기

예능 프로그램에 보면 많은 카메라로 촬영하는 것을 볼 수 있습니다. 중심을 잡는 사람 이외에도 다른 사람의 장면을 여러 각도로 촬영합니다. 여러 각도의 장면들을 한 화면에 표시하기 위해서는 여러 장면을 같이 보면서 작업하면 편리할 것입니다. 이런 편리한 작업을 할 수 있는 것이 멀티 카메라입니다.

멀티 카메라는 클립을 한번에 4개까지 나타낼 수 있으며, 화면 상단 왼쪽부터 1번, 상단 오른쪽 2번, 하단 왼쪽 3번, 하단 오른쪽 4번으로 구성됩니다. [Timeline] 패널의 Video 트랙 순서와 동일하게 들어갑니다.

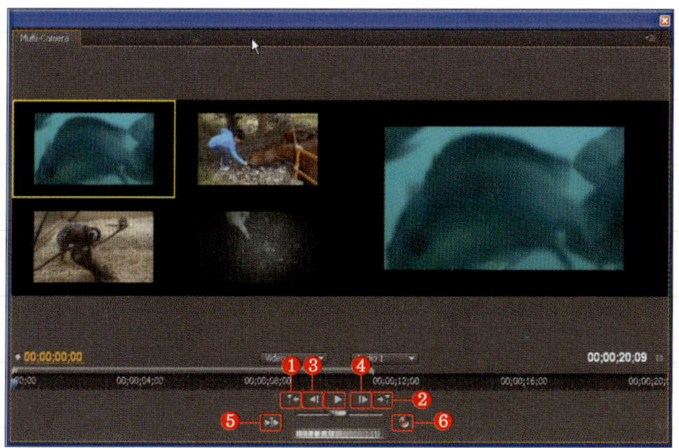

❶ Go to Previous Edit Point(🔼) : 멀티 카메라로 편집한 결과물이 나오면 화면과 화면 사이의 분할된 경계선을 이전 경계선으로 이동시켜줍니다.

❷ Go to Next Edit Point(🔽) : 멀티 카메라로 편집한 결과물이 나오면 화면과 화면 사이의 분할된 경계선을 다음 경계선으로 이동시켜줍니다.

❸ Step Back(◀️) : 한 번 클릭할 때마다 이전 프레임을 보여 줍니다.

❹ Step Forward(▶️) : 한 번 클릭할 때마다 다음 프레임으로 보여 줍니다. 상세히 검색할 때 사용됩니다.

❺ Play Around(▶▶) : 미리보기처럼 편집 기준선을 기준으로 일정 영역을 보여줍니다.

❻ Record(⏺) : 선택된 클립을 기록합니다.

[Timeline] 패널의
기능 익히고 활용하기

[Timeline] 패널은 편집 시 가장 많이 사용하는 패널입니다. 그 기본적인 기능들을 익히고 트랙과 스냅의 이용 방법을 알고 마커와 속도 조절기를 통한 여러 편집 방법을 익힙니다.

CHAPTER 03

SECTION 01 [Timeline] 패널의 옵션 사용하기 | SECTION 02 [Timeline] 패널의 스냅 기능 사용하기 | SECTION 03 마커를 이용하여 영상 불러오기
SECTION 04 편집한 여러 시퀀스를 하나의 시퀀스로 만들기
SECTION 05 영상의 속도를 내 마음대로 조절하기

[Timeline] 패널의 옵션 사용하기

[Timeline]의 패널 트랙 기본 옵션들을 사용해 보고,
이 옵션들을 이용하여 페이드 인/아웃이 적용된 영상을 제작해봅니다.

01 트랙 옵션 이용과 페이드 인/아웃 알아보기

01 '트랙' 이름으로 프로젝트를 만들고, [Widescreen 48kHz]의 '시퀀스1'의 시퀀스를 생성합니다.

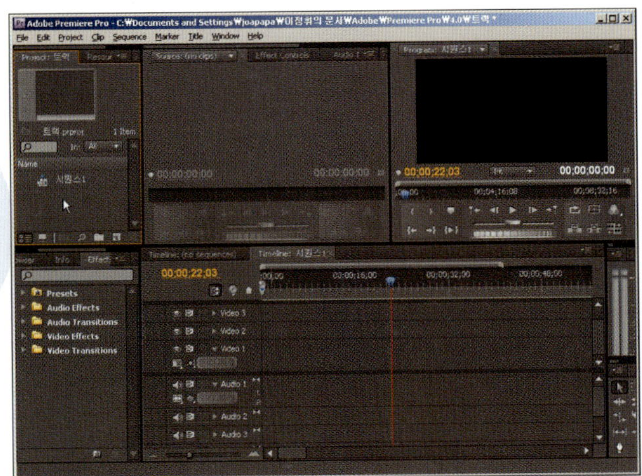

02 [Project] 패널의 빈 곳을 더블클릭하여 [Import] 창을 열어서 '말, 말2.wmv' 파일을 선택하고 [열기] 버튼을 클릭합니다.

◉ 경로 : 예제파일\Part3\Ch3\S01 폴더

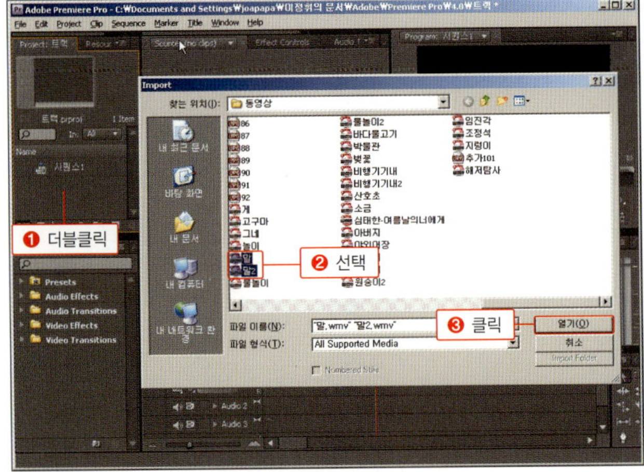

03 [Project] 패널의 '말' 클립을 [Timeline] 패널의 Video1 트랙으로 드래그하며 이 동시킵니다.

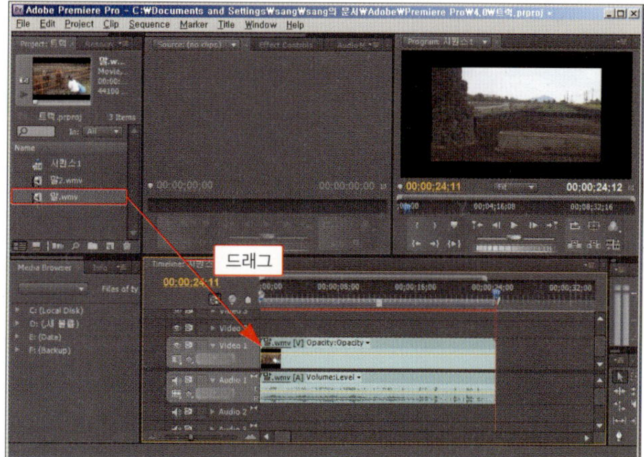

04 타임라인을 클릭해 '17.15'를 넣어 '00;00;17;15'으로 변경시켜 놓은 다음 Video2 트랙에 편집 기준선에 맞추어 '말2' 클립 을 드래그하여 이동시킵니다.

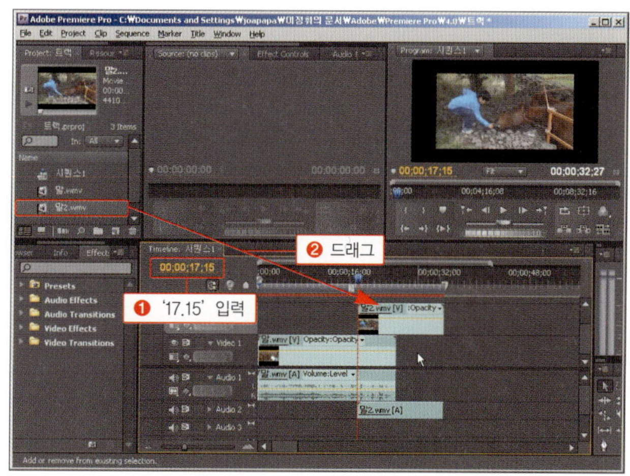

05 [Timeline] 패널에서 '말' 클립을 선택하 고 Add-Remove Keyframe(◉) 버튼 을 클릭합니다.

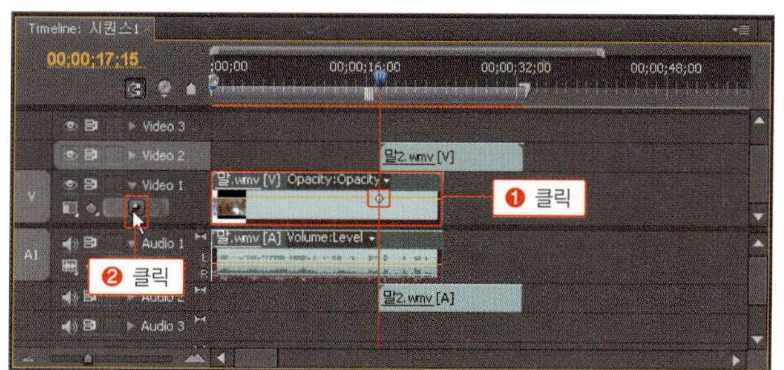

TIP

키프레임(Keyframe)이란?

프레임이란 한 장면(정지영상)을 의미합니다. 여기에 하나의 키를 주어줍니다. 우리는 이 키를 가지고 프 레임의 위치 정보, effect(효과) 정보 등을 넣어 조절 할 수 있게 합니다. 즉, 편집시 프레임의 정보를 조 절하는데 중요한 조절점이 되는 것입니다. 필요에 따 라 원하는 위치에 가져다 놓을 수 있습니다.

06 Video2 트랙의 '말2' 클립을 선택하고 Add-Remove Keyframe(■) 버튼을 클릭합니다.

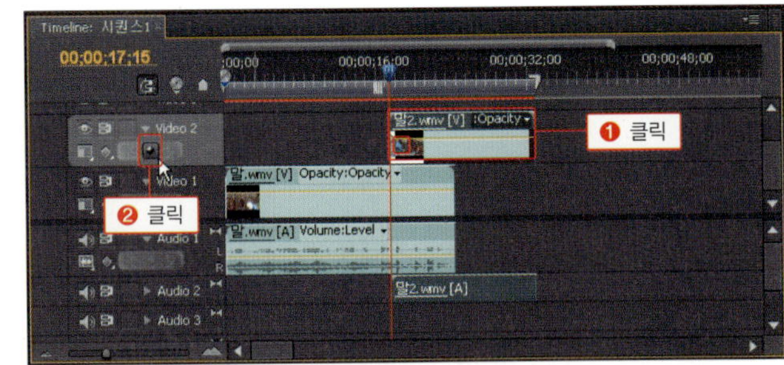

07 타임코드(00:00:17;15)를 클릭하여 '19.00' 으로 주어 '00:00:19;00' 으로 변경하고 '말2' 클립을 선택하고 Add-Remove Keyframe (■) 버튼을 클릭합니다.

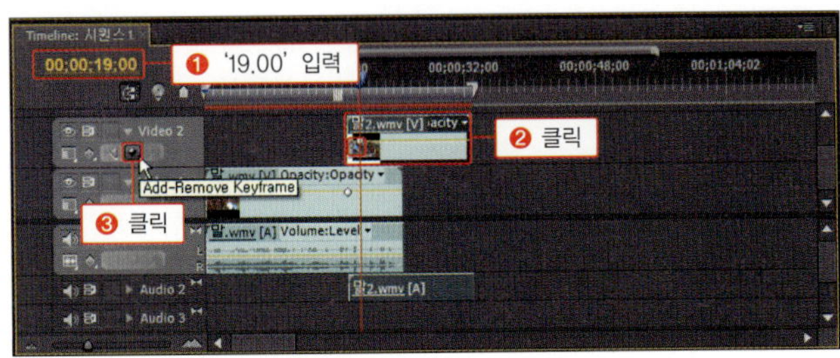

08 Video1의 '말' 클립을 선택하고 Add-Remove Keyframe(■) 버튼을 클릭합니다.

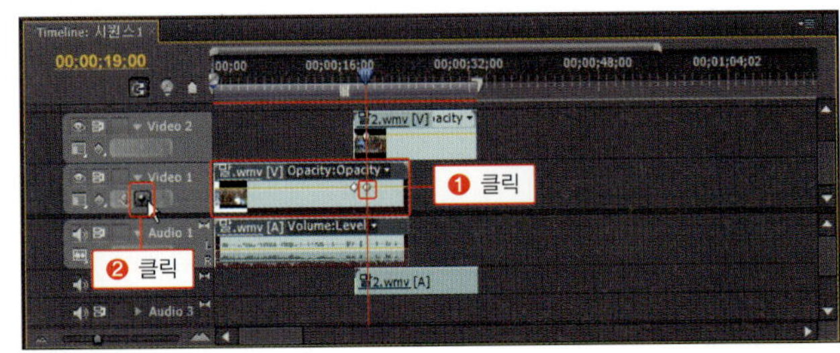

09 Video1 트랙의 '말' 클립이 선택된 상태 에서 마지막 프레임으로 편집 기준선을 이동시킨 후 Add-Remove Keyframe(■) 버튼을 클릭합니다.

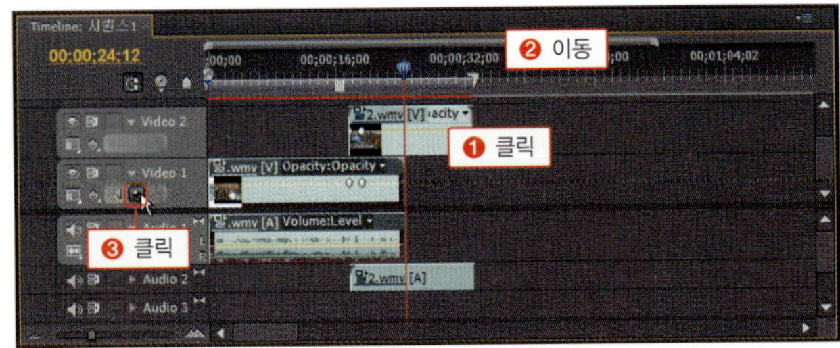

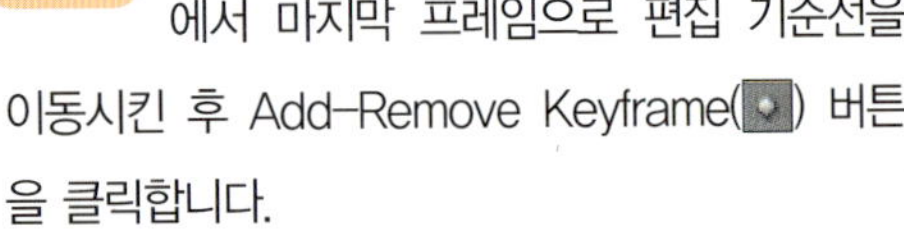

TIP

[Timeline] 패널에서 마우스를 클릭하고 키보드의 Page Down 키를 누르면 마지막 프레임으로 빠르게 이동 합니다.

10 Video2 트랙의 '말2' 클립의 첫 번째 키
프레임을 맨 아래로 이동시켜 놓습니다.
Video1 트랙의 '말' 클립의 두 번째와 세 번째 키
프레임을 맨 아래로 이동시켜 놓습니다.

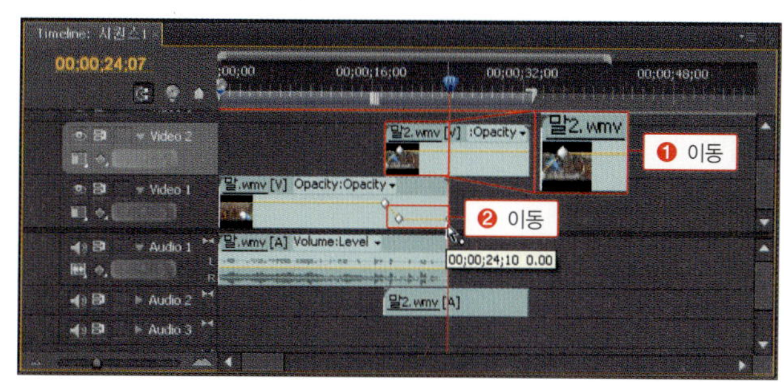

TIP

Video2의 클립은 페이드인(천천히 화면이 뚜렷해지
는 현상)이 진행되고, Video1의 클립은 페이드아웃
(천천히 화면이 흐려지는 현상)이 진행되어 두 개의
겹친 화면이 트랜잭션의 [Cross Dissolve] 효과와
같은 현상을 보여 줍니다.

11 Audio1 트랙의 '말' 클립을 선택하고 타
임코드를 (00;00;17;15)로 선택하고
Add-Remove Keyframe(●) 버튼을 클릭합니
다. Audio1트랙의 '말.wmv'을 선택하고 타임코드
를 (00;00;17;15)로 선택하고 [Add-Remove
Keyframe] 버튼을 클릭합니다. 계속해서 타임코
드 '19.00'에 키프레임 추가, 마지막 프레임
(24.07)에도 키프레임을 추가합니다.

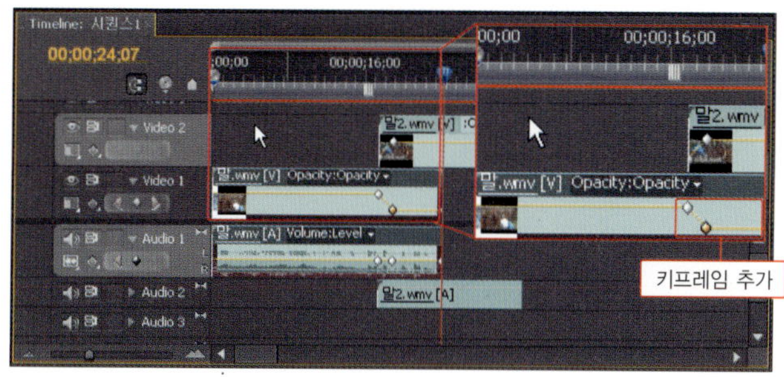

12 Audio1의 '말' 클립이 선택된 상태에서
Audio1 트랙의 Go to Previous
Keyframe(◀) 버튼을 2번 클릭합니다. Audio2
트랙에서 Collapse-Expand Track(▶)을 클릭
하여 트랙 옵션을 확장시킨 후 '말2'를 선택한
다음 Add-Remove Keyframe(●) 버튼을 클릭
합니다.

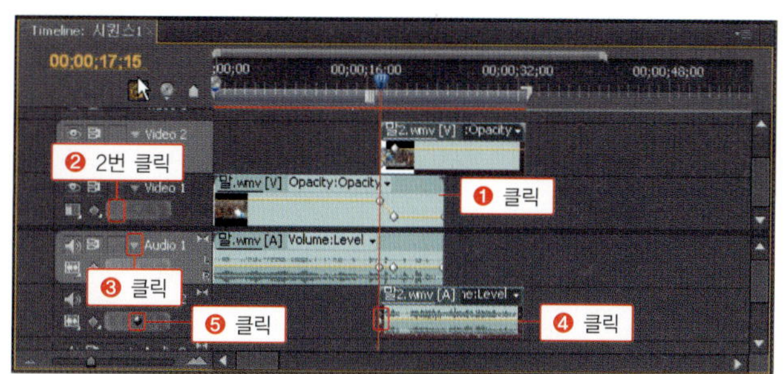

13 Audio2 트랙의 타임코드를 (00;00;
19;00)로 변경하고 Audio2 트랙의 '말2'
클립에 다시 키프레임을 추가하고 첫 번째 키프레
임은 아래로 이동합니다. Audio1 트랙의 '말1' 클
립의 두 번째와 세 번째의 키프레임을 아래로 이
동시켜줍니다.

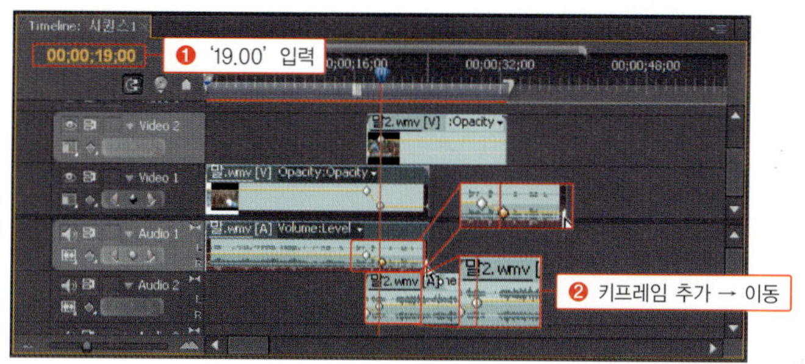

TIP

오디오는 비디오처럼 위에 있는 트랙만 나오는 것이
아니라, 혼합되어 나오기 때문에 오디오 트랙도 페이
드 인/아웃을 설정시켜 주어야 합니다.

14 Video1 트랙의 '말' 클립을 선택하고 가장 앞의 프레임(00;00;00;00)으로 이동하여 Add-Remove Keyframe(●) 버튼을 클릭하고 타임코드(00;00;03;00)으로 이동하여 Add-Remove Keyframe(●) 버튼을 클릭합니다.

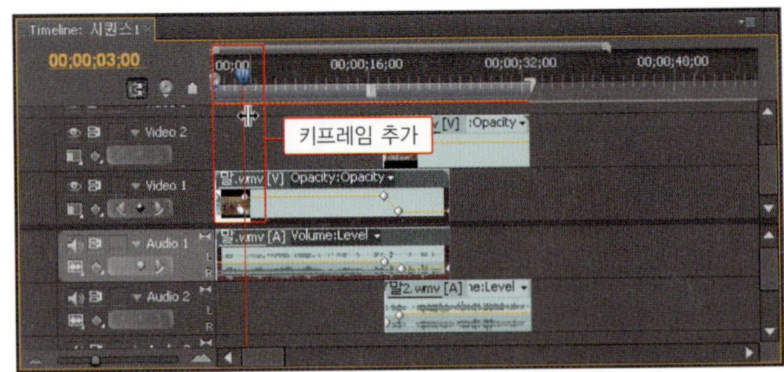

15 Video1 트랙의 첫 번째 키프레임(00;00;00;00)를 아래로 내리고, 두 번째 키프레임 (00;00;03;00)을 왼쪽으로 드래그하여 (00;00;02;00)으로 이동시켜 놓습니다.

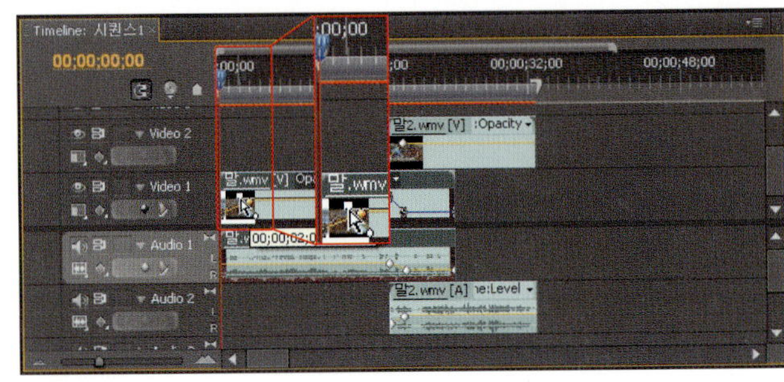

16 Video2 트랙의 '말2'를 선택하고 가장 마지막 프레임(00;00;32;27)로 이동하고 Add-Remove Keyframe(●) 버튼을 클릭하고 타임코드를 (00;00;30;27)로 변경한 다음 Add-Remove Keyframe(●) 버튼을 클릭합니다.

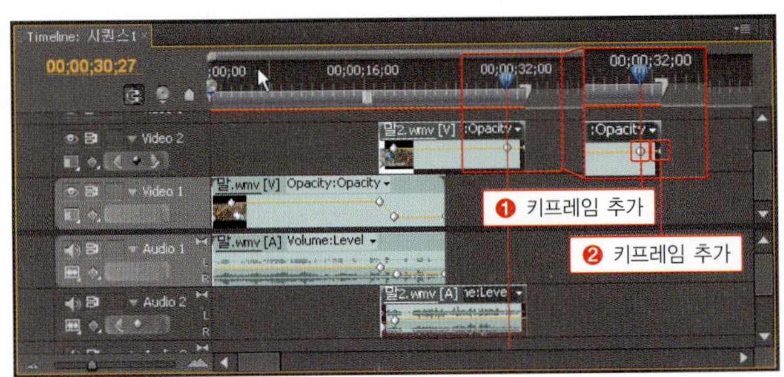

17 Video2 트랙의 마지막 키프레임(00;00;32;27)의 키프레임을 아래로 이동시켜 놓습니다.

TIP

전체 영상의 맨 처음 부분에 페인드인을, 맨 마지막 부분에 페이드아웃을 주었습니다.

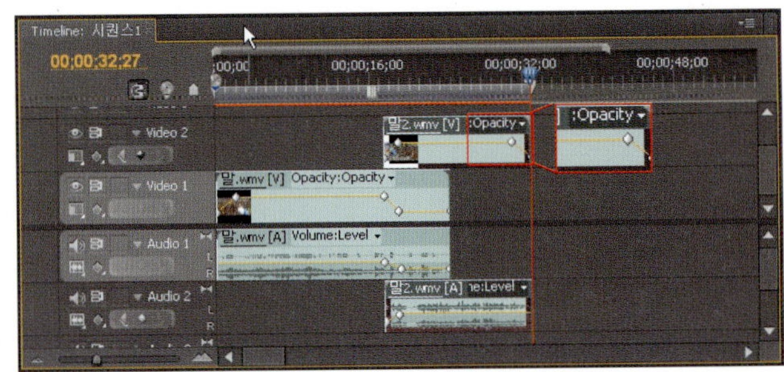

트랙의 기본 개념 알아보기

트랙은 크게 비디오 트랙과 오디오 트랙으로 구분합니다. [Project] 패널의 영상을 [Timeline] 패널의 Video1 트랙에 가져오면 비디오 부분과 오디오 부분이 각각 나누어져 들어갑니다.

트랙은 포토샵의 레이어와 같이 수직구조라 같은 타임라인 대에 Video1 트랙과 Video2 트랙에 클립들이 있다면 위에 있는 트랙, 즉 Video2 트랙만 나타나게 됩니다.

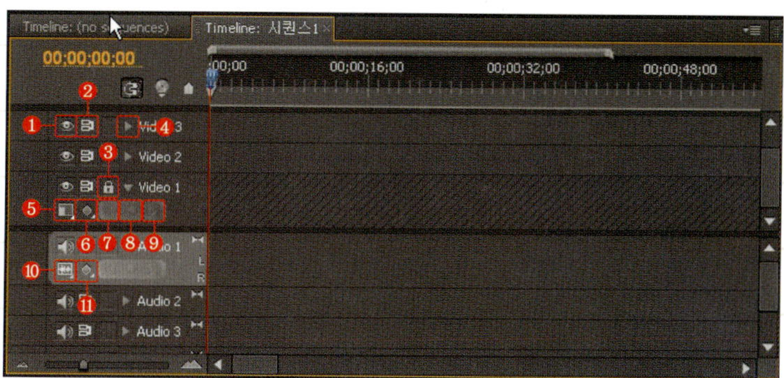

❶ Toggle Track Output(⬤) : 체크를 해제하면 클립의 내용이 모니터상에는 표시되지 않습니다.

❷ Toggle Sync Lock(⬛) : 체크되어 있으면 다른 트랙에 있는 클립들과 동기화됩니다. 즉, 다른 트랙에 있는 클립이 영향을 미치면 같은 영향을 주게 됩니다.

❸ Toggle Track Lock(🔒) : 해당 트랙을 잠금 상태로 만듭니다.

❹ Collapse-Expand Track(▶) : 트랙 확장 버튼으로, ▶는 옵션을 닫아 사용할 수 없고, ▼는 트랙 옵션을 사용할 수 있습니다. 많은 트랙을 사용 시에는 사용할 트랙만 열어 놓고 나머지는 닫아 두어야 작업 시 복잡하지 않습니다.

❺ Video Set Display Style(⬛) : 비디오 트랙 내의 클립의 썸네일을 보여 주는 방식을 설정합니다.

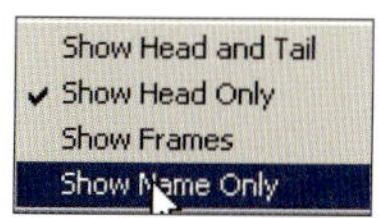

   ⓐ Show Head and Tail : 클립의 시작 프레임과 마지막 프레임 부분만 표시해 보여 줍니다.

   ⓑ Show Head Only : 기본 값으로 시작 프레임만 표시됩니다.

   ⓒ Show Frames : 클립의 모든 프레임을 나타내어 보여줍니다. 전체적인 내용을 알 수 있지만 시스템 사양에 따라 작업 속도가 늦어질 수 있기 때문에 필요 시에만 사용합니다.

   ⓓ Show Name Only : 단순히 클립 이름만 표시됩니다.

⑥ Video Show Keyframe() : 비디오 이펙트를 이용하여 키프레임에 이펙트를 적용하거나 투명도 효과 등을 적용할 수 있습니다.

ⓐ Show Keyframes : 클립에 키프레임을 사용할 시 [Effect Controls] 패널의 [Video Effects]의 적용 값을 변경하는 효과를 줄 수 있습니다.

ⓑ Show Opacity Handles : 클립에 투명도를 적용할 때 사용합니다.

ⓒ Hide Keyframes : 키프레임을 숨깁니다.

⑦ Go to Previous Keyframe(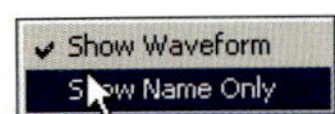) : 이전 키프레임으로 이동합니다.

⑧ Add-Remove Keyframe(▣) : 키프레임을 추가하거나 삭제합니다.

⑨ Go to Next Keyframe(▣) : 다음 키프레임으로 이동합니다.

⑩ Audio Set Display Style(▣) : 오디오 클립의 섬네일을 파형으로 표시할지, 클립 이름만 표시할지 결정합니다.

ⓐ Show Waveform : 기본 값으로 썸네일을 파형으로 표시합니다.

ⓑ Show Name Only : 클립 이름만 표시됩니다.

⑪ Audio Show Keyframe() : 각 오디오 클립의 키프레임 작업과 볼륨을 조절합니다.

ⓐ Show Clip Keyframes : 오디오 트랙의 볼륨 조절과 이펙트 효과 시 클립의 효과를 조절할 수 있습니다.

ⓑ Show Clip Volume : 오디오 트랙의 볼륨 조절 시 사용됩니다.

ⓒ Show Track Keyframes : 클립의 크기와 상관없이 오디오 트랙 전체에 볼륨 조절과 이펙트 효과 시 효과를 조절할 수 있습니다.

ⓓ Show Track Volume : 오디오 트랙 전체의 볼륨 조절 시 사용됩니다.

ⓔ Hide Keyframes : 키프레임 표시를 숨깁니다.

01 '트랙' 프로젝트에서 [File]–[New]–[Sequence]를 클릭하여 새로운 시퀀스를 만듭니다. [Sequence Name]에 '시퀀스2'를 주고 [OK] 버튼을 클릭합니다.

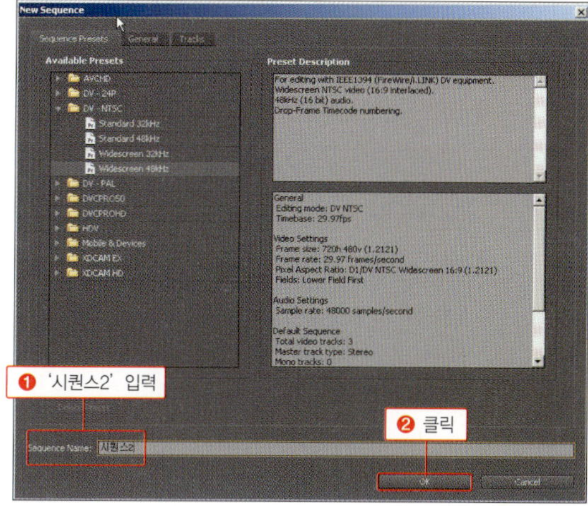

02 [Project] 패널의 빈 공간을 더블클릭하여 [Import] 창을 열고 '09, 10.jpg' 파일을 선택한 다음 [열기] 버튼을 클릭합니다.

◉ 경로 : 예제파일\Part3\Ch3\S01 폴더

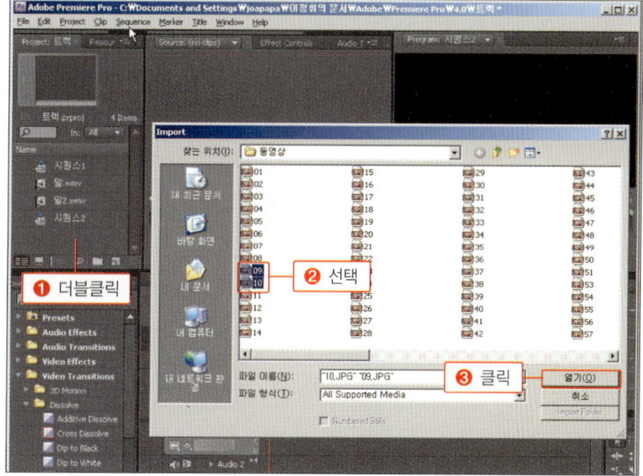

03 [Timeline] 패널의 Video1 트랙에 [Project] 패널의 '09' 클립을 드래그하여 이동합니다. 편집 기준선을 '09' 클립의 마지막 프레임에 가져다 놓습니다.

04 Video2 트랙에 '10' 클립을 편집 기준선에 맞게 드래그하여 이동, '10' 클립의 마지막 프레임에 가져다 놓고 Video3 트랙에 '시퀀스1'을 편집 기준선에 맞게 드래그하여 이동합니다.

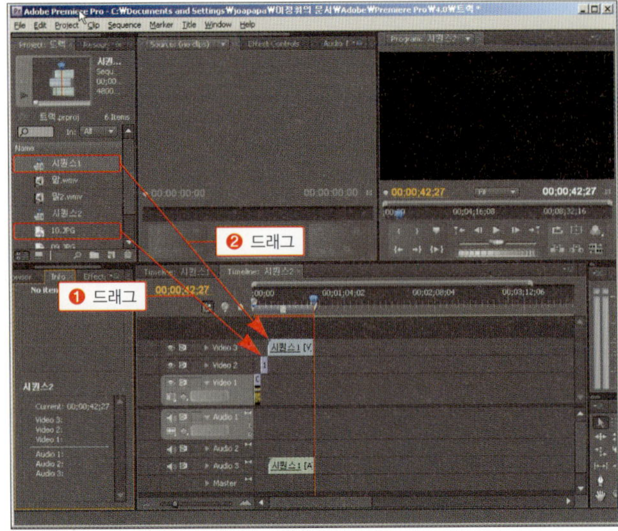

05 [Timeline] 패널의 Video1 트랙에서 마우스 오른쪽 버튼을 클릭하여 [Add Tracks]를 클릭합니다.

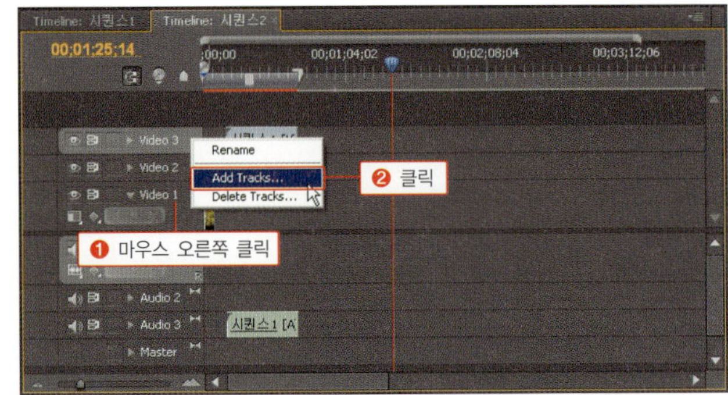

06 [Add Trakcs] 창이 나타나면 [Video Tracks]의 [Add]에 '3', [Audio Tracks]의 [Add]에 '1', [Tracks Type]은 'Stereo'로 변경하고 [OK] 버튼을 클릭합니다.

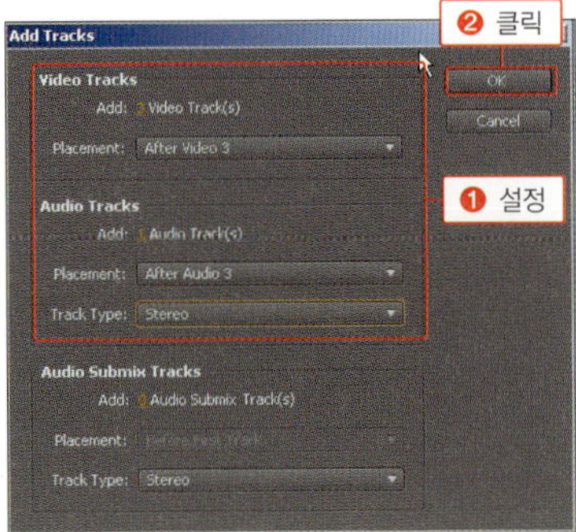

07 [Timeline] 패널의 Audio4 트랙에서 마우스 오른쪽 버튼을 클릭하여 트랙 옵션이 나오면 [Add Tracks]를 클릭합니다.

TIP

아무 트랙 위에서 트랙을 추가해도 상관없습니다. 여기서는 오디오 트랙만 추가하려는 것을 알려드리기 위해 오디오 트랙에서 한 것입니다.

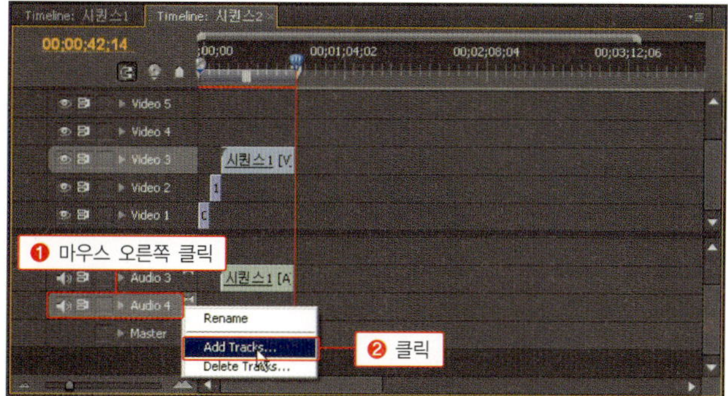

08 [Video Tracks]은 '0'으로, [Audio Tracks]은 '1'을 넣고, [Track Type]을 '5.1'로 변경하고 [OK] 버튼을 클릭합니다.

TIP

'Stereo'와 '5.1' 채널의 트랙을 같이 추가할 수 없으므로, 각각 트랙을 추가하여야 합니다.

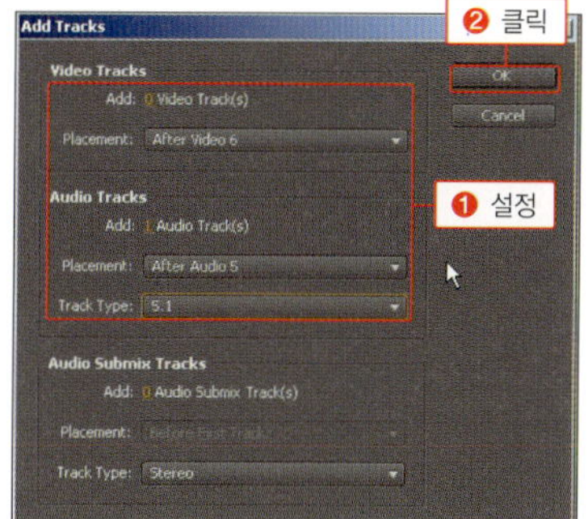

09 [Timeline] 패널에서 Audio4 트랙과 Audio5 트랙에 Collapse-Expand Track (▶) 버튼을 클릭하여 트랙 옵션을 확장시켜 줍니다. 'Stereo'와 '5.1' 채널 방식의 오디오 형식을 확인합니다.

TIP

'Stereo' 방식은 L(Left)와 R(Right)로 나누어 보내어 입체감을 살려주고 '5.1' 채널은 6개의 채널로 분리하여 훨씬 현장감 있는 입체감을 줍니다.

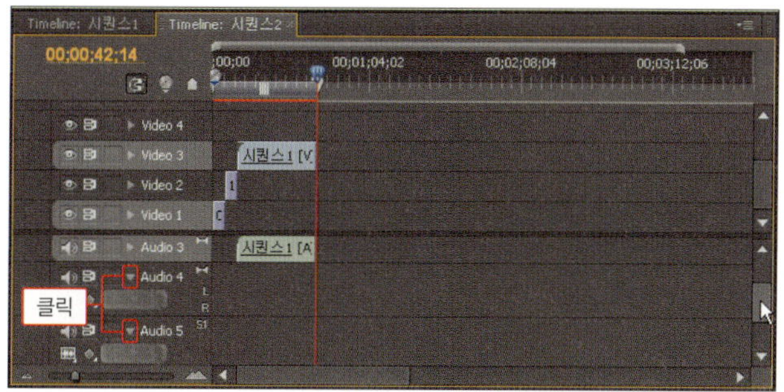

10 [Project] 패널의 빈 공간을 더블클릭하여 [Import] 창을 열고 '그네.wmv, 파헬벨(캐논변주곡).wma' 파일을 선택한 다음 [열기] 버튼을 클릭합니다.

⊙ 경로 : 예제파일\Part3\Ch3\S01 폴더

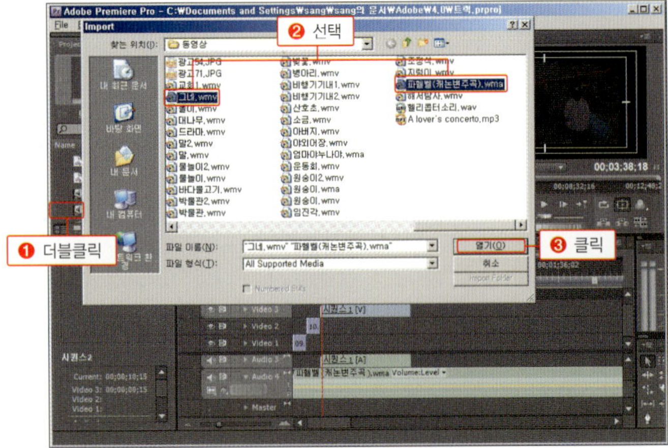

11 [Project] 패널의 '그네' 클립을 Video4 트랙으로 드래그하여 이동시켜 줍니다. '파헬벨(캐논변주곡)' 클립을 선택하고 Audio4 트랙의 '그네' 클립 뒤에 붙여 놓습니다.

TIP

'파헬벨(캐논변주곡)' 클립을 Audio5 트랙으로 이동시켜 보면 이동이 되지 않습니다. '파헬벨(캐논변주곡)'는 스테레오 방식으로 저장되어 있으므로 'Mono'나 '5.1' 채널에는 이동할 수가 없습니다.

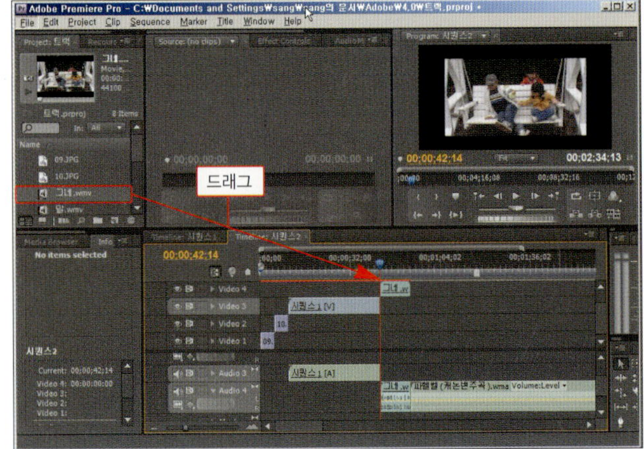

12 [Timeline] 패널의 Video4 트랙에서 마우스 오른쪽 버튼을 클릭하여 [Delete Tracks]을 클릭합니다.

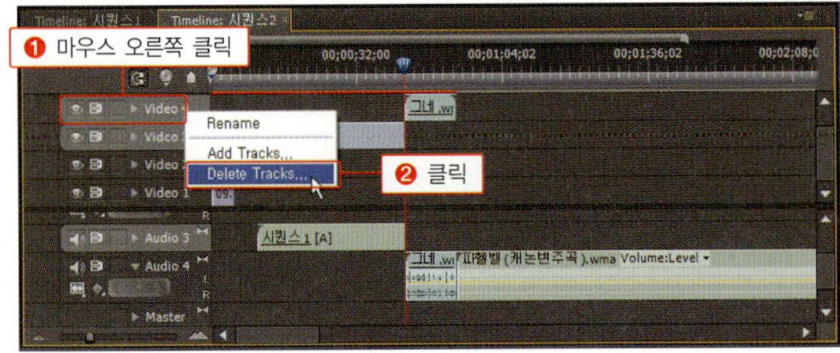

13 [Delete Tracks] 창이 나타나면 [Video Tracks]의 [Delete Video Tracks]에 체크하고 'Video 4'를 선택한 뒤, [OK] 버튼을 클릭합니다.

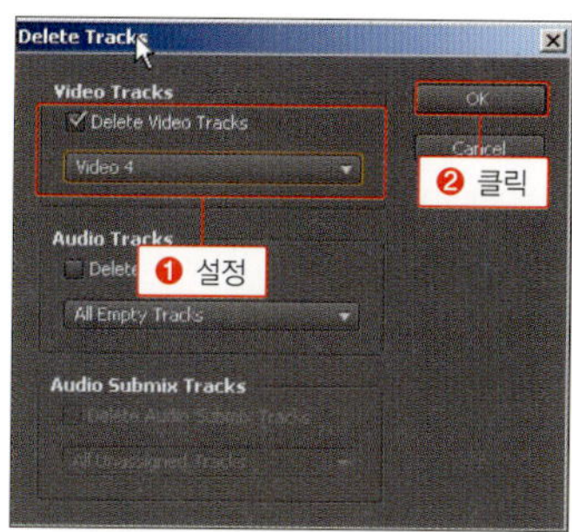

14 Video4 트랙의 비디오 클립은 삭제되었습니다. 그러나 Audio4는 지워지지 않은 것을 확인할 수 있습니다. Audio4 트랙의 '파헬벨(캐논변주곡)' 클립을 맨 앞으로 이동합니다.

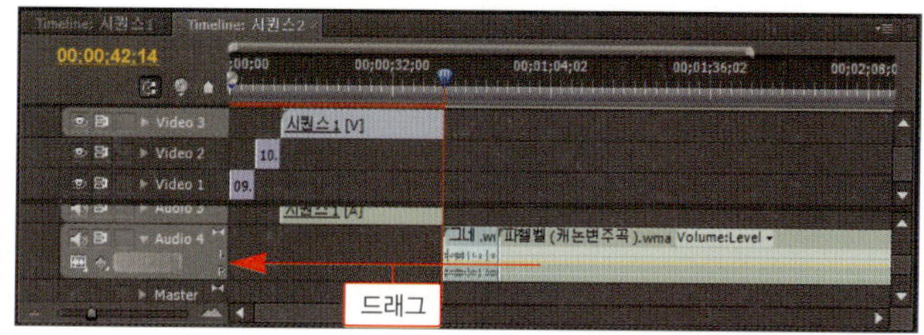

15 그전에 있던 '그네' 클립은 덮어지면서 지워지게 됩니다. Video3 트랙 위에서 마우스 오른쪽 버튼을 클릭하여 [Delete Tracks]를 클릭합니다.

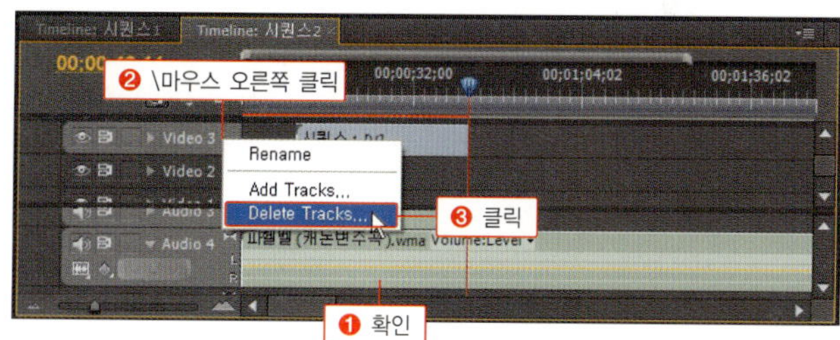

16 [Delete Tracks] 창이 나타나면 [Delete Video Tracks]과 [Delete Audio Tracks]에 체크하고 'All Empty Tracks'으로 변경하고 [OK] 버튼을 클릭합니다.

TIP

'All Empty Tracks'는 사용하지 않은 트랙들을 전부 지워줍니다.

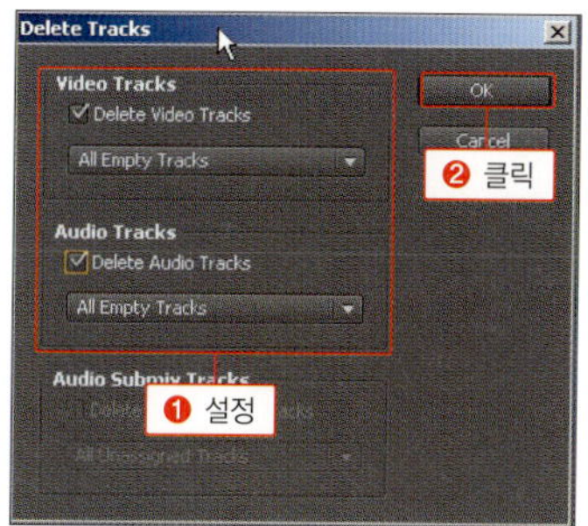

트랙 추가하기

타임라인 패널의 트랙은 자유롭게 추가 및 삭제를 할 수 있습니다. 특히, Audio 트랙의 추가 시
3가지 방식을 구별하며 추가합니다.

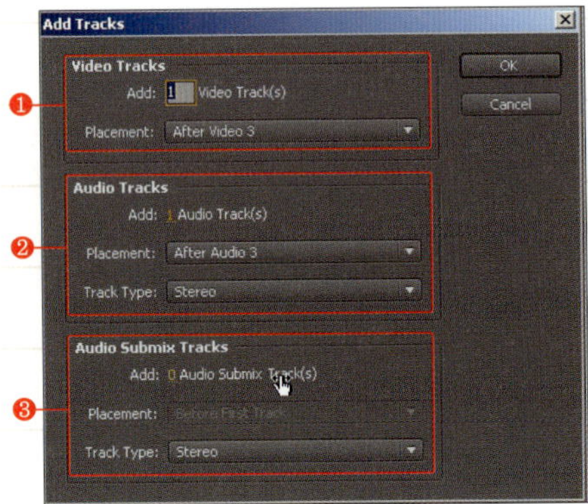

❶ Video Tracks : 비디오 트랙을 추가할 수 있습니다.

  ⓐ Before First Track : 선택된 트랙의 이전 트랙에 트랙을 추가합니다.

  ⓑ After Video1 : Video1 트랙의 다음 트랙에 추가합니다. 1번 트랙과 2번 트랙 사이에 추가됩니다.

❷ Audio Tracks : 오디오 형식에 따라 Mono, Stereo, 5.1 중에 하나를 선택하여 형식을 지
정합니다.

❸ Audio Submix Tracks : 오디오 트랙도 배경음악에 내레이션 등을 넣어 줄 수 있듯이 기
본 오디오 트랙과 합성하기 위해 필요한 트랙을 추가할 수 있습니다.

[Timeline] 패널의 스냅 기능 사용하기

타임라인의 기능을 이용해보고, 스냅 기능을 이용하여 영상들의 자연스럽게 연결해 봅시다.
타임라인은 가장 많이 사용되는 중요 패널이니 꼭 익혀 두시기 바랍니다.

스냅을 이용한 영상 연결하기

01 '타임라인기능' 이름으로 프로젝트를 만들고, [Widescreen 48kHz]의 '시퀀스1'의 시퀀스를 생성합니다.

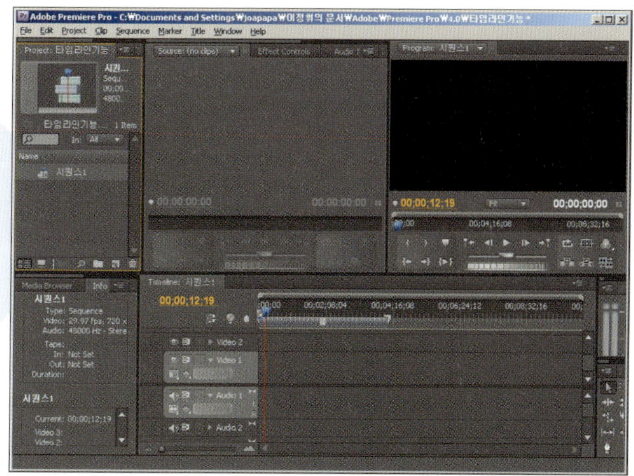

02 [Project] 패널의 빈 곳을 더블클릭하여 [Import] 창을 열어서 '말, 말2.wmv' 선택하고 [열기] 버튼을 클릭합니다.

◉ 경로 : 예제파일\Part3\Ch3\S02 폴더

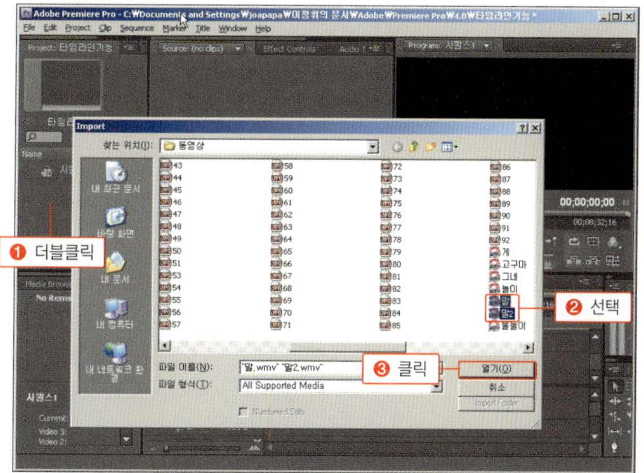

 [Project] 패널의 '말' 클립을 [Timeline] 패널로 드래그하여 이동하고 상단의 영역 조절 막대의 오른쪽 끝 부분을 클릭하고 왼쪽으로 드래그합니다. '말' 클립에서 [v]자가 보일 때까지 드래그합니다.

TIP

[Timeline] 패널 확대 방법
❶ 키보드의 = 키
❷ 타임라인 하단의 확대 버튼( )
❸ 영역조절 막대를 이용하여 확대

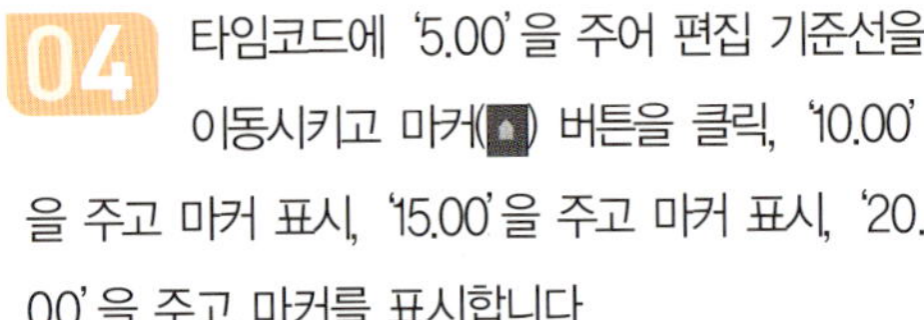

04 타임코드에 '5.00'을 주어 편집 기준선을 이동시키고 마커( ) 버튼을 클릭, '10.00'을 주고 마커 표시, '15.00'을 주고 마커 표시, '20.00'을 주고 마커를 표시합니다.

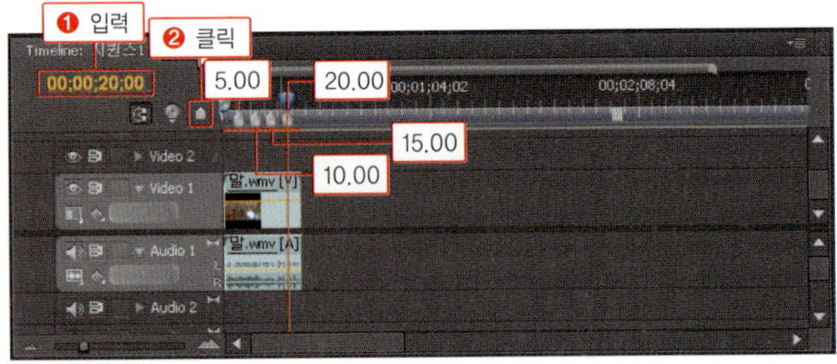

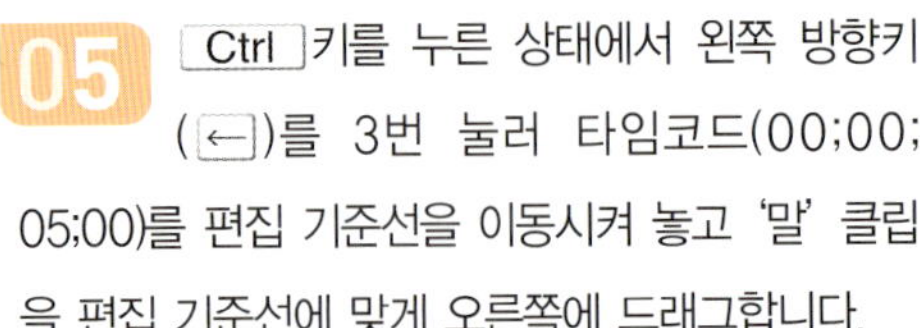

05 Ctrl 키를 누른 상태에서 왼쪽 방향키(←)를 3번 눌러 타임코드(00;00;05;00)를 편집 기준선을 이동시켜 놓고 '말' 클립을 편집 기준선에 맞게 오른쪽에 드래그합니다.

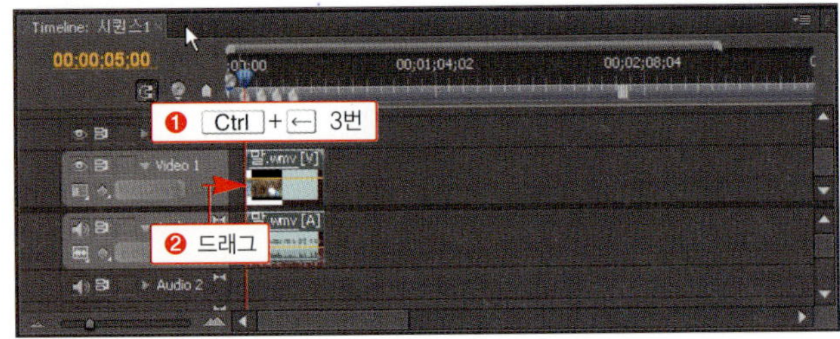

TIP

기본적으로 Snap( ) 버튼이 눌러져 있으므로 편집 기준선에 정확히 맞추어 이동시킬 수 있습니다.

06 [Project] 패널의 빈 공간을 더블클릭하여 [Import] 창에서 '10.jpg' 파일을 가져와서 [Timeline] 패널의 맨 처음에 드래그하여 넣어 줍니다.

⊙ 경로 : 예제파일\Part3\Ch3\S02 폴더

TIP

타임라인에서 이미지가 기본적으로 가지는 시간은 5초입니다. 5초 정도의 공간을 주고 넣어 주시면 됩니다. 혹, 이미지가 영상과 겹치게 되면 영상의 일부분이 보이지 않습니다. 주의하세요.

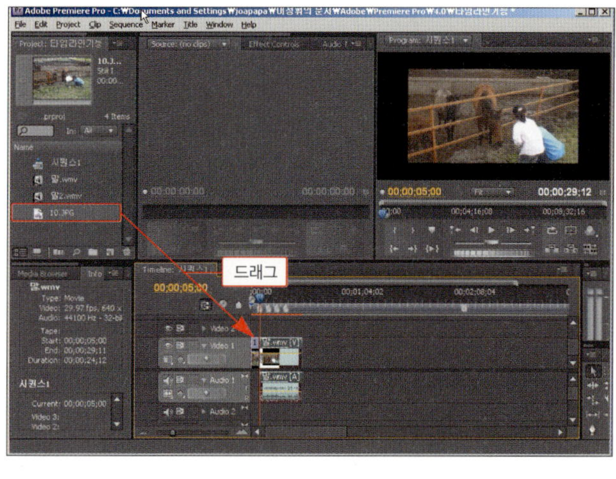

07 키보드에서 ⊒키를 3번 눌러 [Timeline] 패널을 확대시켜 놓고 Snap(🔲) 버튼을 클릭하여 해제합니다.

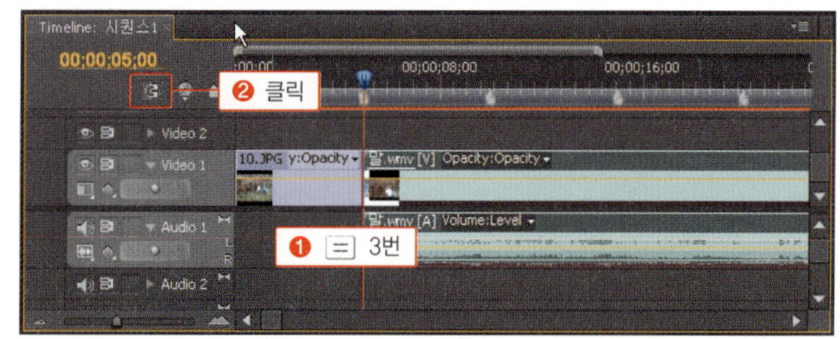

08 '말' 클립을 선택하고 '10' 클립쪽으로 드래그하여 이동하는데 풍선 도움말의 시간을 보고 '03;15~03;29' 사이쯤에 가져다 놓습니다.

TIP

Snap(🔲)이 적용되지 않으면 좀 더 부드럽게 겹쳐지는 것을 느끼실 수 있습니다.

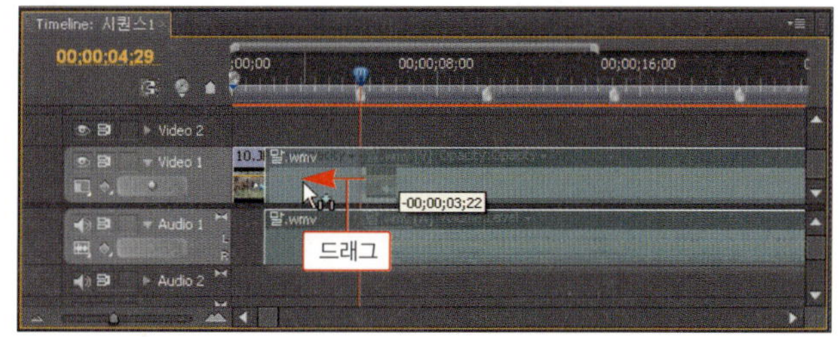

09 다시 키보드의 ─ 키를 3번 눌러 패널을 축소시켜 놓고 [Project] 패널의 '말2' 클립을 [Timeline] 패널의 Video1 트랙의 '말' 클립과 떨어져 있는 뒤쪽에 드래그하여 위치시켜 놓고 '말'과 '말2' 사이의 빈 공간에 클릭한 다음에 마우스 오른쪽 버튼을 클릭해 [Ripple Delete]를 클릭합니다.

TIP

확대키(〓)나 축소키(─)는 [Timelline] 패널이 선택되어 있은 상태에서 해야 합니다. 그렇지 않으면 적용되지 않습니다.

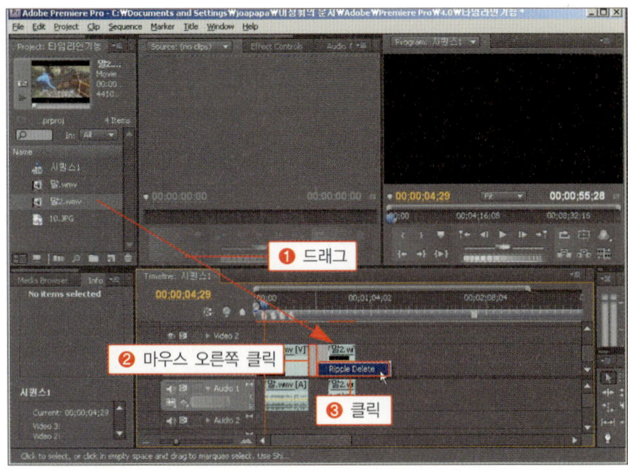

10 다시 〓 키를 눌러 패널을 확대시켜 놓고 오른쪽 [Tool] 패널의 Ripple Edit Tool( )을 클릭합니다.

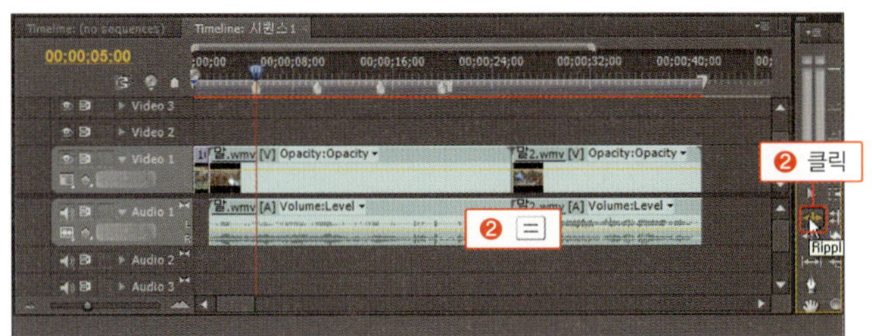

11 '말'과 '말2' 사이의 경계선에 클릭한 후 [Program] 모니터 패널의 영상을 보면서 왼쪽으로 드래그하여 비슷한 화면(19:00)지점이 나오면 손을 놓습니다.

TIP

Ripple Edit Tool( )을 사용하여 [Program] 모니터에서 두 영상 간의 이어질 수 있는 프레임을 보면서 찾을 수 있습니다.

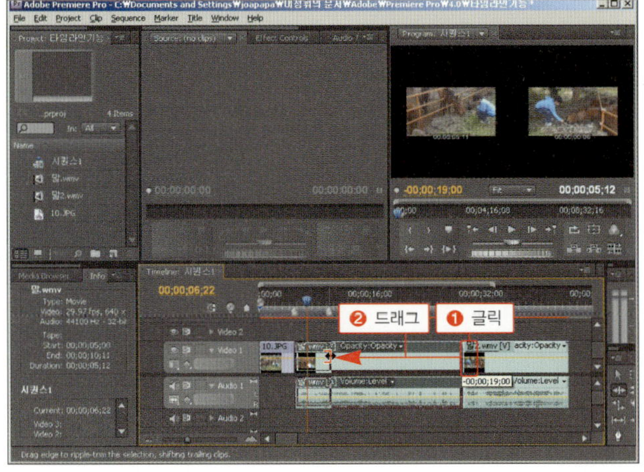

12 Enter 키를 눌러서 렌더링을 시작합니다.

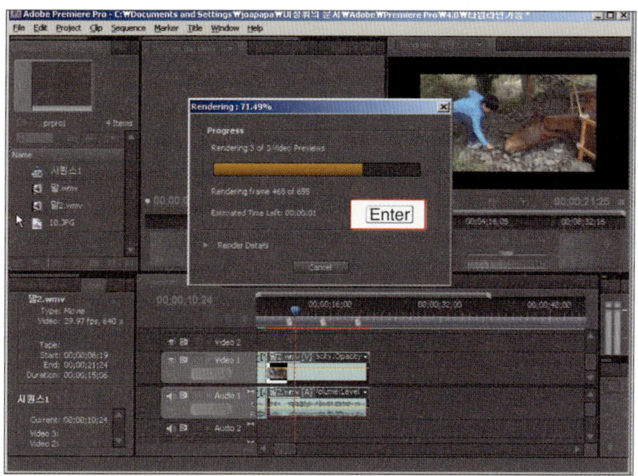

13 렌더링이 끝난 다음에 작업 영역을 렌더
링의 크기에 맞게 맞춰 완료합니다.

TIP

작업 영역이 렌더링한 것보다 커지면 필요없는 부분
을 추출할 수도 있습니다. 작업 영역의 크기는 렌더링
이 끝난 시점의 녹색선의 크기와 같은 것이 좋습니다.

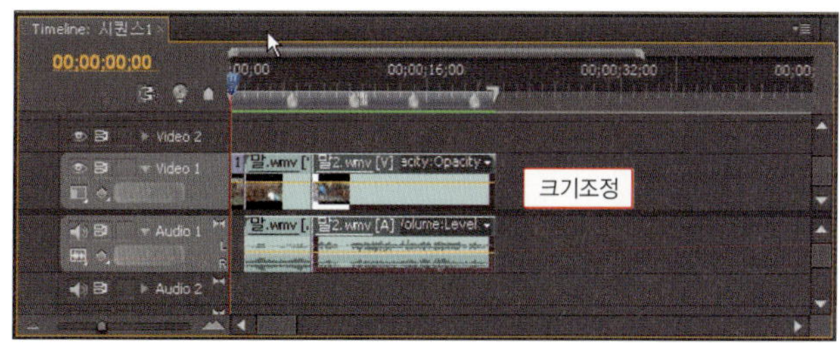

[Timeline] 패널 기능 살펴보기

[Timeline] 패널에 있는 기능들의 특징을 알아보고, 기능별 활용법에 대해 살펴봅니다.

❶ 타임코드(00;00;00;00) : 현재의 편집 기준선이 있는 위치의 시간 값을 표시합니다. 타임코드에 값이 들어가면 편집 기준선이 자동으로 이동됩니다.

❷ Snap( ) : 클립들이 정확하게 편집 기준선이나 편집할 부분에 위치할 수 있도록 도와주는 설정 부분입니다. 정확히 붙여서 사용하는 것이 아니라 자연스럽게 서로 겹치도록 할 경우에는 비활성화해서 사용합니다.

❸ Set Encore Chapter Marker( ) : 현재 시퀀스를 Adobe Encore의 챕터 마커에 포함시킬 수 있습니다. DVD 제작 시 챕터 마커로 동일하게 사용되어 메뉴 버튼에 링크 역할을 합니다.

❹ Set Unnumbered Marker( ) : 작업영역 안에 마커를 표시합니다. 중요한 지점이 있다면 마커를 표시하고, Ctrl 키를 누른 상태에서 왼쪽 방향키(←)와 오른쪽 방향키(→)를 눌러 편집 기준선을 즉시 이동시킬 수 있습니다.

❺ 작업 영역 : 타임 구역에 막대로 존재하는데, 클립을 가져오면 자동으로 길이가 커지고 작아집니다. 보통 편집 작업 중에는 작업 영역에 빨간선이 표시되는데 렌더링(Enter)을 하면 녹색으로 변경됩니다. 즉, 입력되는 영역 크기 설정이나 추출되는 영역의 정확한 부분을 설정할 수 있습니다.

❻ 영역 조절 막대 : 편집 기준선을 중심으로 클립을 확대하여 보거나 축소하여 볼 수 있습니다. 영역 조절 막대의 한쪽 끝을 드래그하면 확대하거나 축소하게 됩니다.

마커를 이용하여 영상 불러오기

오디오의 내용을 들으면서 중간에 마커를 넣고 마커를 기준으로 클립들을 불러와
영상을 쉽게 제작할 수 있습니다.

마커를 이용한 영상 편집

01 '마커' 이름으로 프로젝트를 만들고, [Widescreen 48kHz]의 '시퀀스1'의 시퀀스를 생성합니다.

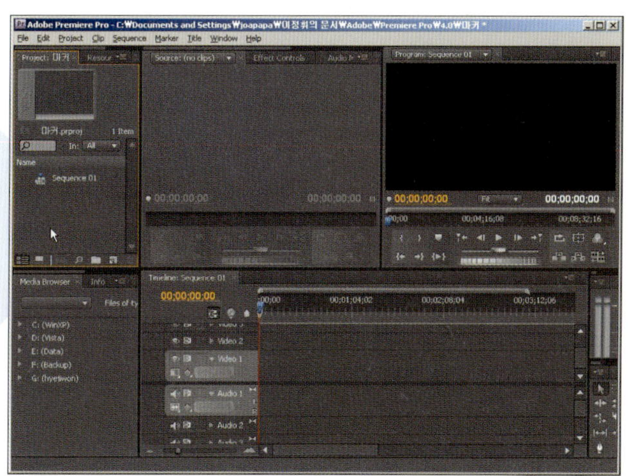

02 [Project] 패널의 빈 곳을 더블클릭하여 [Import] 창을 열어서 '파헬벨(캐논변주곡).wma'를 선택하고 [열기] 버튼을 클릭합니다.

◉ 경로 : 예제파일\Part3\Ch3\S03 폴더

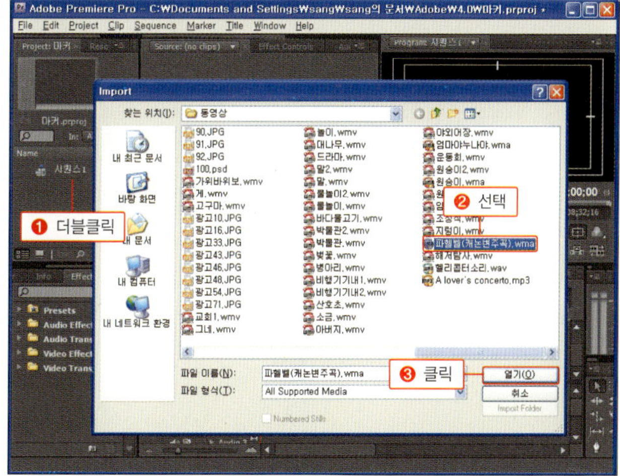

03 [Project] 패널의 '파헬벨(캐논변주곡)'를 선택하여 [Timeline] 패널로 드래그하여 이동하고 타임코드를 클릭하여 '1.00.02'을 넣고 Ctrl + K 키를 눌러 자릅니다. 잘려진 부분은 Delete 키로 삭제합니다.

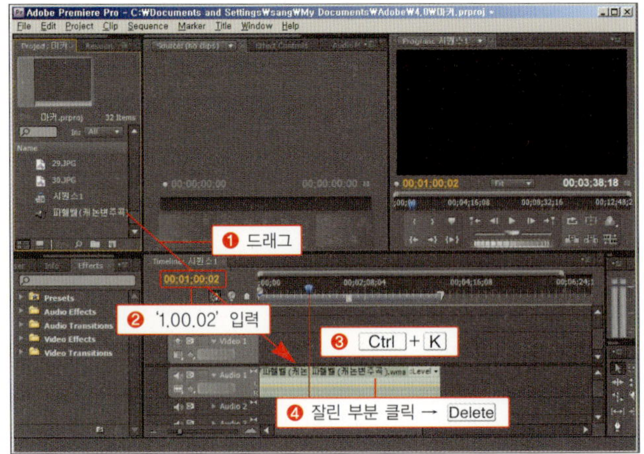

04 키보드의 ＝ 키를 눌러 클립을 확대합니다. [Timeline] 패널 하단에 스크롤바를 왼쪽으로 이동하여 클립의 맨 처음이 보이도록 합니다.

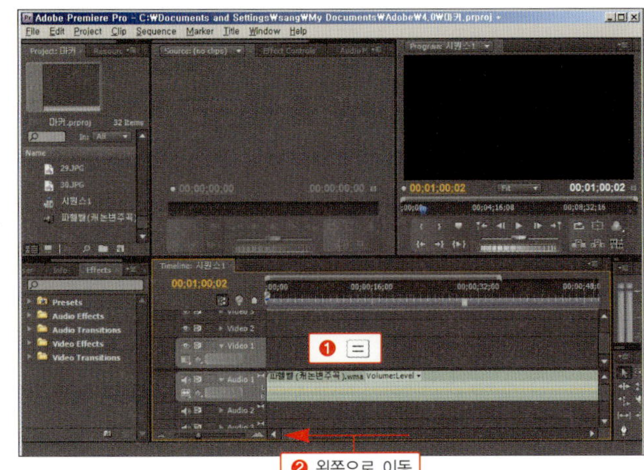

05 Num Lock 키패드의 ＊ 키를 타임코드(00:00:00:00)에 맞추어 누르고, Space Bar 키를 눌러서 음악을 재생합니다. 재생하는 동안 음악에 맞도록 일정 부분에 ＊ 키를 한 번씩 누릅니다.

TIP

나중에 클립들을 가져다 놓을 때 마커가 (00:00:00:00)에 있지 않으면, 첫 부분에 클립이 들어 오지 않습니다. 위의 타임라인의 마커위치와 상관없이 독자분들의 임의대로 마커를 넣어 보세요.

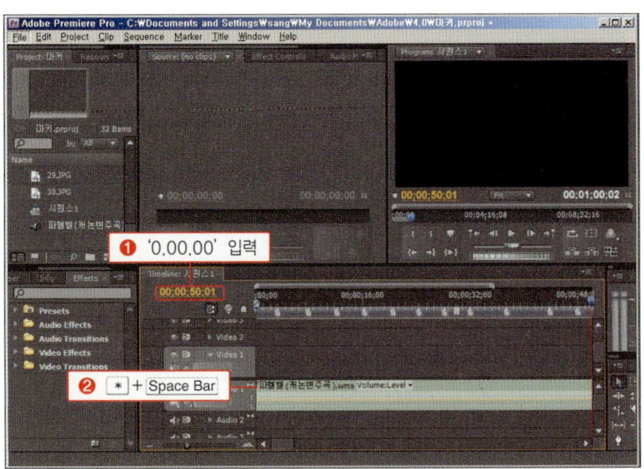

06 다시 부록 DVD의 '01~30.jpg'를 불러와 클립을 추가한 후, 전체 클립을 선택하고 [Project] 패널의 기능 메뉴의 Automate to Sequence 버튼을 클릭합니다. [Project] 패널의 기능 메뉴의 Automate to Sequence(▩▩) 버튼을 클릭합니다.

◉ 경로 : 예제파일\Part3\Ch3\S03 폴더

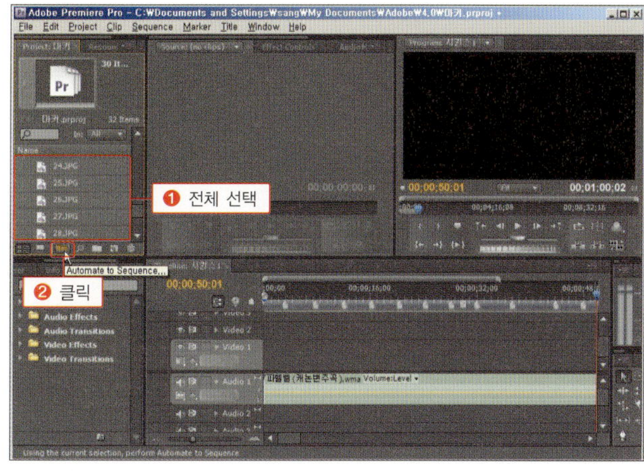

07 대화상자가 나타나면 [Ordering]은 'Selection Order'로, [Placement]는 'At Unnumbered Markers'로, [Method]는 'Overlay Edit'로 변경하고 [OK] 버튼을 클릭합니다.

TIP

자동 배치 기능의 'Selection Order'는 선택된 순서대로, 'At Unnumbered Marker'는 마커를 기준으로, 'Overlay'는 이미지 간의 덮어쓰기로 설정합니다.

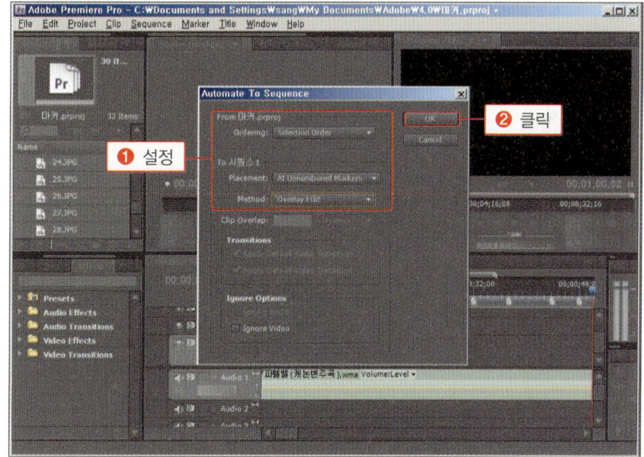

08 편집 기준선을 오디오 클립의 맨 마지막으로 이동하고, 편집 기준선의 오른쪽에 있는 클립들을 선택하려 Delete 키를 눌러 삭제합니다.

09 키보드의 클립 확대키 = 키를 두 번 누르고, 하단의 가로 스크롤을 맨 왼쪽으로 이동하고, 타임라인에 클릭하여 '20'을 입력, '00;00;00;20'로 변경하여 완료합니다.

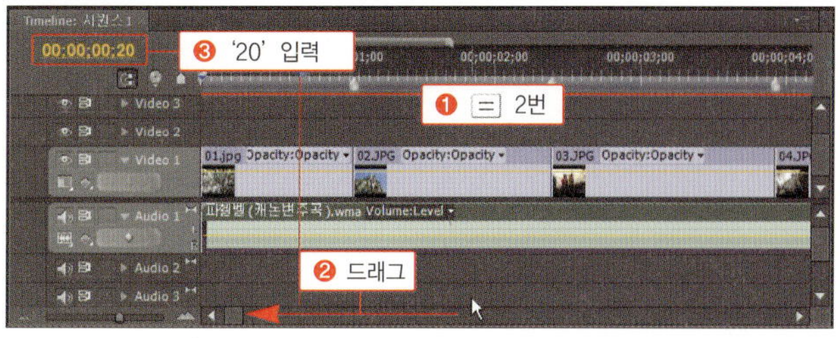

10 가장 왼쪽의 클립 '01'을 선택하고, 키프레임을 추가 다시 타임코드에 '0'을 주어 '00:00:00:00'을 만든 후 키프레임을 추가합니다.

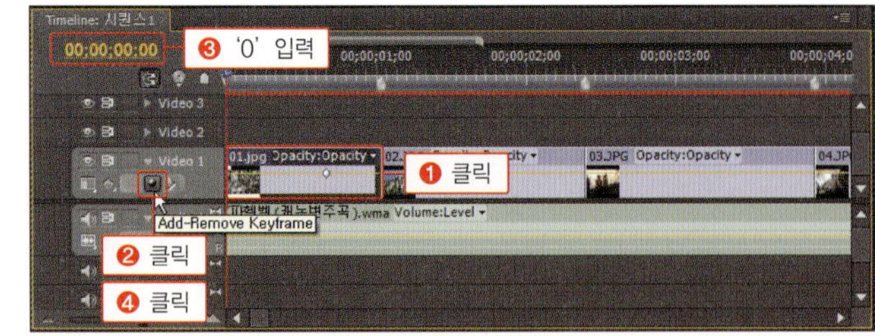

11 맨 처음의 키프레임을 가장 하단으로 내리고, Audio1 트랙의 '파헬벨(캐논변주곡)' 클립을 선택하고 키프레임을 추가합니다.

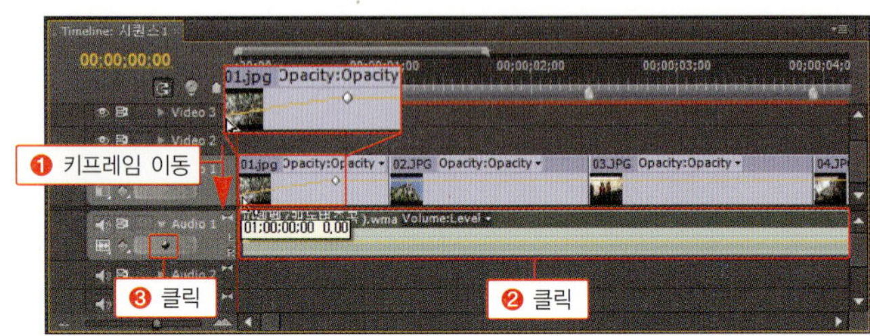

12 타임코드를 클릭하고 '20'을 넣어 '00:00:00:20'로 변경한 후, 키프레임을 클릭하고 맨 처음의 키프레임을 아래로 내려줍니다.

TIP

비디오만 페이드인을 주는 것이 아니라 오디오도 페이드인을 주어 느낌을 살려 줍니다.

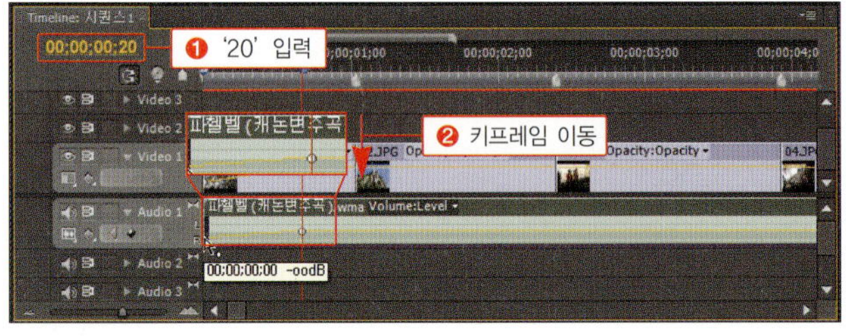

13 Video1 트랙의 마지막 클립을 선택하고, 맨 처음 프레임에 키프레임을 클릭하고, 마지막 프레임에 키프레임을 클릭합니다.

14 마지막 키프레임을 아래로 내려주고, Vidoe1 트랙 옵션의 Go to Previous key Frame( )을 클릭합니다.

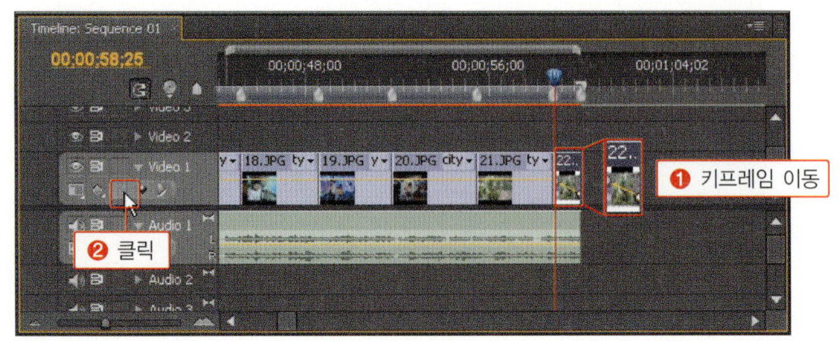

15 Audio1 트랙의 클립을 선택하고 키프레임을 추가한 다음 편집 기준선을 맨 마지막 프레임으로 이동시키고 키프레임을 클릭하여 줍니다.

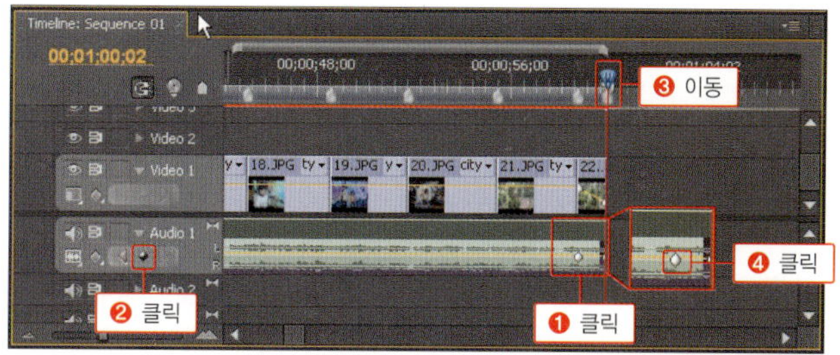

16 Audio1 트랙의 마지막 키프레임을 아래로 내리고, Enter 키를 눌러 렌더링을 시작합니다.

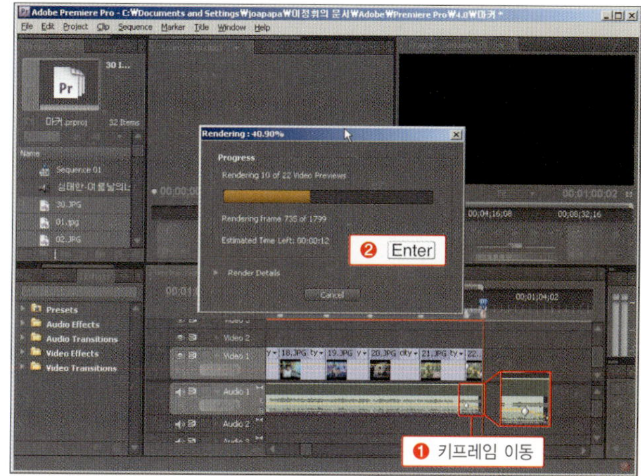

17 [Export Settings] 창이 나타나면 [Output] 탭을 클릭하고 [Format]을 'Windows Media'로 변경하고 [OK] 버튼을 클릭합니다.

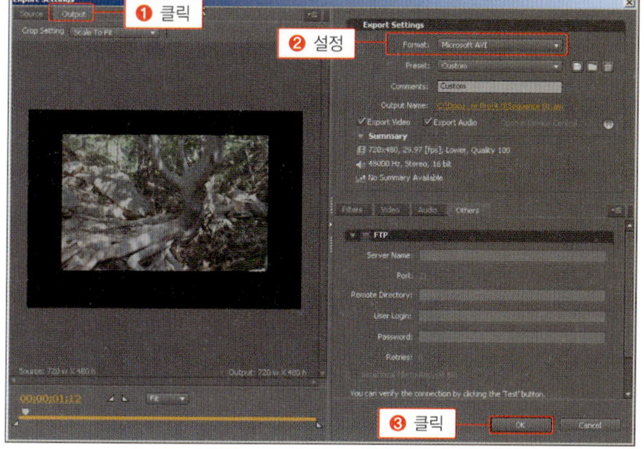

18 [Adobe Media Encoder] 창이 나타나면 [Output File]의 아래 경로를 더블클릭하여 저장폴더창을 열어 이름을 '마커'로 주고 [저장] 버튼을 클릭하고, [Start Queue] 버튼을 클릭하여 동영상을 추출합니다. 결과를 확인합니다.

⊙ 경로 : 예제파일\Part3\Ch3\마커.wmv

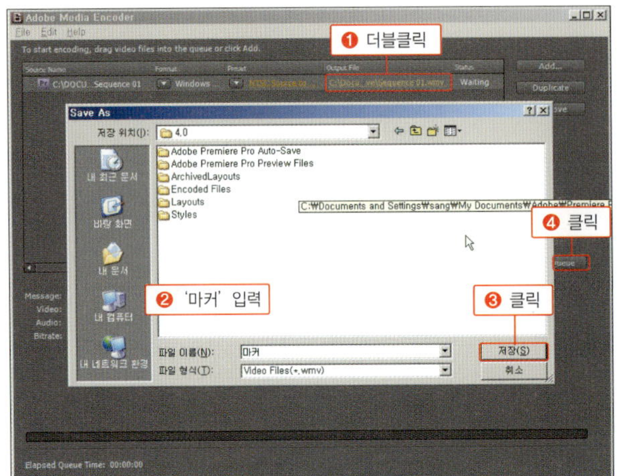

마커 설정과 마커 표시하기

타임라인에서 마커를 설정하고, 설정된 마커를 이용하여 영상을 편집합니다.

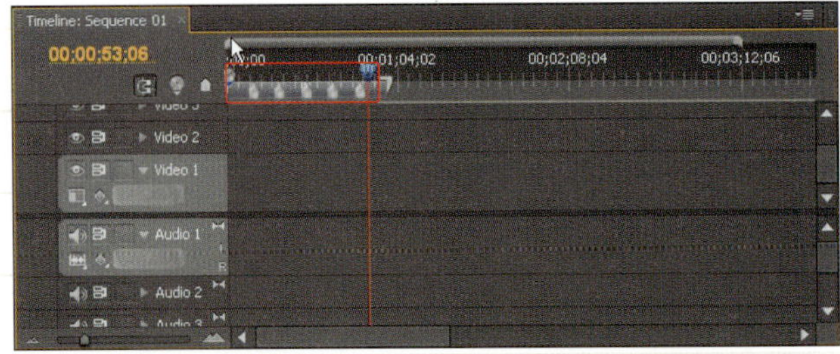

❶ 마커(■ : Maker) : 편집을 보다 빠르게 진행할 수 있도록 시간별 위치 값에 따른 표시입니다. 즉, 마커를 이용하여 책갈피처럼 빠른 검색이나 제어를 용이하게 해줍니다.

❷ 마커 표시 방법

  • [Sourece] 모니터 패널에서 마커를 표시합니다.

  • [Timeline] 패널에서 마커를 표시합니다.

  • 키보드의 [Num Lock] 키보드 패널에서 [*]를 눌러 표시합니다.

편집한 여러 시퀀스를 하나의 시퀀스로 만들기

각각의 시퀀스에 Effect 기능을 주어 편집하고,
편집한 시퀀스를 하나의 시퀀스에 모아 인코딩하는 방법입니다.

네스팅 기법으로 영상 편집하기

01 '네스팅' 이름으로 프로젝트를 만들고, [Widescreen 48kHz]의 '시퀀스1'의 시퀀스를 생성합니다.

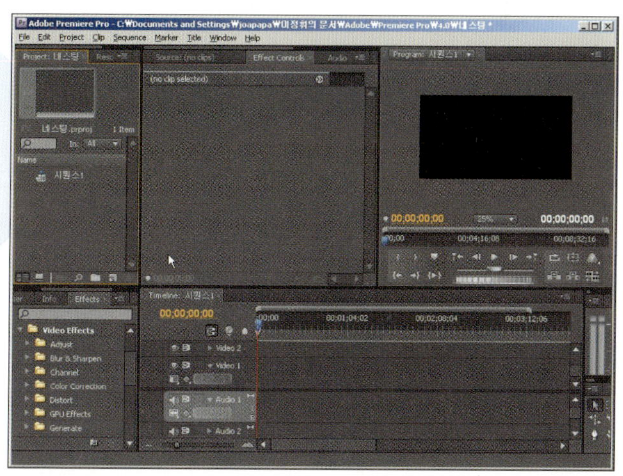

02 [Project] 패널의 빈 곳을 더블클릭하여 [Import] 창을 열어서 '말, 바다물고기, 원숭이.wmv' 선택하고 [열기] 버튼을 클릭합니다.

◉ 경로 : 예제파일\Part3\Ch3\S04 폴더

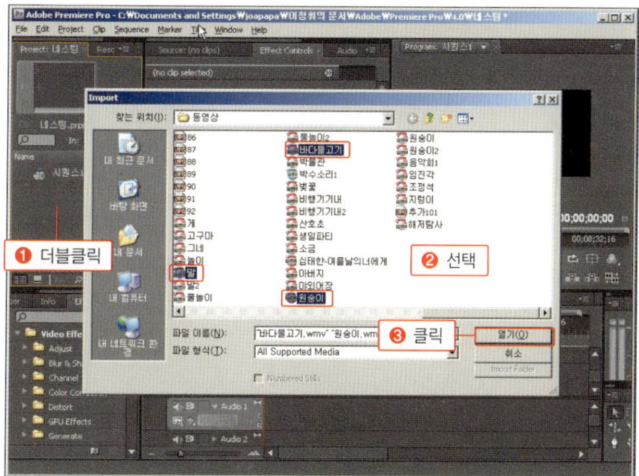

03 [File]-[New]-[Sequence] 메뉴를 클릭하여
[New Sequence] 창이 나타나면 [Widescreen
48kHz]의 '원숭이' 시퀀스를 생성합니다.

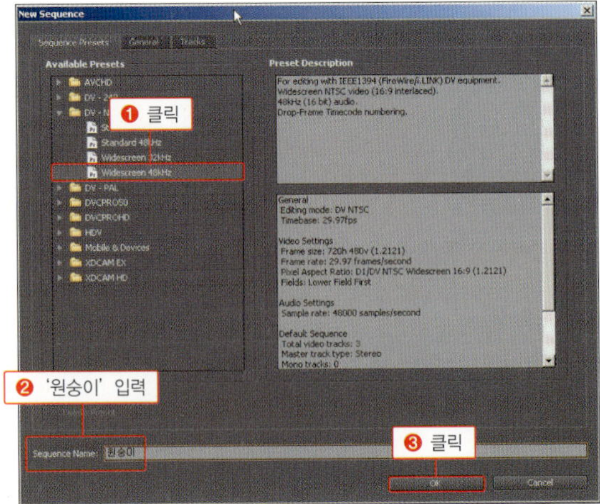

04 [Timeline] 패널의 '원숭이' 시퀀스탭으로
이동한 후 [Project] 패널의 '원숭이' 클
립을 [Timeline] 패널로 이동합니다.

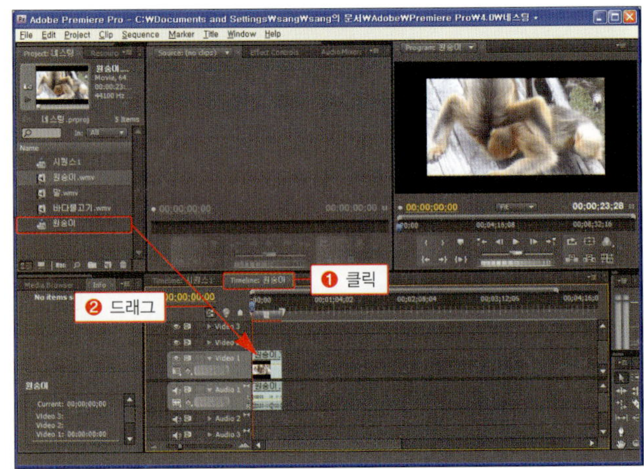

05 [Effects] 패널의 [Video Effects]-
[Perspective]-[Basic 3D] 선택한 후
'원숭이' 클립으로 드래그하여 적용시켜줍니다.

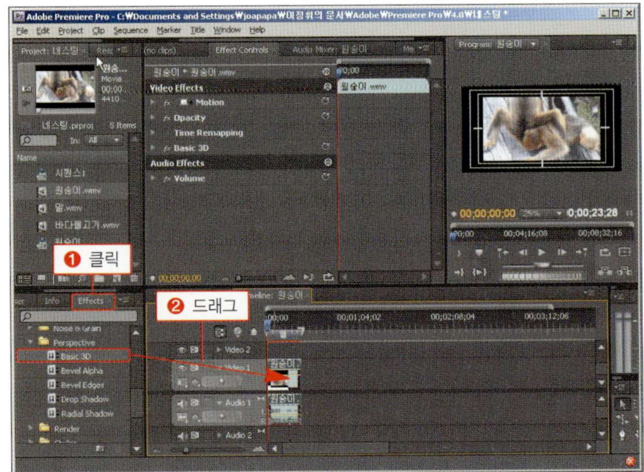

06 [Timeline] 패널의 타임코드를 클릭하여 '15.00'을 넣어 준 후 [Effect Controls] 패널에서 [Basic 3D]의 확장 삼각형(▶)를 클릭하면 이펙트 메뉴들이 나타나는데 [Swivel] 이펙트 Toggle animation() 버튼을 클릭하면 키프레임이 생깁니다.

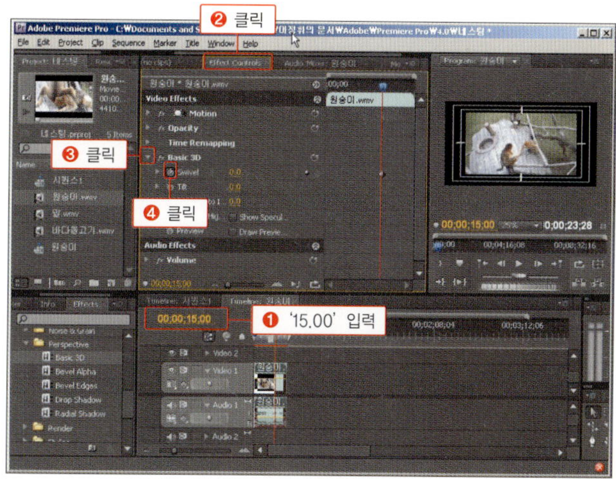

07 다시 [Timeline] 패널의 타임코드를 클릭하여 '17.00'을 넣고 [Effect Controls] 패널의 [Basic 3D] 이펙트 [Swivel]의 키프레임을 눌러 키프레임이 나오면 적용 값에 '-90'을 넣어 줍니다.

TIP

'15.00'에 적용 값이 '0'이고, '17.00'에 적용 값이 '-90'이면 2초 사이에 위치가 '0~-90'로 변경되게 됩니다. 즉, '16.00'에서는 '-45'의 값이 됩니다.

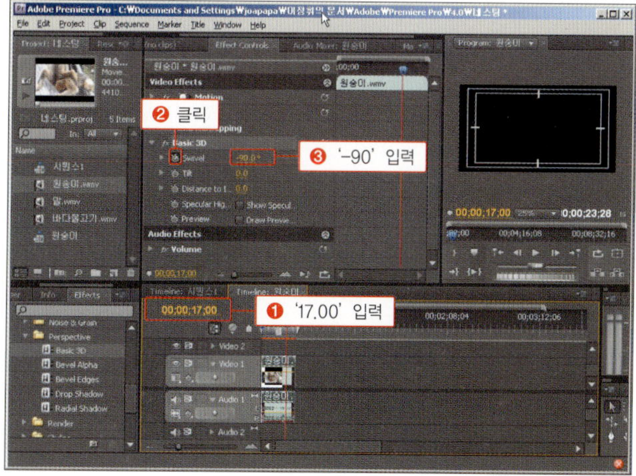

08 [File]-[New]-[Sequence] 메뉴를 클릭하여 [New Sequence] 창이 나타나면 [Widescreen 48kHz]의 '말'의 시퀀스를 생성합니다.

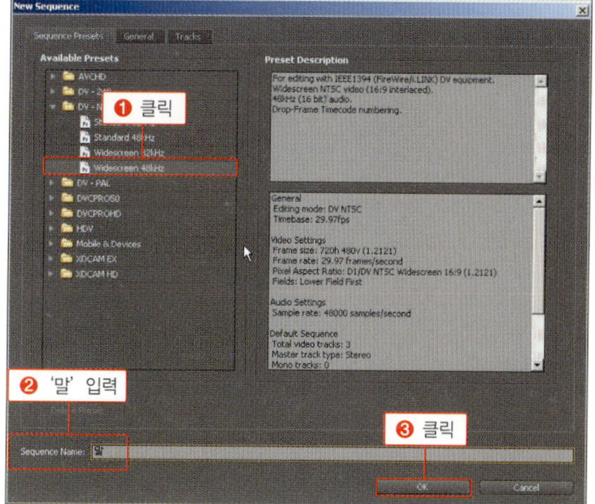

09 [Timeline] 패널의 '말' 시퀀스탭을 클릭하고 '말' 클립을 [Timeline] 패널로 이동시킨 후 [Effects] 패널의 [Video Effects]-[Perspective]-[Basic 3D] 선택한 후 '말' 클립으로 드래그하여 적용시켜줍니다.

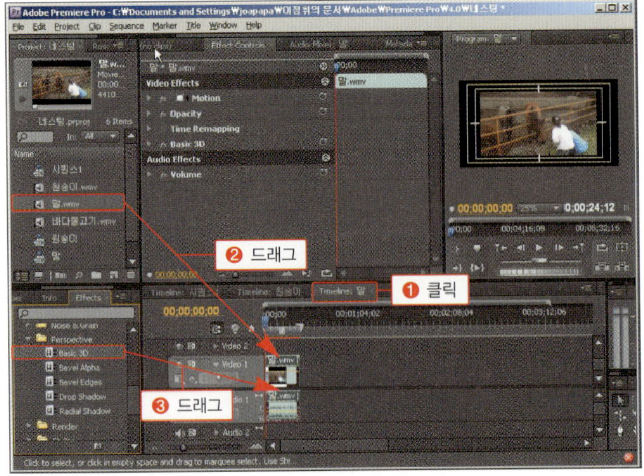

10 [Effect Controls] 패널에서 [Basic 3D]의 확장 삼각형(▶)를 클릭하면 이펙트 메뉴들이 나타나는데 [Swivel] 이펙트 Toggle animation(◉) 버튼을 클릭해 키프레임을 만들고 적용 값에 '-90'을 넣어 줍니다.

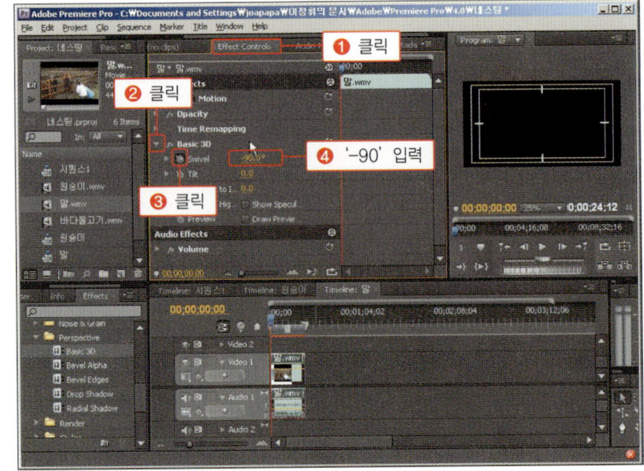

11 [Timeline] 패널의 타임코드를 클릭한 후 '2.00'을 넣고 [Effect Controls] 패널의 [Basic 3D] 이펙트의 'Swivel'의 Togle animation(◉)을 클릭해 키프레임을 만든 후 적용값에 '-180'을 넣어 줍니다.

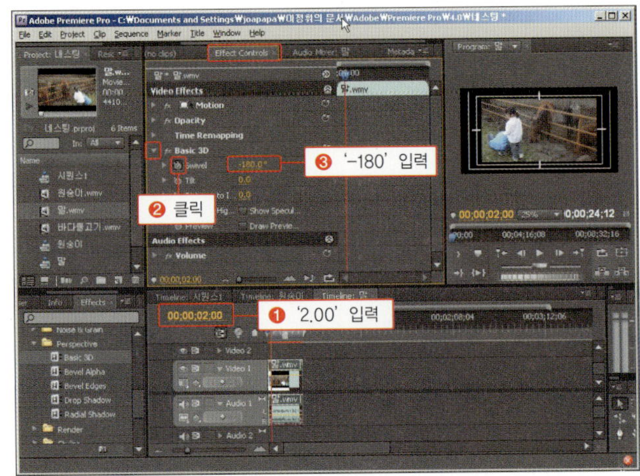

12 [Timeline] 패널의 타임코드에 클릭하여
'18.00'을 넣고 이펙트 [Swivel]에서 키
프레임만 찍어줍니다. 다시 타임코드를 클릭하여
'20.00'을 넣고 이펙트 [Swivel]에서 키프레임을
찍고 적용 값에 '-270'을 넣어 줍니다.

TIP

'18.00'에서 키프레임만 넣으면 이전에 적용된 '-
90'의 적용값이 그대로 유지되면서 적용되게 됩니다.

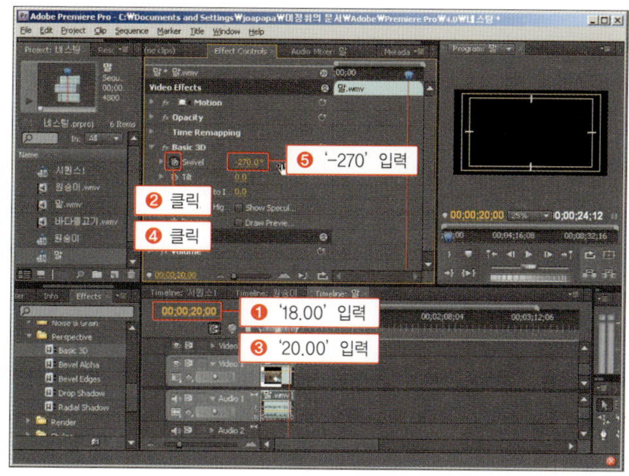

13 [File]-[New]-[Sequence] 메뉴를 클릭하여
[New Sequence] 창이 나타나면 [Widescreen
48kHz]의 '바다물고기' 시퀀스를 생성합니다.

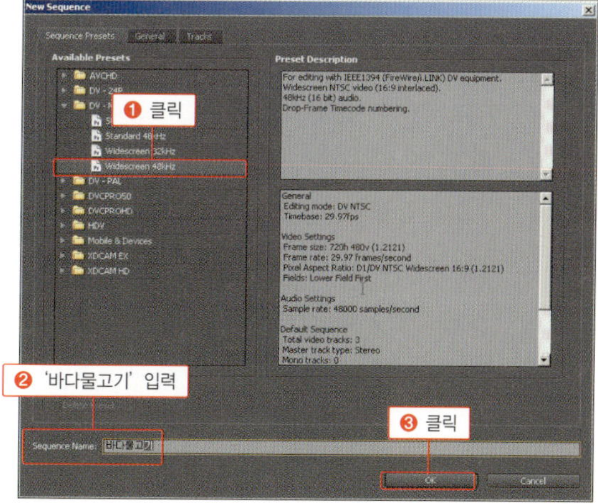

14 [Timeline] 패널의 '바다물고기' 시퀀스
탭을 클릭하고 '바다물고기' 클립을
[Timeline] 패널로 이동시킵니다.

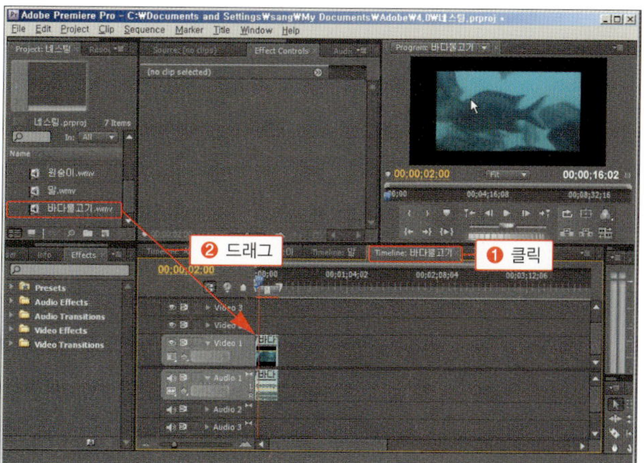

15 [Effects] 패널의 [Video Effects]–[Perspective]–[Basic 3D] 선택한 후 '바다시퀀스' 클립으로 드래그하여 적용시켜줍니다.

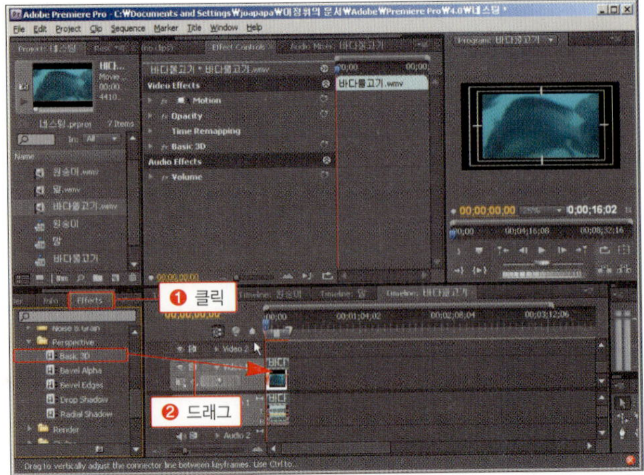

16 [Effect Controls] 패널에서 [Basic 3D]의 확장 삼각형(▶)를 클릭하면 이펙트 메뉴들이 나타나는데 [Swivel] 이펙트 Toggle animation(⊚) 버튼을 눌러 키프레임을 만들고 적용 값에 '-270' 넣어 줍니다.

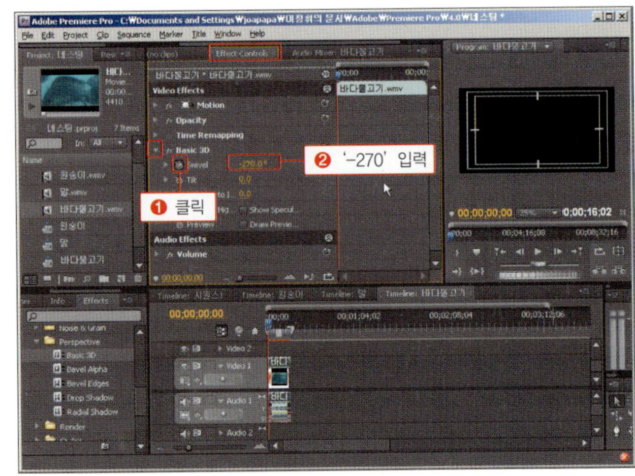

17 [Timeline] 패널의 타임코드에 클릭하여 '20.00'을 넣고 이펙트 [Swivel]에서 키 프레임을 찍고 적용 값에 '-360'을 넣어 줍니다.

TIP

'-360'는 '0'과 같은 의미로 한 바퀴를 돈 '0'도가 됩니다.

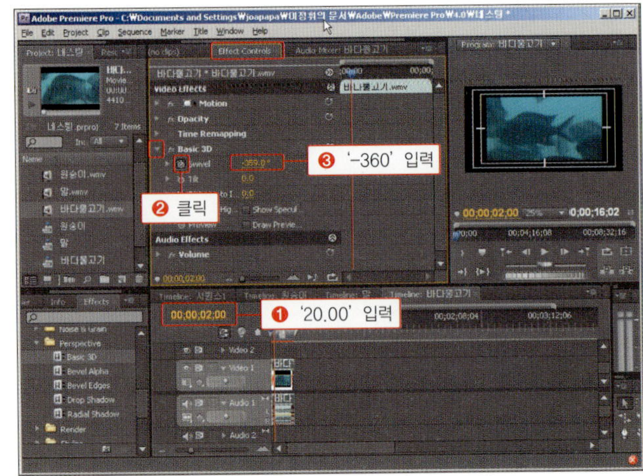

18 [Timeline] 패널의 '시퀀스1' 탭으로 이동한 후 [Project] 패널의 '원숭이' 시퀀스를 [Timeline] 패널로 이동하고, 타임코드 '17.00', Video2 패널에 '말' 시퀀스를 편집 기준선에 맞게 드래그하여 넣어 줍니다.

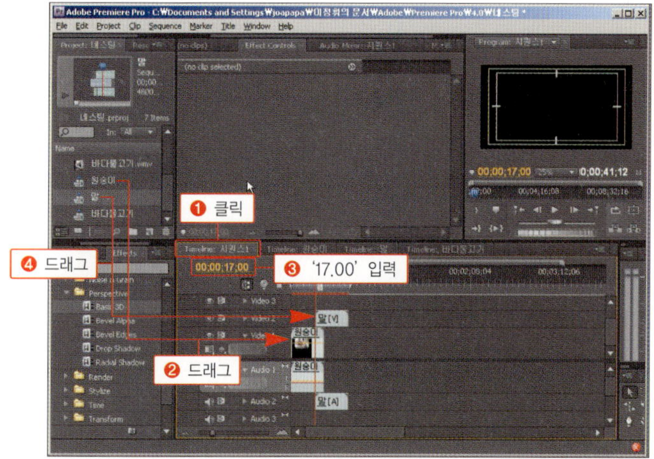

19 다시 타임코드에 '37.00'에 넣고 Video3 트랙에 '바다물고기' 시퀀스를 넣어 줍니다.

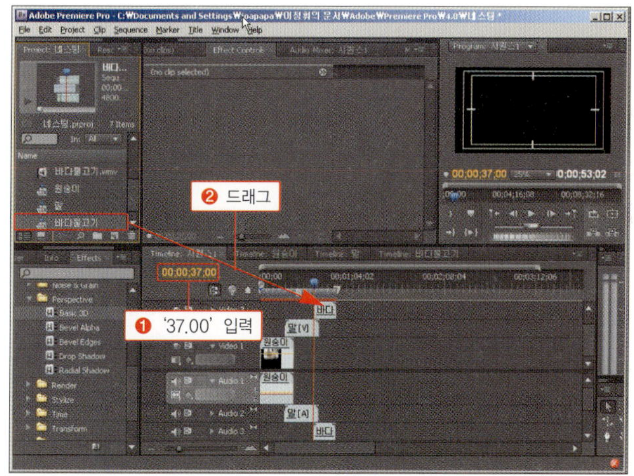

20 Enter 키를 눌러 렌더링을 시작합니다.

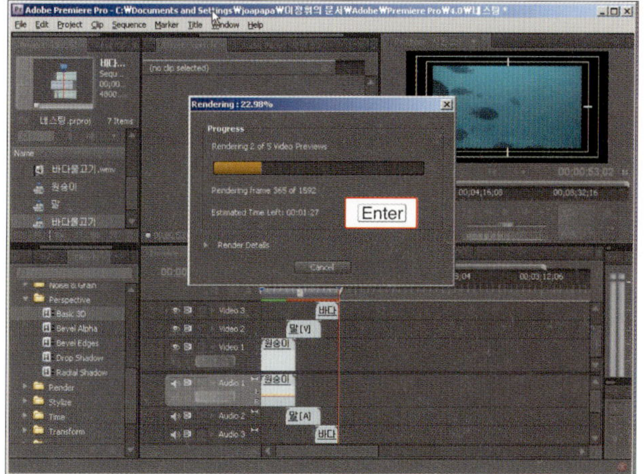

21 [File]-[Export]-[Media] 메뉴를 클릭하면 [Export Settings] 창이 나타나는데 [Output] 탭으로 이동하여 [Format]은 'Windows Media'로 설정하고 [Preset]은 'NTSC Widescreen Source to Download 1024kpbs'로 설정하고 [OK] 버튼을 클릭합니다.

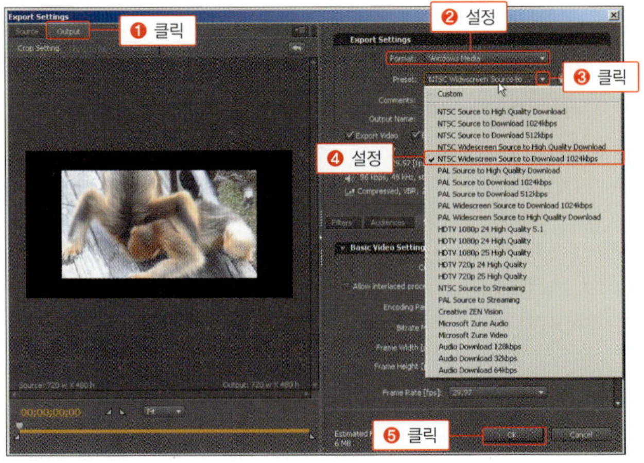

22 [Adobe Media Encoder]가 나타나면 [Output File]을 아래의 경로를 더블클릭하여 [파일 이름]을 '네스팅'으로 변경, [저장] 버튼을 클릭하고, [Start Queue] 버튼을 클릭해 결과물의 동영상을 추출합니다. 결과물을 확인합니다.

◉ 경로 : 예제파일\Part3\Ch3\네스팅.wmv

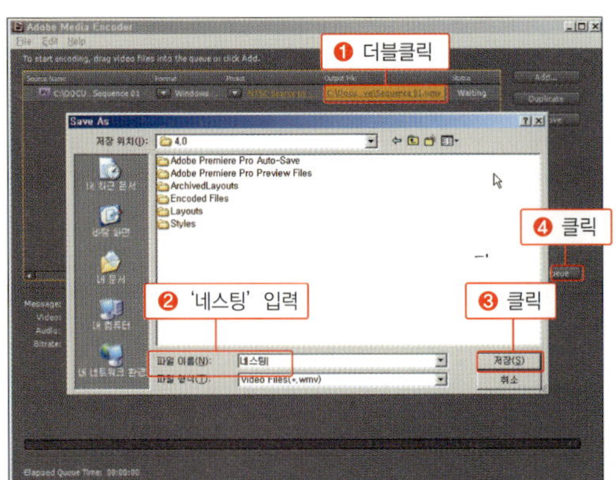

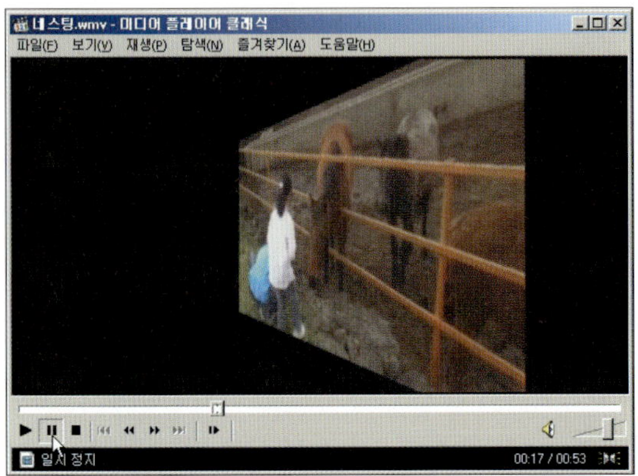

이것만은 알아두세요! 네스팅 기법이란?

네스팅 기법이란 여러 작업이 되어 있는 시퀀스를 다른 시퀀스에서 하나의 클립처럼 가져와 작업하는 기법을 의미합니다. 여러 편집자들이 각자의 영상을 편집하고 각각의 시퀀스로 만들고 나중에 전체를 묶어 완성된 영상을 만들어 가는데 편리합니다.

주의사항
• 같은 이름의 시퀀스는 포함할 수 없습니다.
• 원본 시퀀스가 변하면 원본을 포함한 시퀀스도 변경됩니다.

영상의 속도를 내 마음대로 조절하기

영상 작업을 하다 보면 속도를 빠르게 하거나 반대로 느리게 재생시켜야 하는
작업이 필요할 경우가 있습니다. 이럴 때 속도 조절 기능을 이용하여 속도를 조절하고
반대로 재생하는 방법도 알아봅니다.

속도 조절과 역재생하기

01 '스피드' 이름으로 프로젝트를 만들고,
[Widescreen 48kHz]의 '시퀀스1'의 시
퀀스를 생성합니다.

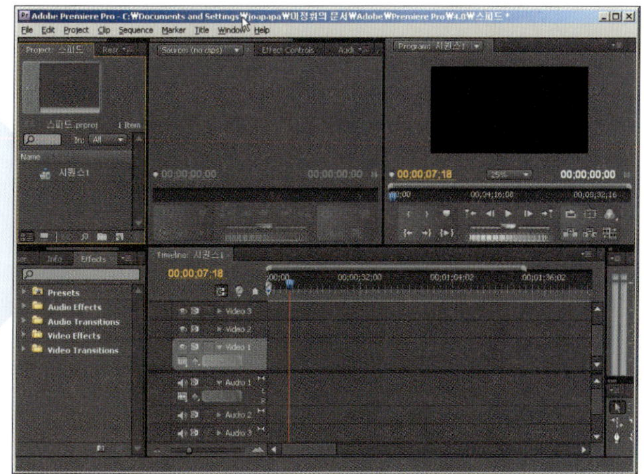

02 [Project] 패널의 빈 곳에 더블클릭하여
[Import] 창을 열어서 '바다물고기.wmv'
파일을 선택하고 [열기] 버튼을 클릭합니다.

◉ 경로 : 예제파일\Part3\Ch3\바다물고기.wmv

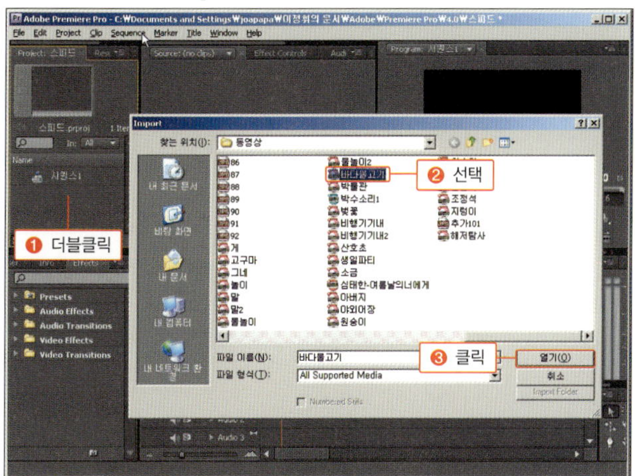

03 [Timeline] 패널에 '바다물고기' 클립을
드래그하여 이동시켜 놓고 '바다물고기'
클립에서 마우스 오른쪽 버튼을 클릭하여 바로가
기 메뉴의 [Speed/Duration]을 클릭합니다.

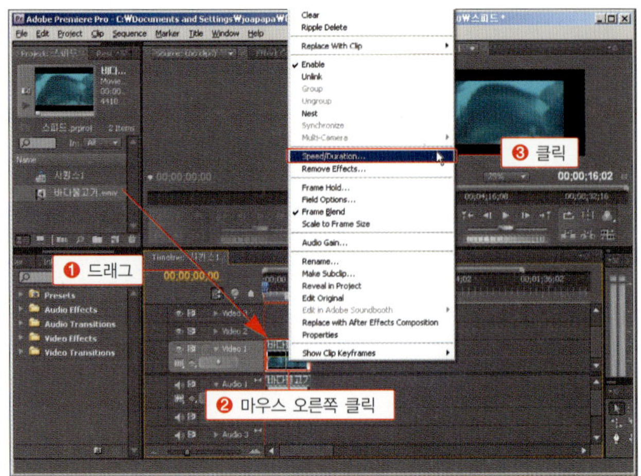

04 [Clip Speed/Duration] 창이 나타나면 [Speed] 값을 클릭하여 '110'으로 변경하
고, [OK] 버튼을 클릭합니다.

TIP

기본 [Speed] 값은 '100'이고, '110'으로 Speed를 증가시키면 [Duration] 값이 자동감소합니다.
즉, 영상의 속도가 감소하여 빠르게 진행한다는 것을 의미합니다.

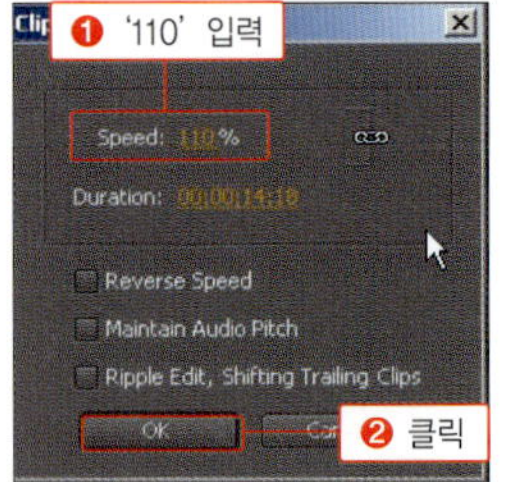

05 [Program] 모니터 패널에서 Space Bar
키를 눌러 보다 빠른 재생 속도를 보고,
다시 '바다물고기' 클립을 선택한 후 마우스 오른
쪽을 클릭하여 [Speed/Duration]을 클릭합니다.

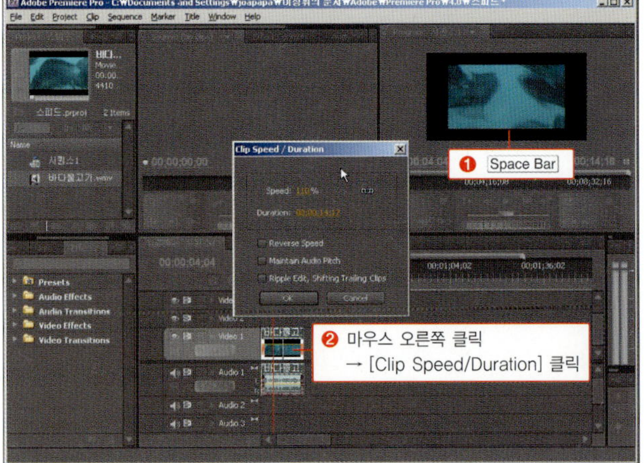

06 [Clip Speed/Duration] 창에서 링크(   ) 버튼을 클릭하여 연결을 해제하고,
[Duration]값에서 마우스를 오른쪽으로 이동하여 [Duration]값을 '00;00;21;00'
으로 변경하고 [OK] 버튼을 클릭합니다.

07 [Timeline] 패널에서 재생 시간의 값이 변경되지 않았습니다. [Clip Speed / Duration] 창에서 링크가 해제된 상태에서는 [Speed]와 [Duration]의 값이 변경되어도 영향을 주지 않습니다.

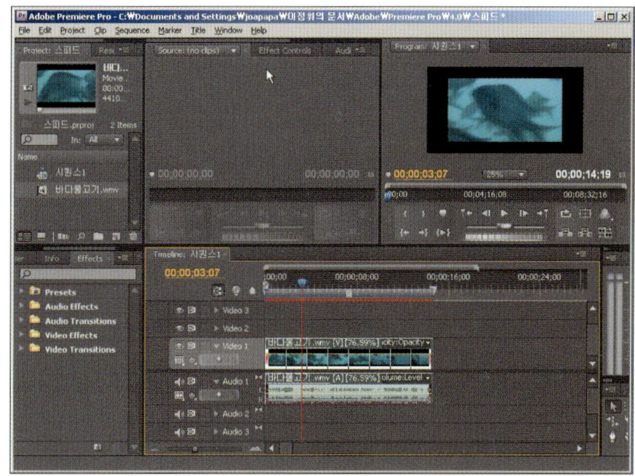

08 [Timeline] 패널의 클립의 마우스 오른쪽을 클릭해 클립 메뉴의 [Speed / Duration]을 선택하여 창이 나타나면 링크(⬚) 버튼을 클릭하여 다시 링크를 연결하고 [Speed] 값을 '100'으로 변경하고 'Reverse Speed'와 'Maintain Audio Pitch'를 체크하고 [OK] 버튼을 클릭합니다.

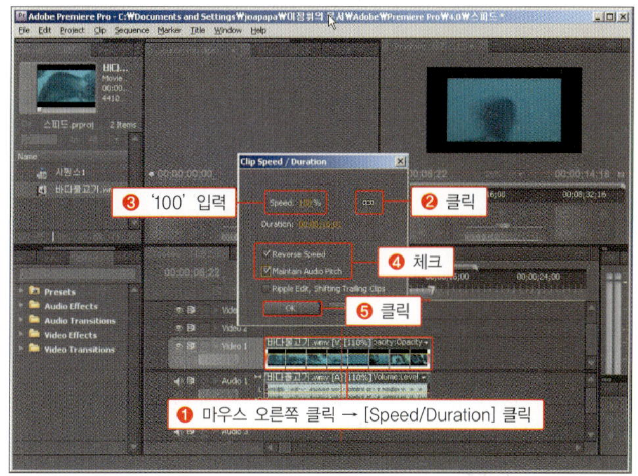

09 키보드의 Space Bar 키를 눌러 진행시켜 보면 영상과 음성이 거꾸로 돌아가는 것을 확인할 수 있습니다.

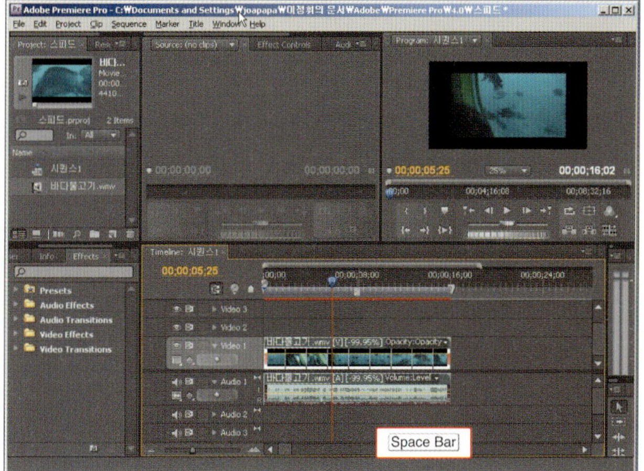

10 [Timeline] 패널의 클립에서 마우스 버튼 오른쪽을 클릭해 클립메뉴의 [Speed / Duration]을 선택하여 창이 나타나면 링크(링크) 버튼을 클릭하여 연결하고 [Speed] 값을 '100'으로 변경하고 'Reverse Speed'와 'Maintain Audio Pitch'의 체크를 해제하고 [OK] 버튼을 클릭합니다.

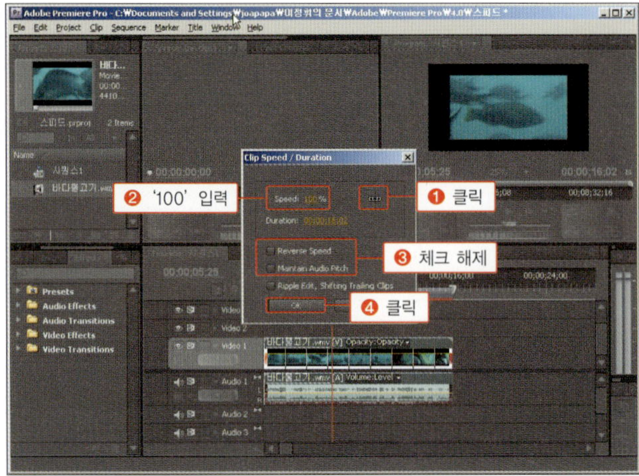

11 [Timeline] 패널의 Audio1 트랙에 Toggel Track Lock(자물쇠) 버튼을 클릭해 잠가 놓고 클립을 선택하고 마우스 오른쪽 버튼을 클릭해 클립 메뉴가 나오면 [Speed/Duration]을 클릭합니다. 창이 나타나면 'Reverse Speed'에 체크를 하고 [OK] 버튼을 클릭합니다.

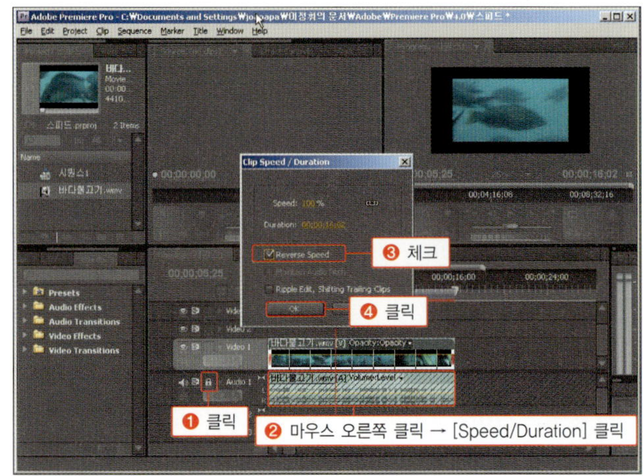

12 키보드의 [Space Bar] 키를 눌러 진행시켜 보면 영상은 거꾸로 진행되지만, 음성은 그대로 진행됩니다.

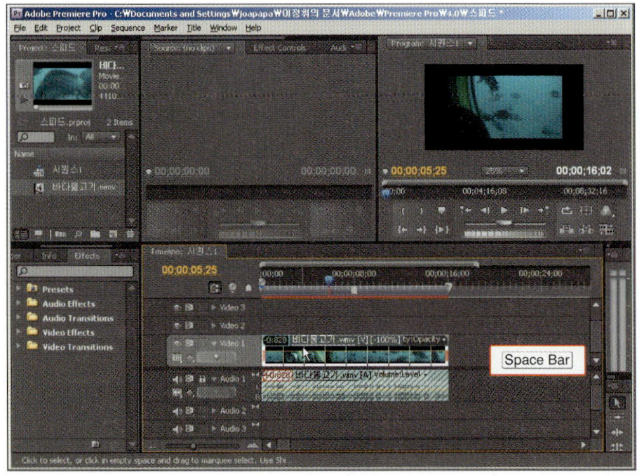

13 [Project] 패널의 빈 곳을 더블클릭하여 [Import] 창을 열어서 '물놀이2.wmv' 파일을 선택하고 [열기] 버튼을 클릭합니다.

⊙ 경로 : 예제파일\Part3\Ch3\물놀이2.wmv

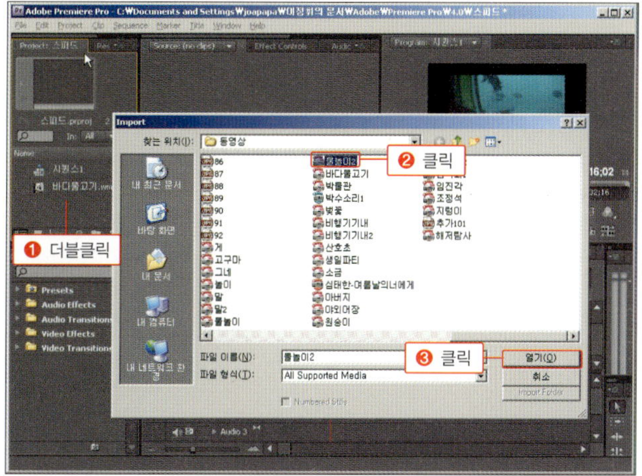

14 [Timeline] 패널에서 Audio1 트랙을 Toggel Track Lock(🔒) 버튼을 클릭해 풀어주고(버튼은 사라집니다) [Project] 패널의 '물놀이2' 클립을 드래그하여 전에 있던 클립 위에 덮어씌웁니다.

TIP

클립 위에 다른 클립들이 이동해 오다 보면 이전의 클립들은 사라지고 이동해 온 클립만 남겨집니다.

15 [Timeline] 패널에서 타임코드에 클릭하여 '17.00'을 넣고 [Tool] 패널의 경계선을 왼쪽과 위쪽으로 이동하여 크게 한 다음 Razor Tool(🔪)을 클릭하고 편집 기준선에 맞게 클릭하여 잘라 냅니다.

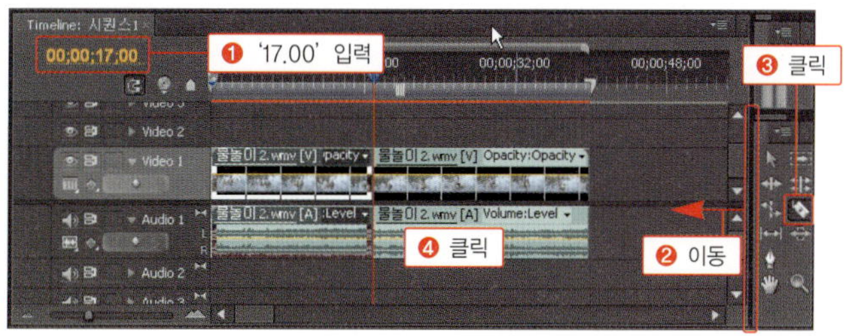

16 [Timeline] 패널에서 타임코드에 클릭하여 '27.00'을 넣고 [Tool] 패널의 RaZor Tool(◈)을 클릭하고 편집 기준선에 맞게 클릭하여 잘라 냅니다.

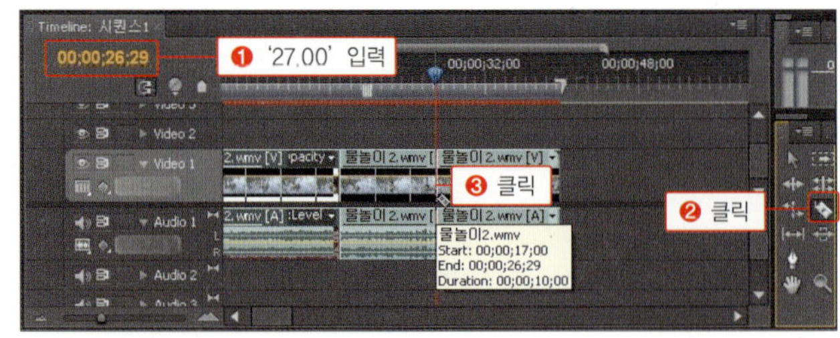

17 [Tool] 패널의 Selection Tool(▶)을 클릭하고 잘려진 클립의 가운데 부분에 클릭하고 오른쪽 버튼을 클릭해 클립 메뉴가 나오면 [Speed/Duration]을 클릭합니다.

TIP

편집을 계속하기 위해서는 RaZor Tool(◈)을 계속 사용하지 말고, 기본 값인 SelectionTool(▶)을 계속 사용하는 것이 좋습니다.

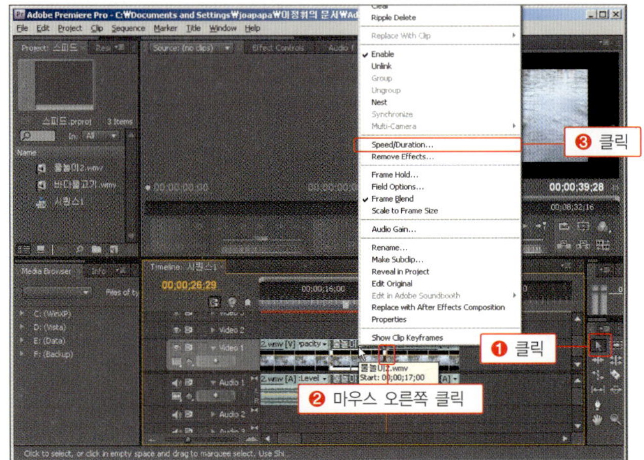

18 [Clip Speed/Duration] 창이 나타나면 [Speed] 값은 '120'으로 변경하고 'Ripple Edit, Shifting Traling Clips'을 체크하고 [OK] 버튼을 클릭합니다.

TIP

'Ripple Edit, Shifting Traling Clips'을 체크해두면 재생시간이 줄어들어 2번째 클립과 3번째 클립 사이의 벌어진 공간이 떨어지는 것을 방지합니다.

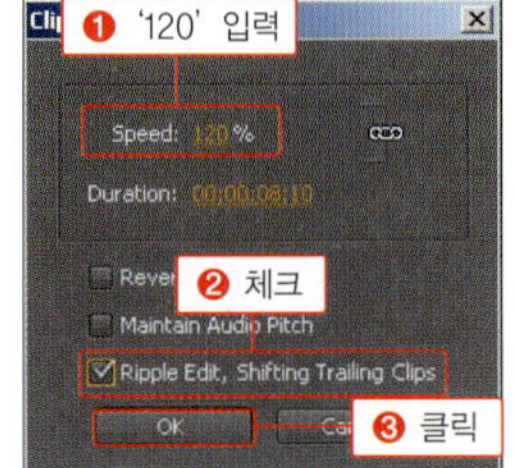

19 키보드의 Space Bar 키를 눌러 진행시켜 보면서 확인합니다.

TIP

영상의 속도 증가와 감속은 영상 자체 내에서 인물이나 사물의 움직임이 있을 경우 임펙트를 크게 하기 위해서 많이 사용됩니다. 달리는 자동차나 운동하는 사람을 촬영해서 적용해 보세요.

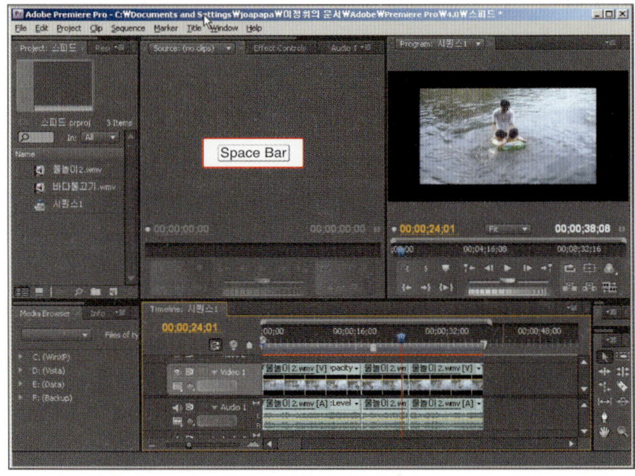

[Clip Speed/Duration] 창 기능 살펴보기

일반 영상의 속도를 100으로 잡고 Speed 값이 높으면 영상이 빠르게 진행되고, 값이 낮으면 영상이 느리게 진행됩니다. 이렇게 속도 조절을 통해서 좀 더 임펙트 있는 영상의 효과를 볼 수 있습니다.

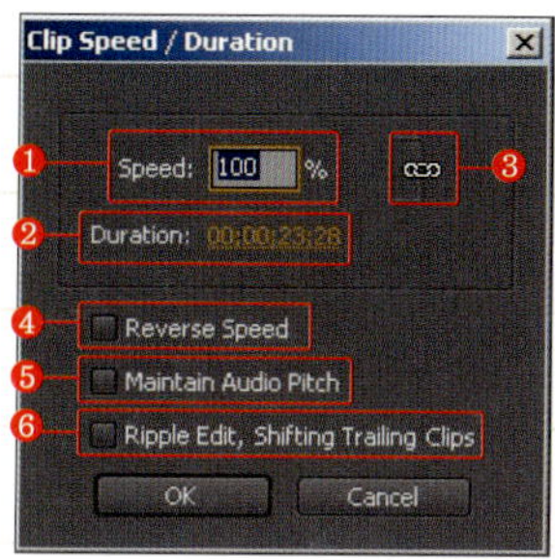

❶ Speed : 기본 값을 100%로 주었을 때, [Speed] 값을 200%으로 증가했을 경우 기존 속도의 2배, 50%로 감소했을 경우 기존 속도의 1/2배의 스피드가 됩니다. 마우스를 100%의 값의 왼쪽으로 이동했을 경우 값이 감소하고, 오른쪽으로 이동했을 경우 값이 증가합니다.

❷ Duration : 동영상의 전체 영상 시간입니다. 기존의 영상 시간을 증가/감소함으로써 속도를 빠르게 또는 느리게 조절할 수 있습니다.

❸ 링크 (　) : [Speed]와 [Duration]간의 링크를 연결/해제하는 버튼으로, 링크가 연결되어 있을 때 [Speed] 값을 증가시키면 [Duration] 값이 감소되고, [Speed] 값을 감소시키면 [Duration] 값이 증가됩니다. 링크가 해제되면 서로 간에 영향을 미치지 않습니다.

❹ Reverse Speed : 체크되면 영상과 음성이 반대로 진행됩니다. 즉, 역재생됩니다.

❺ Maintain Audio Pitch : 체크되면 영상의 변화와는 상관없이 원래의 음성이 그대로 나오게 됩니다.

❻ Ripple Edit, Shifting Trailing Clips : 두 개의 클립이 붙어 있을 경우 한쪽 클립이 속도가 빨라지면서 재생 시간이 작아져 클립이 짧아져도 떨어지지 않고 계속 이어집니다.

[Effect Controls] 패널과 각종 패널을 익히고 활용하기

[Effect Controls] 패널의 모션 설정 방법과 투명도를 통한 블랜드 모드 설정, 보간법으로 속도에 대한 가속과 감속 설정 등을 알아봅니다. 또한, [Info] 패널과 [History] 패널에 대해서도 알아봅니다.

CHAPTER 04

SECTION 01 이펙트 적용하고 삭제하기 | SECTION 02 [Motion] 기능으로 역동적인 영상 만들기 | SECTION 03 [Opacity]를 이용해 영상의 불투명도 설정하기

SECTION 04 키프레임 설정과 보간법 설정하기

SECTION 05 영상 정보와 히스토리를 이용해 편집하기

이펙트 적용하고 삭제하기

[Effects] 패널에서 클립에 이펙트를 설정하고 [Effect Controls] 패널에서 이펙트에 대한 편집 설정과 제거 방법을 알아봅니다.

이펙트 설정하고 삭제하기

01 '이펙트의설정' 이름으로 프로젝트를 만들고, [Widescreen 48kHz]의 '시퀀스1'의 시퀀스를 생성합니다.

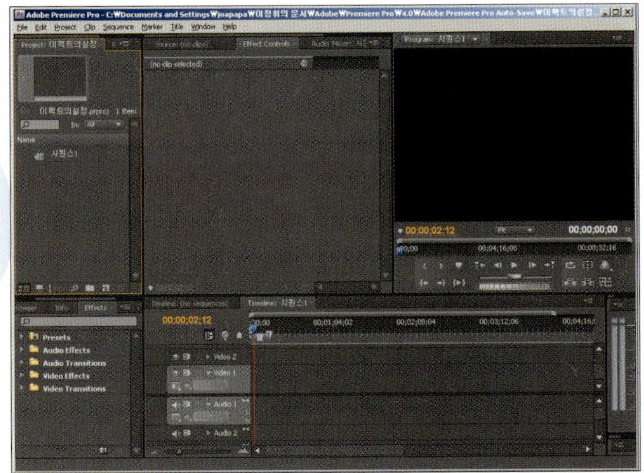

02 [Project] 패널의 빈 곳에 더블클릭하여 [Import] 창이 나타나면 '야외어장.wmv'을 선택하고 [열기] 버튼을 클릭합니다.

◉ 경로 : 예제파일\Part3\Ch4\야외어장.wmv

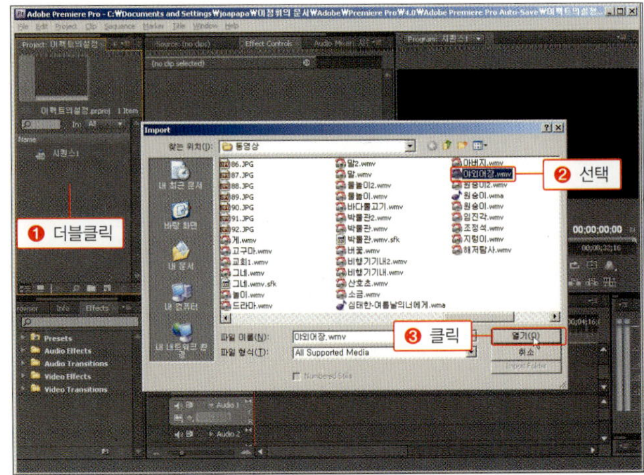

03 '야외어장' 클립을 선택하여 [Timeline] 패널로 이동시켜 놓고 [Effects] 패널에서 [Lens Distortion]을 선택합니다. [Lens Distortion] 이펙트는 클립의 영상을 오목렌즈나 볼록렌즈를 통해 보는 것처럼 보여줍니다.

TIP

[Effects] 패널의 검색란에 'lens d'를 입력하여 검색하면 쉽게 [Lens Distortion] 이펙트를 찾을 수 있습니다. 단어의 일부분만 입력해도 관련된 이펙트나 트랜지션이 나타나기 때문에 쉽게 찾을 수 있습니다.

04 [Lens Distortion] 이펙트를 [Timeline] 패널의 클립에 드래그하여 적용한 후, [Effect Controls] 패널의 적용 이펙트의 속성을 찾아 Effect Settings( ) 버튼을 클릭합니다. [Settings] 창이 나타나면 [Curvature] 안에 '20'을 주고 [OK] 버튼을 클릭합니다.

TIP

[Lens Distortion] 이펙트의 'Min'은 블록렌즈, 'Max'는 오목렌즈의 형상을 설정합니다.

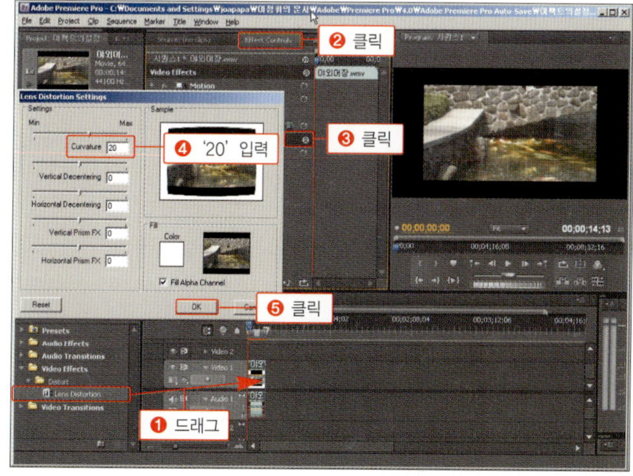

05 [Lens Distortion] 이펙트에서 [Curvature] 의 Toggle animation( )버튼을 클릭하여 키프레임을 생성한 뒤, [Timeline] 패널의 타임 코드에 '2.00'을 주고 [Curvature]의 값을 '0'으로 변경하면 자동으로 키프레임이 생성됩니다.

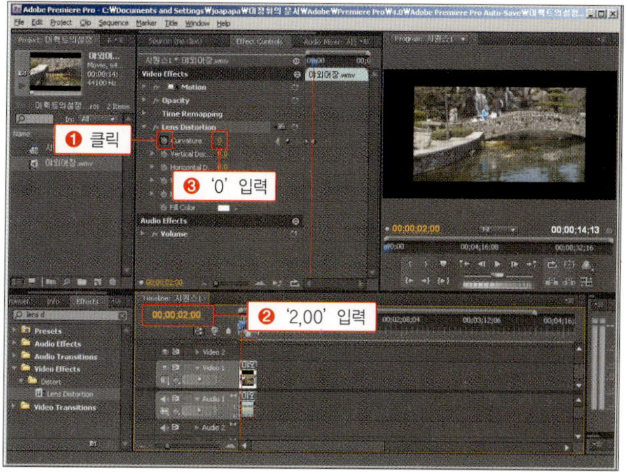

06 [Effect Controls] 패널에서 [Motion]을 선택하고 [Timeline] 패널의 타임코드에 '0'을 주고 [Motion]-[Scale]의 Toggle animation (🐾) 버튼을 클릭한 후 다시 타임코드에 '5.00', [Motion]-[Scale]의 값을 '140'으로 변경합니다.

TIP

[Motion]-[Scale]은 영상의 크기를 설정합니다. '5:00'에 바로 크기를 '140'에 놓으면 '0:00~5:00'의 모든 크기가 '140'이 되어 제대로 된 영상을 보여 줄 수 없습니다.

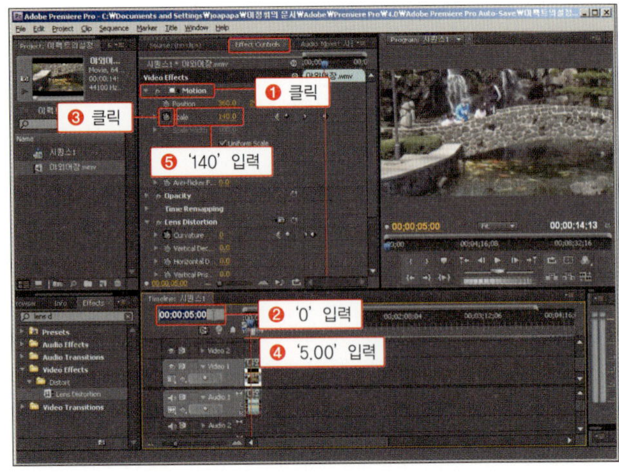

07 타임코드를 클릭해 '10.00'으로 변경하고 [Motion]-[Scale]의 값을 '100', [Lens Distoration]-[Curvature]에 키프레임을 만듭니다.

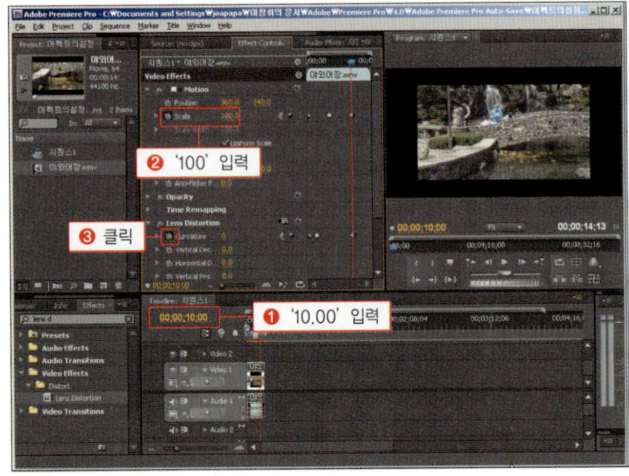

08 [Timeline] 패널을 클릭한 후 키보드의 Page Down 키를 눌러 마지막 프레임으로 보낸 다음 [Lens Distortion]-[Curvature]의 값을 '0'으로 변경합니다.

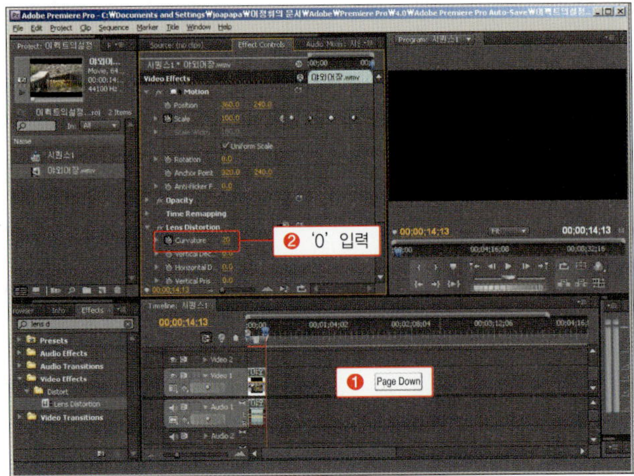

09 [Timeline] 패널의 클립을 선택하고 오른쪽 버튼을 클릭한 후 [Remove Effects]를 클릭합니다. [Remove Effects] 창이 나타나면 체크 부분을 확인하고 [OK] 버튼을 클릭해 설정된 이펙트를 삭제합니다.

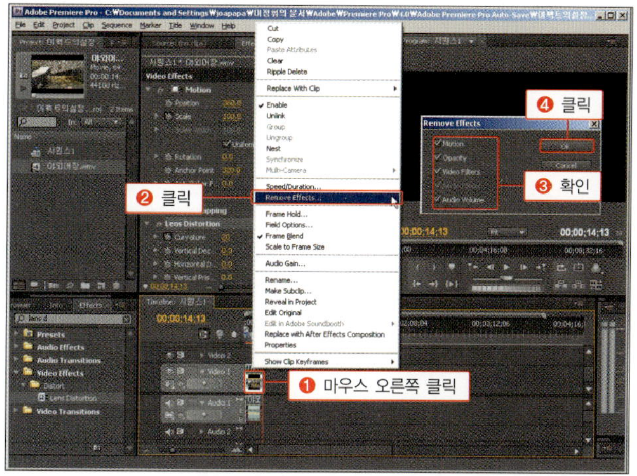

10 모든 이펙트가 삭제된 것을 확인할 수 있습니다.

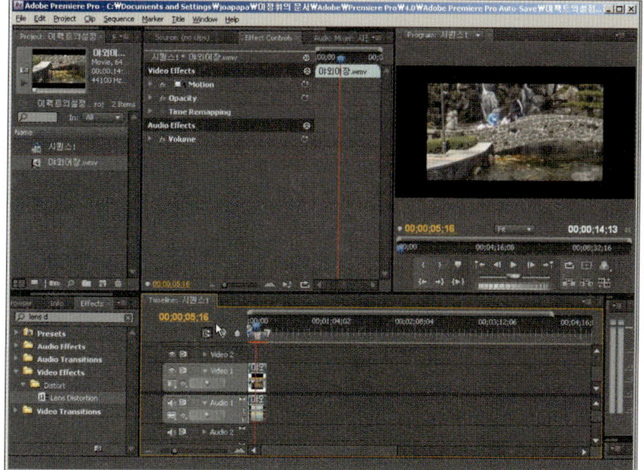

[Effect Controls] 패널 살펴보기

클립에 이펙트를 적용한 상태에서 [Effect Controls] 패널을 열어 해당 이펙트의 속성을 사용자
가 원하는 대로 변경할 수 있습니다.

❶ Motion : 클립의 위치, 크기, 회전 속성을 설정할 수 있습니다.

❷ Opacity : 클립의 불투명도를 설정할 수 있습니다.

❸ Time Remapping : 클립의 움직이는 속도를 가속/감속하여 조절합니다.

❹ 특수 이펙트 : [Effects] 패널에서 가져온 이펙트로 클립에 적용되어 있는 이펙트입니다.

❺ Audio Effects : 클립의 기본 볼륨을 조절합니다. 특수 Audio Effects가 적용되면 함께 설
정합니다.

❻ 리셋 버튼( ) : 이펙트를 처음 기본값으로 되돌려줍니다.

❼ Toggle animation( ) : 왼쪽의 편집 영역에 키프레임이 생성되도록 하여 키프레임마다
다른 설정 값을 줄 수 있습니다.

❽ 키프레임 설정/이동( ) : 가운데 아이콘을 클릭하면 키프레임을 추가히기나 삭제할 수
있고, 왼쪽과 오른쪽 버튼을 클릭하면 양쪽의 키프레임으로 이동할 수 있습니다.

❾ Effect settings( ) : 클릭을 하면 [Settings] 창이 나타나면서 Effect 속성에서 직접 설정
하는 것보다는 미리보기 창을 통해 자세한 설정 상황을 보면서 작업하므로 효율적으로 작업
할 수 있습니다.

❿ 이펙트 삭제 : [Effect Controls] 패널의 '특수 이펙트'에 클릭한 후 오른쪽 버튼을 클릭해
[Clear]을 선택하면 클립에 설정된 이펙트가 사라집니다. 또는 [Timeline] 패널에서 이펙트
가 설정된 클립 위에서 마우스 오른쪽 버튼을 클릭해 [Remove Effects]을 선택하면 이펙트
가 사라집니다.

[Motion] 기능으로 역동적인 영상 만들기

모션에는 클립의 위치 설정, 크기, 회전 등을 변경하여 보다 역동적인 영상을
만들어 낼 수 있는데 이와 같은 모션의 기능을 알아봅니다.

모션 기능 이용하여 영상 편집하기

01 '이펙트의 설정'의 프로젝트에서 [Project]
패널의 빈 곳을 더블클릭하여 [Import]
창을 열어서 '31.jpg' 파일을 불러옵니다.

◉ 경로 : 예제파일\Part3\Ch4\31.jpg

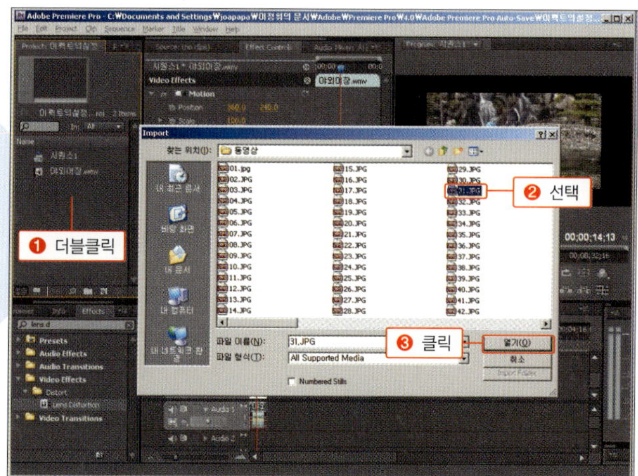

02 '31' 클립을 [Timeline] 패널의 Video2
트랙 위에 가져다 놓고 '31' 클립을 선택
한 다음 [Effect Controls] 패널의 [Motion]-
[Scale]의 값을 '25'로 변경합니다.

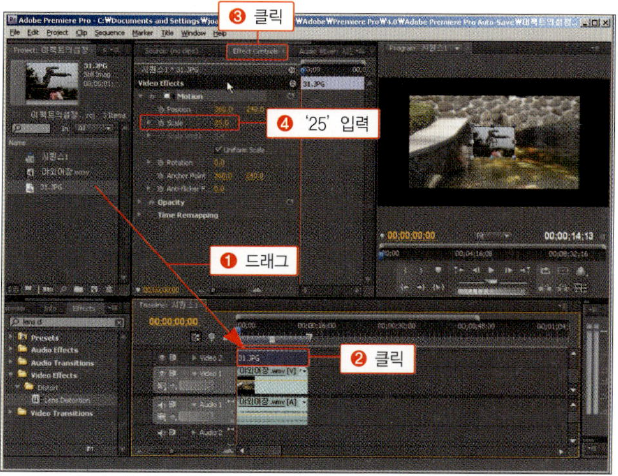

03 [Motion]–[Position]의 값을 영상 밖으로 (20, 140) 이동시켜 줍니다.

TIP

[Position]에 직접 값을 주어도 되지만, [Program] 모니터 패널에서 클립을 직접 이동시켜 주어도 됩니다.

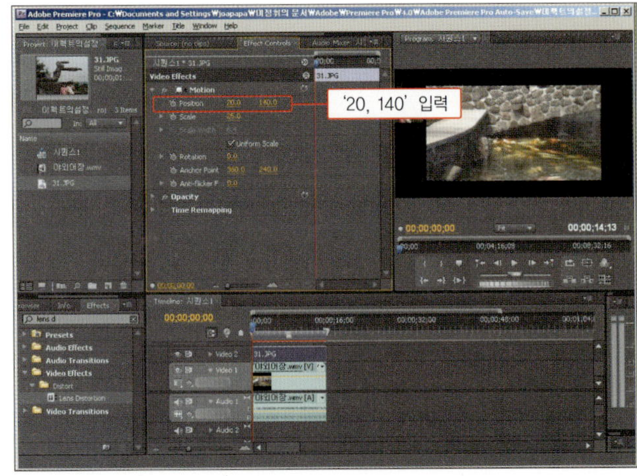

04 [Motion]–[Position]의 Toggle animation (　) 버튼을 클릭하고 [Timeline] 패널의 타임코드에 '5.00'을 주어 변경시켜 놓은 후 [Motion]을 선택하고 [Program] 모니터 패널의 오른쪽으로 적당한 위치만큼 이동시켜주면 키프레임이 생성됩니다.

TIP

[Program] 모니터 패널의 선은 이동 방향을 보여 줍니다.

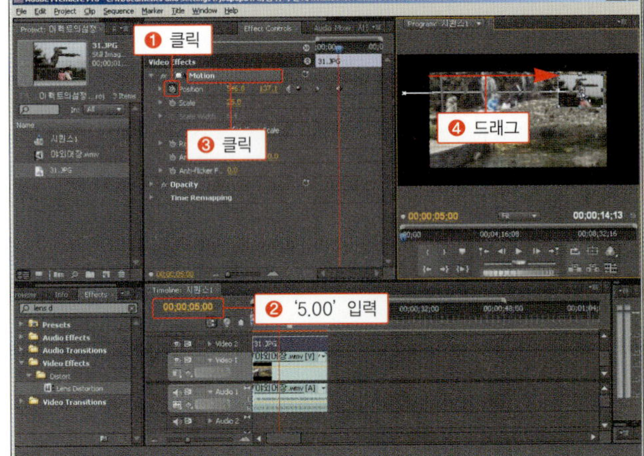

05 타임코드를 '8.00'으로 변경하고 [Motion] –[Position]의 Add/Remove Keyframe (　)을 클릭해 키프레임을 추가합니다.

TIP

같은 속성의 키프레임을 주는 것은 다른 속성의 키프레임에 의해 변경되지 않고 한 동안 같은 속성의 키프레임을 보여 주기 위해서입니다.

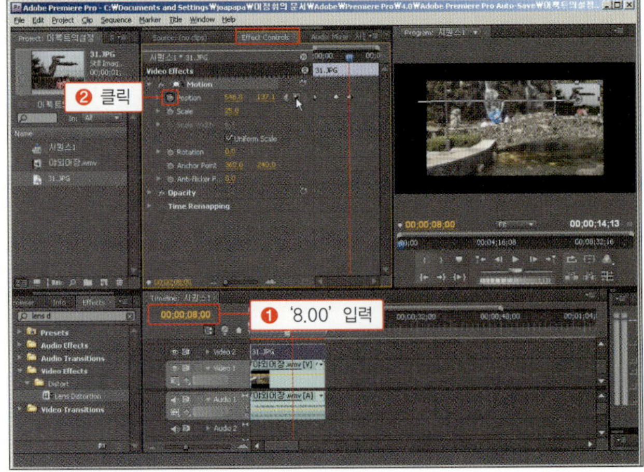

06 타임코드에 '10.00'의 값을 주고 [Motion]
–[Position]의 값을 (360, 240)을 넣어
정중앙으로 이동시킵니다.

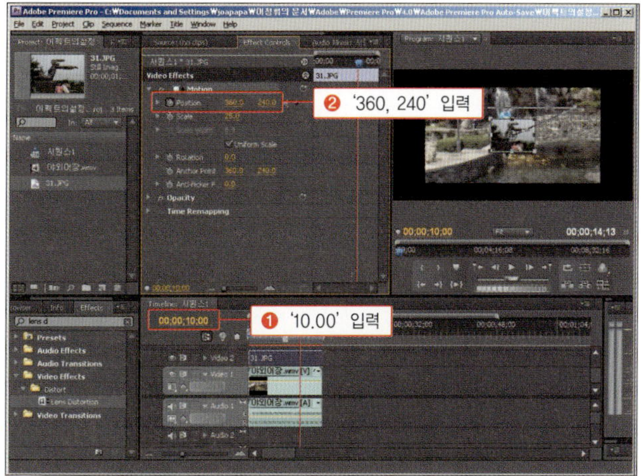

07 타임코드가 '10:00'인지 확인하고
[Motion]–[Scale], [Rotation]의 Toggle
animation(　) 버튼을 클릭하고 [Timeline] 패널
에 클릭하고 키보드의 Page Down 키를 눌러 맨 마지
막 프레임으로 이동하고 [Motion]–[Scale]는
'100', [Rotation]을 '1440'으로 설정해줍니다.

TIP

[Rotation] 값이 '1440'이란 '360'의 4배, 즉, 시계
방향으로 4번 회전한다는 뜻입니다.

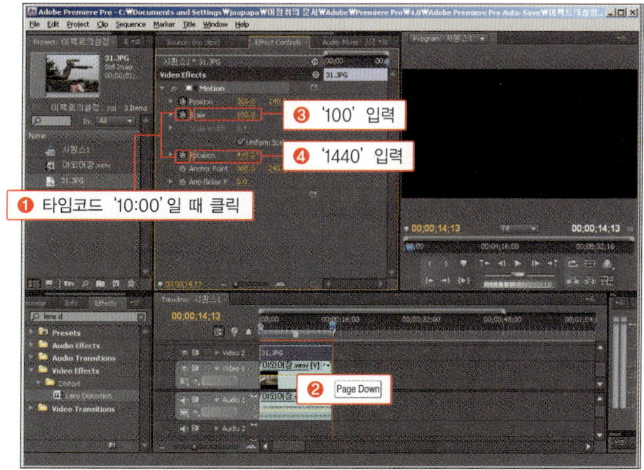

08 Space Bar 키를 눌러 영상을 진행시켜 봅니다.

[Effect Controls] 패널의 [Motion] 기능 살펴보기

이펙트 컨트롤의 모션의 기능인 위치 조정, 크기 설정, 회전 등을 설정합니다.

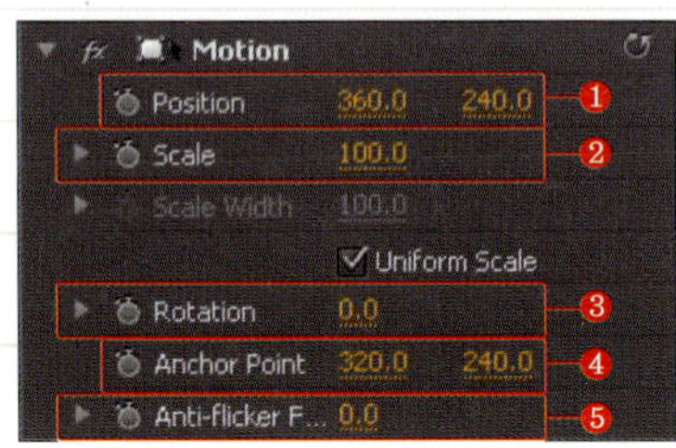

❶ Position : 위치를 조정합니다. 클립의 중앙값 x, y의 위치 값을 의미하는데 위치 값이 변경되다면 클립의 값도 이동하게 됩니다. 클립의 크기가 DV급(720×480)이라면 x, y축은 (360, 240)이 되고, 크기가 HD급(1280×1080)이라면 (640, 540)이 됩니다.

❷ Scale : 크기를 설정하며 크기는 0~600까지 설정할 수 있고 기본 값은 100을 기준으로 합니다.

　• Uniform Scale : 옵션이 체크되어 있으면 가로와 세로가 동일하게 확대/축소됩니다.

❸ Rotation : 회전 값을 설정합니다. 클립을 360°까지 회전하며 시계 반대 방향이 되면 '-'가 붙습니다.

❹ Anchor Point : 회전중앙점입니다. 회전 시 중심이 되는 중앙점의 위치를 설정합니다.

❺ Anti-flicker Filter : 클립의 이펙트에 의한 흔들림 현상이 일어나면 필터 값을 조절하여 방지할 수 있습니다.

[Opacity]를 이용해 영상의 불투명도 설정하기

Opactiy를 이용하여 불투명도를 설정하는 방법을 익히고,
Blend Mode를 이용하는 방법을 배웁니다.

불투명도와 블렌딩 모드 이용하기

01 '이펙트의설정' 프로젝트를 불러와서 [Timeline] 패널의 모든 클립을 삭제하고 [Project] 패널의 '야외어장' 클립을 선택하여 [Timeline] 패널로 이동시켜 놓습니다.

◉ 경로 : 예제파일\Part3\Ch4\야외어장.wmv

02 [Effect Controls] 패널에서 [Opacity]의 Toggle animation() 버튼을 클릭하여 키프레임을 만들어 줍니다.

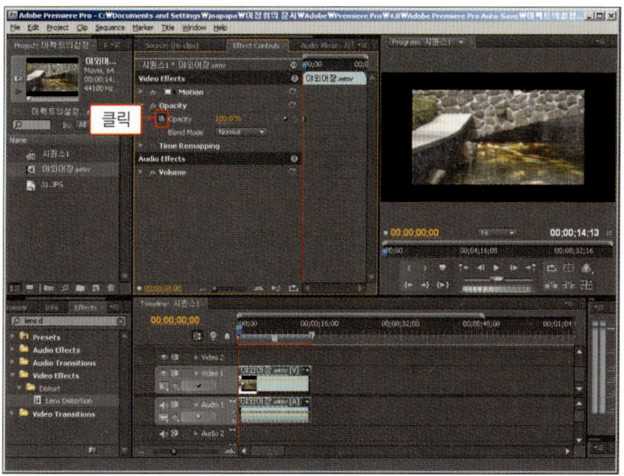

03 [Opacity]의 값을 '0'으로 변경한 후 타임코드를 클릭하여 '3.00'을 넣어 변경하고 [Opacity] 값을 '100'으로 변경합니다.

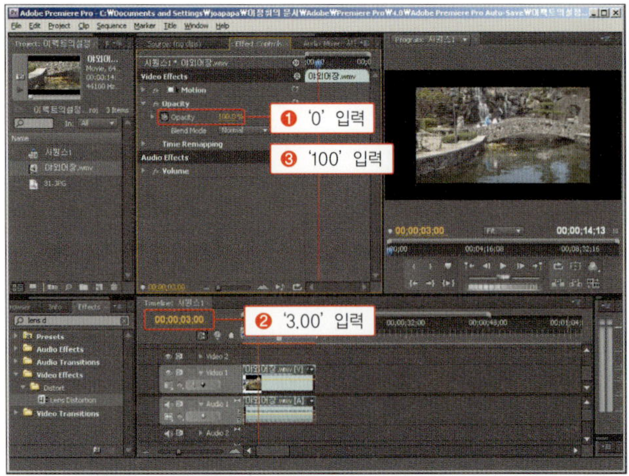

04 타임코드를 클릭하여 '11.13'을 넣고 Add/Remove Keyframe(　)를 클릭해 키프레임을 추가합니다. 다시 타임코드에 '14.13'을 넣고 [Opacity] 값을 '0'으로 변경합니다.

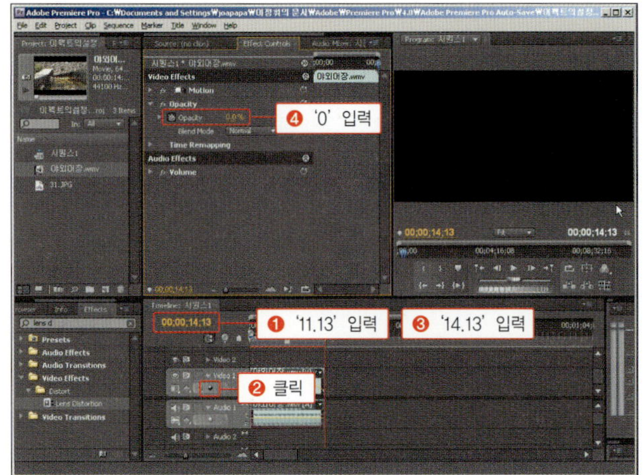

05 타임코드에 '4.00'을 넣고 편집 기준선에 맞추어 '31' 클립을 넣어 주고 다시 타임코드에 '11.13'을 넣어 편집 기준선을 이동시키고 '31' 클립의 길이를 맞춰 늘려줍니다.

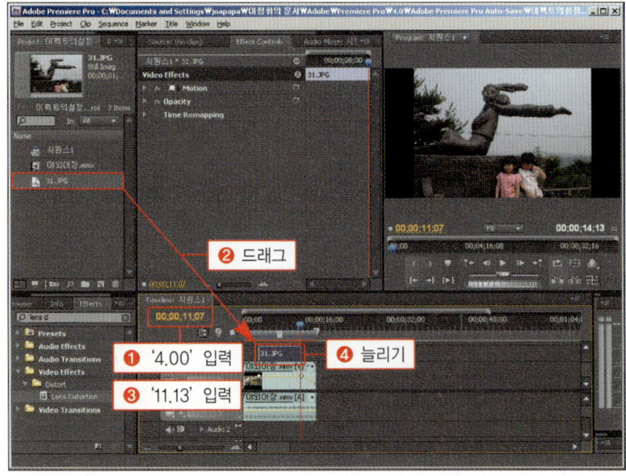

06 [Effects] 패널에 [Crop] 이펙트를 찾아 클립에 드래그하여 적용합니다. [Effect Controls] 패널의 [Crop] 이펙트를 선택한 다음 [Program] 모니터 패널의 각 모서리점을 드래그하여 어린이들 2명만 나오도록 줄여줍니다.

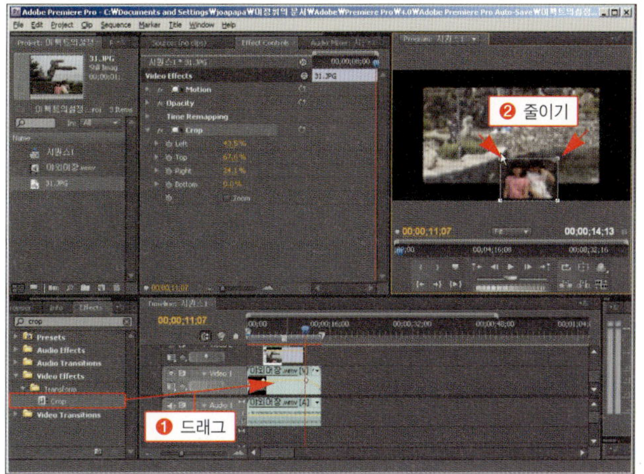

07 [Effect Controls] 패널의 [Motion]을 클릭하고 [Program] 모니터 패널에서 크기를 줄여주는데 '야외어장'에 있는 사람의 크기만 큼 줄여 줍니다.

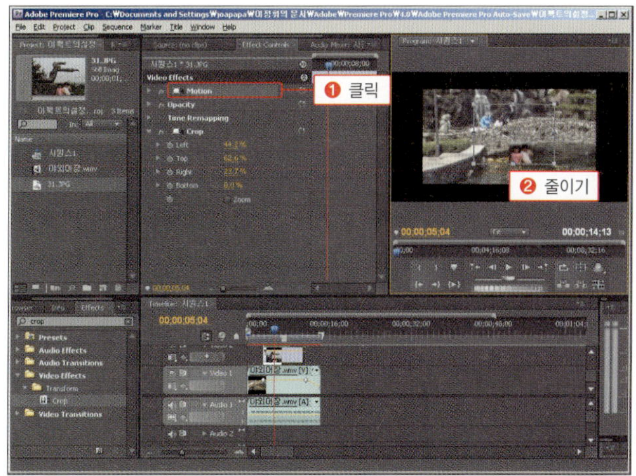

08 [Effect Controls] 패널의 [Motion]을 선택한 뒤 [Program] 모니터 패널 우측 상단으로 이동하고, [Opacity]–[Blend Mode]에서 'Screen'을 선택합니다.

TIP

'Screen'은 아래 클립의 밝은 부분에서 더욱 밝게 보여줍니다.

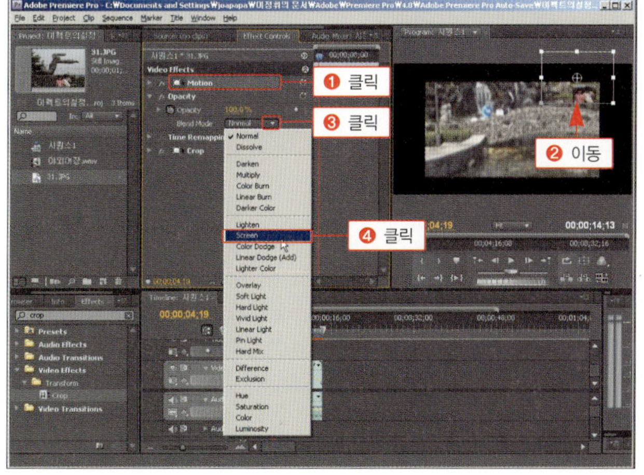

09 Space Bar 키를 눌러 영상을 재생합니다. 카메라에 포스트잇 사진이 붙여 있는 느낌을 줄 수 있습니다.

[Opacity] 기능 살펴보기

이펙트 컨트롤의 불투명도에 대해 알아봅니다. 이 기능은 영상의 페이드인/아웃에 많이 사용됩니다.

❶ Opacity

불투명도를 조절하며 값을 내리면 점점 어두워집니다. 다른 트랙에 클립이 겹쳐 있다면 불투명도의 클립은 점점 보이지 않게 됩니다.

❷ Blend Mode

블렌드 모드는 겹쳐 있는 2개의 클립이 합성되는 방법을 설정합니다.

키프레임 설정과 보간법 설정하기

[Effact Controls] 패널에서 키프레임을 주고 키프레임 사이 간에 속도를 조절하고
속도에 따른 변화를 좀 더 다양하게 주는 것을 보간법이라 합니다.
보간법에 대해 알아봅니다.

가속과 감속하기

01 '이펙트의설정' 프로젝트를 불러와서 [Timeline] 패널의 모든 클립들을 삭제합니다. [Project] 패널의 빈 곳을 더블클릭하여 [Import] 창에서 '운동회.wmv'를 불러옵니다.

⊙ 경로 : 예제파일\Part3\Ch4\운동회.wmv

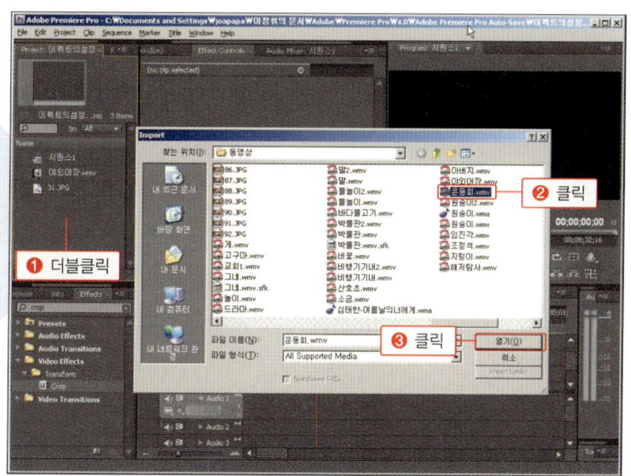

02 [Project] 패널에서 New item-[Color Matte]를 선택합니다. [New Color Matte]의 Width(640)와 Height(480)를 확인하고 계속 진행합니다. 이때 색상과 이름을 모두 '검정색'으로 설정합니다.

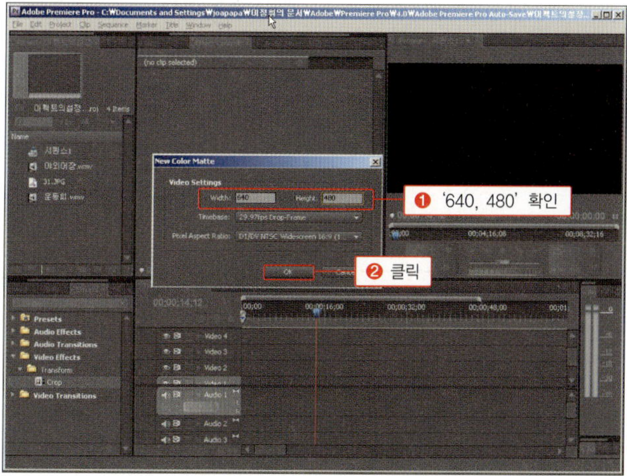

03 '검정색' 클립을 [Timeline] 패널의 Video1 트랙으로, '운동회' 클립을 Video2 트랙으로 이동한 다음 [Timeline] 트랙의 '검정색' 클립을 '운동회' 클립의 크기만큼 키워 줍니다. '검정색' 클립을 맨 마지막에 두어 바탕을 이루려고 합니다.

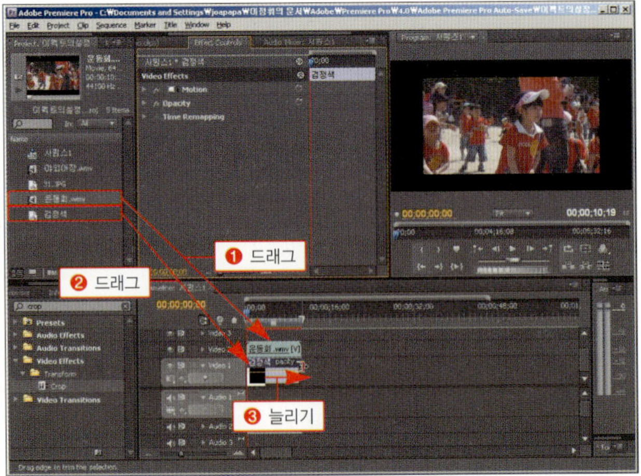

04 [Timeline] 패널의 '운동회' 클립을 선택하고 [Effect Controls] 패널의 [Motion]을 클릭하고 [Program] 모니터 패널의 클립의 크기를 중앙 하단만큼 줄여 줍니다.

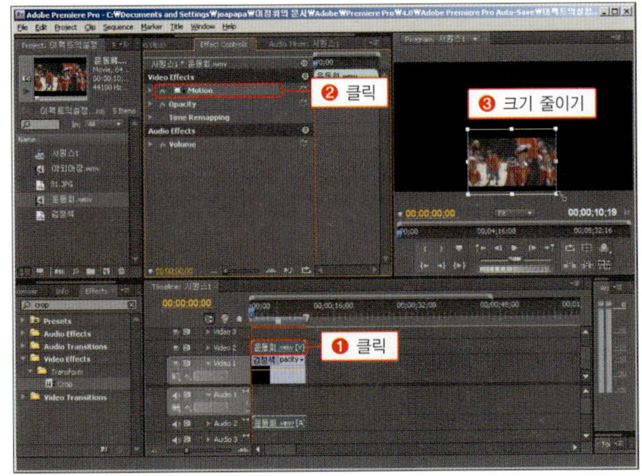

05 '31' 클립을 [Timeline] 패널의 Video3 트랙에 가져다 놓고 '운동회' 클립의 크기만큼 조절합니다. 그리고 '31' 클립을 선택한 상태에서 [Motion]을 선택, [Program] 모니터 패널의 클립을 선택하여 왼쪽 상단만큼 줄여 약간 회전시켜 줍니다.

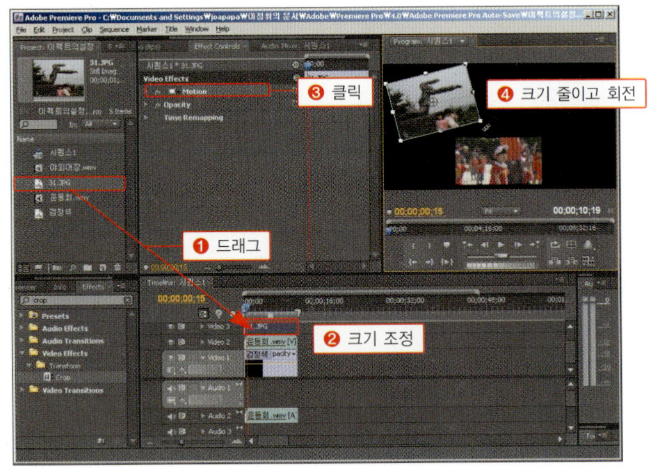

06 [Timeline] 패널의 Video3 트랙에서 마우스 오른쪽 버튼을 클릭해 [Add Tracks]을 클릭합니다. [Add: 1 Video Tracks(s)]를 'Add : 0 Audio Tracks(s)'으로, '1'을 '0'으로 변경하고 [OK] 버튼을 클릭합니다.

TIP

오디오 트랙을 1개 추가하셔도 상관없습니다. 그러나 필요없는 트랙을 추가하면 편집 시 복잡하므로 필요 없는 트랙은 추가하지 마세요.

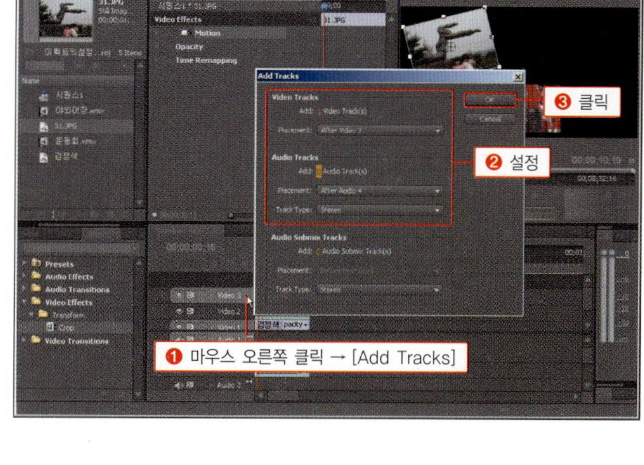

07 새로 생긴 Video4 트랙에 '야외어장' 클립을 가져다 놓고 다른 클립들의 길이와 맞추어 잘라내고, '야외어장' 클립에서 마우스 오른쪽 버튼을 클릭하여 [Unlink]를 클릭합니다.

TIP

동영상 클립은 비디오와 오디오가 같이 묶여 있기 때문에 어느 한쪽만 지울 수 없습니다. 그래서 클립에 [Unlink]를 실행해 비디오와 오디오를 분리합니다.

08 Audio3 트랙에 있는 '야외어장' 클립의 오디오 부분을 삭제하고, Video4 트랙의 '야외어장' 클립을 선택하고, [Motion]을 선택하고 [Program] 모니터 패널의 클립을 우측 상단에 맞게 줄여 배치시켜 놓습니다.

TIP

비디오 트랙은 겹쳐 있으면 가장 상단 트랙의 비디오가 나오지만, 오디오는 함께 나오기 때문에 하나의 오디오만 있는 것이 좋습니다. 그렇기 때문에 '야외어장' 클립의 오디오를 삭제하였습니다.

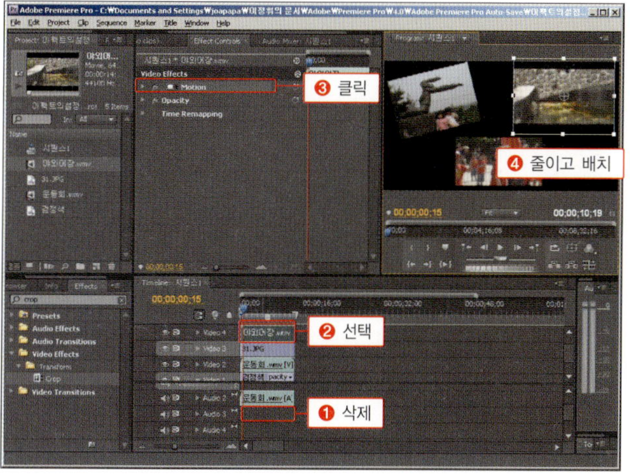

09 [Effect Controls] 패널의 [Motion]–
[Anchor Point]의 y축에 '0'을 주면 클립
이 하단으로 내려오는데 이때 [Program] 모니터
패널에서 클립을 다시 상단으로 올립니다.

TIP

앵커 포인터를 중심으로 회전하기 때문에 앵커 포인
터를 이동합니다.

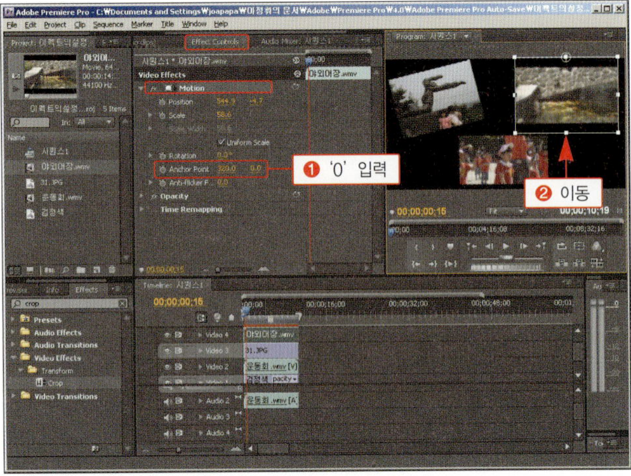

10 타임코드에 클릭하여 '0'을 주고 [Effect
Controls] 패널의 [Rotation]에서
Toggle animation( ) 버튼을 클릭해 키프레임
를 주고 값을 '10'으로 변경합니다.

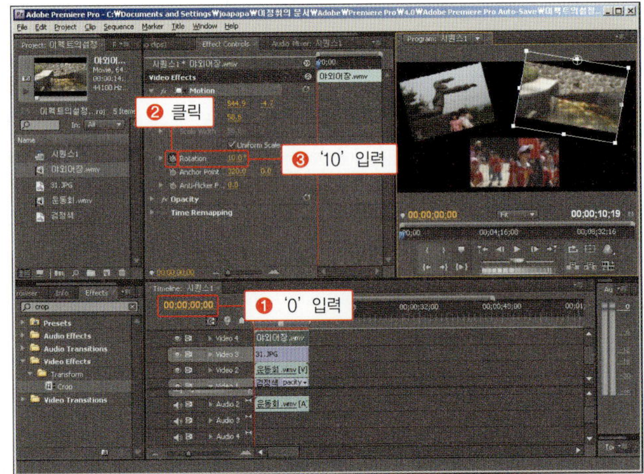

11 타임코드에 '2.00'을 주고 [Rotation]의
값에 '–10'을 주어 키프레임을 생성합
니다.

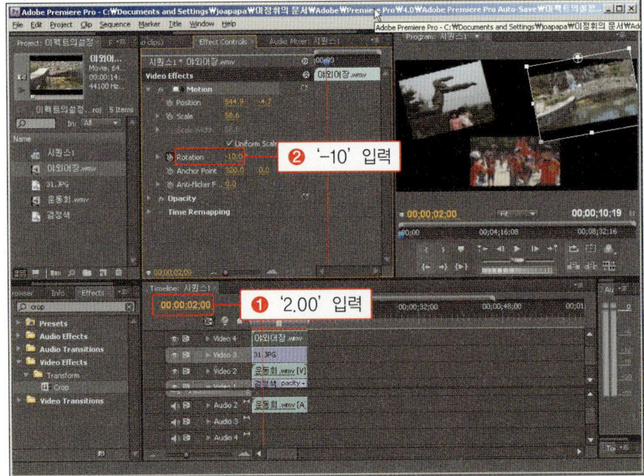

12 [Effect Controls] 패널을 클릭하고 키보드의 ~키를 눌러 확장시켜 놓습니다. 기존에 있던 2개의 키프레임을 모두 범위로 지정하고 마우스 오른쪽 버튼을 클릭해 복사(Copy)합니다.

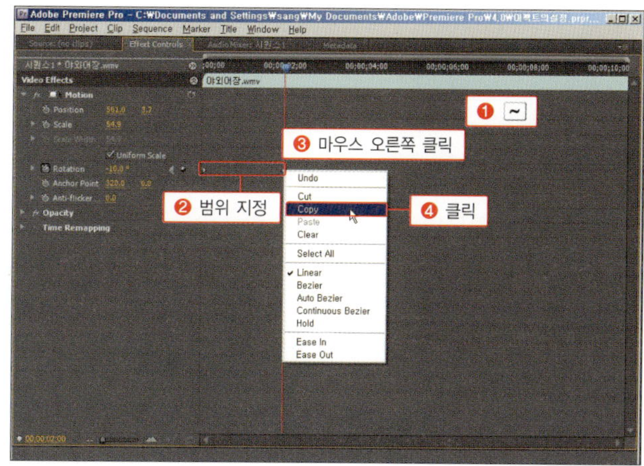

13 편집 기준선을 '4:00'에 가져다 놓고 Ctrl+V를 누르면 키프레임이 생성됩니다. 또, 편집 기준선을 '8:00'으로 이동시켜 놓고 Ctrl+V를 눌러 키프레임을 생성합니다.

TIP

키프레임을 복사하여 넣으면 속성까지 같이 복사되므로 빠르게 편집할 수 있습니다.

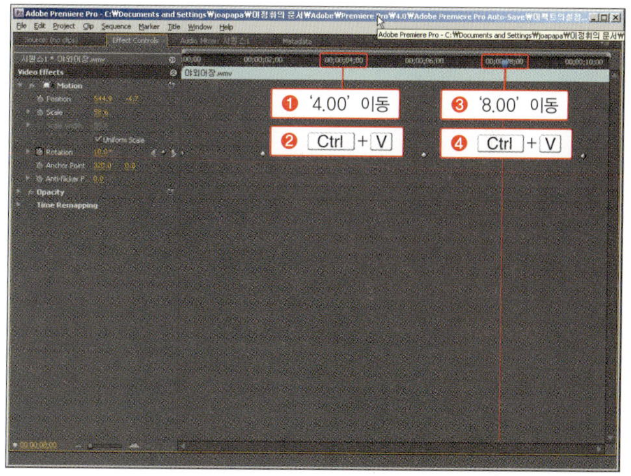

14 [Effect Controls] 패널을 선택한 상태에서 키보드의 ~키를 누르면 원래 화면 상태로 나오고 Space Bar 키를 눌러 진행시켜 보면 '야외어장' 클립이 좌우로 회전하는 것을 확인할 수 있습니다.

15 [Effect Controls] 패널을 선택한 다음 키보드의 ~키를 눌러 다시 확장된 화면으로 이동한 다음 모든 키프레임을 선택합니다. 그 중 하나의 키프레임 위에서 마우스 오른쪽 버튼을 클릭해 [Bezier]를 클릭합니다.

TIP

[Bezier]로 키프레임을 변경하면 모양도 변경되며 시계추처럼 내려올 때는 가속을, 올라갈 때는 감속하여 움직임이 좀 더 부드럽게 진행됩니다.

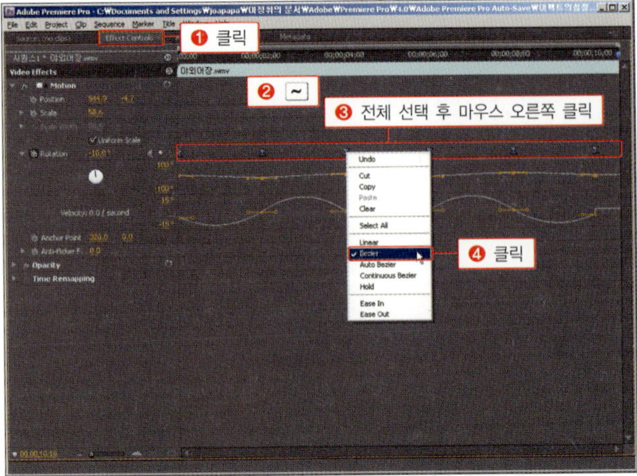

16 [Effect Controls] 패널을 선택하고 키보드의 ~키를 눌러 원래 화면대로 변환하고 Enter 키를 눌러 렌더링을 시작합니다.

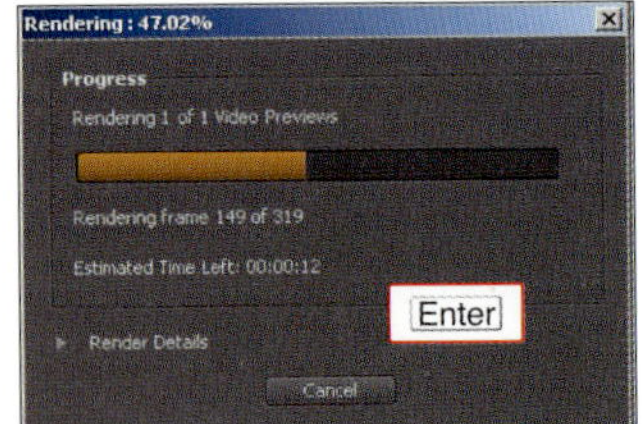

17 [File]―[Export]―[Media]를 클릭해 [Export Settings] 창이 나타나면 [Format]을 'Windows Media'로, [Preset]을 'NTSC Widescreen Source to Download 1024Kbps'으로 선택한 다음 [OK] 버튼을 클릭합니다.

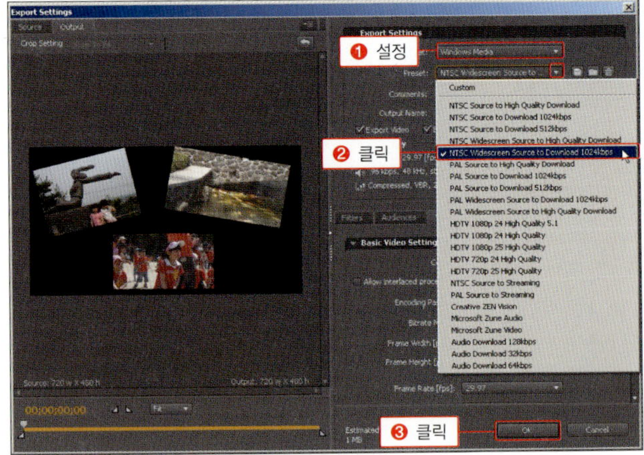

18 [Adobe Media Encoder] 나타나면 [Output File] 아래의 경로를 더블클릭하면 창이 열리는데 [파일 이름]에 '키프레임보간'을 넣고 [저장] 버튼을 클릭하고 [Start Queue] 버튼을 클릭해 동영상을 추출합니다. 영상의 결과물을 확인합니다.

◉ 예제파일\Part3\Ch4\키프레임보간.wmv

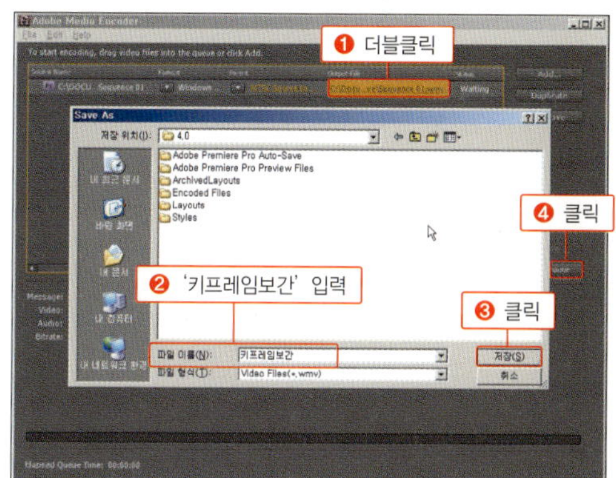

이것만은 알아두세인! 보간법의 종류 살펴보기

키프레임을 설정하고 키프레임에 맞는 보간법을 찾아 설정합니다. 보간법을 이용하여 다양한 시간적, 공간적 방법을 표현할 수 있습니다. 키프레임을 선택하고 마우스 오른쪽 버튼을 클릭하면 나타나는 메뉴에서 원하는 보간법을 선택합니다.

❶ Linear( ) : 기본 속도를 그대로 유지합니다.

❷ Bezier( ) : 핸들이 나오면 수동으로 속도를 유연하게 조절할 수 있습니다

❸ Auto Bezier( ) : 핸들이 나오면 자동으로 속도를 유연하게 조절합니다.

❹ Continuous Bezier( ) : Bezier는 한쪽으로만 조절해 주지만, Continuous Bezier은 양쪽으로 조절하여 보다 유연하게 해줍니다.

❺ Hold( ) : 다음 프레임까지는 변경 없이 그대로 진행되다가 프레임을 만날 때 갑자기 변경됩니다.

❻ Ease In( ) : 설정해 놓은 키프레임에 가까워질수록 속도가 점점 느려집니다(감속).

❼ Ease Out( ) : 설정해 놓은 키프레임에서 멀어질수록 속도가 점점 빨라집니다(가속).

영상 정보와 히스토리를 이용해 편집하기

클립마다 가지고 있는 기본 정보를 [Info] 채널에서 보는 방법과
편집을 잘못했을 경우의 [History] 패널을 통해 복구하고 다시 편집하는 방법을 알아봅니다.

영상 정보 살펴보고 [History]를 이용한 편집 복구하기

01 'info-history'라는 프로젝트 이름을 지정하고, [Standard 48kHz]의 '시퀀스1'의 시퀀스를 생성합니다.

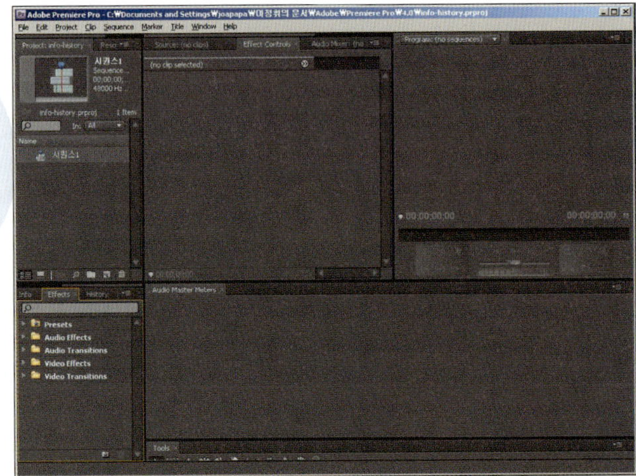

02 [Project] 패널의 빈 곳을 더블클릭하여 [Import] 창이 열리면 '운동회.wmv'를 선택하여 [열기] 버튼을 클릭합니다.

◉ 경로 : 예제파일\Part3\Ch4\운동회.wmv

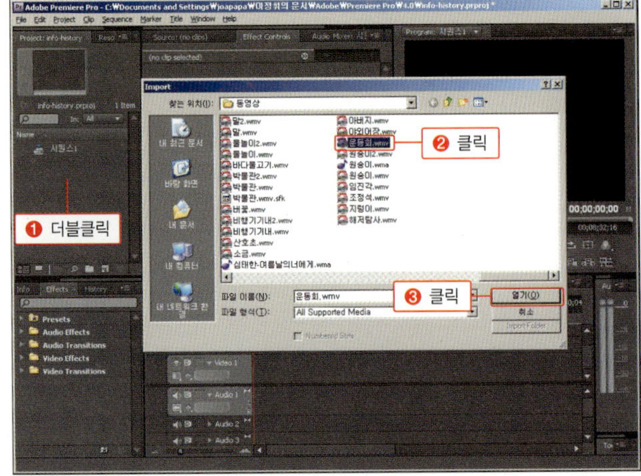

03 '운동회' 클립을 [Timeline] 패널로 드래 그하여 이동하고 '운동회' 클립을 선택한 상태에서 [Info] 패널을 클릭하여 동영상의 정보를 찾아봅니다.

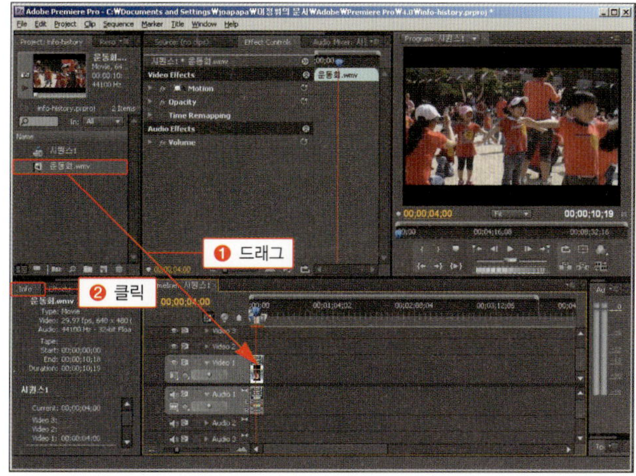

04 [Project] 패널의 [New item]–[New Title]을 클릭해 창을 열고 [Name]을 '자막'을 입력하고 [OK] 버튼을 클릭합니다.

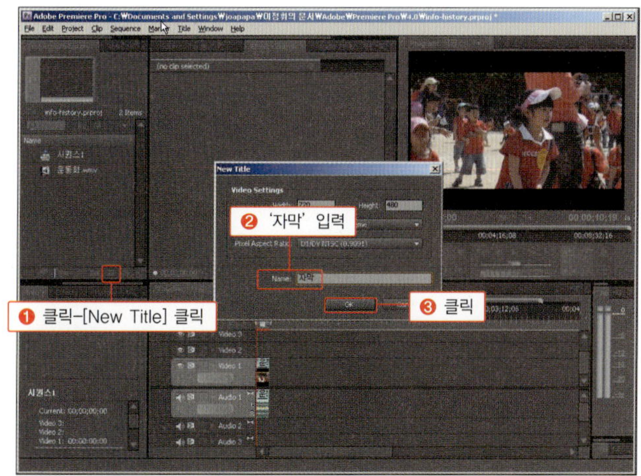

05 타이틀 창이 나타납니다. [Title Tool] 패널의 Round Rectangle Tool(▱)을 클릭하여 왼쪽 상단에 일정하게 드래그합니다. [TransForm]–[Fill]의 [Color]에 RGB(255, 140, 0)을 주고, [Opacity]를 '50%'로 변경합니다.

06 Type Tool(T)을 선택하고 앞서 그린 타원 안에 클릭한 후에 '신나는 가을 운동회'라고 입력합니다. 글자 전체를 블록으로 지정하고 [Properties] 패널의 [Font Family]의 [글꼴]을 'HYdnkB'로 선택하고 나머지 옵션도 설정해줍니다.

07 타이틀 창을 닫고 [Project] 패널의 '자막' 클립을 드래그하여 [Timeline] 패널의 Video2 트랙으로 이동시켜 놓은 후 영상 길이에 맞게 늘려 줍니다.

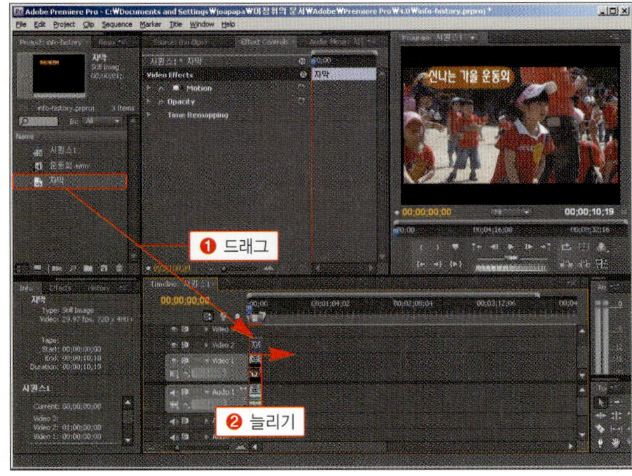

08 [Timeline] 패널에서 '자막' 클립을 선택한 후 [Effect Controls] 패널에서 [Motion]을 클릭하고 [Program] 모니터 패널에서 화면을 '25%'로 축소하고 자막의 내용을 왼쪽으로 보이지 않을 정도까지 이동합니다.

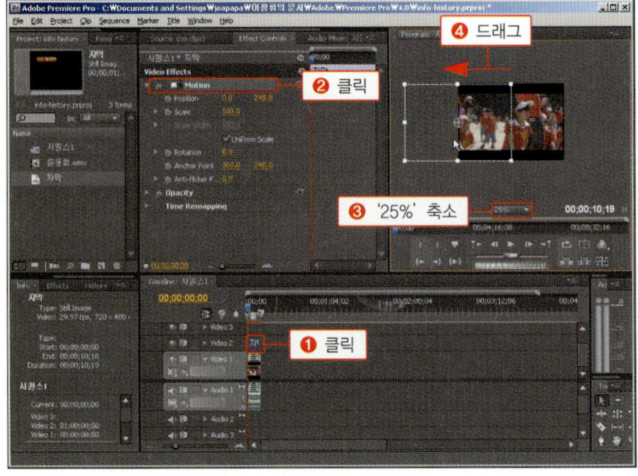

09 [Effect Controls]-[Motion]의 'Position' 의 Toggle animation(🎬) 버튼을 클릭 해 프레임을 추가하고 [Timeline] 패널의 타임라인 에 '2.00'을 입력하여 이동하고 [Program] 모니 터 패널에서 자막을 오른쪽으로 다 보일 때 까지 이동하면 키프레임이 생성됩니다.

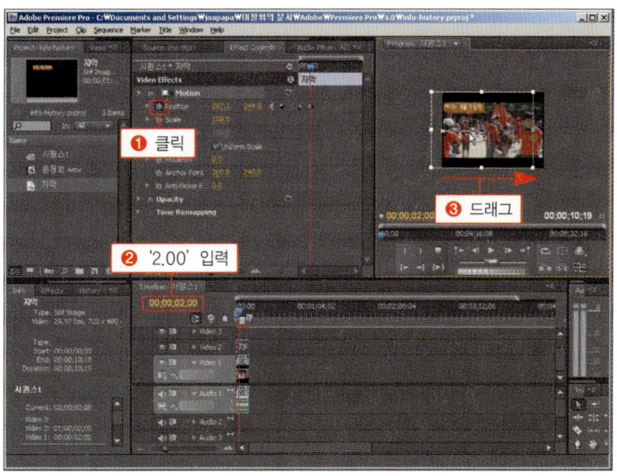

10 타임코드에 '4.00'을 줍니다. 다시 [Motion]-[Position]에서 Add/Remove Keyframe(🔷)을 클릭해 키프레임을 추가합니다.

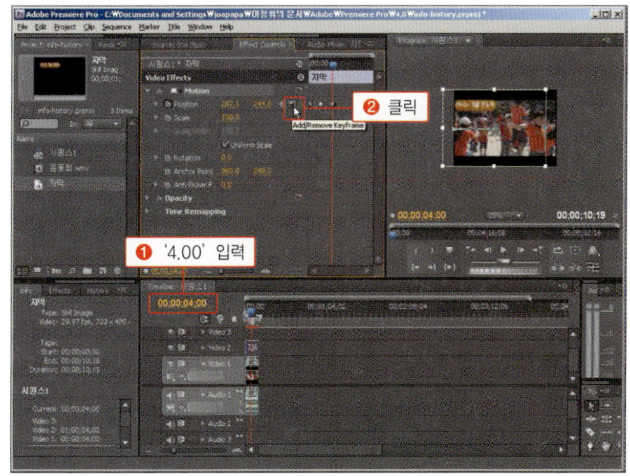

11 타임코드에 '6.00'을 주고 [Motion]을 클릭하고 [Program] 모니터 패널에서 자 막을 다시 화면 밖으로 이동시킵니다.

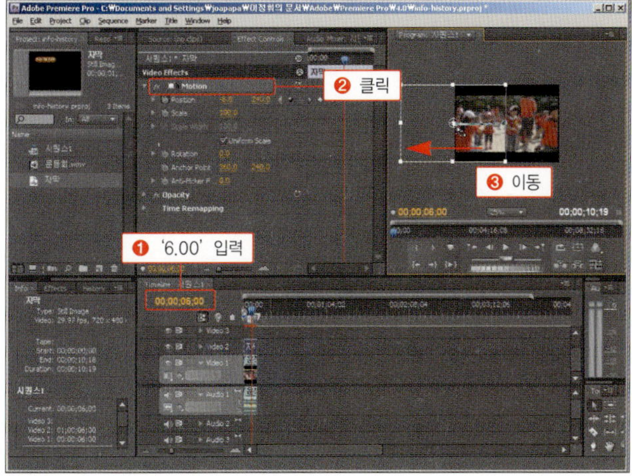

12 [Program] 모니터 패널에서 [View Zoom Level]을 눌러 'Fit'으로 변경시키고 키보드의 Space Bar 키를 누르면 진행되는데 자막이 나왔다가 다시 들어가는 것을 확인할 수 있습니다.

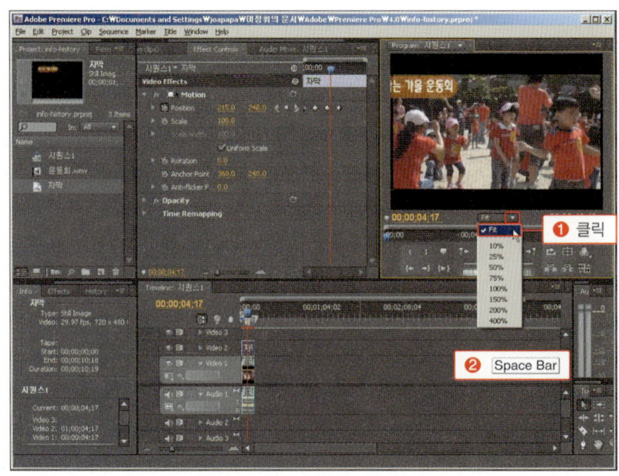

13 자막의 움직임을 고정시키고 새로운 자막을 추가하기 위해 [History] 내역을 이용합니다. 먼저 [History] 패널에서 목록을 하나씩 클릭해, 키프레임이 보이지 않고 [Program] 모니터 패널에서 자막이 보일 때를 찾아서 클릭하여 줍니다.

TIP

[Effect Controls] 패널에서 속성을 지우는 것보다는 [History] 패널을 이용하는 것이 편리합니다.

14 다시 [Project] 패널에서 [New Item]– [New Title]을 클릭하고 [Name]을 '자막 2'로 입력한 뒤, [OK] 버튼을 클릭합니다.

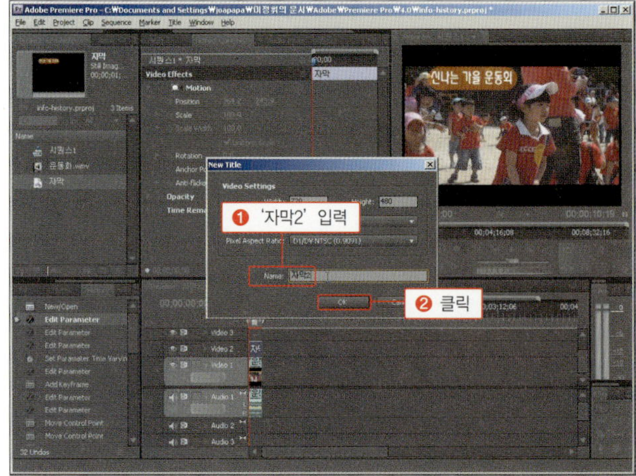

15 타이틀 창이 나타나면 먼저 Rounded Rectangle Tool(▭)을 클릭하여 적당한 크기의 타원을 만들고 [Properties] 패널에서 [Color]는 '흰색', [Opacity]는 '50%'로 변경합니다. 다시 Type Tool(T)을 클릭한 후 타원 안에 '2학년 이다현'을 입력하고 그림처럼 속성을 설정해줍니다.

Options

[Font Family] : Expo M
[Font Size] : 34.1
[Fill]–[Color]: 파랑
[Opacity] : 100%

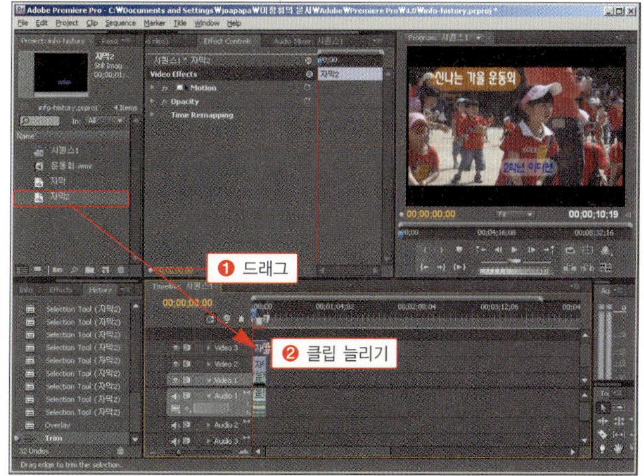

16 '자막2'를 [Timeline] 패널의 Video3 트랙으로 이동해 놓고, 아래의 영상만큼 크기를 늘려줍니다.

17 [Effects] 패널에서 [Pinwheel]를 선택해 '자막2' 클립의 앞부분에 넣고 트랜지션을 더블클릭합니다. [Effect Controls] 패널에서 [Duration] 값을 '2.00'으로 변경합니다.

TIP

[Effects] 패널의 검색란에 'Pinwheel'를 입력하면 쉽게 찾을 수 있습니다. 'Pinwheel'은 바람개비 같은 효과를 나타내줍니다.

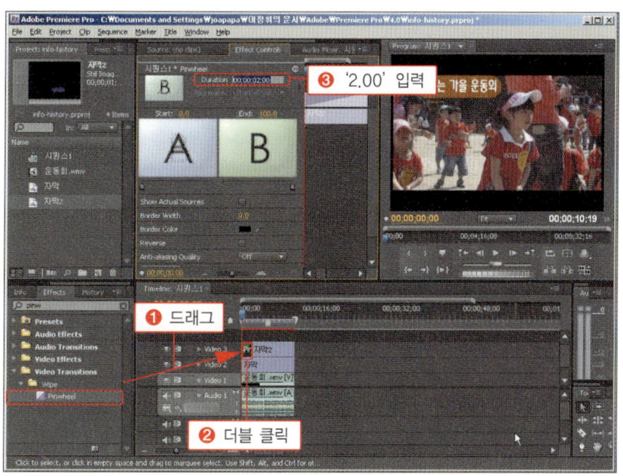

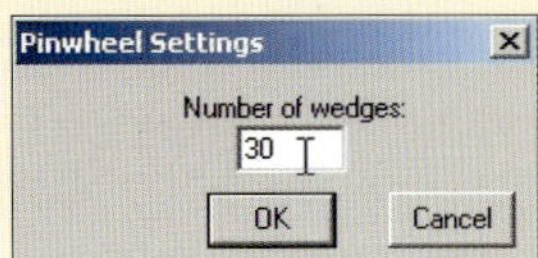

Level Up — 'Pinwheel' 효과의 바람개비 개수 늘리기

[Custom] 버튼을 클릭하여 'Number of wedges' 값을 늘려주며 값이 클수록 바람개비의 날개가 많아 보입니다.

---

18 [Timeline] 패널의 Video3 트랙을 클릭하고, 타임코드에 '6.00'을 주어 편집 기준선을 이동시켜 넣고 Ctrl + K 를 눌러 잘라줍니다. 그리고 뒤에 있는 자막을 삭제합니다.

---

19 [Effecst] 패널의 [Pinwheel] 트랜지션을 '자막2'의 끝부분에 가져다 놓고 더블클릭하여 옵션에서 [Duration]의 값에 클릭하여 '2.00'으로 변경, [Reverse]에 체크한 뒤, [Custom]을 클릭하여 '30'의 값을 줍니다.

TIP

[Reverse]에 체크하면 자막이 반대로 사라집니다.

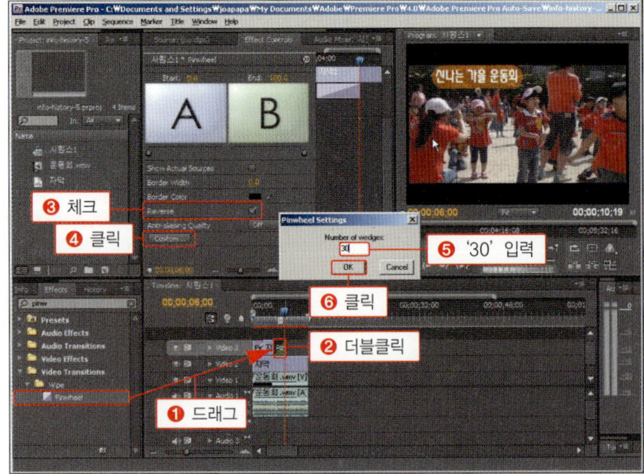

[Info] 패널과 [History] 패널 살펴보기

[Info] 패널과 [History] 패널의 기능을 알아보고 사용 방법을 익혀 봅니다.

❶ Info 패널

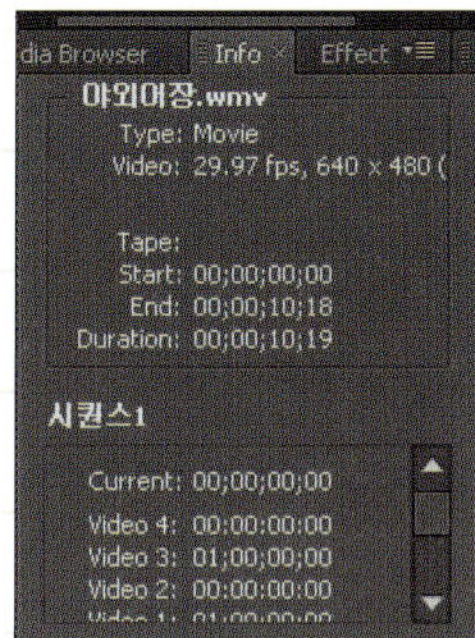

ⓐ 클립 이름 : 선택한 클립의 이름을 보여줍니다.

ⓑ 정보 : Type(Movie, Still Image), Video(비디오 크기, 초당 fps), Start, End(클립이 [Timeline] 패널에 있는 처음 시간과 마지막 시간), Duration(전체 진행되는 시간), Current(편집 기준선이 놓여 있는 타임라인)

❷ History 패널

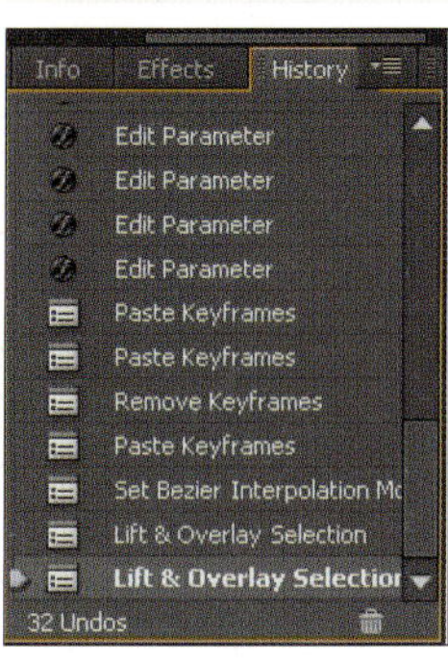

ⓐ 작업 내역 : 작업을 한 번 할 때마다 [History] 패널에 기록이 남습니다. 작업 내역의 기록에서 현재를 기준으로 클릭하면 이전 작업으로 돌아가고 하단에 클릭하면 작업했던 내용이 다시 나타납니다.

TIP

작업 복구가 안 되는 경우

❶ 기존의 프로젝트를 닫고 새로운 프로젝트를 열면 기록되어 있던 히스토리가 사라집니다.

❷ [File]-[Revert]를 선택하면 히스토리가 사라집니다.

❸ 특정 히스토리에서 마우스 오른쪽 버튼을 클릭하고 [Clear history]를 선택하면 모든 히스토리가 사라집니다.

[Audio Mixer] 패널와 [Program] 모니터 패널 익히고 활용하기

[Audio Mixer] 패널은 이전 버전에서 취약하던 오디오 기능에 많은 기능 향상을 가져왔습니다. [Audio Mixer] 패널은 오디오 이펙트를 쉽게 활용할 수 있도록 해주며 [Programr] 모니터 패널은 편집의 복잡하고 어려운 과정을 간단한 드래그로 활용하여 편집을 쉽게 해줍니다.

CHAPTER 05

SECTION 01 [Audio Mixer] 패널의 기본 기능 활용하기 | SECTION 02 [Audio Mixer] 패널의 녹음 기능 활용하기 | SECTION 03 [Program] 모니터 패널의 옵션 기능 활용하기

[Audio Mixer] 패널의 기본 기능 활용하기

[Audio Mixer] 패널은 여러 오디오가 겹칠 경우 뮤트와 솔로를 이용하여 다양한 오디오의 연출을 가져 올 수 있습니다. 스피커에 나오는 오디오의 음향을 조절하는 방법을 배워봅니다.

밸런스 조절과 뮤트/솔로 알아보기

01 '오디오믹서' 라는 프로젝트 이름을 지정하고, '시퀀스' 라는 시퀀스 이름을 주고 [Standard 48kHz]을 설정하고 [OK] 버튼을 클릭합니다.

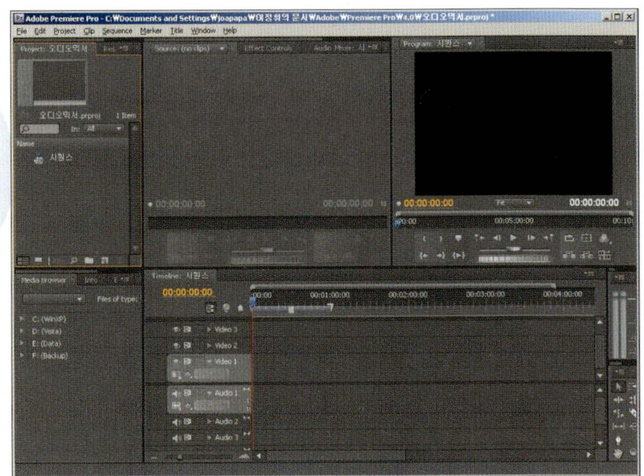

02 [Project] 패널의 빈 곳을 더블클릭하여 [Import] 창이 열리면 '교회1, '운동회.wmv' 를 선택하여 [OK] 버튼을 클릭합니다.

⊙ 경로 : 예제파일\Part3\Ch5\S01 폴더

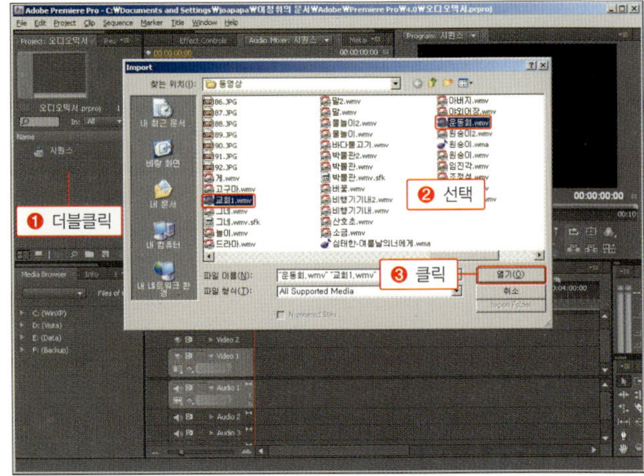

03 '교회1' 클립을 [Timeline] 패널에 드래그하고 [Audio Mixer] 패널을 선택하여 트랙 이름 상자 안에 Audio1은 '교회음악회', Audio2는 '운동회'로 이름을 변경합니다.

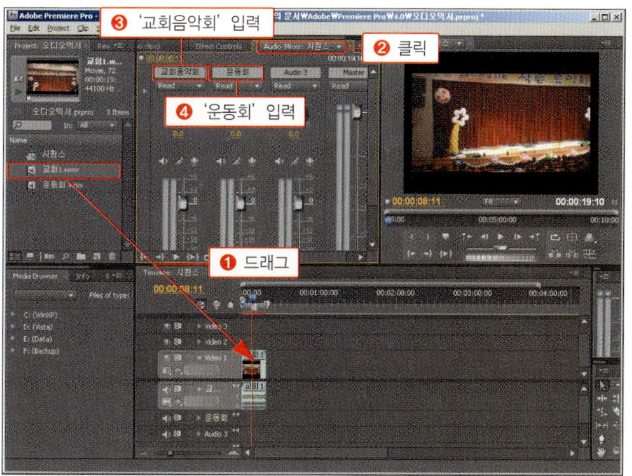

04 [Audio Mixer] 패널에서 '교회1'이 들어 있는 '교회음악회' 트랙의 [Left/Right Balance]를 선택하여 왼쪽 방향으로 '−50'이 될 때까지 이동합니다.

TIP

키보드의 Space Bar 키를 누르고 음악을 듣게 되면 스피커의 왼쪽 부분이 크게 들리는 것을 알 수 있습니다.

05 '운동회' 클립을 [Timeline] 패널의 Video2 트랙으로 드래그하면 '운동회' 트랙에 '운동회' 클립의 오디오 부분이 들어가는 것을 볼 수 있습니다. [Audio Mixer] 패널의 '운동회' 트랙에서 Mute Track(■) 버튼을 클릭하고 Space Bar 키를 누르면 '교회1'의 오디오는 나오지만 '운동회'의 오디오는 나오지 않습니다. 즉, '운동회'만 음소거가 된 것입니다.

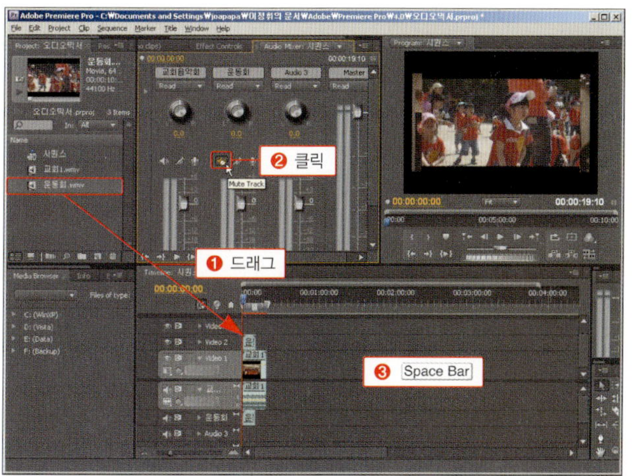

06 '운동회' 트랙에서 Mute Track(　) 버튼을 클릭하여 해제하고, Solo
Track(　) 버튼을 클릭합니다. Space Bar 키를 누르면 '운동회'의 오디
오는 나오지만 '교회1'의 오디오는 나오지 않습니다. 운동회 트랙을 제외한 모든
트랙의 오디오가 음소거가 된 것입니다.

TIP

다른 트랙에는 Mute Track(　) 버튼이 자동으로 눌려집니다.

07 [Audio Mixer] 패널의 Show/Hide Effect and Sends(　) 버튼을 클릭
한 다음 '운동회' 트랙의 [Effect] 부분을 클릭하여 [Delay]을 선택하고
아래의 적용 시간을 '1.00'으로 설정합니다. Space Bar 키를 눌러 음악을 들어보
면 오디오가 1초 동안 메아리치듯 반복되는 음을 들을 수 있습니다.

TIP

[Delay] 오디오 이펙트는 메아리와 같이 음이 다시 반환되는 효과를 줍니다.

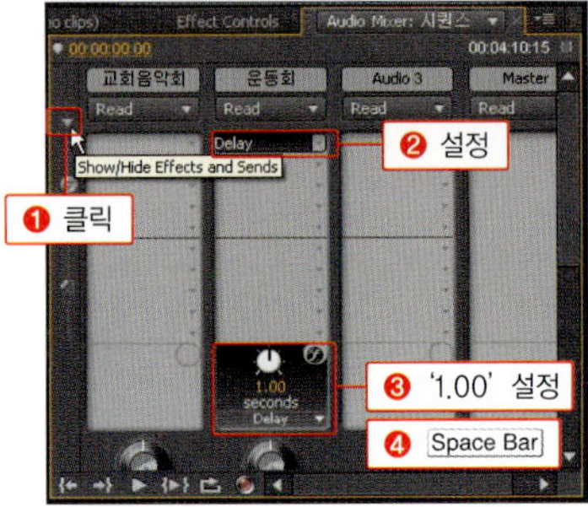

[Audio Mixer] 패널의 세부 기능 살펴보기

[Audio Mixer] 패널은 오디오 트랙의 세부적인 기능을 활용하기 위해 만들어진 패널입니다. 오디오 믹서의 여러 기능을 살펴봅니다.

❶ 트랙 이름 : Audio1, Audio2, Audio3 등은 [Timeline] 패널의 오디오 트랙 이름과 같습니다. 그러므로 오디오 트랙의 이름을 변경한다면 [Audio Mixer] 패널의 이름도 같이 변경됩니다.

❷ Master : 시퀀스의 전체 볼륨을 조절할 수 있습니다.

❸ Automation Mode(자동제어 옵션) : 오디오 트랙의 클립을 재생하면서 속성을 변경하고 오디오 트랙의 키프레임에 영향을 미칩니다.

❹ Left/Right Balance : 클립의 음질이 'Stereo' 방식일 경우 스피커의 좌/우 소리의 크기를 변경할 수 있습니다. 트랙의 음질이 '5.1' 채널일 경우에는 '5.1' 채널 전용 팬/밸런스로 변경됩니다.

❺ Mute Track(🔊) : 해당 트랙에 음소거를 설정합니다.

❻ Solo Track(🎙) : 해당 트랙만 음이 재생됩니다.

❼ Enable Track for recording(🎤) : 설정되면 해당 트랙 내에 녹음할 수 있습니다.

❽ Show/Hide Effects and Sends(▶) : 왼쪽에 있는 삼각형을 누르면 확장되면서 해당 트랙에 이펙트를 설정할 수 있습니다.

[Audio Mixer]
패널의 녹음 기능
활용하기

프리미어 프로 CS4에서 '5.1 채널'이 완전한 지원이 되지 않지만 직접 '5.1 채널'을 제작하고 활용할 수 있습니다. '5.1 채널'을 제작하여 녹음 기능에 대해서도 알아봅니다.

5.1 채널 음성 만들기

01 '오디오녹음과5.1'라는 프로젝트 이름을 지정하고, '시퀀스'라는 시퀀스 이름을 주고 [Standard 48kHz]을 설정하고 [OK] 버튼을 클릭합니다.

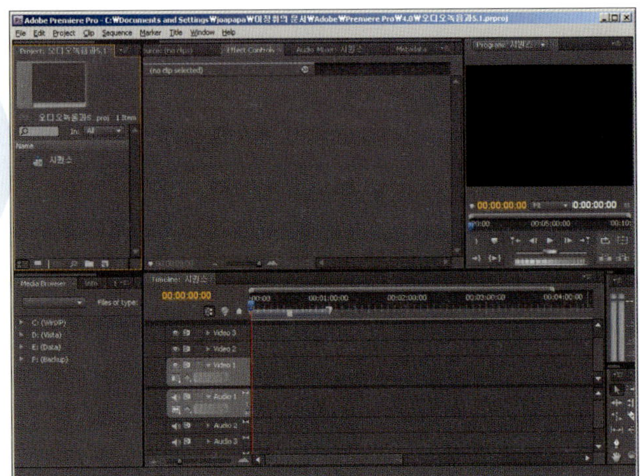

02 [Audio Mixer] 패널을 선택한 후 녹음을 위해 Enable Track for recording(🎤) 버튼을 클릭합니다.

03 메뉴에서 [Edit]-[Preferences]를 클릭합니다. [Preferences] 창이 뜨면 [Audio Hardware]에서 [ASIO Settings] 버튼을 클릭합니다.

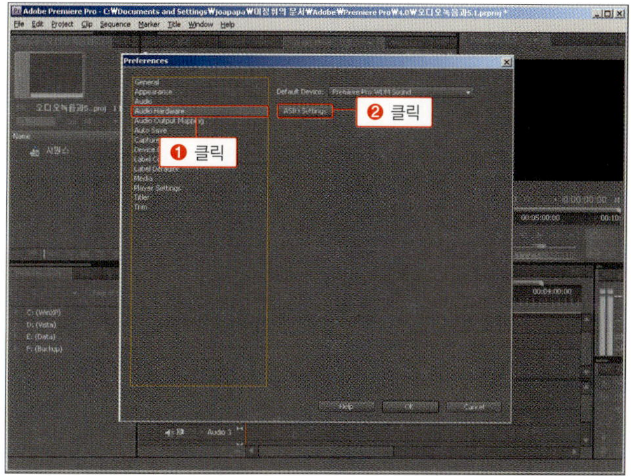

04 [Audio Hardware Settings] 창이 나타나는데 여기서 마이크나 헤드폰의 드라이버를 선택하여 줍니다. [OK]-[OK] 버튼을 클릭하여 창들을 닫습니다.

TIP

마이크나 헤드셋의 드라이버는 각 시스템의 환경에 따라 다릅니다.

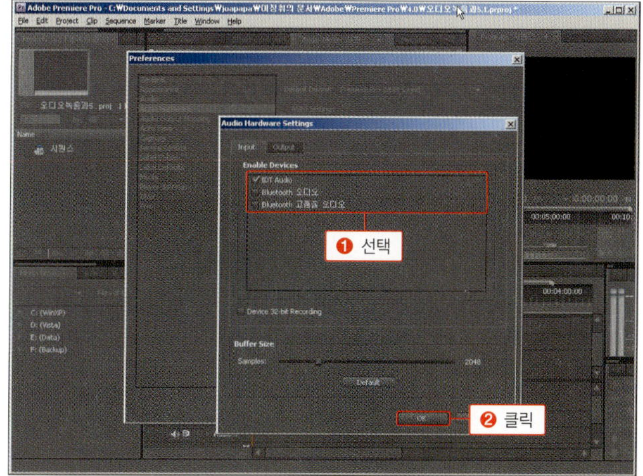

Level Up ● 연결된 장치 보기

[Audio Mixer] 패널에서 [Track Input Channel]을 클릭하면 연결된 장치들이 나타납니다. 그 중에서 사용할 장치를 선택합니다.

05 [Audio Mixer] 패널 아래의 Record(●) 버튼을 클릭하고 Play-Stop Toogle(▶) 버튼을 클릭한 후 마이크(헤드셋)에 말하면서 녹음을 시작합니다. 해당 트랙의 볼륨이 움직이는 것을 볼 수 있습니다. 편집 기준선은 앞으로 이동됩니다.

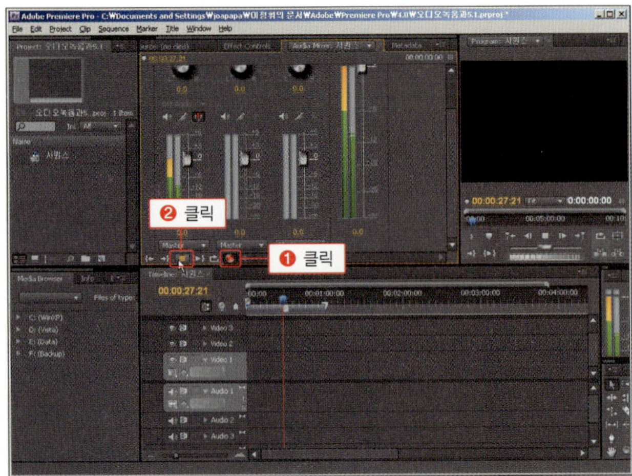

06 녹음이 끝나면 해당 트랙에 클립이 생기면서 [Project] 패널에도 임시 클립이 생성됩니다. Space Bar 키를 눌러 자신이 녹음한 내용을 들어봅니다.

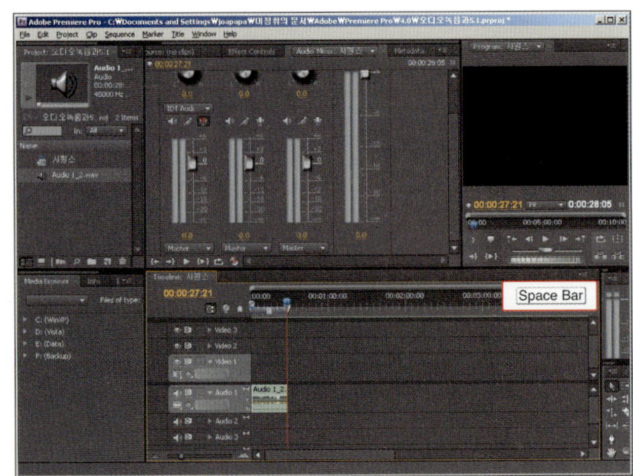

07 기존에 있던 시퀀스에서는 5.1 채널을 설정하기 어려워 새로운 5.1 시퀀스를 사용하여 만들어 주는 것이 좋습니다. [File]-[New]-[Sequence]을 클릭합니다. [New Sequence] 창에서 [Name]을 '5.1시퀀스', [Track] 탭에서 다음과 같이 설정한 뒤 [OK] 버튼을 클릭합니다.

Options

Master : 5.1
Mono : 2
Stereo : 0
5.1 : 1

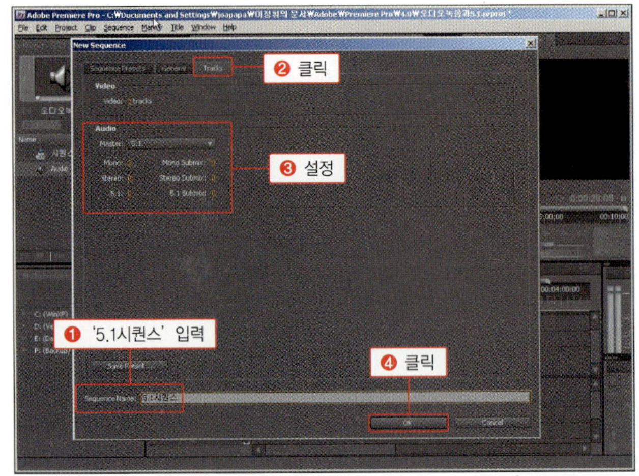

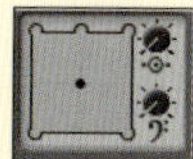

청취자를 중심으로 전방좌측, 정면, 전방우측, 후방좌측, 후방우측의 스피커가 놓여 있는 형태와 비슷하게 사용되며, 정면 스피커는 기본 스피커로 화면의 내용이 그대로 나타나며, 나머지 4개의 스피커는 입체적인 음향 효과를 줍니다. 영상 중에 AC-3(돌비 시스템) 포맷이나 DTS(디지털 극장 시스템)이 대표적인 5.1 채널 방식입니다.

08 [Project] 패널에서 빈 곳을 더블클릭하여 [Import] 창이 나타나면 '헬기콥터소리.wav'를 선택하고 [OK] 버튼을 클릭합니다.

◉ 경로 : 예제파일\Part3\Ch5\헬리콥터소리.wav

TIP

사운드 카드의 드라이버를 설정하면 드라이버 프로그램 중 5.1 채널의 테스트 부분이 나오는데 헬기 소리를 많이 듣게 됩니다. 이것을 제작해 봅니다.

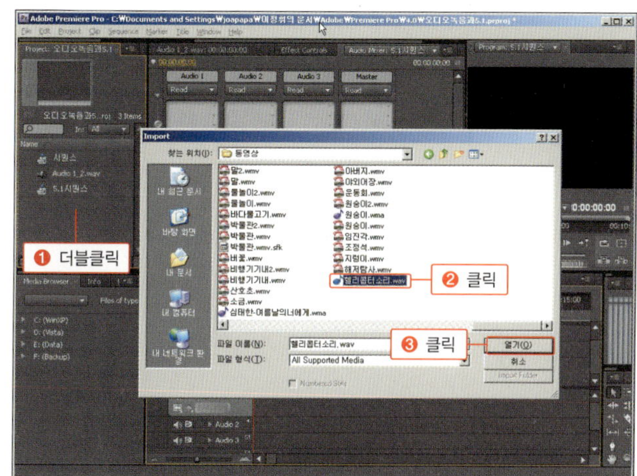

09 [Timeline] 패널의 타임코드에 '29.15'로 변경하고 '헬리콥터소리' 클립을 편집 기준선에 꽉차게 계속적으로 드래그하여 넣어 줍니다.

TIP

'헬리콥터소리' 클립은 일반 'wav' 파일이라 Stereo나 5.1에는 들어갈 수 없고, Mono로 설정된 트랙에만 들어갈 수 있습니다.

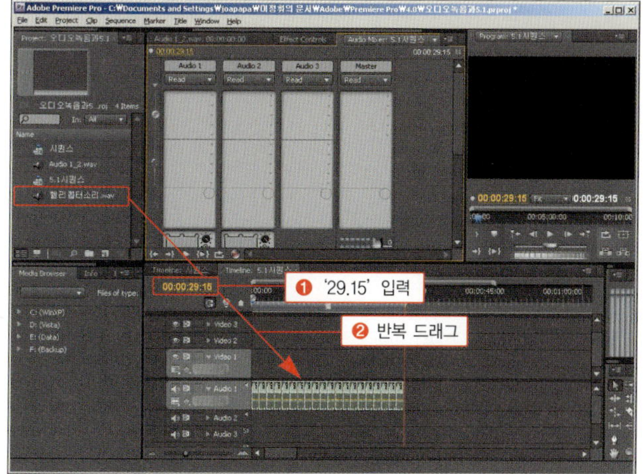

10 [Timeline] 패널의 편집 기준선를 맨 처음으로 이동시키고 [Audio Mixer] 패널의 Show/Hide Effects and Sends(▶) 버튼을 클릭하여 이펙트 설정 부분이 보이지 않게 합니다.

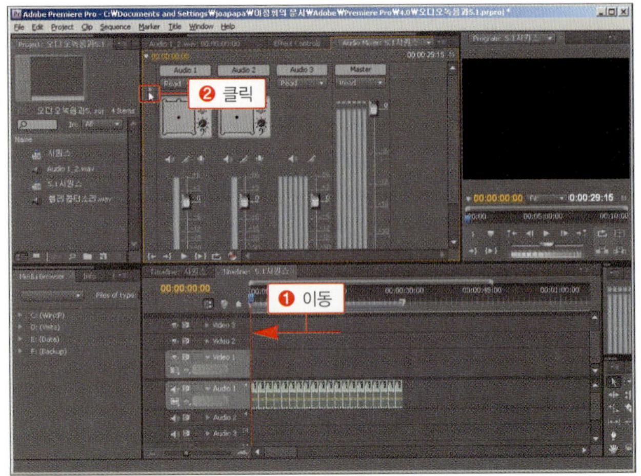

11 [Audio Mixer] 패널의 Audio1 트랙의 [Automade Mode]를 'Latch'로 변경하고 키보드의 Space Bar 키를 눌러 재생합니다. [5.1] 창 안에 검은색 점을 클릭하여 뒤쪽 바깥쪽부터 회전하면서 계속 시계 방향으로 돌려주면 거의 마지막 부분에 가운데로 옵니다.

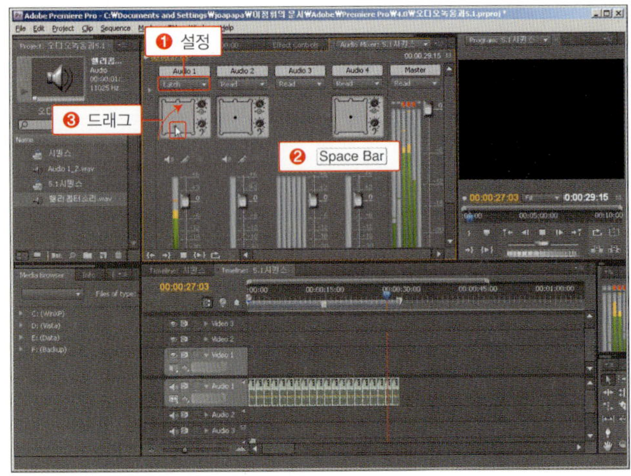

12 Enter 키를 누르면 재생됩니다. [Audio Mixer] 패널의 [5.1] 창의 점이 자동으로 움직이는 것을 볼 수 있으며, 헬기 소리가 5.1 채널과 같은 효과를 얻을 수 있습니다.

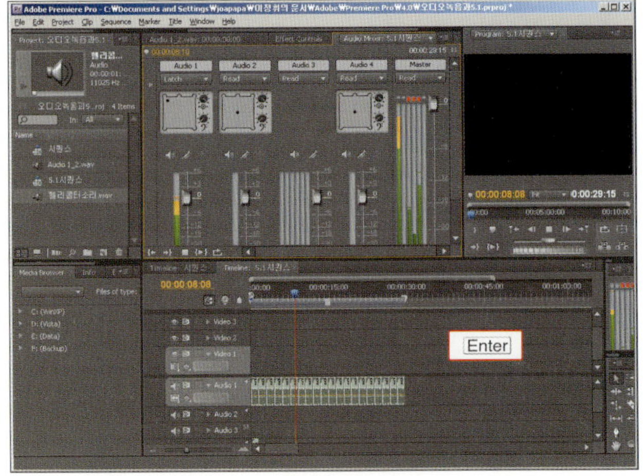

13 [File]–[Export]–[Setting]을 클릭하면 [Export Settings] 창이 나타납니다. [Format]은 'Windows Waveform', [Audio] 탭을 클릭하고 [Sample Rate]는 '480000Hz', [Channels]는 '5.1', [Sample Type]는 '16 bit'로 변경시켜 주고 [OK] 버튼을 클릭합니다.

TIP

'Wav' 파일로 5.1 채널 방식으로 변경하는 것이 가장 쉽고, [Channels]을 꼭 '5.1'로 변경하여야 5.1 채널 파일을 얻을 수 있습니다.

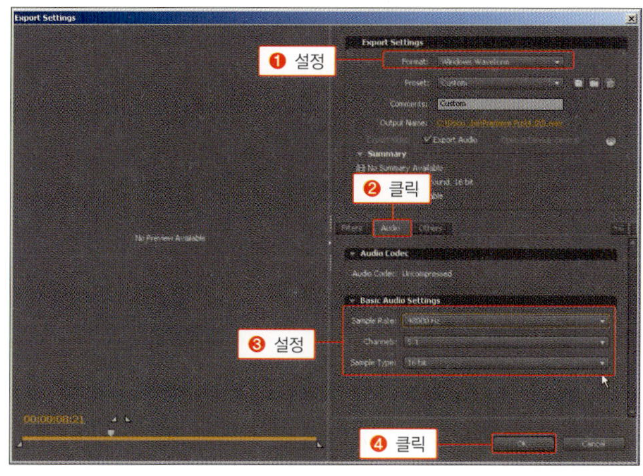

14 [Adobe Media Encoder] 창이 나타나면 [Output File] 아래의 경로를 더블클릭 합니다. [파일 이름]에 '헬기'을 넣고 [저장] 버튼을 클릭하고 [Start Queue] 버튼을 클릭해 결과물의 음성을 추출합니다.

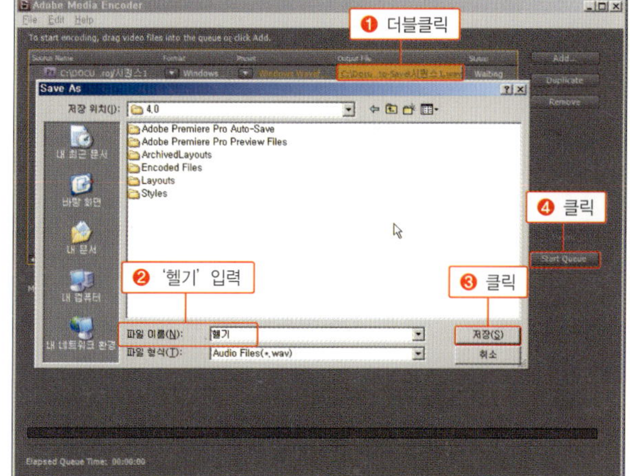

15 음성이 추출되었으면 [Project] 패널의 빈 곳을 더블클릭합니다. [Import] 창이 나타나면 '내문서\Adobe\PremierePro\4.0' 안의 폴더에서 '헬기.wav'를 선택하고 [열기] 버튼을 클릭합니다.

◉ 경로 : 예제파일\Part3\Ch5\헬기.wav

TIP

'(사용자이름)\내문서\Adobe\PremierePro\4.0'는 프리미어 프로에서 기본적으로 지정하는 추출 폴더 장소입니다.

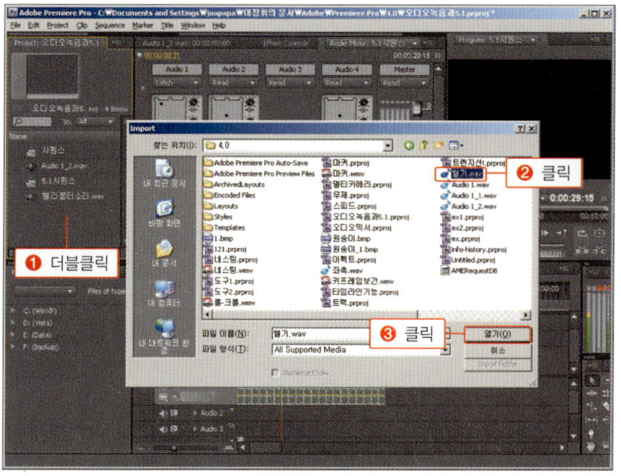

16 '헬기' 클립을 5.1 채널인 Audio3 트랙으로 이동시켜 놓고 Audio1에 있는 모든 클립을 삭제, Enter 키를 눌러 사운드를 들어 봅니다. '헬기' 클립은 5.1 채널로 제작되어 다른 트랙에 들어가지 않고 5.1 트랙에만 들어가게 됩니다.

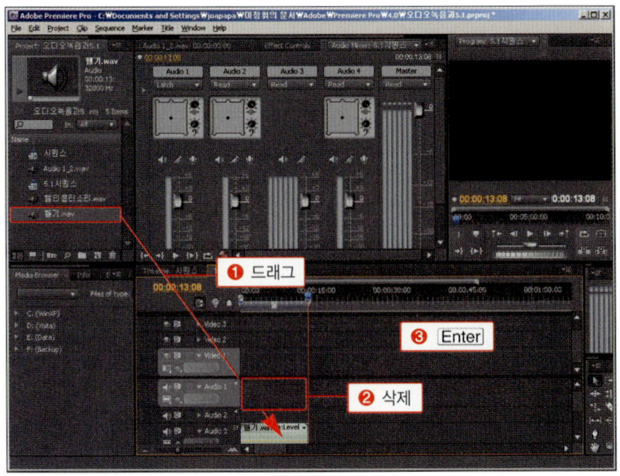

[Audio Mixer]의 자동 제어 기능 살펴보기

자동제어 기능(Automation Mode)은 오디오 트랙을 실행하면서 볼륨과 팬/밸런스 속성을 변경할 수 있습니다.

❶ Off : [Audio Mixer]의 자동 제어 기능을 사용하지 않습니다.

❷ Read : 가장 많이 사용하며, 속성을 읽기만 합니다. 어느 타임에 어떤 속성이 설정되어 있으면 그 속성을 그대로 적용하여 들려줍니다.

❸ Latch : [Audio Mixer]의 자동 제어 기능 실행 중에 마우스를 사용하여 속성을 지정하면 지정된 속성 값으로 사용됩니다.

❹ Touch : 자동 제어 기능 실행 중에 마우스를 사용하여 속성을 지정하면 마우스를 사용한 동안만 속성이 지정되고 손을 놓으면 기본 값으로 돌아갑니다.

❺ Write : 자동 제어 기능 실행 중에 재생과 속성 지정이 동시에 변경되면서 설정됩니다.

마이크나 헤드폰을 컴퓨터와 연결한 후 하드웨어 테스트를 먼저 시작합니다. 컴퓨터의 [시작]–[제어판]–[사운드 및 오디오 장치]를 더블클릭합니다.(Windows 7은 [제어판]–[하드웨어 소리]–[오디오 장치 관리]에서 설정합니다.)

1. 등록 정보 창이 나타나면 [음성] 탭을 클릭하여 '하드웨어 테스트' 를 클릭합니다.
(윈도우 7에서는 [소리] 창이 나타나면 [녹음] 탭을 클릭하고 마이크를 선택하고 [확인] 버튼을 클릭합니다.)

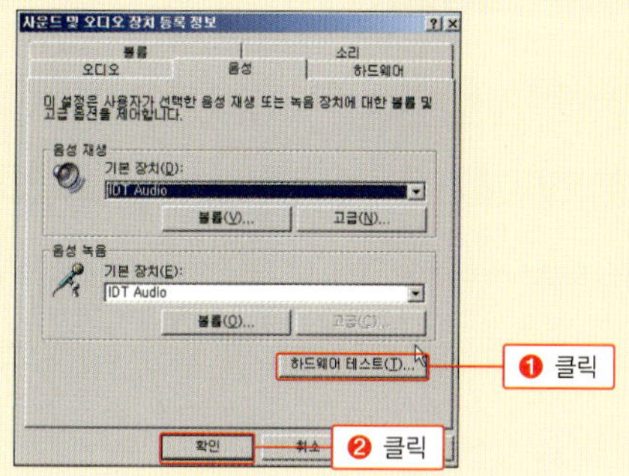

2. [사운드 하드웨어 테스트 마법사]를 시작하는데 [다음] 버튼을 클릭 하면 자동으로 하드웨어를 인식하고 테스트를 시작합니다.
(윈도우 7은 [마이크 속성] 창이 열리는데 현재 상태만 확인하고 [확인] 버튼을 클릭합니다.)

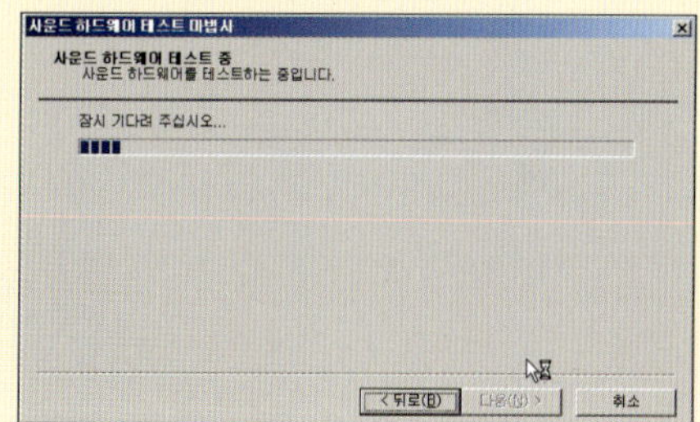

3. 마이크나 헤드폰에 말해보면 [녹음] 안의 볼륨의 길이가 오르락 내리락 하는 것을 볼 수 있습니다. 아래 그림의 [다음] 버튼을 클릭하면 [재생]이 활성화되는데 다시 마이크나 헤드폰에 말해보면 [녹음]–[재생]의 볼륨이 오르락 내리락 할 것입 니다. 마이크나 헤드폰을 제대로 인식한 것입니다. [다음] 버튼을 클릭하면 완료창이 나타납니다. [마침]을 눌러 창을 닫습 니다.

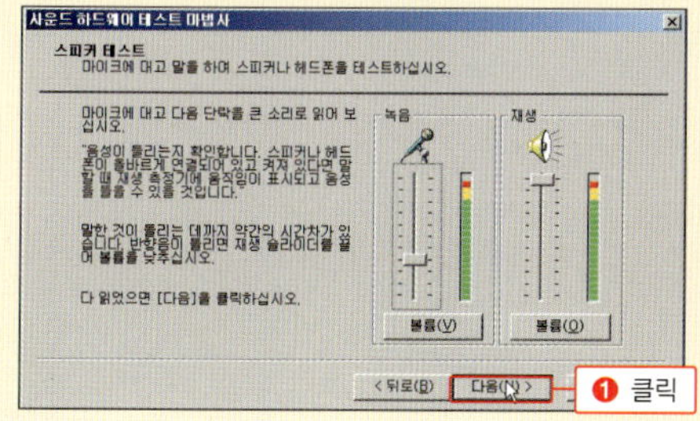

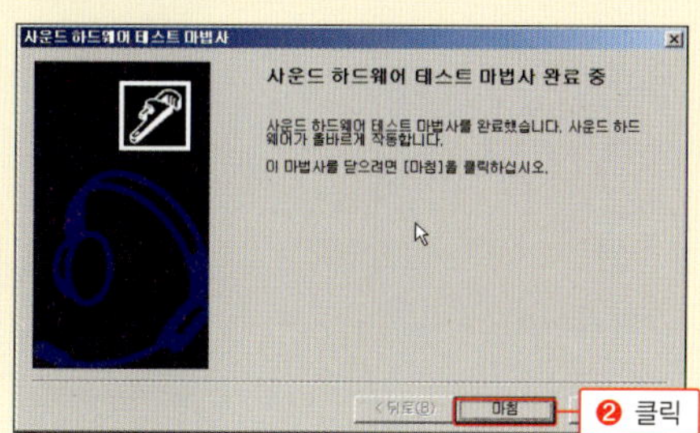

[Program]
모니터 패널의
옵션 기능 활용하기

[Program] 모니터는 [Source] 모니터와 달리 직접적인 편집이 가능한 옵션들이 있습니다.
[Program] 모니터의 [Trim Monitor] 사용 방법을 익혀봅니다.

Trim Monitor 기능을 이용한 영상 편집하기

01 '프로그램모니터'라는 프로젝트 이름을 지정하고, '시퀀스'라는 시퀀스 이름을 주고 [Standard 48KHz]을 설정하고 [OK] 버튼을 클릭합니다.

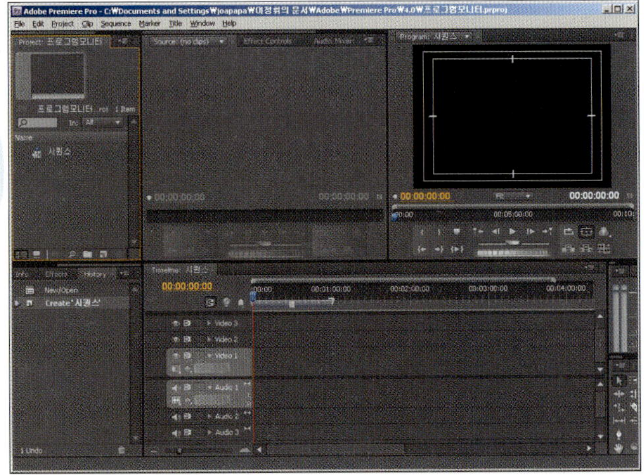

02 [Project] 패널의 빈 곳을 더블클릭하여 [Import] 창이 열리면 '비행기기내1, 비행기기내2.wmv'를 선택하고 [열기] 버튼을 클릭합니다.

◉ 경로 : 예제파일\Part3\Ch5\비행기기내1.wmv, 비행기기내2.wmv

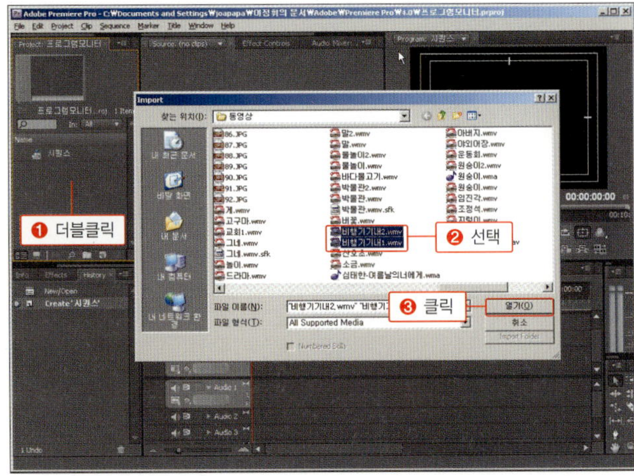

03 '비행기기내1', '비행기기내2'의 클립을 순서대로 [Timeline] 패널에 드래그하고 [Program] 모니터 패널의 Go to next Edit Point(버튼) 버튼을 두 번 클릭해 줍니다.

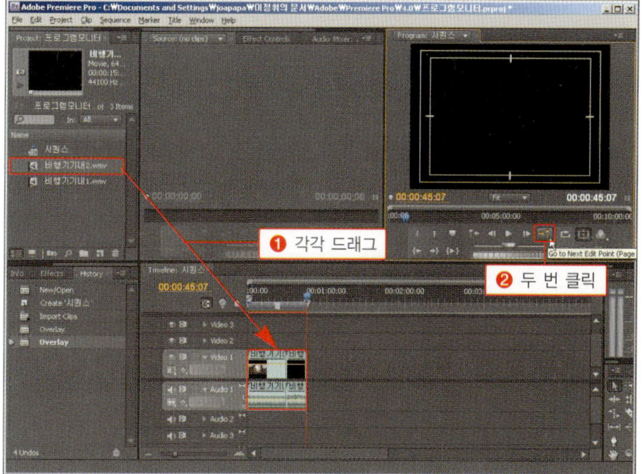

04 [Program] 모니터 패널의 Go to Previous Edit Point(버튼) 버튼을 한 번 클릭하여 클립과 클립의 경계면으로 이동시켜 놓고 Set In Point(버튼) 버튼을 클릭, 또 타임코드에 '39.17'을 넣고 [Programr] 모니터 패널의 Set In Point(버튼) 버튼을 클릭하여 영역 범위를 지정합니다.

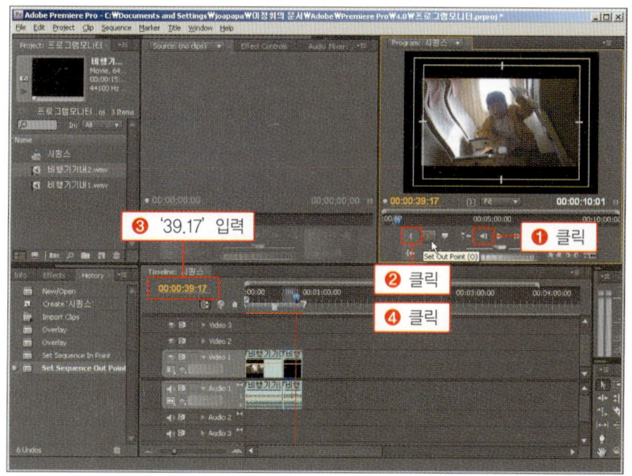

05 [Program] 모니터 패널의 Lift(버튼) 버튼을 클릭하면 영역으로 지정된 시간만큼 영역이 지워지고 여백으로 남겨집니다.

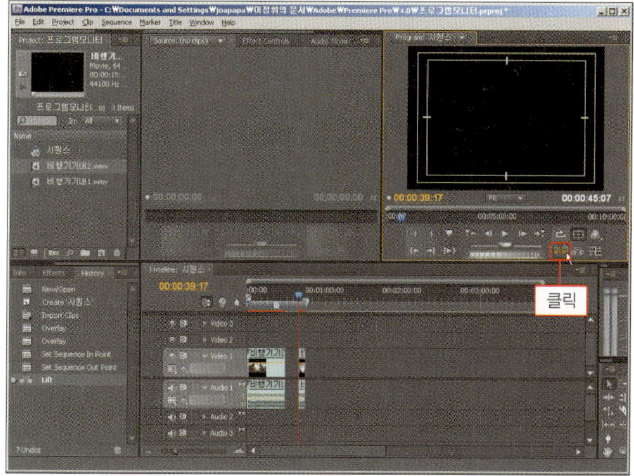

06 Ctrl + Z 를 눌러 이전 상태로 돌아가서 [Program] 모니터 패널의 Extract ( ) 버튼을 클릭해 영역의 길이만큼 삭제하면서 두 개의 클립 사이를 붙여 놓고 Go to Previous Edit Point( ) 버튼을 두 번 클릭하여 클립과 클립의 경계 사이로 이동합니다. [Programr] 모니터 패널의 [Trim Monitor]를 클릭합니다.

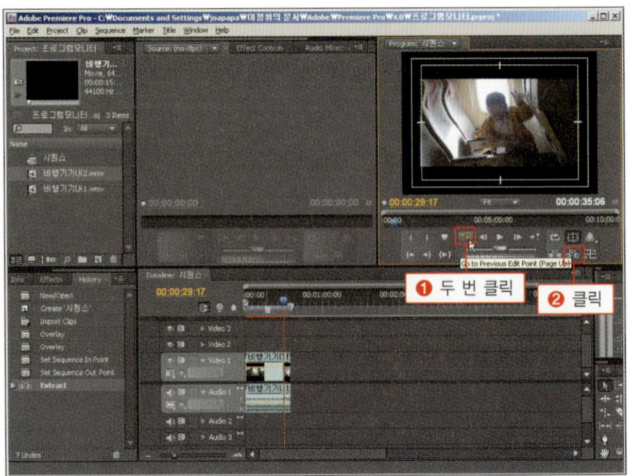

07 새로 나타나는 [Trim] 창에서 두 개의 클립의 영상을 자연스럽게 연결하기 위하여 첫 번째 클립 영상의 타임라인이 '3:22'가 될 때까지 왼쪽으로 이동시켜 주고 창을 닫습니다.

TIP

[Trim Monitor]에서 영상을 줄이거나 늘리면 [Time line] 패널의 클립의 영상도 같이 늘이거나 줄어들게 됩니다.

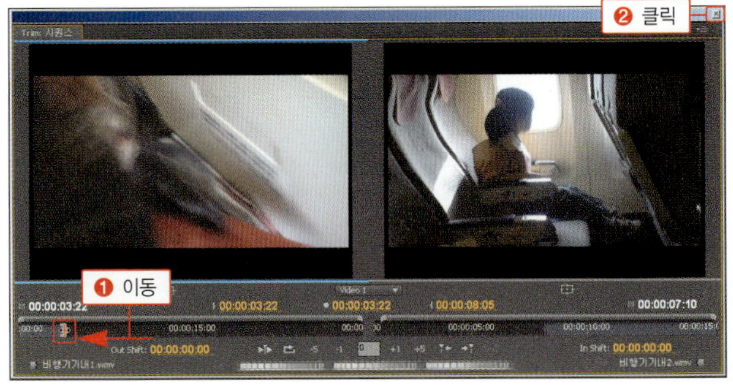

08 [Effect] 패널의 [Video Transition]-[Dissolve]-[Cross Dissolve]을 선택하여 클립 사이에 주어 자연스럽게 연결되도록 한 후 완료합니다.

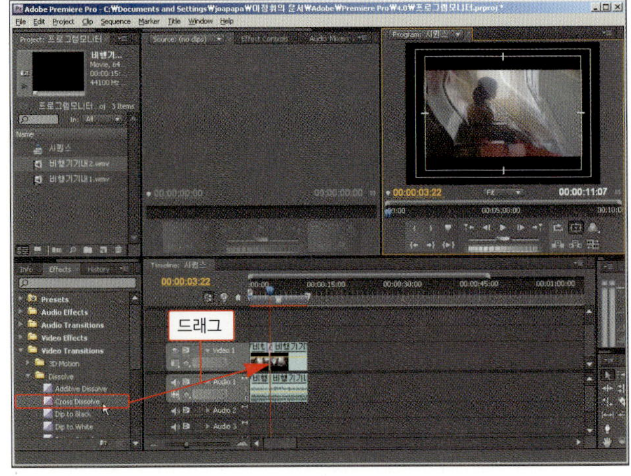

[Program] 모니터 패널 기능 살펴보기

[Source Monitor] 패널과 다른 기능을 알아보고 기능을 익혀 봅니다.

❶ Go to Previous Edit Point(▮◄) : [Timeline] 패널에서 편집 구분선이 왼쪽으로 클립과 클립 사이의 경계 구분을 찾아 갑니다.

❷ Go to Next Edit Point(►▮) : [Timeline] 패널에서 편집 구분선이 오른쪽으로 클립과 클립 사이의 경계 구분을 찾아 갑니다.

❸ Lift(▣) : Set In Point와 Set Out Point로 시간 영역을 지정하고 이 버튼을 클릭하면 해당 트랙의 그 시간 영역만큼 지워지고 영역이 비워집니다.

❹ Extract(▣) : Set In Point와 Set Out Point로 시간 영역을 지정하고 이 버튼을 클릭하면 해당 트랙의 지정 영역만큼 지워지고 영역이 비워지지 않고 뒤의 클립이 붙여집니다.

❺ Trim Monitor(▣) : 클립과 클립 사이 영상을 비교하면서 자연스럽게 연결되는 영상을 만들 때 많이 사용됩니다.

▲ Trim Monitor 창

CHAPTER 01 이펙트 제대로 배워 멋지게 응용하자. | CHAPTER 02 영상 자막의 제작과
활용법 익히기

이펙트를 이용하여
영상 전문가로 거듭나기

좀 더 영상을 화려하게 꾸며 나갈 수 있는 비디오와 오디오의 이펙트와 트랜지션(화면 전환)을 배우며 자막 기법을 배워 영상에 표현을 자유로이 나타내봅니다.

PART 04

이펙트 제대로 배워 멋지게 응용하자.

[Effects] 패널은 Presets, Audio Effects, Audio Transitions, Video Effects, Video Transitions 5개로 구성되어 있으며, 각각의 필요한 기능으로 이루어져 있습니다.

CHAPTER 01

SECTION 01 [Effects] 패널의 기능 살펴보기 | SECTION 02 [Presets] 기능으로 영상 제작하기 | SECTION 03 [Audio Effect] 기능으로 오디오에 효과주기
SECTION 04 [Video Transitions] 기능으로 영상 편집하기

[Effects] 패널의
기능 살펴보기

[Effects] 패널의 검색란을 이용하여 이펙트 빠르게 찾아 적용하는 방법과 Automate to Sequence에 사용되는 기본 이펙트 변경하는 방법을 알아봅니다.

이펙트를 빠르게 검색하고 기본 이펙트 변경하기

01 '이펙트패널'라는 프로젝트 이름을 지정하고, '시퀀스'라는 시퀀스 이름을 주고 [Standard 48KHz]를 설정하여 [OK] 버튼을 클릭합니다.

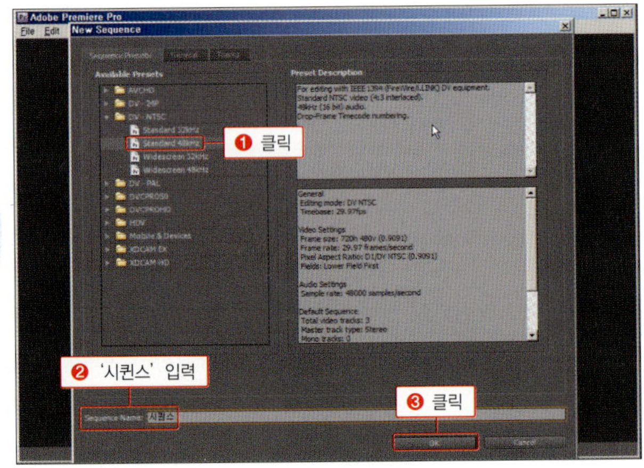

02 [Project] 패널의 빈 곳을 더블클릭합니다. [Import] 창이 나타나면 '67~74.jpg' 까지 선택하고 [열기] 버튼을 클릭합니다.

◉ 경로 : 예제파일\Par4\Ch1\S01 폴더

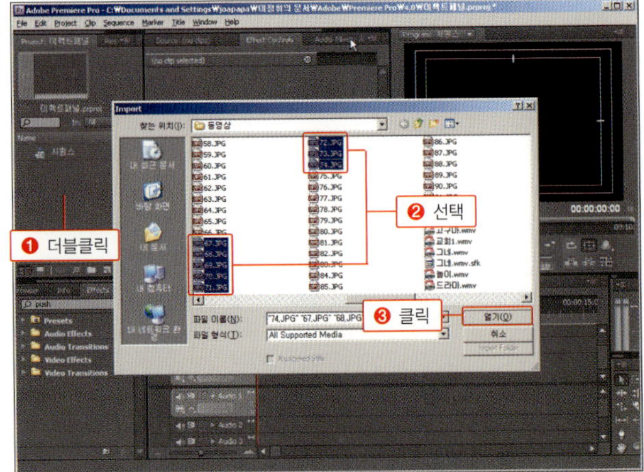

03 [Effects] 패널의 검색란에 'Push'를 입력하면 자동으로 [Video Transition]–[Slide]–[Push] 트랜지션을 찾아 줍니다. [Push] 트랜지션을 선택한 후 마우스 오른쪽 버튼을 클릭해 [Set Selection Default Transition]를 클릭합니다.

TIP

[Set Selection Default Transition]을 클릭하면 기본적인 트랜지션이 되어 Automate to Sequence를 선택 시 적용됩니다.

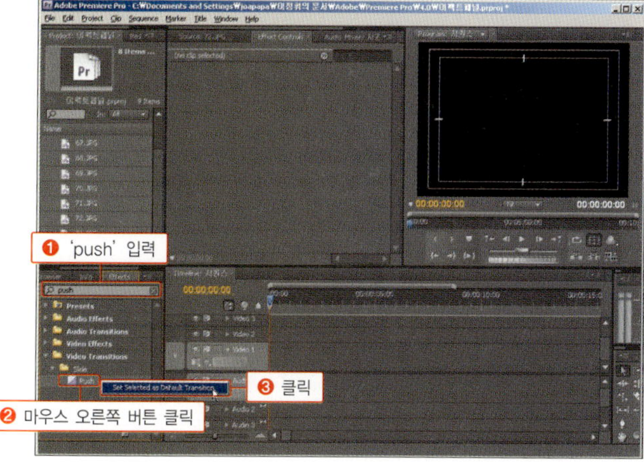

04 다시 [Project] 패널에서 Automate to Sequence(⊞)를 클릭하여 창이 나타나면 [Clip Overlap]에 '5'를 입력한 후 [OK] 버튼을 클릭합니다.

TIP

이미지 클립의 크기가 작으므로 트랜지션의 크기를 이미지보다 작게 만들어야 합니다.

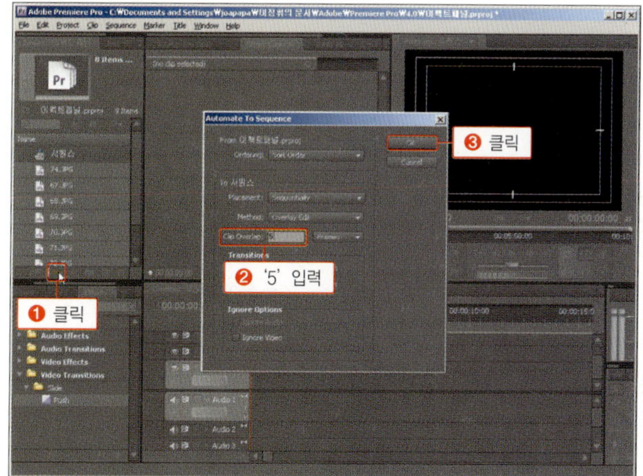

05 [Timeline] 패널에 클립들이 순서대로 생기면서 트랜지션이 적용됩니다.
Space Bar 키를 누르면 진행됩니다. [Push] 트랜지션을 적용하였기 때문에 이미지가 왼쪽으로 이동하는 것을 볼 수 있습니다.

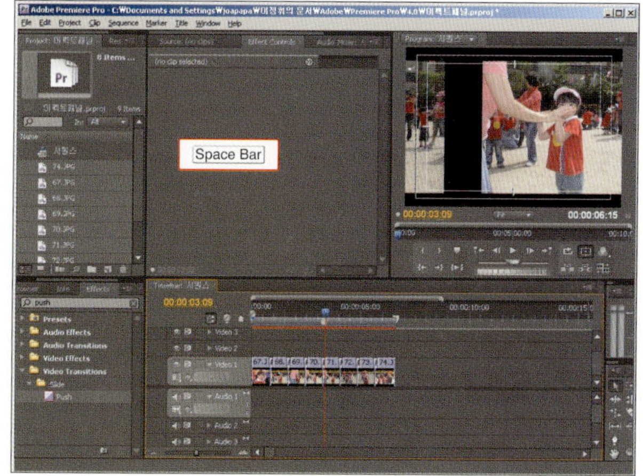

[Effects] 패널의 구성 요소와 이펙트 검색하기

[Effects] 패널의 구성 요소 기능을 알아보고, 이펙트 검색, 각 이펙트별로의 기본 트랜지션의
종류와 변경 방법을 알아봅니다.

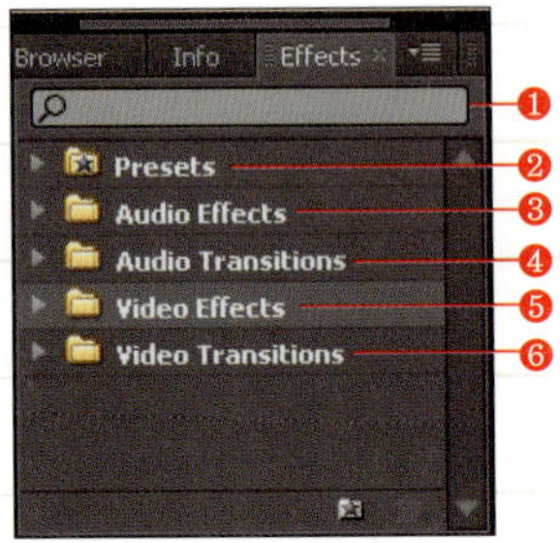

1. [Effects] 패널

❶ 검색란 : 많은 이펙트를 좀 더 빠르게 찾기 위해 검색란에 이펙트의 일부 단어만 입력해도
비슷한 이펙트들을 찾아 주어 빠르게 이펙트를 적용할 수 있습니다.

❷ Presets : 7가지의 이펙트 속성이 설정되어 있으며, 6가지의 Video Effects 응용 속성과
PIP 모션 이펙트 속성을 지니고 있습니다.

❸ Audio Effects : 오디오 이펙트는 '5.1 채널', 'Stereo', 'Mono 3' 가지로 구분되며 각 3가
지 분류의 이펙트는 거의 동일합니다.

❹ Audio Transition : 오디오 트랜지션은 3가지의 기능밖에 없습니다.

❺ Video Effects : 비디오 이펙트나 영상에 특정 효과를 주어 특정 영상을 만들어 냅니다.

❻ Video Transition : 기존 영상에서 다른 영상으로 넘어가는 사이
(장면 전환)에 효과를 주어 특정 영상을 만들어 낼 수 있습니다.

2. 기본 트랜지션

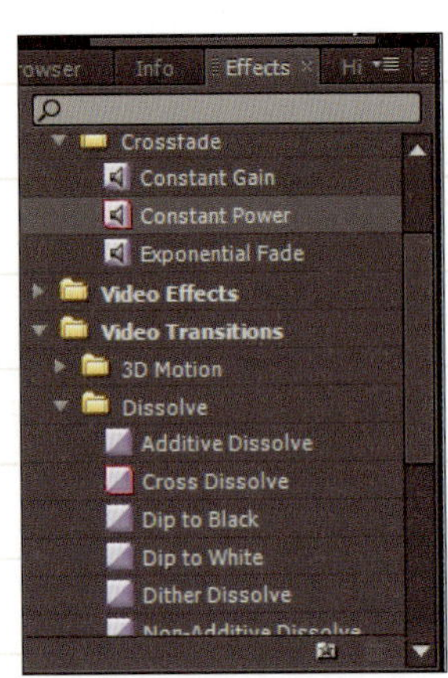

기본 트랜지션이란 자동배치(Automate To Sequence) 시 자동으로 설
정되는 기본 트랜지션을 의미합니다.

[Effects] 패널에서는 기본 트랜지션은 빨간색으로 표시됩니다.

ⓐ Audio Transition : Constant Power

ⓑ Video Transition : Cross Dissolve

[Presets] 기능으로 영상 제작하기

이펙트의 [Presets] 기능을 이용하여 영상 안에 영상이 들어 있는 PIP를 제작할 수 있습니다.

PIP(Picture In Picture) 영상 제작하기

01 '프리셋'이라는 프로젝트 이름을 지정하고, '시퀀스'라는 시퀀스 이름을 주고 [Standard 48kHz]을 설정하고 [OK] 버튼을 클릭합니다.

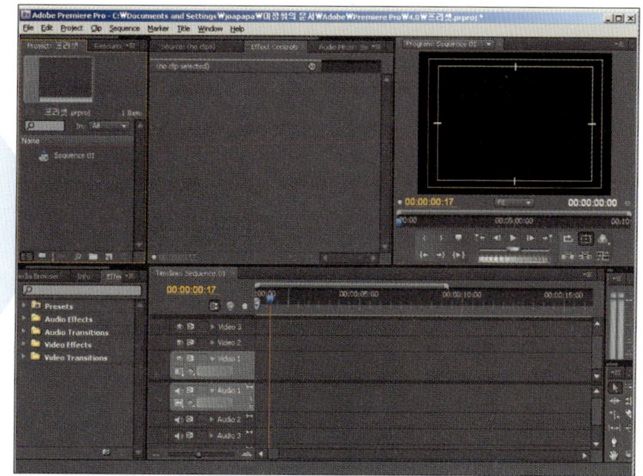

02 [Project] 패널의 빈 곳을 더블클릭합니다. [Import] 창이 나타나면 '박물관2', '병아리.wmv'를 선택하고 [열기] 버튼을 클릭합니다.

◉ 경로 : 예제파일\Par4\Ch1\S02 폴더

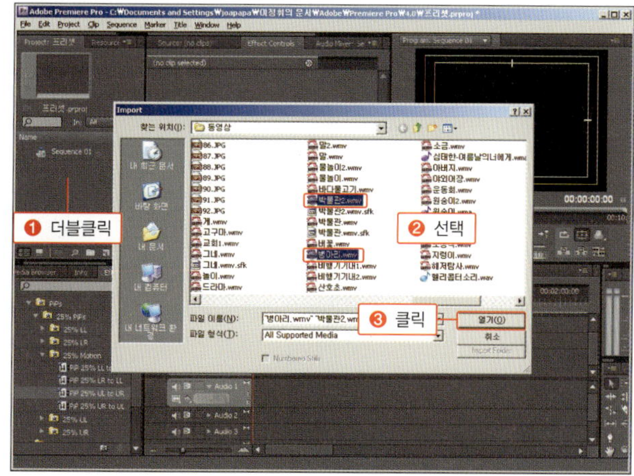

03 '병아리' 클립은 Video1 트랙, '박물관2' 클립은 Video2 트랙에 드래그합니다. '박물관2' 클립을 선택한 상태에서 [Effects] 패널의 [Preset]–[PiPs]–[25% Motion]–[PiP25% UL to UR]을 선택해 효과를 적용합니다.

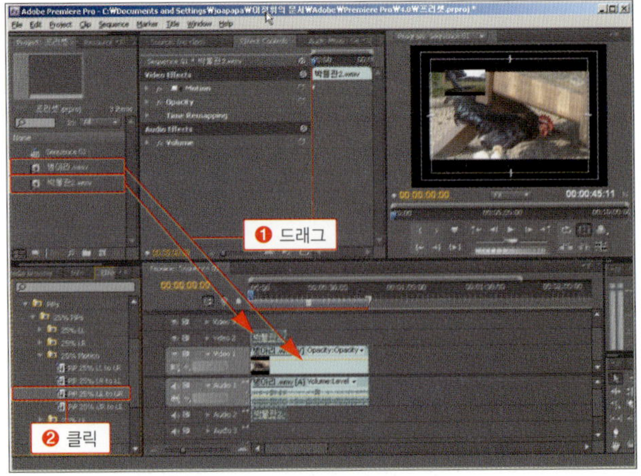

04 '박물관2' 클립의 위치가 전체적으로 맞지 않으므로 [Effect Controls] 패널의 [Motion]을 선택하고 [Program] 모니터 패널에서 '병아리' 클립을 왼쪽 상단에 맞게 조절합니다.

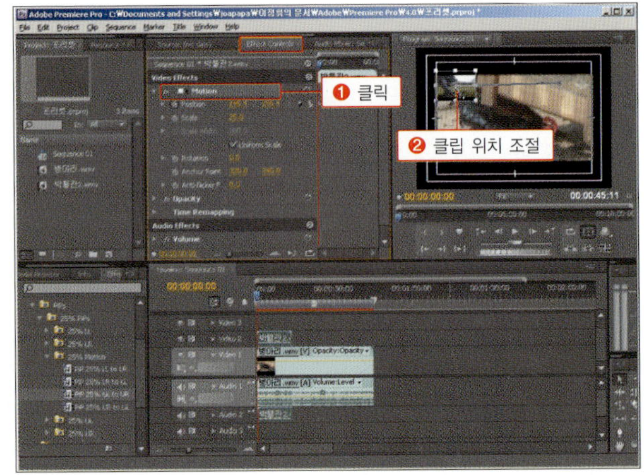

05 [Effect Controls] 패널의 마지막 키프레임을 선택하고 [Program] 모니터 패널의 '박물관2' 클립의 위치를 우측 상단으로 이동시켜 놓습니다.

06 [Project] 패널의 '박물관2' 클립을 Vidoe2 트랙에 하나 더 붙여 놓은 다음 [Effects] 패널에서 [Preset]–[Pips]–[25% PiPs]–[25% UR]–[PiP 25% UR Scale Up to Full]을 적용합니다.

07 2번째 '박물관2' 클립의 마지막에 편집 기준선을 가져다 놓고 Ctrl + K 를 눌러 자르고 나머지 '병아리' 클립의 영상을 삭제합니다.

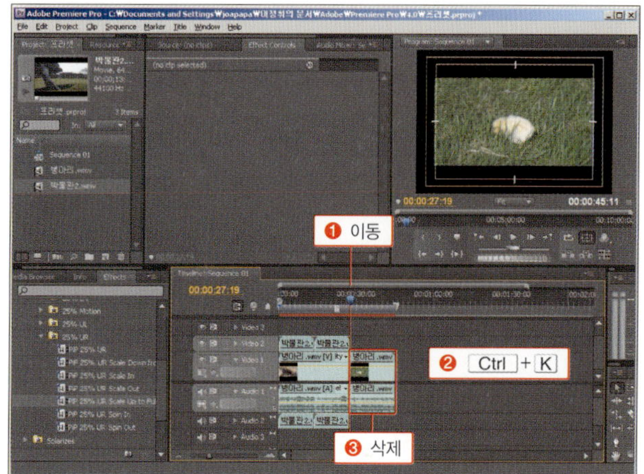

08 Space Bar 키를 눌러 영상을 확인합니다.

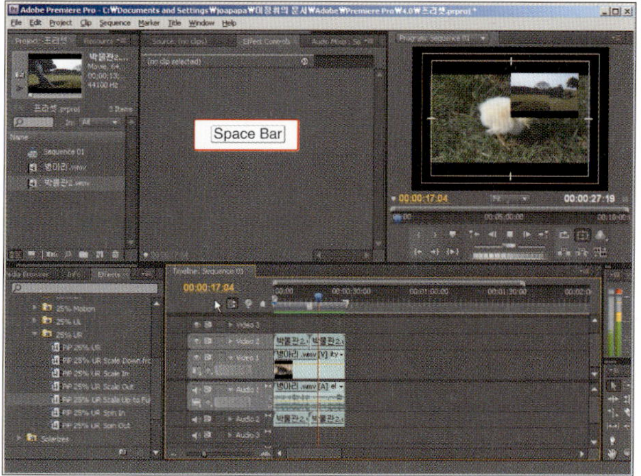

[Effects] 패널의 [Preset Effect] 살펴보기

프리셋 이펙트 기능을 알아보고, PIP의 특징을 확인합니다.

1. 기본 Presets

6개의 일반 이펙트를 의미하여 여기 6개 이펙트는 Video Effects에도
있는 기본 이펙트입니다. 프리셋 이펙트와의 차이점으로는 프리셋 이
펙트는 적용되는 범위를 좀 더 상세하게 적용할 수 있다는 것입니다.

2. PiPs

이펙트 효과를 사용하는 것이 아니라 모션 속성을 키프레임과 함께 설
정하여 빠르게 적용할 수 있습니다.

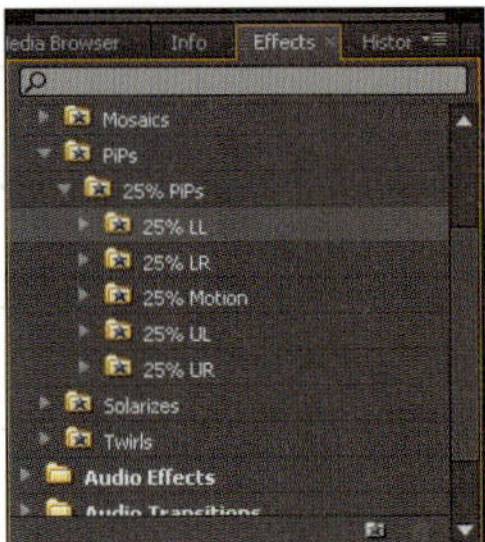

① 25% PiPs : 전체 영상의 크기를 25%로 줄여 줍니다.

  ⓐ 위치 속성

  • 25% LL : 왼쪽 하단에 위치합니다.

  • 25% LR : 오른쪽 하단에 위치합니다.

  • 25% UL : 왼쪽 상단에 위치합니다.

  • 25% UR : 오른쪽 상단에 위치합니다.

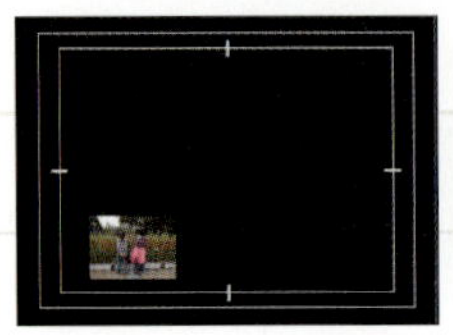 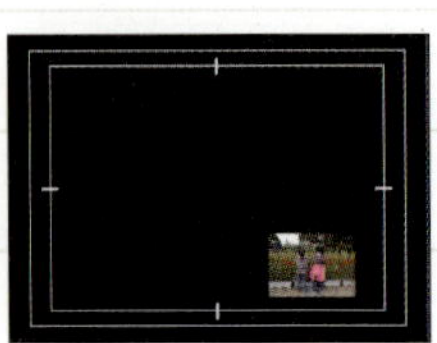 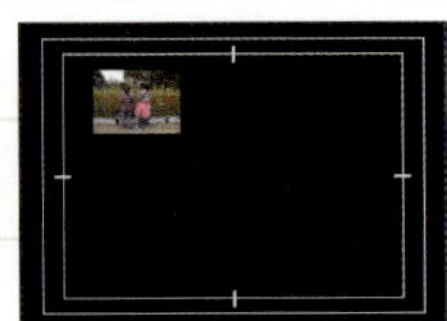 

▲ 25% LL   ▲ 25% LR   ▲ 25% UR   ▲ 25% UR

ⓑ 움직이는 속성 : 25% LL, 25% LR, 25% UL, 25% UR은 모두 같은 속성을 가지고 있습니다.

• Scale Down from Full : 전체 크기에서 화면의 25%만큼 축소됩니다.

• Scale In : 가장 작은 화면에서 25% 크기만큼 확대됩니다.

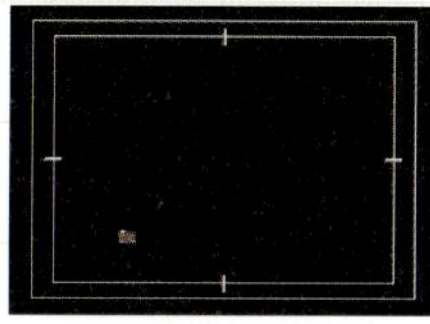 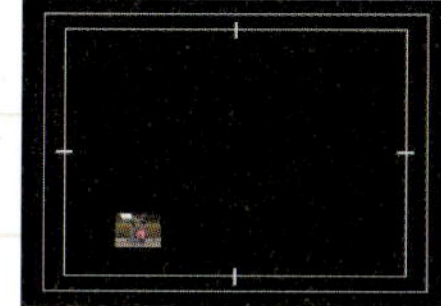 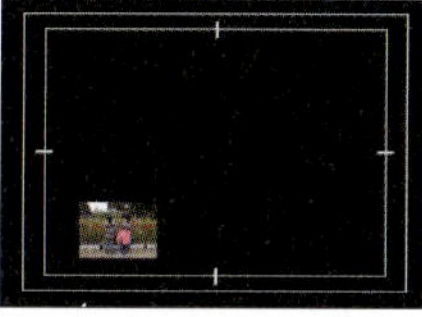

• Scale Out : 25% 크기의 화면에서 가장 작은 화면으로 축소됩니다.

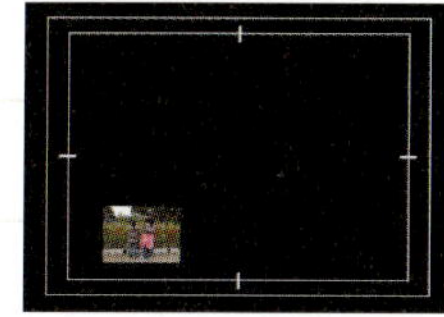 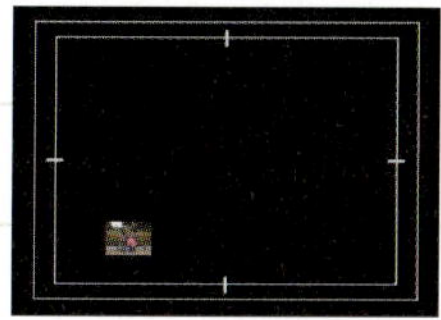 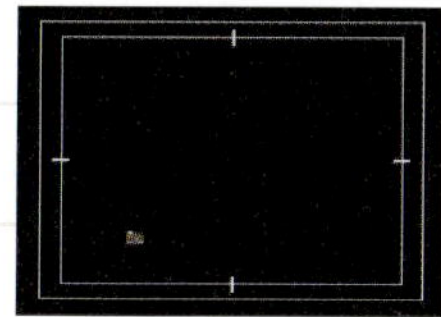

• Scale Up to Full : 화면의 25% 크기에서 전체 화면 크기로 확대됩니다.

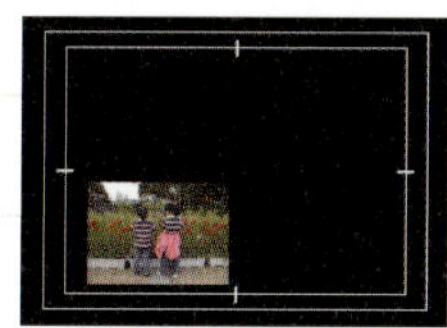  

• Spin In : 가장 작은 화면에서 25% 크기만큼 회전하면서 확대됩니다.

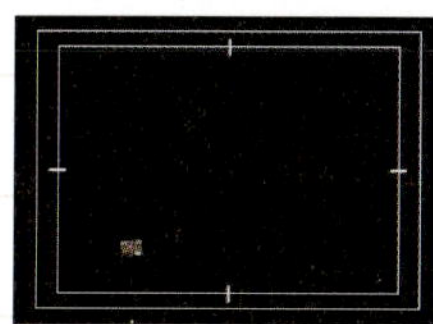 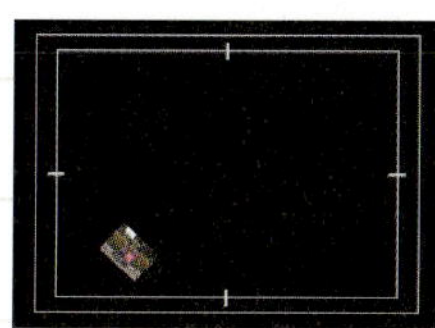 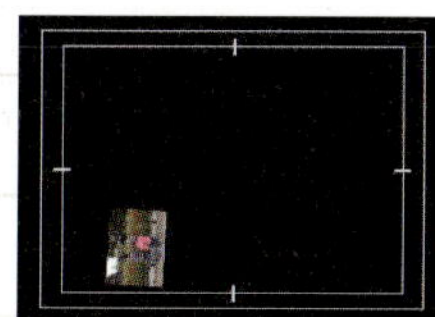

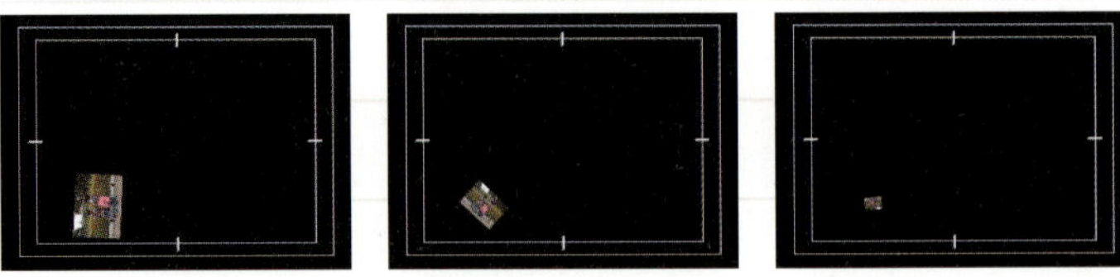

ⓒ 25% Motion : 지금 위치에서 다른 위치 지점으로 이동합니다.

- PiP 25% LL to LR : 25% 크기의 왼쪽 하단에서 오른쪽 하단으로 이동합니다.
- PiP 25% LR to LL : 25% 크기의 오른쪽 하단에서 왼쪽 하단으로 이동합니다.
- PiP 25% UL to UR : 25% 크기의 왼쪽 상단에서 오른쪽 상단으로 이동합니다.
- PiP 25% UR to UL : 25% 크기의 오른쪽 상단에서 왼쪽 상단으로 이동합니다.

[Effects]−[Video Effects] 살펴보기

비디오 이펙트의 기능을 알아보고, 기능별의 특징을 살펴봅니다.

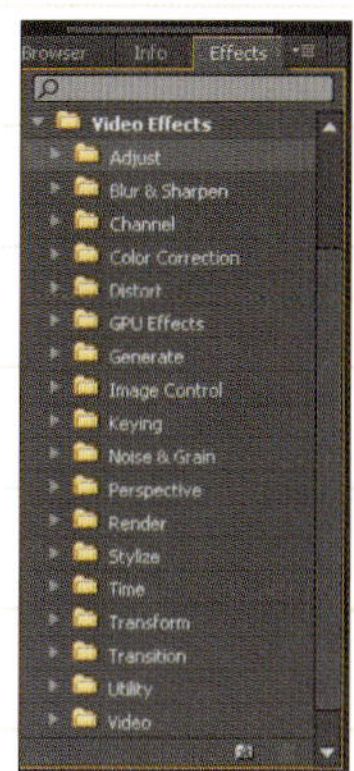

❶ Adjust 이펙트 : 클립의 색상을 조정하기 위한 이펙트입니다. Auto 효과에는 다음의 4가지 공통적인 옵션을 갖습니다.

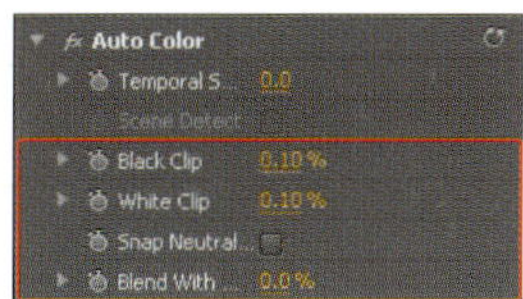

– Black Clip : 어두운 부분의 색상을 조절합니다.
– White Clip : 밝은 부분의 색상을 조절합니다.
– Snap Neutral Midtones : 중간색 부분의 자동 색상을 조절합니다.
– Blend With Original : 색상의 혼합 정도를 조절합니다.

• Auto Color : 자동으로 색상을 조절해줍니다.

▲ 적용 전　　　　　▲ 적용 후

• Auto Contrast : 자동으로 명암을 조절해줍니다.

▲ 적용 전　　　　　▲ 적용 후

• Auto Levels : 자동으로 어두운 부분의 밝기를 조절해줍니다.

　▲ 적용 전　　　　　　　▲ 적용 후

• Convolution Kernel : 각 픽셀별로 밝기를 조절할 수 있습니다.

　▲ 적용 전　　　　　　　▲ 적용 후

• Extract : 색상을 추출하여 흑백 영상으로 추출합니다. [Settings] 창에서 추출값을 설정할 수 있습니다.

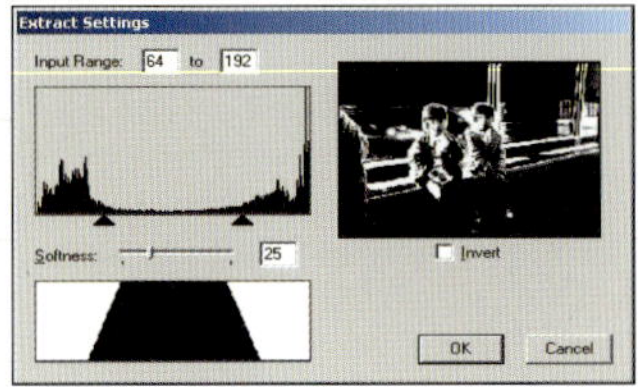

　▲ 적용 전　　　　　　　▲ 적용 후

– Softness : 왼쪽으로 갈수록 어두워지고, 오른쪽으로 갈수록 밝아집니다.

– Invert : 밝은 부분과 어두운 부분이 바뀝니다.

• Levels : 색상의 채도와 명도를 조절합니다. [Settings] 창에서 3개의 컬러 스톱(어두운, 중간, 밝은)을 이용하여 조절할 수 있습니다.

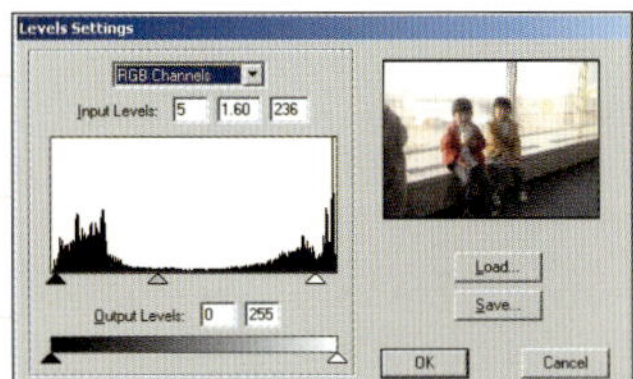

　▲ 적용 전　　　　　　　▲ 적용 후

• **Lighting Effects** : 5개의 빛을 이용하여 다양한 조명 효과를 만들어 낼 수 있습니다. [Program] 모
니터 패널에서 직접 크기 및 위치, 방향을 변경할 수 있습니다.

▲ 적용 전   ▲ 적용 후

• **ProcAmp** : 클립의 밝기, 대비, 색조, 채도를 조절합니다.

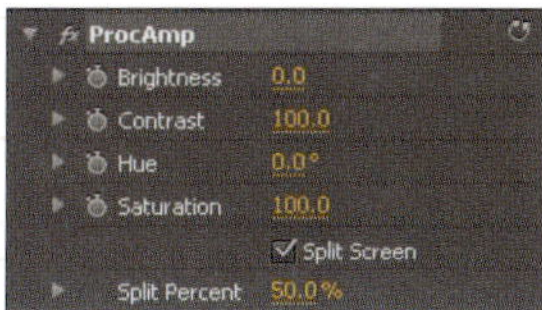

▲ 적용 전   ▲ 적용 후

- Split Screen : 체크하면 반쪽은 적용된 상태를 반쪽은 원래 이미지를 보여줍니다.

- Split Percent : 분할되어 적용되는 이미지 부분이 작을수록 작아집니다.

• **Shadow/Highlight** : 밝고 어두운 부분을 조절해 주거나 직접 자동 조절할 수 있습니다.

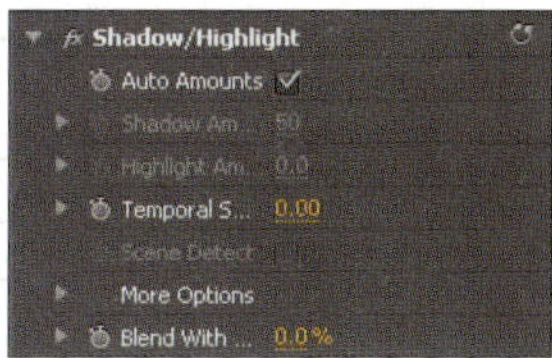

▲ 적용 전   ▲ 적용 후

- Auto Amounts : 체크되어 있으면 적당하게 밝고 어두운 부분을 자동 조절하거나 직접 조절합니다.

❷ **Blur & Sharpen** : 다양한 흐림 효과와 선명도를 표현합니다.

• **Antialias** : 경계선 부분을 부드럽게 처리해줍니다.

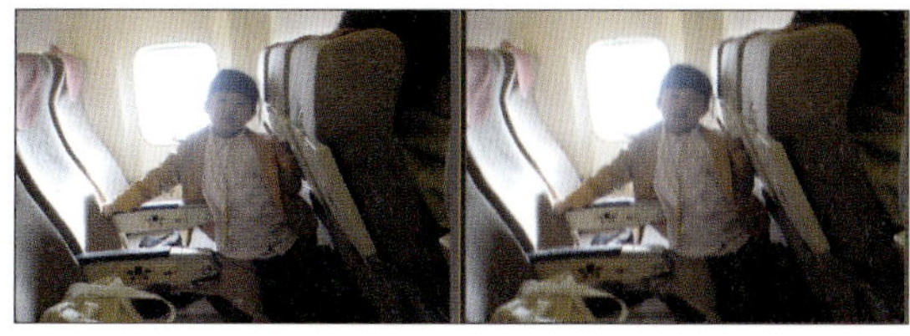

▲ 적용 전   ▲ 적용 후

• **Camera Blur** : 초점이 맞지 않아 흐려 보이는 효과를 표현합니다. [Settings] 창에서 직접 확인하면서 블러 값을 지정할 수 있습니다.

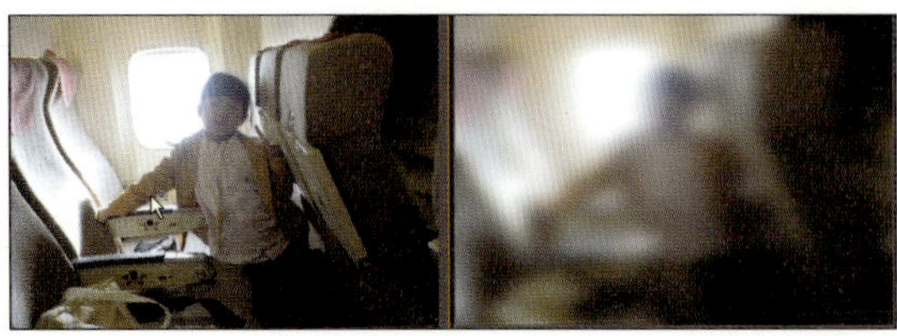

▲ 적용 전   ▲ 적용 후

• **Channel Blur** : RGB 채널과 Alpha 채널에 블러 효과를 표현합니다.

  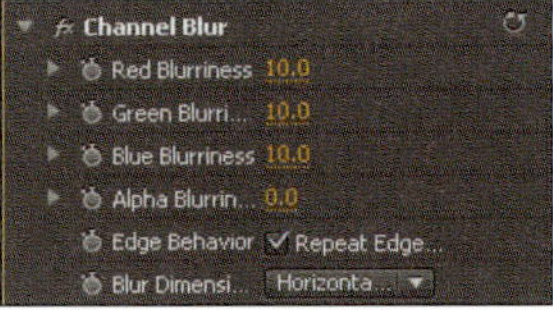

▲ 적용 전   ▲ 적용 후

- Edge Behavior : 체크하면 경계 부분이 어두워지는 것을 방지할 수 있습니다.
- Blur Dimensions : 블러가 적용되는 방향(수평/수직, 수평, 수직)을 선택할 수 있습니다.

• **Compound Blur** : 픽셀이 합쳐지면서 부드러워지는 효과를 표현합니다.

▲ 적용 전   ▲ 적용 후

• **Directional Blur** : 방향을 가지는 잔상 효과를 표현합니다.

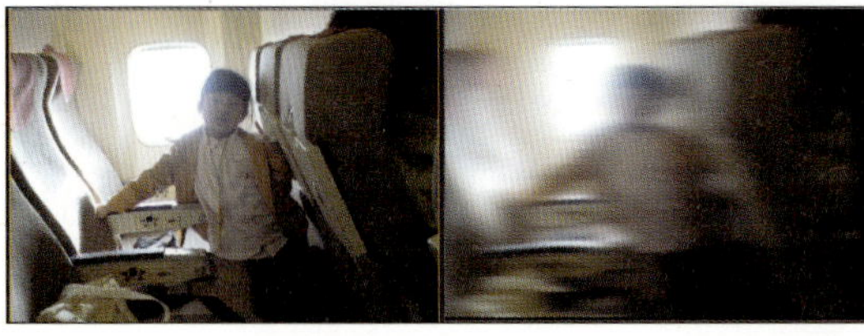 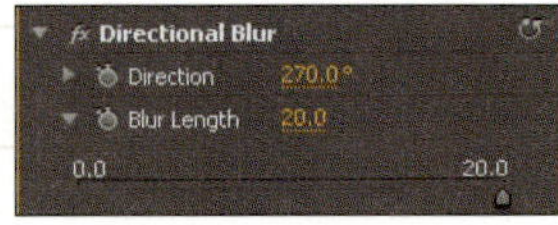

▲ 적용 전   ▲ 적용 후

- Direction : 잔상이 움직이는 방향을 지정합니다.
- Blue Length : 잔상의 깊이를 지정합니다.

• Fast Blur : 빠르게 블러 효과를 줄 수 있습니다.

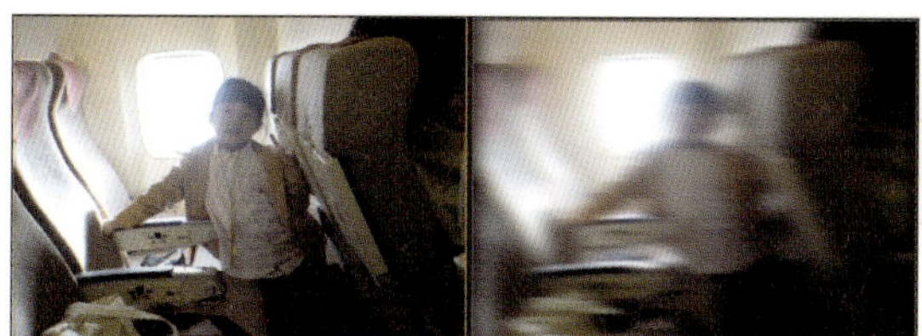
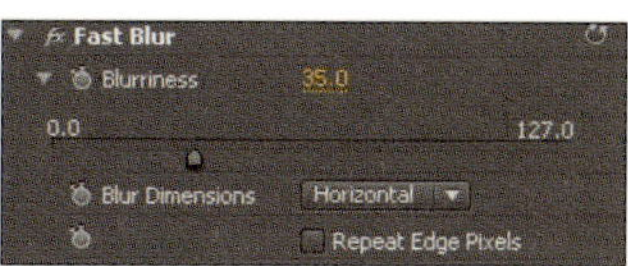

▲ 적용 전   ▲ 적용 후

– Blurriness : 블러 적용 정도를 조절합니다.

– Blur Dimensions : 블러가 적용되는 방향(상하 좌우, 상하, 좌우)을 결정합니다.

• Gaussian Blur : 가우시안 블러 효과를 줄 수 있습니다.

▲ 적용 전   ▲ 적용 후

• Ghosting : 간단한 잔상을 표현합니다.

▲ 적용 전   ▲ 적용 후

• Sharpen : 블러와 반대로 이미지를 날카롭게 해주는 샤픈 효과를 줍니다.

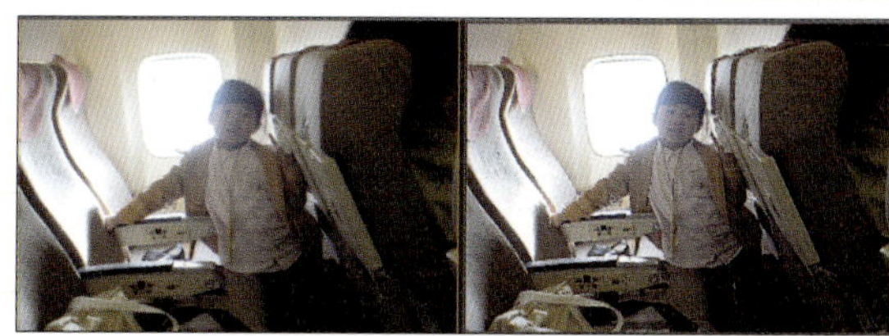

▲ 적용 전   ▲ 적용 후

• Unsharp Mask : 채도를 높이며 선명도를 높여 줍니다.

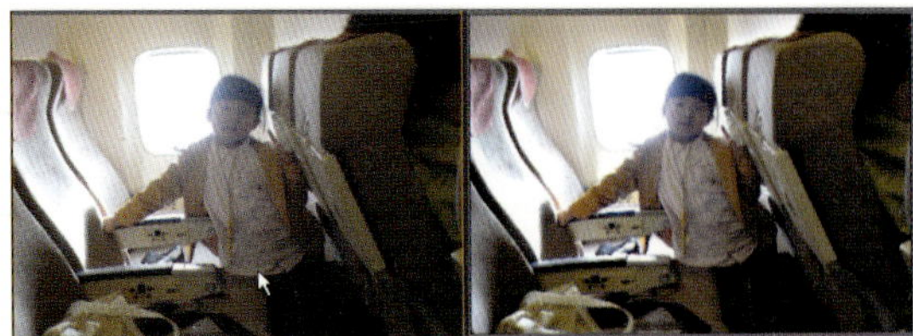

▲ 적용 전   ▲ 적용 후

❸ Channel : 컴퓨터가 가지는 기본 색상 모드인 RGB의 색상 정보를 가지고 Red, Green, Blue 를 조작하여 원하는 색상을 가져올 수 있습니다.

• Arithmetic : RGB 값에 간단한 연산을 가지고 색상의 변화를 줍니다.

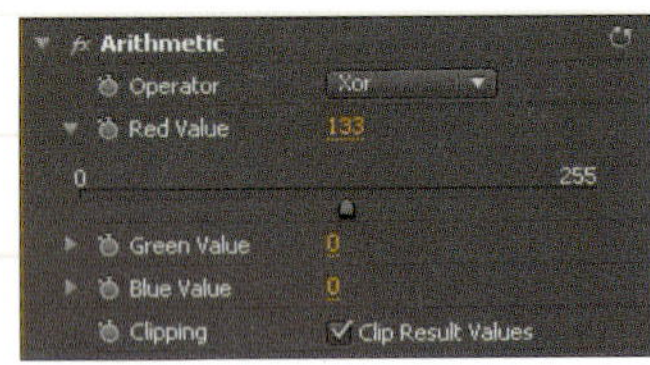

▲ 적용 전   ▲ 적용 후

- And, Or, and Xor : RGB 값을 논리연산하여 변경합니다.

- And, Subtract, and Difference : 기본 수학함수로 변경합니다.

- Max, Mix : 지정된 값보다 높거나 낮은 값으로 변경합니다.

- Block Above, Block : '0'으로 설정된 픽셀 값이 원래 지정된 값보다 크거나 작을 경우 변경합니다.

- Slice : 1.0 픽셀의 원래 값이 지정된 값을 초과하는 경우에 변경하고, 그렇지 않으면 '0'으로 설정됩니다.

- Screen : 적용된 화면

- Clip Result Values : 유효한 범위를 초과하지 못하도록 설정합니다.

• Blend : 2개의 클립을 가지고 5개 모드 중 하나를 선택하여 합성합니다.

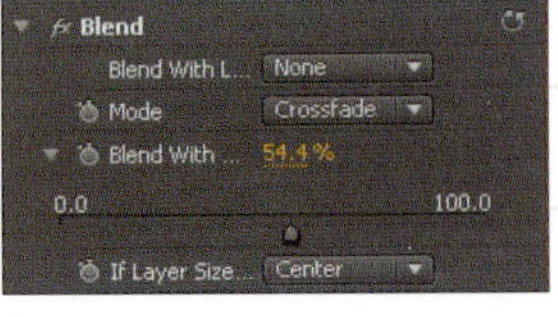

▲ 적용 전   ▲ 적용 후

· Calculations : 2개의 클립의 채널을 가지고 블렌딩 모드를 이용하여 합성합니다.

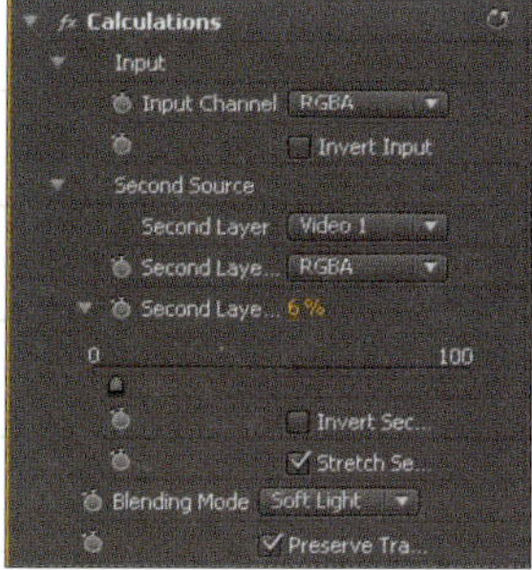

▲ 적용 전   ▲ 적용 후

· Compound Arithmetic : 2개 클립의 제어 방식을 이용하여 수학적으로 결합합니다.

▲ 적용 전   ▲ 적용 후

- Operator : 클립의 합성 방식을 설정합니다.

- Overflow Behavior : 지정 범위 초과 시 설정합니다.

- Blending With Original : 클립의 투명도를 지정합니다.

· Invert : 클립에 반전 효과를 줍니다.

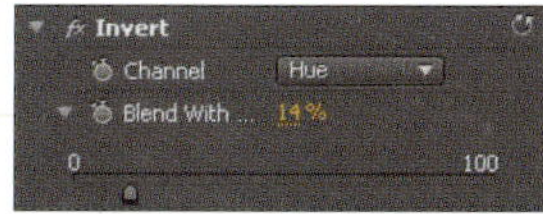

▲ 적용 전   ▲ 적용 후

- Channel : 반전하는 방식을 설정합니다.

- RGB/Red/Green/Blue : 3개의 채널 값에 대해 반전합니다.

- HLS/Hue/Lightness/Saturation : 색조, 명도, 채도에 대해 반전합니다.

- YIQ/Luminance/In Phase Chrominance/Quadrature Chrominance : 휘도, 색 정보, 구형태
  색 정보를 반전합니다.

- Alpha : 알파 채널 값에 대해 반전합니다.

• **Set Matte** : 특정 비디오 트랙 클립의 특정 채널을 추출하여 결합합니다.

 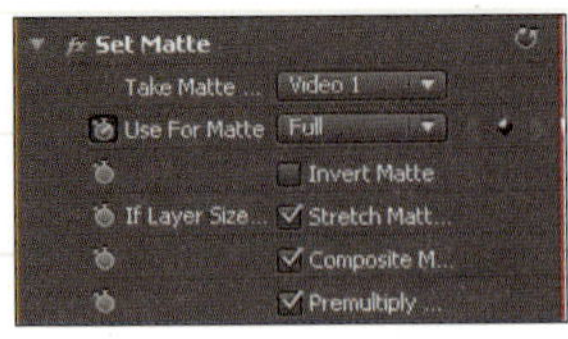

▲ 적용 전   ▲ 적용 후

　– Use For Matte : 채널에서 사용할 형식을 설정합니다.

• **Solid Composite** : 단색과 클립에 블렌딩 모드를 결합하여 합성합니다.

▲ 적용 전   ▲ 적용 후

❹ Color Corrector : 컬러의 특정 색상 부분을 교정합니다.

• **Brightness & Contract** : 클립의 명도와 대조를 설정할 수 있습니다.

▲ 적용 전   ▲ 적용 후

• **Broadcast Colors** : 모니터와 색상 차이를 보정할 수 있습니다.

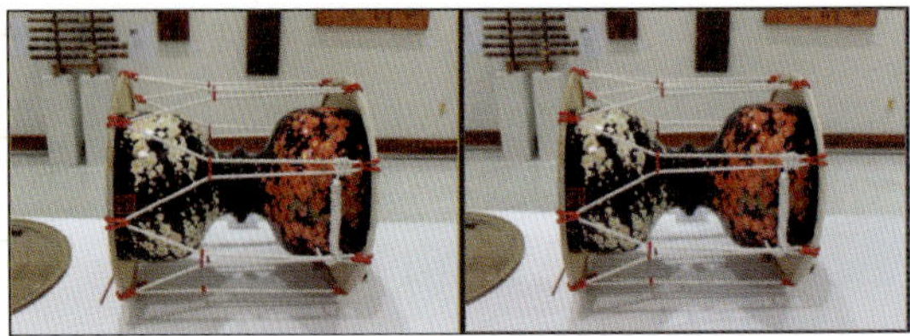

▲ 적용 전   ▲ 적용 후

• **Change Colors** : 특정 색상을 선택하고 색조, 명도, 채도를 변경하는 이펙트입니다.

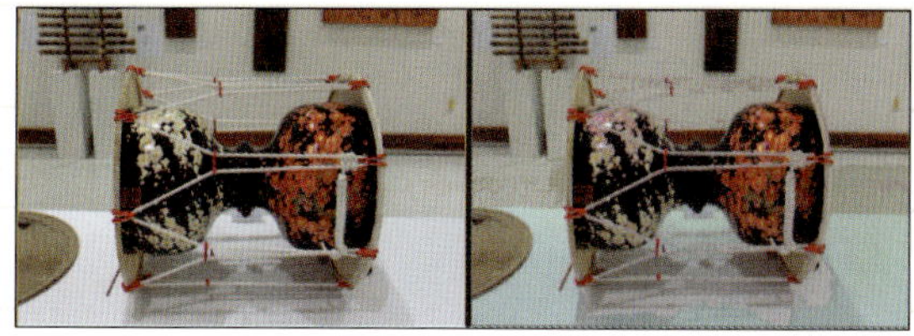

▲ 적용 전　　　　　▲ 적용 후

- Color To Change : 교체할 색상을 선택합니다.

- Hue, Lightness, Saturation Transform : 색조, 명도, 채도를 조정합니다.

• **Change to Color** : 특정 색상을 스포이트 툴로 선택하고 다른 색상으로 골라서 변경할 수 있습니다. 변경될 색상은 From에서, 변경할 색상은 To에서 선택합니다.

▲ 적용 전　　　　　▲ 적용 후

• **Channel Mixer** : 현재의 색상 채널 정보에 색상 채널을 혼합화하여 변경합니다.

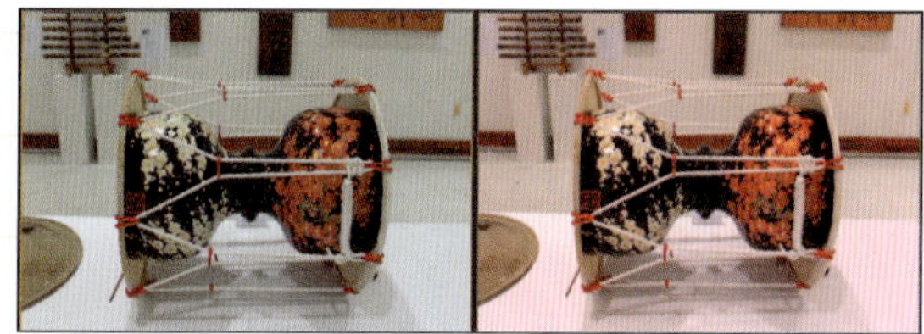

▲ 적용 전　　　　　▲ 적용 후

• **Color Balance** : RGB 색상의 균형을 잡아주면서 밝기(어둡게, 중간, 강하게)를 조절합니다.

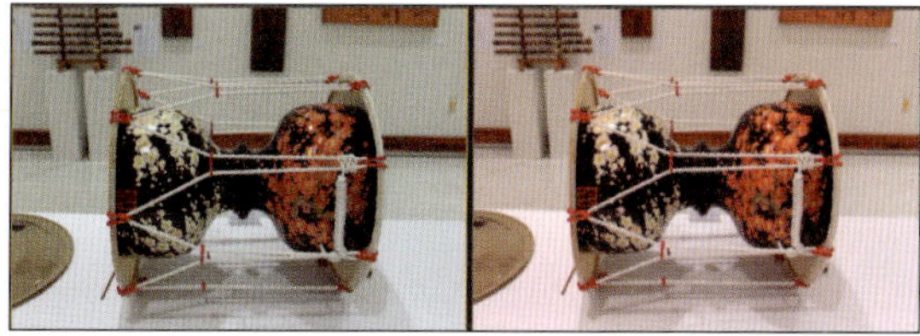

▲ 적용 전　　　　　▲ 적용 후

· Color Balance(HLS) : 색상, 명도, 채도를 이용한 색상을 조절합니다.

▲ 적용 전   ▲ 적용 후

· Equalize : 클립의 밝기와 구성 값들을 평준화시켜줍니다.

▲ 적용 전   ▲ 적용 후

· Fast Color Corrector : 마우스 휠을 조절하여 색상과 채도를 쉽게 조절합니다.

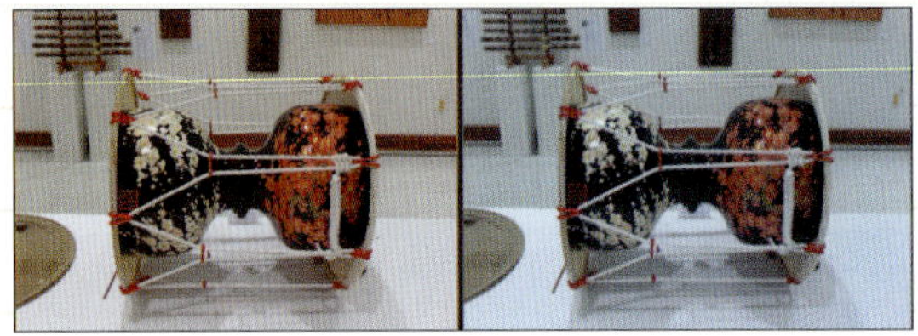

▲ 적용 전   ▲ 적용 후

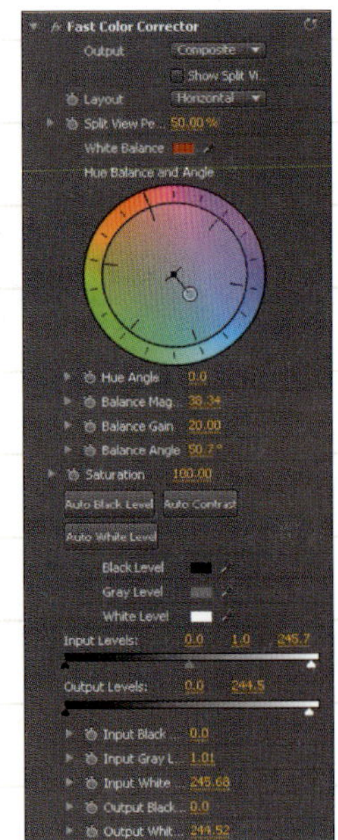

– Hue Balance And Angle : 마우스로 안에 있는 원을 이동하여 조절하며 가운데 원 안으로 갈수록 기본색에 가깝고 멀수록 색상이 변경됩니다.

· Leave Color : 색상을 제거하거나 경계선을 부드럽게 조절합니다.

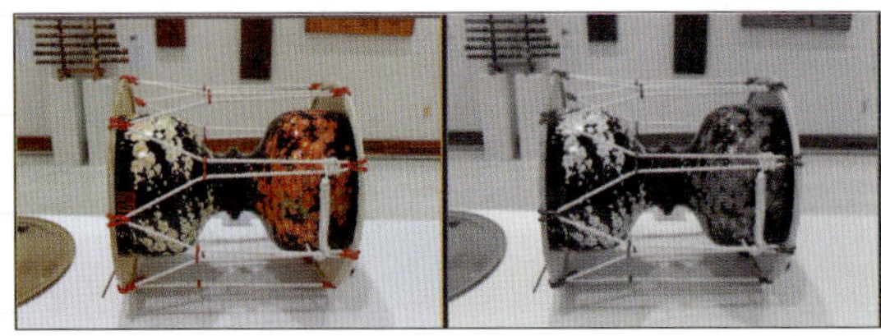

▲ 적용 전   ▲ 적용 후

• Luma Corrector : 광도를 조절하며 클립 밝기를 조절(어둡게, 중간, 강하게)할 수 있습니다.

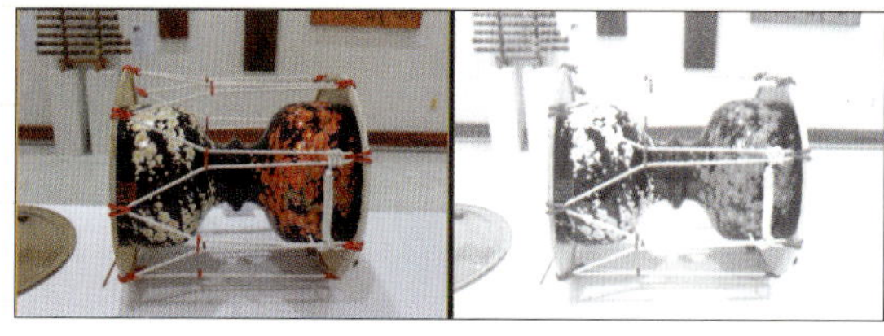

▲ 적용 전　　　　　　▲ 적용 후

• Luma Curve : Luma 파형을 마우스로 조정하여 클립의 광도와 대조를 조절합니다.

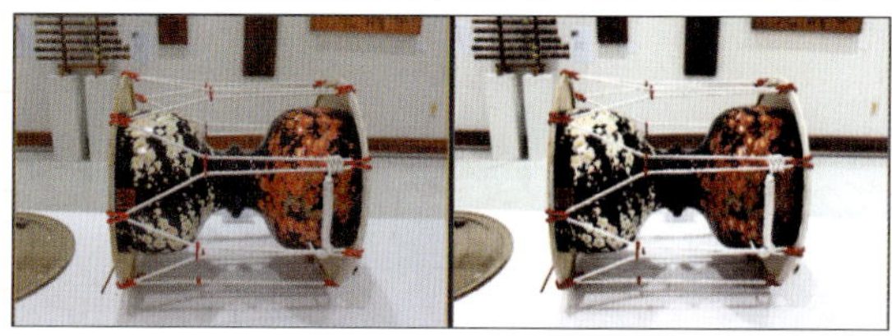

▲ 적용 전　　　　　　▲ 적용 후

• RGB Color Corrector : RGB 값을 Gamma(빛의 강도), Pedestal(최저 밝기값), Gain(최고 밝기값)을 이용하여 조절할 수 있습니다.

▲ 적용 전　　　　　　▲ 적용 후

• RGB Curves : RGB 값을 마우스로 조정하여 각각 4개 채널(Master, Red, Green, blue)을 조절할 수 있습니다.

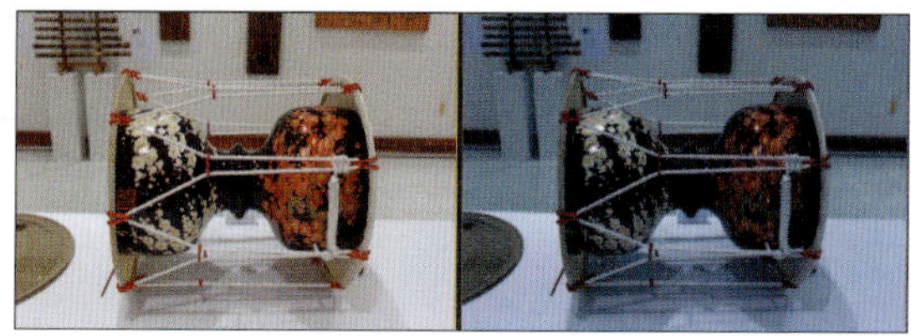

▲ 적용 전　　　　　　▲ 적용 후

• **Three-Way Color Corrector** : RGB 값을 Shadow, Midtones, Highlights 에서 하나를 선택한 다음 좀 더 구체적으로 색상을 조절할 수 있습니다.

▲ 적용 전   ▲ 적용 후

• **Tint** : 클립이 가지는 기본적인 검정색과 흰색의 색상만 변경합니다.

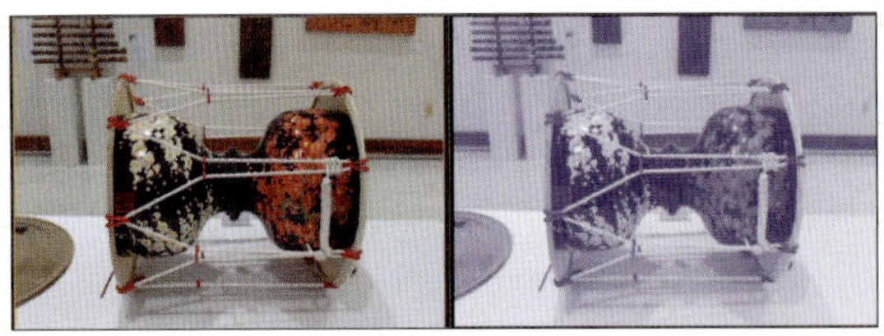

▲ 적용 전   ▲ 적용 후

• **Video Limiter** : 클립의 밝기와 색상이 방송 범위 한계에 벗어나지 않도록 합니다.

▲ 적용 전   ▲ 적용 후

❺ **Distort** : 클립을 왜곡시켜 원하는 영상을 만들어 봅니다.

• **Bend** : 클립을 수직이나 수평으로 왜곡시킵니다. 왜곡의 방향과 흐르는 형태를 설정할 수 있습니다.

▲ 적용 전   ▲ 적용 후

• **Coner Pin** : 클립의 4가지 모서리를 조절할 수 있습니다. 특히, 영상 엔딩 크레디트에 많이 사용됩니다.

▲ 적용 전   ▲ 적용 후

• **Lens Distortion** : 클립의 영상을 볼록이나 오목렌즈 형태처럼 보이게 합니다. Curvature 값이 왼쪽으로 갈수록 오목렌즈, 오른쪽으로 갈수록 볼록렌즈의 형태를 나타냅니다.

▲ 적용 전   ▲ 적용 후

• **Magnify** : 클립의 특정 부분을 돋보기로 확대하듯 설정하는 이펙트입니다.

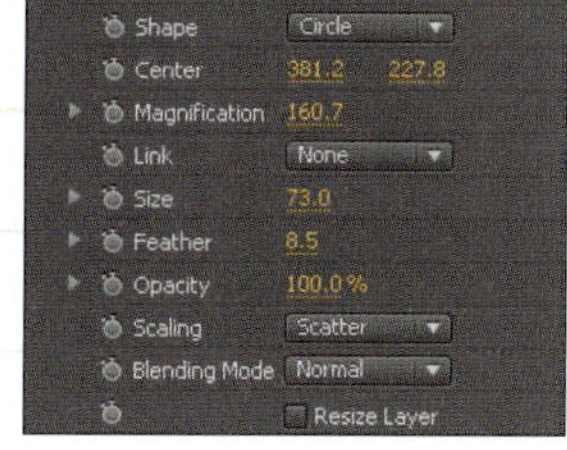

▲ 적용 전   ▲ 적용 후

- Magnification : 특정 영역 안에서의 확대 배율을 설정합니다.
- Size : 특정 영역의 크기를 설정합니다.

• **Mirror** : 클립이 거울에 비치는 듯한 효과를 주는 이펙트입니다.

▲ 적용 전   ▲ 적용 후

• Offset : 클립의 영상을 왼쪽, 오른쪽, 위, 아래로 이동하는데 이동 시 반대편에 잘려진 클립의 일부분이 나타납니다. Shift Center에서 중심점을 이동합니다. 기본값(360, 240)일 경우는 변화가 없습니다.

▲ 적용 전   ▲ 적용 후

• Spherize : 볼록렌즈를 클립에 대고 움직여서 이미지의 일부분을 왜곡시키는 이펙트입니다.

▲ 적용 전   ▲ 적용 후

• Transform : 클립을 비틀거나, 비틀면서 회전하는 등 자유로운 변화를 줄 수 이펙트입니다.

▲ 적용 전   ▲ 적용 후

• Turbulent Displace : 사납게 휘몰아치는 듯한 왜곡을 줄 수 있는 이펙트입니다.

▲ 적용 전   ▲ 적용 후

• Twirl : 소용돌이가 도는 듯한 왜곡을 발생하는 이펙트입니다.

▲ 적용 전　　　　　　　▲ 적용 후

• Wave Warp : 파도가 출렁거리는 듯한 왜곡을 발생하는 이펙트입니다.

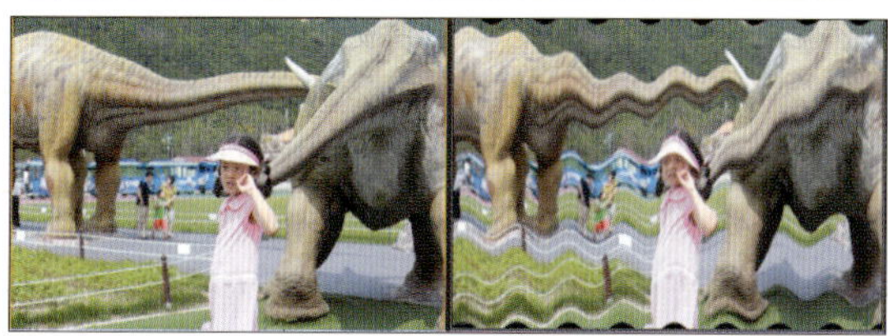

▲ 적용 전　　　　　　　▲ 적용 후

❻ GPU Effects

• Page Curl : 페이지를 말아 가는 듯한 효과를 주는 이펙트입니다.

▲ 적용 전　　　　　　　▲ 적용 후

• Refraction : 클립을 찌그러트리고 물결치는 듯한 효과를 주는 이펙트입니다.

▲ 적용 전　　　　　　　▲ 적용 후

• Ripple(Circular) : 강에 돌을 던졌을 때 물결치는 듯한 효과를 주는 이펙트입니다.

▲ 적용 전   ▲ 적용 후

❼ Generate

• **4-Color Gradient** : 4가지 색상(노랑, 녹색, 빨강, 보라)의 색상과 결합하여 보여줍니다. Blending Mode에서 'None'으로 하면 단순히 색상만 나타납니다.

▲ 적용 전   ▲ 적용 후

• **Cell Patten** : 셀 모양의 패턴을 주는 방식으로 하나의 클립에 패턴을 주고 다른 클립을 겹쳐 보이게 한 다음 Opacity 값을 변경하면서 결합하여 다양한 이미지를 만들 수 있습니다.

▲ 적용 전   ▲ 적용 후

• **Checkerboard** : 클립에 체크 박스 무늬를 만들어 결합시켜 줍니다.

▲ 적용 전   ▲ 적용 후

· Circle : 원을 만들어 클립과 결합시켜줍니다. 영상의 내용에서 추적하거나 눈에 확실히 표시하고 싶
을 때 넣어 사용합니다.

▲ 적용 전   ▲ 적용 후

· Eyedropper Fill : 프로그램 모니터에서 클립의 한가지 색을 선택하면 그 색으로 전체를 덮어줍
니다.

▲ 적용 전   ▲ 적용 후

· Grid : 클립에 격자 무늬를 만들어 결합시켜줍니다.

▲ 적용 전   ▲ 적용 후

· Lens Flare : 클립에 햇빛 영상을 들여와 촬영하는 것 같은 이펙트를 줍니다.

▲ 적용 전   ▲ 적용 후

• **Lightning** : 클립에 번개가 치는 듯한 이펙트를 만들어 줍니다.

▲ 적용 전　　　　　　　　▲ 적용 후

• **Paint Bucket** : 포토샵의 페인트 통 틀과 마술봉 툴을 이용하는 것처럼 동일한 하나의 색을 선택하여 그 색 전체를 변경시켜줍니다.

▲ 적용 전　　　　　　　　▲ 적용 후

• **Ramp** : 클립에 그러데이션 효과를 주는 이펙트로 두 지점의 색깔을 선택한 다음 조절합니다.

▲ 적용 전　　　　　　　　▲ 적용 후

• **Write-on** : 클립이 진행되는 동안 붓으로 그리는 듯한 이펙트를 줍니다. Brush Position에서 타임별로 키프레임을 넣고 움직여줍니다.

▲ 적용 전　　　　　　　　▲ 적용 후

❽ Image Control

• Blcak & White : 클립을 흑백 방식(그레이 스케일)으로 변경합니다.

▲ 적용 전   ▲ 적용 후

• Color Balance(RGB) : 클립에 RGB 값만 변경시켜 줍니다.

▲ 적용 전   ▲ 적용 후

• Color Match : 클립의 다양한 영역별 색상을 스포이트 툴로 선택한 다음 아래의 [Match] 버튼을 눌러 일치시키는 이펙트입니다.

▲ 적용 전   ▲ 적용 후

• Color Pass : 클립에 스포이트 툴로 하나의 색을 선택하면 선택한 색상은 그대로 두고 나머지는 흑백 방식(그레이 스케일)으로 변경합니다.

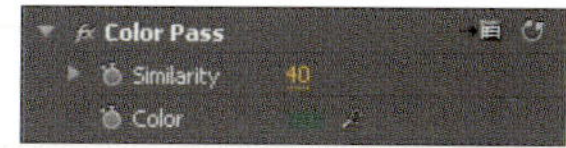

▲ 적용 전   ▲ 적용 후

– Color : 스포이트 툴로 선택한 색상을 클릭합니다.

– Similarity : 기본값은 범위가 작기 때문에 범위를 키우면서 비슷한 색상도 그레이 스케일 방식에서
  벗어나게 합니다.

· Color Replace : 포토샵의 색상변경 툴처럼 하나의 색상을 선택하고 그 색상만 다른 색으로 변경합
  니다. Target Color는 변경될 색상, Replace Color는 대치할 색상을 선택합니다.

▲ 적용 전   ▲ 적용 후

· Gamma Correction : 밝기를 조절하는 이펙트입니다.

▲ 적용 전   ▲ 적용 후

❾ Keying : 여러 가지 합성 방식을 가지고 있습니다.

· Alpha Adjust : 클립의 알파 채널을 이용하여 하위 트랙과 합성하는 이펙트입니다.

▲ 적용 전   ▲ 적용 후

· Blue Screen Key : 클립의 블루스크린 배경을 이용하여 파란색 부분을 하위 트랙과 합성시키는 이
  펙트입니다(일반적인 크로마키 기법).

▲ 적용 전   ▲ 적용 후

• Chroma Key : 클립의 특정 색을 선택하여 투명화시켜 하위 트랙과 합성시키는 이펙트입니다.

▲ 적용 전　　　　　▲ 적용 후

• Color Key : 클립의 특정 색상만 지워줍니다.

▲ 적용 전　　　　　▲ 적용 후

• Difference Matte Key : 클립의 검은색 부분을 중심으로 투명해집니다.

▲ 적용 전　　　　　▲ 적용 후

• Eight-Point Garbage Matte : 8개 포인터를 자유롭게 이동하여 원하는 부분까지만 합성시켜 주는 이펙트입니다.

▲ 적용 전　　　　　▲ 적용 후

• Four-Point Garbage Matte : 4개 포인터를 이동하여 원하는 부분까지만 합성시켜 주는 이펙트 입니다.

▲ 적용 전   ▲ 적용 후

• Image Matte key : 다른 이미지를 불러와서 투명도로 합성시키는 이펙트로 버튼(▣)을 클릭해 나 타나는 선택창에서 다른 이미지를 삽입합니다.

▲ 적용 전   ▲ 적용 후

• Luma Key : 밝고 어두움을 기준으로 클립을 투명하게 해주는 이펙트입니다.

▲ 적용 전   ▲ 적용 후

Luma란? 클립의 색상이 없음, 즉 흑백정보를 말하는데 Chroma는 색상이 가지고 있는 정보를 말하고, Luma 는 흑백의 밝기 정보라 생각하면 됩니다.

• Non Red Key : 블루스크린 키처럼 빨간색을 제외한 녹색, 파란색을 선택하여 투명화해 합성하는 이펙트입니다.

▲ 적용 전   ▲ 적용 후

• RGB Difference Key : 스포이트 툴로 지정한 색상이 알파 채널이 되면서 투명화되는 이펙트입니다.

▲ 적용 전   ▲ 적용 후

• Remove Matte : 매트를 삭제하는데 Black, White를 선택할 수 있는 이펙트입니다.

▲ 적용 전   ▲ 적용 후

• Sixteen-Point Garbage Matte : 16개 포인터를 이용하여 원하는 부분까지만 투명화해 합성하는 이펙트입니다.

▲ 적용 전   ▲ 적용 후

• Track Matte key : 움직이는 클립과 흑백으로 이루어진 클립을 사용하여 특정 변환의 이펙트를 만들어 냅니다.

▲ 적용 전   ▲ 적용 후

❿ Noise & Grain : 노이즈를 주거나 보이지 않게 합니다.

• **Dust & Scratches** : 픽셀들을 확대하여 노이즈를 보이지 않게 하는 이펙트입니다.

▲ 적용 전　　　　　　　▲ 적용 후

• **Median** : 노이즈를 제거하는 이펙트입니다.

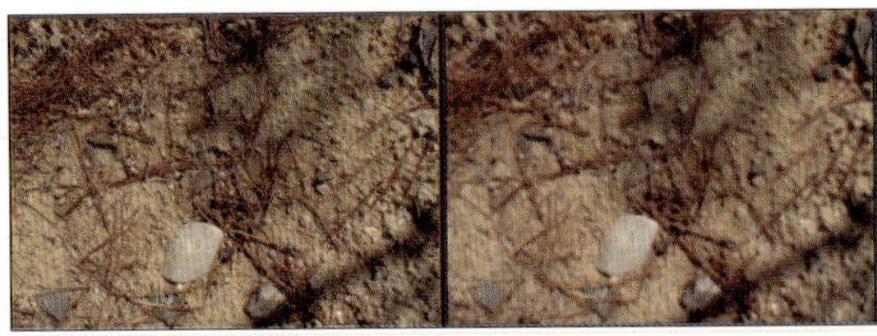

▲ 적용 전　　　　　　　▲ 적용 후

• **Noise** : 클립에 노이즈를 주는 이펙트입니다.

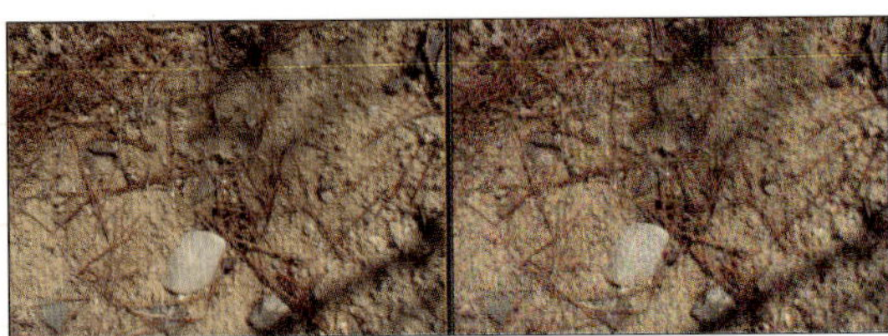

▲ 적용 전　　　　　　　▲ 적용 후

• **Noise Alpha** : 일반 RGB 노이즈가 아니라 흑백의 노이즈를 주는 이펙트입니다.

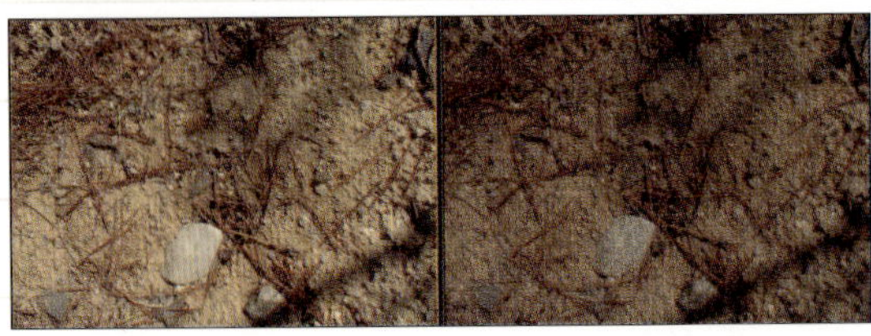

▲ 적용 전　　　　　　　▲ 적용 후

- Noise HLS : 색조, 명도, 채도를 가지는 노이즈를 주는 이펙트입니다.

▲ 적용 전   ▲ 적용 후

- Noise HLS Auto : Noise HLS와 같으며 다만 노이즈를 자동화할 수 있으며 애니메이션을 설정할 수 있습니다.

⑪ Perspective : 입체감을 주거나 그림자 형태의 이펙트들입니다.

- Basic 3D : 수평이나 수직으로 회전하고 원근감을 가질 수 있는 이동하는 이펙트입니다.

 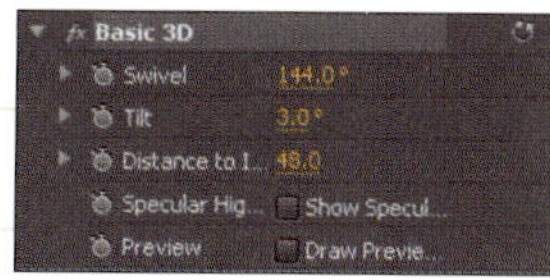

▲ 적용 전   ▲ 적용 후

– Swivel : y축을 중심으로 회전(수직으로 회전)

– Tilt : x축을 중심으로 회전(수평으로 회전)

– Distance to Image : 멀리에서 앞으로, 앞에서 멀리로 이동하여 원근감을 줍니다.

- Bevel Alpha : 볼록 효과를 주는 이펙트로 입체 효과를 줄 수 있습니다.

▲ 적용 전   ▲ 적용 후

- Bevel Edges : 클립의 모서리 부분에 입체감을 주는 이펙트입니다.

▲ 적용 전   ▲ 적용 후

• Drop Shadow : 클립에 입체적인 그림자 효과를 주는 이펙트입니다.

▲ 적용 전　　　　　　　▲ 적용 후

• Radial Shadow : 한쪽에 빛이 들어오면 반대편에 그림자가 생성되는 방식의 그림자 이펙트입니다.

▲ 적용 전　　　　　　　▲ 적용 후

⑫ Render

• Ellipse : 클립에 타원을 그려주는 이펙트로 Composite On Original을 체크해야만 클립의 원을 볼 수 있습니다.

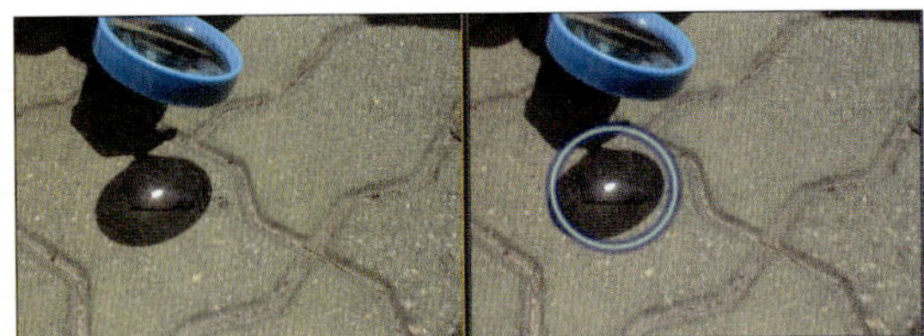

▲ 적용 전　　　　　　　▲ 적용 후

⑬ Stylize : 클립의 질감에 효과를 주는 이펙트들 입니다.

• Alpha Glow : 클립에 빛이 발광하는 듯한 반사 효과를 주는 이펙트입니다.

▲ 적용 전　　　　　　　▲ 적용 후

• **Brush Strokes** : 클립의 이미지를 붓으로 그린 듯한 이미지로 보여주는 이펙트입니다.

▲ 적용 전   ▲ 적용 후

• **Color Emboss** : 클립에 엠보싱 효과(음각이나 양각)를 적용하는 이펙트입니다.

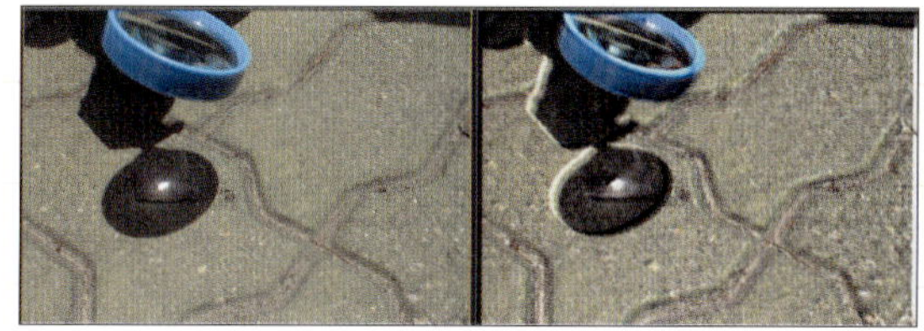

▲ 적용 전   ▲ 적용 후

• **Emboss** : 색깔에 관한 엠보싱이 아닌 흑백 방식(그레이 스케일)의 음각, 양각을 표시하는 엠보싱 이펙트입니다.

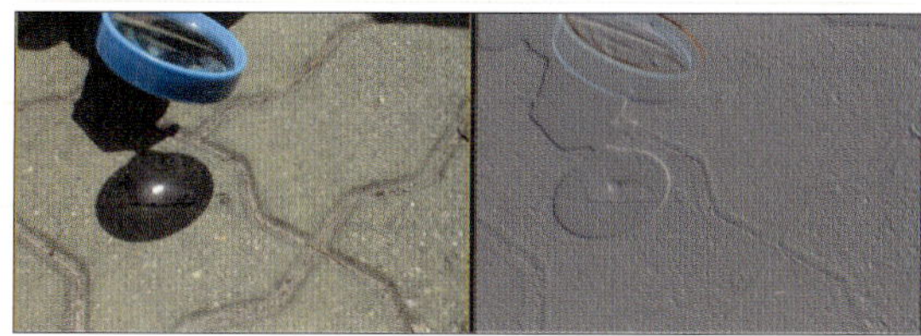

▲ 적용 전   ▲ 적용 후

• **Find Edges** : 클립의 경계선 부분을 외곽선처럼 그려주는 이펙트입니다.

▲ 적용 전   ▲ 적용 후

• Mosaic : 클립을 모자이크로 처리하는 이펙트입니다.

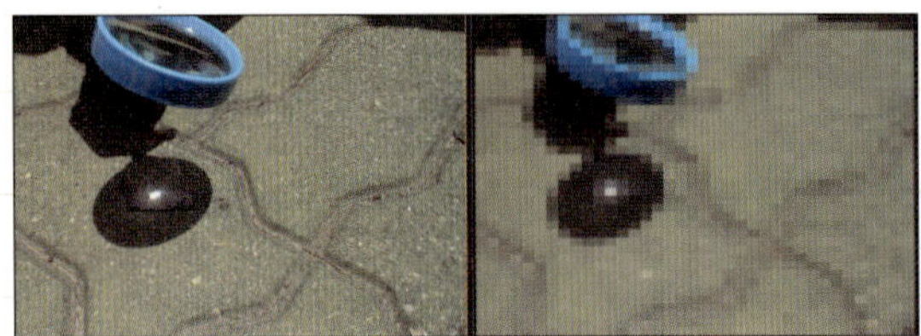

▲ 적용 전   ▲ 적용 후

• Posterize : 클립에 색대비를 시켜 포스터와 같은 이미지로 변경하는 이펙트입니다.

▲ 적용 전   ▲ 적용 후

• Replicate : 클립을 여러 개의 영상으로 분할하여 표시하는 이펙트입니다.

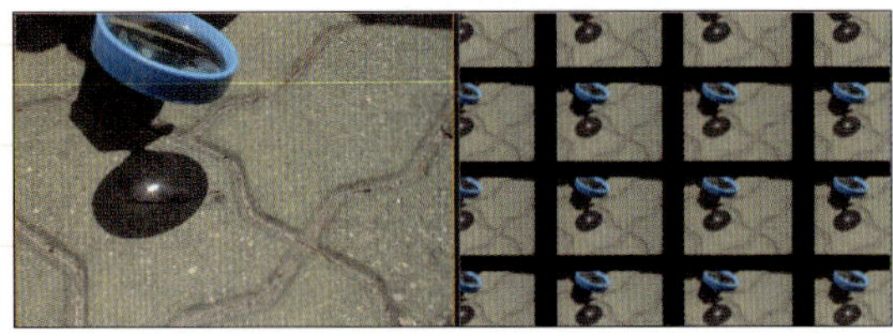

▲ 적용 전   ▲ 적용 후

• Roughen Edges : 클립의 외곽 부분을 거친 형태로 변경하는 이펙트입니다.

▲ 적용 전   ▲ 적용 후

- **Solarize** : 필름에 빛을 노출시켜 이미지의 밝은 부분을 반전시키는 이펙트입니다.

▲ 적용 전   ▲ 적용 후

- **Strobe Light** : 강한 조명(색상별)을 주는 듯한 이펙트입니다.

▲ 적용 전   ▲ 적용 후

- **Texturize** : 다른 클립의 질감을 가져와 표시하는 이펙트입니다.

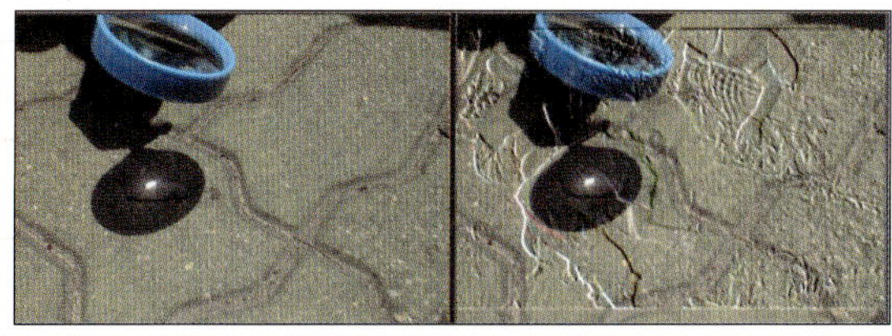

▲ 적용 전   ▲ 적용 후

- **Threshold** : 높은 흑백 방식(그레이 스케일)의 이미지로 나타내는 이펙트입니다.

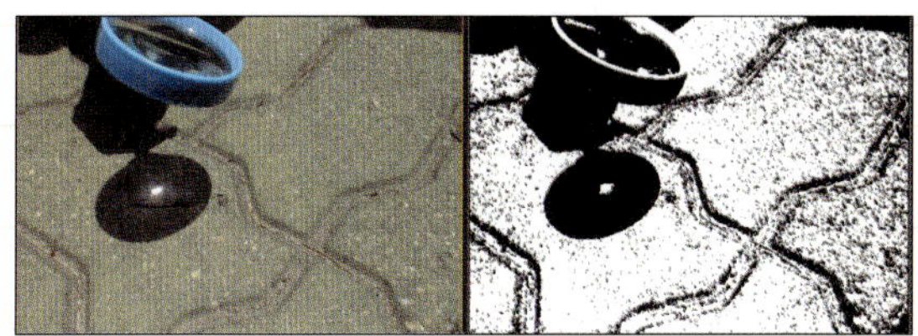

▲ 적용 전   ▲ 적용 후

⑭ **Time** : 시간을 이용한 잔상과 같은 독특한 이펙트들입니다.

- **Echo** : 클립의 움직임에 잔상을 남겨주는 이펙트입니다.

▲ 적용 전   ▲ 적용 후

• Posterize Time : 초당 프레임을 수를 변경하여 진행 속도를 약간 늦추거나 빠르게 조절할 수 있습니다.

• Time Warp : 여러 속성을 지정하여 잔상이나 독특한 재생 방식이 남도록 설정할 수 있습니다. 같은 영상을 위아래로 배치하여 하나는 정상적인 플레이로 또 하나는 이펙트로 재생되는 영상을 보면 이 효과를 제대로 이해할 수 있습니다.

▲ 적용 전   ▲ 적용 후

⑮ Transform : 방향을 변경하여 효과를 얻는 이펙트들 입니다.

• Camera View : 카메라의 회전, 각도, 줌 등 여러 기능을 이용할 수 있는 이펙트입니다.

▲ 적용 전   ▲ 적용 후

• Crop : 클립의 특정한 영상 부분만을 잘라내어 볼 수 있으며, 줌 기능을 이용하여 잘라낸 영역을 확대할 수도 있는 이펙트입니다. Zoom을 체크하면 잘라내어진 부분이 확대됩니다.

▲ 적용 전   ▲ 적용 후

• Edge Feather : 클립 외곽에 검은색의 테두리가 쳐지는 이펙트입니다.

▲ 적용 전   ▲ 적용 후

• Horizontal Flip : 클립의 좌우 방향을 반대로 변경하는 이펙트입니다.

▲ 적용 전   ▲ 적용 후

• Horizontal Hold : 클립의 하단에 중심을 잡고 좌측이나 우측으로 기울이게 하는 이펙트입니다.

▲ 적용 전   ▲ 적용 후

• Roll : 클립 자체를 흘려보내는데 방향을 설정하는 이펙트입니다.

▲ 적용 전   ▲ 적용 후

• Vertical Flip : 클립의 상하 방향을 반대로 바꾸는 이펙트입니다.

▲ 적용 전   ▲ 적용 후

• Vertical Hold : 클립 자체를 상하로 빠르게 이동시킬 수 있습니다.

▲ 적용 전   ▲ 적용 후

⑯ Transition : 트랜지션과 같이 한쪽이 변하면 다른 클립들이 보여지는 이펙트들 입니다.

• Block Dissolve : 클립 안에 검은색 점을 나타내는 이펙트입니다. 페이드 아웃 효과를 나타낼 수 있습니다.

▲ 적용 전   ▲ 적용 후

• Gradient Wipe : 클립이 진행되면서 어두운 부분부터 점점 투명해지면서 아래의 다른 클립을 보여줍니다.

▲ 적용 전   ▲ 적용 후

• Linear Wipe : 클립 안에 방향을 지정하여 한쪽 방향에서 와이퍼로 닦아내듯 클립을 지워주는 이펙트입니다.

▲ 적용 전   ▲ 적용 후

• Radial Wipe : 클립이 시계 방향으로 지워지는 이펙트입니다.

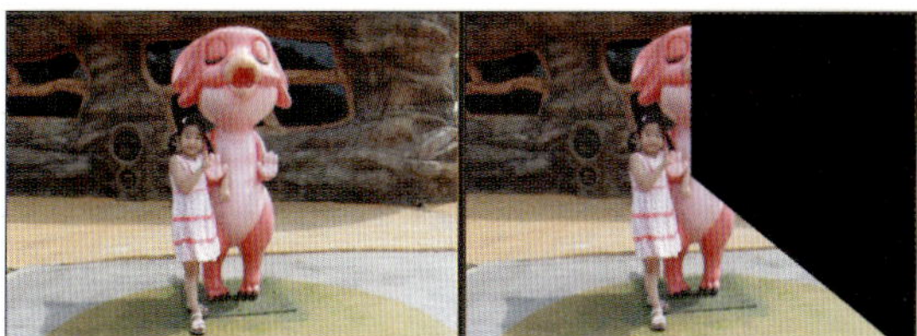

▲ 적용 전   ▲ 적용 후

• Ventetian Blinds : 클립 안에 수직선이 생성되면 아래의 클립들이 그 수직선 사이로 보여지는 이펙트로
블라인드 효과를 볼 수 있습니다. Transition Completion은 수직선의 크기이며 크기가 커질수록 다른 클
립의 내용이 크게 보여집니다.

▲ 적용 전   ▲ 적용 후

⑰ Utility

• Cineon Converter : 조명 효과가 전혀 없는 카메라로 찍은 듯한 느낌을 주는 이펙트입니다.

▲ 적용 전   ▲ 적용 후

⑱ Video

• Timecode : 클립 안에 타임코드를 표시하는 이펙트입니다.

▲ 적용 전   ▲ 적용 후

[Audio Effect] 기능으로 오디오에 효과주기

오디오 이펙트의 적용방법과 오디오 변경에 따른 효과를 알아봅니다.

오디오 이펙트 이용해 편집하기

01 '오디오이펙트'라는 프로젝트 이름을 지정하고, '시퀀스'라는 시퀀스 이름을 주고 [Standard 48kHz]을 설정하고 [OK] 버튼을 클릭합니다.

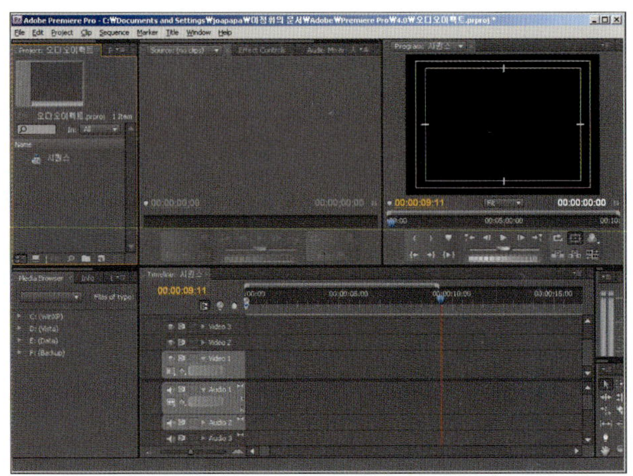

02 [Project] 패널의 빈 곳을 더블클릭합니다. [Import] 창이 나타나면 '운동회.wmv, 헬리콥터소리.wav'를 선택하고 [열기] 버튼을 클릭합니다.

⦿ 경로 : 예제파일\Par4\Ch1\S03 폴더

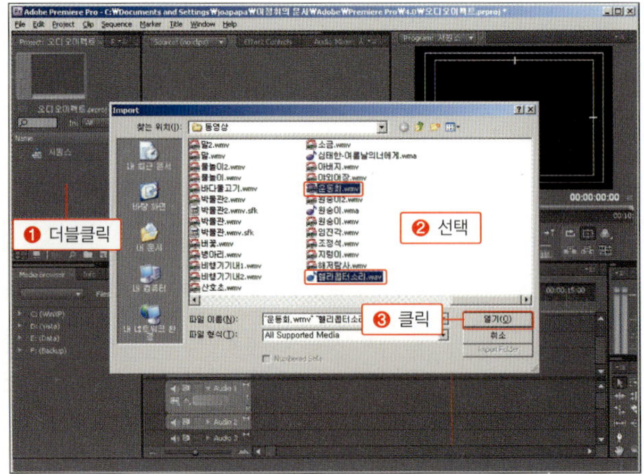

03 [Timeline] 패널에 '운동회' 클립을 가져다 놓고 키보드의 +키를 4번 정도 눌러 화면을 확대합니다. 타임코드에 '4.00'을 넣어 줍니다.

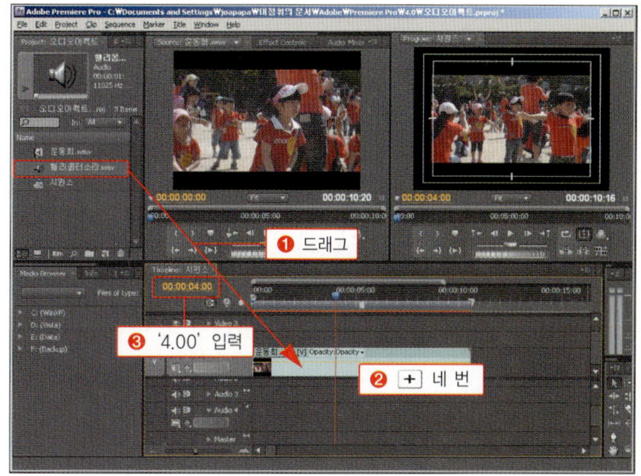

04 '헬리콥터소리' 클립을 Audio 트랙으로 이동하여 편집 기준선에 맞게 넣으면 Audio4 트랙이 생기면서 클립을 넣을 수 있습니다. 계속 '헬리콥터소리' 클립을 편집 기준선에 붙여서 넣어 주고 Audio4 트랙 옵션에서 Collapse-Expand Track(▶)을 눌러 확장시켜 줍니다.

TIP

'헬리콥터소리' 클립은 Mono 방식이라 Audio1~ Audio3 트랙의 Stereo 방식에는 맞지 않아 들어가지 않고 아래에 Mono 트랙이 생성되면서 클립이 들어갑니다.

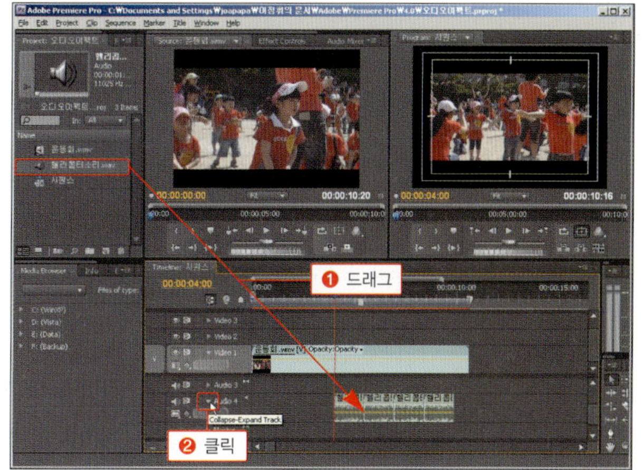

05 [Effects] 패널의 [Audio Effects]-[Mono]-[Delay] 이펙트를 선택하여 '헬리콥터소리' 클립에 이펙트를 적용합니다. 그후 [Effect Controls] 패널에서 [Delay] 이펙트를 활성화합니다.

Delay 이펙트 설정   **Options**
Delay : 2.0 / Feedback : 100%

TIP

Delay 이펙트는 메아리와 같은 효과를 주는데 '헬리콥터소리'가 가까운 곳이 아닌 먼 곳에서 들리는 듯한 효과를 줄 수 있습니다.

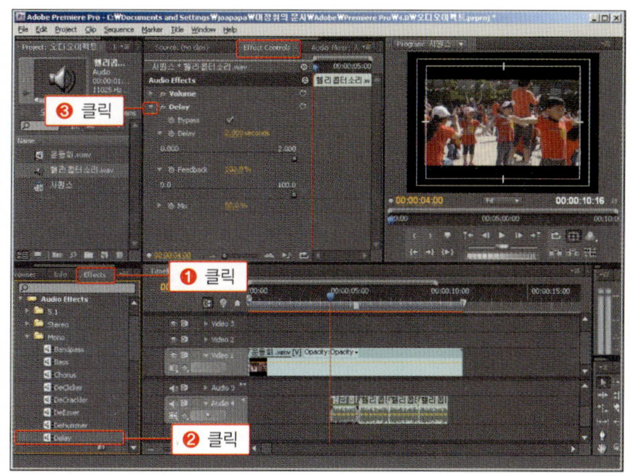

06 [Timeline] 패널에서 첫 번째 '헬리콥터소리' 클립을 선택하고 [Effect Controls] 패널의 [Volume] 이펙트를 확장합니다. [Level]의 Add/Remove keyframe(　) 버튼을 클릭하여 맨 처음 프레임과 맨 마지막 프레임에 키프레임을 만들어 줍니다.

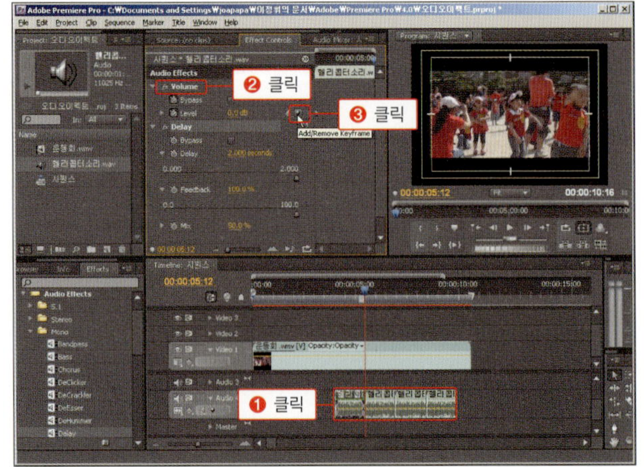

07 '헬리콥터소리' 클립의 키프레임에 변화를 주어 페이드인/아웃의 효과를 주려고 합니다. 맨 처음 키프레임을 가장 낮게 위치시키고, 맨 마지막의 키프레임을 가장 높게 위치시킵니다.

08 이 첫 번째 '헬기콥터소리' 클립을 선택하고 마우스 오른쪽 버튼을 클릭하여 [Copy]를 선택하여 복사합니다.

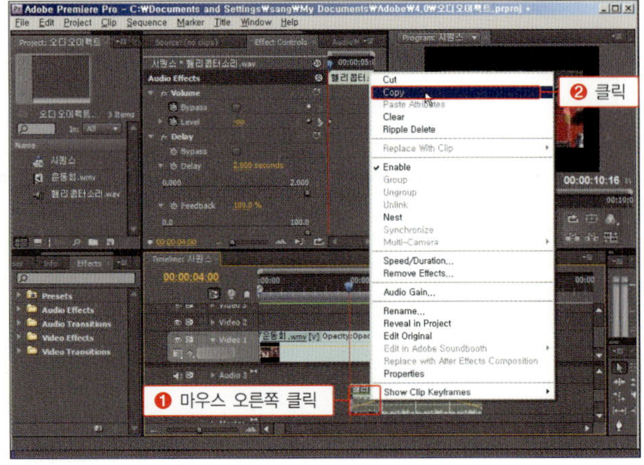

09 그리고 두 번째 '헬리콥터소리' 클립을 선택하고 마우스 오른쪽 버튼을 클릭, [Paste Attributes]를 선택하여 속성을 복사합니다. 계속 세 번째, 네 번째 클립에도 반복합니다.

TIP
[Paste Attributes]는 클립 안의 속성만 붙여넣기합니다.

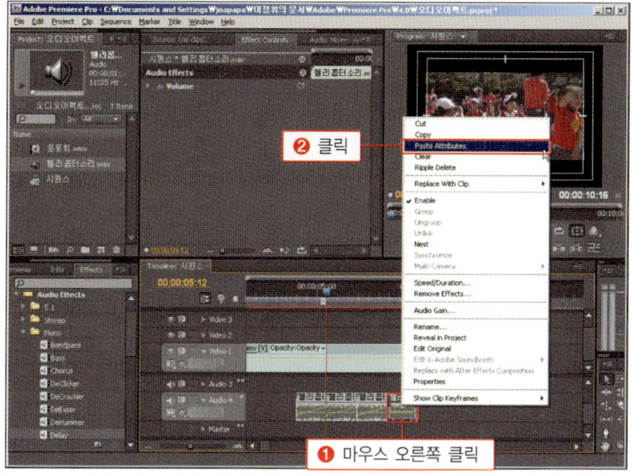

10 두 번째, 세 번째 '헬리콥터소리' 클립의 2개의 키프레임를 가장 높게 위치시켜 놓고, 네 번째 '헬리콥터소리' 클립의 맨 처음 키프레임는 가장 상단으로 맨 마지막 키프레임은 가장 하단으로 위치시켜 놓습니다.

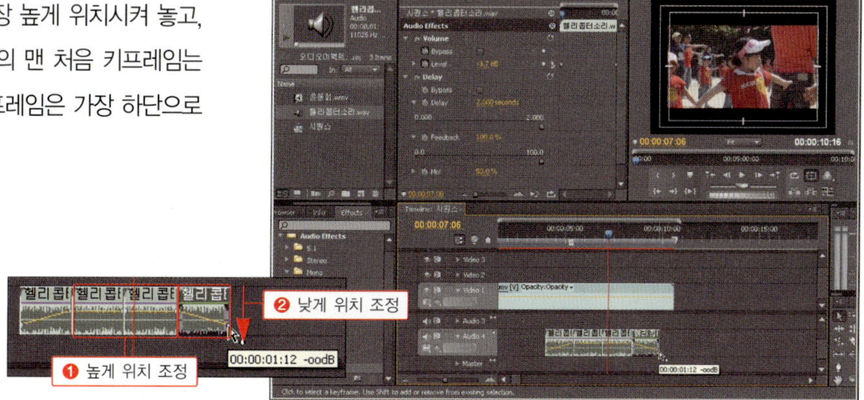

11 Enter 키를 눌러 렌더링합니다. 영상을 재생해보면 운동회 도중에 갑자기 헬기가 지나가는 듯한 소리가 들립니다.

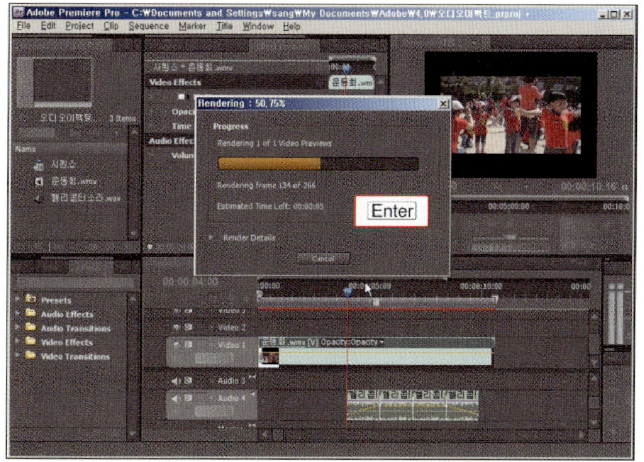

[Effects] 패널의 [Audio Effects] 종류 살펴보기

오디오 이펙트의 3가지 채널과 채널 아래의 각 이펙트를 알아봅니다.

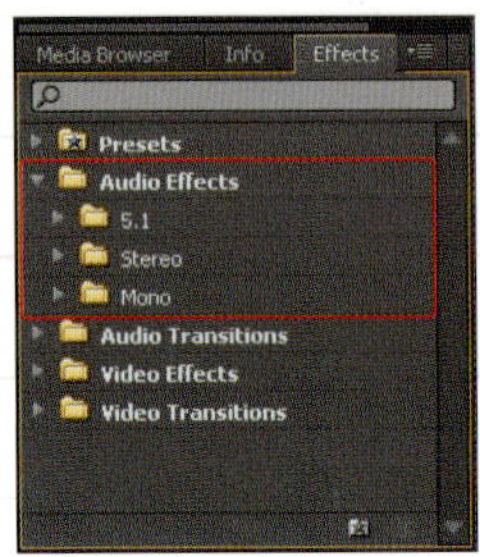

1. 3가지 채널

❶ 5.1 : 청취자를 중심으로 전방의 왼쪽, 가운데, 오른쪽과 후방의 왼쪽, 오른쪽 등의 5개 스피커를 두고 저음을 위한 서브 우퍼 채널(0.1)을 두어 좀 더 입체적인 사운드를 표현할 수 있습니다. 기본적으로 AC-3, DTS(디지털극장시스템)이 가장 많이 사용됩니다.

❷ Stereo : 2가지의 스피커를 통해 각각 다른 소리를 내어 입체감을 표현합니다(MP3).

❸ Mono : 단순한 음향을 표현합니다.

2. Stereo 이펙트

각 채널별로 이펙트를 줄 수 있는데 다른 채널의 이펙트를 적용할 수 없습니다.

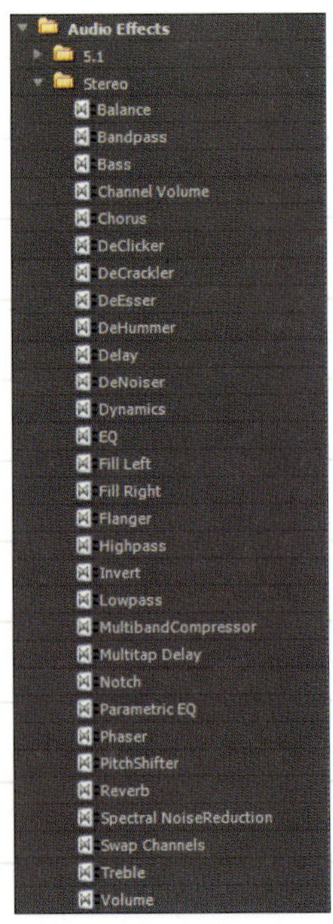

❶ Balance : 좌, 우 스피커의 볼륨값을 조절합니다. Bypass는 모든 이펙트에 존재하며, On/Off 기능을 체크하면 현재의 이펙트가 적용되지 않습니다.

❷ Bandpass : Center에서 지정한 주파수의 범위와 Q에서 지정된 대역폭을 제외한 나머지를 제거합니다.

❸ Bass : Boost를 이용하여 낮은 주파수(200Hz 이하)를 증가시키거나 감소시킬 수 있습니다.

❹ Channel Volume : 스테레오 또는 5.1채널의 볼륨의 좌/우를 독립적으로 조절합니다.

❺ Chorus : 서로 다른 원본에서 타이밍, 억양 변화와 바이브레이션에 의해 소리를 만들어 합창하는 듯한 효과를 만듭니다.

❻ DeClicker : 오디오 신호에서 원치 않는 잡음을 제거합니다.

❼ DeCrackler : 오디오의 지직거리는 소리를 제거하고, 외부 잡음 소리를 완화해줍니다.

❽ DeEsser : 해설자나 가수가 'S' 나 'T' 발음시 발생되는 잡음을 제거합니다.

❾ DeHummer : 50~60Hz의 낮은 영역의 잡음을 제거합니다.

❿ Delay : 시간이 지정된 이후에 발생하여 메아리 효과를 발생합니다.

⓫ DeNoiser : 테이프 잡음을 자동으로 감지하고 제거합니다.

⓬ Dyanmics : 오디오를 조정하는 오디오의 컨트롤의 집합을 독립적으로 제공하여 효과적으로 조정합니다.

⓭ EQ : 오디오의 주파수, 대역폭, 레벨을 제어하여 신호를 증폭하거나 전송에 따른 변형을 보정해주는 기능을 합니다.

⓮ Fill Left, Fill Right : 왼쪽 채널 또는 오른쪽 채널만을 오디오 양쪽 채널에 같이 들려줍니다.

⓯ Flanger : 오디오의 중간 주파수를 이용하여 사운드 효과를 줍니다. 음성 변조 시 많이 활용됩니다.

⓰ Highpass : 지정된 주파수보다 낮은 주파수를 제거합니다. 주로 고음을 사용합니다.

⓱ Invert : 모든 채널의 위상을 반전시킵니다.

⓲ LowPass : 지정된 주파수보다 높은 주파수를 제거합니다. 주로 저음을 사용합니다.

⓳ MultibandCompressor : 사운드의 3개의 대역별로 조절하여 오디오의 강도를 조절합니다.

⓴ Multitap Delay : 4개의 지연 효과를 이용하여 만들어냅니다.

㉑ Notch : 지정한 주파수에 근처에 있는 주파수를 제거합니다.

㉒ Parametric EQ : 지정한 주파수 근처의 주파수를 증가시키거나 감소시킵니다.

㉓ Phaser : 위상의 신호를 변환한 오디오와 원곡 신호를 합쳐 독특한 사운드를 만들어 줍니다.

㉔ PitchShifter : 신호의 피치(음정의 속도)를 높게 하거나 낮게 할 수 있습니다. 특히, 음성변조에 많이 사용합니다. 단, 기계음을 사용할 경우 Formant Preserve를 해제합니다.

㉕ Reverb : 극장이나 무대에서의 울림 효과를 시뮬레이션하여 보여줍니다.

㉖ Spectral NoiseReduction : 스펙트럼을 이용하여 3개의 필터로 잡음을 제거합니다. 마우스를 가져다 대면 주파수가 표시됩니다.

㉗ Swap Channels : 좌우의 채널이 서로 변경됩니다.

㉘ Treble : 4000hz 이상의 높은 주파수를 증가시키거나 감소시켜줍니다.

㉙ Volume : 오디오의 볼륨을 조절합니다.

3. 3가지 오디오 트랜지션

❶ Constant Gain : 오디오가 교차되어 변경하는데 직선 방식으로 설정되어 있습니다.

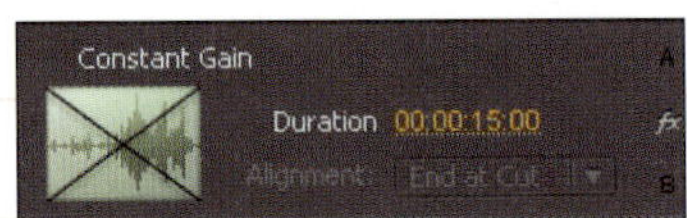

❷ Constant Power : 오디오가 교차되어 변경하는데 곡선 방식으로 설정되어 더 편안하게 들을 수 있습니다.

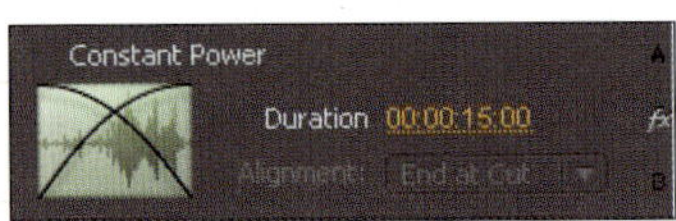

❸ Exponential Fade : 오디오가 교차되어 변경하는데 로그 상수 값에 의해서 변경됩니다.

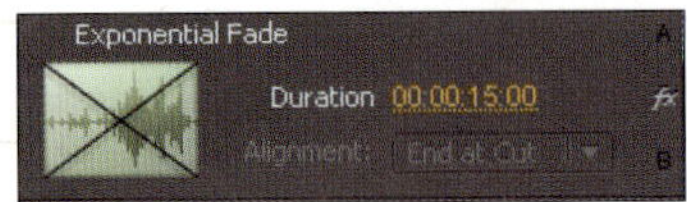

[Video Transitions] 기능으로 영상 편집하기

비디오 트랜지션의 적용 방법을 알아보고, 트랜지션을 이용하여 간단한 영상을 제작해 봅니다.

비디오 이펙트 이용하여 편집하기

01 프로젝트의 이름을 '트랜지션'으로, 시퀀스는 '시퀀스1'로 설정하고 프로젝트를 시작합니다.

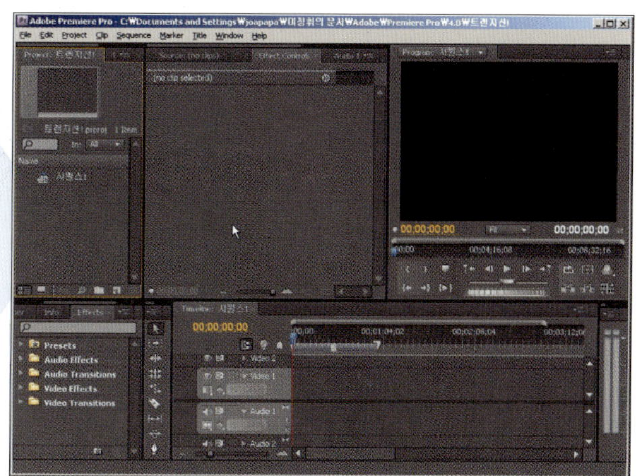

02 [Project] 패널의 빈 곳을 더블클릭합니다. [Import] 창이 나타나면 '09, 24.jpg'를 선택하고 [열기] 버튼을 클릭합니다.

◉ 경로 : 예제파일\Par4\Ch1\S04 폴더

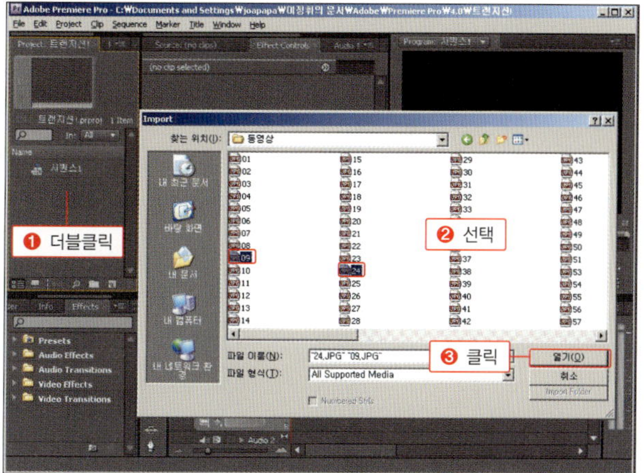

03 [Project] 패널의 '09', '24' 클립을 선택한
후 [Timeline] 패널로 이동하고, 키보드의
⊞ 버튼을 세 번 눌러 화면을 확대합니다.

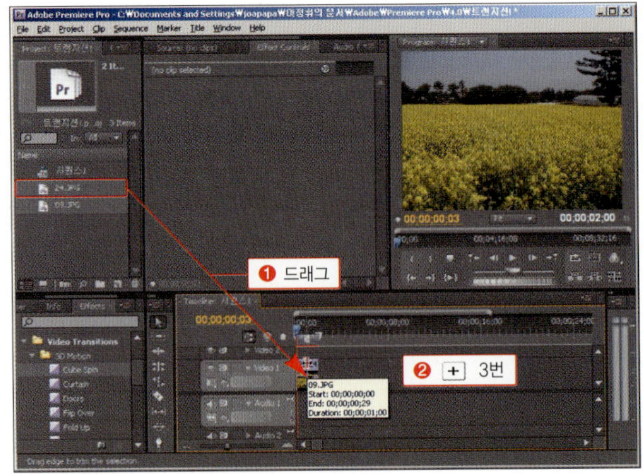

04 [Effects] 패널의 [Video Transitions]에서
[3D Motion]의 'Cube Spin'를 선택하여
두 클립 사이에 드래그합니다. 타임라인의 'Cube
Spin'을 더블클릭하면 [Effect Controls] 패널이 나
타납니다.

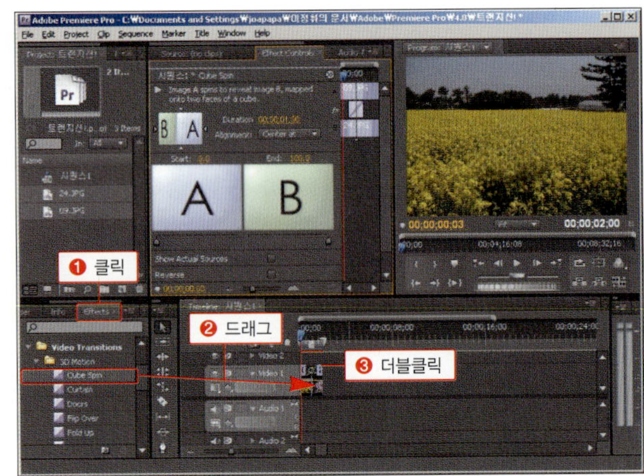

05 [Effect Controls] 패널의 Play the transition 버튼을 클릭하여
'Cube Spin' 트랜지션이 어떻게 동작하는지 미리 볼 수 있습니다.

TIP

프리뷰 영역의 North to South 버튼을 클릭하면 상하로 트랜지션이 변경되는 것을
확인할 수 있습니다.

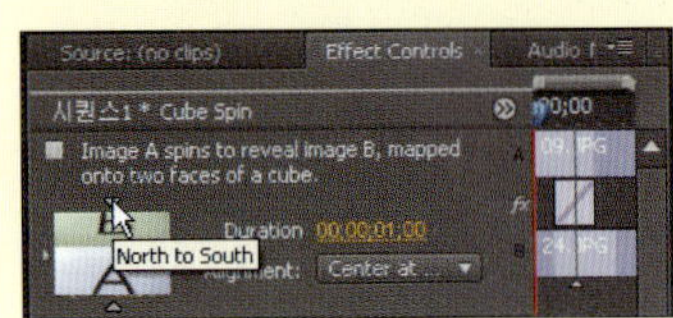

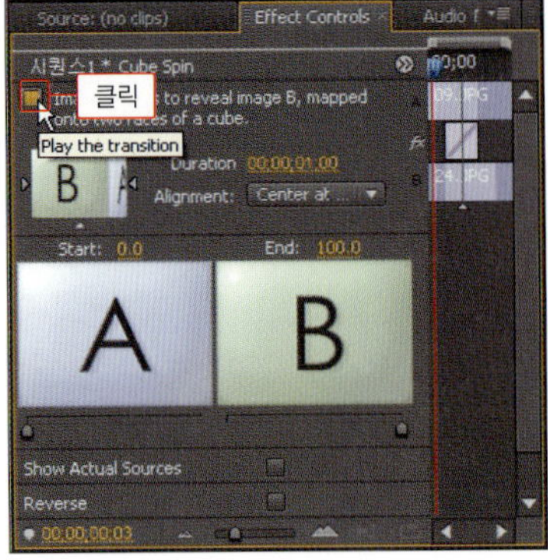

06 프리뷰를 멈추고 다시 West to East버튼을 클릭하여 좌우 방향으로 변경시키고 [Duration]을 '00:00:01:15'로 변경합니다.
[Start]에 '20'을 주고 Space Bar 키를 누르면 트랜지션 앞 부분이 20프레임이 진행된 상태부터 보여집니다.

TIP

[Duration]의 시간을 '00:00:01:15'로 변경하고 진행하면 트랜지션의 영역이 더 커집니다.

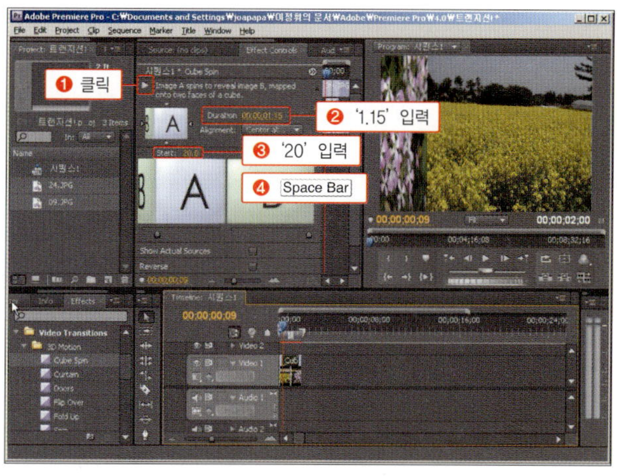

07 다시 [Start]에 '0'을 주고 'Show Actual Sources' 옵션을 체크하면 A면과 B면에 클립들이 나타납니다.

08 'Reverse' 옵션을 체크하여 트랜지션 방향을 반대로 바꾼 후 Space Bar 키를 눌러 영상을 재생합니다.

TIP

[Reverse] 옵션을 체크하면 방향이 반대로 변경됩니다. 왼쪽 시작이 오른쪽에서 시작되고, 윗 방향 시작이 아랫 방향에서 시작되게 됩니다.

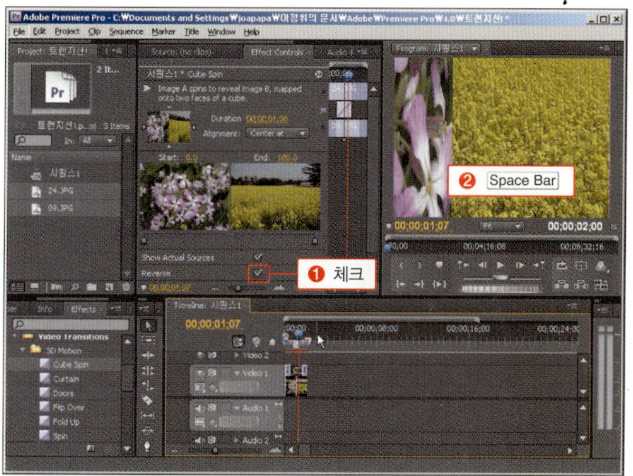

[Transition]의 세부 기능 살펴보기

하나의 클립이 끝나고 다른 클립으로 전환될 때, 2개의 클립 사이에 특별한 효과를 줄 수 있습니다. 이렇게 장면이 전환되는 효과를 트랜지션(Transition)이라 부릅니다. 트랜지션이 삽입되고 이 트랜지션을 더블클릭하면 [Effect Controls] 패널에서 세부 기능들을 설정할 수 있습니다.

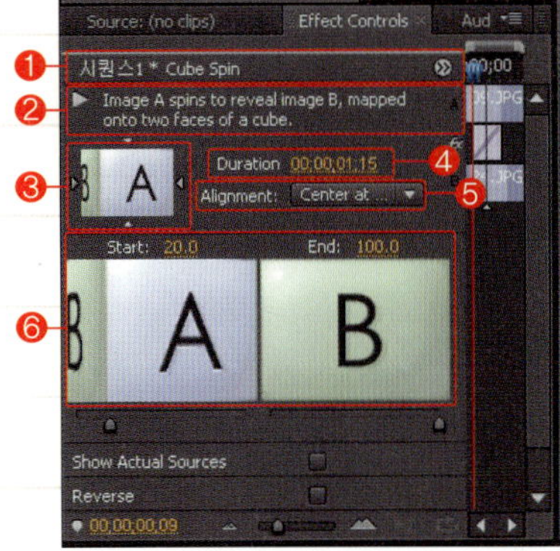

❶ 시퀀스이름 * Effect 이름 : 적용되어 있는 시퀀스의 이름과 이펙트의 효과를 줍니다.

❷ Play the transition : 버튼을 클릭하면 적용되어 있는 이펙트를 미리 보여줍니다.

❸ 트랜지션 프리뷰 영역 : 이펙트의 효과를 미리 보여줍니다.

❹ Duration : 트랜지션의 동작 시간을 나타냅니다. 시간이 길수록 효과가 길어집니다.

❺ Alignment : 이펙트 효과의 위치를 보여줍니다.

ⓐ Center at Cut : 2개 클립의 중앙에 걸쳐서 트랜지션이 진행됩니다.

ⓑ Start at Cut : 2번째 클립이 시작되는 부분에 트랜지션이 진행됩니다. 즉, 트랜지션이 2번째 클립에게서만 적용되어 진행됩니다.

ⓒ End at Cut : 1번째 클립이 끝나는 부분에 맞추어 트랜지션이 진행됩니다. 즉, 트랜지션이 1번째 클립에만 적용되어 진행됩니다.

ⓓ Custom Start : 트랜지션 부분을 사용자가 원하는 부분에 드래그해 진행합니다.

❻ Start, End 프리뷰 영역 : Start나 End 부분에 값을 설정하면 트랜지션의 시작 부분이나 끝나는 부분이 Start나 End에 설정되어 있는 값부터 시작되거나 끝나게 됩니다.

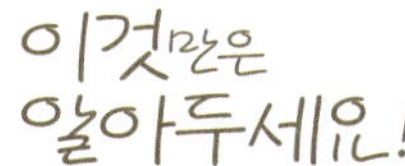

[Video Transitions]의 종류 살펴보기

❶ 3D Motion

- **Cube Spin** : 정육면체가 회전하는 것처럼 A영상이 B영상으로 전환됩니다. 회전 방향은 필요에 따라 설정할 수 있습니다.

- **Curtain** : 커튼 모양처럼 양쪽이 펼쳐지면서 A영상이 B영상으로 전환됩니다.

- **Doors** : 문이 열리는 형태로 A영상의 양쪽 끝이 벌어지면서 B영상으로 전환됩니다.

- **FlipOver** : A영상과 B영상이 앞 뒤로 붙여있는 것처럼 180도를 돌면서 90도가 넘어가면 B영상이 나옵니다. [Custom] 버튼을 클릭하면 바탕색 및 영상을 원하는 개수로 분할하여 회전할 수 있습니다.

• Fold Up : 종이접기 하듯 A영상이 접히면서 B영상으로 전환됩니다.

• Spin : B영상이 화면 중심을 축으로 하여 회전하면서 B영상으로 전환됩니다.

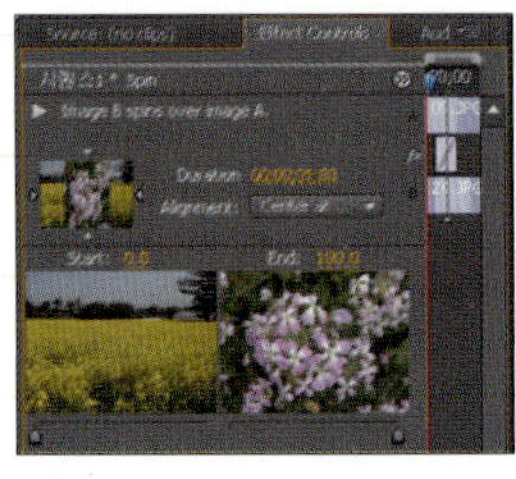   

• Spin Away : B영상이 90도로 회전하면서 나타납니다.

• Swing In : 문을 닫는 것처럼 B영상을 잡아 당겨서 B영상으로 전환합니다.

• Swing out : Swing In과 달리 바깥쪽에서 B영상을 미는 것처럼 하여 A영상을 닫아 버립니다.

• **Tumble Away** : A영상이 회전하면서 크기가 작아지며 B영상으로 전환됩니다. B영상에 작은
원이 보이는데 A영상이 없어지는 곳입니다. 이 작은 원을 이동하여 영상이 없어지는 장소를 바꿀
수 있습니다.

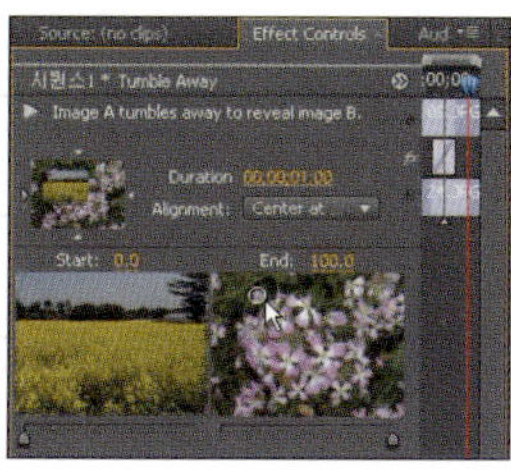   

❷ Dissolve

• **Additive Dissolve** : A영상이 희미해지면서 B영상으로 전환됩니다. 영상이 합성되는 동안 밝
기는 증가됩니다.

• **Cross Dissolve** : 트랜지션의 기본 설정으로 A영상이 반투명해지면서 B영상으로 전환됩니다.

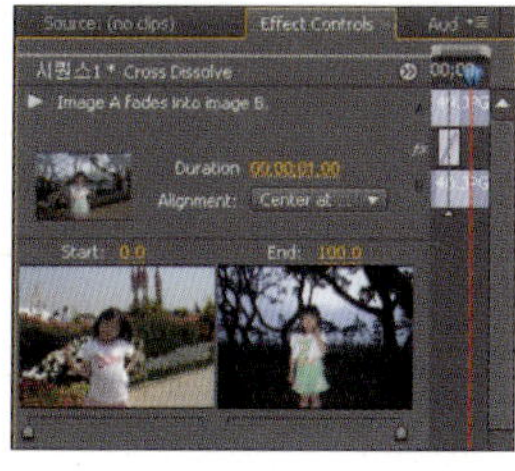   

• **Dip to Black** : A영상이 점점 검은색으로 변하면서 사라지고 점점 밝아지면서 B영상이 나타납
니다.

• **Dip to White** : Dip to Black과 반대로 A영상이 점점 흰색으로 변하면서 사라지고 밝기가 점점
사라지면서 B영상이 나타납니다.

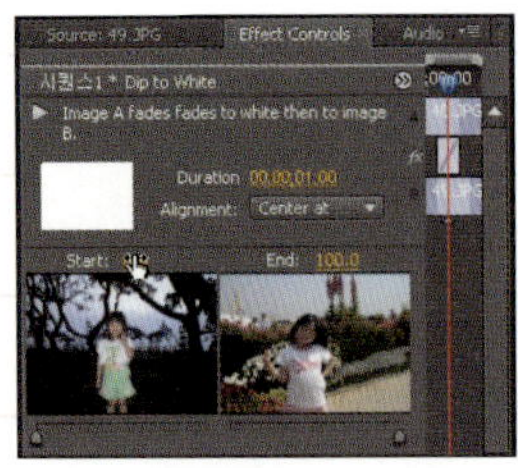

• **Dither Dissolve** : A영상이 점 형태로 사라지면서 B영상으로 전환됩니다.

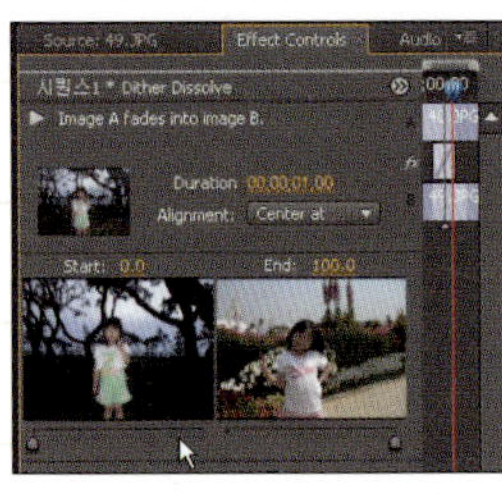

• **Non-Additive Dissolve** : A영상의 채도가 높은 순으로 B영상과 겹치면서 변경됩니다.

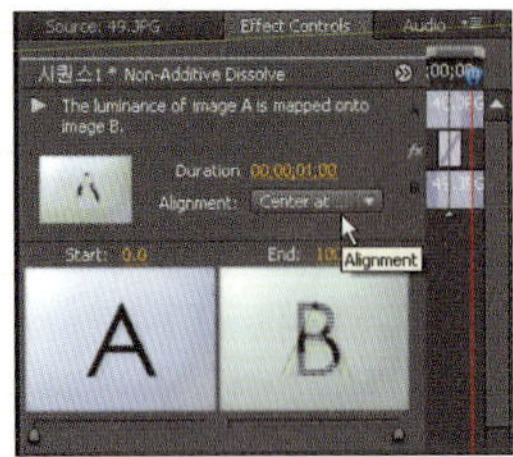

• **Random Invert** : A영상에 B영상의 블록 사각형들이 모자이크 형식으로 나타나면서 B영상으로
전환됩니다. 모자이크 크기를 설정할 수 있습니다.

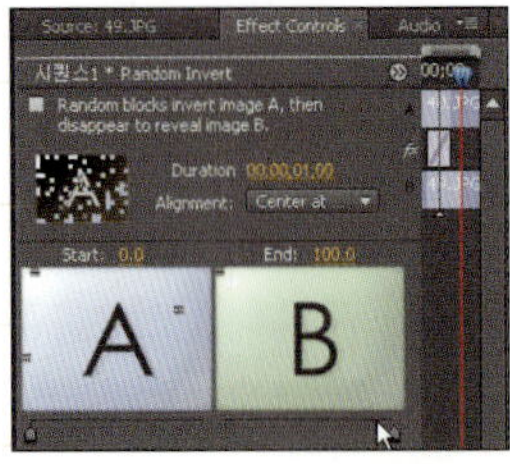

❸ GPU Transitions

• **Card Flip** : A영상이 카드로 잘려 카드별로 회전하면서 변경됩니다.

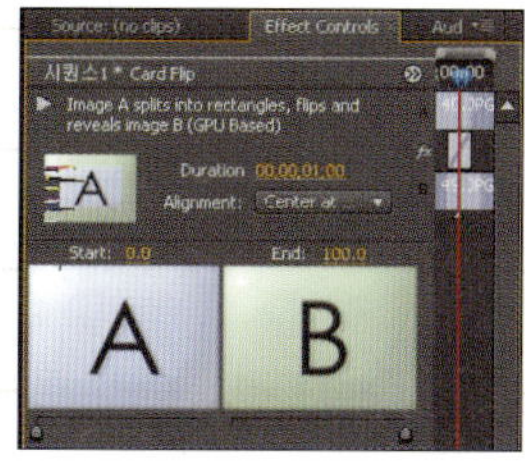   

• **Center Peel** : A영상이 4등분으로 나누어지는 동시에 각각의 모서리가 말려 올라가면서 B영상
으로 전환됩니다.

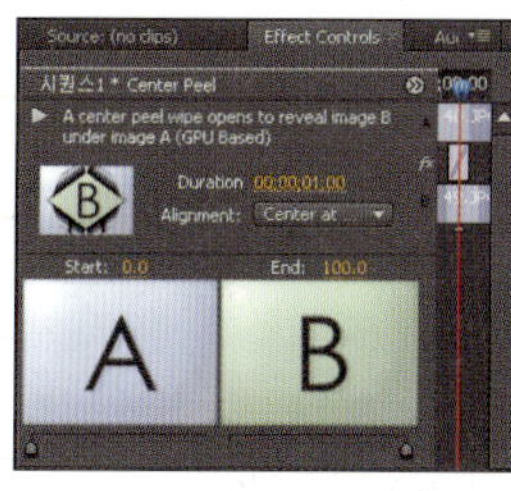   

• **Page Curl** : A영상의 모서리가 종이 감기듯이 말려 사라지고 B영상으로 전환됩니다.

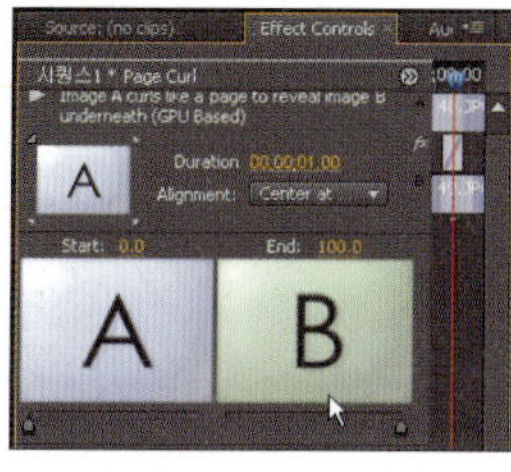   

• **Page Roll** : Page Curl은 대각선에서 화면을 감지만, Page Roll은 4개의 방향 중에 방향을 선
택할 수 있습니다.

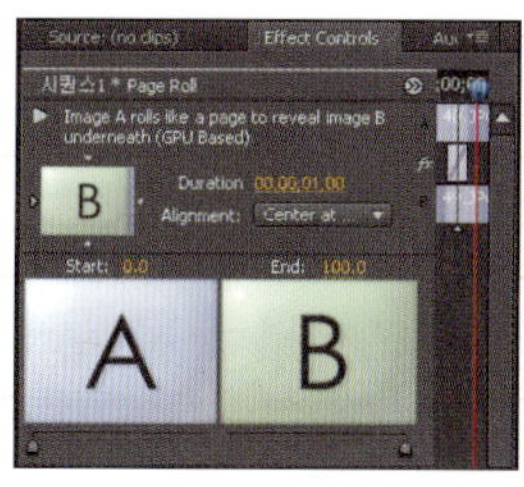   

• Sphere : A영상이 공처럼 말려 밖으로 빠져나가면서 B영상으로 전환됩니다.

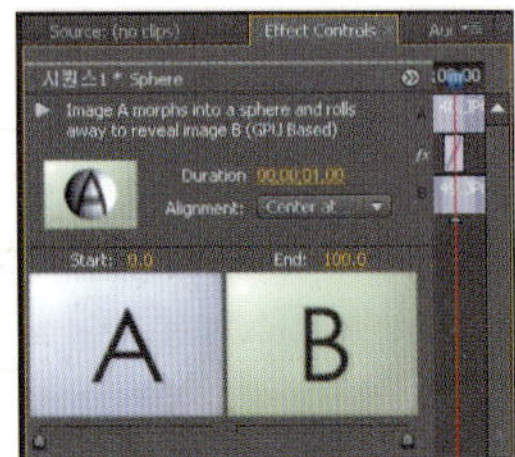   

❹ Iris

• Iris Box : A영상에 B영상의 사각형이 가운데서부터 점점 커지면서 장면이 전환됩니다. A영상에 있는 작은 원으로 사각형이 확대되는 위치를 변경할 수 있습니다.

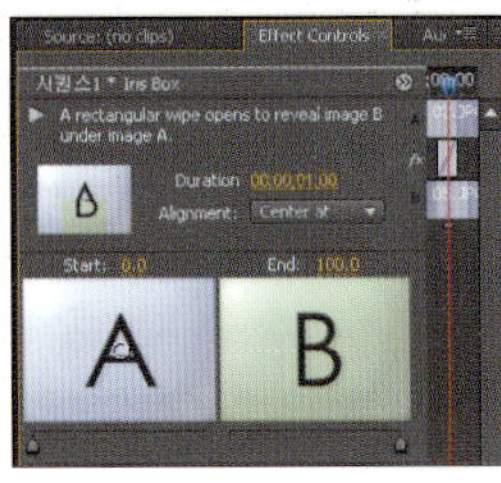   

• Iris Cross : A영상에 B영상의 교차선이 나타나 점점 커지면서 화면이 변경됩니다.

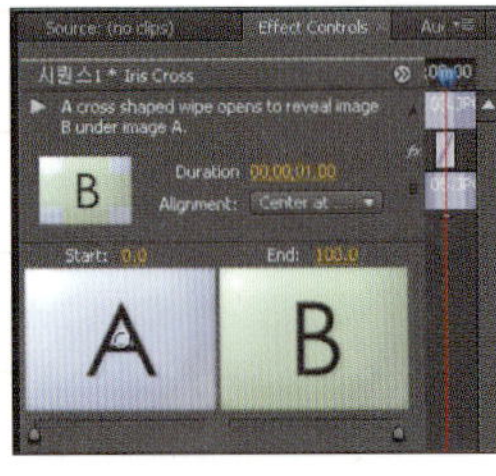   

• Iris Diamond : A영상에 다이아몬드 형태의 B영상이 점점 커지면서 화면이 전환됩니다.

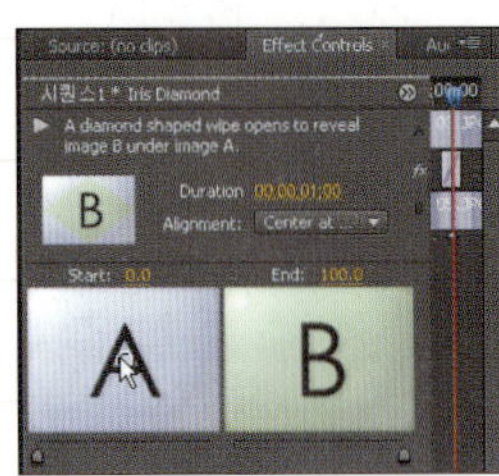   

• Iris Points : A영상의 상하좌우 4지점에서 B영상 삼각형이 커지면서 화면이 전환됩니다.

• Iris Round : A영상에 원 형태의 B영상이 커지면서 전환됩니다.

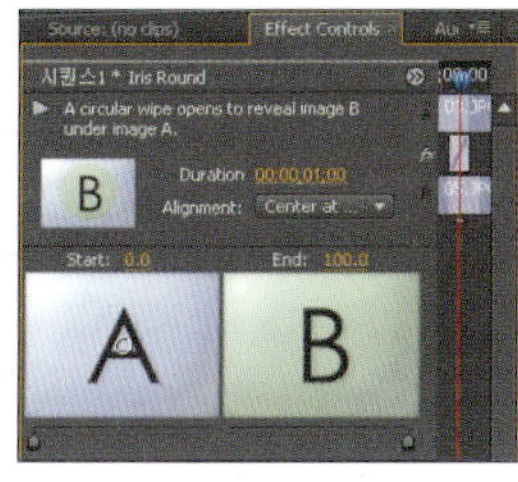

• Iris Shapes : A영상에 3개의 다이아몬드 형태의 B영상이 점점 커지면서 화면이 전환됩니다.
[Custom] 버튼을 클릭하면 셰이프의 모양과 개수를 설정할 수 있습니다.

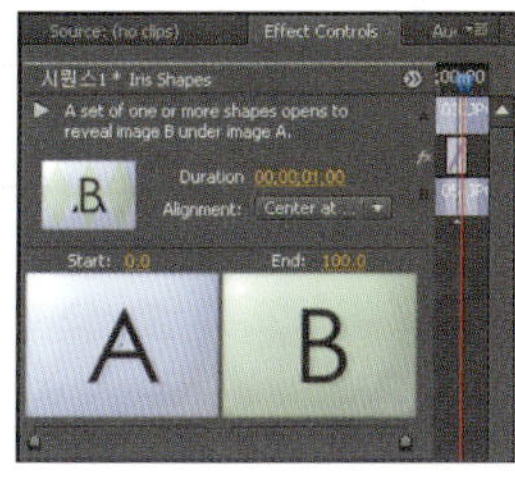

• Iris Star : A영상에서 기준점을 중심으로 별 모양의 B영상이 점점 커지면서 화면이 전환됩니다.

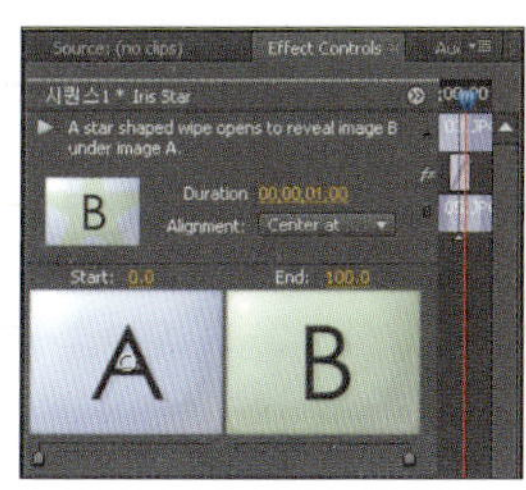

❺ Map

- **Chanel Map** : A영상의 채널에 B영상의 채널 값을 넣어 트랜지션하는 동안 적용됩니다.

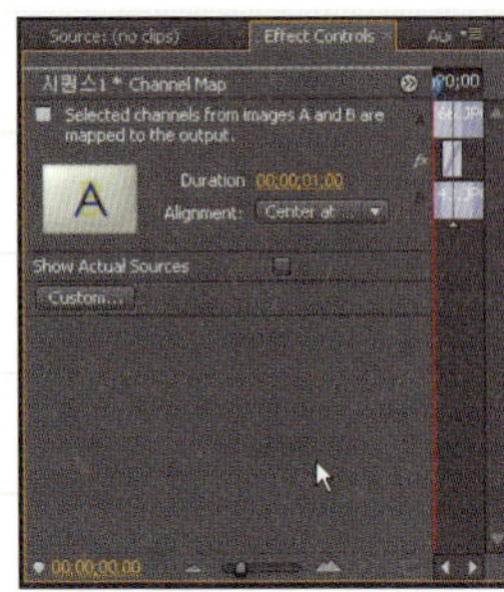  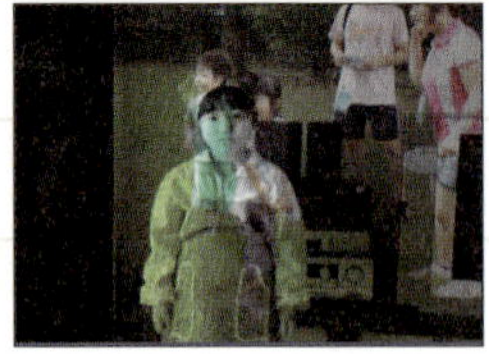 

- **Luminance Map** : 장면이 전환되는 동안 A영상의 어두운 부분과 B영상의 밝은 부분이 겹쳐집
  니다.

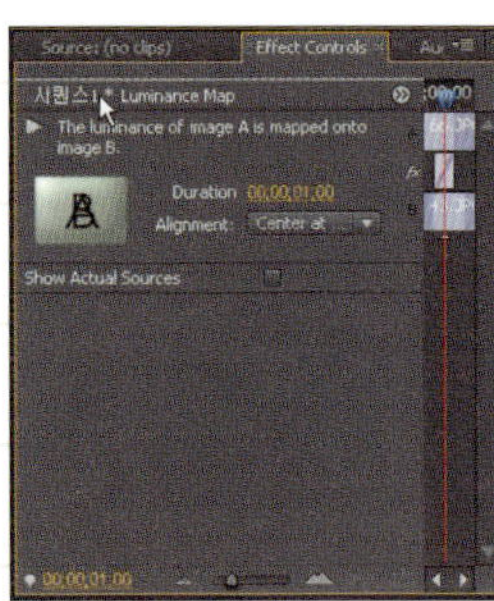   

❻ Page Peel

- **Center Peel** : A영상이 중앙에서 껍질을 벗기듯이 사라지면서 B영상으로 전환됩니다.

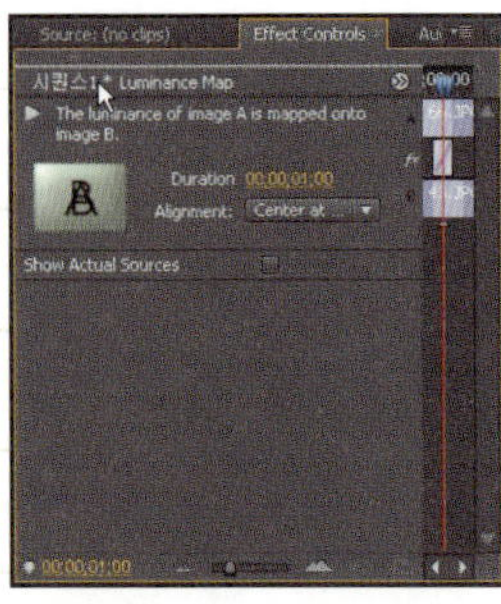   

- **Page Peel** : A영상의 모서리 부분에서 종이를 벗기듯이 B영상으로 전환됩니다. 원하는 모서리
  를 선택할 수 있습니다.

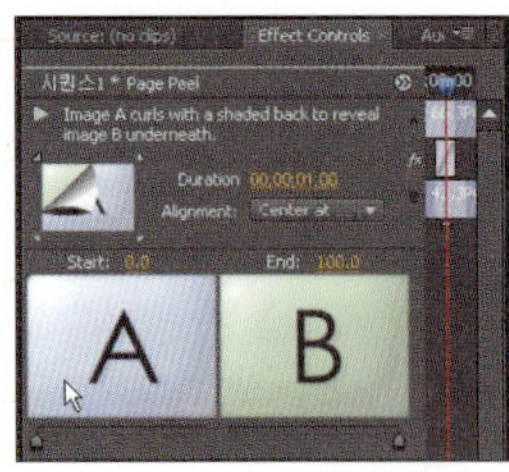   

• **Page Turn** : Page Peel은 벗겨지는 영상의 뒷면이 흰색으로 보이지만 Page Turn은 A영상
  이 양면에 똑같이 보이고 영상이 벗겨지면서 전환됩니다.

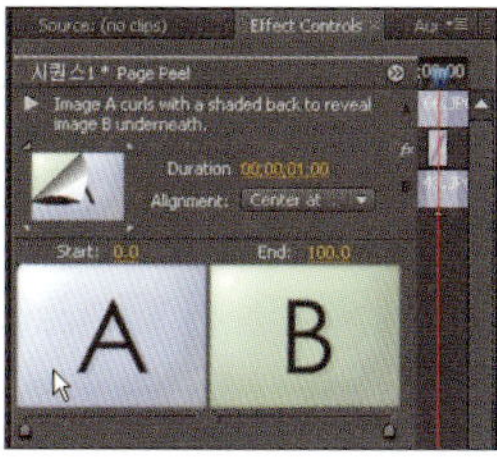

• **Peel Back** : Center Peel과 비슷한데 Center는 한 번에 벗겨내지만 Peel Back은 4등분하여
  한 장씩 벗기며 영상이 전환됩니다.

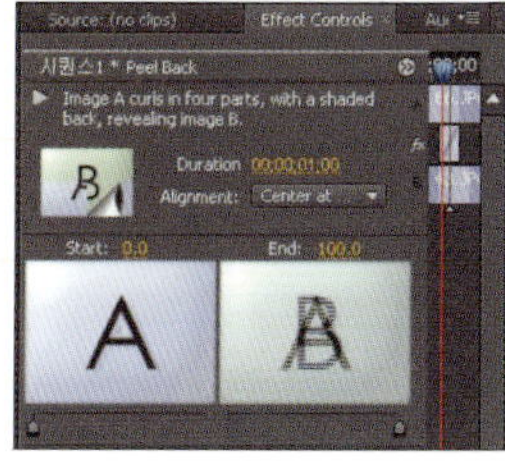

• **Roll Away** : A영상이 종이가 말리듯 사라지면서 B영상으로 전환됩니다.

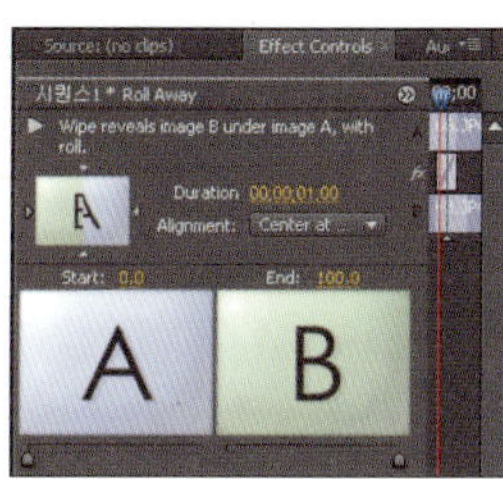

❼ Slide

• **Band Slide** : A영상에 B영상으로 되어 있는 밴드들이 이동하면서 B영상으로 전환됩니다. 4개
  의 지점(상하, 좌우, 모서리 2개)를 선택하여 실행되는 슬라이드 지점을 변경합니다.

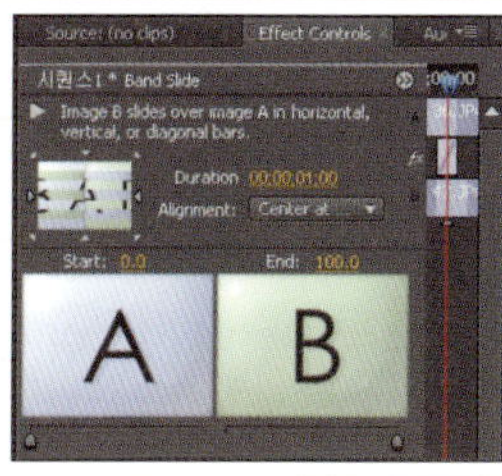

• Center Merge : 중심을 기준으로 A영상이 축소되면서 B영상으로 전환됩니다.

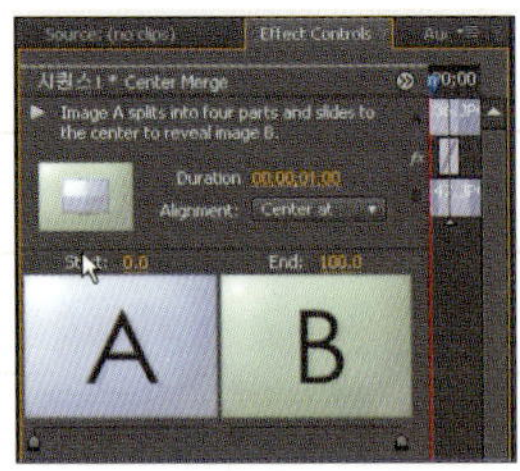   

• Center Split : A영상이 4등분으로 잘리고 잘려진 화면은 각 모서리 부분으로 이동하며 사라지
고 B영상으로 전환됩니다.

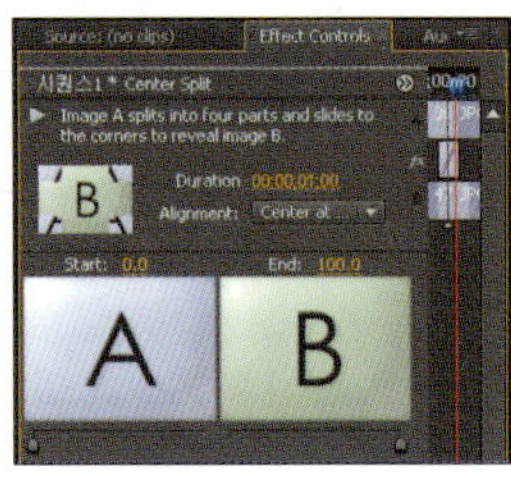   

• Muti Spin : A영상 위에 12개의 사각형 형태로 B영상이 회전하면서 장면이 전환됩니다. 화면에
생기는 사각형의 수를 설정할 수 있습니다.

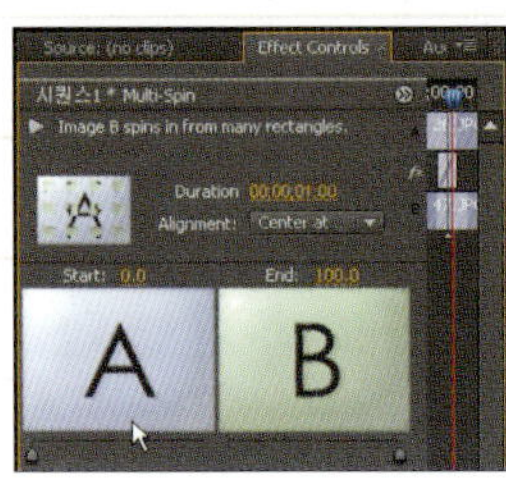   

• Push : A영상이 왼쪽에서 오른쪽으로 밀리듯이 이동되면서 B영상으로 전환됩니다. 4개 방향에
서 방향을 선택하면 선택한 방향쪽으로 밀어내집니다.

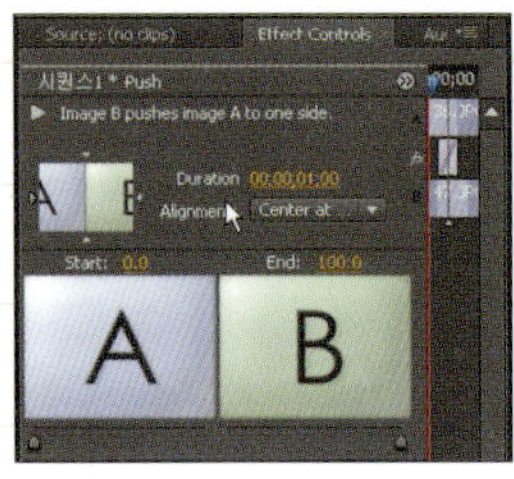   

• **Slash Slide** : A영상 위로 B영상이 사선 형태로 이동되면서 화면이 전환됩니다.

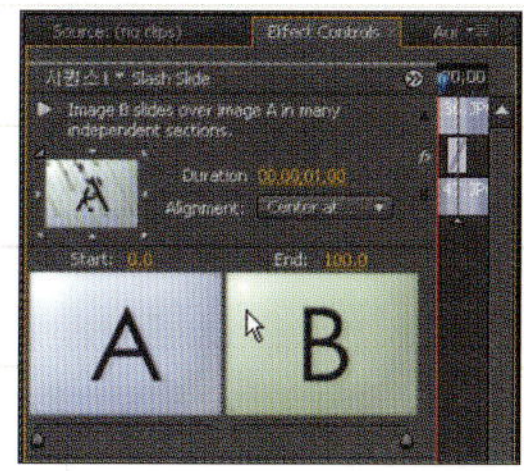   

• **Slide** : Push와 비슷하지만 Push는 A영상이 B영상에 밀려 점점 변경되지만, Slide는 A영상은
움직이지 않고 B영상으로 채워지면서 변경됩니다.

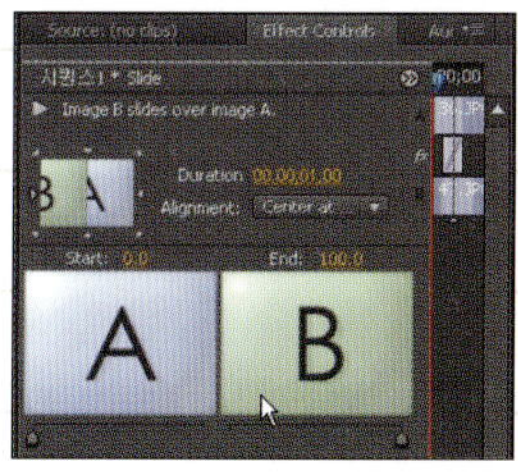   

• **Sliding Bands** : A영상에 B영상의 선들이 미끌어지듯 이동하면서 변경됩니다.

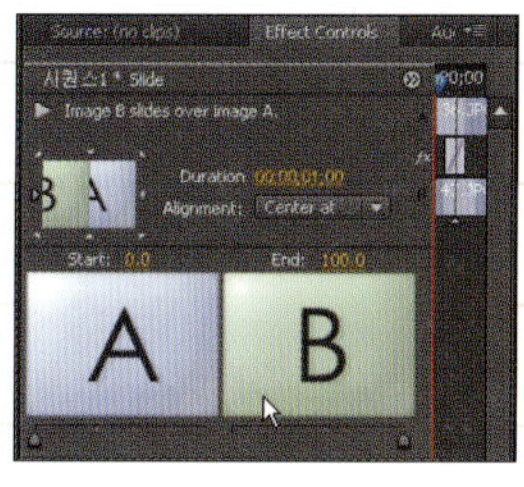   

• **Sliding Boxes** : A영상에 B영상의 밴드(선)들이 차례대로 들어와 한쪽을 채우면서 화면이 전환됩
니다.

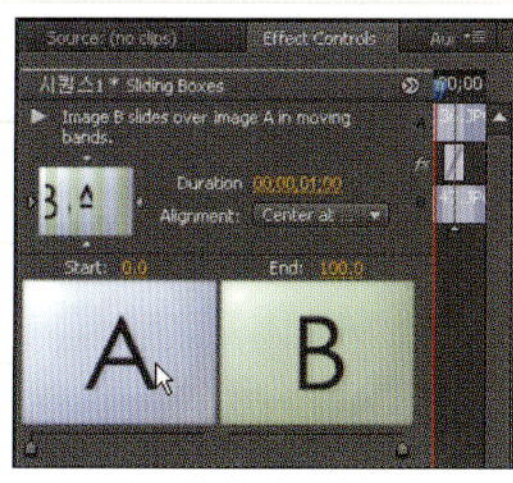   

• **Split** : A영상의 중심을 기준으로 반으로 잘리면서 B영상으로 전환됩니다.

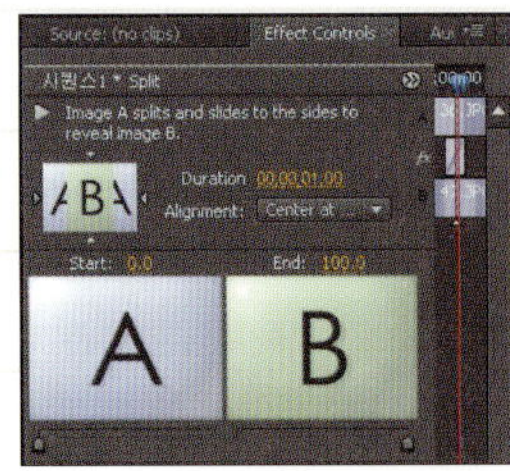   

• **Swap** : B영상을 A영상 위로 올려놓듯이 장면이 전환됩니다.

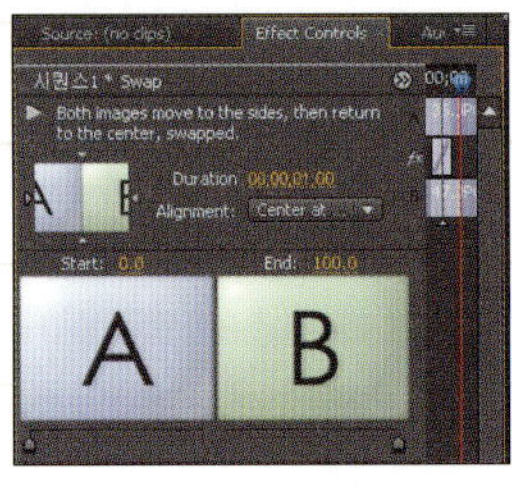   

• **Swirl** : A영상 위에 12개로 분할된 B영상이 회전하면서 장면이 전환됩니다.

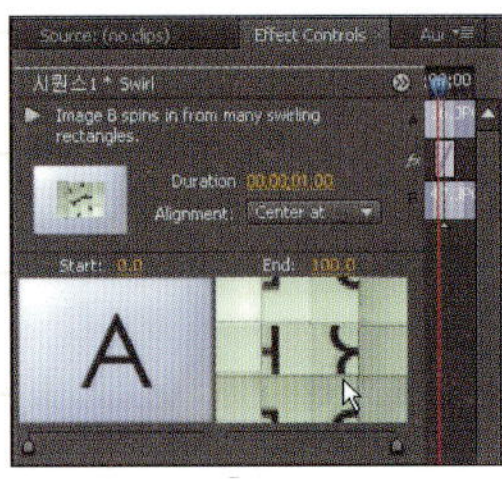   

❽ Special Effect

• **Displace** : A영상의 RGB 채널을 B영상의 채널과 합성하여 변형된 장면 전환 효과가 나타납니다.

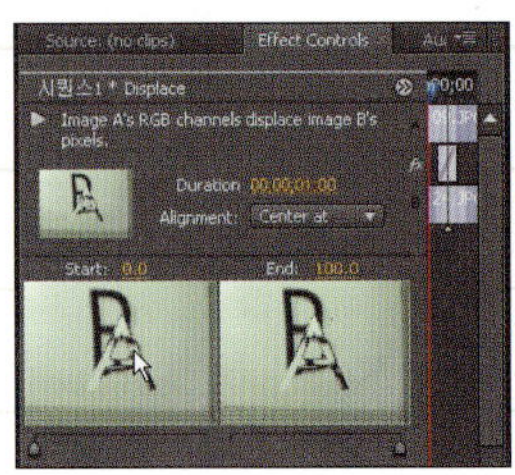   

• **Texurize** : A영상을 배경 이미지 재질에 사용하여 B영상을 겹치듯이 장면 전환 효과를 보여줍
니다.

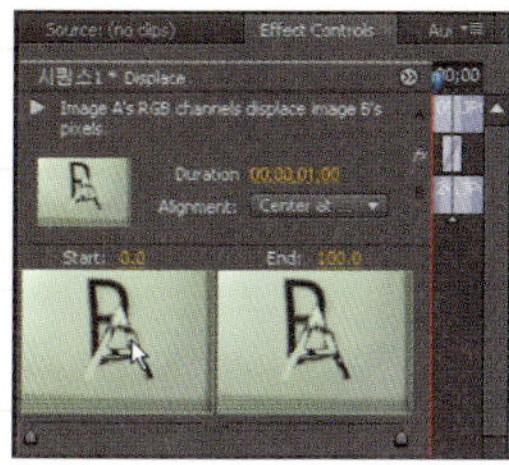   

• **Three-D** : A영상과 B영상을 겹치듯이 장면 전환 효과를 처리합니다. RGB 채널 중 Red, Blue
채널만 사용하여 주로 혼합색인 Magenta 색상으로 영상을 표현합니다.

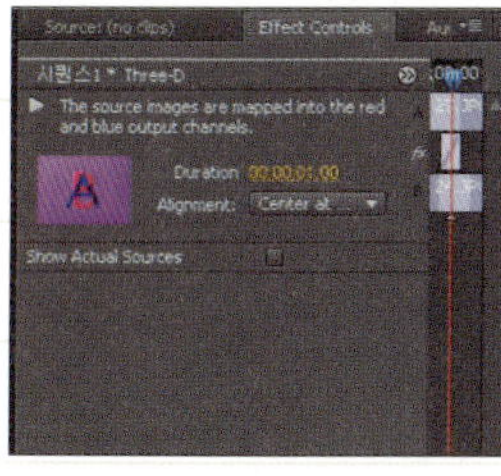   

❾ Stretch

• **Cross Stretch** : A영상이 B영상으로 밀려나는 듯한 느낌으로 화면이 전환됩니다.

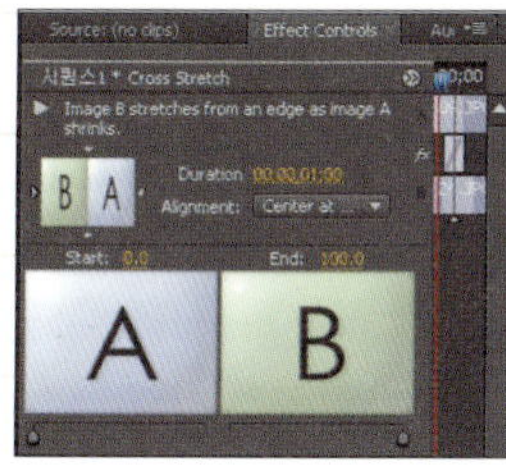   

• **Stretch** : A영상은 그대로 있고 B영상이 점점 늘어나듯이 화면이 전환됩니다.

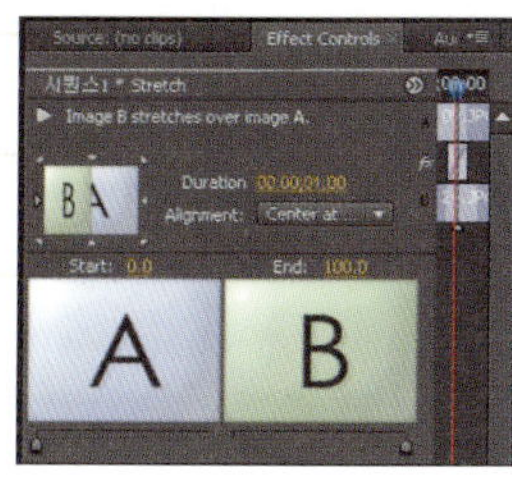   

- **Stretch In** : A영상은 그대로 있고 B영상이 화면의 수평 방향으로 늘어난 상태에서 원래의 크기
  로 복원되면서 화면이 전환됩니다.

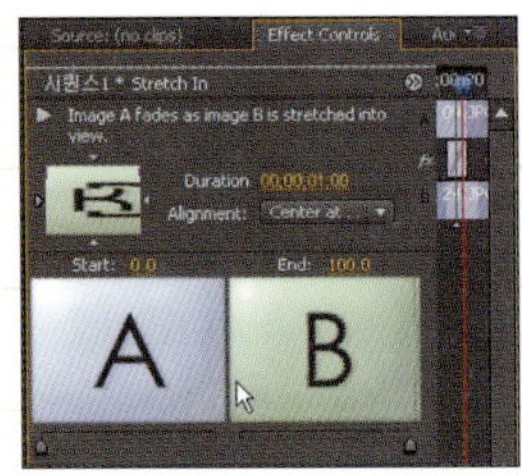   

- **Stretch Over** : A영상은 그대로 있고 B영상이 화면의 수직 방향으로 줄어든 상태에서 원래의
  크기로 복원되면서 화면이 전환됩니다.

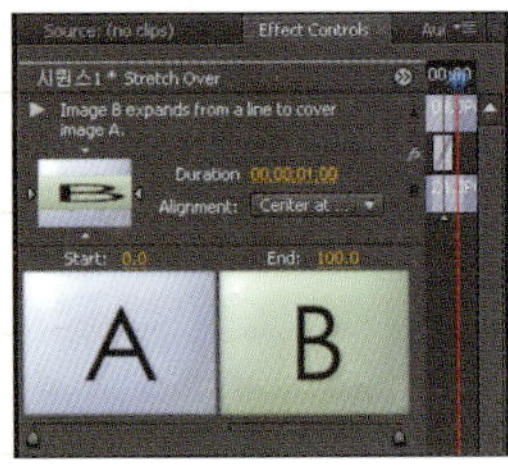   

❿ Wipe

- **Band Wipe** : A영상에 슬라이드 형식으로 B영상이 교차되면서 화면이 전환됩니다.

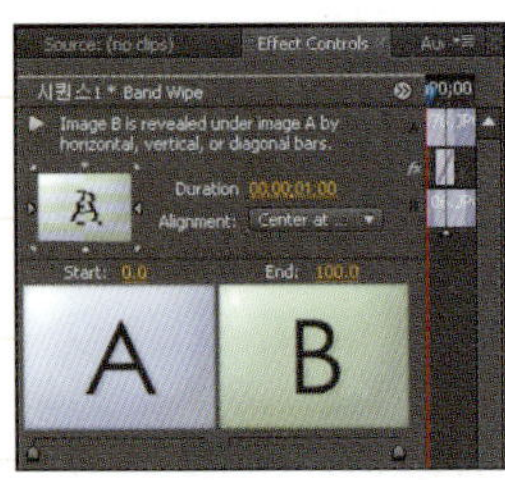   

- **Barn Doors** : A영상에서 미닫이 문이 열리듯이 양쪽으로 분할되면서 B영상으로 전환됩니다.

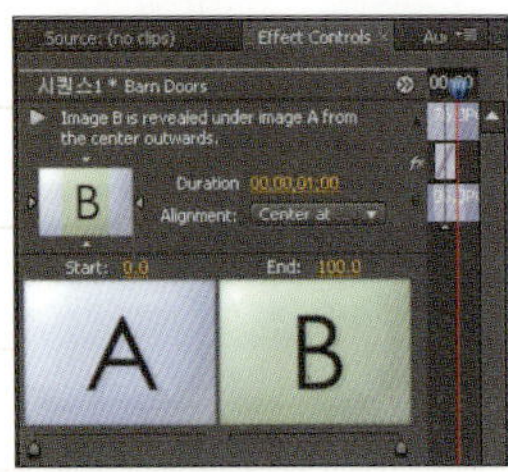   

• **Checker Wipe** : A영상에 B영상이 바둑판 무늬 형식의 격자 모양으로 나타나며 화면이 전환됩
니다.

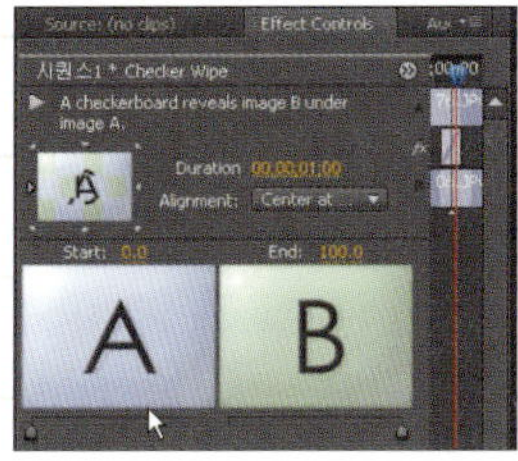   

• **CheckerBoard** : A영상의 위쪽에서 아래쪽으로 점차 격자 모양이 이동하면서 B영상으로 전환됩
니다.

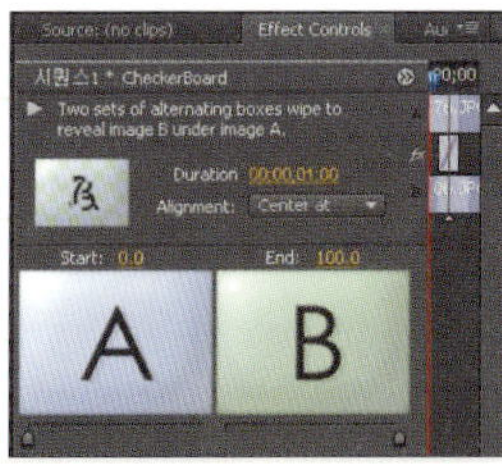   

• **Clock Wipe** : A영상이 시계 방향으로 회전하면서 B영상으로 전환됩니다.

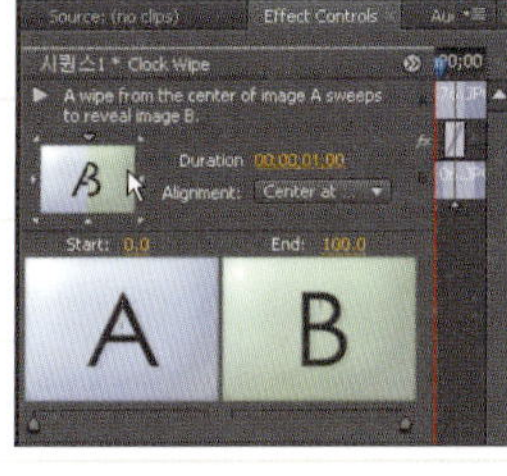   

• **Gradient Wipe** : [Custom]에 들어가는 이미지의 밝고 어두운 차이에 의해 A영상이 B영상으로 전
환됩니다.

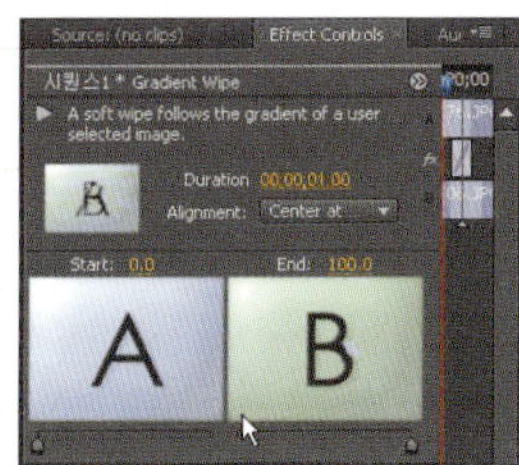   

• Inset : A영상의 한쪽 모서리에 사각형 형태로 삽입되어 크기가 커지면서 B영상으로 전환됩니다.

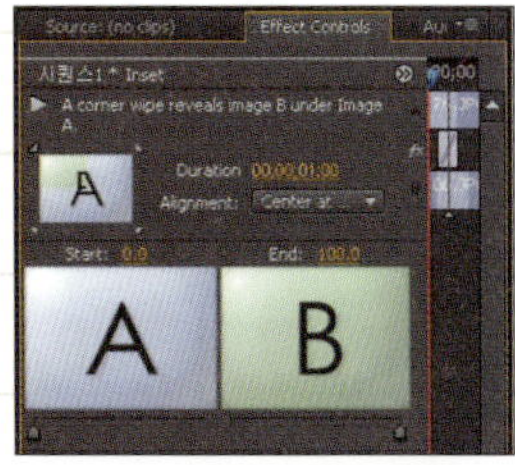   

• Paint Splatter : A영상에 페인트가 떨어지는 형태로 점점 번지듯이 B영상으로 전환됩니다.

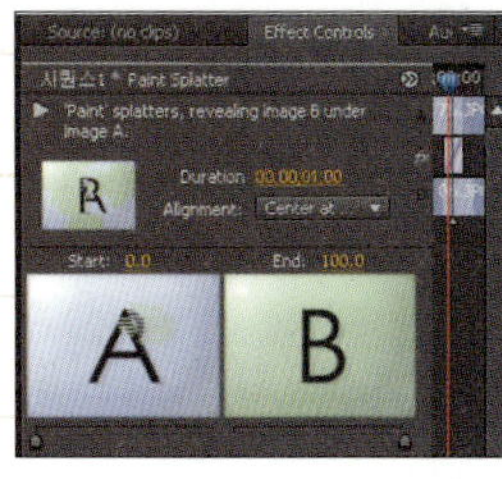 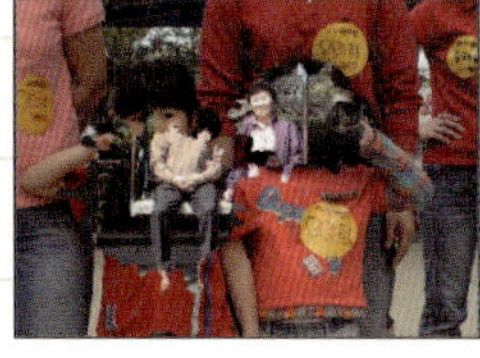  

• Pinwheel : A영상에 바람개비 모양으로 회전하면서 B영상으로 전환됩니다.

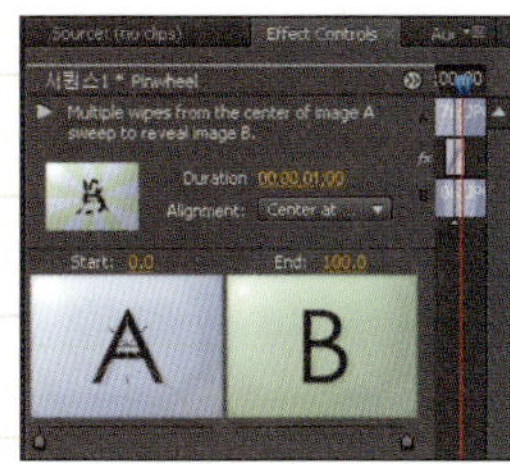   

• Radial Wipe : 자동차 와이퍼 동작 형태로 A영상에서 B영상으로 전환됩니다.

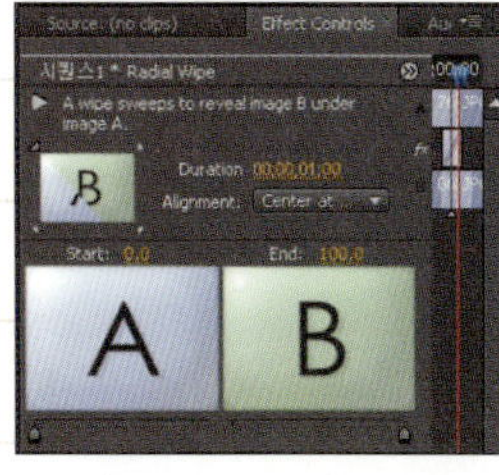   

• Random Blocks : A영상에 불규칙한 사각형 형태로 B영상이 표시되면서 화면이 전환됩니다.

• Random Wipe : A영상의 위에서 아래로 불규칙한 사각형 형태로 스쳐 가듯이 B영상으로 전환됩
니다.

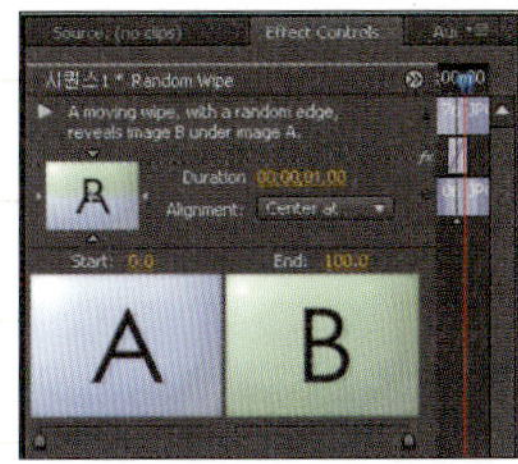   

• Spiral Boxes : A영상이 소용돌이 형태로 화면 중심으로 축소되면서 B영상으로 전환됩니다.

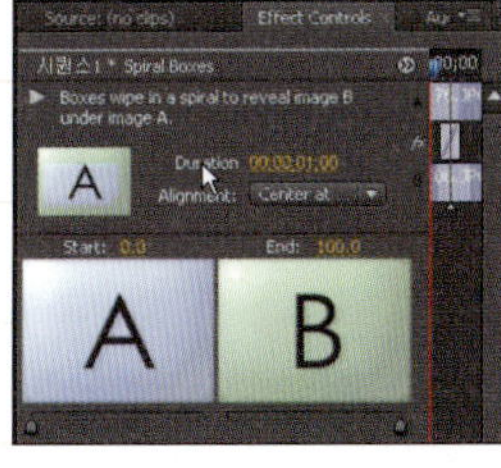   

• Venetian Blinds : A영상 위로 마치 블라인드가 열리듯이 B영상으로 전환됩니다.

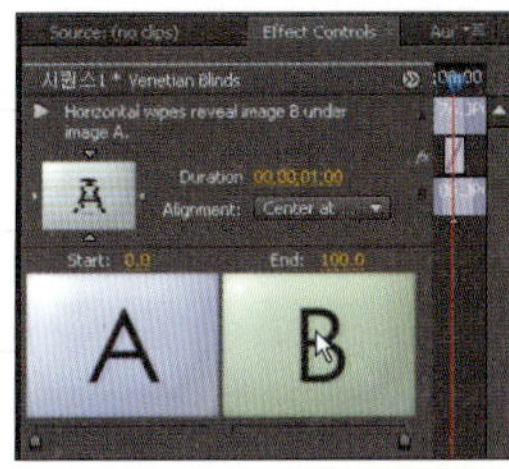   

• Wedge Wipe : A영상에서 양쪽 아래를 와이퍼로 닦아 펼치듯이 B영상으로 전환됩니다.

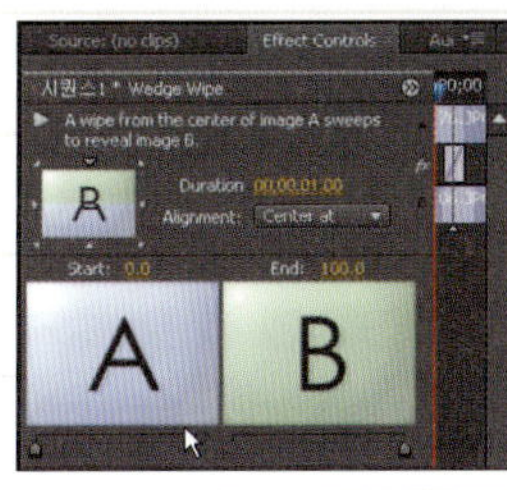   

• **Wipe** : A영상을 왼쪽부터 와이퍼로 밀어 닦아 내듯이 B영상으로 전환됩니다.

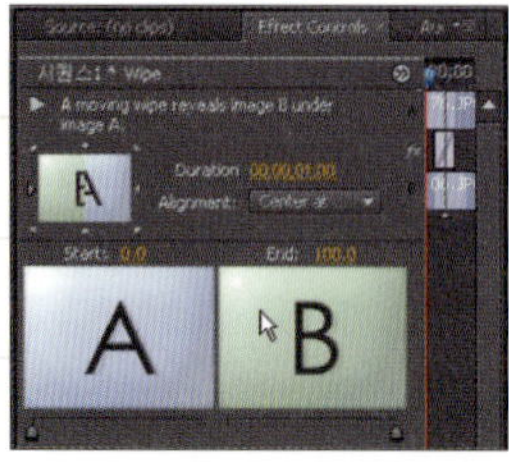  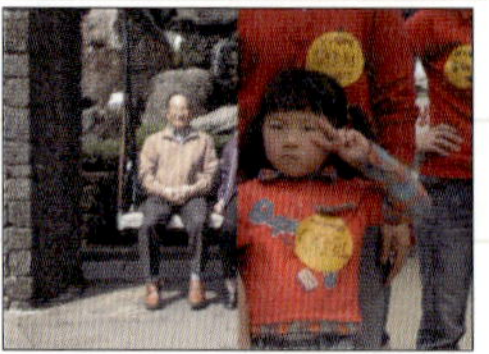 

• **Zig-Zag Blacks** : A영상이 지그재그의 블록 형태로 아래로 이동되면서 B영상으로 전환됩니다.

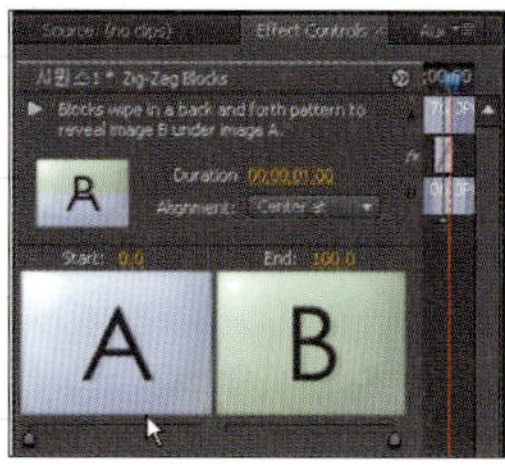   

⑪ Zoom

• **Cross Zoom** : A영상이 점점 확대되면서 B영상으로 전환됩니다. Start, End의 원은 확대되는 출발점, 축소되는 결과점으로 변경할 수 있습니다.

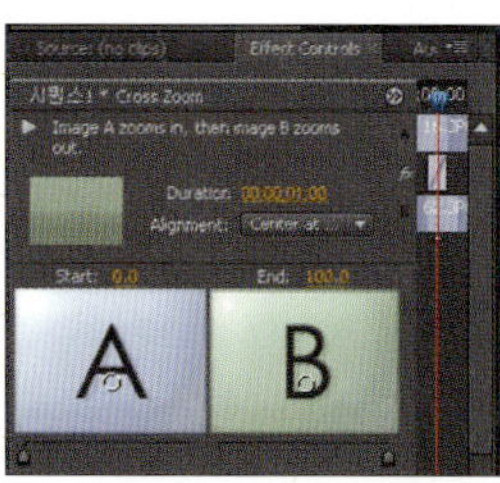   

• **Zoom** : A영상의 가운데에서 B영상이 확대되면서 화면이 전환됩니다.

• **Zoom Boxes** : A영상에 B영상이 12개의 사각형 형태로 확대되면서 화면이 전환됩니다. 사각형
의 개수를 설정할 수 있습니다.

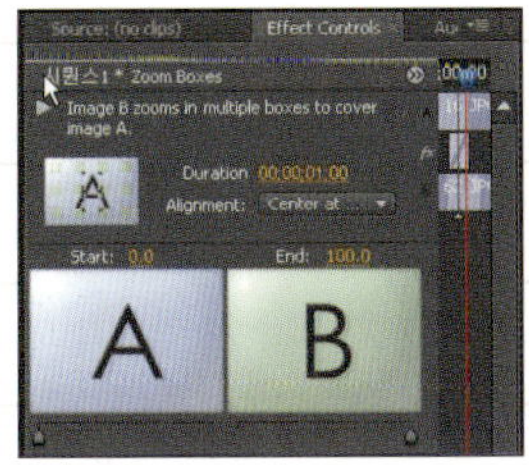

• **Zoom Trails** : A영상이 화면 내에서 점점 축소되고 어느 정도 축소되면 화면 자체가 축소되어
B영상으로 전환됩니다.

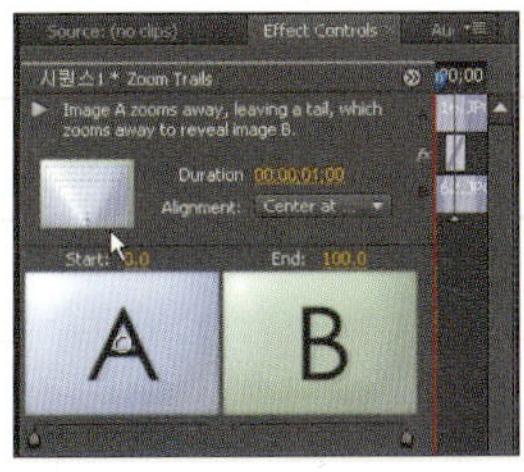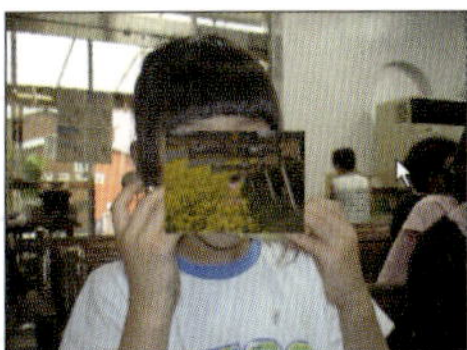

영상 자막의 제작과
활용법 익히기

영상의 내용을 시청자들에게 정확히 전달하지 못하는 경우에 좀 더 정확한 내용을 자막(타이틀)을
많이 사용하며 최근에 자막은 영상의 일부로서 많은 비중을 차지하고 있습니다.

CHAPTER 02

SECTION 01 기본 자막 만들기 | SECTION 02 타이틀 창의 툴을 이용하여 영상 자막 만들기 | SECTION 03 액션 툴을 이용해 자막 꾸미기 | SECTION 04 자막 활용하기 | SECTION 05 템플릿으로 손쉽게 자막 편집하기 | SECTION 06 움직이는 자막 만들기

기본 자막 만들기

이 섹션에서는 자막을 만드는데 가장 기본적인 내용과 아직 제대로 지원되지 않고 있는
한글 글꼴에 대하여 설명하고 기본 자막을 만들어 봅니다.

자막 사용하기와 한글 글꼴 알아보기

01 '자막1' 이름으로 프로젝트를 만들고,
[Standard 48kHz]의 '시퀀스1'의 시퀀
스를 생성합니다.

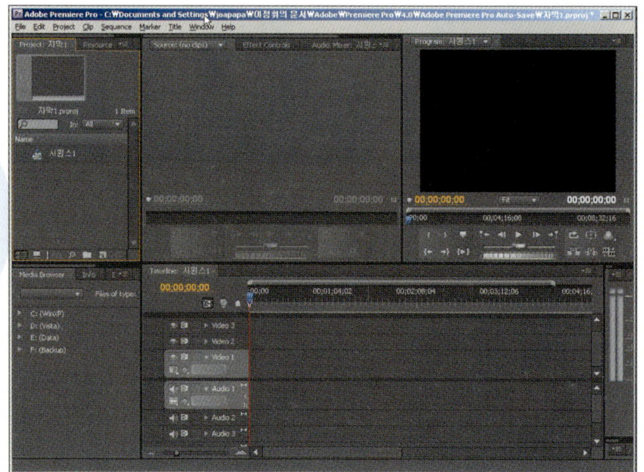

02 [Project] 패널의 빈 곳을 더블클릭합니
다. [Import] 창이 나타나면 '09.jpg'를
선택하고 [열기] 버튼을 클릭합니다.

⊙ 경로 : 예제파일\Part4\Ch2\09.jpg

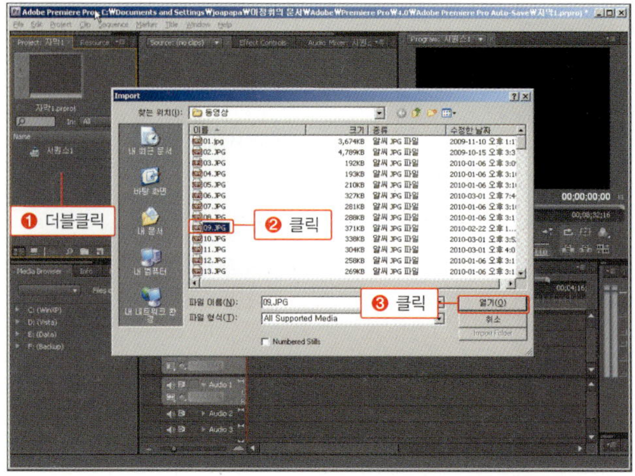

03 '09' 클립을 [Timeline] 패널로 이동하고 [Project] 패널의 New item(🔳) 버튼을 클릭해 [Title]을 클릭합니다.

TIP

타이틀은 [Project] 패널의 New item(🔳)에서 설정하기나 [Title] 메뉴의 [New Title]-[Default Still]을 클릭하여 삽입할 수 있습니다.

04 [New Title] 창 [Name]에 '자막1'로 변경하고 [OK] 버튼을 클릭합니다.

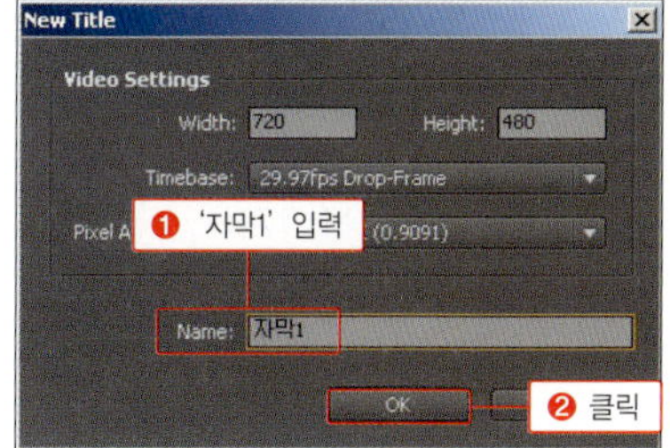

05 [Title] 패널이 속한 타이틀 창이 새로 열립니다. [Tool] 패널의 Type Tool(🇹)을 클릭하고, 미리보기 영역의 일정한 위치에 클릭한 후, '꽃밭에서'를 입력합니다. 텍스트 입력을 마쳤으면 마우스를 미리보기 영역을 벗어난 아무 위치에 클릭합니다.

TIP

프리미어 프로는 아직까지 한국어에 대하여 정확한 지원이 이루어지지 않고 있습니다. 그래서 한글 글꼴을 이용하여 한국어로 변경시킬 수 있습니다.

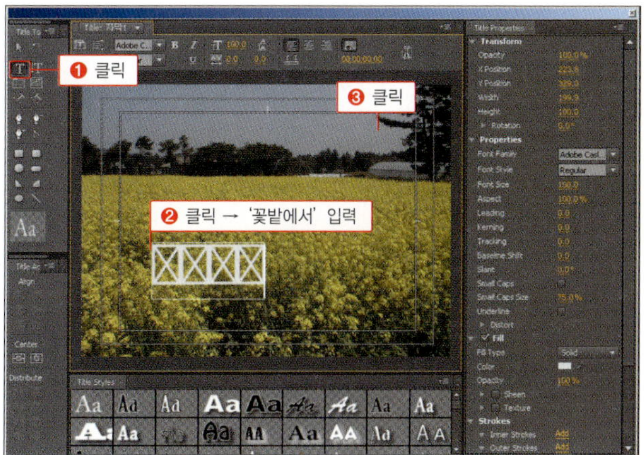

06 환경설정을 통해 타이틀 내에서 한글 글꼴을 쉽게 입력할 수 있도록 설정해 보겠습니다. 타이틀 창을 닫고 [Edit]-[Preferences]-[Titler]를 클릭합니다.

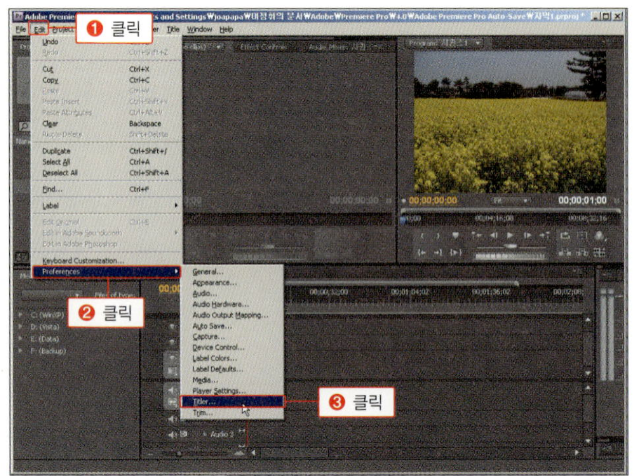

07 [Preferences] 창이 나타나면 [Font Browser]를 '가egZz'로 변경시켜 줍니다.

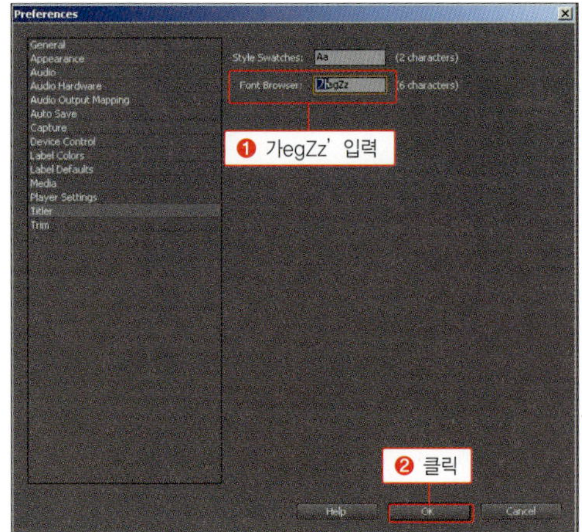

Level Up — 한글 글꼴 설정

그림처럼 전부 한글로 변경시키면 타이틀 내에서 한글 글꼴은 한글로 보여줍니다. 그러나 필자는 오른쪽 그림처럼 앞의 한 자만 한글로 변경시키길 권장합니다. 전체를 다 한글로 변형할 경우 사용자에 따라 오류가 발생할 가능성이 높습니다.

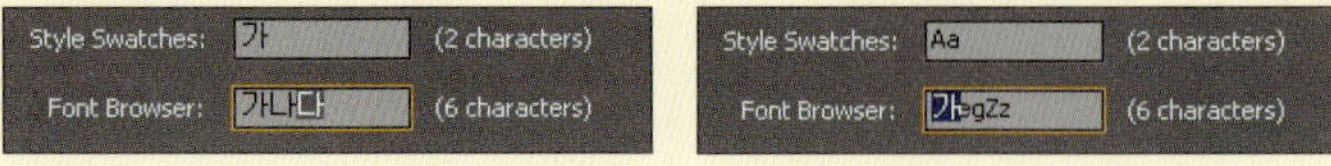

08 [Project] 패널의 '자막'을 더블클릭하면 다시 타이틀 창이 나타납니다. 미리보기 영역의 자막 글자를 드래그하여 블록으로 설정한 후 한글 글꼴 'H2wulB'를 적용합니다.

TIP

한글 글꼴인 경우는 글꼴보기의 첫 자가 '가'로 표시되어 쉽게 찾을 수 있습니다. 글꼴은 사용자 컴퓨터마다 설치된 글꼴이 다를 수 있으므로 예제에 사용된 글꼴이 없더라도 적당한 글꼴을 찾아 적용하도록 합니다.

09 타이틀 창의 [Tool] 패널의 Selection Tool(🔖)을 클릭해 자막을 원하는 위치로 이동시켜 줍니다. 타이틀 창을 닫아 줍니다.

10 [Project] 패널의 '자막' 클립을 선택하여 [Timeline] 패널의 Video2 트랙으로 드래그하여 완료합니다.

TIP

자막도 하나의 클립이고, 언제나 내용이 나타나야 하기 때문에 시퀀스에 사용하는 모든 채널의 가장 상단에 위치하도록 해야 합니다.

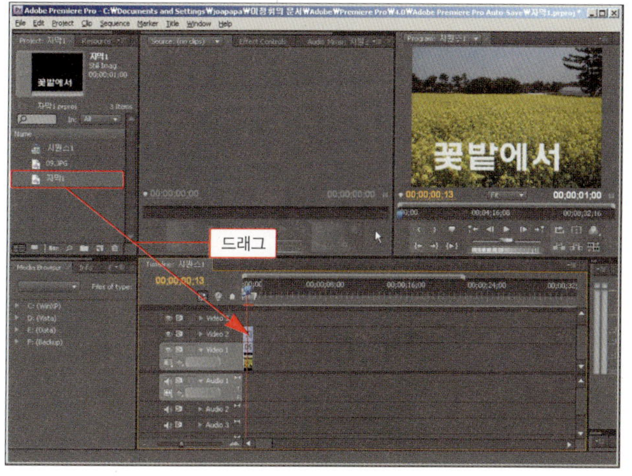

타이틀 창 살펴보기

타이틀 창은 총 5가지 패널과 미리보기 영역으로 구성되어 있습니다.

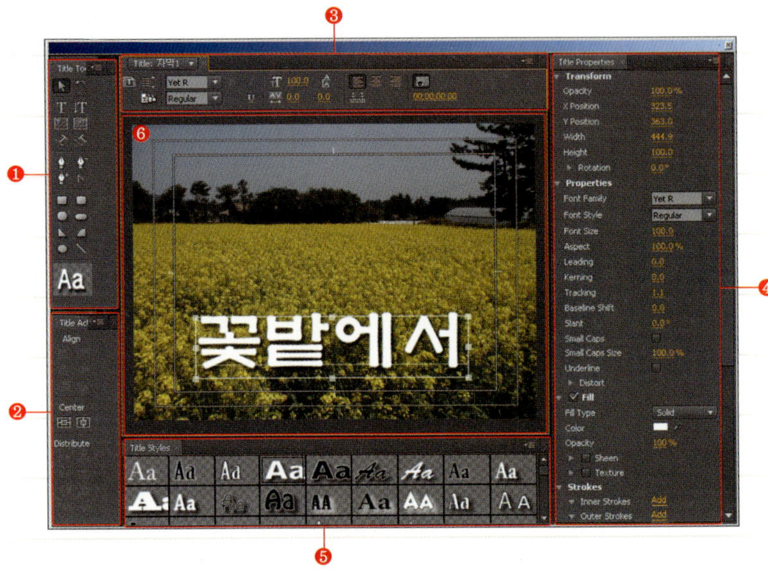

❶ [Title Tools] 패널 : 문자나 도형을 입력하거나 변경시키는 도구들로 구성되어 있습니다.

❷ [Titles Actions] 패널 : 자막들 간에 정렬을 하기 위한 도구들로 구성되어 있습니다.

❸ [Title] 패널 : 자막의 글꼴, 문단 속성, 롤/크롤 등으로 구성되어 있습니다.

❹ [Title Properties] 패널 : 자막의 각종 기능(변환, 속성, 글자색, 글자선색, 그림자)들로 구성되어 있습니다.

❺ [Titles Styles] 패널 : 모든 기능을 설정하여 미리 지정해 놓은 것으로 라이브러리로 나열되어 원하는 글자 스타일로 바로 지정할 수 있고, 나만의 스타일로 저장해두었다가 나중에 다시 사용할 수 있습니다.

❻ 미리보기 영역 : 자막을 넣고 기능을 변경하는 과정을 바로 볼 수 있습니다.

타이틀 창의 툴을 이용하여 영상 자막 만들기

타이틀 창에는 자막에 필요한 여러 가지 툴이 있는데
이 다양한 툴의 사용법을 알아봅니다.

툴을 이용한 자막 편집하기

01 [Timeline] 패널의 Video2 트랙의 '자막1'을 삭제하고, 다시 [Project] 패널의 New item(📄) 버튼을 클릭해 [Title]을 클릭합니다.

TIP

[Timeline] 패널의 '자막1'을 지우지 않고 계속 진행한다면 '자막1'의 내용과 겹쳐서 보일 것입니다.

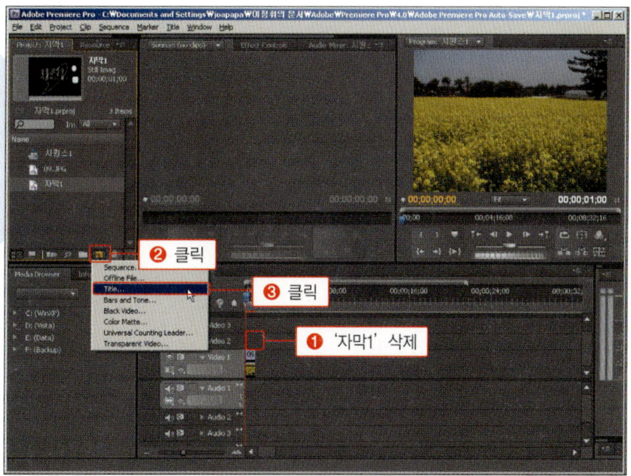

02 [New Title] 창이 나타나면 [Name]에 '자막2'를 입력한 뒤, [OK] 버튼을 클릭합니다.

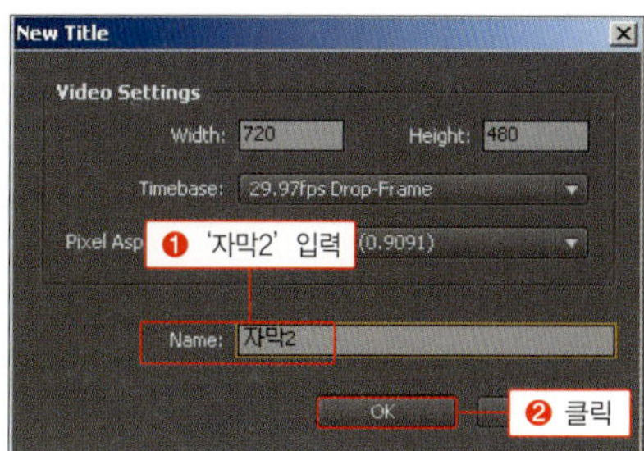

03 타이틀 창이 나타나면 Type Tool(T)을 선택하여 미리보기 영역에 클릭합니다. '꽃 피는 계절'을 입력하고 블록을 지정한 다음, [글꼴]을 'Gungsuh'로 변경합니다.

04 [Title Properties] 패널에서 [Font Size]를 '70'으로 변경하고, [Title Tools] 패널의 Selection Tool(↖)을 선택하여 자막을 화면 위쪽 가운데로 이동합니다.

05 다시 Rounded Rectangle Tool(▢)을 클릭하여 액션 안전 영역의 우측 하단에 적당한 크기로 그려주고, [Title Properties] 패널의 [Color]에 '자주색' 계열로, [Opacity]는 '50%'로 변경합니다.

TIP

미리보기 영역에서 안쪽의 사각형은 '타이틀 안전영역', 바깥쪽의 사각형은 '액션 안전영역' 입니다.

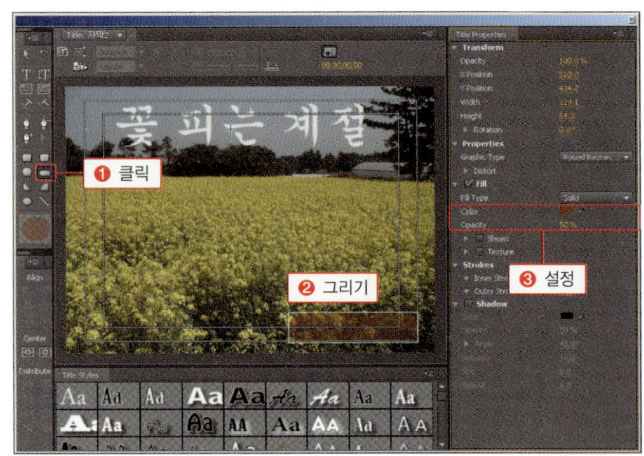

06 Type Tool(T)을 선택하고 미리보기 영역의 타원 안에 클릭하여 '봄으로 가는 길목에서' 라고 입력하고 속성은 다음과 같이 설정해줍니다. 자막이 타원 안에 맞도록 잘 조절하여 넣어 줍니다.

[Font Size] : '20'
[Color] : '흰색'
[Opacity] : '100%'
[글꼴] : 'HYbsrB'

07 Area Type Tool(▦)을 선택하여 미리보기 영역의 우측 중간에 내용이 들어갈 공간만큼 드래그합니다. [Font Size]는 '25' 로 설정합니다.

08 다음과 같이 자막 내용을 입력하고 [글꼴]을 'HYtbrB' 로 바꿔줍니다.

오늘이란 너무 평범한 날인 동시에 과거와 미래를 잇는 가장 소중한 시간이다.
－괴테

09 Path Type Tool(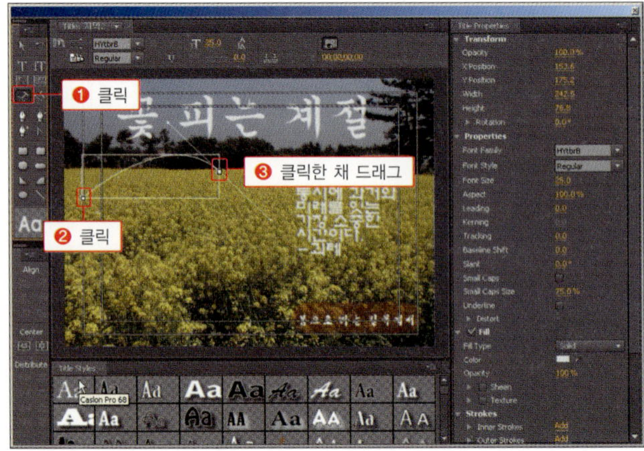)을 선택하고 미리보기 영역에서 한 지점을 클릭하고, 다른 한 부분을 클릭한 후 마우스에 손을 떼지 않고 5시 방향으로 드래그하여 직선이 둥근 원 형태로 변경합니다.

10 Path Type Tool(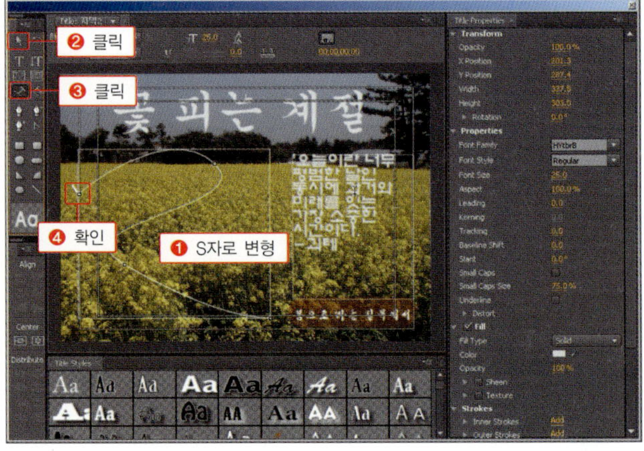)을 계속 클릭한 후 드래그하여 선을 변형시켜 그림과 같이 'S' 모형으로 만들어 줍니다. 그리고 Selection Tool( )을 선택한 다음 Path Type Tool( )을 선택하면 선 위에 커서가 생깁니다.

11 '한 자락~'을 입력하면 그려진 패스를 따라서 글이 'S'자 모양으로 입력됩니다. 파일을 저장합니다.

한 자락 봄 향기 내품으며 다가오는 그대의 향기속으로

[Title Tools] 패널 살펴보기

타이틀 창의 툴 패널에는 자막의 이동, 회전, 휘어지는 자막, 각종 도형들과 펜을 이용한 원하는
도형을 만들어 낼 수 있습니다.

1. 이동과 회전 툴

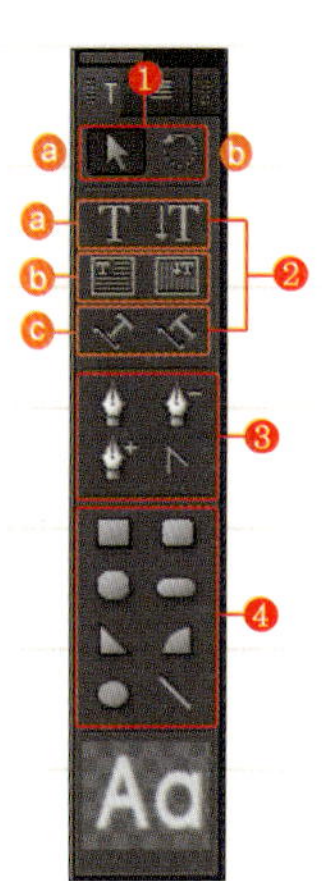

ⓐ Selection Tool( ) : 미리보기 영역에 넣은 자막을 영역의 원하는 위치에 가져다
놓을 수 있습니다.

ⓑ Rotation Tool( ) : 자막이나 도형을 선택하고 원하는 방향으로 회전시킬 수 있
습니다.

2. 자막 넣기 툴

왼쪽 툴들은 좌측에서 우측으로 자막을 넣고, 오른쪽 툴들은 상단에서 하단으로 자막을
넣습니다.

ⓐ Type Tool( ), Vertical Type Tool( ) : 미리보기 영역 안에 클릭하고 자막을 입력합
니다.

ⓑ Area Type Tool( ), Vertical Area Type Tool( ) : 자막이 들어갈 영역을 미리 지정
해 놓고 자막을 넣습니다. Type Tool은 Enter 키를 누르면 하단에 내용을 넣어 주지만,
Area Type Tool은 상관없이 크기만큼 계속 넣을 수 있습니다.

ⓒ Path Type Tool( ), Vertical Path Type Tool( ) : 바로 넣는 자막이 아닌 비틀어져 있거나
회전하듯 넣는 자막을 넣을 때 사용합니다.

3. 펜 툴

포토샵처럼 펜 툴을 이용하여 원하는 도형의 모형을 만들어 낼 수 있습니다.

4. 도형 툴

각종 도형들과 선을 나타낼 수 있습니다.

액션 툴을 이용해 자막 꾸미기

액션 툴은 자막이나 도형의 정렬이나 간격을 맞추는데
사용되는데 여러 자막을 같이 활용하는 경우 필용한 툴입니다.

액션 툴을 이용한 자막 편집하기

01 [Project] 패널의 New item( )의 [Title]
을 클릭합니다. [New Title] 창이 나타나
면 [Name]에 '자막3'을 입력하고 [OK] 버튼을 클
릭합니다.

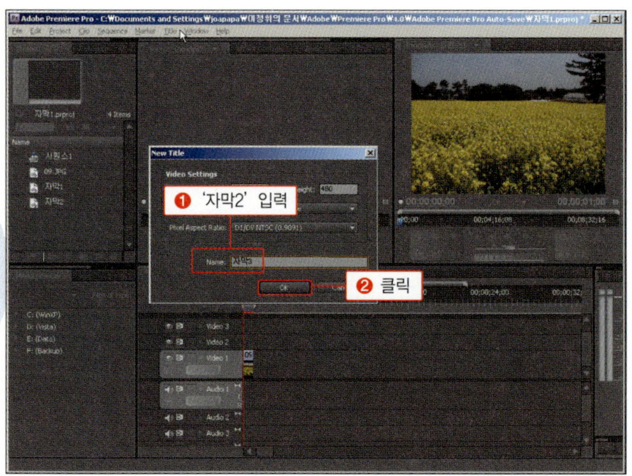

02 [Title Tool] 패널을 이용하여 원, 사각형,
그리고 '도형'이라고 쓰인 자막을 만들어
줍니다.

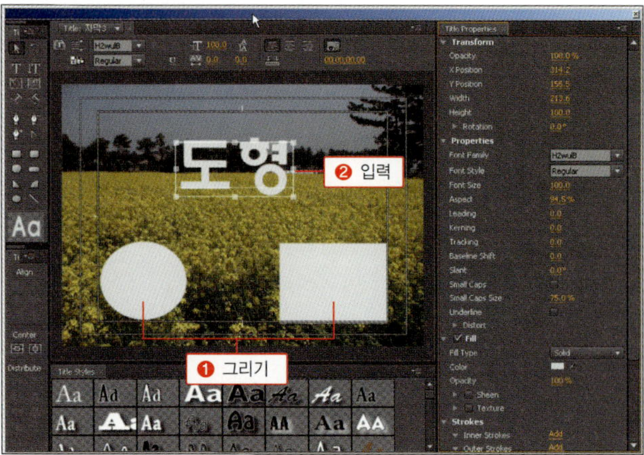

03 Selection Tool(☒)로 사각형 도형을 선택한 다음 [Properties] 패널의 [Width]를 '100', [Hight]를 '50'으로 설정하고 자막 안전영역 안의 왼쪽 상단에 배치합니다.

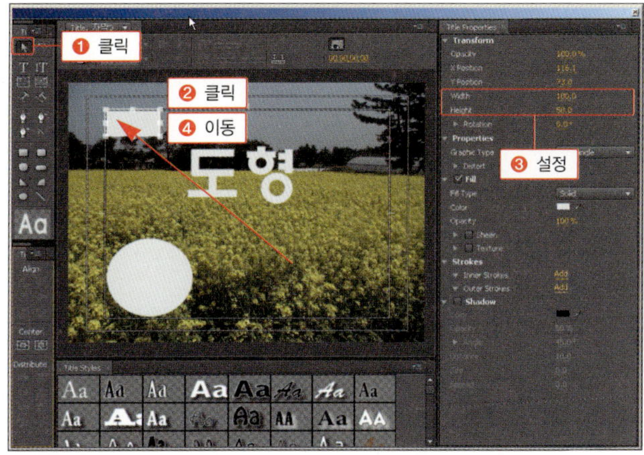

04 이 사각형을 복사하여 3개를 추가로 만든 후, [Title Properties] 패널의 [Color]를 이용해 색상을 '빨강, 파랑, 녹색, 노랑'으로 만들어줍니다.

TIP

사각형 도형을 선택한 후, Alt 키를 누른 상태로 드래그하면 도형이 복사됩니다.

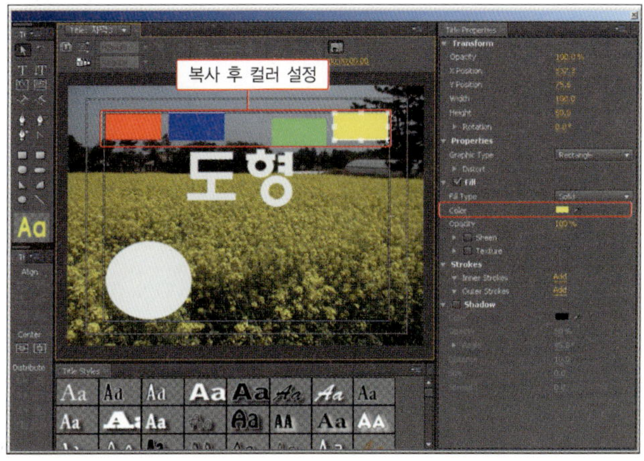

05 Shift 키를 누른 채 4개의 사각형을 전부 클릭하여 선택하고 [Title Action] 패널을 이용해 도형의 가로 세로 간격을 동일하게 정렬해줍니다.

[Align]- [Vertical Top]를 클릭해 위쪽으로 정렬 후 [Distribute]-[Horizontal Center]를 클릭해 도형 간의 가로 간격을 맞춥니다.

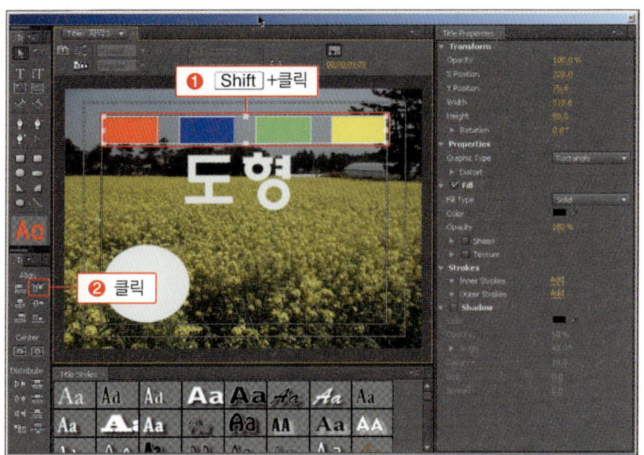

06 원을 선택하고 [Title Actions] 패널의 [Center]의 2개의 아이콘 한 번씩 눌러 미리보기 영역의 정 가운데로 배치합니다. 그 후 [Color]는 '보라색' 계열로, [Opacity]는 '50%'로 조정해줍니다.

TIP ●

자막이나 도형을 한 개 이상 선택한 다음, 영역 전체의 가로 가운데 정렬, 세로 가운데 정렬을 시킬 수 있습니다.

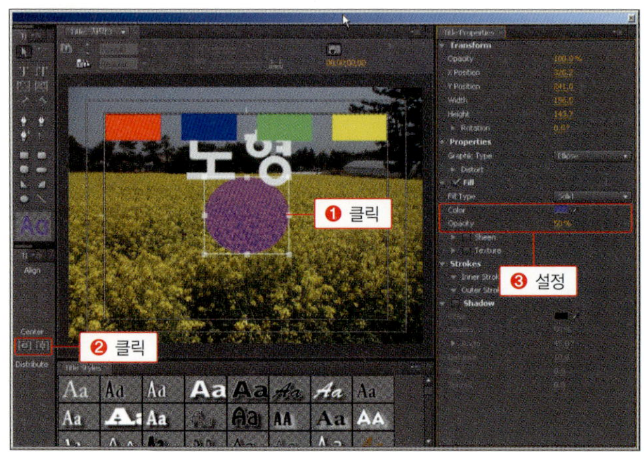

07 '도형' 자막도 원 모양과 똑같이 화면의 가운데로 위치시킨 후, 원의 크기에 맞게 줄여 배치합니다.

자막
활용하기

자막의 투명도와 위치, 높이, 회전을 통해 기능을 익혀 봅니다.

자막의 속성 툴로 편집하기

01 [Project] 패널의 '자막2'를 더블클릭합니다. 타이틀 창이 나타나면 [Title Tool] 패널의 Selection Tool( )로 '꽃피는 계절'을 선택한 후, [Width]를 '400'으로 변경하고 [Action] 패널의 [Center]의 [Horizontal Center]을 클릭합니다.

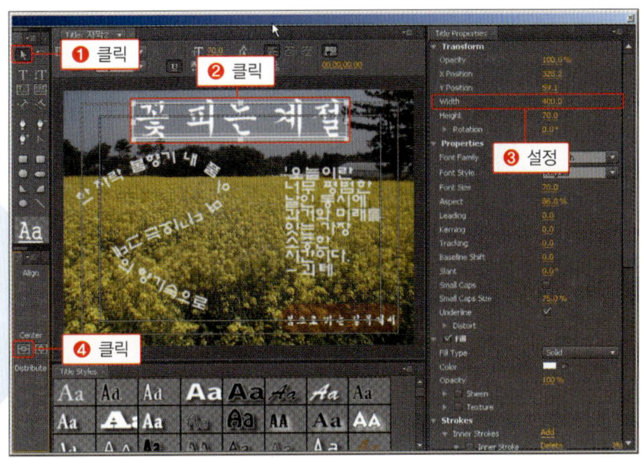

02 다시 Type Tool( )을 선택한 다음 '꽃'만 블록으로 지정한 후, [Color]를 '흰색(RGB 255, 0, 0)'으로 설정합니다. 나머지 글자들도 그림과 같이 속성을 바꿔줍니다.

계절 : RGB 197, 108, 12
오늘 : RGB 0, 0, 255

03 오른쪽 자막 중에서 '오늘'만 빼고 나머지 글을 블록으로 지정한 뒤 속성에서 [Leading]의 값을 증가시켜 글자가 글상자 안에 꽉차게 만들어 주고 그림처럼 그러데이션을 적용합니다.

[Fill Type] : Linear Gradient
첫 번째 색 : 흰색
두 번째 색 : 빨간색
[Angle] : 20도

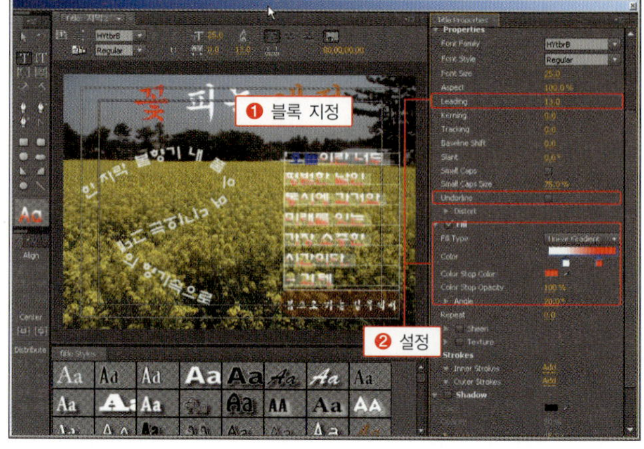

04 '꽃 피는 계절'을 블록으로 지정하고 [Title Properties] 패널 값들을 조정하여 그림처럼 글자에 번지는 효과를 적용합니다.

[Strokes]의 [Inner Strokes] – Add
[Type] : Depth
[Color] : 자주색 계열
[Shadow]–[color] : 노랑
[Opacity]: 50%
[Spread]: 40

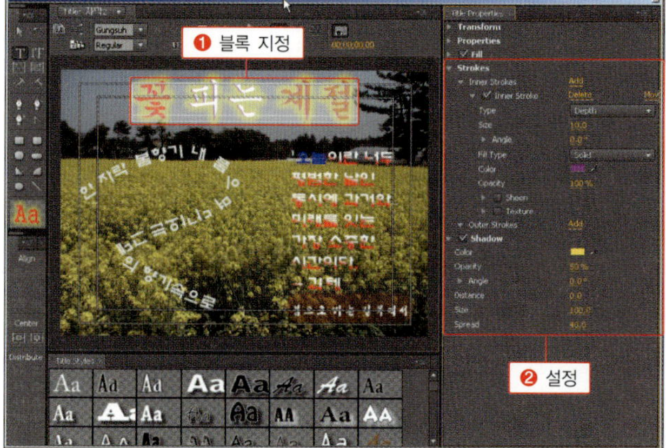

[Title Properties] 패널 살펴보기

속성을 이용하여 자막의 변환, 속성, 채우기, 글자선 속성, 그림자를 설정할 수 있습니다. 자막
(타이틀)에 많이 사용하는 것들은 꼭 알아두도록 합니다.

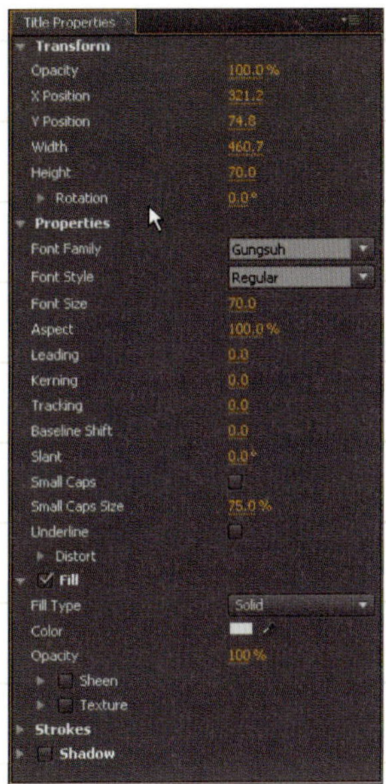

❶ Transform : 자막의 크기나 위치 등을 변환합니다. 투명도(Opacity), 영
역의 위치값(X Position, Y Position), 넓이(Width), 높이(Height), 회전
(Rotation) 등을 설정할 수 있습니다.

❷ Properties : 자막의 속성 값을 설정할 수 있습니다.

  • Font Family, Font Style : 자막의 글꼴을 설정합니다.
  • Font Size : 자막의 글자 크기를 설정합니다(1~2000).
  • Aspect : 종횡비를 설정합니다.
  • Leading : 글줄 사이의 간격을 설정합니다
  • Kerning, Tracking : 글자 사이의 간격을 설정합니다.
  • Baseline Shift : 글자 아래의 기준선을 중심으로 글자의 배치를 지정합니다.
  • Slant : 글자의 기울기를 설정합니다.
  • Small Caps : 체크하면 모두 대문자로 쓰여집니다.
  • Small Caps Size : Small Caps Size : Small Caps가 체크되어 있는 상
    태에서만 글자의 크기를 변경할 수 있습니다.
  • Underline : 체크하면 자막에 밑줄이 나옵니다.
  • Distort : 글자의 x, y축으로 왜곡 현상이 나타납니다.

❸ Fill : 글자에 색을 채워줍니다.

  • Fill Type : 7가지 유형으로 색을 채울 수 있습니다.
  • Color : 글자색을 선택합니다.
  • Opacity : 글자색의 투명도를 설정합니다.
  • Sheen : 글자색 안에 광택 효과를 줍니다.
  • Texture : 글자색을 색이 아닌 이미지로 채웁니다.

❹ Strokes : 글자 외곽선을 기준으로 안쪽이나 바깥쪽의 속성을 변경합니다. [Add]를 클릭해
야 속성을 지정할 수 있습니다.

  • Inner Strokes : 글자 외곽선 안쪽의 속성을 설정합니다.
  • Outer Strokes : 글자 외곽선 바깥쪽의 속성을 설정합니다.

❺ Shadow : 글자 속성의 그림자를 지정할 수 있습니다.

  • Color, Opacity, Angle, Size : 그림자 색, 투명도, 위치 및 각도, 크기를 설정합니다.
  • Distance : 글자와 그림자 간의 거리를 설정합니다.
  • Spread : 그림자의 번짐 효과를 설정할 수 있습니다.

템플릿으로 손쉽게 자막 편집하기

타이틀 창의 템플릿은 자막을 보다 쉽게 제작할 수 있도록 도와주므로 자막 제작이
어려운 사용자에게 많은 도움이 됩니다.

템플릿을 이용하여 자막 편집하기

01 [Project] 패널의 [New Item]–[Title]를 클릭합니다. [New Title] 창
이 나타나면 [Name]에 '자막4'를 입력하고 [OK] 버튼을 클릭합
니다.

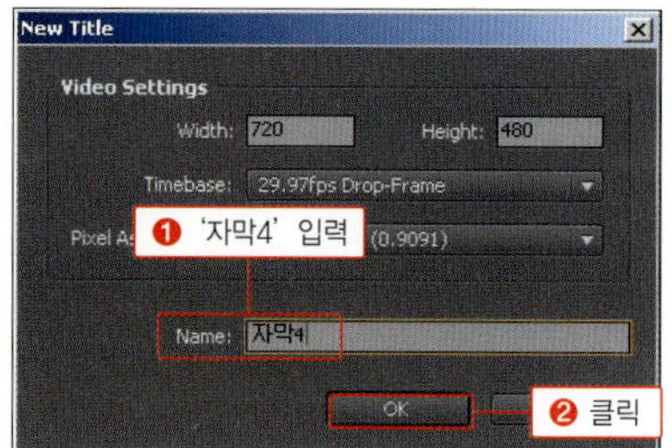

02 [Title] 패널에서 Templates( ) 버튼을
클릭하면 [Templates] 창이 나타납니다.
왼쪽 목록에서 [Title Designer Presets]–
[Travel]–[Road Trip]–[Road Trip low3]를 선택
하고 [OK] 버튼을 클릭합니다.

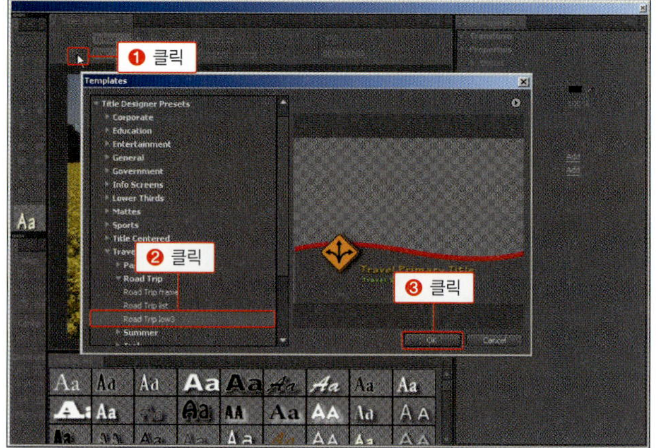

03 노란색의 제목 타이틀을 클릭하고 Type Tool(T)을 선택한 후, 기존의 내용을 '봄으로 가는 길목에서'라고 변경하고 [Font Family]는 'Expo M', [Font Size]는 '50'으로 설정합니다.

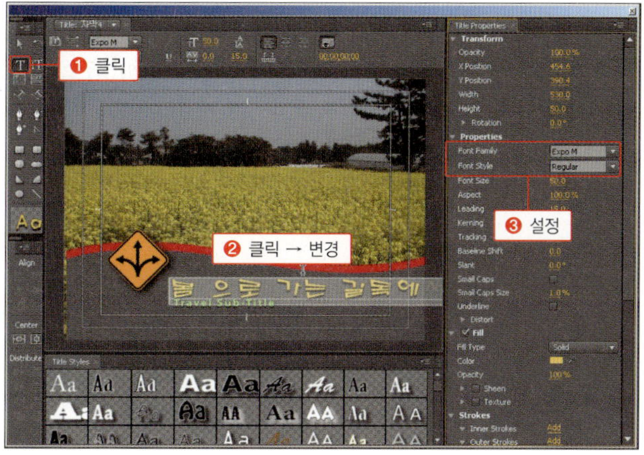

04 서브 타이틀도 Type Tool(T)을 이용하여 '서정리'로 변경하고 [Font Family]는 'HYdnkB'로, [Font Size]는 '35'로 설정합니다. 적당한 위치로 이동한 후, 그림처럼 속성을 변경합니다.

[Shadow]–[Color] : 흰색
[Opacity] : 100%
[Size] : 100
[Spread] : 100

05 이렇게 작성한 속성을 템플릿으로 저장해 보겠습니다. 다시 Templates(▣▣) 버튼을 클릭합니다. Templates 창에서 오른쪽 펼침 메뉴 목록을 클릭하여 [Import Current Title as Template]을 클릭합니다.

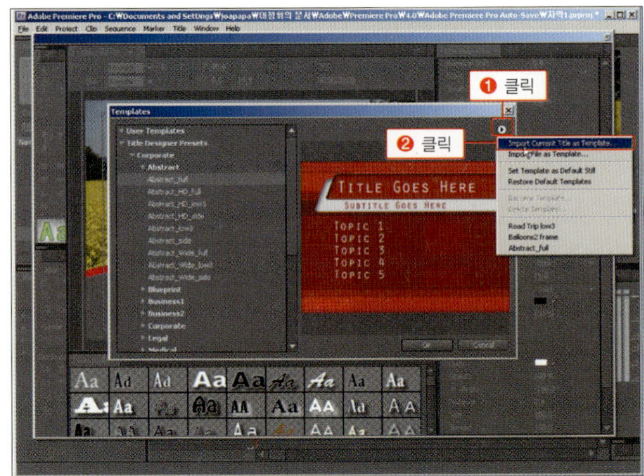

06 [Save As] 창이 나타나면 '봄향기'라고 입력한 후 [OK] 버튼을 클릭합니다. [Templates] 창의 [Use Templates] 안에 '봄향기'라는 템플릿이 생성된 것을 확인할 수 있습니다.

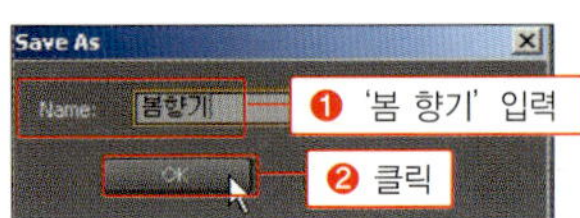

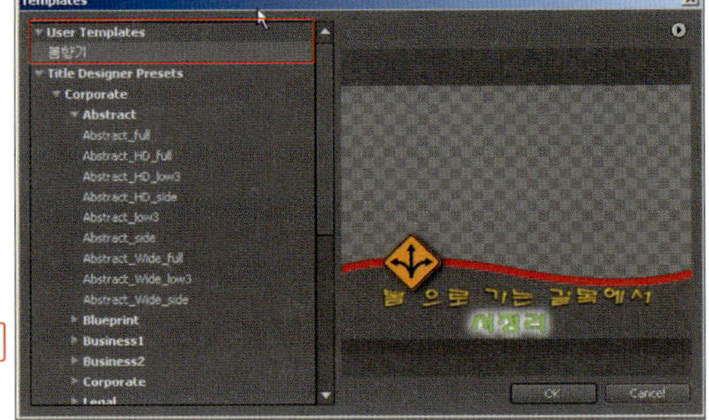

타이틀 창의 [Title] 패널 살펴보기

템플릿 기능을 이용하여 보다 고급적인 스타일 자막을 만들어 볼 수 있습니다.

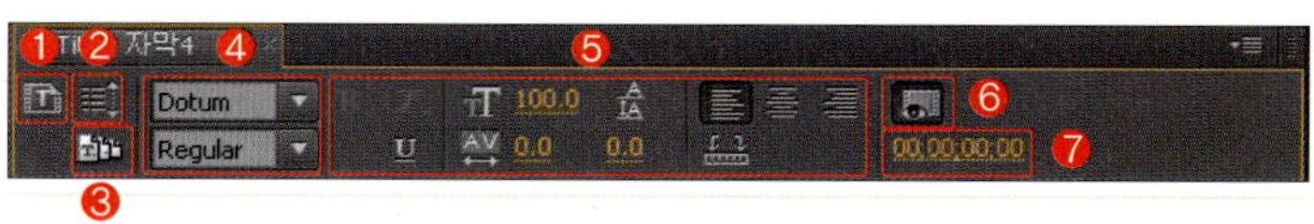

❶ **타이틀 복사(圖)** : 아이콘을 클릭하면 [New Title] 상자가 나타나면서 현재 타이틀을 그대로 복사하여 새로운 타이틀을 만들 수 있습니다.

❷ **롤/크롤(圖)** : 자막을 단순히 나타나는 것이 아니라 움직이는 자막을 만들어 낼 수 있습니다.

❸ **템플릿(圖)** : 전체적인 이미지와 스타일을 미리 만들어 놓고 작업에 맞게 가져다 사용할 수 있습니다. 보다 고급적인 이미지와 스타일을 쉽게 만들어 낼 수 있습니다.

❹ 글꼴을 설정합니다.

❺ [Properties] 패널의 자주 사용하는 속성의 일부 사용하고 있습니다. 글꼴, 굵게, 기울임, 밑줄, 크기, 자간, 줄 간격, 문단 정렬, 탭 설정으로 구성되어 있습니다.

❻ **Show Background Video** : 이 옵션이 선택되어 있으면 [Timeline] 패널의 이미지나 동영상이 자막 미리보기 영역에 표시됩니다.

❼ **타임** : 타임라인에 여러 클립들이 있을 경우 타임에 해당하는 클립의 정지된 이미지가 보여줍니다.

움직이는 자막 만들기

롤/크롤 옵션을 이용하여 TV에서 나오는 흐르는 자막을 만들어 봅니다.

자막 방송 만들기

01 [Project] 패널의 빈 곳을 더블클릭합니다. [Import] 창이 나타나면 '놀이.wmv'을 선택하고 [열기] 버튼을 클릭합니다.

◉ 경로 : 예제파일\Part4\Ch2\놀이.wmv

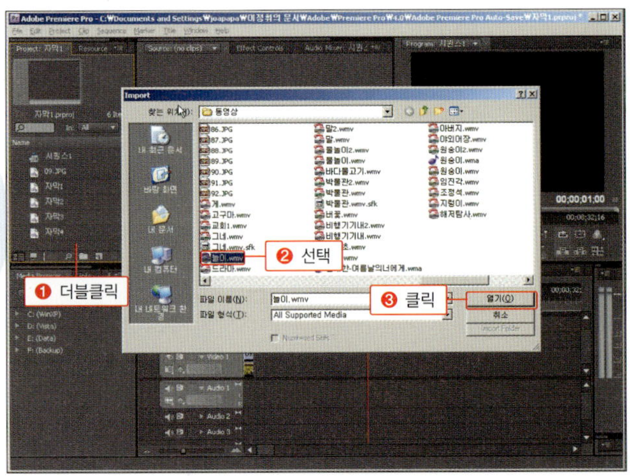

02 [File] 메뉴의 [New]-[Sequence]를 클릭하고 [Widescreen 48kHz]을 선택하고 [Name]에 '시퀀스2'를 넣고 [OK] 버튼을 클릭합니다.

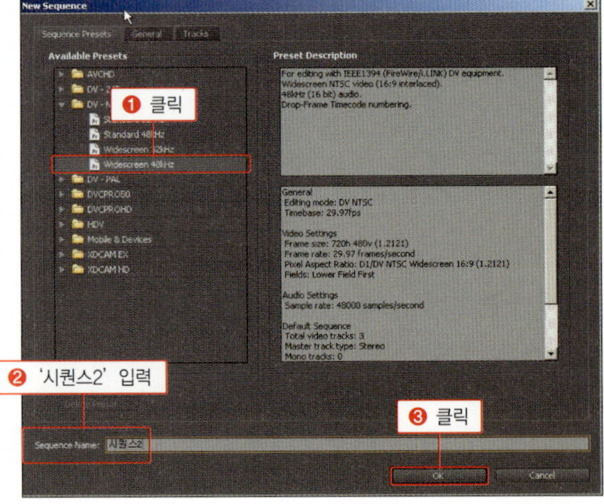

03 [Timeline] 패널에 '시퀀스2'가 생기면 [Project] 패널의 '놀이' 클립을 드래그하여 가져다 놓고 [Project] 패널에서 [New Item]-[Title]을 클릭합니다.

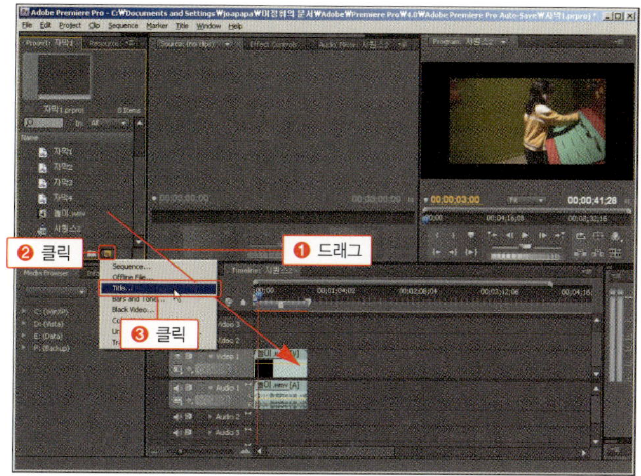

04 [New Title] 창이 나타나면 [Name]에 '자막5'를 입력한 후 [OK] 버튼을 클릭합니다.

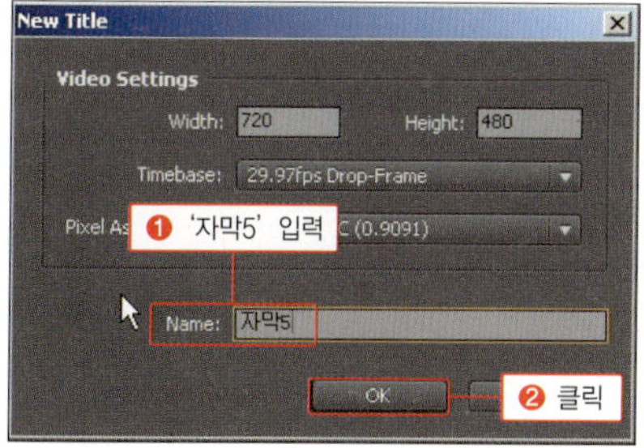

05 Type Tool(T)를 선택해 미리보기 영역에 클릭하고 [Properties] 패널에서 [Font Family]을 'HYnamB', [Font Size]를 '20'으로 설정한 뒤 내용을 입력하여 자막을 만듭니다.

6:00 6시뉴스 7:00 놀러오세요
8:00 일일드라마 9:00 뉴스데스크 10:00 월화
드라마 11:00 시사저널 12:00 마감뉴스

06 [Title] 패널에서 Roll/Crawl Options(▦) 버튼을 클릭하면 창이 나타나는데 [Type]은 'Crawl Left', [Timing]에서는 'Start Off Screen'과 'End Off Screen'을 체크하고 [OK] 버튼을 클릭하여 자막 창을 닫습니다.

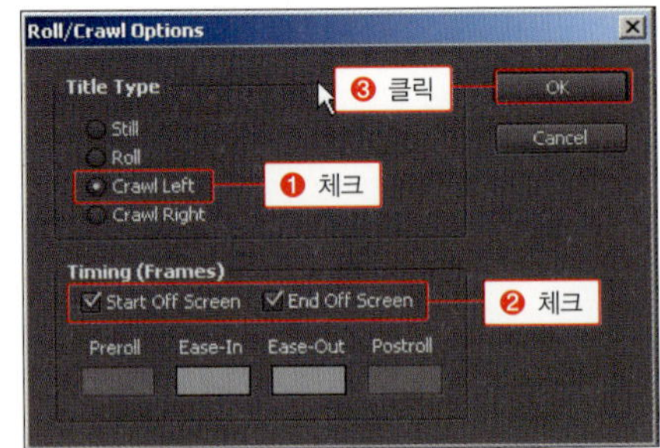

07 [Project] 패널에서 '자막5'를 선택하여 [Timeline] 패널의 Video3 채널로 드래그하여 가져다 놓고 타임코드에 '15.00'을 입력하여 편집 기준선을 15초 정도 이동합니다. '자막5'를 편집 기준선까지 맞추어 크게 합니다.

TIP

자막은 자막의 크기에 따라 기본적으로 자막이 나타나는 시간과 속도가 결정됩니다. 크기가 작을수록 속도가 빠르고, 클수록 속도가 느려집니다.

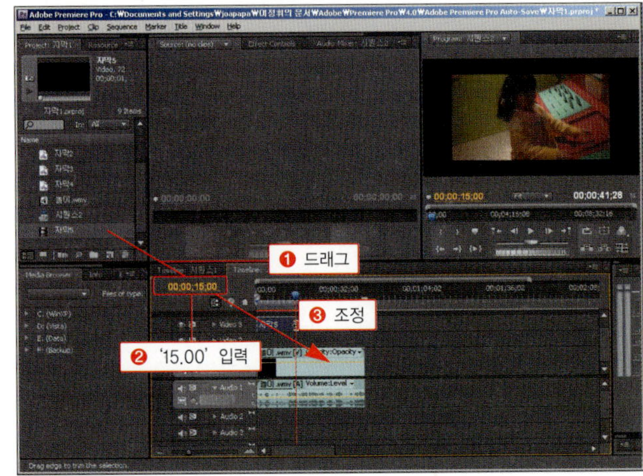

08 [Project] 패널에서 [New Item]–[Title]를 선택하고 [New Title] 창이 나타나면 [Name]에 '자막6'을 넣고 [OK] 버튼을 클릭합니다.

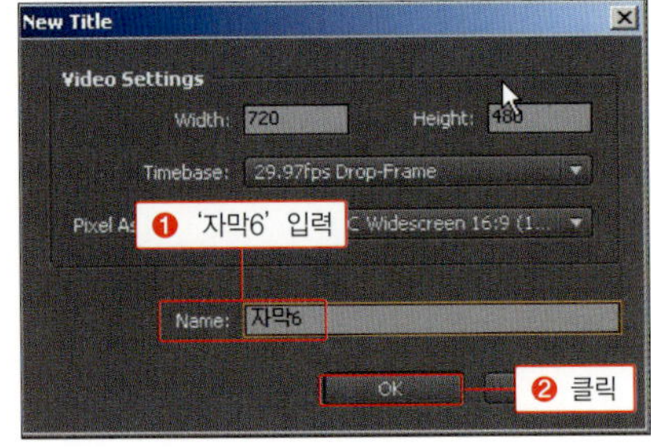

09 타이틀 창에서 Rectangle Tool(□)을 선택하여 자막 안전영역 안에 직사각형을 그리고 [Fill]-[Color]를 '파랑', [Opacity]는 '50%'로 변경하고 타이틀 창을 닫습니다.

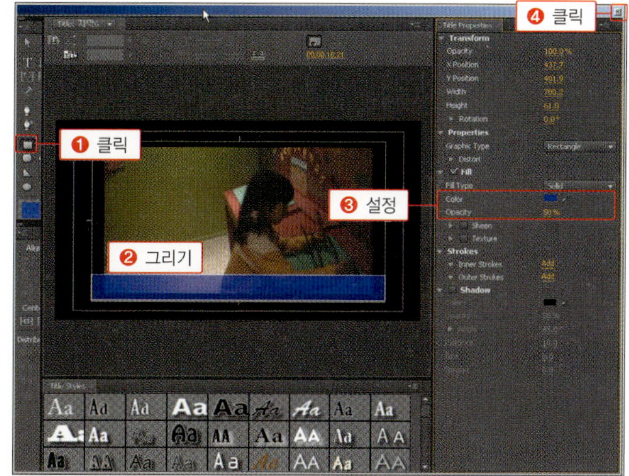

10 '자막5'을 클릭하고 Space Bar 키를 누르면 자막이 진행됩니다. 자막이 처음 나오는 부분과 자막이 끝나는 부분에 Num Lock 키를 눌러 마커를 표시합니다. 마커 위에서 마우스 오른쪽 버튼을 클릭해 [Go to Sequence Marker]-[Previous]를 선택해 편집 기준선이 처음 마커로 이동하도록 합니다.

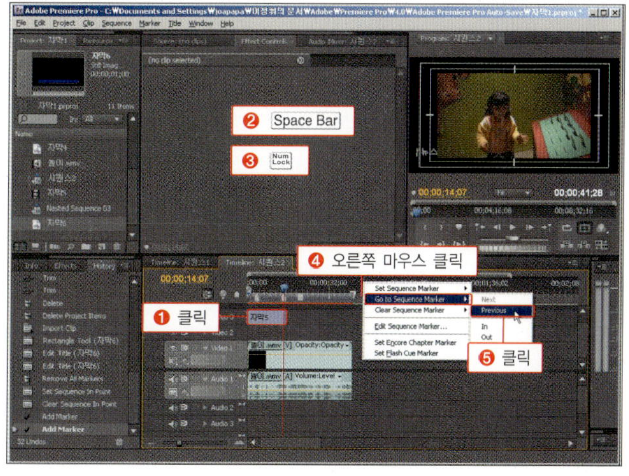

11 [Timeline] 패널의 Video2 채널에 '자막6'을 편집 기준선 오른쪽에 넣고 자막의 크기를 '자막5' 크기에 맞춥니다.

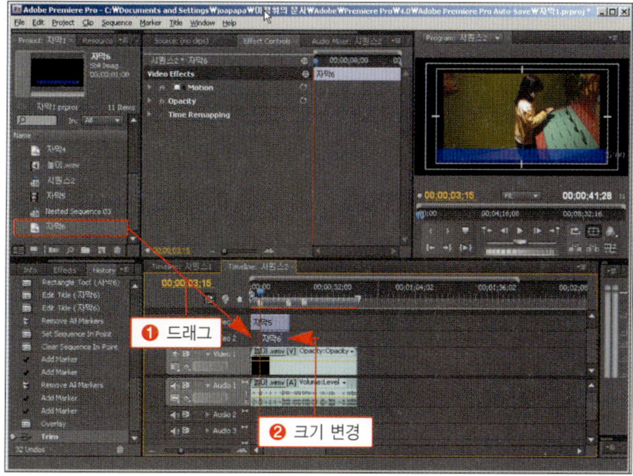

12 [Timeline] 패널의 타임코드에 '20.00'
을 넣어 편집 기준선을 '20초'에 이동하
고 상단의 영역 막대를 이동하여 편집 기준선에
맞추어 주고 [Enter]키를 눌러 렌더링합니다.

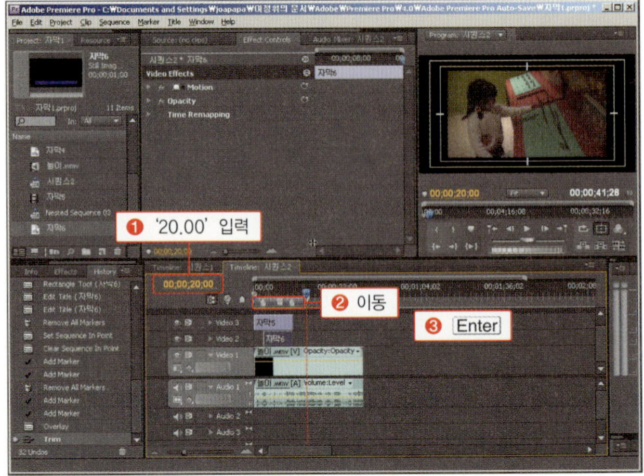

13 [File]-[Export]-[Media]를 선택합니다.
[Export Settings] 화면이 나타나는데 상
단의 Crop( ) 버튼을 클릭하여 화면에 맞게 사
각형을 이동하고 [Format]을 'Windows Media'
로, [Preset]을 'Custom'로 변경하고 [OK] 버튼
을 클릭합니다.

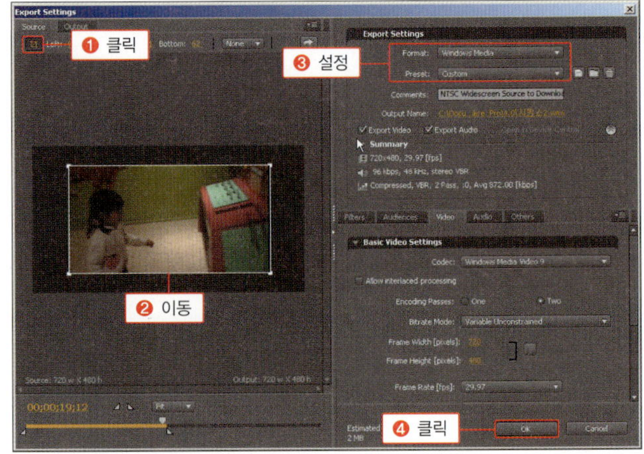

14 [Adobe Media Encoder] 창이 열리면
[Output file] 아래의 경로를 더블클릭하면
창이 열리는데 [파일 이름]에 '롤-크롤'을 넣고 저장
하고 [Start Queue]을 클릭해 결과물의 동영상을 추
출합니다.

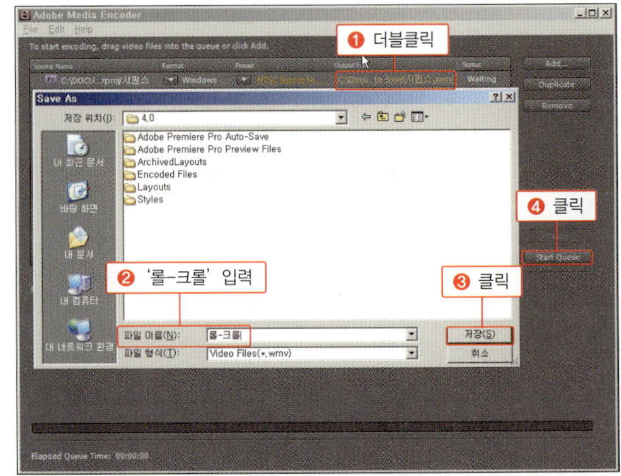

자막이 들어간 결과물을 확인합니다.

⊙ 경로 : 예제파일\Part4\Ch2\롤-크롤.wmv

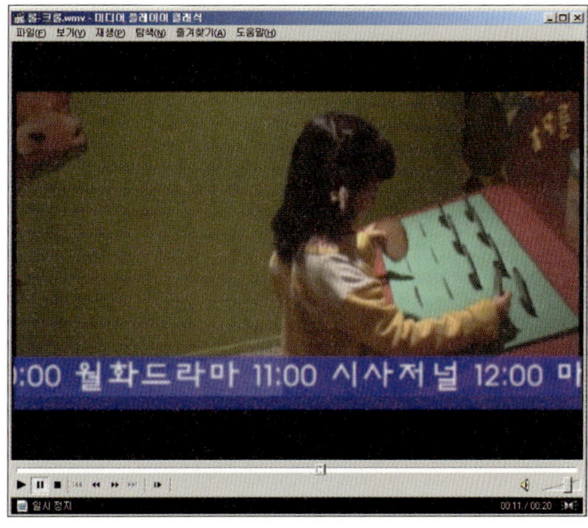

[Title] 패널의 [Roll/Crawl Options] 창 살펴보기

이것만은 알아두세요!

롤/크롤 옵션을 알아두고, 롤/크롤을 이용한 여러 자막 기법을 알아봅시다.

❶ Title Type : 타이틀의 유형을 선택합니다.

• Still : 자막이 움직이지 않는 정지된 방식

• Roll : 자막이 아래에서 위로 이동하는 방식

• Crawl Left : 자막이 오른쪽에서 왼쪽으로 이동하는 방식

• Crawl Right : 자막이 왼쪽에서 오른쪽으로 이동하는 방식

❷ Timing(Frames) : 자막의 움직임을 좀 더 상세히 설정할 수 있습니다.

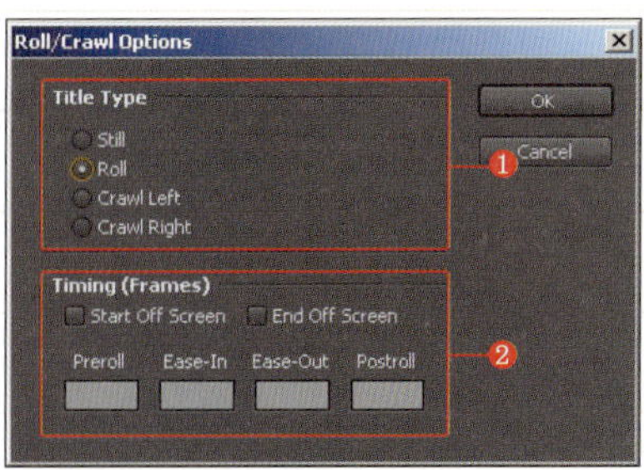

• Start Off Screen : 체크하면 여백과 공간에 상관없이 우선 화면에 자막을 비우고 자막이 나타납니다.

• End Off Screen : 체크하면 여백과 공간 상관없이 자막이 끝나고 빈 화면이 나타나도록 합니다.

• Preroll : 프레임 단위로 시간을 설정해 놓으면 이전까지는 움직이지 않다가 해당 프레임 시간이 되면 그 때부터 자막이 움직이기 시작합니다.

• Ease-In : 프레임 단위로 시간을 설정해 놓으면 자막이 가속되어 점점 빨라집니다.

• Ease-Out : 프레임 단위로 시간을 설정해 놓으면 자막이 감속되어 점점 느려집니다.

• Postroll : 프레임 단위로 시간을 설정해 놓으면 해당 프레임 시간에 자막의 움직임이 없어집니다. 즉, 그 자리에 그대로 있게 됩니다.

CHAPTER 01 프리미어 프로 100% 활용하기

실무가 편해지는
영상 편집 노하우

지금까지 배워온 기술을 이용하여 자신만의 영상을 만들어봅니다. 모든 작업은 처음부터 끝까지 한 번에 따라해 보시고 독자분의 응용하여 다른 영상을 만들어 보세요.

PART 05

프리미어 프로 100% 활용하기

마지막 단원으로 앞에서 배운 모든 기능을 이용하여 뮤직 비디오, 노래방 자막, 광고 등을 만들어 보면서 나만의 편집 방법을 익혀봅니다.

CHAPTER 01

SECTION 01 나만의 뮤직 비디오 만들기 | SECTION 02 노래방 자막 만들기

SECTION 03 광고 만들기

나만의 뮤직 비디오 만들기

여러 가지 이미지와 영상을 조합하여 뮤직 비디오를 제작해 봅니다.
지금까지 배운 내용을 가지고 독자분들만의 영상을 완성해 보세요.

01 '뮤직비디오'라는 프로젝트 이름을 지정하고, '시퀀스'라는 시퀀스 이름을 주고 [Standard 48kHz]을 설정하고 [OK] 버튼을 클릭합니다.

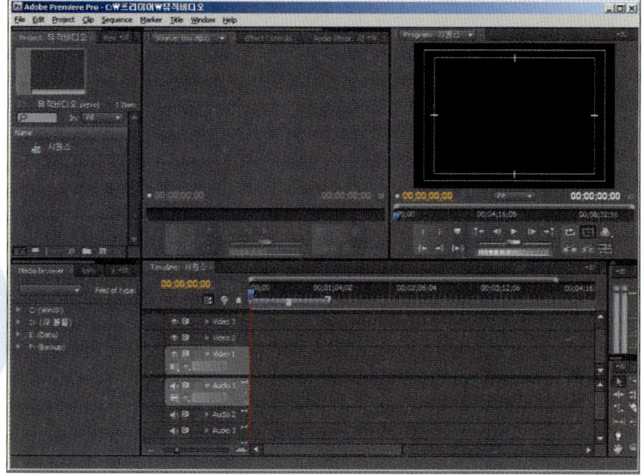

02 [Project] 패널의 빈 곳을 더블클릭하여 [Import] 창이 열리면 '파헬벨(캐논변주곡).wma'을 불러와 [Timeline] 패널의 Audio1 트랙에 위치시켜 줍니다. 그리고 음악을 처음부터 한 번 들어봐 주세요.

◉ 경로 : 예제파일\Part5\Ch1\S01 폴더

TIP

캐논 변주곡이 아니더라도 독자분들이 가지고 있는 음악 파일을 가지고 작업하셔도 됩니다.

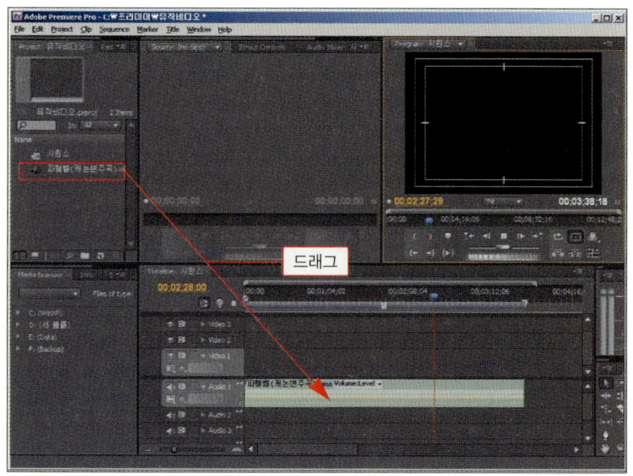

03 [Timeline] 패널에 타임코드를 '1.15.00'
으로 주고 편집 기준선이 있는 위치에서
[Ctrl]+[K]를 눌러 클립을 자릅니다. 잘린 나머
지 부분은 선택하고 삭제합니다.

TIP

자신의 음악으로 할 경우 필요에 따라 3번, 4번 과
정은 하지 않아도 됩니다.

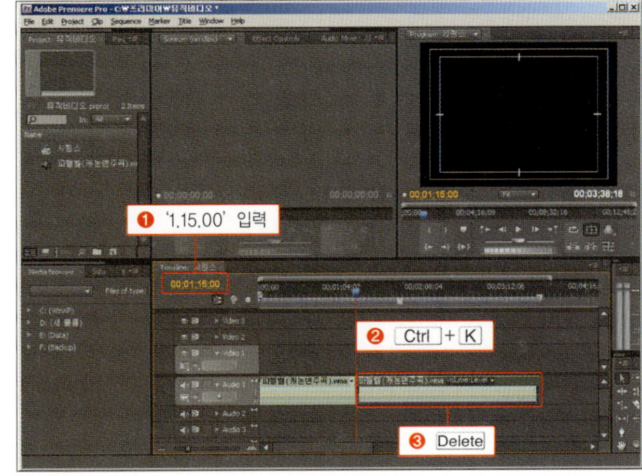

04 [Timeline] 패널의 Zoom in(三)을 두
번 정도 클릭하여 클립을 확대합니다.

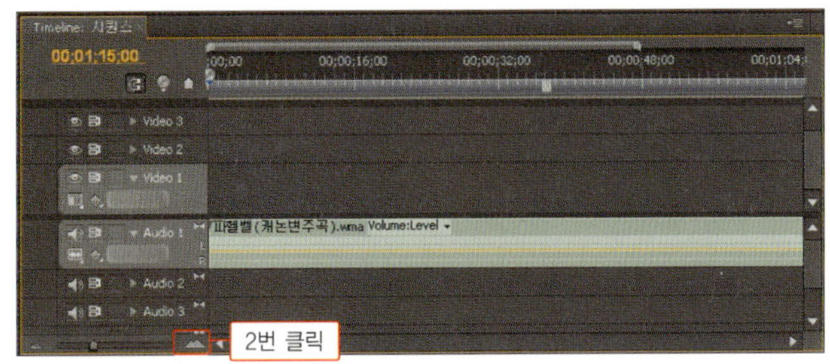

05 다시 [Project] 패널의 빈 곳을 더블클릭
하여 [Import] 창이 열리면 '03~66.jpg'
까지 선택하고 [열기] 버튼을 클릭합니다.

◉ 경로 : 예제파일\Part5\Ch1\S01 폴더

TIP

독자분들은 자신만의 이미지 파일로 만들어보세요.
스토리를 꾸려 나갈 수 있는 이미지일수록 좋습니다.

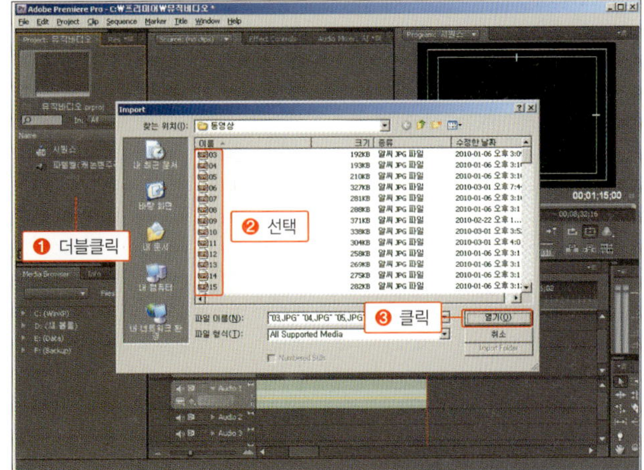

06 [Project] 패널의 패널 메뉴에서 [View]–[Icon]을 선택하여 클립의 이미지 내용을 미리 볼 수 있도록 합니다.

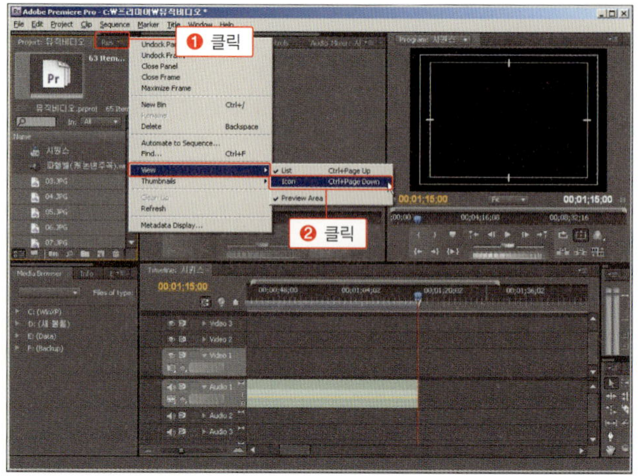

07 이미지를 보면서 사진을 배치합니다. 아래의 사운드 클립의 크기에 상관없이 스토리가 되도록 이미지를 배치해보세요. (이 예제의 순서: 3,4,5,9,16,10,11,15,19,20,18,17,29,30,32,33, 34,41,42,39,50,51,53,55,61,62,63,64,65)

TIP

모든 이미지의 크기는 '5:00'로 정해져 있습니다. 나중에 크기를 변경하려면 [Edit]–[Preferences]–[General]의 [Still Image Default Duration]에서 변경하면 됩니다. 1초를 30프레임으로 본다고 할 때, 3초를 표현하려면 '90'을 주면 됩니다.

08 첫 번째 이미지는 '1:25', 2번째 이미지는 '4:00'로 축소하여 옆으로 붙여줍니다. 나머지 이미지들도 다음처럼 줄여 배치합니다.

3번째 이미지 : 5:15
4번째 이미지 : 6,25
5번째 이미지 : 8,15
6번째 이미지 : 10:10
7번째 이미지 : 12:05

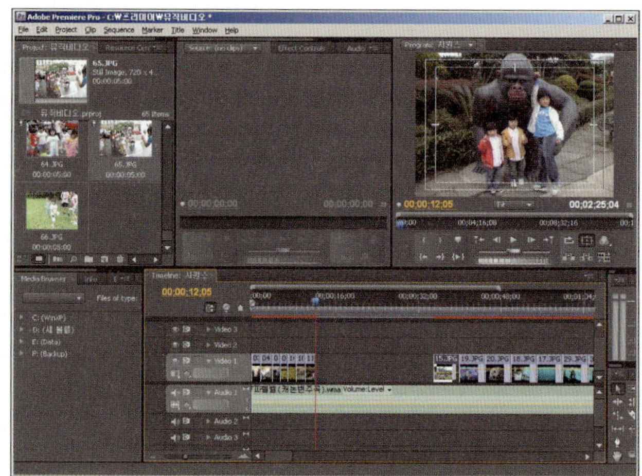

09 8번째 이후 이미지들도 줄여 맞추어 놓습
니다. 사운드 클립을 들어보고 변동되는
부분에 다른 이미지가 나오도록 배치하였습니다.

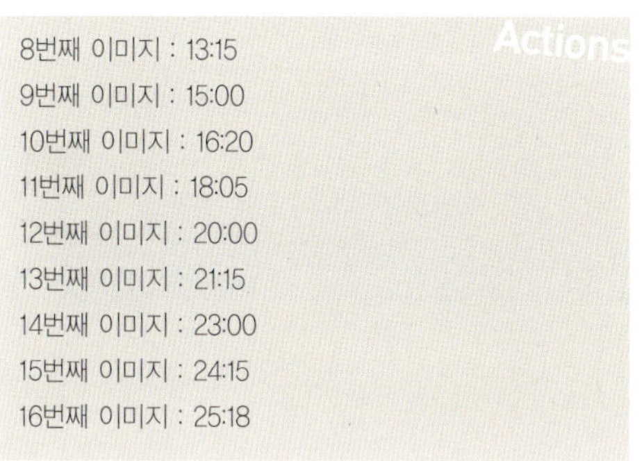

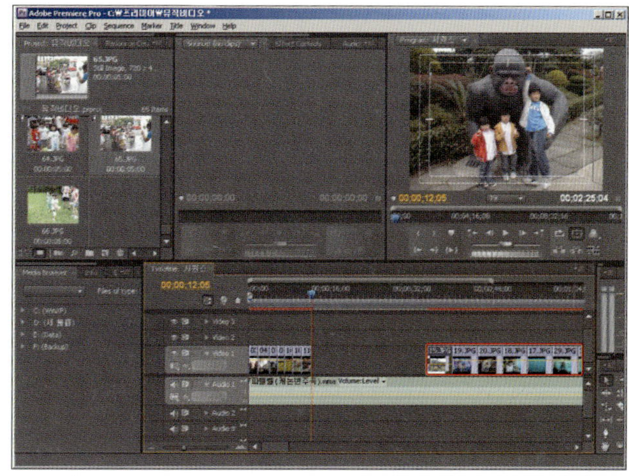

10 [Project] 패널의 빈 곳에 더블클릭하여
[Import] 창이 열리면 '놀이.wmv' 파일
을 불러옵니다. '놀이' 클립을 더블클릭하여 [Source
Monitor] 패널에 '놀이' 영상이 나오도록 합니다.

◉ 경로 : 예제파일\Part5\Ch1\S01 폴더

11 [Source] 모니터 패널에서 '4:00'에 Set In Point(🔧) 버튼을 '13:00'
에 Set out Point(🔧) 버튼을 클릭하고 Insert(🔧) 버튼을 클릭하여
[Timeline] 패널로 이동시켜 줍니다.

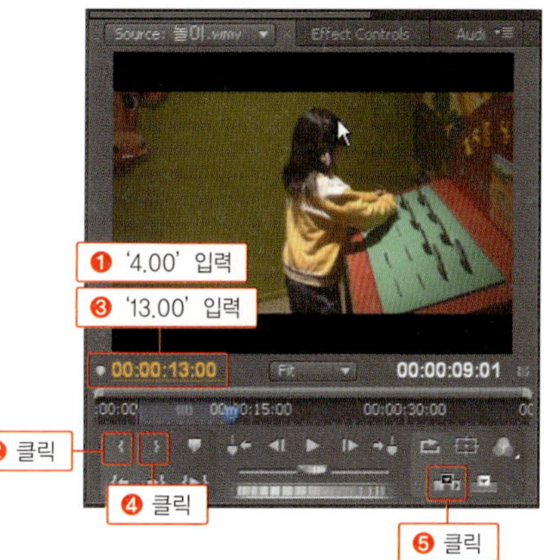

12 [Timeline] 패널에 '놀이.wmv' 파일이 들어오면 '놀이' 클립에서 마우스 오른쪽 버튼을 클릭해 [Unlink]를 선택합니다. 오디오와 비디오를 분리시키고 오디오만 선택하여 지운 다음 '캐논변주곡'을 앞으로 당겨 놓습니다.

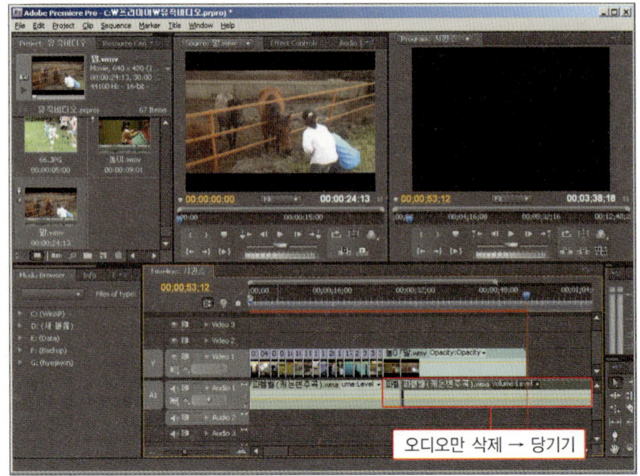

13 [Timeline] 패널의 타임코드를 '29:00'으로 변경하고 '놀이' 클립을 29초까지 줄여줍니다.

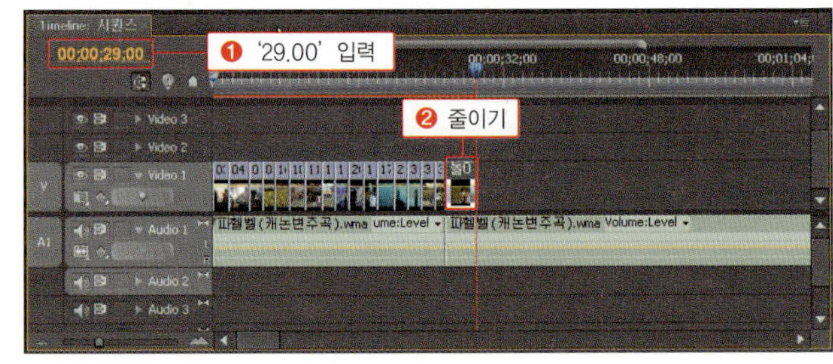

14 [Project] 패널의 빈 곳을 더블클릭하여 [Import] 창이 나타나면 '말.wmv' 파일을 불러옵니다. '말' 클립을 더블클릭하여 [Source] 모니터 패널로 이동시킨 다음 Insert( ) 버튼을 클릭해 [Timeline] 패널로 이동합니다.

◉ 경로 : 예제파일\Part5\Ch1\말.wmv

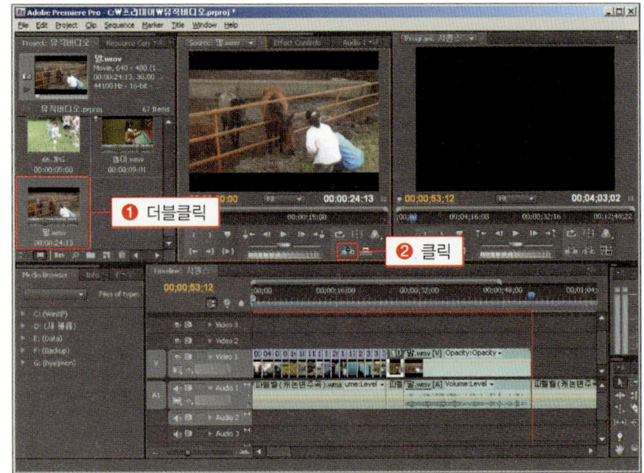

15 [Timeline] 패널에 '말.wmv' 파일이 들어
오면 '놀이' 클립에서 마우스 오른쪽 버
튼을 클릭해 [Unlink]를 선택하여 오디오와 비디
오를 분리시키고 오디오만 선택하여 지운 다음
'캐논변주곡'를 앞으로 당겨 놓습니다.

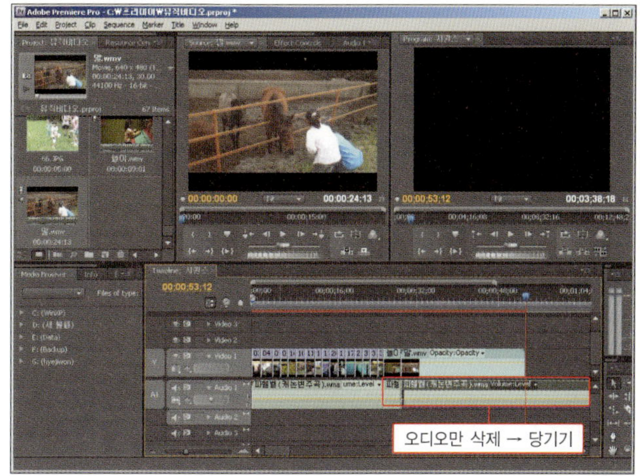

16 타임라인에 '38:00' 까지 '말' 클립의 크
기를 맞추어 줍니다.

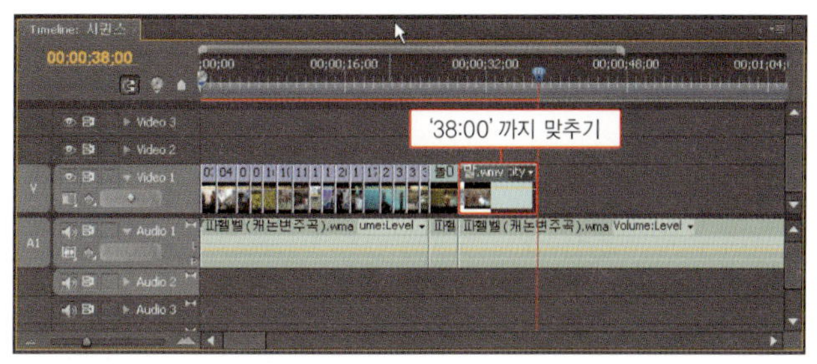

17 다시 [Import]하여 '그네.wmv' 을 불러오
고 더블클릭하여 [Source] 모니터 패널
로 이동하여 Insert( ) 버튼을 클릭합니다. 타임
라인에서 클립을 선택한 다음 마우스 오른쪽 버튼
을 클릭해 [Unlink]하여 분리시키고, 오디오만 삭
제하고 오디오를 앞으로 밀어 붙입니다.

◉ 경로 : 예제파일\Part5\Ch1\그네.wmv

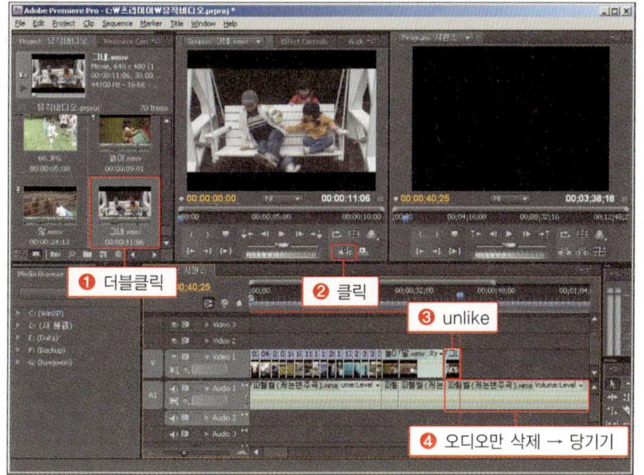

18 17번과 같은 방식으로 '조정석.wmv'를 불러
와 [Timeline]에 넣고 '49:20'까지 맞춘 후
오디오와 비디오의 나머지를 삭제합니다.

◉ 경로 : 예제파일\Part5\Ch1\조정석.wmv

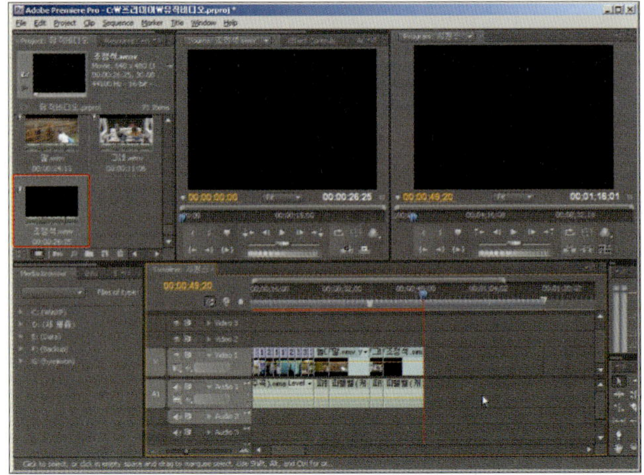

19 Enter 키를 눌러 렌더링하여 결과를 확
인합니다.

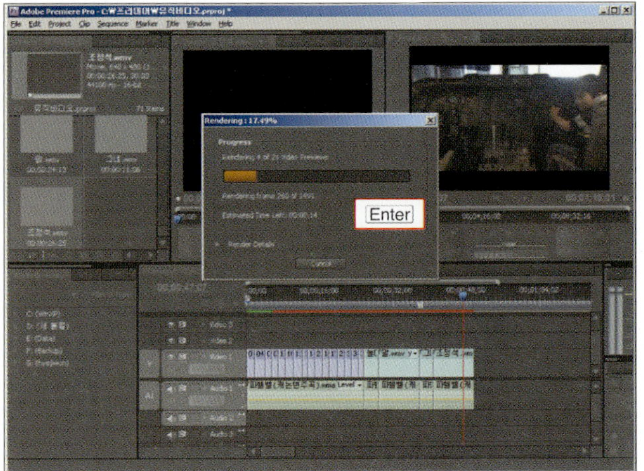

노래방 자막 만들기

자막이 나타나고 자막에 색깔이 덮혀 노래의 흐름을 알 수 있는 노래방 자막을 만들어 봅니다.
저작권 문제로 인해 각자 자신의 mp3 파일로 다시 연습하시기 바랍니다.

01 '노래방'라는 프로젝트이름을 지정하고, '시퀀스'라는 시퀀스이름을 입력하고 [Standard 48kHz]을 설정하고 [OK] 버튼을 클릭합니다.

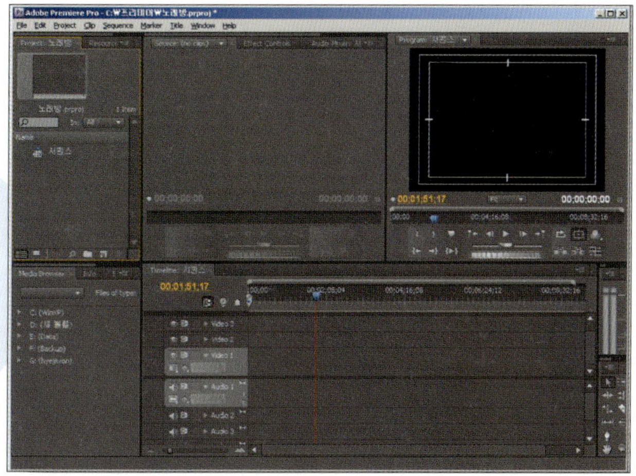

02 [Project] 패널의 빈 곳을 더블클릭하여 [Import] 창이 열리면 '엄마야누나야.wma'을 가지고 와서 [Timeline] 패널의 Audio1 트랙에 위치시켜 줍니다.

⊙ 경로 : 예제파일\Part5\Ch1\S02 폴더

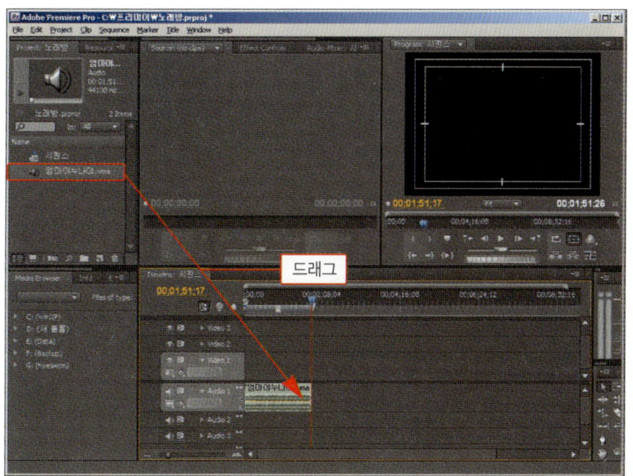

03 키보드의 [=]키를 눌러 [Timeline] 패널을 확대합니다. 음악을 듣고 가사를 넣을 지점(가사가 시작되는 지점보다 20프레임 이전 프레임)에 편집 기준선을 멈추고 키보드의 [*]를 눌러 마커를 찍어 넣습니다.

17:02, 25:16, 34:04, 42:18, 51:06, 1.08:07, 1:16:25, 1:25:09, 1:34:26, 1:43:130에 마커표시

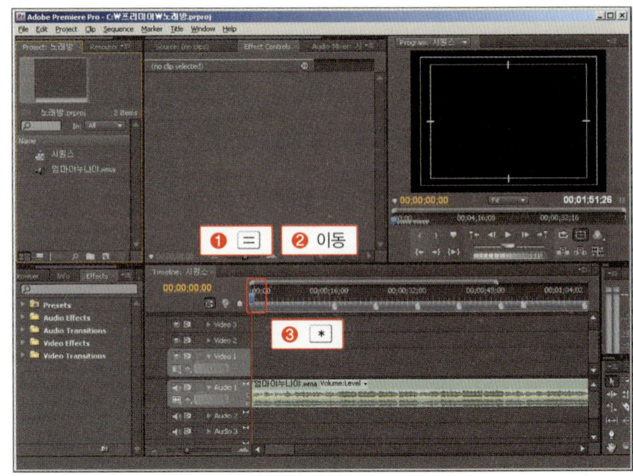

04 음악의 배경화면으로 사용될 이미지들을 선택합니다. [Project] 패널의 빈 곳에 더블클릭하여 [Import] 창을 열고 '02, 05, 07, 09, 24, 26, 28, 36, 37 ,51, 78, 81, 90.jpg'을 선택하여 불러옵니다.

◉ 경로 : 예제파일\Part5\Ch1\S02 폴더

TIP

마커를 중심으로 자연스럽게 이미지들을 배치시켜 놓습니다.

05 불러온 파일들을 [Timeline] 패널로 이동시킵니다. Video1 트랙의 전체 클립들을 한번에 선택하고 [Effect] 패널의 [Effects]–[Video Effects]–[Black & White]를 선택하여 전체 이미지에 한번에 적용시켜 줍니다.

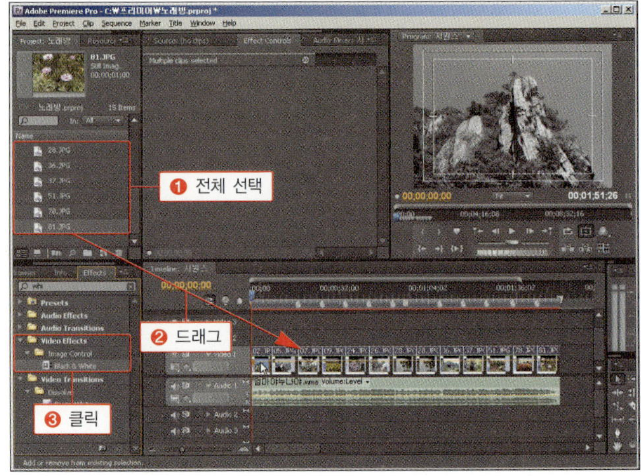

 클립들 간의 자연스런 이미지 전환을 위
해 [Effects]–[Video Transitions]의
[Cross Dissolve]를 선택하여 클립과 클립 사이에
넣어 줍니다.

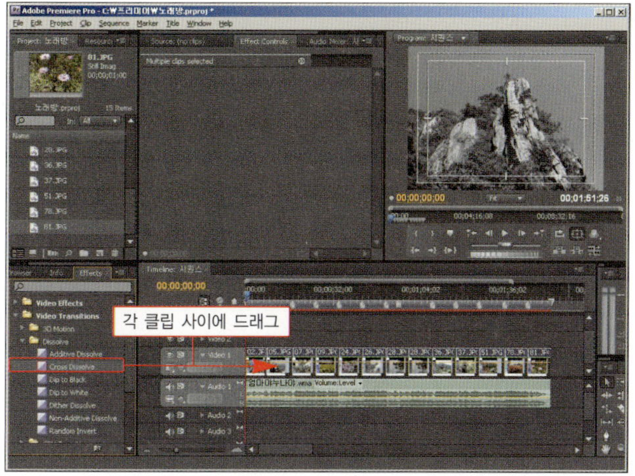

 약간 동적인 분위기를 주기 위해 첫 번째 클립(02)을 선택하고
편집 기준선을 '00:0'에 놓은 후 [Effect Controls] 패널의
[Motion]–[Position]의 Toggle animation(　)을 선택 후 클립의 마지
막 프레임으로 이동(Page Down)한 다음 [Position]을 '380, 240'으로 변경
합니다.

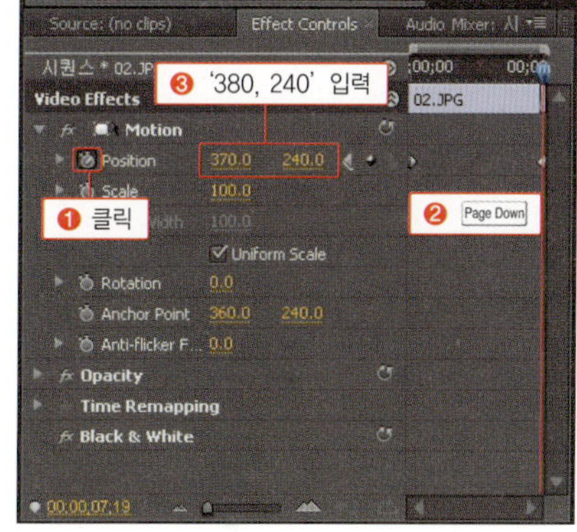

 2번째 클립(05)을 선택하고 첫 번째 프레임에는 [Scale]의
Toggle animation(　) 버튼을 클릭한 후 마지막 프레임에 [Scale]
을 '110'으로 변경합니다.

09 3번째 클립(05)을 선택하고 첫 번째 프레임에는 [Position]의 Toggle animation() 버튼을 클릭한 후 마지막 프레임에 [Position]을 '360, 260' 으로 변경합니다.

10 4번째 클립은 [Scale]을 '100' 에서 '90', 5번째 클립은 [Position]을 '360, 240' 에서 '340, 260' 으로, 6번째 클립은 설정을 주지 않습니다.

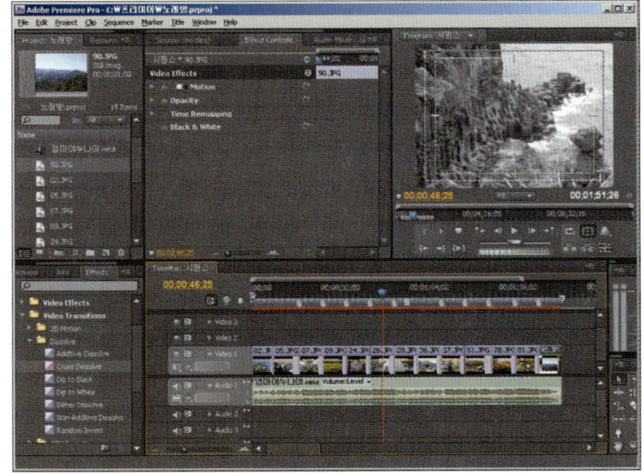

11 다시 1번 클립을 선택하여 복사한 후, 7 번 클립(28)에서 마우스 오른쪽 버튼을 클릭하여 [Paste Attribute]를 클릭하여 속성을 복사합니다.

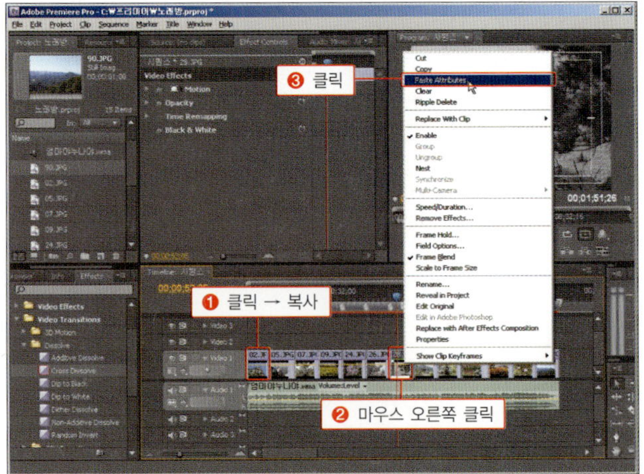

12 2번 클립은 8번 클립에 속성을 복사, 3번 클립은 9번 클립에, 4번 클립은 10번 클립에, 5번 클립은 11번 클립에 속성을 복사하여 줍니다.

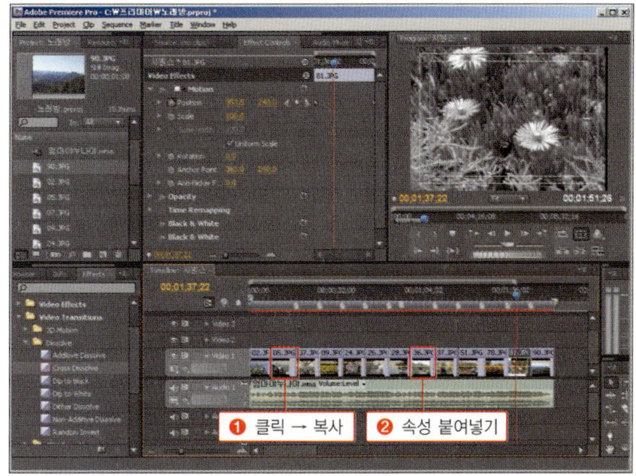

13 페이드인을 주기 위해 1번 클립을 선택하고 [Effect Controls]-[Opacity]에 가장 처음 프레임에 '0%'의 값을, '5:00'로 이동하여 [Opacity]의 값을 '100%'으로 변경하여 줍니다.

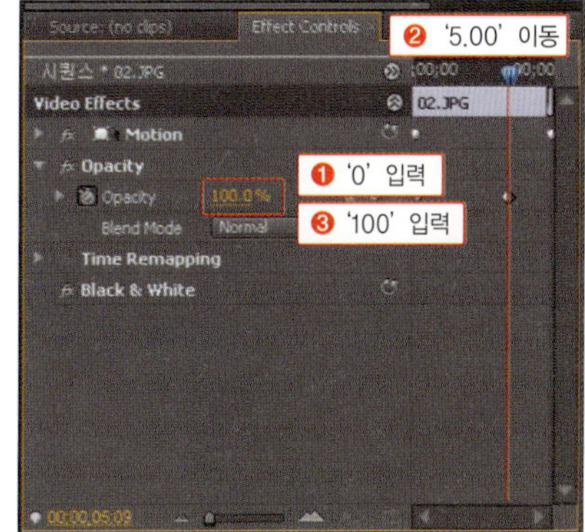

14 페이드 아웃을 주기 위해 맨 마지막 클립을 선택하고 '1:46:26'에 [Opacity]의 값을 '100%', 그리고 마지막 프레임으로 이동하여 [Opacity] 값을 '0%'로 줍니다.

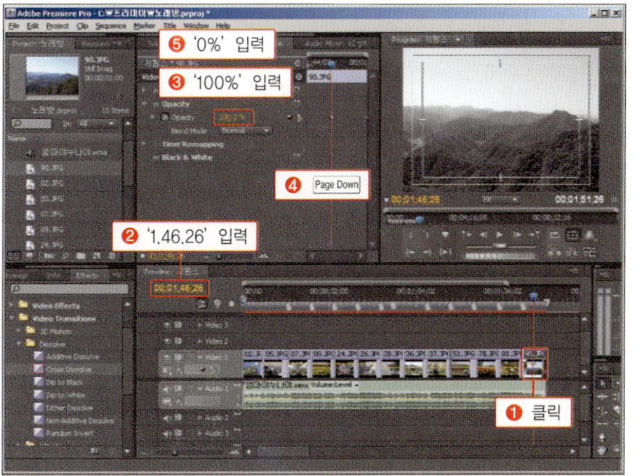

15 [Project] 패널의 기능 버튼 [New Item]-[Title]을 클릭하여 [New Title] 창이 열리면 '자막1'을 주고 [OK] 버튼을 클릭, 타이틀 창이 열리면 Type Tool(T)을 선택, 하단에 클릭하여 '엄마냐 누나야 강변살자'을 넣어주고 그림처럼 지정해줍니다.

글꼴 : 'Gungsuh'
글꼴 크기 : '40'

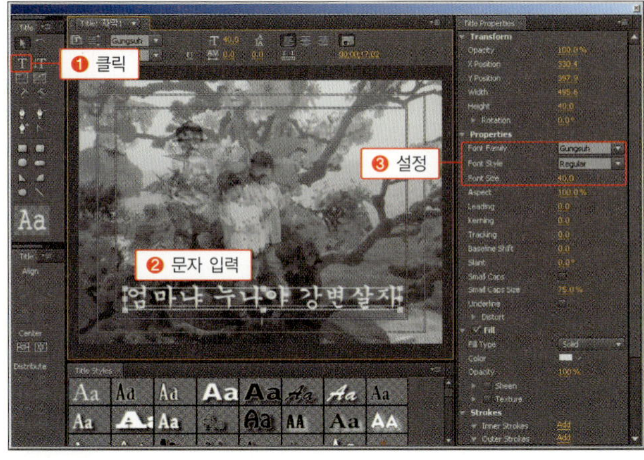

16 타이틀 창 상단의 New Title(T) 버튼을 클릭하고 [Name]에 '자막2'를 넣고 [OK] 버튼을 클릭하여 새로운 타이틀 창을 엽니다.

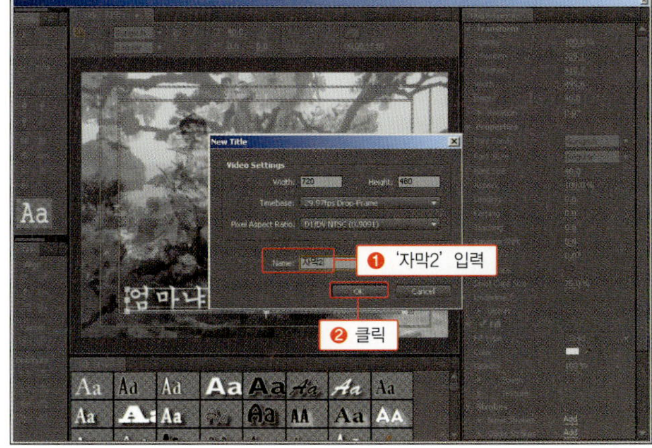

17 '자막2' 창이 열리면 전의 자막 내용을 더블클릭하여 내용을 지우고 '뜰에는 반짝이는 금모래 빛'으로 변경합니다.

TIP

16~17번을 과정을 반복하여 '자막3'에는 '뒷문 밖에는 갈잎의 노래', '자막4'에는 '엄마야 누나야 강변살자'를 넣고 타이틀 창을 닫습니다.

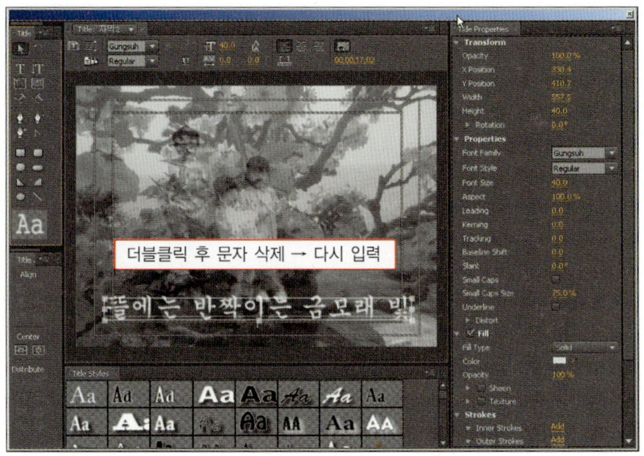

18 [Project] 패널의 '자막1' 클립을 더블클릭하여 [New Title] 창이 열리면 [Name]에 '색상자막1'을 넣고 [OK] 버튼을 클릭합니다.

TIP

'자막1'에서 '색상자막1'을 생성하고 변경하는 이유는 '자막1'과 '색상자막1'의 위치가 같아야 하기 때문입니다.

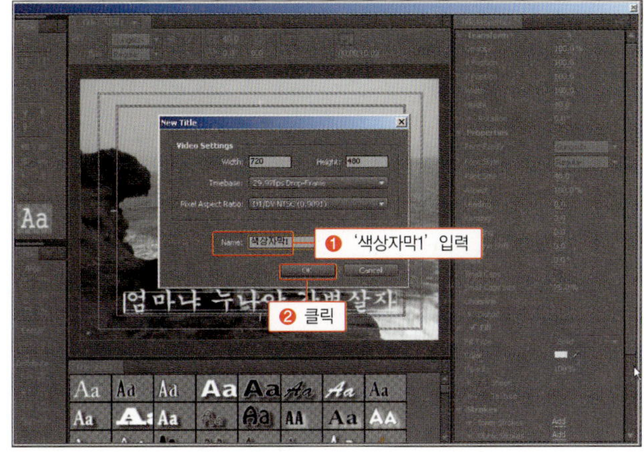

19 '색상자막1' 창이 열리면 자막내용에 더블클릭하여 [색상]을 '파란색'으로 변경합니다.

TIP

18~19번을 반복하여 '자막2'를 더블 클릭한 후 '색상자막2'을 생성하고 색상을 파란색, '색상자막3'도 파란색, '색상자막4'도 파란색으로 변경합니다.

20 첫 번째 마커에 맞추어 Video2 트랙에 '자막1~자막4'를 배치하고 마커 사이의 크기에 맞게 넓혀 주고 Video3 트랙에 '색상자막1~색상자막4'까지 배치하고 크기를 변경합니다.

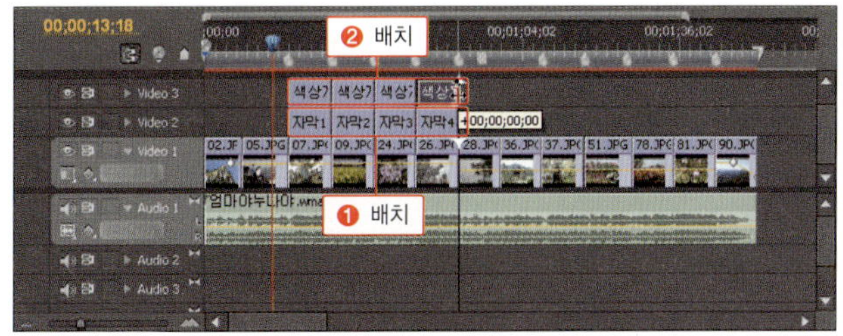

21 Video3 트랙의 모든 '색상자막'을 선택
하고 [Effect]의 검색창에 'Crop'을 넣어
이펙트를 찾은 후 드래그하여 이펙트를 전부 적용
합니다.

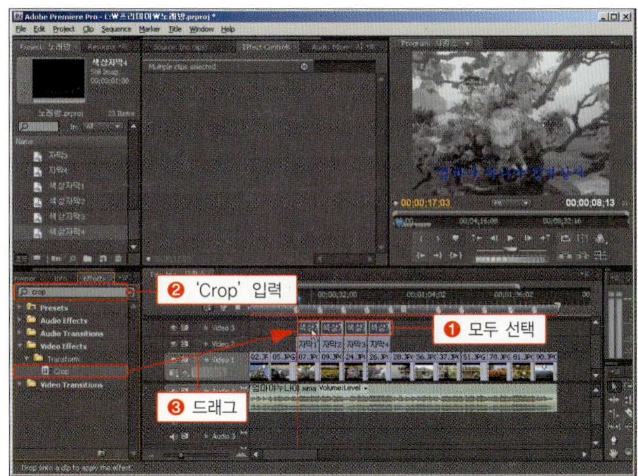

22 [Effect Controls] 패널에서 [Crop]을 선택하고 처음 프레임에
[Right] '100%'를 설정하고 마지막 프레임에 '0%'을 선택합
니다.

TIP

처음에는 보이지 않다가 음악에 맞게 파란색이 나타나는 것을 확인합니다.

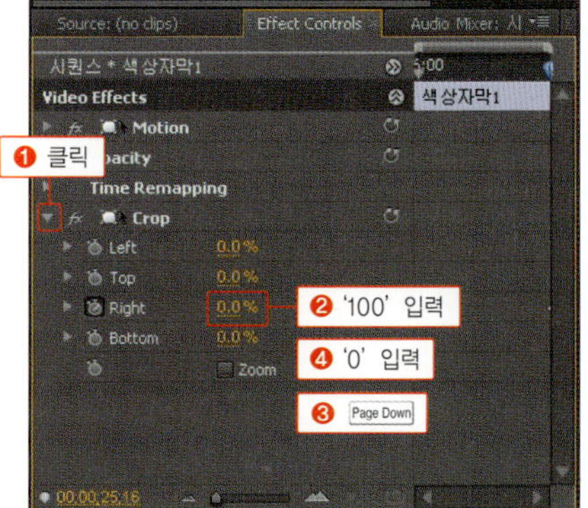

23 좀 더 자연스러운 흐름을 위해 [Crop]
이펙트의 [Right]의 삼각형을 누르고 음
악을 다시 들으며 '엄'자로 시작하는 부분에 키프
레임(17:20~84.1%), '냐'로 끝나는 부분에 키프레
임(19:00~64.9%) '누나야'가 끝나는 부분(20:29,
40.3%)에 키프레임을 줍니다.

TIP

노래를 들으면서 노래 가사의 흐름에 맞추어 키프레
임으로 조절합니다.

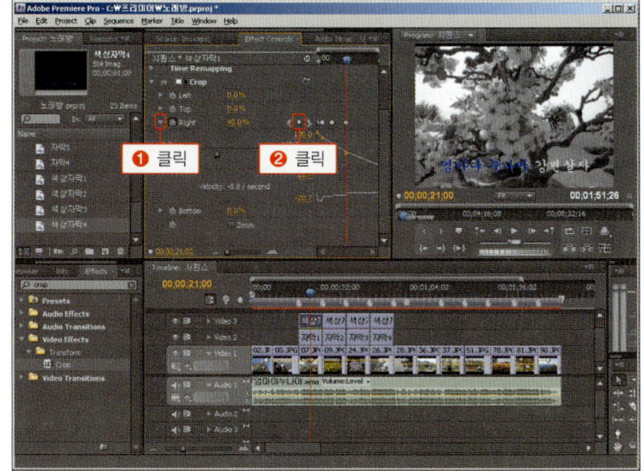

24 [Timeline] 패널의 '색상자막2'를 선택하고 [Crop] 이펙트의 [Right]를 처음 프레임은 '100%', 마지막 프레임은 '0%'를 주고 좀 더 자연스러운 흐름을 위해 키프레임을 주고 설정 값을 줍니다.

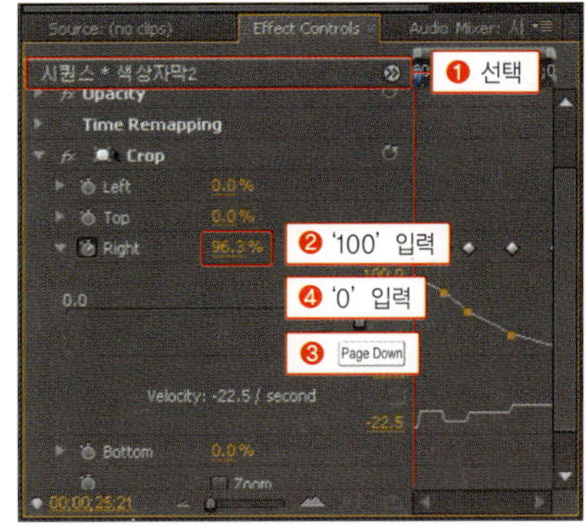

25 [Timeline] 패널의 '색상자막3'를 선택하고 [Crop] 이펙트의 [Right]를 처음 프레임에 '100%', 마지막 프레임에 '0%'를 주고 좀 더 자연스러운 흐름을 위해 키프레임을 주고 설정 값을 줍니다.

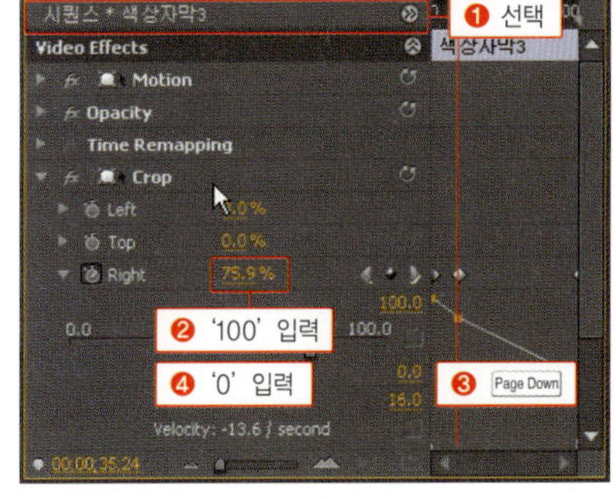

26 [Timeline] 패널의 '색상자막4'를 선택하고 [Crop] 이펙트의 [Right]를 처음 프레임에 '100%', 마지막 프레임에 '0%'를 주고 좀 더 자연스러운 흐름을 위해 키프레임을 주고 설정 값을 줍니다.

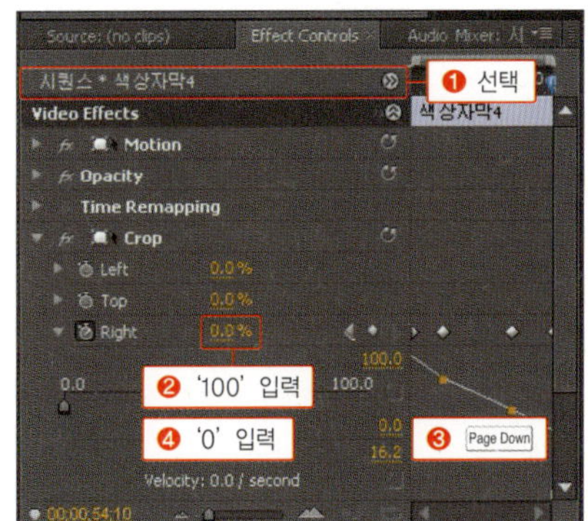

27 Video2 트랙과 Video3 트랙의 클립을 모두 선택한 다음 복사하고 편집 기준선을 다음 마커(1:08:07)에 가져다 놓은 후 붙여넣기하여 똑같이 가져옵니다.

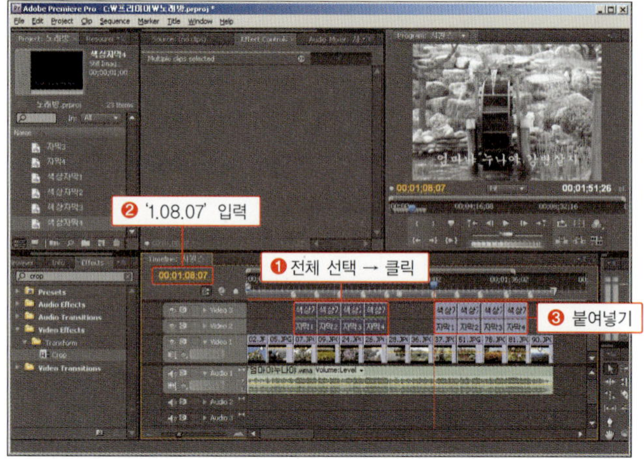

28 Enter 키를 눌러 렌더링하여 결과를 확인합니다.

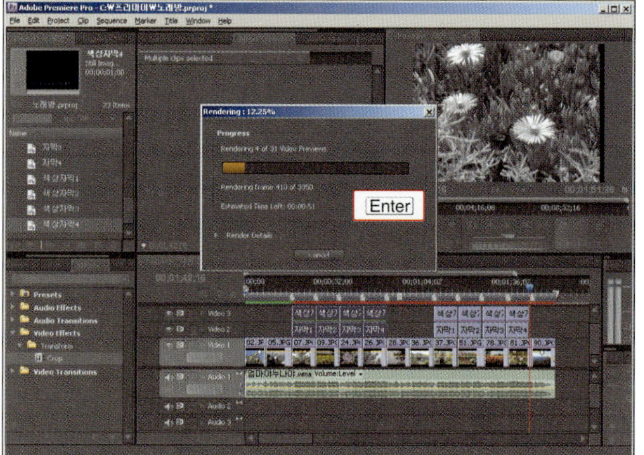

광고
만들기

저작권과 초상권의 문제로 동영상을 제공해 드릴 수는 없지만, 올림푸스 사이트 중에
올림푸스 홍보관의 '김태희' 광고를 따라한 것입니다. 광고 다운로드가
가능하니 다운로드 받아서 연습하시길 바랍니다. 광고를 완벽히 따라할 수는 없지만
비슷하게 따라하면서 여러분만의 노하우를 쌓으세요.

01 '광고'라는 프로젝트 이름을 지정하고, '시퀀스'라는 시퀀스 이름을 주고 [Standard 48kHz]을 설정하고 [OK] 버튼을 클릭합니다.

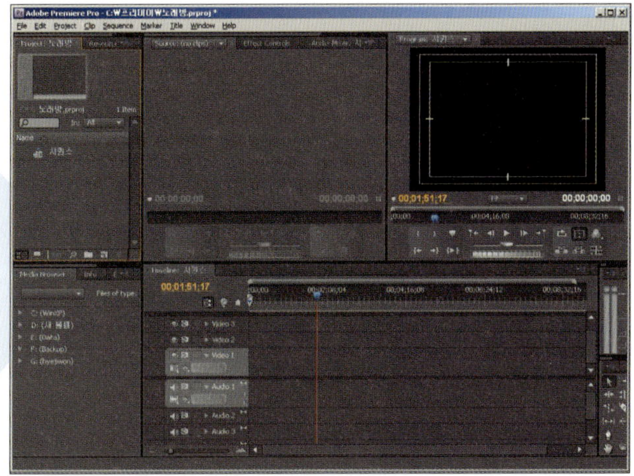

02 [Project] 패널의 빈 곳에 더블클릭하여 다운로드 받은 광고를 가져오고 [Timeline] 패널로 이동시켜 놓습니다. 클립을 선택한 후 오른쪽 버튼을 클릭, [Unlink]를 클릭하여 비디오와 오디오를 분리시킵니다.

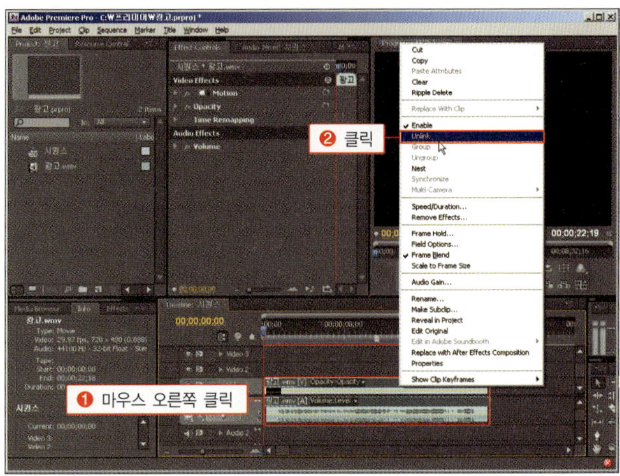

03 [Project] 패널의 빈 곳에 더블클릭한 후 '광고10, 광고16, 광고33, 광고43, 광고46, 광고 48, 광고54, 광고71.jpg'를 가지고 옵니다.

◉ 경로 : 예제파일\Part5\Ch1\S03 폴더

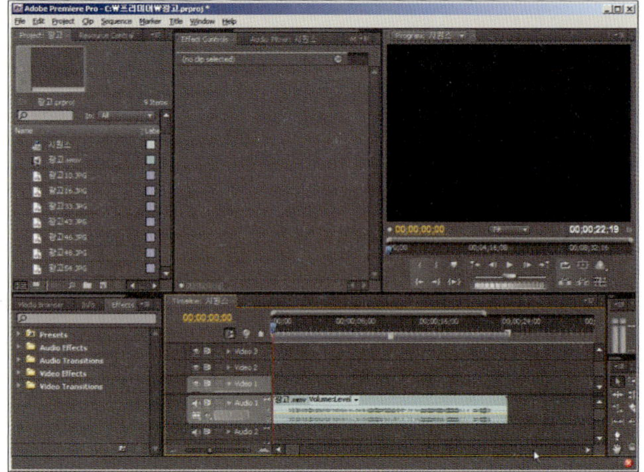

04 이미지가 변경되는 부분에 마커를 표시합니다.

'1:17, 4:02, 5:07, 6:15, 9:01, 10:09, 11:18, 13:06, 16:07'에 마커 표시

05 [Project] 패널에서 이미지 클립을 전부 선택하고 프로젝트 기능 메뉴에서 Automate To Sequence(▥) 버튼을 클릭하고 [OK] 버튼을 클릭하면 마커에 클립들이 삽입됩니다.

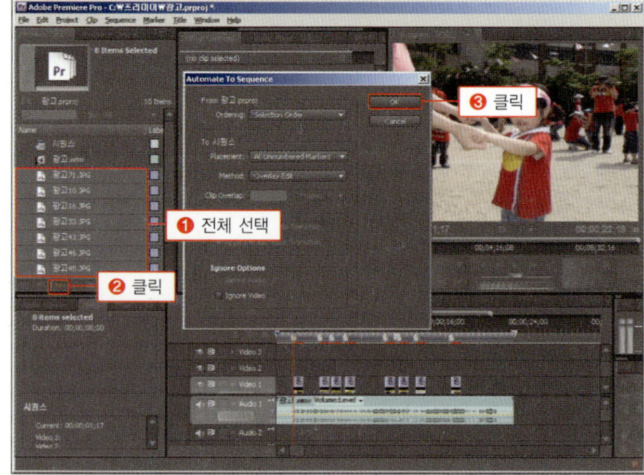

06 삽입된 이미지를 마커의 크기에 맞게 확장시켜 줍니다.

07 첫 번째 광고를 선택하고 [Effect Controls] 패널의 [Motion]-[Scale]의 처음 프레임을 '100', [Opacity]의 처음 프레임을 '0%'으로 설정합니다.

TIP

같은 방식으로 마지막 프레임의 [Scale]을 '0', [Opacity]는 '100%'으로 설정합니다.

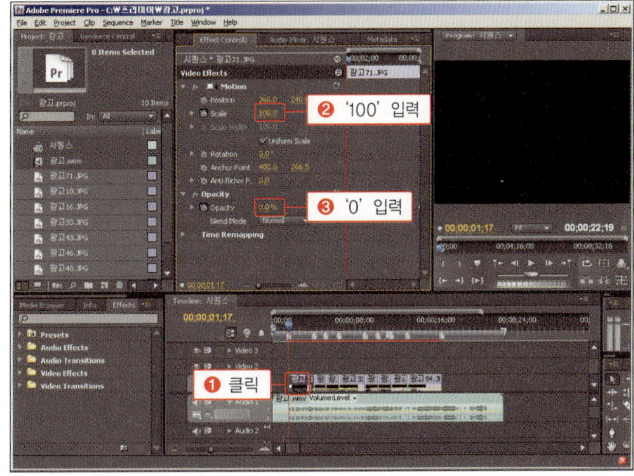

08 [Title] 메뉴의 [New Title]-[Default Still]을 클릭하여 자막 이름을 '자막바탕'로 지정하고 타이틀 창이 열리면 왼쪽 툴에서 Retangle Tool(▢)을 클릭하고 편집창에 중간 부분에 조그만한 네모를 만들어 놓습니다.

네모의 크기 : Width:27, Height:28

09 처음 만든 상자를 3번 복사-붙여넣기를 하여 3개를 추가로 만든 후 첫 번째 상자에 겹쳐져 있는 상자를 옆으로 이동하여 4개로 만들어 줍니다.

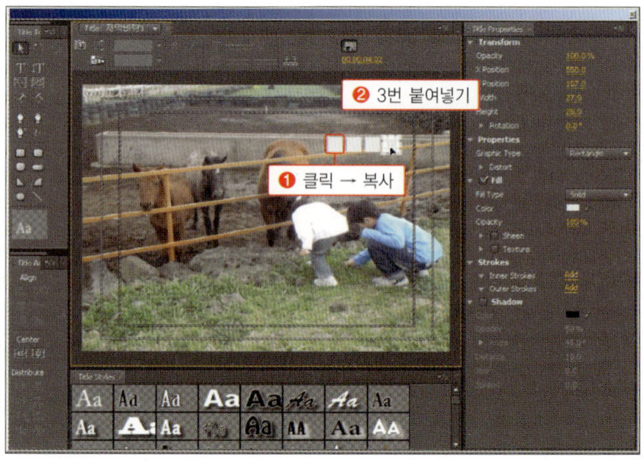

10 첫 번째 상자의 색상은 RGB(140, 100, 100)를 주고 2~4번째의 상자의 색상은 RGB (140, 50, 50)를 주어 1개의 옅은색과 3개의 진한색을 줍니다.

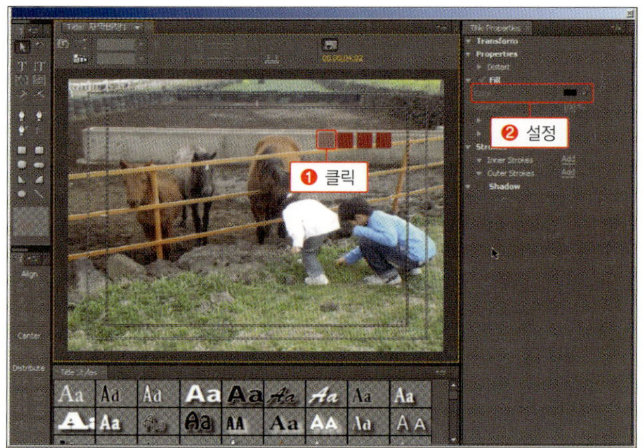

11 상단의 [New Title]을 클릭하여 [Name]에 '글자1-1'을 주고 왼쪽의 [Title Tools] 패널의 Type Tool(T)을 클릭하고 편집 창에 클릭한 후 '있' 자를 넣고 [글꼴]은 'Batang', [글자색]은 '흰색', [글자 크기]는 '26'으로 설정한 뒤 2번째 상자의 위치에 가져다 놓습니다.

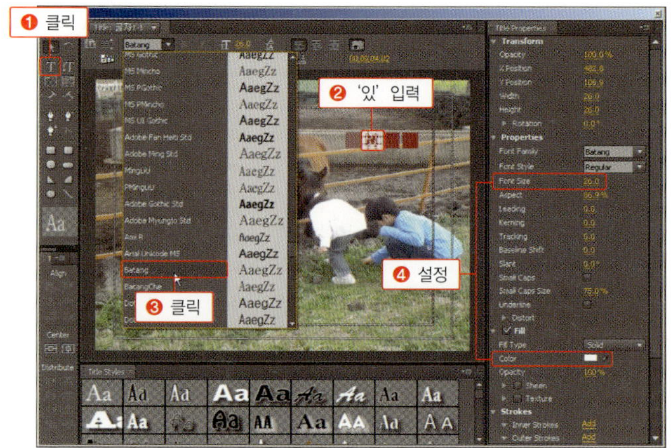

12 2번째 상자의 '있'에 더블클릭하여 'ㅇ'
으로 변경합니다.

13 [Timeline] 패널의 Video2의 '자막바탕
1'을 '4:02'에 가져다 놓고 마커에 맞추
어 놓은 후 Video3의 '4:02'에 '글자1-1'을 가져
다 놓고 크기를 '4:04'까지 줄여 놓습니다.

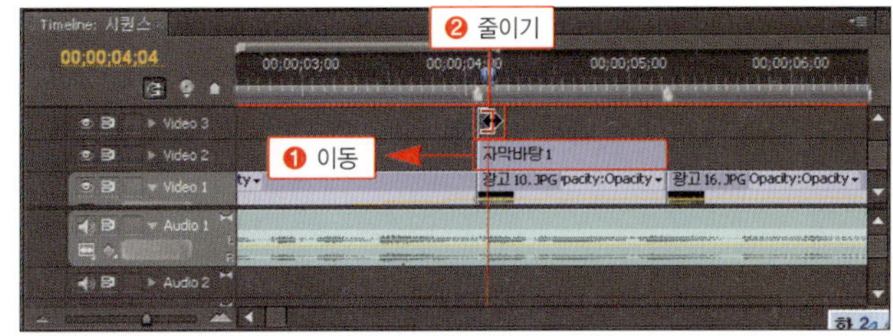

14 프로젝트 패널의 '글자1-1'를 더블클릭하
여 자막창을 열고 [New Title]을 클릭한
후 [Name]에 '글자1-2'를 넣고 [OK] 버튼을 클
릭합니다. 편집창의 'ㅇ'을 '이'로 변경하여 놓고
창을 닫습니다.

15 타임라인의 '04:04~04:06'까지 '글자
2-2'를 맞추어 넣습니다.

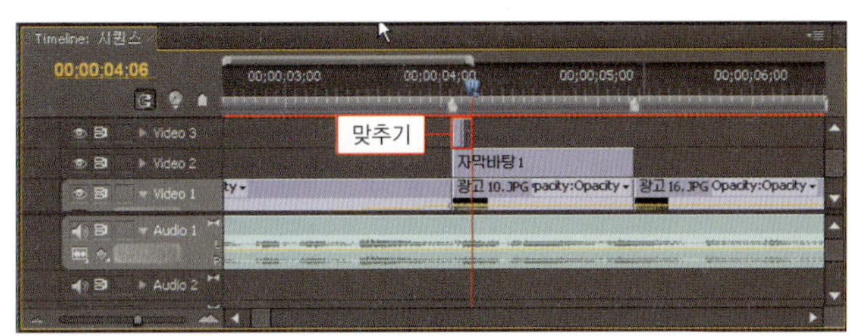

16 14~15번의 방법을 반복하여 '글자1-3'에 '있'을 만들고 '04:08' 까지, '글자1-4'에 한 글자를 옆에 추가하여 '있'을 만들고 '04:10' 까지, '글자1-5'에 '있니'을 만들고 '4:12' 까지, '글자1-6'에 '있니?'를 만들고 마커 마지막 (05:07)까지 늘여 놓습니다.

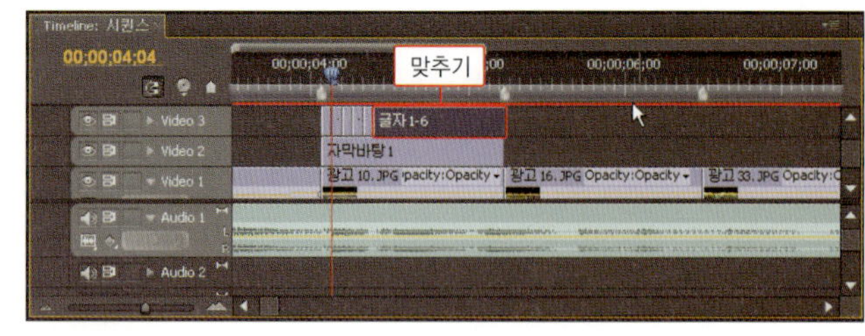

17 Video1의 3번째 광고 이미지를 선택하고 [Effect Controls]의 [Motion]-[Position]의 첫 프레임에 키프레임을 클릭하고 마지막 프레임으로 이동한 후 (370, 240)으로 변경합니다.

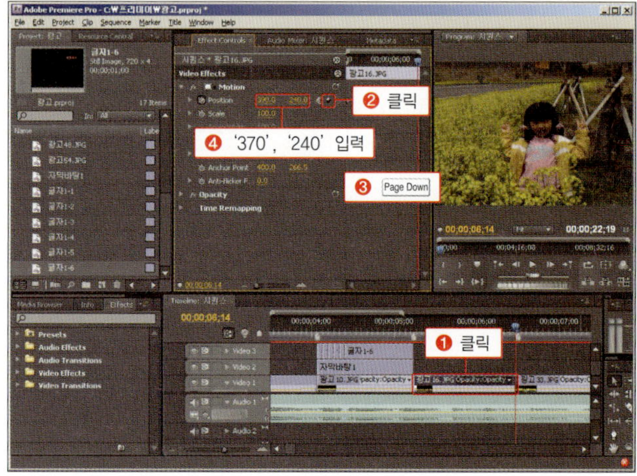

18 [Project] 패널의 '자막바탕1'을 더블클릭하여 타이틀 창을 열고 New Item (■)을 클릭하고 [Name]에 '자막바탕2'를 넣고 [OK] 버튼을 클릭합니다. 4개의 상자에서 뒤에 있는 2개의 상자를 지우고 2개를 오른쪽으로 위치시켜 놓습니다.

19 생성된 '자막바탕2'를 드래그하여 타임라인의 Video2의 '5:07~6:15'에 맞추어 놓습니다.

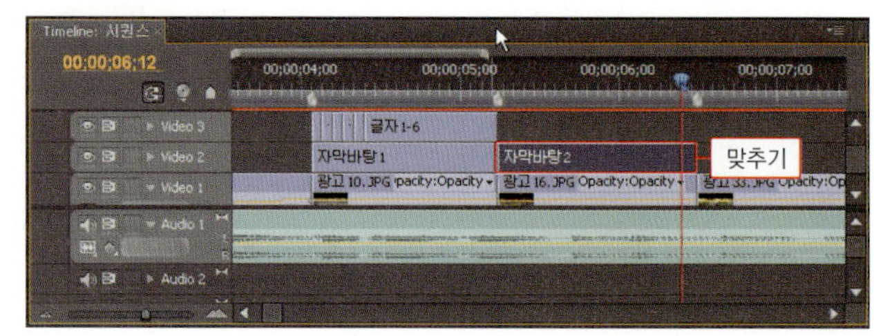

20 [Project] 패널의 '글자1-1'을 더블클릭
하여 타이틀 창을 열고 [New Title]을 클
릭하고 '글자2-1'을 주고 아래 2번째 상자에 'ㅂ'
을 넣고, 또 [New Title]을 클릭하고 '글자2-2'를
주고 아래 2번째 상자에 '바'를 넣고, 또 [New
Title]을 클릭하고 '글자2-3'을 주고 아래 2번째
상자에 '밭'을 넣어줍니다.

21 타임라인의 '5:07~5:9'에 '글자2-1'을
배치, '5:10~5:12'에 '글자2-2'를 배치,
'5:13~5:15'에 글자 '2-3'을 배치합니다.

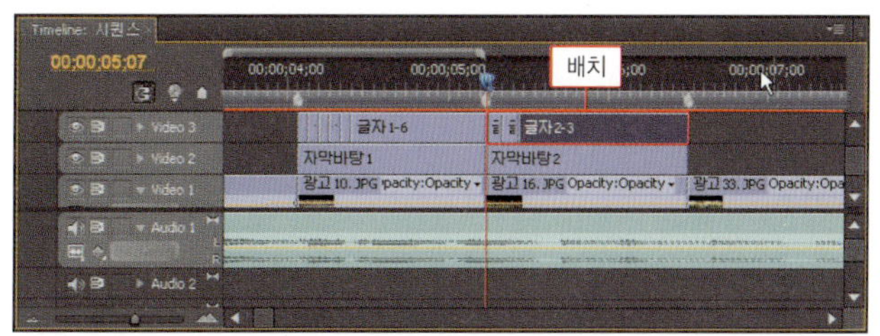

22 Video1 트랙의 4번째 클립을 선택하고
[Effect Controls]의 [Motion]-[Position]
의 첫 번째 프레임에 키프레임을 클릭하고, 마지
막 프레임에 키프레임을 주고 (340, 240)을 줍니
다. 화면을 천천히 왼쪽으로 이동하게 합니다.

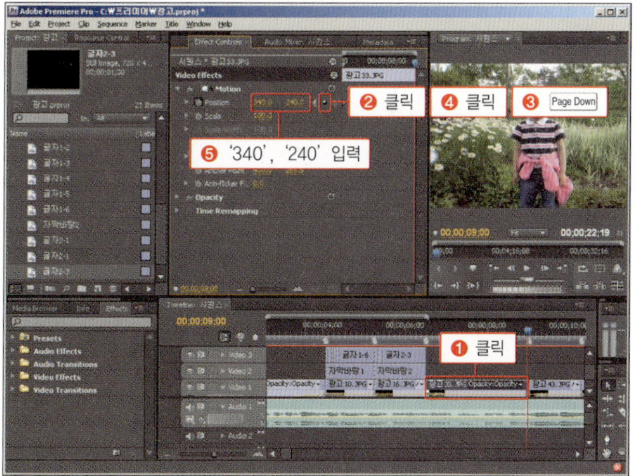

23 [Project] 패널의 '자막바탕1'을 더블클릭하여 타이틀 창을 열고 [New Title]을 클릭하고 [Name]에 '자막바탕3'을 주고 [OK] 버튼을 클릭합니다. 얇은 색은 2개를 복사하여 앞에 붙이고, 진한 색은 1개 더 복사하여 뒤에 넣은 다음 중간 하단에 배치하여 두고 창을 닫습니다.

24 Audio2의 트랙의 '6:15~9:01'에 '자막바탕3'을 배치합니다.

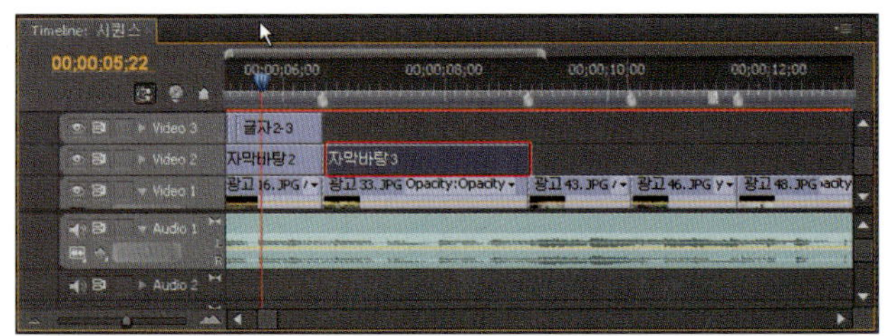

25 프로젝트 패널의 '글자2-3'을 더블클릭하여 타이틀 창을 열고 [New Title]의 [Name]에 '글자3-1'을 주고 'ㄱ'을 넣습니다. 나머지들도 다음과 같이 작업합니다.

'글자3-1'를 주고 'ㄱ' 입력
'글자3-2'를 만들고 '고' 입력
'글자3-3'를 만들고 '고ㅇ' 입력
'글자3-4'를 만들고 '고이' 입력
'글자3-5'를 만들고 '고있' 입력
'글자3-6'를 만들고 '고있ㄴ' 입력
'글자3-7'를 만들고 '고있니' 입력
'글자3-8'을 만들고 '고있니?' 입력

26 타임라인에 '6:28'의 '글자3-1'부터 2프레임을 주면서 붙여서 Video3 트랙에 놓고, 마지막 '글자3-8'은 마커까지 크게 넣어 줍니다.

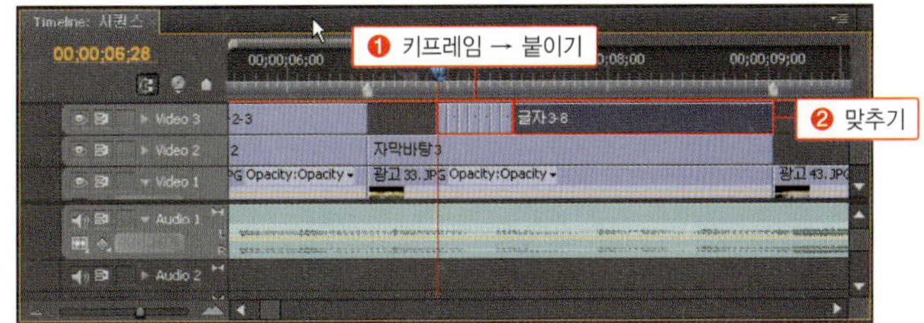

27 Video1 트랙의 5번째 클립은 [Scale]을 처음과 마지막에 키프레임을 주고, 마지막은 '110'을 줍니다. 나머지 클립들도 다음처럼 설정해줍니다.

- 6번째 클립 : [Position]에 처음과 마지막 키프레임을 주고, 마지막은 '370', '240' 설정
- 7번째 클립 : [Position]에 처음과 마지막 키프레임을 주고, 마지막은 '360', '230' 설정
- 8번째 클립 : [Position]에 처음과 마지막 키프레임을 주고, 마지막은 '360', '250'으로 설정

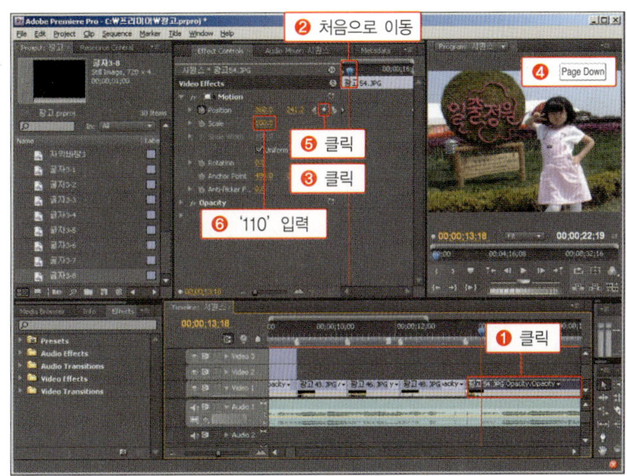

28 [Project] 패널의 '자막바탕3'를 더블클릭하여 타이틀 창을 열고 [New Title]을 클릭하여 [Name]에 '자막바탕4'를 넣고, 흐린색 3개와 진한색 2개를 상단 왼쪽으로 이동하고 나머지는 삭제하면서 창을 닫습니다.

29 타임라인의 '13:06'에 Video2 트랙의 '자막바탕4'를 마커의 크기만큼 크게 넣어 줍니다.

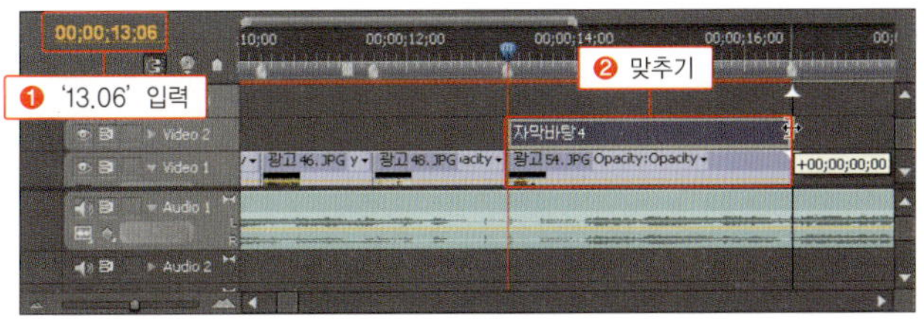

30 [Project] 패널의 '글자3-8'을 더블클릭하여 타이틀 창을 열고 [New Title]을 클릭하여 [Name]에 '글자4-1'을 넣고, 한 글자를 진한색 상자 처음 부분으로 이동하여 'ㅋ'으로 변경하고 나머지 글자는 삭제합니다.

31 [New Title]을 클릭하여 [Name]에 '글자4-2'를 넣고, 글자 'ㅋ'를 복사하여 붙여 넣기하여 겹쳐 있는 글자를 왼쪽 상자로 이동시켜 놓고 자막창을 닫습니다.

32 타임라인 '13:18~13:28'에 '글자4-1'을 넣고 크기를 맞추며 '13:29'부터 나머지는 '글자4-2'로 크기에 맞게 늘려 놓습니다.

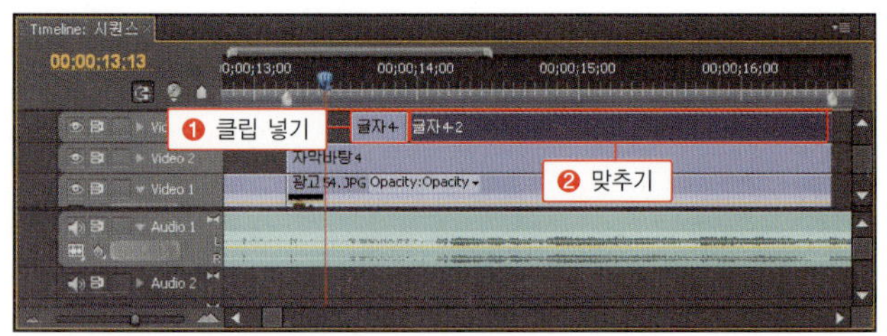

33 [Title] 메뉴의 [New Title]-[Default Still]
을 선택하고 [Name]에 '글자5-1'을 주
고 편집창에 '사진은'을 넣고 스타일에서 상단 4
번째인 'Bell Gothic White 70'을 먼저 선택하고
[글꼴]은 'HysupB', [글자 크기]는 '50'으로 변경
하고 왼쪽 중간에 배치합니다.

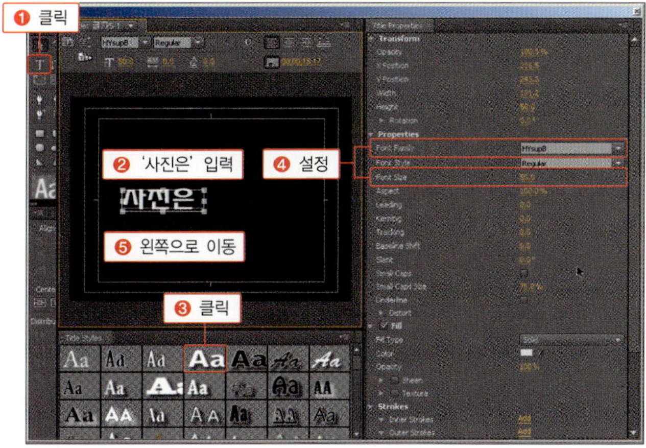

34 [New Title]을 클릭하고 편집창의 '사진
은'을 복사-붙여넣기한 다음 또 하나의
'사진은'을 오른쪽으로 이동하여 '말을 한다.'로 변
경합니다.

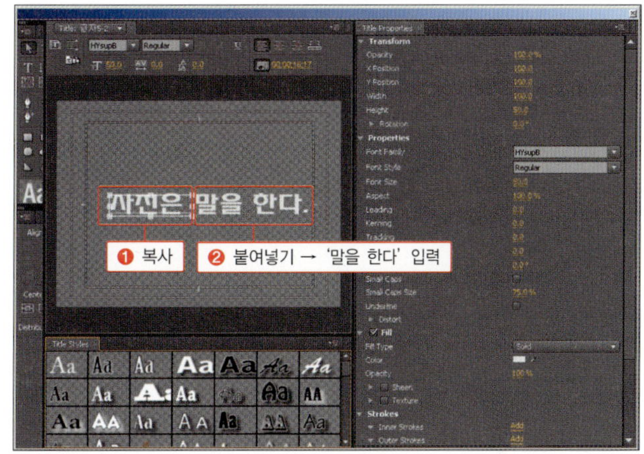

35 '글자5-1' 클립을 Vidoe2 트랙의
'16:17~17:25'에 배치하고, '글자5-2'
클립을 Video1 트랙의 '16:17~17:25'에 배치합
니다.

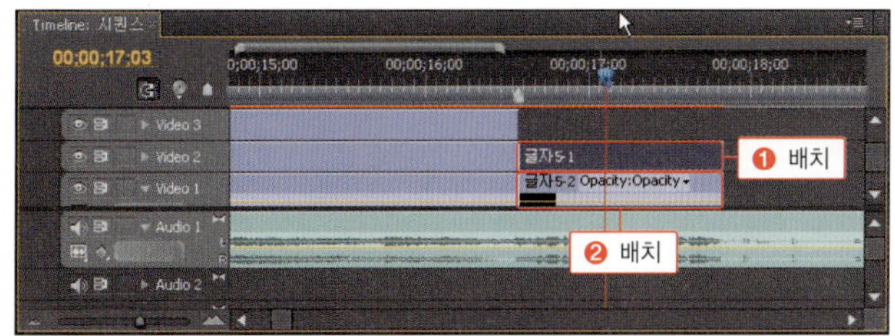

36 [Effect] 패널의 검색란에 'Lens'를 넣으면 아래와 같이 나타나는데 [Lens Flare]를 선택하여 '글자5-1'를 이펙트를 넣어주고 [Effect Controls] 창에서 [Lens Flare] 이펙트의 [Flare Brightness]을 '120%'로 변경합니다.

[Flare Center]의 처음 프레임과 마지막 프레임에 키프레임을 찍고 마지막 프레임에서 [Program] 모니터의 작은 원을 '다'까지 이동시켜 줍니다.

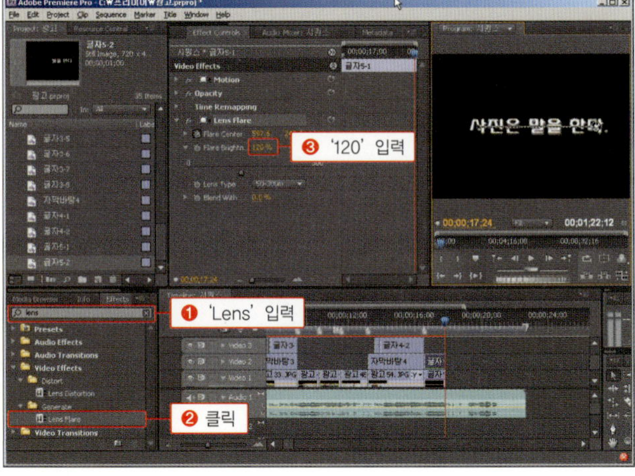

37 타임라인의 Video 2의 '글자5-1'을 클릭하고 복사한 다음 Video 1의 '글자5-2'에 마우스 오른쪽 버튼을 클릭해 [Faste Attribute]를 클릭해 속성을 복사합니다.

TIP

'글자5-1'과 '글자5-2'는 같은 속성을 주어도 하나처럼 움직임을 줄 수 있습니다.

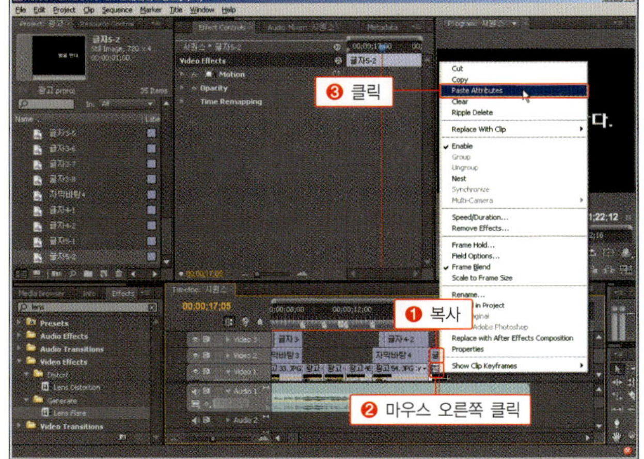

38 '글자5-1'을 더블클릭하여 타이틀 창을 열고 [New Title]을 클릭하여 [Name]에 '글자5-3'을 넣고 '사진은'을 '그대도'로 변경한 후 타이틀 창을 닫습니다.

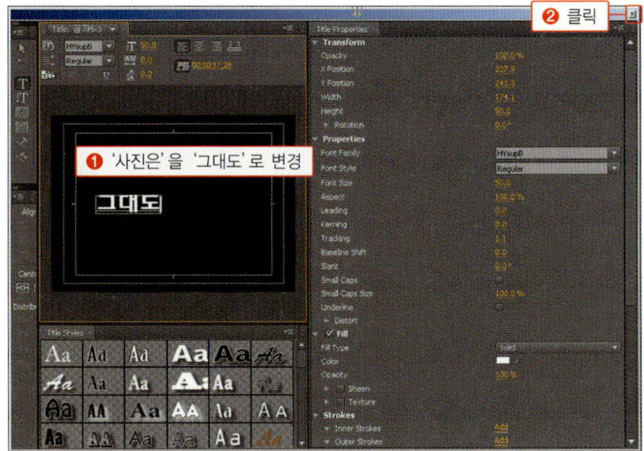

39 타임라인의 '17:25~19:07' 까지 '글자5-3'을 넣고 크기를 조절하며, Vidoe1 트랙의 '글자5-2'를 '19:07' 까지 늘려 줍니다.

40 Enter 키를 눌러 렌더링을 한 후 결과를 확인합니다.

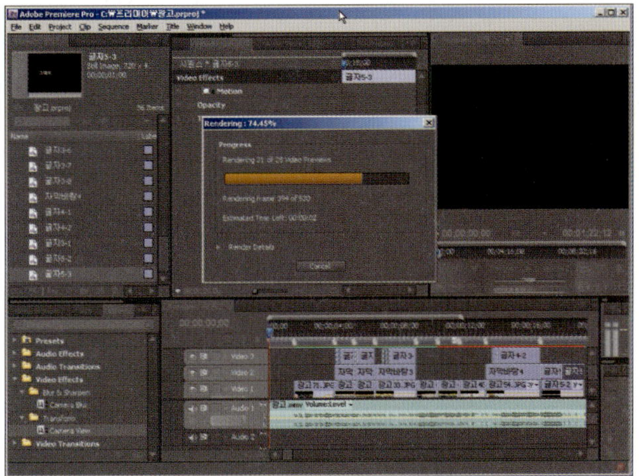

Index

ㄱ

광원 45

ㄴ

네스팅 기법 234
니 샷 45

ㄷ

달리(DOLLY) 44

ㄹ

로우 앵글 44
롤/크롤 387
롱 샷 45
링크 241

ㅂ

바스트 샷 44
베가스 프로 16
베가스 프로 8 16
베가스 프로 9 16
보간법 263
보조광 45
붐(BOOM) 44

ㅅ

수평 앵글 44

ㅇ

아비드 장비 15
앵글 44
역광 45

영역 조절 막대 220
오버 솔더 샷 45
웨이스트 샷 45
익스트림 샷 45
익스트림 클로즈 샷 44

ㅈ

작업 영역 220
주광 45
줌 인/줌 아웃(ZOOM IN/ZOOM OUT) 43
지속 시간(00;00;14;21) 185

ㅋ

코덱 26
클로즈 샷 44
클로즈 업 샷 44

ㅌ

타이틀 창 372
템플릿 387
트래킹(TRACKING) 44
트랙 207
트랙의 추가 214
트랜지션(Transition) 346
틸팅(TILTING) 43

ㅍ

패닝(PANNING) 43
풀 샷 45
픽스(FIX) 43

ㅎ

하이 앵글 44
한글 글꼴 설정 370

숫자

24p Conversion Method 87
5.1 93

A

Action and Title Safe Areas 67
Add-Remove Keyframe 208
Alignment 346
Anchor Point 252
Anti-flicker Filter 252
Audio 119
Audio 그룹 86
Audio Effects 296, 340
Audio Mixer 277
Audio Submix Tracks 214
Audio Tracks 214
Audio Transition 296
Auto Bezier 263
Automate To Sequence 157, 164

B

Bezier 263
Bin 149
Blend Mode 256

C

Captured Audio 72
Captured Video 72

Clear 158

Clip Overlay 164

Color Correction 120

Continuous Bezier 263

Crop Setting 98

D

Delete Workspace 121

Duration 241

DV 방식 41

DVCAM 방식 41

E

Ease In 263

Ease Out 263

Editing 120

Editing Mode 85

Effects 120

Enable Track for recording 277

Export 87

F

Fill 383

Find 157, 166

Fit 185

Format 99

G

Go to In Point 185

Go to Next Keyframe 208

Go to Next Marker 185

Go to Out Point 186

Go to Previous Keyframe 208

Go to Previous Marker 185

H

HDV 방식 41

History 패널 271

Hold 263

I

Icon View 157

IEEE1394 카드 42

Ignore Options 164

Info 패널 271

Insert 194

J

Jog 194

L

Linear 263

List View 157

Loop 185

M

Maintain Audio Pitch 241

Master 277

Metalogging 121

Method 164

Mono 93

mport Workspace from Projects 121

Mute Track 277

N

New bin 158

New Item 158

New Project 61

New Project의 General 67

New Project의 Scratch Disk 72

New Seqence Tracks 93

New Sequence 85

New Sequence의 General 85

New Sequence의 Sequence Presets 78

New Workspace 121

O

Opacity 256

Open Project 61

Ordering 164

Output 185, 186

Output Name 99

Overlay 194

P

PiPs 300

Placement 164

Play In to Out 186

Play/Stop Toggle 185

Playback Settings 87

Position 252

Presets 300

Properties 383

Index

R

Realtime Playback 87

Recent Projects 61

Reset Current Workspace 121

Reverse Speed 241

Ripple Edit, Shifting Trailing Clips 241

Rotation 252

S

Safe Margins 185

Scale 252

Set Encore Chapter Marker 220

Set In Point 185

Set Out Point 185

Set Unnumbered Marker 185, 220

Shadow 383

Shuttle 194

Snap 220

Solo Track 277

Speed 241

Standard 78

Step Back 185

Step Forward 185

Stereo 93

Stereo 이펙트 340

Strokes 383

T

Timebase 85

Timecode 67

Timing(Frames) 393

Title Type 393

Toggle Sync Lock 207

Toggle Track Lock 207

Toggle Track Output 207

Transform 383

Transitions 164

V

Video 그룹 86

Video Effects 296, 303

Video Previews, Audio Previews 72

Video Tracks 214

Video Transition 296

Video Transitions 347

View 166

W

Welcome to Adobe Premiere Pro 창 61

Widescreen 78

특수문자

[Clip Speed/Duration] 창 241

[Close Frame] 109

[Close Panel] 109

[Effects] 패널 296

[Export Settings] 창 97

[Import] 창 74

[Maximize Frame] 109

[Media Browser] 패널 30

[Metadate] 패널 31

[Motion] 기능 252

[Program] 모니터 289

[Project] 패널 144

[Resource Central] 패널 30

[Roll/Crawl Options] 창 393

[Source] 모니터 185

[Timeline] 패널 220

[Title Actions] 380

[Title Properties] 패널 383

[Title Tools] 패널 377

[Titles Actions] 372

[Titles Styles] 372

[Title] 패널 387

[Tool] 패널 126

[Undock Frame] 109

[Undock Panel] 109

YoungJin.com Y.
영진닷컴

생각보다 쉽네요! 프리미어 프로 CS4

1판 1쇄 발행   2011년   2월 15일
1판 2쇄 발행   2012년   2월 15일

저   자 | 이정휘, 이민욱
발 행 인 | 김길수
발 행 처 | (주)영진닷컴
주   소 | 서울시 금천구 가산동 664번지 대륭테크노타운 13차
           10층 (우)153-803

대표전화 | 1588-0789
대표팩스 | (02)2105-2200
등   록 | 2007. 4. 27. 제16-4189호

값 **18,000**원
(부록 DVD 포함)

ⓒ 2011., 2012.   (주)영진닷컴
ISBN 978-89-314-4059-1

올인원 통합 보안 솔루션 노턴360은 통합적이고 자동화된 보안 기능으로 PC 및 각종 온라인 활동을 보호합니다

PC 보안

보다 빠른 인스톨과 스캔
펄스 업데이트
브라우저 보호
스팸메일 차단

백업

노턴 백업 드라이브
백업 튜토리얼
다수의 백업장소 설정
월 단위 리포트

ID 보호

노턴 세이프 웹
ID세이프 튜토리얼
IE로부터 로그인 정보 임포트

PC 튜닝

기동 매니저
튜닝 이력
월 단위 리포트

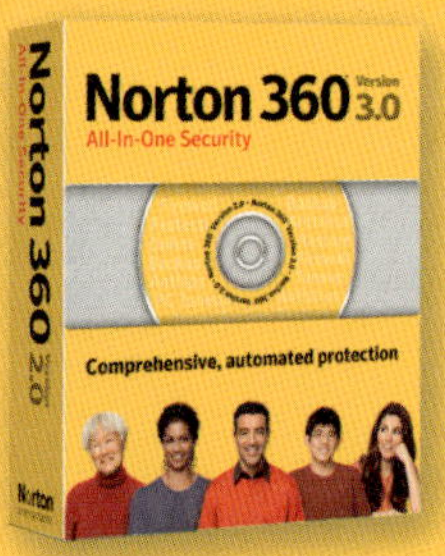

시만텍은 어떤 업체보다 더 많은 온라인 위협으로부터 더 많은 사람들을 보호합니다